Zabert Sandmann GmbH
München
2. Auflage 1998
ISBN 3-932023-09-9

Fotografie Foodbildagentur Eising AG

Grafische Konzeption Reinhard Neuß

Redaktion Monika Kellermann

Umschlaggestaltung Zero, München

Herstellung Peter Karg-Cordes

Druck Mohndruck, Gütersloh

DIE GROSSE KOCHSCHULE

Über 1000 Rezepte, über 1000 Farbfotos

Texte und Rezepte von
Monika Kellermann

Fotografiert
von Susi und Pete A. Eising

ZABERT SANDMANN

Inhalt

SCHRITT FÜR SCHRITT ZUM GENUSS

»Die Entdeckung eines neuen Gerichtes ist für das menschliche Glück wichtiger als die Entdeckung eines neuen Gestirns« – dieses Zitat von Jean Anthelme Brillat-Savarin (1755–1826) hat auch heute noch für jeden Feinschmecker Gültigkeit. Denn es gibt für einen echten Genießer nichts Schöneres und Spannenderes, als neue Speisen kennenzulernen. Das kann ein wiederentdeckter Klassiker der hohen Kochkunst sein, eine Spezialität aus fernen Ländern oder ein traditionelles Familienrezept, das man zufällig gefunden hat.

Dieses umfangreiche Kochbuch bietet allen genußfreudigen und neugierigen Hobbyköchen einen wahren Schatz an Rezepten, die das Genießerherz höher schlagen lassen. Berühmte Klassiker, einfache Alltagsküche, leichte Leckerbissen, raffinierte Kreationen und internationale Spezialitäten: Mehr als 1000 Rezepte machen es zu einem unverzichtbaren Nachschlagewerk. Sie finden darin von der Vorspeise bis zum Dessert für jeden Anlaß das richtige Rezept: vom einfachen Snack für zwischendurch bis zur aufwendigen Kreation für Gäste.

Um auch weniger Geübten den Einstieg zu erleichtern, werden die wichtigsten Grundzubereitungen Schritt für Schritt erklärt und mit anschaulichen Bildern verdeutlicht. Damit bei den vielfältigen Köstlichkeiten nichts schiefgehen kann, werden auch schwierige Rezepte anhand detaillierter Fotos beschrieben. Anschließend finden Sie jeweils eine Fülle von Varianten, die zeigen, wie Sie das Grundrezept mit anderen Zutaten ausprobieren können.

ÜBER 1000 REZEPTIDEEN FÜR JEDEN ANLASS

Da sich die Mühe in der Küche nur mit frischen und qualitativ hochwertigen Produkten lohnt, ist die fundierte Produktinformation ein wichtiger Bestandteil dieses Buches. Am Anfang steht immer der Einkauf! Deshalb erfahren Sie gleich im ersten Kapitel, worauf Sie achten müssen, wenn Sie Ihren Einkaufskorb füllen: woran Sie einen wirklich frischen Fisch erkennen, was Sie beim Einkauf von Fleisch und Geflügel beachten sollten, wann die einzelnen Gemüse- und Salatsorten Saison haben, heimisches Gartenobst oder exotische Früchte am aromatischsten sind und vieles mehr.

Sie finden in acht ausführlichen Kapiteln die besten Rezepte – von der einfachen Consommé bis zur raffinierten Vorspeise, von knackigen Blattsalaten bis zu den schönsten Nudel- und Kartoffelsalaten, von den köstlichsten Fischgerichten bis zu raffinierten Zubereitungen für Meeresfrüchte, leckere Geflügelspezialitäten, alle Klassiker aus der Fleisch- und Wildküche, die schönsten Ideen für Gemüse und nicht zuletzt verführerische Desserts, die den Alltag versüßen.

Ob Minestrone oder Bouillabaisse, Fischterrinen oder Vitello tonnato, Spargelsalat oder Salade Niçoise, Schollenröllchen oder Pot-au-feu, Gänsebraten oder Coq au vin, Pfeffersteak oder Boeuf bourguignon, Leipziger Allerlei oder Spinatstrudel, Mousse au chocolat oder Bayerische Creme: alle Rezepte gelingen im Handumdrehen. Lassen Sie sich zu einem kulinarischen Weltenbummel entführen!

WARENKUNDE

Alles Wissenswerte über Gemüse und Kräuter, Fisch und Meerestiere, Fleisch, Geflügel und Wild, heimisches Gartenobst und exotische Früchte. Sie erfahren, wann die entsprechenden Lebensmittel Saison haben und wie Sie Frische und Qualität am besten erkennen.

KNOLLEN- UND WURZELGEMÜSE

Die Gemüsesorten, die unter der Erde wachsen, sind nicht nur in Farbe und Form, sondern auch im Geschmack höchst unterschiedlich. Nur eines haben sie gemeinsam: die Vielfalt der Zubereitungsarten.

Kartoffeln
Man unterscheidet drei Typen: festkochende Sorten (Sieglinde, Hansa, Nicola, Selma, Linda, Cilena und Forelle), besonders für Salat geeignet, vorwiegend festkochende (Amalia, Christa, Clivia, Jessica Prima und Puntilla), für Salat, Bratkartoffeln und Eintöpfe ideal, und mehligkochende Sorten (Aula, Irmgard und Bintje), speziell für Püree und Suppen.
Es gibt unzählige Möglichkeiten, Kartoffeln zuzubereiten: Kochen, Braten, Fritieren, in der Folie backen, Gratinieren ... Das schonendste Garverfahren ist jedoch das Kochen in der Schale.
Erhältlich: ganzjährig.

Bataten oder Süßkartoffeln
schmecken leicht süßlich und sondern beim Kochen etwas Schleim ab, daher besser in der Schale kochen (Kochzeit je nach Größe 20 bis 25 Minuten).
Fast alle Kartoffelgerichte können auch mit Bataten hergestellt werden.
Wählen Sie kleine bis mittlere Knollen mit glatter, frisch aussehender Schale.
Erhältlich: ganzjährig.

Topinambur
Die unterirdisch wachsenden Knollen, auch Erdbirnen genannt, werden ungeschält gekocht, gedünstet oder gebraten.
Erhältlich: von Oktober bis Mai aus heimischem Anbau.

Yamwurzeln
erinnern geschmacklich an Bataten. Auch sie sondern beim Kochen stärkehaltigen Schleim ab.
Am besten in der Schale kochen und dann zu Brei verarbeiten oder braten. Geschält, feingerieben, mit Eiern vermischt lassen sie sich wie Pfannkuchen ausbacken.
Erhältlich: ganzjährig.

Pastinaken
sind möhrenähnliche Wurzeln, die roh als Salat verzehrt werden können. Meist werden sie jedoch geschält oder ungeschält in wenig Wasser gedünstet (Garzeit ca. 25 Minuten, je nach Größe). Da sie sehr intensiv schmecken, mischt man sie gerne mit Kartoffeln oder anderem Gemüse.
Erhältlich: von Oktober bis November.

Möhren
werden auch Mohrrüben, gelbe Rüben oder Wurzeln genannt, die runden Sorten heißen Karotten.
Möhren sind leicht verdaulich, haben einen hohen Gehalt an Karotin, das nur in Verbindung mit Fett in Vitamin A umgewandelt werden kann. Daher immer Öl, Butter oder Sahne dazugeben.
Erhältlich: ganzjährig.

Petersilienwurzel
Diese Wurzel ist vor allem als Bestandteil von Suppengemüse bekannt. Sie schmeckt aber auch als Gemüse- oder Püreesuppe.
Erhältlich: Oktober, November.

Schwarzwurzeln
Die auch als »Winterspargel« bekannten Wurzeln oxidieren geschält rasch, darum sofort nach dem Schälen in mit Essig und Mehl verquirltes Wasser legen. Die Mindestlänge sollte 22 cm betragen, und die Wurzel sollte mindestens 65 g wiegen.
Erhältlich: von Oktober bis April.

Rote Bete
Auch Rote Rübe oder Rahne genannt, ist ein gesundes und mit ca. 9 g Kohlenhydrate/100 g sehr nahrhaftes Gemüse. Die roten Knollen schmecken nicht nur gekocht, sondern auch roh geraspelt als Salat, allerdings nur, wenn sie jung und zart sind.
Erhältlich: ganzjährig, aus heimischem Anbau von September bis ins Frühjahr.

Knollensellerie
kann mit und ohne die würzigen grünen Blätter als Gemüse, Gewürz oder Rohkost verwendet werden und läßt sich gut lagern. Nach dem Schälen in Zitronenwasser legen, damit die Knolle sich nicht verfärbt.
Erhältlich: ganzjährig.

Speiserüben
Die beliebtesten sind Mairüben, weiße Rüben, Teltower Rübchen, aber auch Steck- oder Kohlrüben, die ausschließlich gekocht verzehrt werden, als Eintopf, Püree oder als Auflauf. Teltower Rübchen munden glasiert oder gratiniert am besten.
Erhältlich: von Ende Mai bis Juli.

Rettich
Neben dem weißen Münchner Bierrettich gibt es auch rote und schwarze Rettícharten und die langen Daikonrettiche, die bis zu 50 cm lang werden können. Sie sind milder im Geschmack.
Nach dem Aufschneiden in Scheiben oder Raspeln mit Salz bestreuen, das mildert die Schärfe.
Frischer Rettich muß eine glatte, feste Haut haben, sie darf sich nicht pelzig anfühlen.
Erhältlich: ganzjährig, aus heimischem Anbau im Sommer.

Radieschen
Neben den bekannten roten Radieschen gibt es zweifarbige und weiße Radieschen. Auch die länglichen »Eiszapfen« zählen zu dieser Gattung.
Radieschen schmecken am besten roh, man kann sie aber auch zu Gemüse verarbeiten. Sie verlieren dabei allerdings die Farbe und viel von ihrer Schärfe.
Erhältlich: ganzjährig, aus heimischem Anbau im Sommer.

FRUCHTGEMÜSE

Diese Gemüsesorten haben eines gemeinsam: Sie lieben die Wärme der Sonne und sie schmecken sonnengereift am besten.

1 bis 2 Auberginen
müssen eine glatte, glänzende Haut haben. Längeres Lagern bekommt ihnen nicht, bei Temperaturen unter 5 °C werden sie fleckig.
Neben den auberginefarbenen Eierfrüchten findet man in gutsortierten Gemüseläden auch gelbe und weiße. Sie unterscheiden sich aber geschmacklich kaum.
Wegen des Gehalts an Bitterstoffen sind Auberginen nicht für den Rohverzehr geeignet. Um die Bitterkeit zu mildern, bestreut man sie mit Salz, läßt sie 30 Minuten schwitzen und drückt sie dann aus.
Erhältlich: ganzjährig.

3 Chayote
In dem festen, leicht grünlichen Fruchtfleisch sitzt in der Mitte ein Kern, der genießbar ist. Der Geschmack des Fruchtfleisches erinnert an Zucchini. Man kann sie roh oder gekocht verzehren.
Erhältlich: von November bis April.

4 Zucchini
Die hell- bis dunkelgrünen Gemüsekürbisse sind am feinsten bei einer Länge von 15 cm und einem Gewicht von 150 bis 200 g.
Man ißt sie mit der Schale, roh, blanchiert, gebraten, geschmort oder fritiert.
Erhältlich: ganzjährig, aus dem Freiland von Juni bis Oktober.

5 Gurken
unterteilt man in Schlangen- bzw. Salatgurken, in Schmor- und Einlegegurken. Salatgurken, auch in Miniformat, stammen überwiegend aus dem Gewächshaus. Sie sind frei von Bitterstoffen, aber auch nicht so geschmacksintensiv wie die Freilandgurken, die unbedingt vor dem Schälen am Stielende auf Bitterkeit geprüft werden müssen.
Erhältlich: ganzjährig, aus dem Freiland von August bis September.
Schmorgurken, die sich besonders gut zum Einlegen als Senfgurken oder zum Füllen eignen, gibt es, ebenso wie die kleinen Einlegegurken, nur aus Freilandanbau.
Erhältlich: vom Hochsommer bis in den Herbst.

6 Okraschoten
Die pelzigen Schoten der Rosenpappel sondern beim Kochen einen milchigen Schleim ab. Dies kann man verhindern, indem man die Stengelansätze vorsichtig abschneidet, die Schoten ganz läßt und in kochendem Wasser mit einem Schuß Essig kurz blanchiert, bevor man sie weiterverarbeitet.
Erhältlich: von September bis Mai.

Winterkürbis (ohne Abb.)
Das leuchtend-orangefarbene Fleisch der riesigen Gemüsefrüchte hat einen leicht süßlich-nussigen Geschmack.
Erhältlich: von August bis November.

1

2

3

4

5

6

7

8

9

10

11

12

13

14

15

16

7 bis 9 Tomaten
Die Tomate ist heute das meistverzehrte Gemüse. Folgende Sorten sind von Bedeutung: Kugeltomaten sind relativ kernreich mit saftigem Fruchtfleisch. Fleischtomaten enthalten wenig Kerne, sie sind besonders schnittfest und süß im Geschmack. Flaschen-, Eier- oder Birnentomaten sind kernarm, sehr aromatisch und schmecken gut als Salat. Sie eignen sich auch gehäutet zum Einlegen. Kirsch- oder Cocktailtomaten, rot und orange, sind intensiv im Geschmack und werden für Salat und zum Garnieren verwendet.
Der grüne Stengelansatz muß immer herausgeschnitten werden, da sich darin das magenschädliche Solanin ansammelt.
Tomaten nicht im Kühlschrank aufbewahren, sie verlieren in der Kälte an Aroma.
Erhältlich: alle Sorten ganzjährig, aus dem Freiland von Juli bis September.

10 bis 13 Gemüsepaprika
Die unterschiedlichen Farben haben nichts mit der Reife zu tun. Mild im Geschmack sind gelbe Sorten, sehr fruchtig die roten und am schärfsten die grünen. Aus den Niederlanden kommen auch schwarze Paprikasorten, die jedoch durch Kochen ihre Farbe verlieren. Die blaßgelben Schoten aus Ungarn sind mild und ideal für den Rohgenuß.
Paprika sind besonders reich an Vitamin C, sie enthalten mit 340 mg/100 g zehnmal soviel Vitamin C wie Zitronen.
Erhältlich: ganzjährig, besonders preiswert und aromatisch von August bis Oktober aus dem Freiland.

14 Patisson
Die kleinen diskusförmigen Früchte gibt es in Gelb, Grünlich und Beige. Bis zu 300 g schwer, sind sie gekocht und eventuell gefüllt am köstlichsten. Sie sind nicht sehr lange haltbar.
Erhältlich: von Juli bis Oktober.

15 und 16 Avocados
Von den 400 Sorten sind vor allem die Ettlinger, Fuerte, Nabel und die warzige und besonders aromatische Hass bekannt.
Avocados enthalten bis zu 30 Prozent leichtverdauliches Fett aus mehrfach ungesättigten Fettsäuren.
Das Fruchtfleisch muß zartgrün und butterweich sein.
Da es sich nach dem Schälen verfärbt, sollte man es erst kurz vor dem Verzehr zubereiten. Legt man den Kern in die fertige Speise, wird der Bräunungsprozeß verlangsamt.
Erhältlich: ganzjährig.

STENGEL- UND SPROSSENGEMÜSE

Der König der Stengelgemüse ist unumstritten der Spargel. Aber auch Gemüse wie Fenchel, Artischocke, Staudensellerie und Mangold, die ebenfalls zu dieser Gattung zählen, sind bei uns sehr geschätzt. Sprossen hingegen gelten für viele als neumodische Erscheinung. Aber weit gefehlt: Schon vor 5000 Jahren mischte man in China die nährstoffreichen Sprossen vor allem unter Reisgerichte.

Weißer Spargel
Spargel der Extraklasse muß dicke, gerade und unbeschädigte Stangen von 17 bis 22 cm Länge haben.
Dünne Spargelstangen sind billiger, geschmacklich meist genauso gut, allerdings entsteht mehr Abfall.
Frischer Spargel hält sich, in ein feuchtes Tuch gehüllt, drei Tage im Gemüsefach des Kühlschrankes.
Geschält und blanchiert kann man ihn bis zu sechs Monate tiefgefrieren.
Erhältlich: von Mitte April bis zum 24. Juni.

Grüner Spargel
ist der einfacheren Erntebedingungen wegen (er wächst über der Erde) preiswerter. Manche Sorten müssen überhaupt nicht geschält werden, manche nur am unteren Ende. Wilder Spargel ist grün, kürzer und dünner als die bei uns bekannten Sorten und sehr aromatisch.
Erhältlich: von Mitte April bis zum 24. Juni.

Fenchel
Die mediterranen Länder beliefern uns mit den würzigen, leicht nach Anis schmeckenden Knollen.
Das vitamin- und mineralstoffreiche Gemüse kann roh oder gekocht gegessen werden.
Erhältlich: von August bis April.

Artischocken
werden nur gekocht verzehrt. Man gart sie in Salzwasser mit Zitronensaft und etwas Zucker in etwa 30 bis 45 Minuten. Keine Aluminiumtöpfe verwenden, da sich die Artischocken sonst schwarz verfärben. Kleinere Artischocken schmecken auch köstlich in Öl gebraten. Der in Artischocken enthaltene Bitterstoff Cynarin wirkt appetitanregend!
Erhältlich: von September bis Juni.

Cardy (ohne Abb.)
oder Spanische Artischocke. Von dieser Distelpflanze werden nicht die Blütenköpfe verzehrt, sondern die dem Staudensellerie ähnlichen Stengel. Nach dem Putzen sofort in Essigwasser legen, damit sie sich nicht verfärben. Um die faserige Haut abziehen zu können, müssen sie 20 Minuten gekocht werden. In weiteren 20 Minuten sind sie dann genußfertig.
Erhältlich: von Ende September bis Ende Dezember.

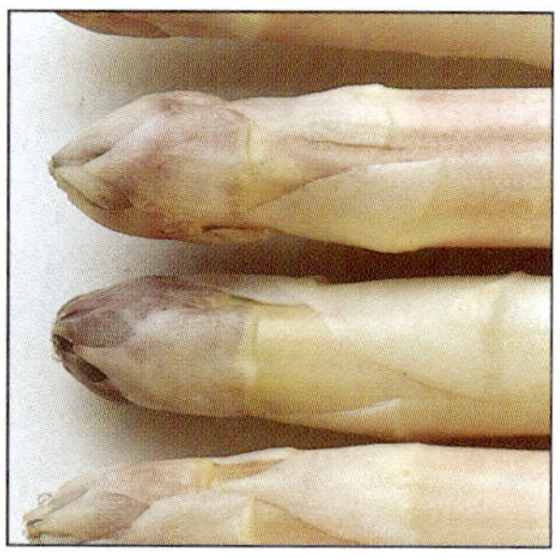

Weißer Spargel
Optimale Qualität erkennt man an dicken, geraden Stangen und geschlossenen Köpfen.

Grüner Spargel
und vor allem wilder Spargel sind herzhafter im Geschmack als die weißen Stangen.

Gemüsefenchel,
in Italien eines der beliebtesten Gemüse, hat auch unsere Märkte erobert.

Artischocken
Die kleinen Sorten sind so zart, daß sie im Ganzen verzehrt werden können.

Artischocken
Die großköpfige Artischocke mit breitem Blütenboden kommt aus der Bretagne.

Staudensellerie
muß frische, grüne Blätter haben, dann schmeckt er am besten und ist reich an Vitaminen.

Mangold
ist nicht nur sehr schmackhaft, sondern auch besonders reich an Eiweiß und Mineralstoffen.

Rübstiel
hat kräftige, sattgrüne Blätter mit einem kräftig-derben Geschmack.

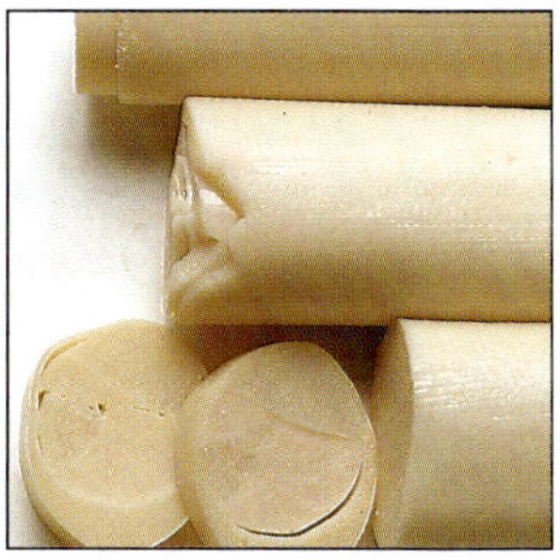

Palmenherzen
werden überwiegend für Vorspeisen und feine Salate verwendet.

Hopfensprossen
sind eine köstliche Spezialität, die nicht nur in Hopfengegenden geschätzt wird.

Bohnenkeimlinge
und alle artverwandten Sprossen kann man ganzjährig selber ziehen.

Bambussprossen
haben einen edlen Geschmack, und sind in der asiatischen Küche unentbehrlich.

Staudensellerie
ist auch als Bleich- oder Stangensellerie bekannt.
Er muß knackig-saftige Stengel haben, die roh zum Knabbern oder als Salat, aber auch gekocht, geschmort oder gedünstet gut schmecken.
Erhältlich: ganzjährig, aus dem Freiland von Juli bis Ende Oktober.

Mangold
Es gibt Schnittmangold mit kleinen Blättern und schmalen Stielen und Stielmangold mit großen Blättern und dickfleischigen Stielen, die geschmacklich an Schwarzwurzeln erinnern; die Blätter ähneln Spinat.
Wegen der unterschiedlichen Garzeiten ist es besser, Blätter und Stiele getrennt zuzubereiten.
Erhältlich: von Mai bis Oktober.

Rübstiel,
auch Stielmus genannt, ist das Kraut der gewöhnlichen Speiserübe, deren Knolle sich durch eine zu enge Aussaat kaum ausbilden kann. Jüngere Pflanzen bevorzugen.
Erhältlich: von April bis Juni.

Palmenherzen,
auch Palmitos genannt, sind das wohlschmeckende Mark der Fächerpalmen, das über dem Ansatz der Palmenwedel von Kokos- und Assaipalmen sitzt, die in Südamerika wachsen. Bei uns sind Palmitos nur in Dosen erhältlich.

Hopfensprossen
In letzter Zeit wird diese in Vergessenheit geratene Spezialität wieder kultiviert, vor allem in der Hallertau.
Die Sprossen sollen maximal 8 cm lang und 4 mm dick sein, das Köpfchen muß geschlossen sein. Kurz gekocht als Gemüse, sind sie eine Delikatesse.
Erhältlich: von Mitte März bis Ende April aus dem Freiland.

Bohnenkeimlinge
nennt man junge Keime aus Soja- oder Mungobohnen. Da sie sich aus der konzentrierten Nährstoffreserve von Samenkörnern entwickeln, sind sie besonders reich an wertvollen Inhaltsstoffen. Außerdem werden Sprossen aus Adzukibohnen, Alfalfa, Kichererbsen, Sonnenblumen oder Linsen überaus geschätzt.
Erhältlich: ganzjährig zum Selberzüchten.

Bambussprossen
sind die jungen Triebe immergrüner Gräser. Die kurzen, kegelig zulaufenden Sprossen werden bis zu 30 cm lang und wiegen bis zu 200 g. Bei uns sind sie frisch nur selten erhältlich.

ZWIEBEL & CO.

Die Zwiebel ist eine der ältesten Kulturpflanzen. Schon die alten Ägypter stärkten ihre Sklaven beim Pyramidenbau mit Zwiebeln. Heute ist die Zwiebel in der ganzen Welt verbreitet und wird ganz besonders in Deutschland geschätzt. Mit einem Pro-Kopf-Verbrauch von ca. 7 kg steht die Zwiebel, nach den Tomaten, aber noch vor dem Weißkohl, in der Beliebtheitsliste der Gemüse an zweiter Stelle. Zwar werden bislang Zwiebeln noch überwiegend als Gewürz verwendet – aber der Trend, daraus eigenständige Speisen zuzubereiten, nimmt ständig zu.
Alle Zwiebelsorten sind ganzjährig erhältlich.

Vier Grundregeln für die Verwendung von Zwiebeln:

1. Zwiebeln immer erst kurz vor dem Gebrauch schälen, da sie sehr rasch an Aroma verlieren.
2. Für Zwiebelwürfel die Zwiebel der Länge nach halbieren und mit einem scharfen Messer in Würfel schneiden; in einer Küchenmaschine gehackte Zwiebeln werden leicht bitter.
3. Um Tränen zu vermeiden, die geschälten Zwiebeln kurz unter fließendes, kaltes Wasser halten.
4. Zwiebeln entfalten ihren Geschmack am besten, wenn sie bei nicht zu starker Hitze in Fett angebraten werden. Sobald sie bräunen, schmekken sie bitter. Will man braune, knusprige Zwiebelringe haben, müssen sie in reichlich frischem Fett ausgebacken werden.

Gesundheitlicher Wert:

Alle Zwiebelsorten sind kalorienarm, reich an Vitamin A und C. Die reichlich enthaltenen ätherischen Öle wirken sich günstig auf Herz und Kreislauf aus.

Speise- oder Haushaltszwiebel
ist die verbreitetste Sorte. Sie schmeckt scharf und wird überwiegend roh oder angebraten zum Würzen verwendet.

Weiße Zwiebel
wird auch Sommerzwiebel genannt. Sie ist saftiger als die übrigen Zwiebeln und eignet sich besonders gut für rohe Zwiebelsalate.

Rote Zwiebel
kommt vorwiegend aus den Balkanländern und Italien. Sie schmeckt mild, leicht süßlich, und der hübschen Farbe wegen wird sie oft roh unter Salat gemischt. Beim Kochen wird sie weiß!

Gemüsezwiebel
erreicht ein Gewicht zwischen 200 und 500 g und wird ganzjährig vorwiegend aus Spanien eingeführt. Da sie groß ist und einen milden Geschmack hat, wird sie meist zum Füllen verwendet.

Silber- oder Perlzwiebeln
werden überwiegend zum Einlegen verwendet. Die etwas größeren Exemplare, meist ein wenig abgeflacht in der Form, heißen Schaschlikzwiebeln.

Schalotte
Die nobelste aller Zwiebelsorten wird immer dann verwendet, wenn man Wert auf ein feines, zartwürziges Aroma legt.

Frühlings- oder Lauchzwiebel
schmeckt im Frühjahr am besten, obwohl es sie mittlerweile das ganze Jahr hindurch gibt. Sie wird meist roh mit dem Grün in Ringe geschnitten und unter Salate gemischt. Auch für pfannengerührte Speisen ist sie bestens geeignet.

Knoblauch
Besonders fein ist der Geschmack von frischem Knoblauch, den es im Frühsommer zu kaufen gibt. Ansonsten sind die Knollen getrocknet, einzeln oder zu Zöpfen zusammengebunden, auf dem Markt. Die äußere Haut soll durchscheinen, und die einzelnen Zehen müssen prall sein. Befindet sich in der Mitte ein grünlicher Keim, hat der Knoblauch sein bestes Stadium überschritten. Die Zehe kann man zwar noch verwenden, den Keim sollte man aber unbedingt entfernen. Dem Liliengewächs werden viele gesundheitlich positive Eigenschaften nachgesagt, neben seiner verdauungsfördernden Wirkung ist sein günstiger Einfluß bei Bluthochdruck erwähnenswert.
Knoblauch schälen, in Würfel schneiden, mit einem breiten Messer zerquetschen oder durch eine Presse drücken.
Erhältlich: ganzjährig.

Lauch,
auch Porree genannt, ist reich an Kalzium, Phosphor, Eisen, Kalium und an Vitaminen B und C. Seine entschlackende Wirkung wird sehr geschätzt. Die frühen Sorten haben einen zarten Geschmack und sind schneller gar als die späten mit ihrem dicken Schaft.
Lauch muß sehr gründlich gewaschen werden, da sich zwischen den Blättern viel Sand ansammelt!
Dafür die geputzte Lauchstange längs durchschneiden und unter fließendem Wasser die Sandkörner herausspülen.
Erhältlich: ganzjährig, aus dem Freiland von Juni bis September.

KOHL

Keine andere Gemüsefamilie weist eine solche Vielfalt auf wie die des Kohls mit dem botanischen Namen »brassica«. Kohl gibt es in Form von Blättern wie Grünkohl, Chinakohl, Weiß- und Rotkohl, als Blütenstände wie Blumenkohl mit all seinen Verwandten, aber auch als Triebsprossen, wie die Röschen des Rosenkohls genannt werden. Nicht zu vergessen die Knollen des Kohlrabis. Alle Sorten unterscheiden sich nicht nur im Aussehen, sondern auch im Geschmack und in der Zubereitung.

Weißkohl

auch als Weißkraut, Kabis oder Kappes bekannt, ist die verbreitetste Kohlsorte Deutschlands. Der Großteil der heimischen Ernte wird zu Sauerkraut verarbeitet. Ein nobler Verwandter ist der Spitzkohl, er ist aromatisch und feiner im Geschmack.
Sofern die Kohlköpfe glatt, fest und geschlossen sind, halten sie sich bei kühler Lagerung 1 bis 3 Wochen, Winterkohl noch länger.
Das enthaltene Vitamin C wird nicht, wie üblich, durch Kochen weniger, sondern sogar mehr. Auch bei der Sauerkrautherstellung nimmt der Gehalt an Vitamin C zu.
Erhältlich: ganzjährig. Frühkohl von Juni bis September ist besonders zart und eignet sich gut für Salat und Rohkost, aber auch für Kohlrouladen.

Rotkohl

auch als Rot- oder Blaukraut bekannt, schmeckt im Herbst und Winter am besten.
Sehen die äußeren Blätter schwarz und ledrig aus, ist das Gemüse alt und derb im Geschmack. Wegen seiner besonders festen Zellstruktur regt er die Darmtätigkeit an, für Magenempfindliche ist er jedoch etwas schwer verdaulich.
Erhältlich: von Juni/Juli bis April.

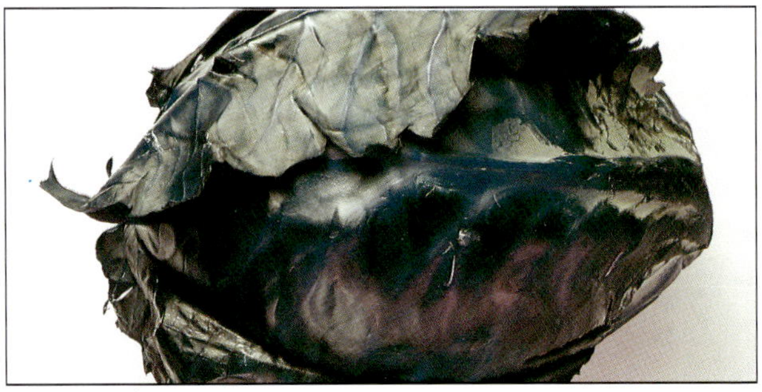

Wirsing

auch Savoyer Kohl oder Welschkohl genannt, ist ein typisches Wintergemüse, doch sollten Sie unbedingt den ersten Frühwirsing im Juni probieren – kurz blanchiert und mit heißer Butter beträufelt.
Die Farbe, Grün oder Gelb, ist sortenbedingt und sagt nichts über die Qualität aus, die krausen Blätter dürfen aber nicht welk aussehen.
Erhältlich: von Juni bis März.

Pak-Choi

häufig auch Paksoi genannt, ist ein Blattstielgemüse, geschmacklich vergleichbar mit Chinakohl, nur etwas milder, mit einem leichten Spinataroma.
Pak-Choi schmeckt als warmes Gemüse oder wenn man die Blätter mit einer feinen Farce füllt.
Erhältlich: ganzjährig.

Chinakohl

auch als Pekingkohl oder Japankohl bekannt, ist eine leicht verdauliche Kohlsorte.
Es gibt zwei Sorten: schmal, langköpfig mit grünen Blättern und oval-rundlich mit stärker gekräuselten, gelbgrünlichen Blättern.
Erhältlich: von August bis März aus dem Freiland, ganzjährig aus Unterglasanbau.

Broccoli

wird auch Sprossenbroccoli, Spargelkohl oder grüner Blumenkohl genannt. Sobald die Blütenstände leicht geöffnet und gelblich sind, sollten Sie Broccoli nicht mehr kaufen.
Neben einem hohen Eiweiß- und Kohlenhydratgehalt ist der Mineralstoffgehalt beachtlich. Der Eisengehalt liegt höher als bei Spinat, und der Vitamin-C-Gehalt ist fast so hoch wie bei Paprika. Broccoli ist sehr leicht verdaulich.
Erhältlich: von August bis Oktober, aus Italien ganzjährig.

Grünkohl

hat viele Namen, z. B. Braunkohl, Krauskohl oder Oldenburger Palme. Am besten verzehrt man ihn erst, wenn er Frost bekommen hat, da dabei die Stärke in Zucker umgewandelt wird und den derben Geschmack mildert. Die Blätter müssen knackig und tiefgrün sein.
Neben dem hohen Mineralstoffgehalt ist vor allem das reichlich enthaltene Eiweiß ernährungsphysiologisch besonders wertvoll.
Erhältlich: von November bis März.

Rosenkohl

wird auch Sprossenkohl oder Brüsseler Kohl genannt.
Frost verbessert den Geschmack und lockert die Zellstruktur, die Röschen werden leichter verdaulich.
Sind die Deckblätter gelb und schlaff, haben die Röschen nur noch wenig Aroma und natürlich auch viele Vitamine eingebüßt.
Erhältlich: von September bis Januar.

Blumenkohl

in Österreich Karfiol genannt, hat Farbe bekannt. Neben der weißen Blume findet man nun auch grüne oder violette Sorten, die durch Kochen grünlich werden.
Wegen seines besonders feinen Geschmacks ist der Blumenkohl von allen Kohlarten das beliebteste Gemüse.
Erhältlich: Ende Mai bis Ende Oktober.

Kohlrabi

unbedingt mit den Blättern kaufen, die aber nicht welk und gelb sein dürfen. In ihnen steckt eine Menge wichtiger Inhaltsstoffe, wertvolles Eiweiß und reichlich Phosphor – mehr als in der Knolle – deshalb sollten Sie die Blätter mitverwenden. Das untere Ende der Knollen darf sich nicht hart und holzig anfühlen. Blauschalige Kohlrabis unterscheiden sich geschmacklich nicht von den weißen.
Erhältlich: von Mai bis November aus dem Freiland.

Romanesco

zählt zur Familie des Blumenkohls.
Cremefarbig, fleckenlos, feinkörnig und dichtgeschlossen muß die Blume sein, knackig-frisch die umhüllenden Blätter.
Ob grün, weiß oder violett, eines haben alle Blumenkohlarten gemeinsam: Sie sind eine der bekömmlichsten Gemüsesorten überhaupt und haben in der Diätküche einen hohen Stellenwert.
Erhältlich: von Ende Mai bis Ende Oktober.

PILZE

Für die Ernährung unterscheidet man Wald- und Zuchtpilze. Die Sporengewächse nehmen nicht nur die gesunden, sondern auch die ungesunden Stoffe wie Schwermetalle aus dem Boden auf. Es ist daher ratsam, nicht häufiger als einmal im Monat wildwachsende Pilze zu genießen. Gelegentlich Pilze als Würze für Saucen oder Suppen zu verwenden, ist gesundheitlich unbedenklich. Die zunehmend bessere Qualität von Zuchtpilzen macht Pilzgerichte heute wieder beliebter.

Gesundheitlicher Wert von Pilzen:

Pilze enthalten etwa soviel Eiweiß wie Gemüse. Da aber Pilzeiweiß schwer verdaulich ist, sind Pilzgerichte bei Magenempfindlichkeit nicht empfehlenswert. Der Vitamin- und Mineralstoffgehalt ist eher unbedeutend, lediglich Vitamin D, das bei den übrigen Gemüsesorten kaum vorkommt, spielt eine Rolle. Ideal sind Pilze für die schlanke Küche, da sie viel Geschmack, aber kaum Kalorien haben.

Vorbereitung und Lagerung:

- Bedingt durch ihre lockere Zellstruktur, nehmen fast alle Pilze wie ein Schwamm Wasser auf. Daher möglichst aufs Waschen verzichten. Bei Zuchtpilzen ist das einfach, bei wildwachsenden Pilzen schabt man anhaftende Schmutzteile am besten mit einem kleinen Messer vorsichtig ab.
- Der ideale Platz für eine kurzfristige Lagerung von Pilzen ist dunkel, kühl und luftig, am besten also das Gemüsefach des Kühlschranks.

Wichtig: Pilze, die in Folie eingepackt sind, sofort nach dem Kauf öffnen, damit sie Luft bekommen.
Im Schnitt halten sich Pilze maximal 2 bis 3 Tage, sie verlieren aber auch bei noch so guten Lagerbedingungen viel Aroma.

Zubereitung:

Pilze können auf vielfältigste Weise zubereitet werden:
Braten: Besonders gut schmekken Pilze, wenn man sie mit Zwiebel- und Speckwürfeln anbrät. So lange braten, bis die dabei entstehende Flüssigkeit verdampft ist. Erst dann, falls gewünscht, mit Sahne und Crème fraîche aufgießen und erneut einkochen lassen.
Fritieren: Kleine Pilzhüte entweder panieren oder in Ausbackteig tauchen und im 180 °C heißen Öl goldbraun und knusprig ausbacken.
Dünsten: Am schonendsten für Mineralstoffe und Aroma ist Dünsten. Die kleingeschnittenen Pilze in Butter oder Margarine bei einer Temperatur von ca. 100 °C ohne Bräunung anbraten und im eigenen Saft zugedeckt fertiggaren.
Gratinieren: Kurz vorgegarte Pilze in eine Form schichten, mit einer Sahne-Käse-Mischung begießen und auf der obersten Schiene des Backofens goldbraun gratinieren.
Alle Pilzgerichte harmonieren mit feingehackter Petersilie. Ein wenig Estragon oder Basilikum verleiht den Gerichten ihre Raffinesse.

Champignons
sind die beliebtesten Zuchtpilze. Es gibt sie ganzjährig frisch.

Egerlinge
sind die aromatischeren und etwas länger haltbaren Verwandten der Champignons.

Austernpilze
haben ein besonders festes Fleisch. Kleinere Exemplare sind vorzuziehen.

Shiitake-Pilze
Unter allen Zuchtpilzen kommen sie geschmacklich den Waldpilzen am nächsten.

Steinpilze
Von Juni bis Oktober kann man sie in lichten Nadel- und Buchenwäldern finden.

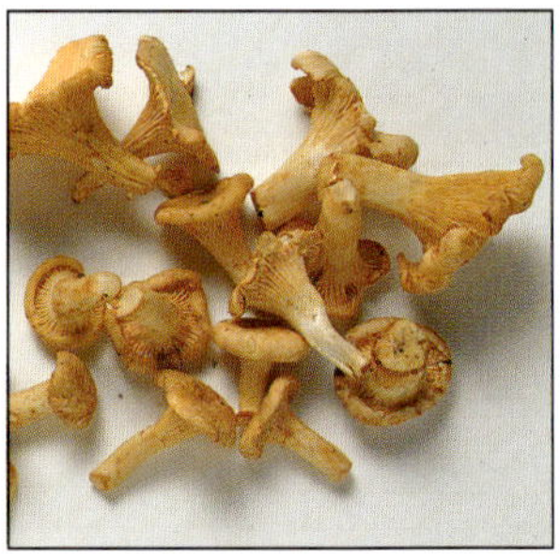

Pfifferlinge
auch Eierschwämme genannt. Von Juni bis Oktober kann man sie im Wald finden.

Morcheln
Morchelzeit ist von April bis Juni, getrocknet gibt es Morcheln jedoch ganzjährig.

Trüffeln
gibt es von Oktober bis Dezember (weiße) bzw. von Oktober bis Februar (schwarze).

HÜLSENFRÜCHTE

Lange Zeit in Vergessenheit geraten, findet man sie heute, köstlich zubereitet, selbst in den besten Restaurants. Zur Gattung der Hülsenfrüchte gehören auch die frischen Schoten von Erbsen und Bohnen, die völlig anders verarbeitet werden und im Gegensatz zu den getrockneten Hülsenfrüchten rasch gar sind.

Zuckerschoten oder Zuckererbsen schmecken zart-nussig. **Mark-** und **Palerbsen** werden nur selten frisch angeboten.

Buschbohnen eignen sich gut für Salat. **Keniabohnen** sind besonders zart.

Stangenbohnen, Spargel- oder **Strumpfbandbohnen** eignen sich für Gemüse oder Eintöpfe.

Dicke Bohnen sollten milchigweiße Samen haben. Je jünger die Kerne sind, desto besser ist ihr Geschmack.

Getrocknete gelbe und **grüne Erbsen** gibt es **geschält** und **ungeschält. Kichererbsen** schmecken leicht nussig.

Weiße Bohnen gibt es in Form von **Perlbohnen, großen weißen Bohnen** und **Cannellini-Bohnen.**

Rote Kidneybohnen sind für Chili con carne unentbehrlich. **Wachtelbohnen** sind mehligkochend.

Braune Tellerlinsen, Schwarze Linsen und **Rote Linsen** sind besonders fein im Geschmack.

Für alle frischen Sorten gilt:

- Je frischer die Schoten, desto zarter und feiner sind sie im Geschmack.
- Bei längerer Lagerung reifen sie nach und bekommen einen mehlig-bitteren Beigeschmack.
- Notfalls kurz blanchieren, in kaltem Wasser abkühlen und so bis zur Weiterverarbeitung aufbewahren.
- Achten Sie auf eine möglichst kurze Garzeit. Durch zu langes Kochen verlieren sie nicht nur ihre grüne Farbe, sondern auch viel Aroma!
- Am besten schmecken Erbsen und Bohnen frisch geerntet von Ende Mai bis August.

Für alle getrocknete Hülsenfrüchte gilt:

- Sie haben von allen pflanzlichen Produkten den höchsten Eiweißgehalt, dazu kommen beachtliche Mengen an Mineralstoffen, Spurenelementen und Vitaminen. Der hohe Ballaststoffanteil ist für unsere Ernährung besonders wichtig.
- Mit Ausnahme von Linsen (außer sie sind schon sehr lange gelagert) müssen alle Hülsenfrüchte mindestens 12 Stunden in reichlich Wasser (ca. 1/2 Liter pro 100 g) eingeweicht werden. Da Vitamine und Mineralstoffe in das Wasser übergehen, unbedingt im Einweichwasser kochen.
- Bei getrockneten Bohnen gilt, je dunkler die Bohne, desto intensiver ihr Geschmack und desto fester bleiben sie beim Kochen.
- Die Garzeit kann erheblich schwanken und hängt sehr vom Alter der Hülsenfrüchte ab. (Bohnen und ungeschälte Erbsen benötigen bis zu zwei Stunden, Linsen und geschälte Erbsen bis zu einer Stunde). Leider sieht man ihnen nicht an, wie alt sie sind. Kaufen Sie daher Hülsenfrüchte am besten in gut frequentierten Supermärkten.
- Salz und Säure (Essig oder Wein) verlängern die Garzeit, daher erst zum Schluß an das Gericht geben.

BLATTSALATE

Bunter und zahlreicher denn je ist das Angebot an frischen Blattsalaten. Im Laufe der Jahre entstanden die unterschiedlichsten Neuzüchtungen, die jedoch alle ausschließlich von den zwei Gattungen Lattich und Zichorie abstammen. Alle Gartensalate, wie z. B. Kopf-, Batavia-, Eis- und Romanasalat gehören zur Gattung des Lattichs, während Radicchio, Chicorée und Endiviensalat zu den Zichorie-Gewächsen zählen.

1. Kopfsalat, grün und rot
Am begehrtesten sind die festen, gut geschlossenen Köpfe, die zwischen 250 und 500 g wiegen. Rote Sorten haben eine lockerere Kopfbildung und wiegen ca. 250 g. Die Blätter sind noch zarter und ohne Bitterstoffe. Kopfsalate welken sehr schnell. Die Haltbarkeit kann man durch Besprühen mit Wasser, Einschlagen in ein feuchtes Tuch und kühle Lagerung verlängern.
Angebot: Einheimische Freilandware von Mai bis Oktober, aus Gewächshäusern ganzjährig.

2. Eissalat (links)
Zuchtart des Kopfsalates aus Amerika, auch bekannt unter den Namen Eisberg-, Krach- oder Knacksalat. Die Köpfe wiegen zwischen 600 und 800 g. **Crispsalat**, eine neue Variante des Eissalates aus Holland, wird von gekräuselten, hellgrünen Blättern umhüllt. Im Kühlschrank bleibt Eissalat mehrere Wochen frisch.
Angebot: Einheimische Freilandware von Mai bis September, aus Gewächshäusern ganzjährig.

2. Batavia (rechts)
Kreuzung aus Kopf- und Eissalat mit hellgrünen und dunkelrötlichen Blättern. Die Köpfe wiegen zwischen 500 und 1000 g. Im Kühlschrank bleibt der Salat einige Tage frisch. Hellere Sorten sind nicht so lange haltbar.
Angebot: Geringe einheimische Freilandware von Mai bis September, aus Gewächshäusern ganzjährig.

3. Romanasalat (Römischer Salat, links)
Die langgezogenen Blätter mit ausgeprägten, fleischigen Blattrippen bilden lockere Köpfe, die zwischen 400 und 500 g wiegen. Dieser Salat verträgt gehaltvollere Dressings und eignet sich für warme Zubereitungen. Im Kühlschrank hält er sich ungefähr 1 Woche. Man kann ihn auch einfrieren und als Gemüse verarbeiten.
Angebot: Einheimische Freilandware von August bis Oktober; Importe aus Italien, Spanien und den Niederlanden von November bis Mai.

3. Eichblattsalat (Eichenlaubsalat, rechts)
Wie alle Pflück- und Schnittsalate hat er eine lose Blätterrosette. Die Köpfe wiegen zwischen 400 und 500 g, der Salat schmeckt leicht nussig. Nur sehr kurzfristig haltbar. Am besten in ein feuchtes Tuch einschlagen und kühl lagern.
Angebot: Einheimische Freilandware von Juni bis September; im Winter und Frühjahr Importe aus Frankreich, Italien, Spanien und den Niederlanden.

1

2

3

4

5

6

7

8

4. Lollo Rosso und Lollo Biondo
Beide zählen zu den Pflück- und Schnittsalaten. Sie bilden lockere, offene Köpfe mit krausen Blättern von fester Struktur und herbem Geschmack, und wiegen zwischen 200 und 300 g. Beide Sorten halten sich ca. 1 Woche bei kühler Lagerung in einer gelochten Plastiktüte.
Angebot: Einheimische Freilandware von Juni bis September. Ganzjährige Importe aus Italien, Frankreich und den Niederlanden.

5. Feldsalat (Rapunzel, Ackersalat, Mäuseöhrchen, Nüßli- oder Vogerlsalat)
Die kleinen Pflänzchen bestehen aus ca. 20 Blättern und enthalten viele Vitamine und Mineralstoffe. Es gibt zwei Sorten: die großen Rosetten mit langen, breiten, mittelgrünen Blättern, die sehr rasch wachsen und die kleinen, dunkelgrünen Blattrosetten, die langsamer wachsen und wesentlich aromatischer schmecken. Die Blätter sind geputzt, leicht angefeuchtet und locker in einem Plastikbeutel verpackt einige Tage haltbar.
Angebot: Vom Herbst bis ins Frühjahr; Freilandware ist am aromatischsten.

6. Endivie (links), Escarol und Frisée (rechts)
Im wesentlichen unterscheiden sie sich nur äußerlich: **Friséesalat** wird wegen seiner auffällig krausen Blätter häufig als Garnitur verwendet oder unter andere Salate gemischt. **Endivie** und **Escarol** werden meist feingeschnitten zu Salat verarbeitet. Alle drei Sorten enthalten vor allem in den unteren Blatteilen Bitterstoffe. Die Köpfe wiegen zwischen 600 und 800 g. Eingeschlagen in ein feuchtes Tuch bleiben sie einige Tage frisch. Achtung: Das gelbe Herz des Friséesalates fault sehr schnell!
Angebot: Einheimische Freilandware von Juli bis Dezember; sonst als Import aus Italien, Spanien und Frankreich, im Frühjahr als Treibhausware aus den Niederlanden.

7. Radicchio
Die festen, runden, violetten Köpfe mit weißen Blattadern sind für Salate am besten geeignet. Die Blätter schmekken leicht bitter. Durch kurzes Einlegen in lauwarmes Wasser werden die Bitterstoffe entzogen. Das Gewicht schwankt zwischen 100 und 400 g. Radicchio hält sich im Kühlschrank gut 1 Woche.
Angebot: Vorwiegend von Oktober bis Mai. Hauptlieferanten sind Italien und Frankreich.

8. Chicorée
Die im Dunkeln keimende Sprosse der Zichorienwurzel färbt sich bei Lichteinwirkung grün und wird dann bitter. Auf feste, zarte Blätter mit einem zartgelben Rand achten. Auch nach dem Kauf unbedingt dunkel lagern! Ein Kopf wiegt zwischen 100 und 150 g. Da der mittlere Kern bitter sein kann, schneidet man ihn am besten keilförmig heraus. Die heutigen Sorten enthalten allerdings immer weniger Bitterstoffe. Lichtgeschützt im Kühlschrank hält sich Chicorée mehrere Tage.
Angebot: Grundsätzlich ganzjährig, aber meistens auf Oktober bis April beschränkt. Hauptimport aus Belgien, den Niederlanden und Frankreich.

KRÄUTER

Frische Kräuter fördern den Appetit und machen die Speisen leichter verdaulich. Außerdem helfen sie Salz zu sparen und bereichern den Salat zusätzlich mit Vitaminen. Kräuter verleihen jedem Salat eine ganz spezielle Note.

Tips für das Kräutergärtchen

Da Kräuter frisch geerntet das meiste Aroma haben, ist für »Salat-Fans« ein Kräutergarten, und sei es in der Mini-Ausgabe auf der Fensterbank, sinnvoll.

- Viele Küchenkräuter sind sehr bescheidene Gewächse, denen häufig ein Blumentopf ausreicht, wie z. B. Schnittlauch, Petersilie, Basilikum, Bohnenkraut, Dill, Kerbel, Kresse, Petersilie, Pimpinelle, Zitronenmelisse und Koriandergrün (Cilantro). Sie können notfalls auch im Zimmer gehalten werden.
- Estragon, Borretsch und Pfefferminze brauchen frische Luft und mehr Platz, zumindest einen großen Pflanzkübel.
- Am besten gedeihen die Kräuter, wenn man sie in Kompost oder Gartenerde pflanzt.
- 6 Wochen nach dem Einpflanzen mit Blumendünger gießen. Allerdings dürfen die Blätter nicht mit dem Dünger in Berührung kommen!
- Grundsätzlich nur die vollentwickelten Blätter ernten. Herzblätter auf keinen Fall abschneiden, da sonst die Pflanze nicht nachtreiben kann!
- Bereits geerntete, nicht verwendete Kräuter anfeuchten und in einem dichtschließenden Kunststoffbehälter oder in einer verschlossenen Plastiktüte im Kühlschrank aufbewahren.

Schnittlauch
Kann reichlich über fast alle Salate gestreut werden, vor allem Kartoffelsalat.

Basilikum (grün und rot)
Schmeckt nur frisch und am besten in Streifen geschnitten zu vollreifen Tomaten.

Dill
Die zarten Dillspitzen dürfen bei Gurken-, aber auch bei Krabbensalat nicht fehlen.

Estragon
Die Blätter der mehrjährigen Pflanze würzen Blattsalate und Kräuterdressings.

Pimpinelle
Die gezackten Blätter feingehackt unter Kräutersaucen, Blatt- und Eiersalate mischen.

Kerbel
Hat einen sehr würzigen Geschmack, der gut mit Gemüse- und Eiersalaten harmoniert.

Cilantro
Läßt sich aus Koriandersamen ziehen und verleiht Salaten eine eigenwillige, fernöstliche Note.

Bohnenkraut
Intensiviert durch Mitkochen das Aroma frischer Bohnen; paßt auch zu Hülsenfrüchten.

Borretsch
Würzt feingeschnitten Gurken- und Tomatensalat. Die Blüten über Blattsalate streuen.

Kresse
Gekauft oder selber gezogen – sie paßt zu fast allen Salaten.

Pfefferminze
In sehr kleinen Mengen unter Blattsalate; Würzmittel und Garnitur bei Dessertsalaten.

Zitronenmelisse
Intensiver, würziger Zitronengeschmack; paßt zu Kräutersaucen und Dessertsalaten.

WILDKRÄUTER

Früher waren wildwachsende Kräuter fester Bestandteil der täglichen Nahrung! Lange Zeit völlig vergessen, entdeckt man sie allmählich wieder. Was man lange als Unkraut ausgerupft hat, mischt man heute unter die feinsten Salate. Wildkräuter sind nicht nur sehr würzig im Geschmack, sie enthalten auch wesentlich mehr Vitamine, Mineral- und Ballaststoffe als gezüchtete Kräuter. Damit Sie bei einem Spaziergang nicht achtlos daran vorbeigehen, werden hier die bekanntesten vorgestellt.

Wildkräuter wachsen, wie der Name schon sagt, in freier Natur – auf Wiesen, Äckern, Wegrändern, an Zäunen oder in Gräben. Vergleichende Untersuchungen mit Kulturkräutern haben ergeben, daß sie mehr wertvolle Inhaltsstoffe enthalten. Allerdings sind auch sie nicht völlig frei von Schadstoffbelastungen. Daher auch Wildkräuter sorgfältig waschen! Frische Wildkräuter schmecken als Salat, kurz gedünstet als Gemüse und Suppe sowie feingehackt als Würzmittel eines Salatdressings. Es lohnt sich also, die Augen aufzuhalten und zu sammeln.

Sauerampfer
Gedeiht auf feuchten Wiesen. Die jungen Blätter schmecken würzig-sauer. Ernte: April/Mai.

Löwenzahn
Geerntet werden die jungen, leicht bitteren Blätter. Ernte: vor der Blüte, April/Juni.

Brennessel
Wächst überall! Die jungen Triebe schmecken spinatähnlich. Ernte: März/Mai.

Brunnenkresse
Gedeiht an fließenden Gewässern. Schmeckt scharf-würzig. Ernte: Mai/September.

Vogelmiere
Wächst fast überall. Schmeckt leicht säuerlich. Ernte: April/September.

Giersch
Bevorzugt schattige Plätze. Geschmack ähnelt der Petersilie. Ernte: Mai/September.

Rauke (Rucola)
Wächst wild in Italien und Frankreich. Kultiviert im Handel. Schmeckt stark würzig.

Schafgarbe
Liebt sonnige, feuchte Plätze. Bitterer, pfeffriger Geschmack. Ernte: Juni/November.

Scharbockskraut
Liebt feucht-schattige Plätze. Würziger Geschmack. Ernte: vor der Blüte im März.

Wiesenschaumkraut
Blätter, Stengelspitzen und Knospen sind verwendbar. Ernte: April/Mai.

Kapuzinerkresse
Liebt Sonne. Die Blätter wie auch die Blüten sind eßbar. Ernte: Mai/Juni.

Gänseblümchen
Blätter wie Blüten schmecken leicht nußig. Ernte: März/Oktober.

Sammeltips:
- Nur Kräuter mitnehmen, die man sicher kennt.
- Nicht in der Nähe einer stark befahrenen Straße, eines Hundespazierweges oder einer Müllhalde sammeln.
- Nur bei trockener Witterung sammeln.
- Nur junge, zarte Blätter und Triebe ernten.
- Sammelgut in einen luftigen Korb legen, nicht drücken!
- Am gleichen Tag verarbeiten oder wenig anfeuchten, locker in eine Plastikdose legen und gut verschlossen kühl stellen.

SÜSSWASSER- UND WANDERFISCHE

Alle Fische, die sich in stehenden Gewässern wie Seen und Teichen sowie Fließgewässern wie Flüssen und Bächen tummeln, werden als Süßwasserfische bezeichnet. Salzwasser würde für die meisten dieser Fische den sicheren Tod bedeuten. Ausnahmen sind die sogenannten Wanderfische, die zwischen Salz- und Süßwasser wechseln. Nur wenige der 5000 bekannten Süßwasserfische haben eine Marktbedeutung als Speisefisch.

1. Flußaal
Von ihrem Laichplatz in der Saragossasee gelangen die Larven im Laufe von 3 Jahren an die europäische Küste. Hier beginnt ihre neunjährige Wanderschaft durch Flüsse und Seen. Haben die Aale ihre Geschlechtsreife erlangt, beginnen sie mit der Abwanderung.
• Das Fleisch ist fest, relativ fett und grätenfrei. Junge Aale werden gegrillt oder kurz gebraten, größere Aale werden geräuchert.

2. Barsch (Egli)
Barsche fühlen sich in fließenden und stehenden Gebirgsgewässern besonders wohl. Sie werden bis zu 35 cm lang und etwa 2,5 kg schwer.
• Das Fleisch ist mager und hat einen äußerst feinen Geschmack, ist aber leider sehr grätenreich. Schmeckt filetiert und kurz gebraten am besten!

3. Renke, Felchen, Maräne
Die etwa 30 bis 50 cm langen Fische sind am häufigsten in Gebirgsseen zu finden. Die Unterscheidung der Arten ist auf Grund der zahlreichen regional entstandenen Formen äußerst schwierig.
• In den Sommermonaten hat das Fleisch das beste Aroma. Sehr gut schmeckt es gebraten oder geräuchert.

4. Forelle
Meer- oder Lachsforelle: Die Jungfische leben 5 Jahre im Süßwasser, wandern dann ins Meer und kehren nach weiteren 5 Jahren zum Laichen in die Flüsse zurück. Diese Forellenart fällt vor allem durch das lachsrote Fleisch auf. Heute werden diese Fische vorwiegend in Norwegen gezüchtet. Durch die Fütterung mit Garnelenmehl färbt sich das Fleisch orangerot.
Regenbogenforelle: Ein aus Nordamerika stammender Wanderfisch, der bei uns in seiner Stammform und in einer Süßwasserform eingeführt wurde. Mit einem Gewicht von 250 bis 300 g ist er vorwiegend aus Teichwirtschaften erhältlich.
Bachforelle: Sie liebt kühle und sauerstoffreiche Fließgewässer. Auch diese Forellenart wird überwiegend gezüchtet. Wildwasserforellen sind Raritäten! Das Fleisch ist aromatischer als das der Regenbogenforelle.
• Kurze und schonende Garweisen sind notwendig, damit das zarte Fleisch saftig bleibt. Fantastisch schmecken auch geräucherte Forellen.

5. Hecht
Der Raubfisch liebt Seen und Flüsse mit ruhigem und klarem Gewässer mit Kiesgrund. Er kann bis zu 25 kg schwer werden, das Fleisch ist dann allerdings trocken. Ideales Schlachtgewicht: 1 bis 3 kg.
• Spezialitäten sind Hecht-

klößchen oder junger Hecht im Ganzen gebraten. Aber vorsicht, das zarte Fleisch steckt voller winziger Gräten.

6. Karpfen
Der aus Asien stammende Fisch liebt warme, stehende Gewässer mit reichlich Pflanzenwuchs und Schlammgrund und ist somit optimal für die Teichwirtschaft geeignet. Mit einem Gewicht von 1 bis 2 kg ist das Fleisch geschmacklich am besten.
• Traditionell werden die fettreichen Fische blau gekocht, geschmort oder ausgebacken.

7. Lachs
Lachse ziehen entweder zum Ablaichen vom Meer flußaufwärts, verbleiben dann bis zu 5 Jahren im Süßwasser und kehren als Jungfische ins Meer zurück (Hauptfanggebiete sind die Küstengewässer im Atlantik und der Ostsee). Oder sie leben und laichen in Flüssen oder Seen. Vorwiegend werden sie allerdings gezüchtet und mit einem Gewicht von etwa 4 kg angeboten.
• Wildlachse aus Schottland besitzen das feinste Fleisch. Lachsfleisch schmeckt am besten pochiert, roh mariniert oder natürlich geräuchert!

8. Bachsaibling
Diese forellenähnlichen Fische benötigen eiskaltes, sehr sauerstoffreiches Wasser von bester Qualität. Sie werden deshalb nur in kleinen Mengen in Teichwirtschaften gezüchtet.
• Das feste, zarte lachsfarbene Fleisch sollte möglichst schonend zubereitet werden.

9. Stör
Der in europäischen Küstengewässern beheimatete schlanke Fisch ist in erster Linie Lieferant für den feinkörnigen Kaviar. Das wohlschmeckende Fleisch sollte man aber nicht außer Acht lassen.
• Ideale Garmethoden sind Kurzbraten und Grillen. Das Fleisch kommt aber hauptsächlich geräuchert auf den Markt.

10. Trüsche (Quappe, Aalrutte)
Dieser Fisch ist in den kühlen, klaren Fließgewässern der Gebirgsregionen zu finden. Das Durchschittsgewicht beträgt etwa 500 g.
• Das weiße, zarte Fleisch mit einem ausgezeichneten Geschmack sollte schonend zubereitet werden. Eine Delikatesse ist die übergroße Leber dieser Fische, die man nur kurz in Butter brät!

11. Wels (Waller)
Sehr gefräßiger, schwierig zu fangender Raubfisch, der in großen Flüssen und warmen Seen mit weichem Boden lebt. Derzeit werden Welse hauptsächlich als Zuchtfische angeboten.
• Das fast grätenlose, etwas fettere Fleisch der Jungtiere schmeckt sehr fein. Es eignet sich gut zum Grillen oder Räuchern.

12. Zander
Dieser Raubfisch mit hechtähnlichem Aussehen lebt in mittel- und osteuropäischen wärmeren Flüssen und Seen mit hartem Grund. Er wird allerdings auch in Teichwirtschaft bis zu einem Gewicht von 1 bis 2 kg gezüchtet.
• Das feste, magere Fleisch enthält wenig Gräten und wird in der feinen Küche sehr geschätzt. Als ganzer Fisch im Backofen gebacken oder filetiert und kurz in der Pfanne gebraten, ist er ein Hochgenuß.

MEERESFISCHE

Der größte Teil der unzähligen Fischarten lebt im Meer, und dank modernster Kühlmethoden ist heute ein Angebot aus allen Teilen der Weltmeere möglich. Nachfolgend eine kleine Auswahl der bei uns bekanntesten Meeresfische.

1. Hai (ohne Abb.)
Von den zahlreichen Haiarten haben hauptsächlich der Dornhai und der Heringshai als Speisefisch große Bedeutung. Das Fleisch ist von Blutnetzen durchzogen, die beim Abbau zu Allergien führen können. Diese werden vor dem Verzehr jedoch entfernt.
• Das Fleisch eignet sich gut zum Braten oder Fritieren. Die geräucherten Bauchlappen sind unter der Bezeichnung Schillerlocken im Handel erhältlich.

2. Rochen
Von dem Fisch werden hauptsächlich die vergrößerten, muskulösen Brustflossen (Flügel), die mit Kopf und Rumpf verwachsen sind, angeboten.
• Am besten schmeckt das magere weiße, gelatinehaltige Fleisch pochiert: entweder warm mit einer würzigen Sauce oder abgekühlt und im eigenen Saft geliert.

3. Hering
Qualität und Geschmack hängen vom Zeitpunkt des Fangs ab: Matjes werden vor der Geschlechtsreife (Mai/Juni), Vollheringe vor dem Laichen (Juli/August und Dezember bis April) gefangen. Milchner (männlich) und Rogen (weiblich) sind sehr gut ausgebildet. Leerheringe (Yhlen) werden nach dem Laichen gefangen. Das Fleisch der Matjesheringe ist besonders schmackhaft!
• Die Zubereitungsarten sind vielfältig: man kann sie braten, grillen, marinieren oder räuchern!

4. Sardine, Pilchard
»Jugendliche« Fische mit einer Länge von maximal 20 cm werden als Sardinen, größere Exemplare bis zu 30 cm als Pilchard angeboten.
• Gegrillt oder gebraten, eventuell in einer würzigen Marinade eingelegt, sind die fettreichen Fische eine Gaumenfreude.

5. Seeteufel (Lotte, Angler)
Der Seeteufel ist unter der französischen Bezeichnung »Lotte de mer« fast besser bekannt. Im Handel wird das grätenlose, feste, hummerähnlich schmeckende Fleisch vorwiegend ohne Kopf und Haut angeboten.
• Das Fleisch eignet sich hervorragend zum Kurzbraten, aber auch zum Schmoren.

6. Wolfsbarsch (Loup de mer)
Der barschähnliche Fisch kommt mit einer Länge von etwa 60 cm und einem Durchschnittsgewicht von 1 kg in den Handel. Das magere, aromatische Fleisch kostet einen stolzen Preis.
• Aromaschonende Garweisen (z. B. Dämpfen, Grillen oder im Salzmantel backen) sind zu empfehlen.

7. Dorsch, Kabeljau
Dorsche (Jungfische) kommen mit etwa 1 kg in den Handel. Der Kabeljau (geschlechtsreif) wird bis zu 1 m lang und ca. 6 bis 8 kg schwer. Das perlmuttschimmernde, magere und sehr zarte Fleisch wird meist filetiert angeboten.
• Die Filets schmecken pochiert, paniert, ausgebacken und in Eintöpfen sehr gut.

8. Schellfisch und Lengfisch
Beide Fische zählen zur Familie der Dorsche. Das preiswerte, magere Fleisch größerer Schellfische ist mit der Qualität von Dorschfleisch vergleichbar. Lengfische werden meist filetiert angeboten. Das Fleisch ist nicht ganz so fein wie das des Kabeljaus.
• Als Ganzer im Ofen gebraten, aber auch geräuchert, ist der Schellfisch ein Genuß.

9. Rotbarsch (Goldbarsch)
Der Rotbarsch zählt nicht zur Familie der Barsche, obwohl er ihnen sehr ähnlich ist. Das fettreiche Fleisch wird wegen der sehr harten Schuppen und der Stachelstrahlen des Fisches vorwiegend als Filet angeboten.
• Alle Garmethoden sind möglich. Sehr schmackhaft ist das Fleisch in Teig getaucht oder paniert und dann fritiert.

10. Seelachs (Köhler)
Ein wichtiger und preisgünstiger Konsumfisch mit einem ausgeprägten, pikanten Geschmack. Es werden nur Filets angeboten.
• Das Fleisch ist ideal für einfache Ragouts oder Suppen, es kann aber auch pochiert oder gebraten werden. Unbedingt auf kurze Garzeiten achten, da das Fleisch sonst zerfällt und trocken wird!

11. Thunfisch
Roter Thunfisch kann bei einer Länge von 3 m bis zu 400 kg schwer werden. Sein Fleisch färbt sich beim Kochen rot. Weißer Thunfisch wird dagegen nur bis zu 1 m lang und etwa 30 kg schwer. Sein Fleisch wird beim Garen rosa. Bonito wird etwa 80 cm lang. Er hat ein sehr helles Fleisch. Das fast grätenlose und fettreiche Fleisch wird als Kotelett angeboten. Es erinnert geschmacklich an Kalbfleisch.
• Thunfisch schmeckt gegrillt oder gebraten besonders fein.

12. Schwertfisch
Schwertfische sind den Thunfischen sehr ähnlich. Sie bringen 50 kg und mehr auf die Waage. Das würzige und fettreiche Fleisch wird meist als Kotelett, oft auch tiefgekühlt, angeboten.
• Optimale Garmethoden sind Grillen und Braten.

13. Makrele
Etwa 30 cm lang und etwa 250 g schwer haben sie die richtige Portionsgröße. Das fettreiche Fleisch enthält zahlreiche Gräten, die sich jedoch leicht entfernen lassen.
• Das Fleisch schmeckt gebraten, gegrillt und geräuchert sehr gut.

14. Wittling (Merlan)
Dieser Fisch kommt im Schnitt mit 30 cm Länge und einem Gewicht von etwa 250 g in den Handel. Das zarte, weiße Fleisch ist relativ preiswert und äußerst schmackhaft, allerdings auch besonders leicht verderblich.
• Die Filets lassen sich gut rollen. Das Fleisch schmeckt am besten gebraten oder fritiert.

15. Goldbrasse (Dorade royale)
Unter den Brassenarten steht die Goldbrasse geschmacklich an erster Stelle. Von Juli bis Oktober schmeckt das grätenarme Fleisch am besten.
• Mit einem Salzmantel umhüllt und im Ofen gebacken, aber auch gegrillt, gebraten oder pochiert ist diese Brasse ein Hochgenuß.

16. Rotbarbe
Die 20 bis 40 cm langen Fische sind relativ teuer. Bei kleineren Exemplaren kommt der interessante Geschmack am besten zur Geltung. Die Leber ist eine Delikatesse!
• In Frankreich legt man die Fische ungeschuppt und samt Innereien auf den Grill, weshalb sie auch »Schnepfen des Meeres« genannt werden.

PLATTFISCHE UND NEWCOMER

Plattfische sind wertvolle und begehrte Speisefische, die für die Fischerei eine große wirtschaftliche Bedeutung haben. Sie unterscheiden sich durch ihre flache, seitlich verbreiterte Körperform von allen anderen Fischarten. Es sind fast ausschließlich Fische mit sehr hochwertiger Fleischqualität.

1. Steinbutt
Der schuppenlose Fisch hat seinen Namen von den Verknöcherungen unter der Haut, die wie Steinchen aussehen. Mit einem Gewicht von 1 bis 3 kg ist die Fleischqualität am besten. Bei einem Gewicht unter 1 kg bleibt wegen des hohen Abfallanteils nur sehr wenig Fleisch übrig. Das Fleisch des teuren Fisches ist zart und äußerst wohlschmeckend.
• Das Fischfleisch schonend über Dampf garen oder kurz braten; die obere Haut jedoch immer abziehen.

2. Glattbutt
Der Glattbutt ist etwas kleiner als der Steinbutt und mit winzigen glatten Schuppen bedeckt. Er ist nicht ganz so teuer, das Fleisch ist aber ebenfalls sehr gut, wenn auch nicht ganz so exquisit!
• Sanfte Garmethoden sind auch hier empfehlenswert. Allerdings schmeckt der Glattbutt auch vom Grill vorzüglich! Aufpassen, der Fisch ist sehr rasch gar!

3. Scholle (Goldbutt)
Lediglich 20 bis 40 cm werden die Schollen mit den auffallend orangeroten Tupfen und der zartrosa Bauchseite. Die Scholle ist der meistverkaufte Plattfisch, was sicherlich neben dem günstigen Preis auch an der Größe liegt. Das Fleisch der Schollen ist fest und schmackhaft, jedoch nicht so fein wie das der Seezunge.
• Fischkenner bevorzugen »Maischolle«, die im ganzen mit der Haut in Butter gebraten wird. Sehr gut sind auch Schollenfilets: gebraten, pochiert oder auf Gemüse gedämpft.

4. Heilbutt
Der Weiße Heilbutt ist mit einer Länge von 4 m und einem Gewicht von 300 kg der größte aller Plattfische. Bevorzugt werden kleinere Exemplare, die wesentlich schmackhafter sind. Der Schwarze Heilbutt ist kleiner (maximal 40 kg), spielt wirtschaftlich betrachtet aber die größere Rolle. Das magere und großblättrige Fleisch ist zwar nicht so fein wie das des Steinbutts oder der Seezunge, dafür aber preiswerter. Heilbutt wird in Stücke geschnitten oder filetiert angeboten.
• Man kann das Fleisch pochieren, dämpfen oder braten. Herrlich schmeckt auch geräucherter Heilbutt!

5. Seezunge
Die Seezunge ist sicherlich der Spitzenreiter unter den Plattfischen, wenn es um Bekanntheit und Beliebtheit geht. Mit einem Gewicht von 300 bis 500 g ist das Fleisch der Seezungen am delikatesten. Größere Fische läßt man am besten vom Fischhändler häuten und filetieren.
• Kurz gebraten, mit einer raffinierten Sauce oder gefüllt, gerollt und auf Gemüse gedämpft, ist das Fleisch ein

7

9

12

8

11

Genuß. Ein bekannter Klassiker ist »Seezunge Müllerinart«.

6. Flunder (ohne Abb.)
Sie ist der einzige Plattfisch, der nicht nur im Meer, sondern auch im Brack- und Süßwasser leben kann. Die graubraune Hautoberfläche ist mit dornigen Warzen besetzt. Die Flunder wird 30 bis 50 cm lang, das Fleisch ist von ausgezeichneter Qualität.
• Den ganzen Fisch in Butter braten oder die Filets dünsten, pochieren oder braten.

Die Newcomer auf dem Fischmarkt – Feinschmeckern sind sie ein Begriff!

7. Red Snapper
Von den zahlreichen Red-Snapper-Arten bekommt man bei uns vorwiegend »*Bourgeois*« oder »*Bordomar*«, die man an ihrer markanten Kopfform erkennen kann. In den ersten Lebensjahren ist die Farbe des Red Snappers roséfarbenrot, im ausgewachsenen Zustand kräftig rot. Das weiße, fast grätenlose Fleisch ist fest und erinnert geschmacklich ein wenig an Hummer.
• Red Snapper lassen sich gut füllen und sind für jede Garmethode geeignet.

8. Petersfisch (Heringskönig)
Den Petersfisch erkennt man an seinem diskusartigen Kopf und an einem schwarzen Punkt auf den Flanken, angeblich ein Fingerabdruck des Apostels Petrus. Obwohl der Petersfisch bis zu 8 kg schwer werden kann, kommt er meist als 600 bis 800 g schwerer Portionsfisch in den Handel. Das feine Fleisch erinnert geschmacklich an Steinbutt oder Seezunge.
• Am besten über Dampf garen oder kurz braten. Der Fisch muß nicht geschuppt werden.

9. Knurrhahn, Seekuckuck
Bei uns werden fast ausschließlich der Rote Knurrhahn oder der Seekuckuck, der ebenfalls zur Familie der Knurrhähne zählt, angeboten. Die etwa 200 bis 500 g schweren Fische sind sehr stachelig, daher überläßt man das Zerlegen besser dem Fachmann. Das Fleisch ist fest, grätenlos und sehr aromatisch.
• Ideal für Suppen und Eintöpfe geeignet; in der Bouillabaisse darf er nicht fehlen.

10. Kaiserbarsch (Sägebauch) (ohne Abb.)
Eindeutige Erkennungsmerkmale sind die sechs Stachel vor der Rückenflosse und die orangerote Farbe. Meist wird der Fisch bei uns jedoch filetiert angeboten. Das Fleisch schmeckt äußerst aromatisch.
• Er eignet sich sehr gut zum Dämpfen. Beim Häuten unbedingt die Fettschicht entfernen!

11. Papageienfisch
Die prächtige Färbung des Schuppenkleids reicht – je nach Art – von hellblau über türkis bis hin zu dunkelgrün und sogar dunkelrot. Seinen Namen hat er jedoch von den zu einem Papageienschnabel verwachsenen Zähnen. Das Fleisch ist sehr delikat.
• Das feine Fleisch schmeckt am besten gedämpft oder gebraten.

12. Großer Roter Drachenkopf
Der große Kopf des leuchtend roten Fischs ist stachlig gepanzert, die Rückenflossen sind mit Stachelstrahlen versehen. Beim Häuten und Zerteilen entsteht deswegen viel Abfall. Das Fleisch ist besonders mager und aromatisch.
• Dieser Fisch gehört unbedingt in die Bouillabaisse. Die Filets kurz pochieren oder braten. Der Abfall ergibt einen hervorragenden Fischfond.

KRUSTENTIERE

Wieviele verschiedene Krustentiere es gibt, weiß keiner genau. Selbst Fachleute haben große Schwierigkeiten, sie auseinanderzuhalten. Hier eine kleine Auswahl der bekanntesten und bei uns erhältlichen Krustentiere.

1. Garnele
Etwa 350 Arten, also etwa 10 Prozent der uns bekannten Arten, sind kommerziell nutzbar. Ihr Aussehen ist sehr unterschiedlich. Sichere Erkennungsmerkmale sind der lange Hinterleib, der im Verhältnis zum Vorderkörper stark entwickelt ist, und ein sägeartiges Stirnhorn.
Die etwa 9 cm langen Sandgarnelen (a), bei uns besser bekannt als Nordseekrabben, schmecken frisch am besten. Einen wesentlich höheren Marktanteil haben die etwa 12 cm langen Tiefseegarnelen oder Grönland-Shrimps (b). Sie werden meist an Bord abgekocht, tiefgefroren und unter der Bezeichnung Shrimps angeboten. Sehr begehrt und von bester Qualität sind die etwa 8 bis 12 cm langen Sägegarnelen (c), auch Crevetten oder Rosa Krabben genannt. Sie sind schwer zu fangen und deswegen entsprechend teuer. Riesengarnelen oder Prawns (d) erreichen nicht selten eine Länge von 30 cm. Sie werden häufig ohne Kopf angeboten. Für alle Garnelenarten gilt: Je frischer, desto aromatischer und fester ist das Fleisch.
• Ob Grillen, Pochieren, Braten oder Marinieren – jede Zubereitungsart ist möglich!

2. Hummer und Languste
Die größten Krustentiere, Hummer und Langusten, werden oft verwechselt. Man kann sie jedoch einfach unterscheiden: Die Hummer (a) besitzen zwei unterschiedlich große Scheren, die Langusten (b) dagegen zwei sehr lange Antennenfühler.
• Am besten schmecken diese Krustentiere frisch – entweder gegrillt oder in Salzwasser pochiert. Dazu Wasser in einem ausreichend großen Topf zum Kochen bringen. Den lebenden Hummer mit dem Kopf voraus, den Beinen nach oben und schräg nach oben gerichtetem Schwanz in das kochende Wasser geben. So kann die in den Kiemenhöhlen befindliche Luft rasch entweichen.

3. Kaisergranat (Langustine oder Scampo)
Die etwa 10 bis 25 cm langen hummerähnlichen Krebse sind bei uns besser unter der italienischen Bezeichnung Scampi bekannt. Sicheres Erkennungszeichen sind die hervorstehenden Augen und die scharf gezahnten Scheren. Vorwiegend werden nur die Schwänze angeboten, da sich darin das köstliche Fleisch befindet.
• Die Zubereitungsweisen sind vielfältig: Pochieren, Braten oder Grillen ist möglich.

4. Flußkrebs
Die Flußkrebse gedeihen ausschließlich in sehr sauberen Gewässern, weshalb man sie heute nur noch in geringen Mengen vorwiegend in höhergelegenen Seen antrifft. Einheimische Krebse sind eine Rarität und daher sündhaft teuer. Flußkrebse werden deshalb auch in Teichwirtschaft gezüchtet. Der größte Teil wird jedoch importiert.
• Die frischen Tiere in einem Sud garen und dazu eine Dillsauce reichen.

1

2

3

5

SCHALTIERE

Muscheln zählen zur Familie der Weichtiere, obwohl der Laie den Begriff »Schaltiere« sicherlich zutreffender findet. Das Fleisch wird durch ein Gehäuse, das aus zwei Klappen besteht, geschützt. Die Kiemen filtern das Atemwasser, geeignete Nahrungspartikel werden dem Mund zugeführt und gleichzeitig wird das Wasser von Abfallstoffen befreit. Muscheln werden deswegen auch als »Gesundheitspolizei« des Meeres bezeichnet.

1. Auster
Die dickschuppigen Schalen der Austern sind je nach Sorte und Lebensraum von unterschiedlicher Größe, Farbe und Form. Die untere Schalenhälfte, in der sich das Muschelfleisch befindet, ist jedoch immer tiefer. Da Austern Meerwasser speichern, können Sie bei sachgerechter kühler Lagerung gut 14 Tage überleben. Die Europäischen Austern erreichen eine Größe von 5 bis 12 cm. Unterteilt werden die vielen verschiedenen Sorten in flache (plates) und tiefe (creuses) Austern. Besonders schmackhaft sind die Sorten »Belons« oder »Marennes« aus Frankreich. Aufgrund der arbeitsintensiven und langwierigen Aufzucht sind Austern sehr teuer.
• Austern werden in erster Linie roh verzehrt. Man kann sie aber auch kurz pochieren oder gratinieren. Wer beim Verzehr von frischen Austern vorsichtig sein möchte, kann mit Zitronensaft prüfen, ob sie noch lebt. Die empfindliche Auster zuckt bei der Berührung mit Säure nämlich zusammen.

2. Jakobsmuschel (Pilgermuschel)
Die rötlich gestreiften Muscheln mit den strahlenförmigen Einkerbungen erreichen einen Durchmesser von etwa 13 cm. Ihr weißes Fleisch ist von einem orangeroten Rogen (Corail) umgeben, der in den Wintermonaten zwischen November und März ein wahrer Genuß ist.
• Sehr frische Muscheln können roh gegessen werden. Meistens wird das Fleisch mit einer Sauce überzogen und in der Schale gratiniert.

3. Miesmuschel
Die verschiedenen Sorten der robusten Miesmuschel sind weltweit verbreitet. Sie werden fast überall in »Muschelgärten« gezüchtet. Durch die starke und schnelle Vermehrung ist die Ausbeute sehr groß. Die schwarzvioletten Muscheln werden lebend geliefert und müssen binnen weniger Tage gegessen werden.
• Miesmuscheln werden bevorzugt im eigenen Saft oder in einem würzigen Sud so lange gegart, bis sich die Schalen öffnen.

4. Herzmuschel (ohne Abb.)
Ihren Namen haben sie von der herzähnlichen Form. Sie werden maximal 2 bis 4 cm groß. Das Fleisch ist sehr schmackhaft.
• Herzmuscheln am besten mit frischen Kräutern dünsten oder zu Suppen und Ragouts verarbeiten.

5. Venusmuschel
Die fast kreisrunden Muscheln haben eine porzellanartige Schale mit ausgeprägten Kreisen. Sie erreichen eine Größe von 3 bis 8 cm. Das nußartig schmeckende Fleisch ist sehr zart.
• Feinschmecker genießen das Fleisch am liebsten roh.

MOLLUSKEN

Kopffüßler, hierzu zählen Tintenfisch, Kalmar und Krake, gehören wie Muscheln zur Familie der Mollusken. Ihr Kopf ist deutlich von dem sackartigen Körper abgesetzt. Der Mund ist von beweglichen Armen umgeben, die zum Ergreifen der Beute und zur Fortbewegung dienen. An der Bauchseite des Körpers befindet sich eine geräumige Mantelhöhle, in der sich Darm, Harn- und Geschlechtswege und die Kiemen befinden, die meistens durch eine längliche, leicht bauchige Schale geschützt werden.

1. Tintenfisch (Sepia)
Der Körper des Tintenfisches ist rund bis oval und seitlich von einem schmalen Flossensaum umgeben. Neben acht kurzen Mundarmen hat er zwei dünne, sehr lange Fangarme. Die im Handel angebotenen Tintenfische sind etwa 20 bis 30 cm lang und ca. 500 bis 800 g schwer. Der Körper enthält ein Tintensäckchen, das bei der gründlichen Säuberung vor der Zubereitung vorsichtig entfernt wird.

• Den Körper füllen oder in Ringe schneiden und dünsten oder schmoren.

2. Kalmar
Der Kalmar hat einen schlanken Körper, der mit einer rhombenförmigen Flosse endet, und einen kleinen schmalen Kopf. Auch er hat acht kürzere Mundarme, zwei lange Fangarme und ein Tintensäckchen. Das Fleisch des Körpers ist sehr zart und mager.

• Sehr gut schmeckt der Körper, wenn man ihn in Ringe schneidet, in Backteig taucht und fritiert. Er eignet sich jedoch auch vorzüglich zum Füllen oder für Schmorgerichte. Die Fangarme können kleingeschnitten und mitgeschmort werden.

3. Krake (Oktopus)
Der Körper der Kraken ist sehr gedrungen und geht direkt in die acht gleichlangen Fangarme über. Kraken fehlt die Schale im Körperinneren. Den besten Geschmack haben sie in jungen Jahren mit einer Länge von etwa 40 cm. Zart und wohlschmeckend wird der Oktopus nur, wenn er vor dem Garen ausreichend lange geschlagen wird. Bei uns wird Oktopus meistens tiefgekühlt angeboten. Durch die Minusgrade wird das Fleisch des Körpers wesentlich zarter, das Schlagen entfällt dann.

• Man kann den Körper gegrillt und in Streifen geschnitten unter Salate mischen oder mit Gemüse oder Kräutern schmoren.

4. Zwerg-Sepia und -Kalmar
Zwerg-Sepien, auch Seppiolini oder Novellini genannt, werden nur etwa 5 cm groß. Die innere Schale ist sehr stark zurückgebildet. Zwerg-Kalmare erreichen eine Größe von etwa 6 bis 9 cm. Sie werden auch als Calamaretti angeboten. Das Fleisch beider Zwergarten ist besonders zart.
• Zwerg-Sepien und -Kalmar schmecken besonders köstlich, wenn man sie dünstet und unter »al dente« gekochte Nudeln oder Reis mischt. Ein Leckerbissen sind sie in jedem Meeresfrüchtesalat oder mit Zitronensaft mariniert und auf Salatblättern angerichtet.

FISCHPRODUKTE

Um das leichtverderbliche Lebensmittel »Fisch« länger haltbar zu machen, wurden früher Konservierungsmethoden wie Trocknen, Salzen, Säuern oder Räuchern angewandt. Damals war das die einzige Chance, Fisch länger als 3 Tage aufzubewahren. Heute steht statt der Lagerfähigkeit vielmehr der Geschmack im Vordergrund, den man ihm durch die Konservierungsart verleihen kann.

1. Klipp- und Stockfisch
Für die Herstellung von Klipp- und Stockfisch werden magere Fische wie Kabeljau, Seelachs, Schell- und Lengfisch geköpft, ausgenommen und entgrätet. Stockfisch wird ungesalzen, Klippfisch dagegen gesalzen an der Luft getrocknet. Die Fleischfarbe muß weißlich bis hellbeige sein, rötliche Verfärbungen weisen auf schlechte Qualität hin. In mediterranen Ländern sind Gerichte aus getrocknetem Fisch eine Spezialiät. Bei uns sind sie eher unbekannt.

- Trockenfisch mindestens 24 Stunden einweichen und dann kurz kochen, bevor man daraus Suppen, Ragouts oder Aufläufe zubereitet.

2. Marinierter Fisch
Ausgenommene, nicht entgrätete Heringe ohne Kopf werden als marinierte Heringe (a) im Handel angeboten. Bei Bismarckheringen werden die Fische vor dem Marinieren entgrätet. Kleine entgrätete Heringe ohne Kopf sind unter Kronsild oder Kronsardinen im Kühlregal zu finden. Für Rollmöpse (b) werden die Heringe entgrätet, von Kopf und Schwanzflossen befreit und mariniert. Für Bratheringe werden Grüne Heringe mit oder ohne Gräten mehliert, gebraten und anschließend in einer Essig-Marinade eingelegt.

3. Geräucherter Fisch
Bei der Kalträucherung werden Salzwasserfische gewässert und dann bei 15 bis 20 °C etwa 1 bis 6 Tage geräuchert. Das Aroma der Fische hängt stark von den zum Räuchern verwendeten Hölzern ab. Kaltgeräucherte Fische sind etwa 14 Tage haltbar. Am Bekanntesten ist der Räucherlachs (a). Beim Heißräuchern werden die Fische erst in eine milde Salzlake gelegt und dann bei 60 °C maximal 4 Stunden geräuchert. Heißgeräuchert werden Heringe (Bücklinge), die Bauchlappen des Dornhais (Schillerlocken (b)), Makrelen (c), Aale (d), Sprotten, Forellen (e) und Renken. Heißgeräucherte Fische sind etwa 1 Woche haltbar.

4. Kaviar
Der Rogen der Stör-Arten ist der bekannteste und beste Kaviar: Beluga-Kaviar (a) ist der feinste, größte und teuerste, Sevruga-Kaviar der würzigste Kaviar. Der kleinkörnige, leicht nach Nüssen schmeckende Osietra-Kaviar wird von Feinschmeckern bevorzugt. Keta-Kaviar (b) ist der lachsrote, großkörnige und dünnschalige Rogen des Keta-Lachses. Forellen-Kaviar (c) schmeckt ähnlich wie Keta-Kaviar, die Körner sind etwas kleiner und fester. Der kleinkörnige feste Rogen der Seehasen kommt unter der Bezeichnung »Deutscher Kaviar« auf den Markt. Er ist mehr Dekorationsmittel als eine geschmackliche Offenbarung.

HÄHNCHEN, HUHN UND CO.

Das beliebteste Geflügel ist nach wie vor das Hähnchen, in manchen Regionen besser unter der Bezeichnung »Broiler« bekannt. Obwohl sich alles Geflügel auf dieser Seite ziemlich ähnlich sieht – es unterscheidet sich dennoch deutlich voneinander. Eine große Rolle spielt dabei die Mast, das Gewicht und das Alter. Das Geschlecht ist nur in Ausnahmefällen von Bedeutung, da Tiere, die ausschließlich zur Fleischgewinnung gezüchtet werden, vor ihrer Geschlechtsreife geschlachtet werden.
Dank des zunehmenden Ernährungsbewußtseins hat sich die Aufzucht bei Masthähnchen in den letzten Jahren erheblich verbessert. Industriell gezüchtetes Geflügel wird bei uns nun möglichst naturnah in sogenannten »Offenställen« gemästet. Um eine ausreichende Versorgung mit Mineralstoffen und Vitaminen zu gewährleisten, wird großer Wert auf die Zusammensetzung der Futtermischung gelegt. Eine amtstierärztliche Überwachung während der gesamten Mastzeit und der Schlachtung ist für alle im Handel erhältlichen Arten der Hähnchenfamilie gesetzlich vorgeschrieben. Der Hauptanteil aller in Deutschland verzehrten Hähnchen ist einheimischer Herkunft, den Rest beziehen wir aus Frankreich und Holland.

1. Suppenhuhn
Nach 12 bis 15 Legemonaten haben die meisten Hühner ihre Pflicht als Eierlieferanten erfüllt. Von nun an heißen sie nicht mehr Legehennen, sondern Suppenhühner. Kochfertig vorbereitet wiegen sie zwischen 1,2 und 2,5 kg. Das Fleisch ist zwar nicht mehr so zart wie beim Hähnchen, es hat aber einen ausgeprägten Eigengeschmack und ist ideal zur Herstellung köstlicher Hühnerbrühen. Das gekochte Fleisch wird zu Frikassees, Ragouts oder Salaten weiterverarbeitet. Durch Druck auf den Brustkorb läßt sich das ungefähre Alter von Hühnern feststellen: Während Hähnchen und die anderen jungen Artgenossen ein biegsames Brustbein haben, ist es bei Suppenhühnern verknöchert.

2. Kapaun
Schon die alten Griechen und später die Römer haben Hähne kastriert. Zum einen weil ihnen das aromatische Fleisch vorzüglich schmeckte, zum anderen weil die Tiere zweimal so groß wurden als »normale« Hähne. Lange in Vergessenheit geraten, entdeckt man sie allmählich wieder. Wer jemals das köstliche Fleisch probiert hat, wird begeistert sein. Bis zu 3 kg kann ein kastrierter Junghahn (Kapaun) schwer werden. Da er vor der Geschlechtsreife kastriert wird, ist das Fleisch dieser Masthähne besonders saftig und wohlschmeckend. Vereinzelt werden sie heute schon in Mastbetrieben gezüchtet. Die Mastdauer beträgt etwa 7 bis 8 Monate. Der Marktanteil ist bislang noch unbedeutend und der Preis ziemlich hoch.

5

6 a

6 b

6 c

6 d

6 e

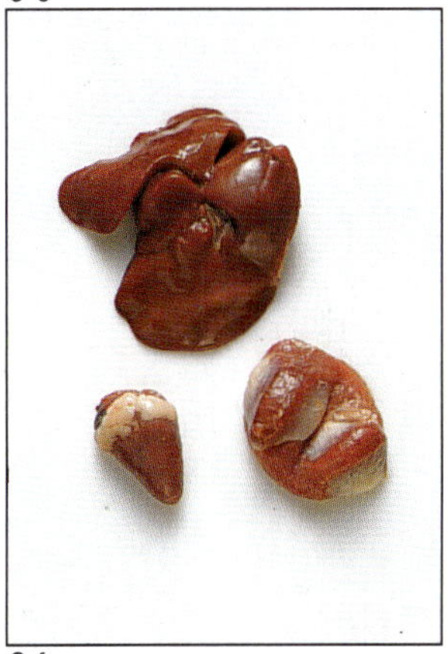

6 f

3. Poulet de Bresse
Die Franzosen sind Europas größte Geflügelverbraucher und -erzeuger. Französische Hausfrauen kennen sich aus, wenn es um die Geflügelqualität geht. Nur das beste Federvieh hat eine Chance für den Kochtopf.
In der Region »Bresse« legt man seit jeher großes Augenmerk auf die Geflügelzucht. Dazu gehört unter anderem, daß die freilaufenden Tiere ausschließlich hochwertiges Naturfutter erhalten. Die Züchter benötigen eine Lizenz und werden streng kontrolliert.
Das »Poulet de Bresse« (Bresse-Huhn) ist eine echtes Spitzenprodukt. Man erkennt es am blau-weiß-roten Gütesiegel. Der Preis für diese goldgelben, fleischigen Spitzen-Masthähnchen ist sehr hoch. Bresse-Hühner gibt es nur in gut geführten Geflügel-Fachgeschäften.

4. Hähnchen und Poularde
Die offizielle Bezeichnung »Hähnchen« steht für alle Masthähnchen (weiblichen oder männlichen Geschlechts) mit einem Gewicht ab 800 g. Die Tiere werden maximal 5 bis 6 Wochen alt. Hähnchen mit einem Gewicht von über 1,2 kg hießen bisher **Poularde.** Nach den neuen EG-Vermarktungsnormen gibt es seit 1992 diesen Begriff nicht mehr. Da man immer noch nach einer neuen Bezeichnung sucht, erkennt man derzeit die fleischreicheren Hähnchen lediglich an der Gewichtsangabe.
Hähnchen werden unterteilt nach Handelsklassen A und B. Sie werden frisch, gefroren oder tiefgekühlt angeboten.

5. Stubenküken
Nach der neuesten EG-Verordnung heißen die kleinsten aller Hähnchen mit einem Gewicht unter 750 g (ohne Kopf und Innereien) Stubenküken. Früher wurden die jungen Küken in 3 bis 5 Wochen wohlbehütet in der warmen Stube aufgezogen, vorwiegend im norddeutschen Raum. Im Frühling und bevorzugt an Ostern kamen dann die zarten etwa 400 bis 500 g schweren Leckerbissen auf den Tisch. Noch heute ist die Bezeichnung »Hamburger Stubenküken« für viele ein Begriff. Mittlerweile ist die Aufzucht nicht mehr so familiär. In Mastbetrieben werden die jungen Küken innerhalb von 4 bis 5 Wochen mit Milch großgezogen. Der Marktanteil ist sehr gering; man bekommt die zarten Hähnchen fast nur in guten Fachgeschäften.

6. Hähnchen-Teilstücke
Da die Haushalte ständig kleiner werden, sind zerteilte Hähnchen immer mehr gefragt. Folgende Hähnchen-Teilstücke sind derzeit frisch und tiefgekühlt auf dem Markt:
6 a Hähnchenschenkel mit und ohne Rückenstück
6 b Hähnchenober- und -unterschenkel
6 c Hähnchenbrust und -brustfilet
6 d Hähnchenflügel mit und ohne Rückenstück
6 e Hähnchenhälften und Hähnchenviertel (vordere und hintere)
6 f Hähncheninnereien (getrennt in Leber, Herz und Magen)
6 g Hühnerklein (Hals, Flügel), ohne Abbildung.

PUTE / TRUTHAHN

Die Schwergewichtler unter den Hausgeflügelarten sind Puten, auch Truthähne genannt. Im 16. Jahrhundert brachten die Spanier diese Vogelart aus Südamerika nach Europa. Lange Zeit war der im Ganzen gebratene Vogel lediglich Privilegierten als Festtagsbraten vorbehalten. In England ist der gefüllte gebratene Puter noch immer der traditionelle Höhepunkt des Christmas-Dinners, und in Amerika darf Putenbraten am Thanksgiving Day (Erntedankfest) auf keinen Fall fehlen.
Die Mast einheimischer Truthähne erfolgt in bäuerlichen Familienbetrieben. Die Küken werden gleich nach dem Ausschlüpfen nach dem Geschlecht getrennt. In offenen Ställen werden dann die Puten in Bodenhaltung auf Stroh aufgezogen.

1. Baby-Pute
Die jungen Tiere sind nach einer Mastzeit von ungefähr 3 Monaten schlachtreif. Sie bringen dann, küchenfertig vorbereitet, zwischen 2 und 3 kg auf die Waage. Das Fleisch ist besonders zart und das Brustbein noch biegsam. Baby-Puten gibt es vor allem zur Weihnachtszeit.

2. Puten
Die Mastdauer der fleischreichen Puten ist in Europa nicht einheitlich. In Deutschland beträgt sie bei Hennen 4 Monate, sie sind dann etwa 8 bis 10 kg schwer. Truthähne benötigen ein knappes halbes Jahr, um ein Schlachtgewicht bis 18 kg zu erreichen. Eine große Rolle für die Fleischqualität spielt die Zusammensetzung des Futters, die Art der Schlachtung und das beim Kühlen angewandte Trockenverfahren.

Folgende Teilstücke sind zur Zeit überwiegend als Frischware auf dem Markt:

2 a Oberkeule
- kräftiges, aromatisches, rötliches Fleisch mit Haut und Knochen
- geeignet zum Schmoren, Braten, Grillen

2 b Unterkeule
- kräftiges, aromareiches, rötliches Fleisch, teilentsehnt mit Haut und Knochen
- geeignet zum Grillen und Braten

2 c ganze Keule
(bestehend aus Ober- und Unterkeule)
- kräftiges, aromareiches, rötliches Fleisch mit Haut und Knochen
- geeignet als Bratstück oder zum Schmoren

2 d Grillflügel
- von Knochen und Haut befreiter Mittelflügel mit hellem muskulösem Fleisch
- geeignet zum Braten und Schmoren, aber auch zum Füllen

2 e,f Oberflügel und zweiteiliger Flügel
- weißes, muskulöses Flügelfleisch mit Haut und Knochen
- geeignet zum Dünsten, Schmoren, für Ragouts oder zum Grillen

2 g Putenbrust
- weißes, zartes Muskelfleisch ohne Haut und Knochen
- geeignet als Putenschnitzel, Bratenstück oder Geschnetzeltes

2 h Putenfilet
- das zarteste Fleisch der Pute ohne Haut und Knochen
- geeignet zum Kurzbraten oder für Fondues.

1

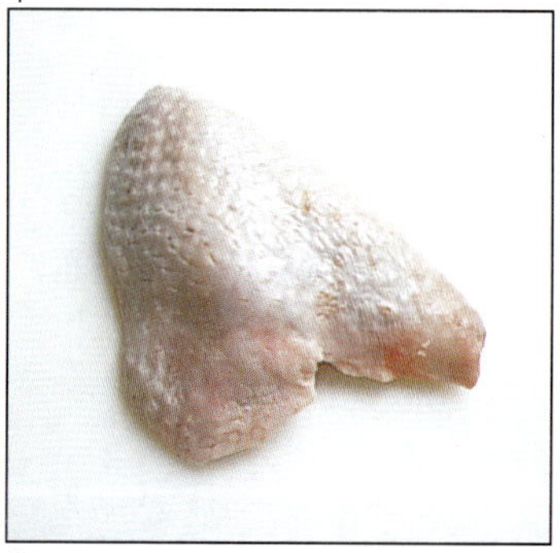
2 a

2 b

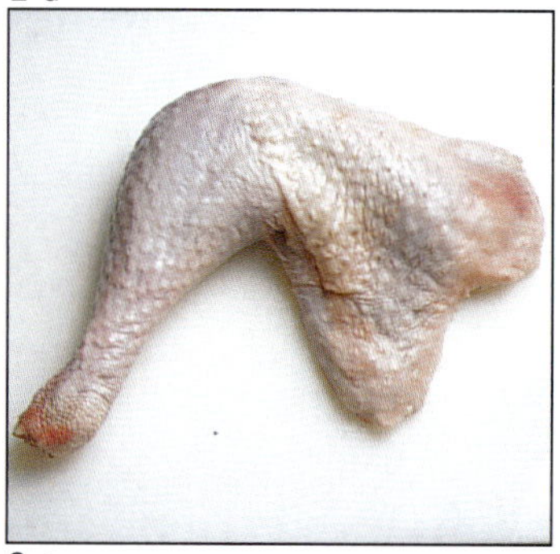
2 c

2 d, e, f

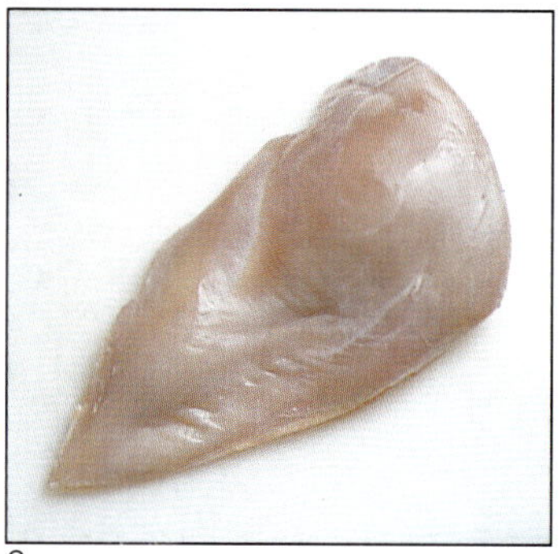
2 g

2 h

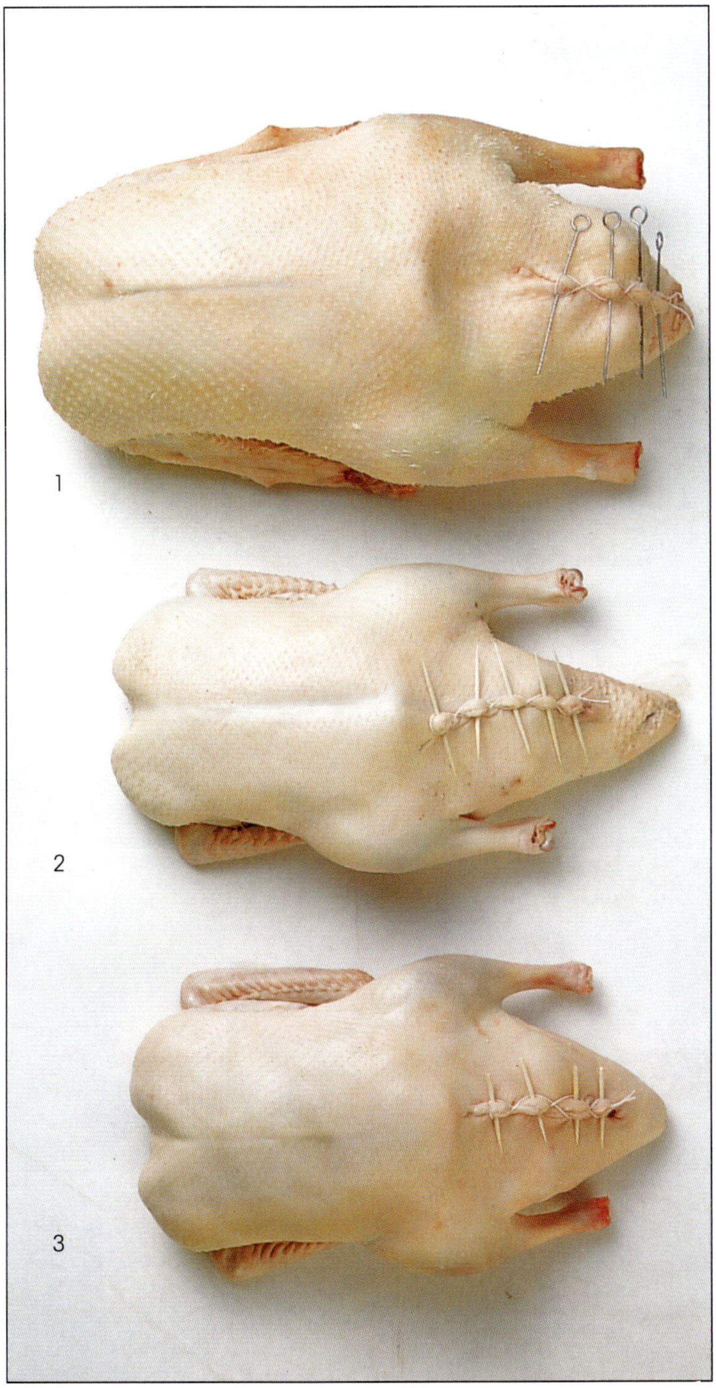

1

2

3

4

5

ENTEN UND GÄNSE

Zwei Ententypen bestimmen derzeit den Markt: die Pekingente und die Moschus- bzw. Warzenente. Beide werden überwiegend als Jungtiere angeboten.
Während es Enten mittlerweile das ganze Jahr hindurch gibt, bekommt man schöne vollfleischige Gänse meist erst ab dem Spätherbst. Traditionell beginnt die Gänsesaison am Martinstag (11. November) und am Weihnachtstag ist der Gänsebraten krönender Höhepunkt des Festmenüs.

1. Gans
Es gibt **Frühmastgänse**, die nach etwa 10 Wochen mit einem Bratgewicht von 2 bis 3 kg geschlachtet werden. In der kurzen Zeit können die Tiere allerdings nur wenig Fleisch ansetzen, Knochen- und Fettanteile überwiegen. Mehr hat man von **Jungen Gänsen**, die bratfertig 4,5 bis 5 kg wiegen und fleischreicher sind. Einheimische Gänse laufen frei auf den Weiden herum und werden meist nur kurz vor dem Schlachten gemästet. Frisch gibt es sie von Oktober bis Januar. Ein großer Teil der Gänse, besonders die Tiefkühlware, wird aus Polen oder Ungarn eingeführt.

2. Moschus- oder Warzenente
Fälschlicherweise wird diese aus Südamerika kommende, eigenständige Entengattung bei uns als **Flugente** oder **Barberie-Ente** gehandelt. Zoologisch gesehen ist die Moschusente eine Mischung aus Ente und Gans. Die echte Flugente (richtige Bezeichnung: Hochflugbrutente) ist im Handel nicht zu finden.
Die »falschen« Flugenten sind fleischreicher und nicht so fett wie Pekingenten. Die Mastzeit beträgt ca. 8 bis 10 Wochen. Schlachtsaison ist im Frühsommer und Spätherbst. Weibliche Tiere bringen dann ca. 1,5 kg, männliche 2,5 bis 3 kg auf die Waage.
»Barberie-Ente« ist die französische Bezeichnung von Moschusente. Die Züchter verkaufen die Enten bratfertig oder als Küken zur Aufzucht. Auch einige deutsche Mastbetriebe beziehen ihre Entenküken von dort, die sie dann unter der Bezeichnung »Barberie-Ente« verkaufen dürfen.

3. Pekingente
Die Rasse kommt, wie der Name schon verrät, aus China, sie wird aber derzeit weltweit gezüchtet. In Deutschland ist diese Entengattung marktführend. Pekingenten sind gute Futterverwerter, sie haben schon nach etwa 7 bis 8 Wochen ein Bratgewicht von 1,8 bis 2,4 kg erreicht. Diese schnelle Mast hat den Nachteil, daß der Fettanteil im Vergleich zum Fleischanteil sehr hoch ist.
Die freilaufenden **Bauernenten,** ein Großteil davon sind Pekingenten, ereichen nach etwa 3 bis 4 Monaten ein Schlachtgewicht von 2,5 bis 3,5 kg (bratfertig).

Da die Haushalte immer kleiner werden, bietet der Handel verstärkt Teilstücke von Gänsen und Enten an:

4. Gänse- oder Entenbrust
mit oder ohne Knochen
• geeignet zum Braten oder Grillen

5. Gänse- oder Entenkeulen
• geeignet zum Braten, Schmoren und für Eintöpfe.

WILDGEFLÜGEL

Seit immer mehr Gourmets entdecken, wie köstlich aromatisch das kalorienarme Fleisch von Wildgeflügel schmeckt, reicht das natürliche Angebot aus Wald und Flur nicht mehr aus. Deshalb züchtet man die meisten Arten heute in Freigehegen. Immer seltener werden wildlebende Rebhühner, und völlig unter Naturschutz stehen Wachteln und Perlhühner, die es deshalb nur noch gezüchtet zu kaufen gibt.

1. Fasan
Wohl der bekannteste Vertreter von Wildgefllügel ist der Fasan, den es relativ häufig noch in freier Wildbahn gibt. Dennoch kommt der überwiegende Teil aus Freiluftgehegen, Volièren genannt. Es ist verständlich, daß die mit Kraftfutter gemästeten Vögel bei weitem nicht so aromatisch schmecken wie wildlebende Fasane. Ob wild oder zahm – am feinsten sind natürlich junge Tiere. Das Alter erkennt man am leichtesten an den Ständern (Beinen): Hähne haben an den Beinen einen Sporn, der bei jungen Tieren stumpf und kegelförmig, bei alten Fasanen lang und spitz ist. Die Hennen hingegen haben anstelle des Sporns eine Warze, die sich bei alten Tieren spornartig verlängert. Außerdem haben junge Fasane ein biegsames Brustbein. Fasane gibt es gezüchtet ganzjährig am Markt. Bratfertig wiegen sie 700 bis 900 g.
Jagdzeit: von Oktober bis Ende Dezember.

2. Gezüchtetes Rebhuhn
Die meisten im Handel befindlichen Rebhühner werden in Freiluftgehegen gezüchtet. Das Fleisch hat einen feinen Wildgeschmack, der jedoch nicht so intensiv ist wie bei Rebhühnern aus freier Wildbahn. Die gezüchteten Rebhühner wiegen bratfertig etwa 250 bis 300 g und haben immer ein biegsames Brustbein. Sie sind ganzjährig im Handel erhältlich.

3. Wildlebendes Rebhuhn
Da es immer weniger Sträucher und Hecken gibt, sind die wohlschmeckenden wilden Rebhühner sehr rar geworden. Sie wiegen bratfertig ca. 200 g, und das wesentlich aromatischere Fleisch fällt durch seine dunklere Farbe auf. Hahn und Henne sind gleich schwer, das Männchen erkennt man lediglich am rostbraunen Brustschild.
Jagdzeit: von September bis Mitte Dezember.

4. Wildente
Freilaufende Wildenten, die bratfertig etwa 900 g wiegen, gibt es bei uns und vor allem bei den östlichen Nachbarn noch reichlich. Wildenten haben zwar ein sehr würziges Fleisch, es kann aber je nach Nahrung der Tiere auch leicht tranig schmecken. Ein probates Mittel dagegen ist: Vor dem Braten mit Zitronen- oder Orangensaft einreiben!
Jagdzeit: von September bis Januar.

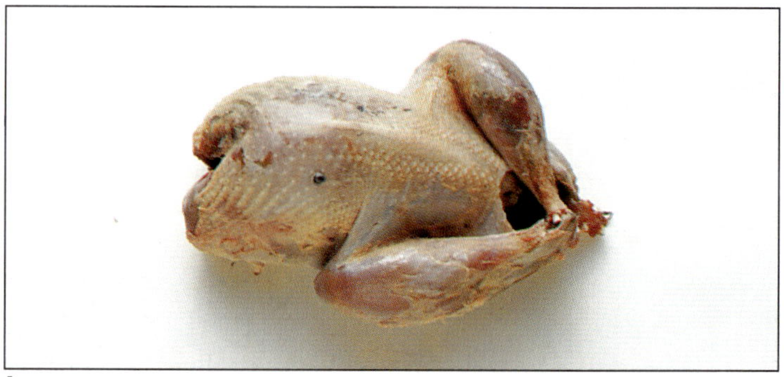
1

2

3

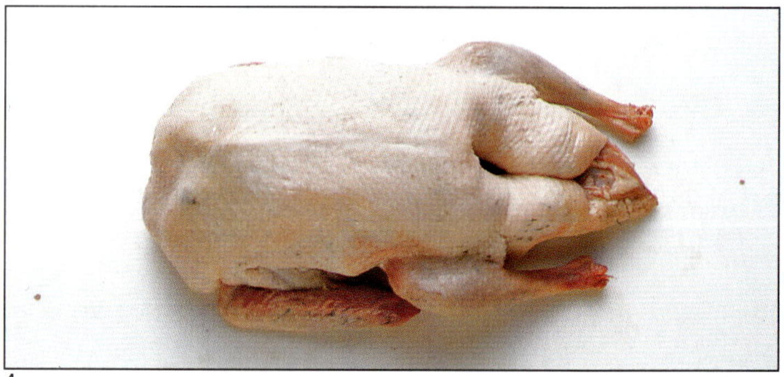
4

5

6

7

8

5. Perlhuhn
Das Perlhuhn, eine Fasanenart aus Westafrika, wird in Europa (vorwiegend in Frankreich) wie Geflügel gezüchtet. Der hübsche Vogel verdankt seinen Namen den weißen Tupfen auf seinem Gefieder. Ungefähr 3 Monate dauert es, bis das ideale Schlachtgewicht von gut 1 kg erreicht ist. Das zarte Fleisch erinnert ein wenig an Fasan. Um den Wildgeschmack noch zu verstärken, läßt man in einigen europäischen Ländern die Perlhühner unausgeblutet 1 bis 2 Tage an einem kühlen Ort abhängen. Junge Perlhühner haben ein biegsames Brustbein, gerupft sehen sie Freiland-Hähnchen verblüffend ähnlich. Perlhühner sind das ganze Jahr über erhältlich und haben einen stolzen Preis.

6. Wachtel
Vor allem in Italien, Frankreich und Spanien waren Wachteln schon immer eine überaus begehrte Delikatesse. Tierschützer haben dem ein Ende bereitet! Heute gibt es europaweit die kleinen wohlschmekkenden Vögel nur noch aus Zuchtbetrieben, überwiegend aus Frankreich, zu kaufen. Während die Wachteln aus freier Wildbahn ziemlich gefräßig und deshalb auch relativ fett waren, gleicht das Fleisch der gezüchteten Vögel mehr dem mageren Rebhuhnfleisch. Die Zuchtvögel benötigen etwa 6 Wochen, bis sie rund und fleischig sind. Küchenfertig wiegt eine Wachtel zwischen 110 und 140 g. Bei der Zucht unterscheidet man zwischen Wachteln zum Verzehr und den Tieren, die nur für die Produktion der Wachteleier gezüchtet werden. Wachteln sind ganzjährig im Handel erhältlich.

7. Taube
Unzählige Taubenarten gibt es, aber für alle gilt: Am besten schmeckt ihr feines Fleisch, bevor sie flügge werden (mit etwa 4 Wochen).
Wildtauben sind größer als Zuchttauben und haben ein dunkleres Fleisch. Junge Täubchen wiegen etwa 300 bis 500 g.
Besonders gut schmecken sie, wenn man die Tauben nach dem Schlachten nicht ausbluten läßt. Wer nicht gerade einen Taubenzüchter in der Nähe hat, muß für küchenfertige Tauben, die überwiegend aus Frankreich, Belgien und Ungarn kommen, tief in die Tasche greifen. Sie sind ganzjährig im Handel erhältlich.

8. Schneehuhn
Wie seine Artgenossen Haselhuhn und Moorschneehuhn hat auch das Schneehuhn in Deutschland eine ganzjährige Schonzeit. Da es aber in Finnland und in der ehemaligen Sowjetunion gejagt werden darf, wird es auch bei uns, vor allem von Oktober bis Januar, angeboten. Es ist etwa so groß wie ein Rebhuhn. Das **Haselhuhn** wird wegen seines besonders feinen Geschmacks in den Ländern Mittel-, Nord- und Osteuropas von September bis Oktober gejagt. Auf den britischen Inseln schätzt man besonders das **Moorschneehuhn**. Es lebt in Heiden und Mooren. Jagdzeit ist auf den britischen Inseln von November bis Januar. Alle diese Tiere zählen, wie Auer- und Birkhuhn, zur Familie der Hühnervögel, den sogenannten Rauhfußhühnern. Das bratfertige Gewicht der Schneehühner liegt zwischen 250 und 300 g.

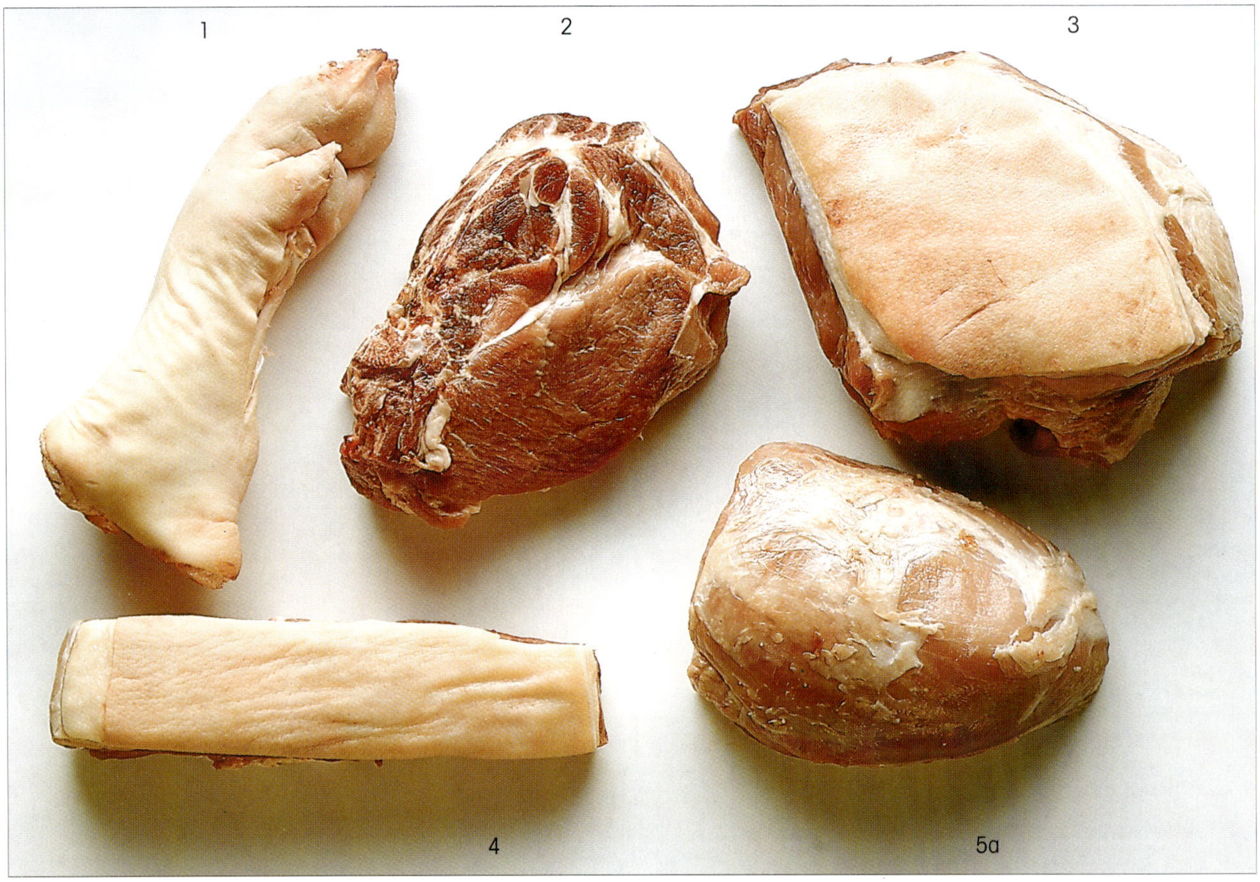

SCHWEIN

Schweinefleisch steht in der Gunst deutscher Verbraucher an erster Stelle. Das liegt sicherlich am aromatischen Geschmack, an den vielseitigen Verwendungsmöglichkeiten und nicht zuletzt am relativ günstigen Preis.

Bei allzu preiswerten Angeboten ist allerdings Vorsicht geboten! Häufig handelt es sich hierbei um extrem mageres Fleisch hochgezüchteter, streßanfälliger Tiere, in deren Gewebe sich viel Wasser eingelagert hat. Dieses wird dem Fleisch während des Garvorgangs entzogen. Das Fleischstück schrumpft und wird trotz richtiger Zubereitung zäh und trocken.
Seit Anfang 1993 ist es auf Grund der neuen EG-Richtlinien auch in Deutschland erlaubt, das Fleisch von männlichen Schweinen bis zu einem Schlachtgewicht von 80 kg in den Handel zu bringen. Bislang durfte nur das Fleisch von weiblichen und kastrierten männlichen Tieren angeboten werden, da Eberfleisch beim Erhitzen einen unangenehmen, schweiß- bis urinartigen Geruch verbreitet. Es hat aber auf Grund seiner hormonellen Anlagen einen geringeren Fettgewebeanteil als weibliche oder kastrierte Tiere und da die Nachfrage nach magerem Fleisch immer noch sehr hoch ist, werden die Tiere weiterhin gezüchtet und das Fleisch bei uns angeboten.

Schweine werden im Alter von 6 bis 8 Monaten mit einem Gewicht von ca. 100 kg geschlachtet. **Spanferkel** haben ihr Schlachtgewicht von 20 kg bereits mit etwa 2 Monaten erreicht. Dieses Fleisch ist besonders saftig und zart. Qualitativ hochwertiges Schweinefleisch erkennt man am etwas höheren Fettanteil, an einer kräftig roten Farbe und an der festen Fleischstruktur. Es schmeckt aromatisch, bleibt beim Garen zart und saftig und schrumpft nicht zusammen.
Schweinefilet, ob mager oder leicht von Fett durchzogen, enthält nach den neuesten Nährwertberechnungen nur noch 2 Prozent Fett und nicht, wie es in vielen älteren Tabellen noch zu finden ist, 12 Prozent.

Folgende Teilstücke werden frisch und teilweise auch tiefgekühlt auf dem Markt angeboten:

1. Spitzbein, Schweinefuß oder -pfote
sind zum Kochen bzw. Anreichern von Eintöpfen und durch den hohen Gelatineanteil für die Zubereitung von Sülzen geeignet; französische Spezialität: getrüffelter Schweinefuß.

2. Halsgrad, Kamm oder Nacken
Das mit Fett durchzogene Fleisch bleibt beim Grillen und Kurzbraten besonders saftig; auch zum Braten und Schmoren geeignet.

3. Schulter oder Bug
Das grobfaserige Fleisch wird mit oder ohne Fettschicht, Schwarte oder Knochen angeboten; ausgelöst, entschwartet und entfettet wird es zu

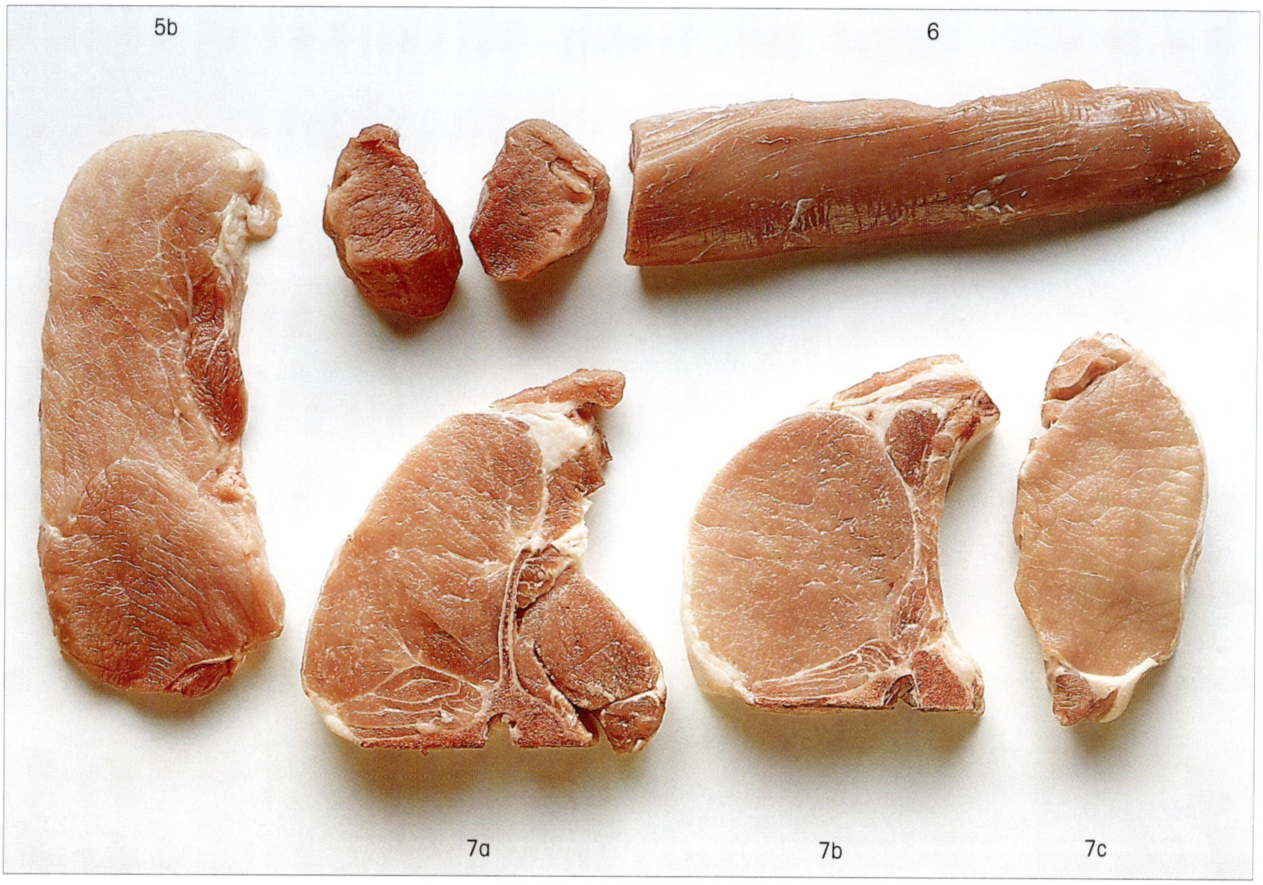

Gulasch aufgeschnitten oder zu Hackfleisch verarbeitet. Es ist besonders gut zum Braten geeignet.

4. Schweinebauch oder Wammerl
Das wegen des hohen Fettanteils besonders preiswerte Fleisch ist zum Räuchern, Braten, Grillen und Kochen geeignet. Es wird oft zu Sauerkraut, als Sülzeinlage oder auch Rollbraten angeboten.

5. Schinken oder Keule
Das magere, zarte Fleisch wird meistens in Stücke unterteilt:

5 a Nuß oder Maus
ist zum Kurzbraten und Braten gleichermaßen geeignet.

5 b Schnitzel
wird quer zur Faser aus der Oberschale (Kluft) oder Unterschale geschnitten. Es ist sehr gut zum Kurzbraten geeignet.

6. Filet oder Lende
Das sehr magere und zarte Fleisch wird im Ganzen oder in Scheiben geschnitten als Medaillons angeboten; zum Braten oder Schmoren und zum Kurzbraten geeignet.

7. Kotelettstück oder Karree
Das zarte Fleisch wird meistens in Stücke unterteilt:

7 a Filet- oder Lummerkotelett
Das Kotelettstück wird mit Filet und Knochen in Scheiben geschnitten; ideal zum Kurzbraten, Grillen oder Schmoren.

7 b Stielkotelett
Das preisgünstige Fleisch ist ideal zum Kurzbraten, Grillen oder Schmoren; es wird gepökelt zum Garziehen, gepökelt und geräuchert als Kasseler oder zum Schmoren angeboten; schmeckt gekocht, aber auch gebraten sehr gut auf Sauerkraut.

7 c Steak
Das Kernfleisch wird ausgelöst, in Scheiben geschnitten und als Steaks kurzgebraten.

7 d Schweinerücken
(ohne Abb.)
wird im Ganzen mit dem Knochengerüst oder ausgelöst als Lendenstück angeboten; zum Braten geeignet.

8. Brust, Brustspitz oder Dicke Rippe (ohne Abb.)
Das preiswerte, grobfaserige Fleisch ist zum Braten, Grillen und langsamen Garen geeignet.
Großzügig abgelöst wird das Stück auch als **Schälrippchen** angeboten und im Sommer als **Spareribs** gegrillt.

9. Rückenspeck (ohne Abb.)
Frischer Rückenspeck wird zum Spicken und Bardieren verwendet, außerdem macht er Brühen und Eintöpfe gehaltvoller. Er wird roh und geräuchert angeboten.

10. Eisbein oder Haxe
(ohne Abb.)
Das knochige, gelatinehaltige Eisbein wird meistens gepökelt angeboten.
Südlich des Mains wird die Haxe gebraten oder gegrillt, nördlich des Mains läßt man sie gepökelt garziehen.

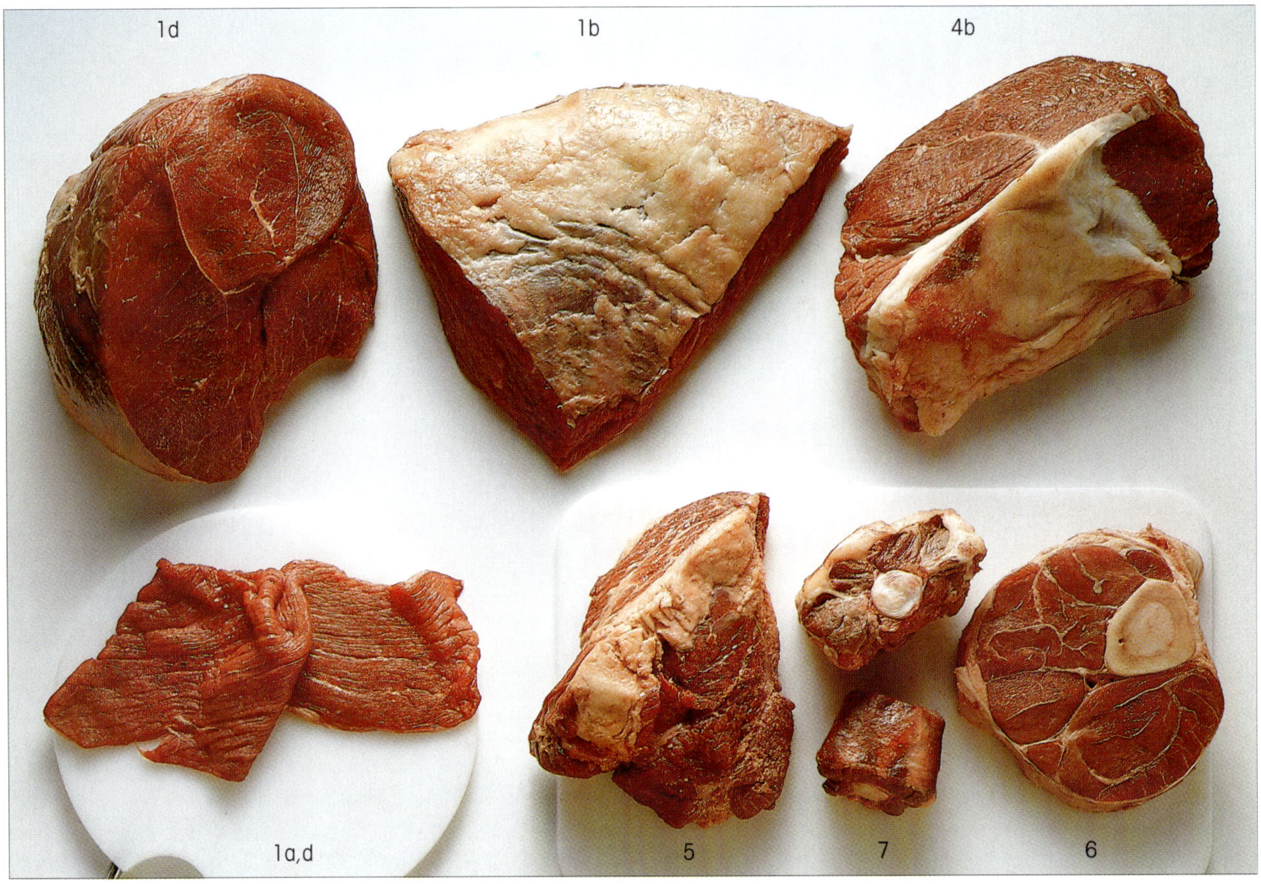

RIND

Das Fleisch von Ochsen, Färsen, Jungbullen und Kühen wird als Rindfleisch bezeichnet. Es kann von den unterschiedlichsten Rassen stammen. In Deutschland werden überwiegend Zweinutzungsrassen – also Tiere, die sowohl Milch- als auch Fleischlieferanten sind – gezüchtet. Reine Milchkühe, am bekanntesten ist die Rasse Jerseys, gibt es hier kaum noch. Die Rassen Charolais, Limousin, Aberdeen Angus oder Galloway liefern das qualitativ hochwertigste Fleisch. Verständlich ist, daß die Qualität des Fleisches, da sie von Rasse, Aufzucht und Geschlecht abhängig ist, sehr unterschiedlich ist. Hinzu kommt, daß auch die Schlachtung und ganz entscheidend der Reifeprozeß beim Abhängen einen großen Einfluß auf die Fleischqualität haben.

Den Hauptanteil des Rindfleischs, das bei uns über den Ladentisch verkauft wird, stammt von **Jungbullen** (männliche Tiere), gefolgt von **Färsen** (weibliche Tiere). Feinschmecker, die saftiges, marmoriertes Fleisch bevorzugen, entscheiden sich allerdings für **Ochsenfleisch** (kastrierte Tiere), am besten von Tieren aus der Weidehaltung. Da Ochsen ein sehr ruhiges Gemüt haben, ist diese Haltungsform möglich. Bei der Schlachtung regen sie sich bei weitem nicht so auf wie die temperamentvollen Bullen. Der Schlachtungsstreß entfällt somit, was sich sehr positiv auf die Fleischqualität auswirkt.

Während des Abhängens bildet sich Milchsäure, die dem Bindegewebe eine lockere Struktur gibt. Je mehr Zeit das Rindfleisch also zum Reifen hat, umso zarter wird es. Je kürzer die Garzeit sein soll, um so länger muß das Fleisch abhängen. Ideal wären 3 bis 4 Wochen für Filet oder Roastbeef! Üblich sind leider meistens 2 bis 3 Wochen und häufig auch noch kürzere Reifezeiten.

Darauf sollte man achten:
Das Fleisch muß matt und dunkelrot sein, beim Einschneiden eine gewisse Festigkeit und leicht glänzende Schnittflächen aufweisen und einen Fingerdruck bald wieder ausgleichen!

Folgende Teilstücke werden frisch und teilweise auch tiefgekühlt auf dem Markt angeboten:

1. Keule
Das fleischreichste Stück wird immer unterteilt in:

1 a Oberschale
wird in dünne Scheiben geschnitten und für Rouladen verwendet.

1 b Unterschale
(auch Schwanzstück genannt)
Der obere Teil ist als **Tafelspitz** überaus begehrt, das Endstück, die Schwanzrolle, wird häufig in Scheiben geschnitten, mariniert und zum Kurzbraten oder Grillen verwendet.

1 c Blume oder Hüfte
(ohne Abb.)
sehr gut zum Braten geeignet; wird eingelegt zum Schmoren, aber auch als Steak angeboten.

1 d Kugel, Maus oder Nuß
ist gut zum Braten geeignet. Aus dem Mittelstück werden Rouladen von bester Qualität geschnitten.

2. Nacken, Hals (ohne Abb.)
wird oftmals für Gulasch und Eintöpfe verwendet und ist auch zum Braten und Schmoren geeignet.

3. Hochrippe (ohne Abb.)
Das saftige Fleisch ist sehr gut zum Kochen, Braten oder Schmoren und gut abgehangen auch zum Kurzbraten geeignet.

4. Bug, Schulter
Er hat den größten Fleischanteil des Vorderviertels. Man unterscheidet:

4 a Dickes Schaufel- oder Bugstück (ohne Abb.)
für Schmor- und Sauerbraten sehr gut geeignet.

4 b Schaufelstück
für Schmor- und Sauerbraten geeignet.

4 c Falsches Filet (ohne Abb.)
wird oft gespickt oder zu Ragouts und Eintöpfen verarbeitet.

5. Brust und Spannrippe
sind als Suppenfleisch vorwiegend zum Kochen geeignet.

6. Vordere und hintere Hesse
als Beinscheibe zum Kochen oder ausgelöst für Gulasch oder Eintöpfe geeignet.

7. Ochsenschwanz
Auch die Schwänze von Bullen oder Färsen werden so bezeichnet. Ochsenschwanz schmeckt als Suppe oder Ragout vorzüglich.

8. Roastbeef
Das wertvollste Teilstück wird im Ganzen zubereitet oder als Steaks angeboten:

8 a Rumpsteak (ohne Abb.)
wird aus dem hinteren Teil des Roastbeefs geschnitten, es ist ca. 200 bis 250 g schwer.

8 b Entrecôte
wird aus dem mittleren Teil des Roastbeefs geschnitten (auch **Zwischenrippenstück**), es ist 300 bis 400 g schwer.

8 c Porterhousesteak (ohne Abb.)
ist eine Roastbeefscheibe mit Knochen- und Filetanteil und wiegt 600 bis 1000 g.

8 d T-Bone-Steak
ist das etwas kleinere Porterhousesteak mit einem Mindestgewicht von 500 g.

8 e Prime Rib (ohne Abb.) **und Rib-eye**
werden mit Knochen und Fett aus der Hochrippe geschnitten; das Rib-eye ist etwas stärker marmoriert.

9. Filet
Das teuerste Teilstück wird im Ganzen zubereitet oder als Steaks angeboten:

9 a Lendenscheiben
Die Scheiben werden aus dem Kopf des Filets geschnitten.

9 b Filetssteak
Die Scheiben werden aus der Mitte geschnitten.

9 c Châteaubriand
ist das doppelte Filetstück aus dem breiten Ende des Filets und wird im Stück von ca. 500 g gebraten.

9 d Tournedos und Filets Mignon (ohne Abb.)
werden aus dem größeren Teil der Filetspitze geschnitten.

9 e Filetspitzen
werden als Geschnetzeltes zubereitet.

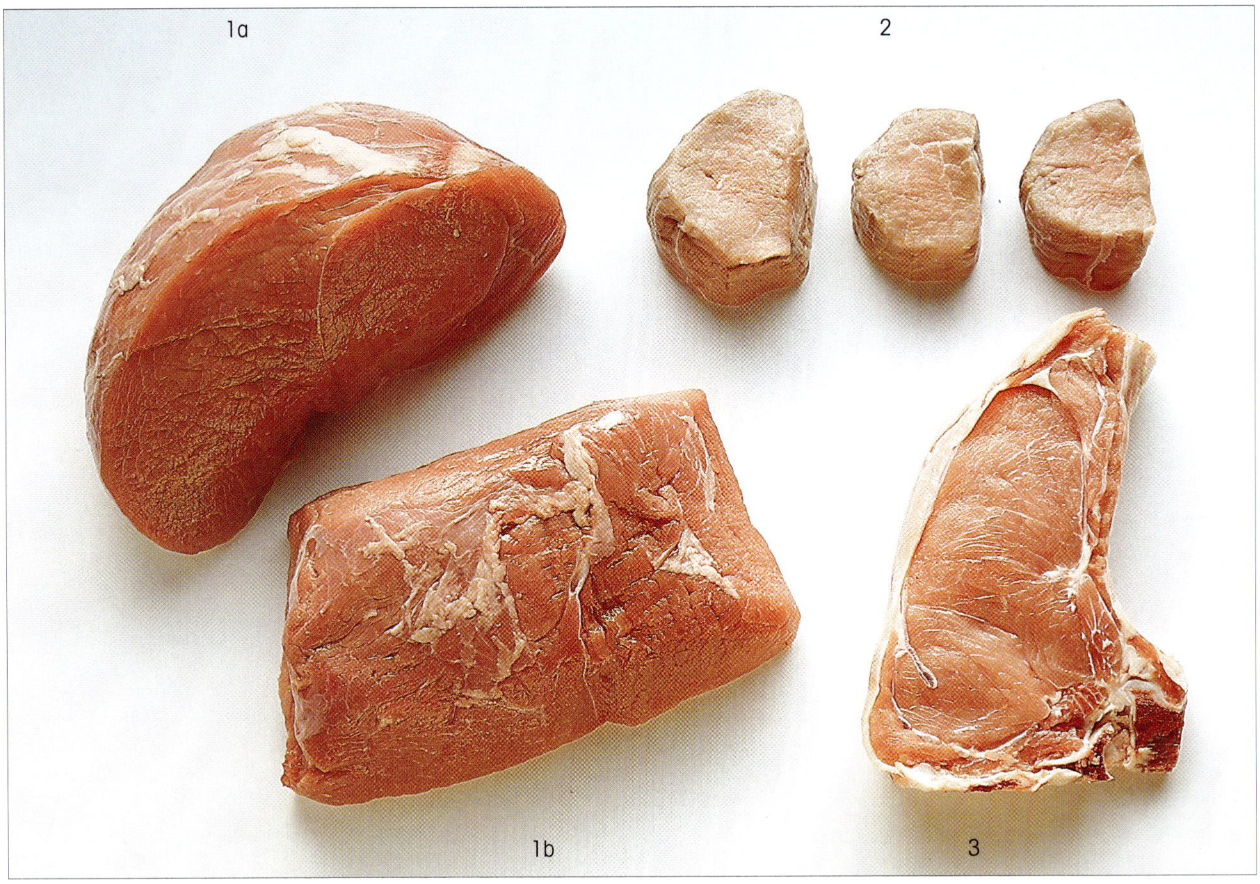

KALB

Das helle, zarte Fleisch von einem echten Milchkalb ist inzwischen zu einer äußerst seltenen Rarität geworden. Kalbfleisch stammt heute zum überwiegenden Teil von den Tieren aus Mastbetrieben. Dort werden sie nach etwa 4 Monaten mit einem Gewicht von ca. 150 kg geschlachtet. Dieses Fleisch weist eine kräftigere Farbe auf als das Fleisch von 6 Wochen alten Milchkälbern, die bis zu diesem Zeitpunkt ausschließlich mit Milch ernährt wurden.
Viele Verbraucher meinen heute immer noch, daß helles Kalbfleisch die beste Qualität besitzt. Daß aber bei Mastkälbern diese helle Fleischfarbe nur durch extrem eisenarmes Futter und eine bewegungsarme Haltung erreicht wird, wissen die wenigsten! Die Tiere sind somit auch anfälliger für Krankheiten und müssen deshalb mit Medikamenten behandelt werden. Man sollte daher dem etwas kräftiger rotem Kalbfleisch – den Tieren und seiner eigenen Gesundheit zuliebe – den Vorzug geben. Wer gerne ein echtes Milchkalb zubereiten will, sollte dies direkt vom Erzeuger beziehen.

Kalbfleisch, auch solches von Mastkälbern, ist besonders fettarm. Es wird zu meist stolzen Preisen verkauft, vor allem die edleren Teile wie das Filet oder der Schlegel. Dabei schmecken die preiswerteren Teilstücke, richtig zubereitet, oftmals wesentlich besser. Eine ideale Garmethode ist neben dem Kurzbraten das Schmoren, da dabei das zarte Fleisch Gewürze und Kräuter sehr gut aufnimmt. Die im Fleisch befindlichen Knochen und Knorpel, vor allem bei Haxen oder Brustkern, sorgen für eine äußert gehaltvolle und geschmacksintensive Sauce.

Folgende Teilstücke werden frisch und teilweise auch tiefgekühlt auf dem Markt angeboten:

1. Keule
Das größte und wertvollste Teilstück wird unterteilt in:

1 a Nuß oder Kugel
ist sehr gut zum Schmoren und Braten, aber auch für Geschnetzeltes und Schnitzel geeignet.

1 b Frikandeau der Ober- oder Unterschale
Das fast fettfreie Fleisch der Ober- oder Unterschale wird überwiegend als Schnitzel angeboten; es ist sehr gut zum Kurzbraten, aber auch für Rouladen, Geschnetzeltes oder zum Braten geeignet.

1 c Blume oder Hüfte
(ohne Abb.)
Das zarteste Fleisch der Keule wird hauptsächlich als Schnitzel und Steaks angeboten. Es ist sehr gut zum Kurzbraten geeignet.

2. Filet
Das teuerste Fleischstück des Kalbs wird vorwiegend in Scheiben geschnitten als

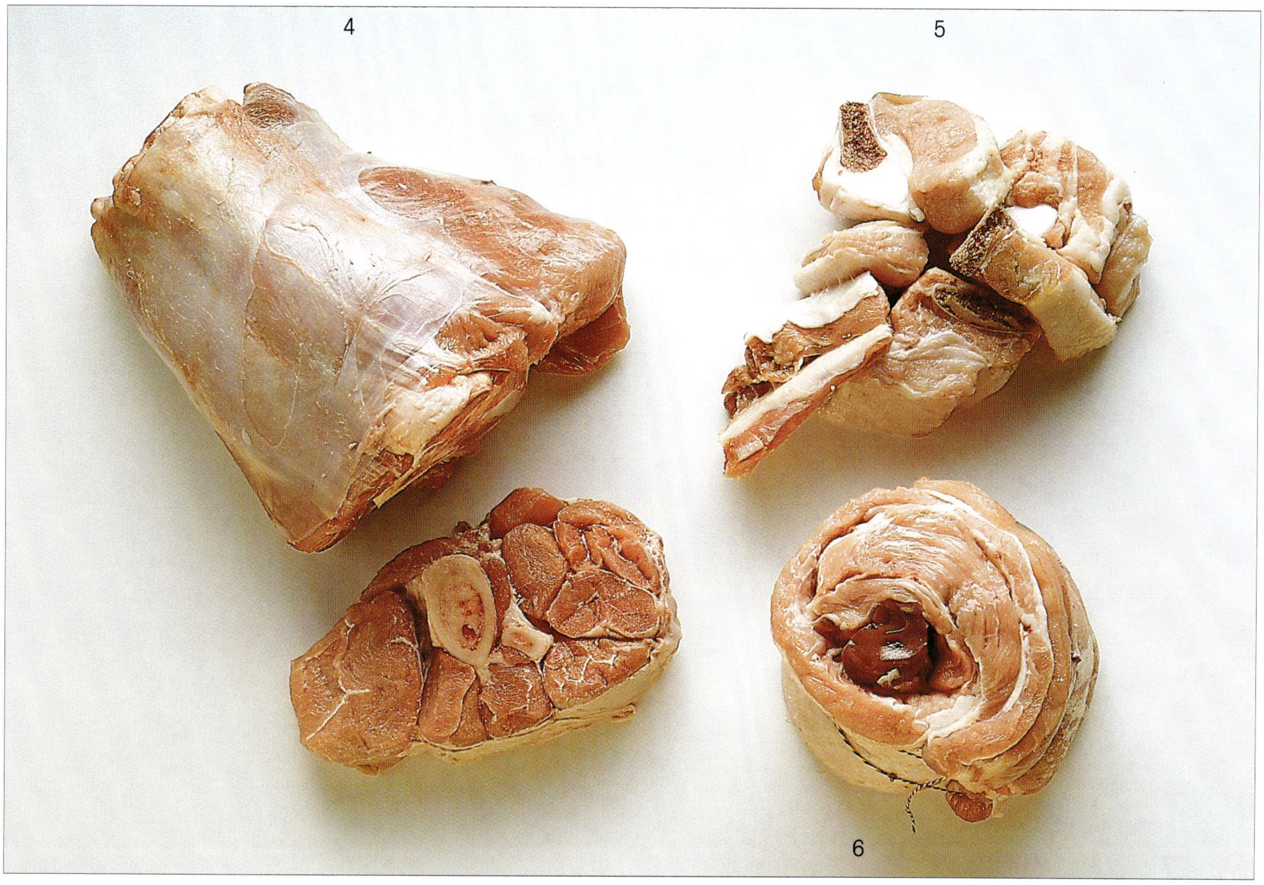

Kalbsmedaillons angeboten. Auch wenn man es im Ganzen brät, ist die Garzeit nur kurz.

3. Rücken bzw. Kotelettstück
Aus dem Kotelettstück werden hauptsächlich Filet- oder Stielkoteletts geschnitten und angeboten; sehr gut zum Kurzbraten, aber auch im Ganzen mit den Knochen zum Braten geeignet; mit der Niere ausgelöst bildet das Kotelettstück die Basis für den klassischen Nierenbraten.

4. Vordere und hintere Haxe
Das mit Sehnen und Knorpeln durchzogene Fleisch wird vorwiegend im Ganzen, aber auch in Scheiben geschnitten angeboten; sehr gut zum Braten und Kochen, aber auch zum Schmoren geeignet.

5. Ragoutfleisch aus der Brust
Das mit Knorpeln durchzogene Fleisch bleibt beim Schmoren besonders saftig. Da die Knorpel eine aromatische Sauce ergeben, bereitet man aus dem Fleisch bevorzugt Ragouts zu; gefüllt mit einer feinen Farce ergibt der Brustspitz einen überaus delikaten Braten.

6. Nierenbraten
wird entweder »wie gewachsen« vom Kotelettstück mit Rücken- und Rippenknochen geschnitten und mit dem angewachsenen Filet, einer Niere und der äußeren Fetthaut in einem Stück angeboten, oder beim Metzger in der Regel als Rollbraten verkauft.

7. Hals oder Nacken
(ohne Abb.)
ist sehr gut zum Braten oder Schmoren geeignet.
Da das Fleisch mit feinen Fettadern durchzogen ist, bleibt es beim Garen besonders saftig.

8. Schulter oder Bug
Der größte Teil des Vorderviertels wird unterteilt in:

8 a Dickes Bugstück
(ohne Abb.)
wird vorwiegend im Ganzen angeboten; besonders gut zum Braten geeignet.

8 b Falsches Filet, 8 c Schaufelstück, 8 d Schaufeldecke
(ohne Abb.)
Die sehnenreichen Fleischstücke werden hauptsächlich zu Ragout, Frikassee, Geschnetzeltem oder Rollbraten verarbeitet.

9. Bauch oder Dünnung
(ohne Abb.)
schmeckt am besten lange geschmort als Ragout.

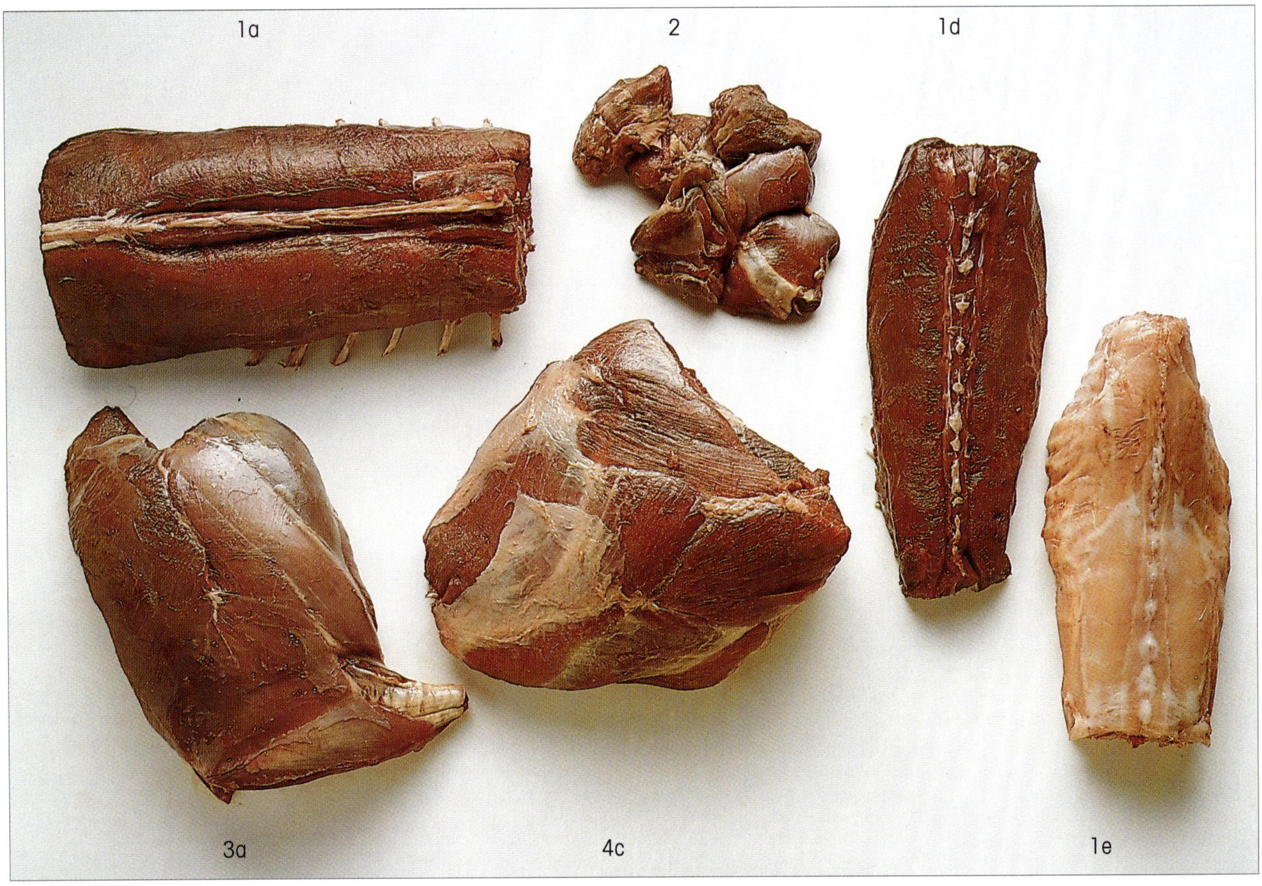

WILD

Den größten Teil macht neben dem Federwild das Haarwild aus. Entscheidend für den Wohlgeschmack ist neben dem Alter der Tiere auch die Art der Jagd, wo der Schuß das Tier getroffen hat und wie es anschließend behandelt wird.

Heimisches Wild wird in folgenden Monaten frisch angeboten:

Rotwild	Juni bis Febr.
Damwild	Juli bis Febr.
Schwarzwild	Juni bis Febr.
Rehwild	Mai bis Febr.
Hasen	Okt. bis Jan.

Rehwild
- rotbraunes, feinfaseriges Fleisch mit ausgeprägt feinem Aroma
- am schmackhaftesten ist das Fleisch von Schmaltieren (weibliche Tiere im 2. Lebensjahr) und Spießböcken (männliche Tiere im 2. Lebensjahr)

Rotwild
- sehr dunkles, zartes Fleisch der Hirsche bis zu einem Alter von 2 bis 3 Jahren
- besonders geschätzt wird das Fleisch weiblicher, bis zu 2 1/2 Jahre alter Hirschkühe

Damwild
- hellrotbraunes, zartes Fleisch, das leicht mit Fett durchzogen ist
- wird heute überwiegend in Freilaufgehegen gezüchtet

Hasen
- leuchtend rotes Fleisch mit intensivem Wildgeschmack
- ein wirklicher Genuß ist das Fleisch von Wildhasen im Alter von 3 bis 8 Monaten
- werden meistens im Ganzen angeboten

Wildkaninchen
- helles, zartes Fleisch mit leicht süßlichem Geschmack
- der typische Wildgeschmack fehlt
- werden meistens im Ganzen angeboten

Schwarzwild
Das Fleisch von Keulen und Rücken bis zu 2 Jahre alter Wildschweine ist sehr saftig und schmackhaft.

Die am häufigsten angebotenen Teilstücke von Wild sind: (teilweise ohne Abb.)

1. Rücken von
a) Reh
b) Hirsch
c) Wildschwein
d) Wildhasen
e) Wildkaninchen
Der Rücken ist zum Braten, aber auch ausgelöst und in Scheiben geschnitten zum Kurzbraten geeignet.

2. Bauch und Hals
Ausgelöst und zerkleinert für Ragout geeignet.

3. Keule von
a) Reh
b) Hirsch
c) Wildschwein
d) Wildhase
e) Wildkaninchen
Die Keulen werden entweder im Ganzen mit Knochen gebraten oder entbeint zu Schnitzeln aufgeschnitten.

4. Schulter von
a) Reh
b) Hirsch
c) Wildschwein
Zum Braten oder ausgelöst für Ragout oder zerhackt für Farcen geeignet.

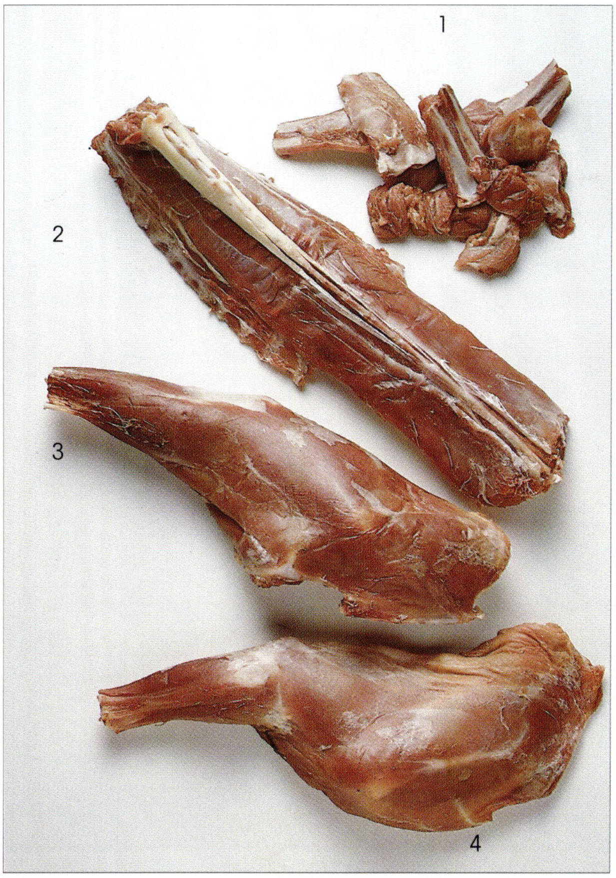

LAMM

Milchlämmer werden im Alter von weniger als 6 Monaten, junge Lämmer – auch Osterlämmer genannt – mit 2 bis 3 Monaten geschlachtet. Als **Mastlammfleisch** bezeichnet man das Fleisch von Tieren bis zu einem Alter von 1 Jahr. **Hammelfleisch** ist das Fleisch von bis zu zweijährigen, weiblichen oder kastrierten männlichen Tieren, die nicht zur Zucht verwendet werden.

1. Lammkeule
Das fettarme Fleisch wird im Ganzen, ausgelöst oder auch in Hälften zerteilt angeboten; ist sehr gut zum Braten geeignet.

2. Ragout- oder Gulaschfleisch
Lammkamm oder -nacken wird zerkleinert angeboten.

3. Lammchops
Lammrücken wird ausgelöst und in Scheiben geschnitten angeboten; zum Braten, Kurzbraten und Grillen geeignet.

4. Lammschulter
Sehr zartes und saftiges Fleisch mit hohem Knochenanteil; zum Braten, Schmoren und für Gulasch geeignet.

5. Lammbrust und Lammbauch (ohne Abb.)
Das fettreiche, mit Knorpeln und Knochen durchsetzte Fleisch ist für Eintöpfe oder Suppen, ausgelöst auch für Rollbraten geeignet.

ZIEGE

Das Fleisch von Ziegen wurde von Feinschmeckern in den letzten Jahren wiederentdeckt. Hauptsächlich zur Osterzeit kann man Ziegenfleisch nun zu einem stolzen Preis kaufen. Die Zicklein werden im Alter von 2 bis 4 Monaten geschlachtet. Sie wiegen dann zwischen 8 und 10 kg. Ziegenfleisch hat, da es von sehr jungen Tieren stammt, die nur mit Muttermilch ernährt wurden, eine sehr helle Farbe. Der Geschmack ähnelt dem des Milchlamms, allerdings ist das Fleisch noch zarter und saftiger.

1. Ragoutfleisch
Hals, Brust oder Bauch werden bereits kleingehackt angeboten und sind zum Schmoren und Kochen geeignet.

2. Ziegenrücken
Das zarte, aber sehr knochenreiche Kotelettstück wird entweder im Ganzen gebraten oder das Fleisch samt der untenliegenden Filets ausgelöst und zu einem Rollbraten zusammengebunden.

3. und 4. Ziegenkeulen
Die fleischreichen Keulen schmecken am besten im Ganzen gebraten.

HACKFLEISCH

Der Begriff »Hackfleisch« stammt noch aus einer Zeit, in der die Fleischteile mit einem großen, scharfen Messer wirklich fein gehackt wurden. Heute wird das Fleisch durch einen Fleischwolf gedreht.
Durch die feine Zerkleinerung des Fleisches entsteht für die Mikroorganismen eine viel größere Angriffsfläche, das Fleisch kann also wesentlich schneller verderben. Die gesetzlichen Bestimmungen sind deshalb besonders streng: Laut Hackfleischverordnung darf Hackfleisch nur am Tag der Herstellung innerhalb von 3 bis 4 Stunden verkauft werden. Am sichersten ist es allerdings, wenn man sich das Fleisch beim Metzger frisch durchdrehen läßt. Das Hackfleisch nach dem Kauf sofort wieder kühl stellen oder gleich verarbeiten! Gut durchgebratenes Hackfleisch hält sich im Kühlschrank maximal 2 Tage. Bei tiefgekühltem Hackfleisch unbedingt auf das Haltbarkeitsdatum achten!

Folgende Hackfleischsorten werden frisch auf dem Markt angeboten:

1. Hackfleisch oder Gehacktes

1 a vom Rind
• es wird meistens das Fleisch von Brust und Bug oder Schulter angeboten
• der Höchstfettanteil beträgt bis 20 Prozent

1 b vom Schwein und Rind gemischt
Der Höchstfettanteil beträgt bis 30 Prozent.

1 c vom Schwein
• es wird meistens das Fleisch aus Schulter oder Bug angeboten
• der Höchstfettanteil beträgt bis 35 Prozent

2. Schabefleisch oder Tatar
• rohes, fein zerkleinertes Skelettmuskelfleisch vom Rind ohne Fett und Sehnen
• der Höchstfettanteil beträgt bis 6 Prozent

3. Mett oder Hackepeter
• rohes, grob gehacktes Schweinefleisch wird mit Zwiebeln angereichert und mit Salz und Pfeffer gewürzt
• der Höchstfettanteil beträgt etwa 35 Prozent

Natürlich kann sich jeder nach eigenem Geschmack auch aus anderen Fleischsorten Hackfleisch herstellen und beliebig mischen, z. B. mit

4. Kalbshackfleisch
Meistens wird das Fleisch der Keule angeboten; es hat wenig Eigengeschmack und harmoniert gut mit Schweine- oder Rinderhack.

5. Lammhackfleisch
(ohne Abb.)
hat einen sehr intensiven Geschmack. Durch Vermischen mit Schweinehackfleisch wird der Geschmack gemindert und das magere Lammhackfleisch saftiger.

Will man rohes Hackfleisch einfrieren, sollten folgende Punkte beachtet werden:

• das Fleisch immer so frisch wie möglich einfrieren
• in kleinen, flachgedrückten Portionen in geeignete Beutel oder Behälter füllen
• luftdicht verschließen
• unbedingt das Verpackungsdatum angeben: mageres Hackfleisch hält sich bis zu 6 Monate; Hackfleisch mit einem höheren Fettgehalt muß bereits nach 2 bis 3 Monaten verbraucht werden

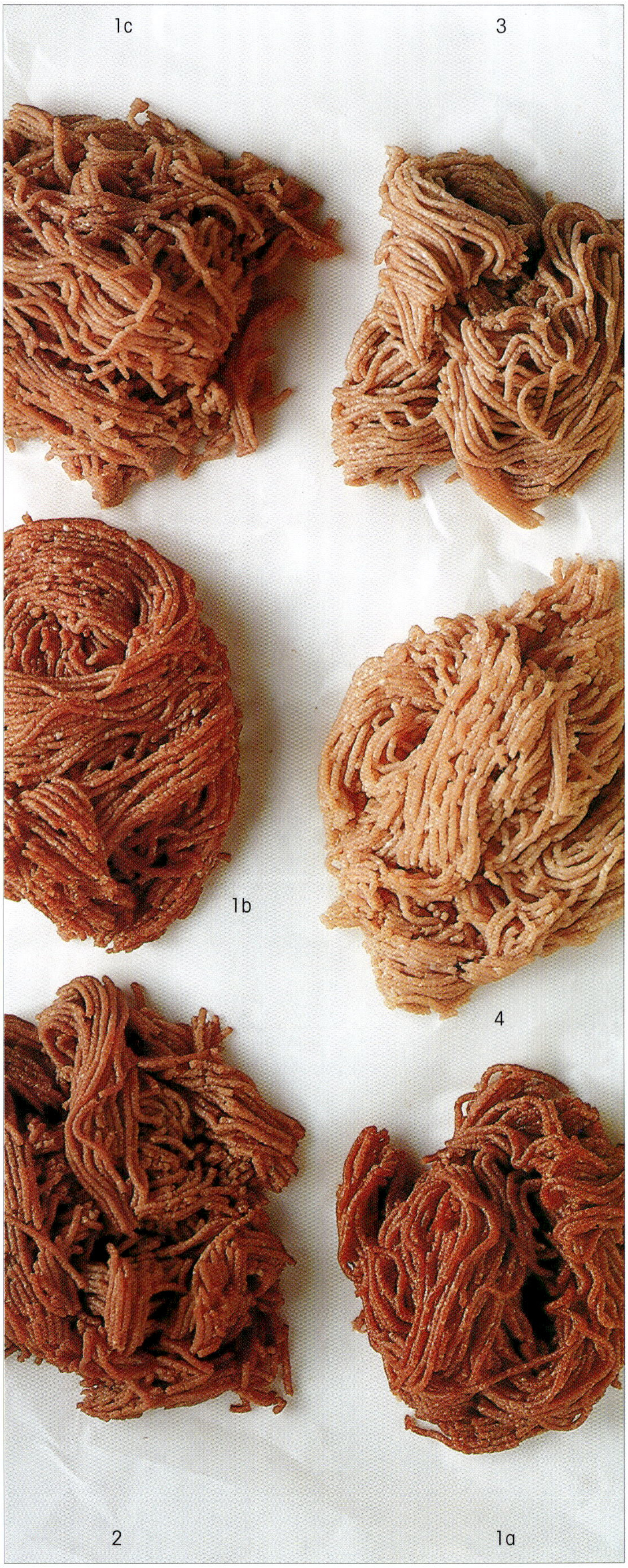

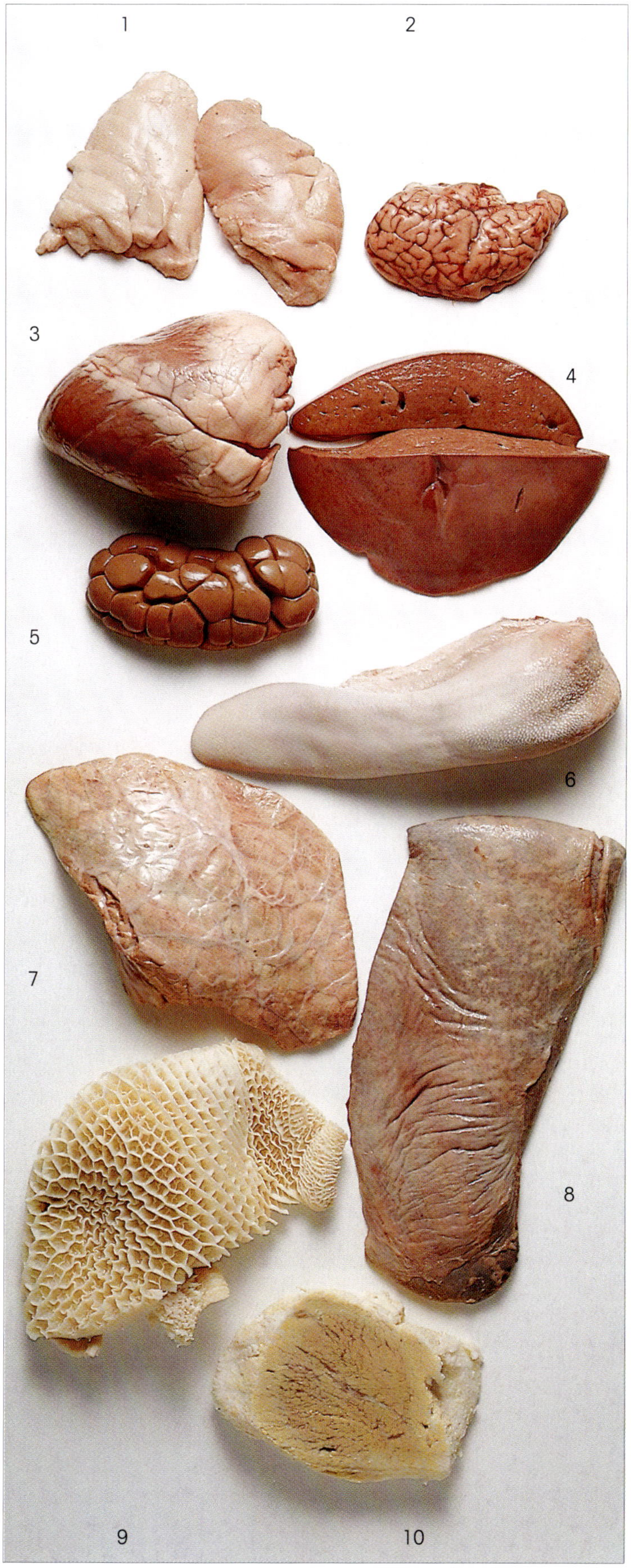

INNEREIEN

Innereien enthalten neben auffallend vielen Vitaminen, Mineralstoffen und Spurenelementen auch Cholesterin, Purine und leider auch Schwermetalle. Ein- bis zweimal im Monat kann man jedoch bedenkenlos Innereien verzehren. Man sollte aber unbedingt Innereien von jungen Schlachttieren kaufen, da diese weniger belastet und besonders zart sind!

1. Kalbsbries
- Bries nennt man die aus zwei Teilen bestehende Wachstumsdrüse junger Tiere, die sich mit zunehmendem Alter wieder zurückbildet. Das größere längliche Bries wiegt bis zu 500 g, das kleinere ist etwa 200 g schwer.
- nach dem Vorbereiten wird es gebraten, gedämpft oder gekocht

2. Hirn (Bregen oder Brägen)
- in erster Linie wird Kalbshirn angeboten
- wegen der lockeren Konsistenz muß Hirn rasch zubereitet werden (Vorsicht: kurze Garzeit!)
- nach dem Vorbereiten kann es blanchiert und gebraten oder gehackt mit Eiern vermischt zubereitet werden

3. Herz
- ist besonders fett- und kalorienarm, am zartesten sind Kalbs- und Lammherzen
- Kalbsherz in Scheiben schneiden und kurz braten oder grillen; Rinderherzen im Ganzen schmoren

4. Leber
- Kalbsleber ist sehr zart und hat ein feines Aroma; Rinderleber hat einen ausgeprägten Geschmack, der manchmal leicht bitter sein kann; Schweineleber hat eine etwas gröbere Konsistenz und einen intensiven Geschmack
- Leber sollte immer glatt und glänzend aussehen
- sie wird püriert und zu Knödel oder Pasteten verarbeitet oder kurz und nicht zu heiß gebraten

5. Niere
- am besten sind Kalbs- oder Milchlammnieren; Kalbsnieren wiegen 400 bis 500 g, Schweinenieren ca. 150 g
- nach dem Vorbereiten in Scheiben oder Stücke schneiden und braten oder grillen

6. Zunge
- Zungen von Schwein, Rind und Kalb werden frisch, gepökelt und manchmal auch geräuchert angeboten; das dickere Ende ist am zartesten
- vor jeder Art der Zubereitung muß die Zunge gekocht und gehäutet werden

7. Lunge
- sehr mageres, leuchtendrotes Fleisch; bevorzugt werden Kalbslungen, roh oder gekocht, angeboten
- es wird immer gekochte Lunge weiterverarbeitet

8. Milz
- überwiegend wird Rindermilz angeboten; sie ist mit einer dünnen Haut fest umhüllt
- Milz wird aus der Haut geschabt oder abgezogen und zu Suppeneinlagen verarbeitet

9. Kutteln
- sind die eßbaren Teile des Magen-Darm-Traktes von Wiederkäuern
- sie müssen gründlich gesäubert, gewaschen und dann weichgekocht werden

10. Euter
Bevor man die Milchdrüse der Kuh zu einem Ragout oder Spezialgerichten weiterverarbeiten kann, muß sie mindestens 5 Stunden kochen.

1 und 2

BEERENOBST

Der Großteil der im Handel angebotenen Beerenfrüchte wird heute auf Plantagen angebaut. Das phantastische Aroma wildwachsender Beeren wurde dort allerdings bisher noch nicht erreicht. Der Anbau in Gewächshäusern und der schnelle Transport aus den Anbaugebieten der südlichen Länder ermöglichen ein ganzjähriges Angebot der meisten Früchte. Die heimische Saison beginnt im Mai mit Erdbeeren und endet im Oktober mit Preiselbeeren.

1. Erdbeeren
In fast allen Ländern der Welt werden heute Erdbeeren angebaut, und bei keinem anderen Obst ist die Sortenvielfalt derart unübersehbar. Die roten Früchte werden vorwiegend frisch verzehrt oder zu Konfitüre oder Marmelade verarbeitet. Will man das Erdbeeraroma auch im Winter genießen, friert man die Beeren am besten püriert ein. Erdbeeren enthalten reichlich Vitamine und Mineralstoffe. Wegen des hohen Eisengehalts werden sie oftmals als wirksames Mittel bei Blutarmut eingesetzt, sie können aber auch Allergien auslösen.
• Heimische Erntezeit: Mitte Mai bis Ende Juli.

2. Himbeeren
Die wildwachsenden Waldhimbeeren haben das intensivste Aroma. Im Bayerischen Wald, in den Ostblockländern und in Ungarn werden sie deshalb bereits gewerblich gesammelt. Himbeeren sind sehr druckempfindlich und nur wenige Tage haltbar. Man ißt sie roh, püriert als Fruchtsauce oder bereitet eine Konfitüre daraus zu. Selbst tiefgekühlt behalten sie ihre Form und verlieren kaum an Aroma! Die Beeren sind reich an wertvollen Inhaltsstoffen wie z. B. Pektinen, Provitamin A und Vitamin C.
• Heimische Erntezeit: Anfang Juni bis Ende September.

3. Johannisbeeren
Die säuerlichen schwarzen, roten oder weißen Beeren hängen in Traubenform an kurzen Stielen. Den kräftigsten Geschmack und den höchsten Gehalt an Vitamin C haben die schwarzen Beeren. Da sie für den Rohgenuß ein wenig herb sind, werden sie bevorzugt zu Konfitüre, Saft oder Sorbet verarbeitet. Die roten Beeren stehen beim Frischverzehr an erster Stelle, die weißen sind im Handel selten zu finden. Johannisbeeren sind reich an Fruchtsäuren, Pektinen und Ballaststoffen.
• Heimische Erntezeit: von Juni bis Mitte September.

4. Heidelbeeren (Blaubeeren)
Bis vor einigen Jahren gab es nur echte Waldheidelbeeren auf dem Markt. Allmählich nimmt das Angebot an kultivierten Beeren zu. Das Aroma ist jedoch nicht mit dem der wesentlich kleineren Waldheidelbeeren zu vergleichen. Die Beeren müssen rasch verzehrt werden, da sie nach der Ernte schnell bitter werden. In den erbsengroßen Beeren stecken wertvolle Fruchtsäuren, Mineralstoffe (Eisen), Vitamine und auch reichlich Gerbstoffe. Getrocknet oder als Fruchtnektar sind sie ein bewährtes Mittel gegen Durchfall. Heidelbeeren schmecken roh mit Zucker, Milch oder Sahne, als Kuchenbelag oder als Kompott. Einfrieren oder

3

4

5

6

7

8

auch Einwecken schaden dem Aroma nicht.

• Heimische Erntezeit: Ende Juni bis Mitte September.

5. Stachelbeeren

Die roten, gelben oder grünen Beeren sind mit einem leicht borstigen Flaumhaar bedeckt. Unreif geerntete Beeren besitzen einen höheren Säuregehalt, der das Aroma bei der Herstellung von Konfitüre oder Säften intensiviert. Die Früchte können bis zu 3 Wochen gelagert und sehr gut eingefroren werden. Reife Früchte sollten rasch verzehrt werden. Der hohe Anteil an Ballaststoffen, Fruchtsäuren und Pektinen wirkt appetitanregend und verdauungsfördernd.

• Heimische Erntezeit: Anfang Juni bis Ende August.

6. Brombeeren

Die schwarzvioletten Beeren gedeihen vorwiegend in den Wäldern des Bayerischen Walds, kultivierte Beeren haben ein geringeres Aroma. Die Beeren müssen ausgereift sein, erst dann kann man das volle Aroma roh, als Kuchenbelag oder als Bestandteil des Rumtopfs genießen. Die Beeren sind schnell verderblich, lassen sich jedoch gut einfrieren.

• Heimische Erntezeit: Mitte August bis Mitte Oktober.

7. Cranberries

Die aus Amerika stammenden Cranberries sind größer und etwas milder im Geschmack als Preiselbeeren. Vereinzelt beginnt man auch bei uns, diese Beeren zu kultivieren. Cranberries enthalten viel Vitamin C, wirken günstig auf die Darmflora und fördern die Darm- und Blasentätigkeit.

• Hauptsaison amerikanischer Cranberries bei uns: Anfang Oktober bis Ende Dezember.

8. Holunderbeeren

Die herbsüßen Beeren sind auch unter der Bezeichnung Holler- oder Fliederbeeren bekannt. Reife Holunderbeeren sind reich an wertvollen Inhaltsstoffen und besitzen eine heilende Wirkung. Unreif enthalten sie das Blausäure abspaltende Sambunigrin, das beachtliche Verdauungsstörungen hervorrufen kann. Eine besondere Spezialität sind die in Teig getauchten und fritierten Blütenstände, auch »Hollerküchle« genannt.

• Heimische Ernte: Anfang September bis Ende Oktober.

9. Preiselbeeren (ohne Abb.)

Die fast ausschließlich wildwachsenden Beeren werden nur gekocht verzehrt. Erst dadurch entwickeln sie ihr feinherbes Aroma. Die pektinhaltigen Früchte werden gerne zu Konfitüre, Kompott oder zu einer Creme verarbeitet. Die lange Haltbarkeit der mineralstoff- und vitaminreichen Früchte liegt am erstaunlich hohen, natürlichen Gehalt an Benzoesäure.

• Heimische Erntezeit: Ende August bis Ende Oktober.

10. Weintrauben (ohne Abb.)

Der größte Teil der Welt-Trauben-Ernte wird zu Wein gekeltert. Die Anzahl der Sorten ist kaum überschaubar. Für den Frischverzehr angebaute Tafeltrauben – blau oder weiß – sind vorwiegend großbeerig. Marktführer sind die weißen Sorten. Traubenkuren sind vor allem wegen ihrer entschlackenden Wirkung geschätzt!

• Hauptsaison der Tafeltrauben: Ende August bis Ende Oktober; Import vorwiegend aus Italien, Frankreich und Spanien.

KERN- UND STEINOBST

Kernobst

1. und 2. Äpfel

In Deutschland ist der Apfel das Obst »Nummer eins«. Es gibt zahlreiche Sorten, von fruchtigsüß bis herbsauer – kaum eine andere Obstart bietet eine derartige Geschmacksvielfalt und wird zudem noch ganzjährig angeboten. Nach dem Pflücken werden die Äpfel, je nach Sorte, unterschiedlich lange gelagert, um ihre geschmacklichen Eigenschaften voll entfalten zu können. Wegen der reichlich enthaltenen Fruchtsäuren gelten sie als »Zahnbürste« der Natur. Äpfel sind wertvolle Vitamin- und Mineralstofflieferanten. Der Gehalt an Vitamin C schwankt allerdings von Sorte zu Sorte beachtlich.

- Heimische Erntezeit:
Juli bis August: James Grieve, Jamba, Gravensteiner; September: Goldparmäne, Cox Orange und Elstar; ab Oktober: Berlepsch, Boskop und Gloster.

3. und 4. Birnen

Birnen enthalten wesentlich weniger Säure und sind dementsprechend süßer als Äpfel. Auch Birnen werden ganzjährig angeboten, und es gibt eine Vielzahl geschmacklich sehr unterschiedlicher Sorten. Für den Handel spielen jedoch lediglich maximal zehn bekannte Sorten eine Rolle: z. B. Williams Christ, Kaiser Alexander, Clapps Liebling, Gute Luise oder Alexander Lukas.

- Heimische Erntezeit: Mitte August bis Ende November.

5. und 6. Quitten

Aufgrund der unterschiedlichen Form der Früchte unterscheidet man zwischen Apfel- und Birnenquitten. Apfelquitten sind mit zahlreichen Steinzellen durchsetzt, das rötliche Fruchtfleisch ist ziemlich trocken und wenig aromatisch. Wesentlich intensiver schmecken die weicheren Birnenquitten. Quitten müssen gekocht und durch ein Sieb gestrichen werden, bevor man das Fruchtmark zu Gelee oder raffinierten Desserts verarbeitet. Das reichlich enthaltene Pektin ist ein optimales Geliermittel.

- Heimische Erntezeit: Ende September bis November. Frost verstärkt das Aroma!

Steinobst

7. und 8. Kirschen

Weichfleischige Herzkirschen und festfleischige Knorpelkirschen sind die bekanntesten Vertreter der Süßkirschen. Die einzelnen Sorten unterscheiden sich zwar in der Rotfärbung, geschmacklich aber kaum voneinander. Handelsübliche Sorten der Gattung Sauerkirsche sind Weichseln oder Schattenmorellen. Bemerkenswert ist der Gehalt an Phosphor, Eisen und an Vitaminen der B-Gruppe. Süßkirschen werden überwiegend roh gegessen, während man die aromaintensiven, weichen Sauerkirschen bevorzugt zu Saft, Kompott, Cremes oder Eis verarbeitet. Kirschen friert man am besten mit den Kernen ein und entfernt diese erst nach dem Antauen. So hat man den geringsten Saftverlust!

- Heimische Erntezeit: Anfang Juni bis Mitte Juli.

1

2

3

4

5

6

7

8

9

10

11

12

13

14

15

16

9. Pflaumen
Die rundlichen bis ovalen Früchte können rot, blau oder grünlichgelb bis goldgelb gefärbt sein. Das saftige und süße Fruchtfleisch löst sich nur schwer vom Stein. Die Früchte werden hauptsächlich roh gegessen.
• Heimische Erntezeit: Mitte Juli bis Ende August.

10. Zwetschgen (Zwetsche)
Die violetten bis schwarzblauen Früchte sind zum Schutz vor Austrocknung mit einem weißen, leicht abwischbaren, wachsartigen natürlichen »Duftfilm« überzogen. Vollreife Spätzwetschgen schmecken saftig und süß, der längliche Kern löst sich leicht vom Fruchtfleisch.
• Heimische Erntezeit: Mitte Juli bis Ende September.

11. Mirabellen
Die Schale der kleinen, runden, gelben Früchte besitzt oftmals winzige rote Pünktchen. Das Fruchtfleisch ist süß und fest und läßt sich leicht vom Kern lösen.
• Heimische Erntezeit: Anfang Juli bis Mitte August.

12. Reneklode (Reineclaude)
Die mittelgroßen runden Früchte erinnern im Aussehen an Pflaumen. Das Fruchtfleisch kann grünlich, violett oder auch rot gefärbt sein. Sie schmecken süß und aromatisch. Es ist etwas mühsam, das Fruchtfleisch vom Kern zu lösen.
• Heimische Erntezeit: Mitte Juli bis Ende August.

13. und 14. Pfirsich
Das Fruchtfleisch vollreifer Pfirsiche ist saftig und äußerst aromatisch. Die Farben gehen, je nach Sorte, von orangegelb über leicht rötlich bis weiß. Die Schale des Pfirsichs ist mit einem leichten Flaum seidig behaart. Weißfleischiges Fruchtfleisch löst sich schwerer vom Kern und hat einen zartsäuerlichen Geschmack, gelbfleischige Sorten sind etwas süßer. Pfirsiche sind ballaststoffarme Früchte und daher auch für Menschen mit einem empfindlichen Magen sehr bekömmlich.
• Hauptsaison: Ende Mai bis Anfang September; Importe hauptsächlich aus den Mittelmeerländern.

15. Nektarinen
Sie schmecken ähnlich wie Pfirsiche, unterscheiden sich aber durch die glatte Schale und das festere Fruchtfleisch von den Artgenossen. Ob Nektarinen eine Kreuzung zwischen Pfirsich und Pflaume sind oder eine Mutation des Pfirsichs, ist nicht eindeutig geklärt.
• Hauptsaison: Anfang Juni bis Ende August; Importe hauptsächlich aus Italien, Frankreich und Spanien.

16. Aprikosen
In Österreich auch unter dem Begriff Marillen bekannt. Die 4 bis 8 cm großen runden Früchte werden durch eine Furche in zwei Fruchtbacken geteilt. Vollreif ist das Fruchtfleisch weiß, gelb oder orange, saftig und sehr süß. Sie sind roh, gekocht oder in Mehlspeisen verarbeitet ein Hochgenuß! Beachtlich ist der Gehalt an Provitamin A (Carotin)!
• Heimische Erntezeit: Anfang bis Ende Juli.

EXOTEN

Früchte aus allen Ländern der Welt werden fast das ganze Jahr über angeboten. Viele von ihnen werden von uns so selbstverständlich gekauft und verarbeitet, daß man sie eigentlich nicht mehr als Exoten bezeichnen kann. Dazu gehören vor allem Bananen, Zitrusfrüchte und Kiwis. Laufend kommen aber neue, für uns völlig unbekannte Früchte hinzu und bereichern unseren kulinarischen Horizont. Hier eine kleine Auswahl an exotischen Früchten, die sich besonders gut für raffinierte Desserts eignen!

1. Ananas
Das saftige, süß-säuerliche Fleisch hat eine gelbe bis rötliche Farbe. Eine sehr ausgeprägte schuppige Schale und eine leuchtendrote Farbe weisen auf ein intensives Aroma hin. Beim Tranchieren muß man mit 40 Prozent Abfall rechnen. Baby-Ananas schmecken besonders süß. Frische Ananas enthalten das verdauungsfördernde Ferment Bromelin, das eine eiweißspaltende Wirkung besitzt und somit auch das Festwerden von Gelatine verhindert. Bei Lagerung unter 5 °C bilden sich im Fruchtfleisch braune Flecken!

2. Bananen
Neben den gelben Obstbananen findet man in letzter Zeit auch rote Bananen mit einer rötlichbraunen Schale und einem leicht rötlichen Fruchtfleisch sowie Baby-Bananen auf dem Markt. Geschmacklich unterscheiden sich diese Sorten nur geringfügig voneinander. Am aromaintensivsten ist das Fruchtfleisch, wenn die Schale einige braune Punkte aufweist: ein Zeichen, daß sich Stärke in Zucker umgewandelt hat.

3. Cherimoyas
Die Früchte haben eine dicke, schuppige Schale. Das weiche, sahnige, leicht bekömmliche Fruchtfleisch schmeckt nach einer gelungenen Kombination von Erdbeere und Birne. Wenn die Frucht auf leichten Druck nachgibt und sich die Schale leicht schwarz färbt, sind die Früchte reif.

4. Datteln
Die empfindlichen Früchte werden vollreif geerntet und sofort schockgefrostet. Etwa vier Früchte decken den Tagesbedarf an Eisen. Frische Datteln haben ein feines Honigaroma und sind geschmacklich mit den getrockneten Früchten nicht zu vergleichen. Schale und Kern werden vor dem Verzehr entfernt.

5. Feigen
Zwei Sorten, die hauptsächlich in den Mittelmeerländern angebaut werden, sind für den Transport geeignet: die grünen, leicht säuerlichen und die violetten, etwas süßeren Feigen. Frische Feigen enthalten reichlich Mineralstoffe und relativ viel Fruchtzucker. Sie haben eine verdauungsfördernde Wirkung.

6. Granatäpfel
Die bis zu 500 g schweren Früchte mit einer dicken Schale bestehen im Inneren aus zahlreichen Samenkernen. Jeder dieser Kerne ist von einem süßaromatischen, saftigen, geleeartigen Fruchtfleisch umhüllt. In erster Linie ist es der Saft, der zu Fruchtsaucen oder Geleespeisen verarbeitet wird oder als Fruchtsirup, »Grenadine«, für viele Drinks unentbehrlich geworden ist. Die Körner sind aber, unter Fruchtsalate gemischt, ebenfalls ein Hochgenuß.

7. Kakis
Aromatisch und angenehm süß sind die orangeroten, tomatenförmigen Früchte, wenn die dünne Schale glasig glänzt. Unreif schmecken sie, durch den hohen Gerbstoffgehalt, sehr herb und pelzig. Sie haben unter allen Früchten den höchsten Carotin-Gehalt.

8. Kapstachelbeeren (Physalis)
Die orangeroten, leicht klebrigen Kugeln sind mit einem stark eingetrockneten, papierähnlichen Kelch umhüllt. Die pikant-säuerlichen, erfrischenden Früchte werden roh gegessen oder zu Püree, Eis oder Kompott verarbeitet.

9. Karambolas (ohne Abb.)
Wegen ihrer sternförmigen Form wird diese Frucht oftmals zur Dekoration verwendet. Sie schmeckt süß, ein wenig nach Stachelbeeren und Quitten. Die mineralstoffreichen, saftigen Früchte sind vollreif, wenn das Fruchtfleisch bernsteinfarben durch die Schale schimmert und die Kanten leicht bräunlich gefärbt sind.

10. Kiwis
Das leuchtendgrüne Fruchtfleisch ist von einer braunen, pelzig behaarten Schale umgeben. Rohe Kiwis enthalten das eiweißspaltende Enzym Actinidin. Sie bekommen in Verbindung mit Milchprodukten einen bitteren Beigeschmack und verhindern das Festwerden von Gelatine. Abhilfe schafft das Überbrühen geschälter Früchte mit heißem Wasser. Sehr hoher Vitamin-C-Gehalt!

11. Litschis
Das fast perlmuttartige Fruchtfleisch ist von einer harten, schuppigen roten Schale umschlossen. Litschis sind die Dessertfrüchte in der asiatischen Küche. Das saftige Fruchtfleisch hat einen zarten Geschmack, der ein wenig an Rosen erinnert.

12. Mangos
Das sehr saftige, leicht fasrige Fleisch vollreifer Früchte schmeckt wie eine Mischung aus Pfirsich und Pinenkernen! Der ursprüngliche harzige Geschmack ist in den neuen Züchtungen kaum noch vorhanden. Die Farbe der Schale hängt von der Sorte ab und hat nichts mit der Reife zu tun.

13. Melone
Melonen enthalten bis zu 90 Prozent Wasser. Zu den bekanntesten glattschaligen Sorten zählen Wasser-, Honig-, Charentais-, Ogen- und Tendralmelonen. Die verbreitetsten Netzmelonen sind Galia- und Kantalupmelonen.

14. Papaya
Das orangerote Fruchtfleisch der grün- bis gelbschaligen Papaya ist ausgesprochen kalorienarm und erinnert geschmacklich an eine Mischung aus Melonen und Aprikosen. Die kleinen schwarzen Kerne haben einen beißend scharfen Geschmack.

15. Passionsfrüchte
Unvergleichlich exotisch ist der Geschmack der Passionsfrüchte. Zu den bekanntesten Sorten zählen die Maracuja, Granadilla und Curuba. Äußerlich sehen sie zwar sehr unterschiedlich aus, aber im Inneren befindet sich immer eine Vielzahl von Kernen, die von einem gallertartigen Fruchtfleisch umhüllt sind. Streicht man das Fruchtfleisch durch ein feines Sieb, erhält man einen aromatischen Saft, aus dem sich feinste Desserts herstellen lassen.

16. Zitrusfrüchte
Zur Gattung der uns bekannten Zitrusfrüchte zählen vor allem Orangen, Grapefruits, Mandarinen, Zitronen und Limetten. Saft und Fruchtfleisch lassen sich beliebig einsetzen und kombinieren.

SUPPEN

Von der klaren Gemüsebrühe bis zur italienischen Minestrone und der französischen Bouillabaisse: kaum ein Gericht ist so vielfältig wie die Suppe. Einfache Grundrezepte, feine Varianten und internationale Klassiker – die schönsten Suppen mit Gemüse, Fisch und Geflügel.

KLARE GEMÜSEBRÜHE

Klare Brühe aus Gemüse ist ein köstlicher Appetitanreger. Sie kann auch als geschmackvolle Grundlage für andere Gerichte dienen. Sie wird aus mehreren Gemüsesorten zubereitet, doch sollte nicht zuviel Kohl enthalten sein, da er die Brühe leicht dominiert. Durch das Anbraten des Gemüses in Fett entwickelt sich der Eigengeschmack besonders gut.

Für 6 Personen
Zubereitungszeit: 1 Stunde

- 1 Zwiebel
- 3 große Möhren
- 1/2 kleine Sellerieknolle
- 1 Petersilienwurzel
- 1 Stange Lauch
- 2 bis 3 Wirsingblätter
- 2 Stangen Staudensellerie
- 1 EL Sojaöl oder ein anderes geschmacksneutrales Öl
- 1 Bund glatte Petersilie
- 1 Zweig Thymian
- 1 Lorbeerblatt
- 1 Nelke
- 6 schwarze Pfefferkörner
- Salz
- 2 1/2 l Wasser

1. Die Zwiebel mitsamt der Schale in Viertel schneiden. Möhren, Sellerie und Petersilienwurzel putzen, waschen und ungeschält in Stücke schneiden. Die Lauchstange der Länge nach halbieren, gründlich waschen und wie die Wirsingblätter und den Staudensellerie kleinschneiden.

2. Das Öl in einem großen Kochtopf erhitzen und das Gemüse darin anbraten. Petersilie, Kräuter und Gewürze dazugeben, salzen und mit Wasser aufgießen.

3. Bei starker Hitze zum Kochen bringen, dann zurückschalten und bei mäßiger Hitze zugedeckt etwa 50 Minuten köcheln lassen.

4. Die Brühe durch ein feines Sieb gießen und entweder mit einer Einlage servieren oder als Fond für einen Gemüseeintopf oder eine gebundene Gemüsesuppe weiterverwenden. Die angegebene Menge ergibt etwa 1 1/2 l Gemüsebrühe.

Pro Person:
Kalorien (kcal) 12
Eiweiß (g) 1
Fett (g) 0
Kohlenhydrate (g) 1

Am besten gleich eine größere Menge kochen und den nicht benötigten Rest portionsweise einfrieren.
Im Kühlschrank hält sich Gemüsebrühe zugedeckt maximal 2 bis 3 Tage.

Gemüse säubern
Alle Gemüsesorten gründlich waschen. Zum Beispiel die Lauchstange der Länge nach halbieren, damit alle Sandteilchen zwischen den Blättern herausgespült werden.

Gemüse vorbereiten
Das Gemüse mit der Schale in grobe Stücke schneiden, da sich gerade in der äußeren Schicht viele Geschmacks- und Mineralstoffe befinden.

In Fett anbraten
Das Öl in einem großen Kochtopf erhitzen, die Gemüsesorten nach und nach hineingeben und darin unter Rühren anschwitzen, keinesfalls bräunen lassen.

Die Brühe abseihen
Die Gemüsebrühe durch ein feines Sieb abgießen. Das nimmt zwar etwas Zeit in Anspruch, aber nur so bekommt man eine klare Gemüsebrühe.

VERSCHIEDENE SUPPENEINLAGEN

**Haben Sie erst einmal die klare Gemüsebrühe zubereitet, bieten sich unzählige Möglichkeiten an, sie immer wieder neu zu variieren.
Je nach Einlage wird die Brühe Auftakt eines Menüs oder eines kalten Abendessens, sie kann auch als leichte, kalorienarme Diätmahlzeit dienen.**

1 Gemüsejulienne
Sellerieknolle, Möhren und Lauch in sehr feine Streifen schneiden und etwa 5 Minuten in der Brühe mitgaren.

2 Tomatenwürfel
Tomaten häuten, entkernen und in kleine Würfel schneiden. Einige Minuten in der Brühe mitgaren.

3 Möhrenblüten
Große Möhren in Scheiben schneiden und mit einem Ausstecher in Form bringen. Kurz mitkochen.

4 Pfifferlinge
Möglichst kleine Pfifferlinge putzen und in wenig Butter kurz anrösten. Salzen und in die Brühe geben.

5 Spargelspitzen
Bißfest gekochte Spargelspitzen, grün oder weiß, in der Brühe erhitzen.

6 Kräuter
Entweder gemischte Frühlingskräuter, in feine Streifen geschnitten, oder abgezupfte Kerbelblätter in die Brühe streuen.

7 Bunte Paprikarauten
Paprika in verschiedenen Farben in kleine Rauten schneiden und in der Brühe etwa 5 Minuten mitkochen.

8 Gemüseperlen
Mit einem kleinen Gemüsekugelausstecher Kügelchen aus Zucchini, Möhren oder Kohlrabi formen und in der Brühe in etwa 8 bis 10 Minuten bißfest kochen.

1

2

3

4

5

6

7

8

9

10

11

12

13

14

15

16

9 Sternchen- oder Buchstabennudeln
Nudeln vorher in kochendem Wasser garen und als Einlage in die Brühe geben. Sie sehen besonders gut in einer roten Tomatenbrühe aus.

10 Tortellini
Fertiggekaufte Tortellini vorher bißfest kochen und in der Gemüsebrühe servieren.

11 Croûtons
Weißbrotscheiben in kleine Würfel schneiden und in heißem Fett goldbraun rösten.

12 Käsecroûtons
Weißbrot mit Käse bestreuen und überbacken, anschließend in kleine Würfel schneiden.

13 Flädle
Hauchdünn gebackene Eierkuchen werden abgekühlt aufgerollt und in feine Streifen geschnitten.

14 Eigelb
Pro Person 1 rohes Eigelb in die kochendheiße Gemüsebrühe geben.

15 Fischscheibchen
Hauchdünn geschnittenen rohen Fisch in Suppenteller geben und mit kochendheißer Brühe begießen.

16 Rindfleischscheiben
Hauchdünn geschnittenes Rinderfilet in Suppenteller geben und mit kochendheißer Brühe begießen.

Man kann die Suppe auch mit etwas gehaltvolleren Einlagen anreichern:

Grießnockerl

- 50 g weiche Butter
- Salz
- frisch geriebene Muskatnuß
- 2 kleine Eier
- ca. 100 g Hartweizengrieß

Die Butter mit Salz, Muskat und den Eiern zu einer Schaummasse rühren. Nach und nach den Grieß hinzufügen. Den Teig 15 Minuten quellen lassen. Dann mit zwei nassen Teelöffeln Nockerl abstechen und in 15 Minuten bei schwacher Hitze gar ziehen lassen.

Käsenockerl

- 40 g Butter
- 2 kleine Eier
- 30 g frisch geriebener Käse
- 3 bis 4 EL Paniermehl
- Salz
- frisch gemahlener Pfeffer
- etwas Paprika, edelsüß

Butter und Eier cremig rühren. Käse und so viel Paniermehl hinzufügen, bis eine formbare Masse entsteht. Mit zwei nassen Teelöffeln Nockerl abstechen und im siedenden Wasser 6 bis 8 Minuten gar ziehen lassen.

Eierschwämmchen

- 40 g flüssige Butter
- 80 g Mehl
- 2 kleine Eier
- Salz
- frisch gemahlener Pfeffer
- frisch geriebene Muskatnuß

Die Butter in eine Schüssel geben und unter Rühren Mehl und Eier dazugeben. Den Teig gut verrühren, mit Salz, Pfeffer und Muskat würzen. Mit zwei nassen Teelöffeln Nockerl abstechen und im siedenden Wasser 6 bis 8 Minuten gar ziehen lassen.

KLARE TOMATENSUPPE MIT KNOBLAUCHCROÛTONS

Das Grundrezept für die Gemüsebrühe (von Seite 61) läßt sich leicht variieren, indem man statt mehrerer Gemüsesorten nur eine verwendet: Hier sind es die Tomaten, im gegenüberliegenden Rezept ist es der Spargel.

Für 4 Personen
Zubereitungszeit: 40 Minuten

- 800 g vollreife Tomaten
- 2 Stangen Staudensellerie
- 1 Schalotte
- 2 EL Olivenöl
- 1 Zweig Thymian
- 1 TL Rosmarin
- 1/2 Lorbeerblatt
- 4 weiße Pfefferkörner
- 1 Prise Zucker
- Salz
- 1/2 l Gemüse- oder Fleischbrühe
- 2 Scheiben altbackenes Weißbrot
- 2 EL Olivenöl
- 1 Knoblauchzehe
- 20 g gesalzene Butter
- einige Basilikumblätter

1. Die Tomaten waschen und vierteln. Staudensellerie und geschälte Schalotte in Stücke schneiden und im erhitzten Öl anschwitzen.
2. Tomaten, Kräuter, Pfefferkörner und Zucker dazugeben, salzen und mit Brühe aufgießen. Einmal aufkochen lassen, dann zugedeckt bei schwacher Hitze 30 Minuten ziehen lassen.
3. Das Brot in winzig kleine Würfel schneiden. Knoblauchzehe schälen und durch eine Presse in das nicht zu heiße Öl drücken. Die Brotwürfel bei mäßiger Hitze goldbraun rösten.
4. Die Tomatensuppe durch ein feines Sieb gießen, keinesfalls passieren, damit die Brühe klar bleibt.
5. Die Tomatenbrühe noch etwas einkochen lassen, von der Kochstelle nehmen und die kalte Butter in kleinen Flöckchen mit einem Schneebesen unter die Suppe schlagen.
6. Auf vier Suppentassen verteilen und mit feingeschnittenen Basilikumblättern bestreuen. Die Croûtons bei Tisch in die Suppe geben.

Pro Person:
Kalorien (kcal) 140
Eiweiß (g) 2
Fett (g) 12
Kohlenhydrate (g) 6

Anstelle der Brühe kann man auch Kalbsfond verwenden – die Suppe wird dann kräftiger im Geschmack. Gießt man das Gemüse mit Milch auf, wird die Suppe besonders samtig und auf eine zusätzliche Anreicherung kann verzichtet werden.

SPARGELCONSOMMÉ MIT GEFLÜGELKLÖSSCHEN

Für 4 Personen
Zubereitungszeit: 45 Minuten

1 Kalbsknochen
Salz
250 g Bruchspargel
1 Prise Zucker
20 g Butter
Für die Klößchen:
150 g Hähnchenbrustfleisch
2 bis 3 EL Crème fraîche
1 geh. TL Speisestärke
gemahlener weißer Pfeffer
Cayennepfeffer
etwas abgeriebene
Zitronenschale
einige frische Kerbelzweige

1. Den Kalbsknochen mit 1 1/2 l Salzwasser zum Kochen bringen.
2. Die Spargelstangen waschen, schälen und die holzigen Enden entfernen. Schalen und Abschnitte mit Zucker und Butter in die Kalbsbrühe geben und bei mäßiger Hitze 15 Minuten köcheln lassen. Mit dem Schaumlöffel die Schalen entfernen. Nun die Stangen dazugeben und in 15 bis 20 Minuten bißfest garen.
3. Das gut gekühlte Hähnchenfleisch in der Küchenmaschine fein pürieren, dabei die Crème fraîche und Speisestärke einarbeiten. Mit Salz, Pfeffer, Cayenne und Zitronenschale würzen und rasch zu einer glatten Masse verarbeiten.
4. Die Spargelstangen aus der Kochflüssigkeit heben. Die Spargelbrühe durch ein Sieb gießen, erneut zum Kochen bringen und etwas einkochen lassen.
5. Aus der Geflügelmasse olivengroße Nockerl formen und in der Consommé in wenigen Minuten bei schwacher Hitze gar ziehen lassen. Mit abgezupften Kerbelblättchen bestreut servieren.

Pro Person:
Kalorien (kcal) 120
Eiweiß (g) 10
Fett (g) 6
Kohlenhydrate (g) 3

Das Hähnchenfleisch kann auch durch Kalbfleisch ersetzt werden. Außerdem harmoniert Fisch sehr gut mit dem feinen Spargelaroma.
Versuchen Sie deshalb die Consommé einmal mit zarten Fischklößchen aus Lachs- oder Hechtfleisch.
Kurz in Butter geschwenkte Garnelen oder Scampi ergeben ebenso eine delikate Einlage.

PÜRIERTE GEMÜSESUPPE

Sie ist ein kulinarisches Vergnügen, denn der feine Geschmack von Gemüse kommt beim Pürieren besonders gut zur Geltung. Als Kreationen der Nouvelle cuisine haben die cremigen Suppen Popularität erlangt und ihren schlechten Ruf als Dickmacher abgelegt, denn in Wahrheit sind sie kalorienarm, sofern sie mehr mit Wurzelgemüse und Hülsenfrüchten als mit Sahne gebunden werden.

Für 4 Personen
Zubereitungszeit: 35 Minuten

500 g verschiedene Gemüsesorten, z. B. Möhren, Kohlrabi, Erbsen, Petersilienwurzel, Lauch, Broccoli oder Blumenkohl
1 mittelgroße Kartoffel
2 EL Öl
Salz, weißer Pfeffer
3/4 l Fleischbrühe
Zum Verfeinern:
1/8 l Sahne oder
30 g Butter oder
1 bis 2 EL Crème fraîche
Zum Bestreuen:
gehackte Petersilie oder
gemischte Kräuter

1. Die Gemüsesorten putzen, waschen, je nach Sorte schälen und kleinschneiden. Die Kartoffel waschen, schälen und in große Würfel schneiden.
2. Das Öl erhitzen und das Gemüse darin anschwitzen. Mit der Hälfte der Brühe aufgießen, salzen und pfeffern und zum Kochen bringen. Zugedeckt bei mäßiger Hitze in etwa 20 bis 25 Minuten weichkochen.
3. Das Gemüse am besten mit Hilfe eines Pürierstabes oder portionsweise im Mixer fein pürieren. Den Gemüsebrei mit der restlichen Flüssigkeit aufgießen und erneut zum Kochen bringen. Falls nötig, noch etwas Flüssigkeit hinzufügen, bis die Suppe die gewünschte Konsistenz hat. Extrafein wird die Suppe, wenn man sie nach dem Pürieren durch ein Sieb passiert.
4. Noch einmal würzig abschmecken und entweder mit Petersilie oder Kräutern bestreut servieren oder vorher zusätzlich mit Sahne, Crème fraîche oder Butter verfeinern.

Pro Person:
(ohne die Verfeinerung):
Kalorien (kcal) 95
Eiweiß (g) 3
Fett (g) 6
Kohlenhydrate (g) 7

Soll es eine angenehm sämige Suppe werden, ist es ratsam, eine in Stücke geschnittene, mehligkochende Kartoffel mitzugaren.
Achten Sie bei der Gemüseauswahl auf ein ausgewogenes Mischungsverhältnis oder verleihen Sie der Suppe durch die Dominanz einer Gemüseart eine ganz spezielle Note.

Gemüseauswahl
Wählen Sie die Gemüsesorten nach dem Angebot der Jahreszeit aus: Im Winter z. B. Petersilienwurzeln, Rosenkohl, Sellerieknolle, Möhren, Fenchel oder Lauch.

Suppe kochen
Nur mit der Hälfte der Flüssigkeit aufgießen und das Gemüse mehr dünsten als kochen. So können sich die Aromastoffe besser entwickeln. Den Topf mit einem Deckel verschließen.

Die Suppe pürieren
Am einfachsten ist es, die Gemüsesuppe gleich im Topf mit einem Pürierstab zu zerkleinern. Es geht aber auch, am besten portionsweise, mit einem Mixer oder wie hier mit der Flotten Lotte.

Die Suppe verfeinern
Soll die Suppe völlig glatt und ohne gröbere Bestandteile sein, streicht man sie durch ein feines Sieb und schlägt sie mit einem Pürierstab noch einmal schaumig auf.

ZUCCHINICREME-SUPPE

Da Zucchini ein feines Aroma haben, gehen sie mit Räucherfisch eine sehr aparte Verbindung ein. Das richtige Mischungsverhältnis ist wichtig, mehr Fisch würde den Eigengeschmack des Gemüses überdecken. Beim Einkauf der Zucchini sollten Sie kleine, feste Früchte wählen.

Für 4 Personen
Zubereitungszeit: 30 Minuten

- 4 kleine Zucchini, ca. 500 g
- 2 Schalotten
- 1 Knoblauchzehe
- 150 g Schillerlocken
- 20 g Butter oder Margarine
- 2 EL Öl
- 1/2 l kräftige Fleischbrühe
- 1/4 l trockener Weißwein
- Salz
- gemahlener weißer Pfeffer
- 1/8 l Sahne

1. Die Zucchini waschen und der Länge nach halbieren. Eine Hälfte beiseite legen, den Rest in Würfel schneiden. Schalotten und Knoblauch schälen und würfeln. 50 g vom Räucherfisch beiseite legen, den Rest kleinschneiden.
2. Butter und 1 EL Öl in einem Topf erhitzen und Schalotten- und Knoblauchwürfel darin anschwitzen. Gemüse und Räucherfisch dazugeben, mit andünsten und mit Brühe und Wein aufgießen. Salzen und pfeffern und zugedeckt bei mäßiger Hitze in etwa 15 bis 20 Minuten weichkochen.
3. Inzwischen die zurückbehaltene Zucchinihälfte in winzige Würfel schneiden. Das restliche Öl in einer beschichteten Pfanne erhitzen und die Gemüsewürfel darin goldbraun rösten.
4. Die Schillerlocke in kleine Würfel schneiden, die Sahne steif schlagen.
5. Die Zucchinisuppe mit einem Pürierstab oder im Mixer fein pürieren und durch ein Sieb streichen.
6. Noch einmal erhitzen und die geschlagene Sahne unterziehen. Die Suppe sofort auf Teller verteilen und mit Zucchini- und Fischwürfeln bestreut servieren.

Pro Person:
Kalorien (kcal) 380
Eiweiß (g) 11
Fett (g) 29
Kohlenhydrate (g) 6

Wesentlich kalorienärmer wird die Suppe, wenn man die Schillerlocken durch geräuchertes Forellenfilet ersetzt.

ITALIENISCHE TOMATENSUPPE MIT PARMESAN

Am besten schmeckt diese Suppe, wenn die Tomaten frisch und gut sonnengereift sind. Denn nur die aus dem Freiland reif geernteten Tomaten können ihr volles Aroma entwickeln.

Für 4 Personen
Zubereitungszeit: 30 Minuten

2 Zwiebeln
2 Knoblauchzehen
1 kg vollreife Tomaten
3 EL Olivenöl
1 TL Zucker
Salz
frisch gemahlener Pfeffer
1 Zweig Thymian
1 Zweig Rosmarin
1 Lorbeerblatt
1/2 l Fleischbrühe
1/8 l Sahne
einige Basilikumblätter
frisch geriebener Parmesan
nach Geschmack

1. Zwiebeln und Knoblauch schälen und in Würfel schneiden. Die Tomaten waschen und vierteln.
2. Das Öl in einem Kochtopf erhitzen und die Zwiebel und Knoblauchwürfel darin anschwitzen. Die Tomaten sowie Gewürze und Kräuter hinzufügen und gründlich vermischen. Mit der Fleischbrühe aufgießen und zugedeckt bei mäßiger Hitze 25 Minuten köcheln lassen.
3. Die Suppe durch ein Sieb streichen oder durch die Flotte Lotte passieren. Noch einmal erhitzen und falls nötig nachwürzen. Die Sahne steif schlagen.
4. Die Suppe auf Teller verteilen, jeweils in die Mitte einen Klecks Sahne geben und mit den in Streifen geschnittenen Basilikumblättern bestreuen. Mit Parmesan bedient sich jeder nach eigenem Geschmack.

Pro Person:
Kalorien (kcal) 230
Eiweiß (g) 4
Fett (g) 18
Kohlenhydrate (g) 11

Soll die Tomatensuppe sättigender sein, kann man sie mit Nudeln, körnig gekochtem Reis oder mit Brotwürfeln anreichern.
Auch mit Fleisch- oder Fischklößchen schmeckt die Suppe köstlich.

GAZPACHO

Diese kalte Gemüsesuppe stammt aus Andalusien, wo sie als eisgekühltes Erfrischungsgetränk oder Aperitif sogar an der Bar in Gläsern ausgeschenkt wird. Es gibt viele Variationen in der Zubereitung, aber immer sollten die Zutaten von allerbester Qualität sein, vor allem das Öl und der Essig.

Für 6 Personen
Zubereitungszeit: 10 Minuten
Kühlzeit: einige Stunden

200 g Weißbrot ohne Kruste
1/2 l kalte Fleischbrühe
3 bis 4 EL Sherryessig
700 g vollreife Tomaten
2 grüne Paprikaschoten
700 g Salatgurke
4 bis 5 Knoblauchzehen
6 EL Olivenöl, kaltgepreßt
2 mittelgroße Zwiebeln
Salz
frisch gemahlener Pfeffer

1. 150 g Weißbrot in Würfel schneiden. Fleischbrühe und Essig vermischen, das Brot damit begießen und 10 Minuten einweichen.

2. Die Tomaten kurz in kochendes Wasser tauchen, Stengelansätze entfernen. Die Tomaten häuten, entkernen und bis auf eine Tomate kleinschneiden. Paprika putzen, waschen und entkernen, die Gurke schälen und mit einem Löffel die Kerne herauskratzen. Beide Gemüsesorten in kleine Stücke schneiden, dabei je 100 g Gemüse im Ganzen aufbewahren. Knoblauch und Zwiebeln schälen, die Zwiebeln in kleine Würfel schneiden, die Knoblauchzehen durch eine Presse drücken.

3. Portionsweise etwas Brot und kleingeschnittenes Gemüse ohne Zwiebeln und Knoblauch im Mixer pürieren und in eine Suppenterrine geben. Mit durchgepreßtem Knoblauch, 1 EL Zwiebelwürfeln und 4 EL Öl verrühren, mit Salz und Pfeffer würzen und einige Stunden im Kühlschrank kühlen.

4. Für die Garnitur das restliche Weißbrot und das zurückbehaltene Gemüse in kleine Würfel schneiden. Das Weißbrot im restlichen Öl goldbraun braten und alles getrennt in kleinen Schälchen zu der eisgekühlten Suppe reichen.

Pro Person:
Kalorien (kcal) 230
Eiweiß (g) 6
Fett (g) 11
Kohlenhydrate (g) 25

DUBARRY-SUPPE

Madame Dubarry war die Mätresse von Ludwig XV, und da dieser den Blumenkohl sehr schätzte, benannte man alle Gerichte aus diesem Gemüse, die seine besondere Zustimmung fanden, nach der Dame seines Herzens. Die köstlich-cremige Suppe wird auch Samtsuppe genannt.

Für 4 Personen
Zubereitungszeit: 35 Minuten

- 1 kleiner Blumenkohl, ca. 500g
- 1 mittelgroße, mehligkochende Kartoffel
- 1/2 l Vollmilch
- 1/4 l Fleischbrühe
- Salz
- gemahlener weißer Pfeffer
- etwas frisch geriebene Muskatnuß
- etwas Zitronensaft
- 1/8 l Sahne
- 1 Eigelb
- einige Kerbelzweige oder etwas gehackte Petersilie

1. Blumenkohl putzen und in kleine Röschen teilen. Kartoffel schälen und in Würfel schneiden.
2. Fleischbrühe und Milch erhitzen und Blumenkohl und Kartoffel darin in 20 Minuten bei schwacher Hitze weichkochen.
3. Mit einem Pürierstab oder im Mixer sehr fein pürieren. Falls die Suppe besonders cremig sein soll, durch ein feines Sieb streichen. Mit Salz, Pfeffer, Muskat und Zitrone würzig abschmecken und noch einmal erhitzen.
4. Sahne und Eigelb gründlich verquirlen, die Suppe damit legieren und keinesfalls mehr kochen lassen. Mit abgezupften Kerbelblättchen oder feingehackter Petersilie bestreut servieren.

Pro Person:
Kalorien (kcal) 260
Eiweiß (g) 10
Fett (g) 17
Kohlenhydrate (g) 16

Nach dem gleichen Prinzip lassen sich aus vielen Gemüsesorten cremige Gemüsesuppen zubereiten. Ersetzen Sie zum Beispiel den Blumenkohl durch Broccoli, Möhren, Knollensellerie, Rote Bete, Spargel, junge Erbsen oder Paprika.
Mit Lauch zubereitet, entsteht daraus die berühmte *Vichyssoise,* die dann allerdings – nach dem Originalrezept – gut gekühlt serviert werden muß.

ITALIENISCHE GEMÜSESUPPE

Diese Suppe ist unter ihrem heimischen Namen Minestrone international bekannt als eine sättigende Gemüsesuppe mit Nudel- oder Reiseinlage. Sie wird grundsätzlich aus frischem Gemüse der Saison hergestellt und schmeckt daher zu jeder Jahreszeit anders. Darüber hinaus hat jede italienische Hausfrau ihr Geheimrezept, so daß dem Abwechslungsreichtum keine Grenzen gesetzt sind.

Für 6 Personen
Zubereitungszeit:
1 Stunde 30 Minuten

100 g weiße
getrocknete Bohnen
150 g durchwachsener
Räucherspeck
1 Zwiebel
2 Knoblauchzehen
1 Stange Lauch
2 Möhren
2 Stangen Staudensellerie
1/2 Fenchelknolle
2 Kartoffeln
2 kleine Zucchini
100 g grüne Bohnen
4 bis 5 Wirsingblätter
100 g ausgepalte Erbsen
3 EL Olivenöl
1 1/2 l Fleischbrühe
Salz
frisch gemahlener Pfeffer
1 getrocknete Pfefferschote
3 Fleischtomaten
100 g Spaghetti
je 1/2 Bund Petersilie
und Basilikum
frisch geriebener Parmesan
zum Bestreuen

1. Die Bohnen über Nacht in reichlich kaltem Wasser einweichen.
2. Die einzelnen Gemüsesorten putzen, waschen und wie den Speck in kleine Würfel schneiden.
3. Das Öl in einem großen Kochtopf erhitzen. Erst die Speckwürfel, dann die Zwiebel- und Knoblauchwürfel darin glasig braten. Das kleingeschnittene Gemüse (ohne die Tomaten) und die eingeweichten Bohnen hinzugeben und etwa 10 Minuten andünsten. Mit der Fleischbrühe aufgießen und mit Salz, Pfeffer und zerbröselter Pfefferschote würzen. Zugedeckt bei schwacher Hitze 1 Stunde köcheln lassen.
4. Die Tomaten häuten, entkernen und in kleine Würfel schneiden. Petersilie und Basilikum fein hacken und die Hälfte davon mit den Tomaten und den in kleine Stücke gebrochenen Spaghetti in die Gemüsesuppe geben. 12 bis 15 Minuten mitgaren lassen.
5. Die restlichen Kräuter unter die Suppe mischen und mit Parmesan bestreut servieren.

Pro Person:
Kalorien (kcal) 390
Eiweiß (g) 13
Fett (g) 23
Kohlenhydrate (g) 29

Gemüse vorbereiten
Alle Gemüsesorten gründlich waschen, putzen und je nach Art in feine Scheiben, kleine Würfel oder dünne Streifen schneiden.

Speck anbraten
Öl erhitzen und Speck-, Zwiebel- und Knoblauchwürfel darin glasig anbraten, aber keinesfalls bräunen lassen.

Gemüse andünsten
Das Gemüse bis auf die Tomaten dazugeben und unter Rühren mit einem Holzlöffel ca. 10 Minuten andünsten.

Mit Brühe auffüllen
und bei schwacher Hitze köcheln lassen. Im Frühling, wenn das verwendete Gemüse besonders zart ist, reicht meist eine Kochzeit von 40 Minuten.

Nudeln dazugeben
Zum Schluß die Nudeln, Tomatenwürfel und die Hälfte der Kräuter unter die Suppe mischen und 15 Minuten bei mäßiger Hitze fertig garen lassen.

GEMÜSESUPPE MIT PISTOU

Kräuterpasten gehören zu den Spezialitäten der südeuropäischen Küche. Der hier verwendete südfranzösische Pistou ist das Pendant zum italienischen Pesto, der im Genuesischen zu Hause ist. Am besten schmecken die Pasten, wenn sie in einem Mörser zubereitet werden. Darin werden alle Zutaten zu einem festen Brei zerstoßen und mit Olivenöl zu einer cremigen Konsistenz verfeinert.

Für 6 Personen
Zubereitungszeit: 1 Stunde

250 g grüne Bohnen
1 große Möhre
2 kleine Zucchini
1 mittelgroße Stange Lauch
250 g gelber Kürbis
(evtl. aus dem Glas)
500 g mehligkochende
Kartoffeln
4 große Tomaten
5 EL Olivenöl
500 g frische Bohnenkerne
Salz
100 g Fadennudeln
Für die Kräuterpaste (Pistou):
2 bis 3 Knoblauchzehen
1/2 TL grobes Salz
1 großes Bund Basilikum
50 g Parmesankäse
1/8 l Olivenöl, kaltgepreßt
frisch gemahlener Pfeffer

1. Gemüse waschen und putzen. Bohnen in 1/2 cm dicke Stücke, Möhren und Zucchini in ebenso dicke Scheiben schneiden. Den Lauch in feine Ringe und den Kürbis und die geschälten Kartoffeln in Würfel schneiden. Die Tomaten blanchieren, häuten, entkernen und in Stücke teilen.
2. Das Öl erhitzen und das Gemüse unter Rühren darin anschwitzen. Es darf keine Farbe annehmen.
3. Bohnenkerne dazugeben, salzen und mit soviel Wasser aufgießen, daß das Gemüse völlig bedeckt ist. 30 Minuten köcheln lassen, dann die Nudeln untermischen und in 10 Minuten fertig garen.
4. Währenddessen für den Pistou die geschälten Knoblauchzehen, Salz, die kleingezupften Basilikumblätter und den zerbröckelten Parmesan entweder im Mörser oder im Mixer pürieren, dabei nach und nach das Öl dazugießen.
5. Die fertige Suppe mit Pfeffer abschmecken. Bei Tisch etwas von der Kräuterpaste unter die Suppe rühren.

Pro Person:
Kalorien (kcal) 615
Eiweiß (g) 19
Fett (g) 33
Kohlenhydrate (g) 58

GEMÜSESUPPE MIT KÄSENOCKERL

Für 4 Personen
Zubereitungszeit: 40 Minuten

- 250 g Möhren
- 1/2 kleine Sellerieknolle
- 1 Petersilienwurzel
- 1 mittelgroßer Kohlrabi
- 1 mittelgroße mehligkochende Kartoffel
- 50 g durchwachsener Räucherspeck
- Salz
- 1 l Fleischbrühe

Für die Käsenockerl:

- 30 g Butter
- 1 Ei
- 2 EL Paniermehl
- 1 TL Mehl
- 2 EL geriebener Käse, z. B. Emmentaler
- Salz
- frisch gemahlener Pfeffer
- geriebene Muskatnuß
- 1/2 Bund glatte Petersilie

1. Gemüse und Kartoffel waschen, schälen und auf der groben Seite einer Rohkostreibe oder in einer Küchenmaschine raspeln.

2. Den Räucherspeck in kleine Würfel schneiden, in einen Kochtopf geben und bei mäßiger Hitze glasig braten. Nach und nach das Gemüse dazugeben und 10 Minuten andünsten.

3. Mit der Fleischbrühe aufgießen und 20 Minuten köcheln lassen.

4. Währenddessen für die Nockerl die Butter cremig rühren. Nach und nach das Ei, Paniermehl, Mehl und geriebenen Käse hinzufügen und mit Salz, Pfeffer und Muskat würzig abschmecken. Den Teig 10 Minuten quellen lassen, dann mit Hilfe von zwei Teelöffeln Nockerl abstechen und in die Gemüsesuppe geben. In wenigen Minuten gar ziehen lassen.

5. Die Petersilie fein hacken und die Suppe damit bestreuen.

Pro Person:
Kalorien (kcal) 270
Eiweiß (g) 8
Fett (g) 19
Kohlenhydrate (g) 15

Anstelle der Käsenockerl schmecken auch Bratnockerl köstlich in dieser Suppe. Hierfür 200 g Kalbsbrät mit 2 Eigelb verrühren. Etwa 2 EL Paniermehl und 1 EL gehackte Petersilie unterrühren. Mit Salz, Pfeffer und abgeriebener Zitronenschale würzen, kleine Nockerl daraus formen und in der Gemüsesuppe gar ziehen lassen.

PILZSUPPE MIT SPECKKNÖDELN

Für 4 Personen
Zubereitungszeit: 45 Minuten

3 Schalotten
500 g gemischte Zuchtpilze, z. B. Champignons, Egerlinge, Austernpilze und Shiitake-Pilze
1 Bund glatte Petersilie
30 g Butter
Salz
frisch gemahlener Pfeffer
4 cl Fino-Sherry
1/2 l Fleischbrühe
1/4 l Sahne

Für die Speckknödel:
4 feingeschnittene altbackene Brötchen
200 ml heiße Milch
1 kleine Zwiebel
50 g durchwachsener Räucherspeck
1 Ei
Salz
Pfeffer

außerdem:
1 Eigelb
1 EL Crème fraîche

1. Die Schalotten abziehen und in Würfel schneiden, die Pilze putzen und in kleine Stücke schneiden. Die Petersilie fein hacken.
2. Die Butter erhitzen und die Schalotten darin glasig braten. Die Pilze und die Hälfte der Petersilie hinzugeben, andünsten und mit Salz und Pfeffer würzen. Mit Sherry ablöschen und bei starker Hitze etwas einkochen lassen. Mit Fleischbrühe und Sahne aufgießen und bei mäßiger Hitze im offenen Topf etwa 15 Minuten kochen lassen.
3. In einem zweiten Topf reichlich Salzwasser zum Kochen bringen.
4. Die Brötchen mit Milch übergießen und kurz ziehen lassen. Speck und abgezogene Zwiebel würfeln. Den Speck in einer Pfanne ausbraten, die Zwiebelwürfel darin glasig werden lassen. Mit dem Ei unter die eingeweichten Brötchen mischen und mit Salz abschmecken. Acht kleine Knödel daraus formen und in siedendem Salzwasser in 8 Minuten garen.
5. Eigelb mit Crème fraîche verquirlen und die Pilzsuppe damit legieren. Die gut abgetropften Knödel in der Suppe anrichten. Mit der restlichen Petersilie bestreuen.

Pro Person:
Kalorien (kcal) 610
Eiweiß (g) 14
Fett (g) 42
Kohlenhydrate (g) 38

Noch aromatischer schmeckt die Suppe aus frischen Waldpilzen, z. B. Steinpilzen, Pfifferlingen, Rotkappen oder Butterpilzen!

SCHNIPPELBOHNEN-SUPPE

Diese sättigende Suppe liebt man in Westfalen und im Rheinland über alles. Früher standen dort in fast jedem Haushalt große Steintöpfe, in denen die mit Salz konservierten Schnippelbohnen, ähnlich wie Sauerkraut, den Gemüsebedarf in den Wintermonaten deckten. Heutzutage wird der Eintopf überwiegend aus frischen Stangenbohnen zubereitet. Die Hausfrauen in diesen Regionen haben dafür eine spezielle Schnippelbohnenmaschine!

Für 4 Personen
Zubereitungszeit: 40 Minuten

500 g Stangenbohnen
2 Zwiebeln
100 g durchwachsener Räucherspeck
2 mittelgroße mehligkochende Kartoffeln
1 EL Mehl
Salz
frisch gemahlener Pfeffer
1 l Fleischbrühe
1 bis 2 Zweige Bohnenkraut
4 geräucherte Mettwürstchen
1/2 Bund glatte Petersilie

1. Die Bohnen waschen, entfädeln und mit einem Messer in schräge, dünne Scheiben schneiden. Die Zwiebeln abziehen, die Kartoffeln schälen. Zwiebeln, Kartoffeln und Räucherspeck in kleine Würfel schneiden.

2. Die Speckwürfel in einem Topf ausbraten, dann die Zwiebeln und nach und nach die Kartoffeln und die Bohnen hinzufügen. Kurz andünsten, mit Mehl bestäuben, mit Salz und Pfeffer würzen und das Bohnenkraut dazugeben. Mit der Brühe aufgießen, umrühren und zum Kochen bringen. Bei mäßiger Hitze zugedeckt etwa 20 Minuten kochen lassen.

3. Die Mettwürstchen mit einer Gabel mehrmals einstechen und noch 10 Minuten in der Suppe mitkochen lassen. Mit frischgehackter Petersilie bestreut servieren.

Pro Person:
Kalorien (kcal) 715
Eiweiß (g) 19
Fett (g) 57
Kohlenhydrate (g) 23

Rheinländische Hausfrauen reiben manchmal die Kartoffeln in die Suppe und verzichten auf die Mehlbindung. Wird eine frische Rindfleischbrühe verwendet, gibt man das gekochte Fleisch in Stücke geschnitten zu der Suppe.

HUMMERCONSOMMÉ

Bereitet man Gerichte aus Hummer zu, ist dies eine äußerst kostspielige Angelegenheit. Wer allerdings den Panzer nicht als Abfall betrachtet, sondern daraus eine delikate Consommé zubereitet, für den hat sich der hohe Preis gelohnt! Das Gleiche gilt auch für Flußkrebse oder Langusten.

Für 4 Personen
Zubereitungszeit: 2 Stunden

Für die Consommé:
2 Hummerkarkassen (500 g)
2 Schalotten, 2 Selleriestangen
1 Möhre, 2 Tomaten
1 Stückchen Pfefferschote
2 EL Olivenöl, z. B. Olivenöl extra virgen, Salz
frisch gemahlener weißer Pfeffer
1 Prise Zucker
1 Thymianzweig
2 cl Cognac, etwa 1 l Wasser

Zum Klären:
1 Bund Suppengrün
150 g Merlanfilet (Wittling)
2 Eiweiß

Für die Einlage:
etwa 100 g Hummerfleisch (ersatzweise Seeteufelfilet)
2 EL Tomatenwürfel

1. Hummerkarkassen waschen und in kleine Stücke hacken. Schalotten schälen, das übrige Gemüse waschen und alles in Würfel schneiden.
2. Das Öl in einer Kasserolle erhitzen und das Gemüse, bis auf die Tomaten, darin andünsten. Die Karkassen dazugeben und mit andünsten. Würzen, Thymianzweig dazugeben und mit Cognac ablöschen.
3. Die Tomaten dazugeben und mit so viel Wasser aufgießen, daß Karkassen und Gemüse damit bedeckt sind. Aufkochen, dann bei schwacher Hitze 1 Stunde köcheln lassen.
4. Suppengrün und Fischfilet kleinschneiden und in der Küchenmaschine grob pürieren. Eiweiß leicht anschlagen, unter das Püree ziehen und die Masse 1 Stunde in den Tiefkühler stellen.
5. Die Hummerbrühe durch ein Spitzsieb gießen, Karkassen und Gemüse ausdrücken und die Brühe erkalten lassen.
6. Die Klärmasse unter die Brühe rühren und langsam zum Kochen bringen. Sobald die Klärzutaten als weißer Schaum aufsteigen, die Hitze reduzieren und die Brühe etwa 30 Minuten ziehen lassen.
7. Ein Spitzsieb mit einem Mulltuch auslegen. Die Brühe nach und nach hineingießen, gut abtropfen lassen, aber nicht mehr ausdrücken, damit die Consommé klar bleibt!
8. Die Consommé etwas einkochen lassen. Hummerfleisch in mundgerechte Stücke teilen und 2 bis 3 Minuten in der Consommé garziehen lassen. Mit Tomatenwürfeln servieren.

Pro Person:
Kalorien (kcal) 178
Eiweiß (g) 16
Fett (g) 5
Kohlenhydrate (g) 11

Während des Klärens mit einer Küchenspachtel immer wieder am Topfboden entlangfahren, da sich die Klärmasse leicht ansetzt.

MUSCHELSUPPE

CLAM CHOWDER

Im amerikanischen Originalrezept verwendet man Chowder Clams, eine an der Ostküste der USA beheimatete Venusmuschelart, die man jedoch bei uns kaum bekommt. Die Suppe schmeckt aber auch mit Venus- oder Herzmuscheln aus europäischen Fanggebieten sehr gut. Wichtig ist eigentlich nur, daß es kleine Muscheln mit aromatischem Fleisch sind!

Für 4 Personen
Zubereitungszeit: 40 Minuten

- 500 g Venus- oder Herzmuscheln
- 1 Zwiebel
- 1 mittelgroße, mehligkochende Kartoffel
- 1 rote Paprikaschote
- 50 g Räucherspeck
- 2 EL Keimöl
- 1 l Muschelfond (ersatzweise Fischfond)
- Salz, frisch gemahlener Pfeffer
- 2 Tomaten
- 100 g Crème fraîche
- 1 Eigelb
- etwas Zitronensaft
- Cayennepfeffer
- 1 EL gehackte Petersilie

1. Die Muscheln gründlich waschen und auf einem Sieb abtropfen lassen.
2. Zwiebel und Kartoffel schälen. Paprikaschote waschen, halbieren und Stengelansatz sowie Samenstränge entfernen. Das Gemüse und den Räucherspeck in kleine Würfel schneiden.
3. Öl erhitzen und die Speckwürfel darin glasig dünsten. Das Gemüse dazugeben und mit andünsten. Mit dem Fond aufgießen, würzen und etwa 20 Minuten köcheln lassen.
4. Muscheln in einen Dämpfkorb geben und so lange über dem Dampf garen, bis sich die Schalen öffnen. Das Fleisch aus den Schalen lösen.
5. Die Tomaten blanchieren, häuten, halbieren, entkernen und in kleine Würfel schneiden. 5 Minuten vor Ende der Garzeit in die Suppe geben.
6. Crème fraîche mit Eigelb und Zitronensaft verquirlen. Mit Salz, Pfeffer und Cayennepfeffer würzen und unter die Suppe rühren. Sofort von der Kochplatte nehmen und das Muschelfleisch dazugeben
7. Clam Chowder auf vier Suppentassen verteilen. Mit Petersilie bestreut servieren.

Pro Person:
Kalorien (kcal) 357
Eiweiß (g) 16
Fett (g) 23
Kohlenhydrate (g) 12

Wer den Muschelfond selber zubereiten möchte, kocht 1 kg Miesmuscheln in 1/4 l Weißwein und 1 l Wasser mit Gewürzen und Suppengrün etwa 30 Minuten lang. Dann ein Spitzsieb mit einem Mulltuch auslegen und die Brühe hineingießen. Das Mulltuch filtert den restlichen Sand der Muscheln ab. Das Muschelfleisch ist jetzt allerdings nicht mehr genießbar.

BOUILLABAISSE

Von diesem Klassiker der Fischküche gibt es ebensoviele Entstehungsgeschichten wie Variationen. Die einen servieren Suppe und Fisch – samt Haut und Gräten – in einem Teller. Andere reichen das Fleisch von Fisch und Krustentieren separat zur Suppe. Ob man das Brot geröstet oder ungeröstet, mit Rouille oder mit Aïoli serviert, ist auch nicht geklärt. Einig ist man sich lediglich beim Würzen: Fenchel und Knoblauch dürfen nicht fehlen!

Für 6 bis 8 Personen
Zubereitungszeit: 1 Stunde

2,5 kg Köpfe und Gräten von Mittelmeerfischen (z. B. Rotbarbe, Knurrhahn, Drachenkopf, Merlan), 1 Lauchstange
1 Fenchelknolle
3 Knoblauchzehen
1 mehligkochende Kartoffel
3 Fleischtomaten
1 kleine rote Pfefferschote
4 EL Olivenöl, z. B. Olivenöl extra virgen
1 Thymianzweig, 1 Lorbeerblatt
einige Fenchelsamen
einige Safranfäden
600 g Fischfilet von Lotte und Fischen, die auch für den Fond verwendet wurden
Für die Rouille:
2 kleine rote Pfefferschoten
4 Knoblauchzehen, Salz
1 Msp gemahlener Safran
1 mittelgroße mehligkochende Kartoffel, gekocht, 1 Eigelb
100 ml Olivenöl, z. B. Olivenöl extra virgen
2 bis 3 EL Fischfond
Außerdem:
etwa 1/2 Stange Baguette

1. Die Kiemen der Fische, wie auf Seite 190 beschrieben, entfernen. Die Köpfe spalten und mit den anderen Fischabfällen unter fließendem kalten Wasser gründlich säubern.

2. Das Gemüse putzen, falls nötig schälen, kleinschneiden und in heißem Öl andünsten. Die Fischabfälle dazugeben und kurz mitdünsten.

3. Kräuter und Gewürze dazugeben. Mit so viel kaltem Wasser auffüllen, daß die Fische damit bedeckt sind. Zum Kochen bringen und 5 Minuten sprudelnd kochen lassen. Brühe abschäumen und etwa 1 Stunde bei schwacher Hitze köcheln lassen.

4. Für die Rouille die Pfefferschoten entkernen und kleinschneiden. Knoblauchzehen schälen und beides mit Salz und Safran in einem Mörser fein zerreiben. Die Kartoffel in Stücke schneiden, dazugeben und zerdrücken.

5. Die Masse in eine Schüssel umfüllen und nach und nach Eigelb, Olivenöl und Fischfond unterrühren. Die Rouille muß eine mayonnaisenähnliche Konsistenz erhalten.

6. Die Fischbrühe durch ein Sieb passieren. Die Fischfilets in mundgerechte Stücke teilen. Zuerst die Filetstücke mit der längeren Garzeit, etwas später die mit der kürzeren Garzeit in die Brühe geben.

7. Sobald die Filets gar sind, aus der Brühe heben, auf Suppenteller verteilen und mit Brühe begießen. Mit Baguette sowie Rouille servieren.

Pro Person (bei 8 Personen):
Kalorien (kcal) 389
Eiweiß (g) 23
Fett (g) 20
Kohlenhydrate (g) 22

SPANISCHE FISCHSUPPE

Für diese Suppe gibt es kein einheitliches Rezept. Je nachdem in welcher Küstenregion Spaniens sie zubereitet wird, werden Fische verwendet, deren Fanggebiete entweder im Atlantik oder im Mittelmeer liegen. Das großes Angebot erschwert die Wahl.

Für 4 Personen
Zubereitungszeit: 1 Stunde

- etwa 1 kg Fischabfälle
- 3 Knoblauchzehen
- 1 Thymianzweig
- 2 frische rote Pfefferschoten
- 1 1/2 l kaltes Wasser, Salz
- 2 Gemüsezwiebeln
- je 1 rote und grüne Paprikaschote, 500 g mehligkochende Kartoffeln
- 4 EL Olivenöl, z. B. Olivenöl extra virgen
- 2 geschälte Tomaten
- frisch gemahlener Pfeffer
- 1 Msp gemahlener Safran
- 700 g Fischfilet (z. B. Kabeljau, Seeteufel, Meeraal, Merlan)
- 100 g geschälte Garnelen
- 1/2 Bund Petersilie, gehackt

1. Die Kiemen der Fische, wie auf Seite 190 beschrieben, entfernen. Die Köpfe spalten und mit den anderen Fischabfällen unter fließendem kalten Wasser gründlich säubern.
2. Knoblauchzehen schälen. 1 Zehe mit Thymian, 1 Pfefferschote, den Fischabfällen und Wasser aufkochen. Salzen und 20 Minuten sanft köcheln lassen. Dann durch ein Sieb passieren.
2. Zwiebeln schälen, Paprikaschoten und die zweite Pfefferschote halbieren und Stengelansätze sowie Samenstränge entfernen. Die Zwiebeln und Paprika in Streifen schneiden, restliche Knoblauchzehen und die Pfefferschote fein hacken. Die Kartoffeln schälen und in dünne Scheiben schneiden.
3. Das Öl in einer großen Pfanne erhitzen und das Gemüse bei mittlerer Hitze 8 bis 10 Minuten andünsten. Die Tomaten in Stücke schneiden und dazugeben. Mit Salz, Pfeffer und Safran würzen.
4. Fischfilet waschen, trockentupfen und mit Salz und Pfeffer einreiben.
5. Gemüse, Fischfilet und Garnelen abwechselnd in einen Schmortopf schichten, mit der Brühe begießen und zugedeckt bei schwacher Hitze 20 Minuten garen. Mit Petersilie bestreut servieren.

Pro Person:
Kalorien (kcal) 421
Eiweiß (g) 40
Fett (g) 12
Kohlenhydrate (g) 31

In Spanien wird der Eintopf in einem hohen, feuerfesten Tongefäß bei 160 °C etwa 30 Minuten im Backofen gegart.

HAMBURGER AALSUPPE

Früher war diese Suppe ein üppiges Resteessen mit einer etwas ungewöhnlichen Zusammenstellung. Einfach »aalles« aus der norddeutschen Speisekammer war darin zu finden: Schinkenknochen, Gemüse, Backobst – und manchmal auch frischer Aal. Im Laufe der Zeit wandelte sich die »Aallessuppe« in die Aalsuppe, eine typische Spezialität Hamburgs, die heutzutage natürlich immer frischen Aal enthält.

Für 6 Personen
Zubereitungszeit: 3 Stunden

- 1 Schinkenknochen (1,5 kg)
- 1 Bund Suppengrün
- 1 Zwiebel
- je 1 Majoran-, Thymian-, Salbei-, Bohnenkraut-, Selleriekraut-, Petersilien- und Zitronenmelissezweig
- 10 Pfefferkörner
- 1 Lorbeerblatt
- 500 g gemischtes Backobst
- $^{1}/_{4}$ l Weißwein
- 800 g Aal (am besten kleine Ostseeaale)
- 2 Möhren
- 1 große Petersilienwurzel
- $^{1}/_{2}$ Sellerieknolle
- 1 Lauchstange
- 2 EL Essig
- etwas Zucker
- Salz
- frisch gemahlener Pfeffer
- 2 EL feingeschnittener Schnittlauch

1. Den Schinkenknochen in einem Topf mit kaltem Wasser bedecken und zum Kochen bringen. Bei schwacher Hitze etwa 1 Stunde köcheln lassen, gelegentlich abschäumen.
2. Suppengrün kleinschneiden, Zwiebel schälen und mit Kräutern und Gewürzen dazugeben. Eine weitere Stunde leise köcheln lassen. Durch ein Spitzsieb gießen und kalt stellen, dann entfetten.
3. Das Backobst in dem Wein weichkochen. Es darf aber nicht zerfallen. Aal häuten, filetieren und in Stücke schneiden. Möhren, Petersilienwurzel und Sellerie schälen und in feine Streifen schneiden. Von der Lauchstange die Wurzeln und das grüne Ende entfernen, waschen und in feine Streifen schneiden.
4. Die Brühe erhitzen und das Gemüse darin bißfest garen. Die Aalstücke dazugeben und garziehen lassen. Das Backobst mit der Kochflüssigkeit dazugeben und die Suppe mit Essig, Zucker, Salz und Pfeffer würzig abschmecken. Mit Schnittlauch bestreut servieren.

Pro Person:
Kalorien (kcal) 547
Eiweiß (g) 27
Fett (g) 35
Kohlenhydrate (g) 20

Die Suppe wird häufig mit Schwemmklößchen serviert. Dazu $^{1}/_{8}$ l Milch mit 30 g Butter erhitzen. Unter Rühren 60 g Mehl auf einmal hineinschütten. Gründlich durchrühren und ein wenig abkühlen lassen. Dann 2 Eier unterrühren und mit Salz und Muskat würzen. Mit einem Teelöffel Klößchen abstechen und in kochendem Salzwasser garziehen lassen.

FLÄMISCHER FISCHTOPF

WATERZOOI

Waterzooi heißt übersetzt »Ragout« und ist eigentlich ein typisches Matrosengericht. In den flämischen Regionen Belgiens gibt es für diese überaus beliebte Hausmannskost zahlreiche Variationen, die oftmals mehr Suppe als Ragout sind. Manchmal wird der Fischtopf auch mit Geflügel zubereitet. Wenn er allerdings mit Fisch gekocht wird, müssen es ausschließlich Süßwasserfische sein!

Für 4 Personen
Zubereitungszeit: 40 Minuten

- 2 Möhren
- 100 g Knollensellerie
- 2 Petersilienwurzeln
- 1 Zwiebel
- 50 g Butter
- 1/2 l Fischfond
- 1/4 l trockener Weißwein
- 1 Lorbeerblatt
- etwa 600 g Fischfilet von Süßwasserfischen (z. B. Aal, Karpfen, Schleie)
- Salz
- 2 EL frisch geriebenes Weißbrot
- 200 ml Sahne
- 2 Eigelb
- Saft von 1/2 Zitrone
- 1 EL feingeschnittene Petersilie

1. Möhren, Sellerie, Petersilienwurzeln und Zwiebel schälen und alles in kleine Würfel schneiden. Die Butter zerlassen und das Gemüse darin andünsten. Mit dem Fischfond und Weißwein aufgießen, das Lorbeerblatt dazugeben und etwa 15 Minuten leise köcheln lassen.

2. Das Fischfilet in Stücke schneiden, salzen, in die Brühe geben und in wenigen Minuten garziehen lassen. Dann die Fischstücke und das Gemüse mit einem Schaumlöffel aus der Brühe heben und auf vier Suppenteller verteilen.

3. Das Weißbrot mit Sahne, Eigelb und Zitronensaft verquirlen und unter Rühren in die Brühe gießen. Die Brühe erhitzen, aber nicht mehr kochen lassen. Die Suppe auf die Teller verteilen. Mit Petersilie bestreut servieren.

Pro Person:
Kalorien (kcal) 579
Eiweiß (g) 42
Fett (g) 36
Kohlenhydrate (g) 7

• Wurden statt der Fischfilets ganze Fische gekauft, filetiert man diese und kocht aus den Köpfen und Gräten den benötigten Fischfond.

• Man kann den gegarten Fisch auch in feuerfeste Suppentassen geben, die Brühe mit der Eigelbmischung verrühren, darübergießen und das Ganze im heißen Backofen noch etwa 10 bis 15 Minuten überbacken.

A.HENCKELS
GERMANY
NO STAIN FRIODUR
31070 · 160mm (6")

KLARE HÜHNERBRÜHE

Klare Hühnerbrühe ist die Grundlage vieler kräftiger Suppen und Eintöpfe. Besonders aromatisch wird die Brühe, wenn man ein nicht zu mageres, aus Freilandhaltung stammendes Suppenhuhn verwendet. Wenn es schnell gehen soll, nehmen Sie am besten ein fleischreiches Hähnchen (Poularde).

Für 8 bis 10 Personen
Zubereitungszeit: 3 Stunden

1 Suppenhuhn (ca. 1,8 kg),
ohne Innereien
3 l Wasser
1 Möhre
1 kleine Lauchstange
1 kleine Petersilienwurzel
1/4 Sellerieknolle
1 Zwiebel
1 Bund glatte Petersilie
1 frischer Thymianzweig
1 Stück unbehandelte
Zitronenschale
8 bis 10 Pfefferkörner
Salz

1. Das Huhn von Luft-, Speiseröhre und Fettdrüsen befreien und innen und außen mit kaltem Wasser abspülen.
2. Links und rechts von der Bauchöffnung die Haut etwas einschneiden und die Beine durchstecken.
3. Das Suppenhuhn mit der Brustseite nach unten in einen großen Kochtopf legen und mit kaltem Wasser begießen.
4. Bei starker Hitze zum Kochen bringen und den dabei entstehenden Schaum mit einem Schaumlöffel abnehmen, die Hitze reduzieren.
5. Das Gemüse waschen, putzen und kleinschneiden. Die Zwiebel schälen, halbieren und die Schnittflächen in einer unbeschichteten Pfanne ohne Fettzugabe goldbraun rösten. Petersilie, Thymian und Zitronenschale zusammenbinden.
6. Alles zu dem Huhn in den Kochtopf geben. Pfefferkörner und Salz hinzufügen und bei schwacher Hitze zugedeckt 2 bis 2 1/2 Stunden sanft köcheln lassen. Nach etwa 1 Stunde das Huhn wenden.
7. Wenn der austretende Fleischsaft beim Einstechen in den dicksten Teil des Schenkels klar ist und sich das Fleisch leicht vom Knochen löst, ist das Suppenhuhn gar. Dann das Huhn herausheben und anderweitig verwenden.
8. Die Brühe durch ein Haarsieb in einen Topf gießen. Entweder sofort das Fett abschöpfen oder die Brühe kalt stellen und dann die festgewordene Fettschicht entfernen.

Pro Person:
Kalorien (kcal) 14
Eiweiß (g) 1
Fett (g) 1
Kohlenhydrate (g) 0

Läßt man die klare Brühe im Topf ohne Deckel bei schwacher Hitze um etwa die Hälfte einkochen, erhält man eine Kraftbrühe, auch Consommé oder Essenz genannt.
• Geflügel immer in kaltem Wasser aufsetzen, damit die Aromastoffe in die Brühe übergehen können.
• Die Flüssigkeit darf auf keinen Fall sprudelnd kochen, da sonst die Brühe trüb und das Fleisch trocken wird.

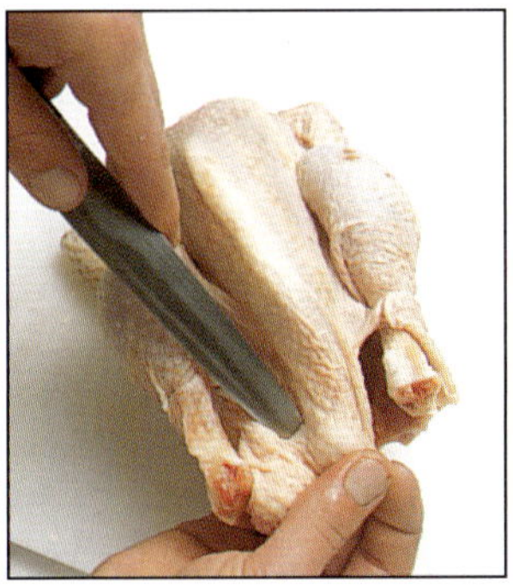

Suppenhuhn vorbereiten
Das gesäuberte Geflügel innen und außen kalt abbrausen. Damit die Schenkel des Huhns nicht aus der Brühe ragen, links und rechts der Bauchöffnung Haut und Fleisch etwas einschneiden und die Beine durchstecken.

Huhn zum Kochen bringen
Das Huhn mit der Brust nach unten in einen ausreichend großen Kochtopf legen und mit 3 l kaltem Wasser begießen. Bei starker Hitze zum Kochen bringen, dann sofort zurückschalten.

Gemüse vorbereiten
Gemüse waschen und putzen. Möhre, Lauch und Petersilienwurzel der Länge nach durchschneiden. Petersilie, Thymian und Zitronenschale mit einem Küchengarn zusammenbinden.

Brühe köcheln lassen
Brühe abschäumen, dann das Gemüse dazugeben. Wenn nötig, die Hitze nochmals reduzieren und das Huhn in dem geschlossenen Topf sanft köcheln lassen. Die Brühe darf keinesfalls kochen, sonst wird sie trüb!

Brühe abseihen
Das Huhn herausnehmen und beiseite legen. Die Brühe durch ein Haarsieb oder mit einem Mulltuch ausgelegtes Sieb in einen Topf abgießen. Das Fett sofort abschöpfen oder die Brühe kalt stellen und das festgewordene Fett entfernen.

HÜHNERBRÜHE MIT VERSCHIEDENEN EINLAGEN

Grundlage für diese Suppen ist entweder eine Hühnerbrühe (siehe Seite 85) oder eine Consommé der vorhergehenden Seiten. Je nach Einlage ergibt dieses Gericht eine sättigende Mahlzeit oder die Vorspeise eines festlichen Menüs für jeweils 4 Personen.

1. Safran-Butternockerl
50 g weiche Butter schaumig rühren. Nach und nach 1 Eigelb und 1 Ei dazugeben. Je 1/2 TL Grieß und Mehl mit 50 g Paniermehl sowie 1 Msp Safran vermischen und unter die Butter-Ei-Mischung rühren. Mit Salz und weißem Pfeffer würzen und etwa 15 Minuten quellen lassen. Mit Hilfe von 2 Teelöffeln kleine Nockerl abstechen und in siedendem Salzwasser garen.
Einlage für: Hühnerbrühe oder Wachtelessenz.

2. Kräuter-Geflügel-Klößchen
150 g gekühltes Hähnchenbrustfilet im Mixer sehr fein pürieren. 1 Ei, 3 EL Sahne und 2 EL feingehackte Frühlingskräuter (Petersilie, Schnittlauch, Basilikum, Kerbel) darunterrühren. Mit Salz, frisch gemahlenem weißem Pfeffer und etwas fein abgeriebener Zitronenschale abschmecken. Aus dem Fleischteig kleine Kugeln formen und in der Hühnerbrühe garen.
Einlage für: Hühnerbrühe, zusätzliche Einlage zur Entenconsommé mit Chinakohl.

3. Gefüllte Wirsingsäckchen
200 g püriertes Putenfleisch mit 50 g grobgehackten Krabben und 1 Eigelb mischen. Mit frisch geraspeltem Ingwer, etwas Curry, Salz und Sojasauce würzen. 2 Frühlingszwiebeln putzen, in sehr feine Scheiben schneiden und in 1 EL Keimöl bißfest braten. Abgekühlt unter die Füllung mischen. 4 große Wirsingblätter in kochender Brühe blanchieren, die Füllung auf den Blättern verteilen, wie ein Säckchen zusammendrücken und mit je einem Schnittlauchröllchen zusammenbinden. In leicht siedender Brühe oder Essenz garen.
Einlage für: Hühnerbrühe oder Entenessenz.

4. Gebackene Pesto-Brötchen
Von einem Baguette 8 ca. 1/2 cm dicke Scheiben abschneiden, aber nicht völlig durchtrennen. Erst jeweils nach der zweiten Scheibe durchschneiden. Auf diese Weise 4 Brotscheiben mit Tasche vorbereiten. In jede Tasche etwa 1 TL fertiges Pesto streichen und zusammenklappen. Die Brote kurz in Milch tauchen. 1 Ei mit 2 EL Sahne und 1 EL geriebenem Parmesan verquirlen. Die Brote in der Eimischung wenden und in heißem Olivenöl von beiden Seiten bei mittlerer Hitze goldbraun braten.
Einlage für: Hühnerbrühe oder Hühnerconsommé.

1

3

2

4

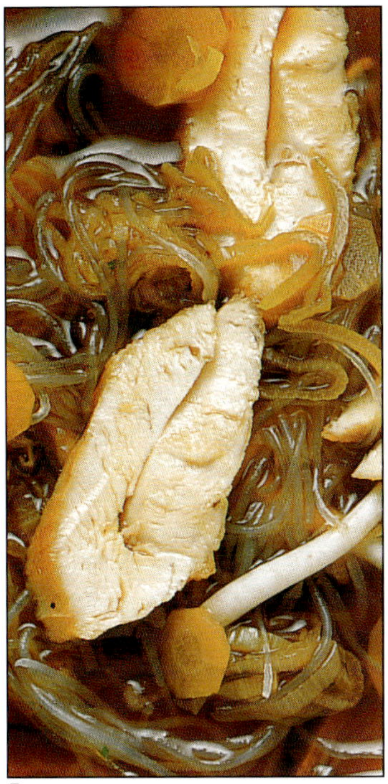
5

7

6

8

5. Chinesische Hühnersuppe
1 kleine Lauchstange und 2 Möhren in dünne Scheiben schneiden. 100 g Shiitake-Pilze putzen und in Scheiben schneiden. 2 EL Erdnußöl erhitzen und das Gemüse und die Pilze darin unter Rühren anbraten. Mit etwas frisch geriebenem Ingwer würzen und mit 4 cl Reiswein sowie 2 EL Sojasauce ablöschen. Mit 1 l Hühnerbrühe aufgießen und ca. 8 Minuten bei mittlerer Hitze kochen lassen. 1 Hähnchenbrustfilet in 1 EL Keimöl von beiden Seiten anbraten und zugedeckt garen lassen. 20 g kleingeschnittene Glasnudeln und 2 EL frische Sojakeimlinge einige Minuten in der Suppe ziehen lassen. Mit Salz und Pfeffer abschmecken, das in Streifen geschnittene Hühnerbrustfilet dazugeben und mit Petersilienblättchen bestreuen.

6. Entenconsommé mit Chinakohl und Pilzen
15 g getrocknete Mu-Err-Pilze einige Stunden in lauwarmem Wasser einweichen. 1/2 kleinen Chinakohl in feine Streifen schneiden. Dann 2 EL Erdnußöl in einem Kochtopf erhitzen und die Kohlstreifen darin andünsten. Die Pilze dazugeben, mit 1/2 TL Currypulver bestreuen und mit 1 l Entenconsommé aufgießen. Einige Minuten sanft köcheln lassen. Mit Aceto Balsamico und Reiswein würzen und mit feingehackten Korianderblättern (Cilantro) bestreuen.

7. Griechische Hühnerreissuppe
1 1/2 l Hühnerbrühe (siehe Seite 85) zum Kochen bringen und 100 g Rundkornreis einstreuen. Aufkochen lassen und bei schwacher Hitze etwa 15 bis 20 Minuten ausquellen lassen. 2 Eiweiß in einer großen Schüssel zu sehr steifem Schnee schlagen und dabei langsam den Saft von 1 Zitrone hinzufügen. 3 Eigelb und 2 EL feingehackte Petersilie unter den Eischnee ziehen. Nach und nach mit einer Schöpfkelle vorsichtig die Reissuppe unter die Eischaummasse mischen. Mit Salz und weißem Pfeffer herzhaft abschmecken und das in kleine Würfel geschnittene, gekochte Hühnerfleisch untermischen.

8. Hühnersuppe Gärtnerin Art
500 g Gemüse (z.B. Möhren, Kohlrabi, Lauch, Sellerie, grüne Bohnen) putzen und kleinschneiden. 1 Bund Frühlingszwiebeln in feine Scheiben schneiden und mit 1 bis 2 gehackten Knoblauchzehen in 3 EL Keimöl andünsten. Das Gemüse dazugeben und mit 1 1/2 l Hühnerbrühe (siehe Seite 85 oder Brühe aus Hühnerklein) aufgießen. Salzen, pfeffern und bei schwacher Hitze etwa 20 Minuten köcheln lassen. 50 g Hörnchennudeln in die Suppe geben und weitere 10 Minuten garen. Dann reichlich frisch gehackte Frühlingskräuter daruntermischen. Anstelle der Nudeln kann man auch 50 g Reis hinzufügen. Diesen allerdings 10 Minuten früher in die Suppe geben. Ein sättigender Eintopf wird daraus, wenn man zusätzlich kleingeschnittenes gekochtes Hühnerfleisch untermischt.

VORSPEISEN

Vorspeisen erfüllen eine wichtige Rolle in der Menüfolge: sie regen den Appetit an und stimmen auf die folgenden Genüsse ein. Eine Auswahl der schönsten Appetithäppchen: vielseitige Antipasti, klassische Hors d'œuvres und andere Köstlichkeiten.

Pastetenteig
Die am häufigsten verwendete Teigumhüllung für Pasteten ist Mürb- oder Knetteig, da dieser fettreich und locker ist. Wichtig: Das Fett muß eiskalt sein und der Teig muß rasch geknetet werden.

1. Mehl auf ein Backbrett sieben, das kalte Fett in Flöckchen darübergeben und in die Mitte das eiskalte Wasser gießen.

2. Mit einem großen Messer oder mit einer Teigkarte Fett und Mehl von außen nach innen zerhacken.

3. Mit den Händen rasch zu einem glatten Teig verkneten. Falls nötig, etwas Wasser dazugeben. Kalt stellen.

Farce für Pasteten und Terrinen
Für alle Farcen aus Fleisch oder Fisch gilt: Die Zutaten müssen gut gekühlt sein, sonst gerinnt das für die Bindung wichtige Eiweiß und die Farce wird brüchig und läßt sich nicht schneiden.

1. Fleisch oder Fisch in Würfel schneiden und gut durchkühlen, ebenso die übrigen Zutaten.

2. Abwechselnd nacheinander in kleinen Portionen sehr schnell in der Küchenmaschine fein pürieren.

3. Die Farce durch ein Sieb in eine Metallschüssel streichen. Auf Eiswürfel stellen und kaltrühren.

Pastetenform auskleiden
Die Form muß sorgfältig mit Teig ausgekleidet sein, damit keine Farce austreten kann. Damit sich der Teig gut ausrollen läßt, muß man ihn vorher mindestens 30 Minuten ruhen lassen.

1. Den Teig rechteckig ca. 4 mm dick ausrollen und mit der Form die Außenmaße auf dem Teig markieren.

2. Den überstehenden Teig abschneiden. Den Teig mit Mehl bestäuben und der Länge nach dreimal zusammenklappen.

3. Den Teig in die gefettete Pastetenform geben, sorgfältig damit auskleiden und mit einer kleinen Teigkugel andrücken.

Terrinenform auskleiden
Im Unterschied zu Pasteten wird die Terrine im Wasserbad zubereitet. Die klassische Terrine wird in einem Speckmantel gegart, der die Farce vor Austrocknung schützt.

1. Den rohen fetten Speck in hauchdünne Scheiben schneiden lassen. Eventuell zwischen Folie noch dünner klopfen.

2. Die Terrine mit den Speckscheiben so auskleiden, daß eine Scheibe die nächste leicht überlappt.

3. Für die Schmalseite die Speckscheiben so breit schneiden, daß die Ecken vollständig bedeckt sind.

Farce einfüllen

Am besten füllt man die Farce mit einem Löffel in die ausgekleidete Form. Mit dem Löffelrücken kann man die Masse, vor allem an den Ecken, gut festdrücken.
Durch Aufstoßen auf einem nassen Tuch schließen sich die Luftlöcher in der Farce.

1. Die Hälfte der Farce in die mit Teig oder Speck ausgekleidete Form geben und gut festdrücken.

2. In die Mitte der Länge nach eine Rinne drücken und die gewünschte Einlage, z. B. gebratenes Filet, hineinlegen.

3. Die restliche Farce daraufgeben und glattstreichen.
Die Form mehrmals auf einem nassen Tuch aufstoßen.

Form verschließen

Pasteten werden mit Teigplatten verschlossen, bei einer Terrine werden die Speckscheiben sorgfältig über der Farce zusammengeklappt und gut festgedrückt.

1. Bei einer Pastete werden die Teigränder über die Farce geschlagen. Festdrücken und mit Eigelb bestreichen.

2. Eine Teigplatte in Größe der Form zurechtschneiden, darüberlegen und festdrücken. Beliebig verzieren.

3. Öffnungen in den Teig stechen und Kamine aus Alufolie hineinstecken. Den Teig mit Eigelb bestreichen.

Aspik zubereiten

Ein aromatischer Fond ist die Voraussetzung für ein schmackhaftes Aspik. Der Fond muß völlig fettfrei sein. Damit das Gelee glasklar wird, sollte es vorher mit Eiweiß geklärt werden.

1. Eiweiß und Gemüse in den kalten Fond geben, aufkochen und ca. 30 Minuten ziehen lassen.

2. Die Gelatine in reichlich kaltem Wasser ca. 5 Minuten einweichen, dann gut ausdrücken.

3. Den Fond durch ein mit einem Mulltuch ausgelegtes Spitzsieb über die ausgedrückte Gelatine gießen.

Möglichkeiten mit Aspik

Eine Geleeumhüllung schützt einerseits vor Austrocknung, andererseits trägt ein feines Aspik auch zu einer geschmacklichen Aufwertung des jeweiligen Gerichts bei.

1. Das abgekühlte, aber noch flüssige Aspik durch den Kamin in die Pastete gießen und erstarren lassen.

2. Förmchen mit Gelee ausgießen, im Eiswasser kurz erstarren lassen und wieder ausgießen.

3. Den Boden einer Form etwa 4 bis 5 mm dick mit Geleeflüssigkeit ausgießen und im Kühlschrank erstarren lassen.

ZUCCHINIFLANS MIT SONNENBLUMENKERNEN

Für 4 Personen
Vorbereitungszeit: 20 Minuten
Garzeit: 40 Minuten

- 1 mittelgroßer Zucchino (200 g)
- 1 Schalotte
- 1/2 Knoblauchzehe
- 100 g Sahne
- 1 Ei
- 1 Eigelb
- 1 EL Sonnenblumenkerne
- Salz
- gemahlener weißer Pfeffer
- etwas gerebelter Thymian
- Fett für die Förmchen

1. Zucchino waschen und mit der Schale in Stücke schneiden. Schalotte und Knoblauch schälen und fein hacken.
2. Den Backofen auf 180 °C vorheizen und einen großen flachen Topf, zweifingerbreit hoch mit heißem Wasser gefüllt, auf die mittlere Schiene stellen.
3. Die Zucchinistücke mit Sahne, Ei und Eigelb im Mixer fein pürieren. Schalotten, Knoblauch und die gehackten Sonnenblumenkerne untermischen und mit Salz, Pfeffer und Thymian kräftig würzen.
4. Timbale- oder Soufflé-förmchen (1/4 l Inhalt) einfetten und die Zucchinimasse hineingießen; sie dürfen nur zu zwei Drittel gefüllt sein. Die Förmchen mit gefetteter Alufolie verschließen, dabei ein paar Löcher für die Dampfentweichung einstechen. In das heiße Wasserbad stellen und in 30 bis 40 Minuten garen.
5. Aus dem Wasser nehmen und 5 Minuten ruhen lassen. Warm oder kalt, z. B. mit einer Tomatenvinaigrette als Vorspeise reichen.

Pro Person:
Kalorien (kcal) 160
Eiweiß (g) 5
Fett (g) 14
Kohlenhydrate (g) 3

Ob Sie nun die Gemüsemasse in kleine Förmchen füllen, in eine große Schüssel, wie im nebenstehenden Rezept, oder auch in eine Kastenform, die Zubereitung ist immer wie im Grundrezept beschrieben: Püriertes Gemüse wird mit Sahne oder Crème fraîche verrührt und mit Eiern gebunden.
Dies sind nur zwei der vielen Möglichkeiten von Gemüseterrinen oder Flans. Sie schmecken ebenso mit Knollensellerie, püriertem Spinat oder mit Wirsing. Gewürze wie Safran, Curry oder feine Kräuter geben den feinen Vorspeisen den richtigen Pfiff.

MÖHRENTERRINE MIT ERBSEN

Für 6 Personen
Vorbereitungszeit: 45 Minuten
Garzeit: 1 1/2 Stunden

- 500 g Möhren
- 1 Zwiebel
- 40 g Butter
- 1 TL Puderzucker
- Salz
- Zitronenpfeffer oder gemahlener weißer Pfeffer
- 1/4 l Sahne
- 100 g sehr kleine Zuckerschoten
- 2 Eier
- 2 Eigelb
- 100 g Tiefkühlerbsen
- Fett für die Form

1. Die Möhren putzen, waschen und in Scheiben schneiden. Die Zwiebel schälen und in Würfel schneiden.
2. Die Butter erhitzen und die Zwiebelwürfel darin glasig braten, die Möhren dazugeben und mit Puderzucker bestäuben. Bei mittlerer Hitze anschwitzen, mit Salz und Pfeffer würzen, mit der Sahne aufgießen und zugedeckt weichkochen.
3. In der Zwischenzeit die Zuckerschoten putzen, waschen und kurz in kochendem Salzwasser blanchieren. In eisgekühltem Wasser abkühlen lassen.
4. Den Backofen auf 180 °C vorheizen und einen großen, flachen Topf, mit heißem Wasser gefüllt, auf die mittlere Schiene stellen.
5. Die gekochten Möhren mit der Sahne im Mixer fein pürieren. Nach und nach Eier, Eigelb und die Tiefkühlerbsen unter den Gemüsebrei mischen und noch einmal kräftig abschmecken.
6. Eine kleine Metallrührschüssel mit rundem Boden gut ausfetten und in der Mitte sternförmig die Zuckerschoten anordnen. Die Gemüsefarce vorsichtig darauf verteilen, damit der Stern nicht verrutscht. Die Form auf einem Metallring oder auf einem Suppenteller in das Wasserbad stellen und mit gefetteter Alufolie verschließen, dabei einige Löcher für die Dampfentweichung einstechen. Etwa 1 1/2 Stunden garen lassen. Warm oder kalt servieren.

Pro Person:
Kalorien (kcal) 290
Eiweiß (g) 7
Fett (g) 23
Kohlenhydrate (g) 11

MARINIERTES GEMÜSE

Überraschender Besuch? Südländer freuen sich darüber. Und nie ist der Gastgeber verlegen um einen kleinen Snack. Denn in fast jedem Kühlschrank steht in Öl und Essig mariniertes Gemüse. Auf diese Weise zubereitet, halten sich Paprika, Auberginen, Zwiebeln und Zucchini ein paar Tage lang.

Alle Gerichte sind für 4 Personen und lassen sich in ca. 30 Minuten zubereiten.

Grundrezept:

- 2 kleine Auberginen
- Salz
- Mehl zum Wenden
- frisch gemahlener Pfeffer
- 6 bis 8 EL Olivenöl
- 2 bis 4 Knoblauchzehen
- 1 bis 2 EL Rotweinessig

1. Die Auberginen in 1/2 cm dicke Scheiben schneiden, mit Salz bestreuen und etwa 10 Minuten »schwitzen« lassen.
2. Abspülen und mit Küchenpapier gut abtrocknen.
3. Mehl, Salz und Pfeffer vermischen und die Gemüsescheiben darin wenden.
4. Olivenöl in einer Pfanne erhitzen und die Scheiben darin nacheinander goldbraun braten.
5. Die Gemüsescheiben auf eine Platte geben. Essig und durchgepreßte Knoblauchzehen in das heiße Öl geben, kurz aufkochen lassen und über das Gemüse gießen. Durchziehen lassen und nicht zu kalt servieren!

Pro Person:
Kalorien (kcal) 115
Eiweiß (g) 1
Fett (g) 10
Kohlenhydrate (g) 3

Gemüse anbraten
Das Olivenöl erhitzen. Es darf dabei keinesfalls zu heiß werden, damit das Gemüse nicht zu stark bräunt.

Gemüse marinieren
Das gegarte Gemüse noch heiß mit einer Marinade aus dem heißen Öl, Essig und Knoblauch vermischen und zugedeckt an einem kühlen Ort, aber möglichst nicht im Kühlschrank, durchziehen lassen.

PAPRIKA-SCHOTEN

je 3 rote und grüne Paprikaschoten
2 EL Olivenöl
6 Knoblauchzehen
8 EL Olivenöl, kaltgepreßt
2 EL Essig
1/2 TL frische Thymianblätter
Salz

1. Die Paprikaschoten waschen, der Länge nach in Viertel schneiden und entkernen.
2. Olivenöl erhitzen und das Gemüse auf der Hautseite etwa 10 Minuten anbraten. Herausnehmen und die Haut abziehen.
3. Die geschälten Knoblauchzehen in Würfel schneiden.
4. Kaltgepreßtes Olivenöl mit Essig vermischt erhitzen. Paprika, Knoblauch und Thymian darin etwa 10 Minuten bei schwacher Hitze weichschmoren. Salzen und durchziehen lassen.

Pro Person:
Kalorien (kcal) 135
Eiweiß (g) 2
Fett (g) 11
Kohlenhydrate (g) 7

WEISSE ZWIEBELN

500 g kleine weiße Zwiebeln
4 EL Olivenöl, kaltgepreßt
2 EL Aceto Balsamico
2 EL Weißweinessig
1 EL Zucker
Salz

1. Die Zwiebeln schälen. Das Öl in einem breiten, flachen Topf erhitzen und die Zwiebeln darin anbraten.
2. Die beiden Essigsorten, Zucker, Salz und 1/4 l Wasser dazugeben und einmal aufkochen. Bei schwacher Hitze zugedeckt etwa 15 Minuten garen.
3. Ohne Deckel bei starker Hitze so lange kochen, bis die Flüssigkeit sirupartig eingedickt ist. Lauwarm oder kalt servieren.

Pro Person:
Kalorien (kcal) 150
Eiweiß (g) 2
Fett (g) 10
Kohlenhydrate (g) 11

MÖHREN

1 Bund junge Möhren
Salz
6 EL Olivenöl, kaltgepreßt
1 EL Schalottenwürfel
1 gehackte Knoblauchzehe
1 Lorbeerblatt
frisch gemahlener Pfeffer
1/4 TL Zucker
100 ml milder Weinessig
6 bis 8 Basilikumblätter

1. Möhren schälen, waschen und in Scheiben schneiden. In kochendem Salzwasser 2 bis 3 Minuten blanchieren.
2. Das Öl erhitzen, Schalotten und Knoblauch darin glasig braten. Lorbeer, Pfeffer, Zucker und Essig dazugeben und kurz köcheln lassen.
3. Die abgetropften Gemüsescheiben hineinlegen und 2 bis 3 Minuten garen. Durchziehen lassen und mit feingeschnittenem Basilikum bestreuen.

Pro Person:
Kalorien (kcal) 120
Eiweiß (g) 1
Fett (g) 9
Kohlenhydrate (g) 8

GEFÜLLTE STEINPILZE

Welch exklusive Vorspeise! Da Steinpilze nicht wie Champignons gezüchtet werden können, sind sie nicht gerade billig. Doch ihr wunderbares Aroma tröstet über den Preis schnell hinweg. Außerdem braucht man ja nicht viel. Als überbackene Vorspeise mit würziger Füllung reicht ein Pilz pro Person.
Die gleiche Füllung schmeckt aber auch in Riesenchampignons und in anderen Gemüsesorten wie Zucchini, Auberginen, Tomaten, Paprikaschoten oder Artischocken.

Für 4 Personen
Zubereitungszeit: 30 Minuten

- 2 Scheiben Weißbrot
- 6 EL heiße Milch
- 3 Schalotten
- 1 Knoblauchzehe
- 4 große Steinpilze
- 3 EL Olivenöl
- 60 g roher Schinken
- 2 EL gehackte Petersilie oder gehackte gemischte Kräuter
- Salz
- frisch gemahlener Pfeffer
- 2 TL Paniermehl
- 20 g Butter

1. Die Weißbrotscheiben entrinden, in Würfel schneiden und mit heißer Milch begießen.
2. Schalotten und Knoblauch schälen und in kleine Würfel schneiden.
3. Pilze putzen, nur wenn nötig, kurz waschen, die Stiele herausdrehen und fein hacken. Die Köpfe beiseite legen.
4. Den Backofen auf 220 °C vorheizen.
5. 2 EL Öl in einer Pfanne erhitzen und die Schalotten- und Knoblauchwürfel darin anschwitzen. Kleingeschnittene Pilze und den in Würfel geschnittenen Schinken hinzufügen. Kurz anbraten, dann Petersilie oder Kräuter untermischen und zum Schluß das gut ausgedrückte Weißbrot dazugeben. Alles zu einer glatten Masse verrühren und mit Salz und Pfeffer würzen.
6. Eine flache Auflaufform mit dem restlichen Olivenöl fetten. Die Steinpilzköpfe mit der Mischung füllen und in die Form setzen. Die Füllung mit Paniermehl bestreuen und mit Butterflöckchen belegen.
7. Auf der mittleren Schiene des Backofens in 12 bis 15 Minuten überbacken.

Pro Person:
Kalorien (kcal) 230
Eiweiß (g) 8
Fett (g) 15
Kohlenhydrate (g) 12

Mit der doppelten Menge der Farce kann man auch 4 kleine Zucchini- oder 2 kleine Auberginenhälften füllen.

Pilze vorbereiten
Zum Füllen eignen sich neben Steinpilzen z. B. auch große Champignons. Den Stiel herausdrehen oder mit einem Messer abschneiden. Die Stiele fein hacken.

Lockerungsmittel für die Farce
Zur Lockerung der Farce kann man anstelle des eingeweichten Weißbrotes auch 2 EL gekochten Reis oder 2 EL Paniermehl, mit 3 EL Sahne vermischt, verwenden.

Fleisch- oder Schinkenfarce
Außer mit Schinken kann man Pilze oder andere Gemüsesorten mit Tatar, Lamm- oder Kalbshack füllen. Ob Schinken oder Hackfleisch: Es schmeckt besser, wenn man es kurz anröstet.

Zubereitung der Füllung
Schalotten, Knoblauch, gehackte Pilze und Schinken anschwitzen und mit dem eingeweichten Brot und den Kräutern zu einer geschmeidigen Masse verrühren. Herzhaft würzen.

Füllen der Pilze
Die Farce mit einem Löffel in die Pilzkappen füllen und diese in eine flache, feuerfeste Form setzen. Die Füllung entweder, wie im Rezept angegeben, mit Paniermehl oder mit Parmesan oder einer Mischung daraus bestreuen.

GEFÜLLTE TOMATEN

Warum heißt die Tomate auch Paradiesapfel oder Liebesapfel? Das kann man nicht erklären, sondern nur schmecken, wenn man in das pralle, süß-aromatische Fruchtfleisch beißt. Doch läßt sich der paradiesische Genuß durchaus steigern, zum Beispiel durch eine delikate Füllung. Übrigens: Die Füllung des folgenden Rezeptes paßt auch gut in ausgehöhlte, leicht vorgegarte Zucchini oder Kohlrabis.

Für 4 Personen
Zubereitungszeit: 40 Minuten

- 4 große Fleischtomaten
- 1 Bund Basilikum
- 150 g Speisequark (40 % Fett i. Tr.)
- 3 EL geriebener Parmesan
- 2 Eigelb
- 1 durchgepreßte Knoblauchzehe
- Salz
- frisch gemahlener Pfeffer
- 2 Eiweiß
- Fett für die Form

1. Den Backofen auf 200 °C vorheizen.
2. Von den Tomaten einen Deckel abschneiden und die Tomaten mit einem Löffel vorsichtig aushöhlen. Das Fruchtfleisch der Deckel in kleine Würfel schneiden.
3. Das Basilikum fein hacken und unter den Speisequark mischen. 2 EL Parmesan, Eigelb, Knoblauch und die Tomatenwürfel hinzufügen und gründlich verrühren. Mit Salz und Pfeffer würzig abschmecken.
4. Die Eiweiß zu steifem Schnee schlagen und unter die Quarkmasse ziehen.
5. Die ausgehöhlten Tomaten innen leicht mit Salz und Pfeffer würzen, die Füllung hineingeben und die Tomaten in eine gefettete Auflaufform setzen. Mit dem restlichen Parmesan bestreuen und auf der mittleren Schiene im Backofen in etwa 15 Minuten goldbraun überbacken.

Pro Person:
Kalorien (kcal) 175
Eiweiß (g) 12
Fett (g) 10
Kohlenhydrate (g) 7

Die Tomaten dürfen nicht zu reif sein, sie werden sonst matschig, bis die Quarkfüllung gegart ist.

GEBRATENE AUBERGINENRÖLLCHEN

Wo Auberginen so üppig wachsen wie im Mittelmeerraum, hat man natürlich auch gute Ideen, sie in Gerichte zu verwandeln. Zum Beispiel in Auberginenröllchen, die als würzige Häppchen die Wartezeit aufs Essen verschönern. Zur Abwechslung können Sie auch dünne, längs geschnittene Zucchinischeiben nehmen: braten, füllen, aufrollen und genießen!

Für 4 Personen
Zubereitungszeit: 1 Stunde

- 2 mittelgroße Auberginen
- Salz
- 2 EL Mehl
- 1/8 l Olivenöl
- 2 Knoblauchzehen
- 2 EL Pinienkerne
- 2 Sardellenfilets in Öl
- 6 schwarze, entkernte Oliven
- 1/2 Bund Basilikum
- 2 Fleischtomaten
- frisch gemahlener Pfeffer
- 1 EL Aceto Balsamico

1. Auberginen waschen und der Länge nach in dünne Scheiben schneiden. Jede Scheibe mit Salz bestreuen, wieder übereinanderlegen und etwa 30 Minuten »schwitzen« lassen. Dabei lösen sich die Bitterstoffe aus den Eierfrüchten. Die Scheiben mit Küchenpapier vorsichtig abtupfen und anschließend in Mehl wenden.
2. Etwas Öl in einer beschichteten Pfanne erhitzen und die Auberginenscheiben darin nacheinander auf beiden Seiten goldbraun braten. Immer wieder Öl nachgießen. Die Scheiben nebeneinander auf Küchenpapier zum Abfetten legen.
3. Knoblauch, Pinienkerne, Sardellenfilets, Oliven und die abgezupften Basilikumblätter fein hacken.
4. Die Tomaten kurz in kochendes Wasser tauchen, häuten, halbieren und entkernen. Eine Tomatenhälfte in feine Streifen, den Rest in kleine Würfel schneiden.
5. Die Tomatenwürfel unter die Farce mischen und mit Salz, Pfeffer und Balsamessig würzig abschmecken. Die Mischung auf die Auberginenscheiben streichen und von der Schmalseite her aufrollen. Jedes Röllchen mit einem Tomatenstreifen belegen und mit Zahnstochern befestigen. Mit Weißbrot servieren oder gleich auf kleinen Weißbrotscheiben anrichten.

Pro Person:
Kalorien (kcal) 325
Eiweiß (g) 4
Fett (g) 29
Kohlenhydrate (g) 10

GEFÜLLTE WEINBLÄTTER

Ob sie nun eine griechische oder eine türkische Erfindung sind, das wissen die Götter! Eines ist sicher, im original türkischen Rezept dürfen Pinienkerne und Korinthen keinesfalls fehlen. Frische Weinblätter müssen etwa 5 Minuten in kochendem Salzwasser vorgegart werden, eingelegte Blätter muß man vorher nur mit kaltem Wasser abspülen.
Nach dem gleichen Prinzip kann man auch verschiedene andere Blätter füllen, wie Ihnen die Variationen auf der nächsten Seite zeigen.

Für 6 bis 8 Personen
Zubereitungszeit: 2 Stunden

150 g Langkornreis
3/8 l Wasser
Salz
3 EL Korinthen
3 Zwiebeln
1 Bund Dill
1 Bund Petersilie
2 EL Pinienkerne
5 EL Olivenöl, kaltgepreßt
frisch gemahlener Pfeffer
1 Msp gemahlener Zimt
5 EL Zitronensaft
250 g eingelegte Weinblätter

1. Den Reis in kochendes Salzwasser geben und knapp 15 Minuten bei schwacher Hitze quellen lassen.
2. Die Korinthen in lauwarmem Wasser einweichen. Die Zwiebeln schälen und in kleine Würfel schneiden, die Kräuter fein hacken.
3. Den abgekühlten, noch nicht völlig gegarten Reis mit den abgetropften Korinthen, den Pinienkernen, den Zwiebelwürfeln und 3 EL Öl vermischen, mit Salz, Pfeffer, Zimt und 2 EL Zitronensaft würzig abschmecken.
4. Die eingelegten, gewaschenen Weinblätter kurz in kochendes Wasser tauchen, abtropfen lassen und nebeneinander auf einem Küchentuch ausbreiten.
5. Mit einem Teelöffel etwas von der Reisfüllung in die Mitte des Weinblattes geben, die beiden Querseiten einschlagen und aufrollen. Alle Blätter auf diese Weise füllen und dicht nebeneinander in einen Topf schichten.
6. 1/4 l Wasser mit dem restlichen Zitronensaft und Öl vermischen, über die Röllchen gießen und mit einem Teller beschweren.
7. Bei schwacher Hitze in gut 1 Stunde gar dünsten. Die Flüssigkeit muß völlig aufgesogen sein. Lauwarm oder kalt servieren.

Pro Person:
Kalorien (kcal) 210
Eiweiß (g) 3
Fett (g) 10
Kohlenhydrate (g) 25

Füllung vorbereiten
Den Reis knapp 15 Minuten vorkochen. Die Korinthen in lauwarmem Wasser einweichen. Die Zwiebeln schälen und in kleine Würfel schneiden, die Kräuter fein hacken.

Weinblätter vorbereiten
Die eingelegten Weinblätter waschen, kurz in kochendes Wasser tauchen und zum Abtropfen auf einem Küchentuch ausbreiten. Dicke, harte Stiele herausschneiden.

Füllung zubereiten
Den Reis auf einem Sieb abtropfen lassen, dann in eine Schüssel geben und mit den abgetropften Korinthen, Pinienkernen, Zwiebelwürfeln, Kräutern und 3 EL Öl vermischen. Mit Salz, Pfeffer, Zimt und 2 EL Zitronensaft würzen.

Weinblätter füllen
Mit einem Teelöffel etwas von der Reisfüllung in die Mitte der Blätter geben. Jeweils die beiden Querseiten einschlagen und das Weinblatt vom Stielende zur Spitze hin aufrollen.

Weinblätter garen
Die Röllchen dicht nebeneinander so in einen Topf schichten, daß kein Zwischenraum entsteht. Mit 1/4 l Wasser, Zitronensaft und Öl begießen und mit einem Teller beschweren. Zugedeckt bei schwacher Hitze gut 1 Stunde garen.

WEINBLÄTTER MIT HACKFLEISCHFÜLLUNG

Für 6 bis 8 Personen
Zubereitungszeit: 2 Stunden

Für die Füllung:
- 250 g gehacktes Lammfleisch
- 3 EL vorgegarter Reis
- 2 EL Zwiebelwürfel
- 2 gehackte Knoblauchzehen
- 1/2 TL gerebelter Thymian
- 5 gehackte schwarze Oliven
- Salz
- frisch gemahlener Pfeffer

Außerdem:
- 250 g eingelegte Weinblätter
- 3 EL Zitronensaft
- 1/4 l Kalbsfond

1. Aus den angegebenen Zutaten einen Fleischteig zubereiten.
2. Wie im Grundrezept beschrieben, die Fleischmasse in die Weinblätter füllen und, mit Zitronensaft und Kalbsfond begossen, garen. Die gefüllten Weinblätter schmecken warm und kalt.

Pro Person:
Kalorien (kcal) 120
Eiweiß (g) 8
Fett (g) 8
Kohlenhydrate (g) 2

MANGOLDRÖLLCHEN MIT ASIATISCHER FÜLLUNG

Für 4 Personen
Zubereitungszeit: 1 Stunde

- 4 Mangoldblätter
- Salz
- 30 g Glasnudeln
- 3 getrocknete Shiitake-Pilze, eingeweicht und gehackt
- 200 g Hackfleisch
- 1 EL Sojasauce
- 1/2 TL geraspelte Ingwerwurzel
- frisch gemahlener Pfeffer

1. Mangoldblätter in Salzwasser blanchieren. Glasnudeln vorkochen, abgießen, kleinschneiden und mit den Pilzen unter das Hackfleisch mischen. Würzen und in die ausgebreiteten Blätter füllen.
2. Wie im Grundrezept beschrieben, aufrollen und in einem Lochsieb oder im Bambusdämpfkorb über einem Wasserbad etwa 20 Minuten garen.

Pro Person:
Kalorien (kcal) 170
Eiweiß (g) 12
Fett (g) 8
Kohlenhydrate (g) 12

SPINATBLÄTTER MIT FISCHFÜLLUNG

Für 4 Personen
Zubereitungszeit: 45 Minuten

Für die Füllung:
300 g rohes Lachsfilet, in 4 dicke Streifen geschnitten
1 EL Sojasauce
1 EL Reiswein oder Fino-Sherry
1 Msp Wasabi
1 Msp gemahlenes Zitronengras
Außerdem:
8 große Spinatblätter
Salz
2 EL Zitronensaft
6 EL Fischfond

1. Das Lachsfilet mit einer Mischung aus den angegebenen Zutaten etwa 30 Minuten marinieren.
2. Die Spinatblätter kurz in Salzwasser blanchieren.
3. Die Fischstreifen, wie im Grundrezept beschrieben, mit den Spinatblättern umhüllen und in einen Topf schichten. Mit Zitronensaft und 6 EL Fischfond bedeckt etwa 8 Minuten garen.

Pro Person:
Kalorien (kcal) 170
Eiweiß (g) 16
Fett (g) 10
Kohlenhydrate (g) 1

WIRSINGRÖLLCHEN MIT PILZFÜLLUNG

Für 4 Personen
Zubereitungszeit: 1 Stunde

4 schöne Wirsingblätter
Salz
200 g Shiitake-Pilze
1 EL Zwiebelwürfel
20 g Butter
150 g Frischkäse
2 EL gehackte Petersilie
2 EL geriebener Hartkäse
2 EL gehackte Pistazien
1/8 l Sahne

1. Die Wirsingblätter kurz in Salzwasser blanchieren.
2. Pilze putzen und kleinschneiden. Zwiebelwürfel in der Butter glasig braten, Pilze dazugeben und andünsten.
3. Abgekühlt mit den übrigen Zutaten (bis auf die Sahne) vermischen. Salzen und wie im Grundrezept beschrieben weiterverarbeiten. Mit Sahne begießen und etwa 20 Minuten garen.

Pro Person:
Kalorien (kcal) 360
Eiweiß (g) 11
Fett (g) 31
Kohlenhydrate (g) 8

GEFÜLLTE MARINIERTE SARDINEN

Unterschiedlich zubereitete Sardinen sind in Spanien fester Bestandteil eines Tapas-Büfetts. Würzig mariniert, wie in diesem Rezept, sind sie nicht nur dort an heißen Sommertagen eine ideale Vorspeise. Größere Sardinen sind zwar etwas fetter, dafür aber wesentlich schmackhafter als die kleinen.

Für 8 Personen
Zubereitungszeit: 35 Minuten
Marinierzeit: ca. 1 Tag

8 große, küchenfertige Sardinen
1 große Zwiebel
2 Knoblauchzehen
8 EL Olivenöl
1 Bund Petersilie
Salz
frisch gemahlener Pfeffer
2 bis 3 EL Mehl
6 EL Rotweinessig
1/8 l Rotwein
1 EL frische Thymianblätter
1 kleines Lorbeerblatt
1 kleine, gehackte Pfefferschote
2 Fleischtomaten
4 kleine Zwiebeln
5 bis 6 Basilikumblätter

1. Die Sardinen waschen und trockentupfen. Die große Zwiebel und den Knoblauch schälen, in kleine Würfel schneiden und in 2 EL Öl glasig braten. Die Petersilie fein hacken und untermischen.
2. Die Fische innen und außen mit Salz und Pfeffer einreiben. Jeweils etwas von der Zwiebelmischung in die Bauchhöhle füllen und die Sardinen in Mehl wenden.
3. Das restliche Öl in einer großen Pfanne erhitzen und die Fische darin nach und nach von beiden Seiten goldbraun braten.
4. Anschließend die Sardinen Kopf an Schwanz in eine längliche Form schichten.
5. Den Bratfond mit Essig und Wein ablöschen, Kräuter und Gewürze dazugeben und einmal aufkochen. Über die Sardinen verteilen, die Form mit Folie verschließen und im Kühlschrank mindestens 1 Tag durchziehen lassen.
6. Am Tag des Servierens die Fleischtomaten häuten, entkernen und in kleine Würfel schneiden. Die Zwiebeln schälen und auf dem Gurkenhobel in feine Scheiben hobeln. Beides über den marinierten Fischen verteilen und mit den feingeschnittenen Basilikumblättern bestreuen.

Pro Person:
Kalorien (kcal) 320
Eiweiß (g) 30
Fett (g) 18
Kohlenhydrate (g) 5

FORELLENFILETS IN ORANGENMARINADE

Anstelle der Regenbogenforellen eignen sich auch Renken, Felchen oder – wenn's besonders fein sein soll – Lachsforellen für dieses Rezept.

Für 4 Personen
Zubereitungszeit: 40 Minuten
Marinierzeit: ca. 1 Tag

2 küchenfertige Regenbogenforellen, je ca. 400 g
Salz
frisch gemahlener Pfeffer
2 bis 3 EL Mehl
5 EL Olivenöl
1 gehackte Knoblauchzehe
1 EL gehackte Petersilie
1/2 TL Thymianblätter
Saft von 1 Orange
Saft von 1 Zitrone
1 TL Aceto Balsamico
4 cl Fino-Sherry
2 Orangen
2 EL Pinienkerne
1 EL gehackte Petersilie
1 TL gehackte Minzeblätter

1. Die Forellen am besten gleich vom Fischhändler filetieren lassen. Die Filets mit Salz und Pfeffer einreiben und in Mehl wenden.
2. 3 EL Olivenöl in einer Pfanne erhitzen und die Filets von beiden Seiten goldbraun braten. Vorsichtig herausheben und auf eine Platte legen.
3. Knoblauch, Petersilie und Thymian in das Bratfett geben, das restliche Öl hinzufügen und kurz anrösten. Mit Orangen- und Zitronensaft, Balsamessig und Sherry aufgießen und einige Minuten durchkochen. Mit Salz und Pfeffer würzig abschmecken.
4. Über die Fischfilets verteilen, mit Folie bedecken und mindestens 1 Tag durchziehen lassen.
5. Vor dem Servieren die Orangen so dick schälen, daß die weiße Haut völlig entfernt wird. Die Orangen quer in dünne Scheiben schneiden und diese jeweils zwischen die Forellenfilets stecken.
6. Die Pinienkerne trocken in einer Pfanne rösten und mit der Petersilie und der Minze über die marinierten Fische streuen.

Pro Person:
Kalorien (kcal) 410
Eiweiß (g) 41
Fett (g) 18
Kohlenhydrate (g) 12

HECHTTERRINE MIT LACHSFÜLLUNG

Fischterrine – welche Überraschung für Ihre Gäste! Viele kennen zwar im Wasserbad gegarte Terrinen aus Fleischfarce, wenige aber nur die moderne, leichte Version aus Fisch – ein zarter Auftakt für ein erlesenes Menü.
Da sich zur Herstellung der zarten Farcen edle Fische am besten eignen, sind Fischterrinen eine etwas kostspielige Angelegenheit – der feine Geschmack läßt Sie das aber rasch wieder vergessen!

Für 8 Personen
Zubereitungszeit: 2 Stunden

- 500 g Hechtfilet
- 150 g Crème fraîche
- Salz
- gemahlener weißer Pfeffer
- 1 Msp frisch geriebene Muskatnuß
- 500 g frisches Lachsfilet
- 12 große Spinatblätter
- Butter für die Form

1. Das gut gekühlte Hechtfleisch zweimal durch den Fleischwolf drehen oder in der Küchenmaschine portionsweise fein pürieren.
2. Die Masse durch ein feines Sieb streichen und auf eine Schüssel mit Eiswürfeln stellen. Die Crème fraîche einarbeiten und die Farce mit Salz, Pfeffer und Muskat würzen.
3. Das Lachsfilet in dicke Streifen schneiden, salzen, pfeffern und kalt stellen.
4. Die Spinatblätter kurz in kochendem Salzwasser blanchieren, sofort in Eiswasser geben und auskühlen lassen. Gut abgetropft auf Sichtfolie ausbreiten. Die Fischstreifen darauflegen und aufrollen.
5. Einen großen Topf, drei Finger hoch mit Wasser gefüllt, in den Backofen stellen und auf 150 °C vorheizen.
6. Eine Terrinen- oder eine Kastenform mit Butter ausfetten. Die Hälfte der Farce einfüllen und in die Mitte die Spinatrolle legen. Die restliche Farce darübergeben und gut festdrücken.
7. Die Form mit Alufolie verschließen und im Wasserbad etwa 1 Stunde 30 Minuten garen.
8. Die Terrine am besten über Nacht abkühlen lassen und mit einer feinen Kräutersauce servieren.

Pro Person:
Kalorien (kcal) 250
Eiweiß (g) 25
Fett (g) 15
Kohlenhydrate (g) 0

Fischfilet pürieren
Das gut gekühlte Hechtfilet in Würfel schneiden und in vier Portionen in einer Küchenmaschine fein pürieren. Rasch arbeiten, damit das Fischfilet nicht warm wird.

Farce zubereiten
Die Fischmasse auf eine Schüssel mit Eiswürfeln stellen und nach und nach unter Rühren mit einem Kochlöffel die Crème fraîche einarbeiten. Gut gekühlt bindet die Farce besser.

Füllung vorbereiten
Die blanchierten, abgekühlten Spinatblätter leicht überlappend auf die Länge der Form auf Sichtfolie ausbreiten. Die Fischstreifen darauflegen und mit Hilfe der Folie aufrollen.

Terrinenform füllen
Eine gefettete Terrinenform von etwa 1 1/2 Liter Inhalt mit der Hälfte der Farce auskleiden, die Spinatrolle in die Mitte geben und mit der restlichen Farce bedecken. Vor allem an den Rändern gut mit dem Löffelrücken festdrücken.

Garen im Wasserbad
Die Form mit gefetteter Alufolie verschließen und in das Wasserbad stellen. Das Wasser darf keinesfalls kochen. Bei Bedarf ein wenig kaltes Wasser nachgießen.

FALSCHE HECHTSUPPE

Überraschen Sie Ihre Gäste einmal mit dieser außergewöhnlichen Vorspeise. Da die »Falsche Hechtsuppe« in Suppentassen serviert wird, vermutet jeder Gast eine heiße Suppe als ersten Gang. Beim Löffeln stellt sich dann allerdings heraus, daß es eine kalte Fischterrine ist. Die Überraschung ist perfekt!

Für 4 Personen
Zubereitungszeit: 30 Minuten
Kühlzeit: mindestens 1 Stunde

Für die Terrine:
250 g Hechtfilet
200 ml Sahne
1 Eiweiß
Salz
frisch gemahlener weißer Pfeffer
Cayennepfeffer
30 g Forellen-Kaviar

Für die Sauce Hollandaise:
100 g Butter
3 EL Fischfond
3 EL trockener Weißwein
2 EL Weißweinessig
2 Eigelb
1 EL feingeschnittener Dill
Salz
frisch gemahlener weißer Pfeffer
etwas Zitronensaft

Außerdem:
etwas Keimöl
einige Dillzweige

1. Das gut gekühlte Hechtfilet fein pürieren und durch ein Sieb oder eine Flotte Lotte streichen. Eine Metallschüssel in eine größere, mit Eiswürfeln gefüllte Schüssel stellen und die Fischfarce hineingeben.
2. Sahne und Eiweiß getrennt steif schlagen. Abwechselnd nach und nach unter die Hechtfarce rühren. Die Farce mit Salz und Pfeffer würzen und zum Schluß den Kaviar unterziehen.
3. Vier Suppentassen mit Öl ausfetten und die Masse bis 2 cm unter den Rand einfüllen. In einen großen Topf zweifingerbreit Wasser füllen, zum Kochen bringen und die Suppentassen nebeneinander hineinstellen. Mit Alufolie abdecken und die Masse bei schwacher Hitze etwa 15 Minuten garen, dann kalt stellen.
4. Die Butter zerlassen und die sich absetzende Molke abschöpfen. Fischfond, Weißwein und Essig in eine Sauteuse geben und den Sud auf ein Drittel einkochen lassen.
5. Eigelb und reduzierten Sud im warmen Wasserbad cremig schlagen. Nach und nach die Butter unterrühren. Den Dill untermischen und die Sauce mit Salz, Pfeffer und Zitronensaft abschmecken.
6. Die Sauce über die Terrinen verteilen, mit den Dillzweigen garnieren und servieren.

Pro Person:
Kalorien (kcal) 466
Eiweiß (g) 19
Fett (g) 40
Kohlenhydrate (g) 2

SEEZUNGEN-KRABBEN-TERRINE

Für 4 Personen
Zubereitungszeit: 25 Minuten
Kühlzeit:
mindestens 45 Minuten

200 g Seezungenfilet
1 Eiweiß
150 g Crème fraîche, Salz
frisch gemahlener weißer Pfeffer
abgeriebene Schale von
1/2 unbehandelten Zitrone
Cayennepfeffer, etwas Keimöl
100 g Nordseekrabben
1/8 l Hummerfond
2 Blatt weiße Gelatine

1. Das gut gekühlte Fischfilet fein pürieren und durch ein Sieb oder eine Flotte Lotte streichen. Das Eiweiß steif schlagen und abwechselnd mit Crème fraîche nach und nach unter die Farce rühren, würzen.

2. Vier Kaffeetassen mit Öl ausfetten und die Masse bis 1 cm unter den Rand einfüllen. Im warmen Wasserbad etwa 10 Minuten garen. Kalt stellen.

3. Krabben mit Hummerfond vermischen, die Gelatine auflösen und unterrühren. Sobald die Flüssigkeit zu gelieren beginnt, über die Terrinen verteilen. Abdecken, kühl stellen und erstarren lassen.

4. Die Tassen kurz in heißes Wasser tauchen und die Terrinen stürzen.

Pro Person:
Kalorien (kcal) 260
Eiweiß (g) 19
Fett (g) 18
Kohlenhydrate (g) 2

RÄUCHERLACHSTERRINE

Für 4 Personen
Zubereitungszeit: 20 Minuten

250 g Räucherlachs
250 g Crème fraîche
Salz
frisch gemahlener weißer Pfeffer
etwas Keimöl
30 g Beluga- oder Sevruga-Kaviar
4 Dillzweige

1. Den Räucherlachs mit Crème fraîche im Mixer pürieren. Die Farce mit Salz und Pfeffer würzen.

2. Vier kleine Förmchen mit Öl ausfetten. Die Hälfte der Farce in die Förmchen geben. In die Mitte der Farce eine kleine Mulde drücken und jeweils etwas vom dem Kaviar hineingeben.

3. Mit der restlichen Lachsfarce den Kaviar bedecken, die Oberfläche glattstreichen. Die Förmchen abdecken und kalt stellen.

4. Die Förmchen kurz in heißes Wasser tauchen und die Terrinen stürzen. Mit je einem Dillzweig garnieren und mit Weißbrot servieren.

Pro Person:
Kalorien (kcal) 432
Eiweiß (g) 21
Fett (g) 35
Kohlenhydrate (g) 2

FISCHTERRINE MIT KRABBEN

Neben der im Rezept auf Seite 107 verwendeten Crème fraîche eignen sich auch gut gekühlte flüssige Sahne, Eiweiß, eingeweichtes Weißbrot oder auch eine dicke Béchamelsauce als Lockerungsmittel für Fischterrinen.

Für 4 Personen
Zubereitungszeit:
1 Stunde 30 Minuten

400 g Steinbutt- oder Hechtfilet
Salz
gemahlener weißer Pfeffer
2 Scheiben Toastbrot
5 EL Sahne
2 Schalotten
20 g Butter
1 Eiweiß
200 ml Sahne
100 g Krabben ohne Schale
50 g Tiefkühlerbsen
1 EL feingeschnittener Dill
Fett für die Form

1. Das Fischfilet in Würfel schneiden, mit Salz und Pfeffer würzen und kurz in das Gefrierfach stellen.
2. Das Weißbrot entrinden und mit Sahne beträufeln.
3. Die Schalotten schälen, in Würfel schneiden und in der Butter kurz anschwitzen. Von der Kochstelle nehmen und abkühlen lassen.
4. Einen großen Topf, drei Finger hoch mit Wasser gefüllt, in den Backofen stellen und auf 150 °C vorheizen.
5. Das Fischfilet fein pürieren, dabei das eingeweichte Weißbrot und die Schalotten hinzufügen. Die Masse auf eine Schüssel mit Eiswürfeln stellen und nach und nach das gut gekühlte Eiweiß und die flüssige Sahne einarbeiten. Zum Schluß Krabben, Erbsen und Dill untermischen und würzig abschmecken.
6. Die Fischfarce in eine gefettete Terrinen- oder Kastenform von 1 1/2 Liter Inhalt füllen, mit Folie verschließen und im Wasserbad etwa 45 Minuten garen.
7. Gut gekühlt in Scheiben schneiden und mit einer feinen Dillsauce reichen.

Pro Person:
Kalorien (kcal) 390
Eiweiß (g) 27
Fett (g) 25
Kohlenhydrate (g) 9

Damit sich die Terrine gut von der Form löst, ist es wichtig, sie gründlich mit flüssiger Butter oder Öl zu fetten, vor allem in den Ecken!
Die Fischterrine schmeckt auch warm als Hauptgericht mit Salzkartoffeln und einer Sauce Hollandaise sehr fein. In jedem Fall aber die Form vor dem Stürzen 5 bis 10 Minuten mit einem trockenen Tuch bedeckt ruhen lassen.

ZANDERTIMBALE MIT MUSCHELFÜLLUNG

Timbales – man könnte auch Becherterrinen sagen – sind Terrinen in Portionsform. Jede Terrinenfarce können Sie auch in Timbaleförmchen füllen. Ein Vorteil, denn die Garzeit ist wesentlich kürzer! Timbales eignen sich auch gut zum Füllen, zum Beispiel mit Muscheln, Krabben, gekochten Broccoliröschen oder anderen feinen Gemüsesorten.

Für 4 Personen
Zubereitungszeit: 45 Minuten

350 g Zanderfilet
150 g Crème fraîche
Salz
gemahlener weißer Pfeffer
1 Schalotte
20 g Butter
1/8 l Sahne
100 g ausgelöste
Miesmuscheln
1 TL frisch geriebener
Meerrettich
Fett für die Förmchen

1. Das gut gekühlte Fischfilet in Würfel schneiden, entweder zweimal durch die feine Scheibe des Fleischwolfes drehen oder in zwei Portionen in der Küchenmaschine pürieren.
2. Den Teller mit dem pürierten Fischfleisch auf eine Schüssel mit Eiswürfeln stellen und die Crème fraîche einarbeiten, salzen, pfeffern und kalt stellen.
3. Die Schalotte schälen, in Würfel schneiden und in der heißen Butter anschwitzen. Mit Sahne aufgießen und bei starker Hitze sämig einkochen. Die Muscheln dazugeben und mit Meerrettich, Salz und Pfeffer würzen.
4. Einen großen Topf, zwei Finger hoch mit Wasser gefüllt, in den Backofen stellen und auf 150 °C vorheizen.
5. Boden und Seitenwände 4 gefetteter Timbaleförmchen von jeweils 200 ml Inhalt mit 3/4 der Fischfarce auskleiden, das abgekühlte Muschelragout in die Mitte geben und mit der restlichen Farce bedecken. Die Ränder gut festdrücken.
6. Mit gefetteter Alufolie verschließen und im Wasserbad etwa 15 Minuten garen.
7. Die Timbales entweder warm mit einer Sauce Hollandaise oder abgekühlt auf einem Salat servieren.

Pro Person:
Kalorien (kcal) 350
Eiweiß (g) 21
Fett (g) 26
Kohlenhydrate (g) 3

Timbales sehen zwar kompliziert aus, sind aber auch für nicht so versierte Köche einfach zuzubereiten. Voraussetzung für das gute Gelingen ist lediglich eine gut gekühlte Fischmasse.
• Wenn Sie keine speziellen Timbaleförmchen besitzen, können Sie auch kleine Soufflééförmchen oder andere kleine feuerfeste Formen verwenden.

SCHNELLE TERRINE VON RÄUCHERFISCHEN

Sehr effektvoll, aber wesentlich schneller zubereitet als die gegarten Terrinen auf den vorhergehenden Seiten, sind kalt zubereitete Räucherfisch-Terrinen.
Nach diesem einfachen Grundrezept ist es möglich, aus allen beliebigen Räucherfischen eine Mousse herzustellen. Sie schmeckt als Füllung von Windbeuteln oder ausgehöhltem Weißbrot, nur so auf Toast oder – wie im nachfolgenden Rezept – als vornehme Terrine.

Für 8 Personen
Zubereitungszeit: 30 Minuten

- 4 Blatt weiße Gelatine
- 1/4 l Fischfond aus dem Glas
- 200 g Räucherlachs
- 200 g geräucherte Forellenfilets
- 250 g Crème fraîche
- Salz
- gemahlener weißer Pfeffer
- 50 g Forellenkaviar

1. Die Gelatine in kaltem Wasser einweichen. 3 EL Fischfond erhitzen und die eingeweichte, gut ausgedrückte Gelatine darin auflösen. Etwas abkühlen lassen, dann eine Terrinenform mit gerundetem Boden von 1 Liter Inhalt mit der Hälfte der Geleeflüssigkeit ausgießen (siehe Seite 91) und erstarren lassen.
2. Den Räucherlachs in Streifen schneiden und mit 100 g Crème fraîche in der Küchenmaschine fein pürieren.
3. Die Forellenfilets mit der restlichen Crème fraîche ebenfalls fein pürieren. Beide Cremes mit Salz und Pfeffer würzen.
4. Die Räucherlachsmasse vorsichtig in die mit Gelee ausgekleidete Form füllen und in die Mitte eine Mulde drücken. Den Forellenkaviar hineingeben und mit der Forellenmousse bedecken. Die Form auf ein feuchtes Tuch aufstoßen, damit keine Hohlräume entstehen. Mit der restlichen Geleeflüssigkeit begießen und für einige Stunden kalt stellen.
5. Gut gekühlt in Scheiben schneiden.

Pro Person:
Kalorien (kcal) 190
Eiweiß (g) 13
Fett (g) 14
Kohlenhydrate (g) 1

MAKRELENMOUSSE

Für 4 Personen
Zubereitungszeit: 15 Minuten

- 200 g geräuchertes Makrelenfilet
- ohne Haut und Gräten
- 1 EL Frischkäse (70 % Fett i.Tr.)
- Salz
- gemahlener weißer Pfeffer
- 1 EL Orangensaft
- 2 EL geschlagene Sahne
- 1 EL grüne Pfefferkörner

1. Das Makrelenfilet mit dem Frischkäse in einer Küchenmaschine fein pürieren. Mit Salz, Pfeffer und Orangensaft abschmecken. Die Sahne sowie grob gehackten grünen Pfeffer unterziehen.
2. In Tontöpfchen füllen und mit Weißbrot oder Toast servieren.

Pro Person:
Kalorien (kcal) 150
Eiweiß (g) 11
Fett (g) 10
Kohlenhydrate (g) 0

RÄUCHERFISCHNOCKEN

Für 4 Personen
Zubereitungszeit: 15 Minuten

- 250 g geräucherter Stör
- 50 g Crème fraîche
- Salz
- frisch gemahlener Pfeffer
- 1 EL feingeschnittener Dill
- 50 g Keta-Kaviar
- 2 EL geschlagene Sahne
- 4 Dillzweige

1. Räucherfisch und Crème fraîche im Mixer fein pürieren.
2. Mit Salz und Pfeffer würzen und den Dill sowie den Keta-Kaviar untermischen. Die Sahne unterziehen und mit zwei nassen Eßlöffeln Nocken formen. Auf marinierten Salatblättern anrichten und mit je einem Dillzweig garnieren.

Pro Person:
Kalorien (kcal) 190
Eiweiß (g) 13
Fett (g) 14
Kohlenhydrate (g) 0

MOUSSE VON ENTENLEBER

Vergessen sind aufwendige Terrinen und Pasteten, wenn man nur einmal die köstlichen Geflügellebercremes probiert hat. Wahre Delikatessen, die unglaublich rasch zubereitet sind und somit zu einem Geheimtip für jeden Feinschmecker werden, dessen Zeit knapp bemessen ist.

Für 4 Personen
Zubereitungszeit: 20 Minuten
Kühlzeit: 3 bis 4 Stunden

300 g frische Entenlebern
1 kleiner aromatischer Apfel
1 EL Keimöl
20 g Butter
1 EL Schalottenwürfel
1 EL gehackte Petersilie
etwas gerebelter Thymian
2 cl Calvados
50 g weiche Butterflöckchen
Zum Servieren:
Weißbrot

1. Die Entenlebern säubern, waschen, trockentupfen und größere Stücke halbieren.
2. Apfel schälen, halbieren, entkernen und in kleine Würfel schneiden.
3. Öl und Butter in einer beschichteten Pfanne erhitzen und die Lebern bei geringer Hitze 5 Minuten andünsten, sie dürfen keinesfalls bräunen.
4. Herausnehmen und die Schalotten- und Apfelwürfel in das Bratfett geben. Kräuter dazugeben und kurz anrösten.
5. Mit Calvados ablöschen, etwas einkochen lassen und gemeinsam mit den Lebern pürieren.
6. Durch ein sehr feines Sieb streichen und unter Rühren die Butter dazugeben. Würzig abschmecken, in eine Form füllen und einige Stunden im Kühlschrank erkalten lassen. Gut gekühlt Nocken abstechen und mit Weißbrot reichen.

Pro Person:
Kalorien (kcal) 290
Eiweiß (g) 17
Fett (g) 21
Kohlenhydrate (g) 4

Leber anbraten
Lebern säubern und größere Teile halbieren. Butter und Öl erhitzen und die Lebern darin 5 Minuten bei schwacher Temperatur andünsten. Sie sollen innen noch leicht rosa sein.

Farce herstellen
Lebern aus der Pfanne nehmen. Apfel, Schalotten und Kräuter in dem Bratfett andünsten. Mit Calvados aufgießen, ein wenig einkochen lassen und mit den Lebern im Mixer fein pürieren.

Mousse fertigstellen
Das Püree durch ein Haarsieb streichen und abkühlen lassen. Dann die warme Butter oder Frischkäse oder Sahne in kleinen Mengen unterschlagen, würzen und kalt stellen.

Wenn es in der Weihnachtszeit frische Gänseleber gibt, versuchen Sie dieses Rezept damit – oder eine der Variationen!

1. Entenlebercreme mit Trüffel
300 g gesäuberte Entenlebern in 1 EL Keimöl und 20 g Butter 4 bis 5 Minuten andünsten. Mit 2 cl Cognac ablöschen, etwas einkochen lassen und mit Salz und Pfeffer würzen. Im Mixer pürieren und durch ein Haarsieb streichen. Das Püree etwas abkühlen lassen, 2 EL Crème fraîche und 50 g Butter darunterarbeiten. 1 kleine eingelegte Trüffel in winzige Würfel schneiden und mit der Einlegflüssigkeit unter die Creme mischen. Nochmals mit Salz und Pfeffer würzen. In eine hübsche Form füllen und kalt stellen.

2. Geflügellebercreme mit Oliven
500 g gesäuberte Geflügellebern in 40 g erhitzter Butter andünsten. 1 EL Zwiebelwürfel, 1 gehackte Knoblauchzehe und 1/2 TL gerebelten Thymian dazugeben und mit 4 cl Madeira aufgießen. Etwas einkochen lassen und im Mixer fein pürieren. Sofort durch ein Haarsieb streichen und etwas abkühlen lassen. 200 g Doppelrahm-Frischkäse nach und nach unter das Leberpüree rühren. 12 entkernte, schwarze Oliven in winzige Würfel schneiden. Mit 1 EL frisch gehackter Petersilie unter die Creme mischen, herzhaft abschmecken und kalt stellen. Mit knusprigem Weißbrot servieren.

3. Herzhafte Geflügellebercreme
300 g Geflügellebern säubern und in 20 g Schweineschmalz 4 bis 5 Minuten andünsten. Herausnehmen und 50 g Räucherspeckwürfel sowie 2 EL Zwiebelwürfel in das Bratfett geben. 1 TL Dijon-Senf und 1 TL gerebelten Majoran dazugeben. Mit 100 ml trockenem Weißwein aufgießen und etwas einkochen lassen. Mit den gebratenen Lebern im Mixer fein pürieren und die Creme durch ein Sieb streichen. Sobald das Püree etwas abgekühlt ist, nach und nach 40 g Schweineschmalz darunterrühren und mit 1/2 TL grobgehackten grünen Pfefferkörnern und Salz herzhaft abschmecken.

4. Hühnercreme mit Kapern
300 g gegartes Fleisch eines Suppenhuhns oder eines Grillhähnchens in kleine Stücke schneiden und im Mixer fein pürieren. In eine Schüssel geben und mit 2 bis 3 EL Crème fraîche verrühren. Je 1 feingehackte Knoblauchzehe, Zwiebel und Essiggurke hinzufügen und mit Salz, Pfeffer und etwas Zitronensaft würzig abschmecken. Zum Schluß 1 EL kleine Kapern und 1 EL gehackte Petersilie daruntermischen. Gut gekühlt mit Bauernbrot servieren.

1

2

3

4

ENTENPASTETE

Pasteten und Terrinen unterscheiden sich nur durch ihre Umhüllung. Jede Farce, ob aus Fleisch, Wild, Geflügel oder Fisch, die mit einem Teig umhüllt gebacken wird, heißt in der Fachsprache Pastete, ohne Teigmantel Terrine.
Eine gute Pastete herzustellen ist zwar etwas zeitaufwendig und erfordert auch ein wenig Kocherfahrung, hat aber den Vorteil, daß man sie gut vorbereiten kann. Am Tag der Einladung braucht die Pastete nur noch aufgeschnitten zu werden.

Für 12 bis 14 Personen
Zubereitungs- und Marinierzeit: ca. 3 Stunden

Für den Pastetenteig:
600 g Mehl
1 TL Salz
300 g Butter oder Schmalz
ca. 1/8 l eiskaltes Wasser

Für die Farce:
1 Ente von ca. 2 kg
1 Entenleber oder
2 Geflügellebern
250 g Schweinebauch
4 cl Portwein
Saft von 1/2 Orange
1 TL frische Thymianblättchen
frisch gemahlener Pfeffer
30 g Rosinen
2 cl Grand Marnier
2 EL Öl
1 Lorbeerblatt
6 bis 8 Pfefferkörner
1 Zwiebel
4 cl Cognac
1 l Wasser
1/4 l trockener Rotwein
Salz
250 g roher fetter Speck
abgeriebene Schale
von 1 Orange
je 1 Msp gemahlener
Ingwer, Nelken und Muskat
2 Eier
60 g Pistazien
20 g Butter
1 Eigelb
4 Blatt Gelatine

Pro Person:
Kalorien (kcal) 1040
Eiweiß (g) 40
Fett (g) 75
Kohlenhydrate (g) 40

Besonders dekorativ sieht die Pastete aus, wenn Sie die Leberstücke mit dünn geschnittenen rohen Speckscheiben umhüllen.

Ente vorbereiten
Entenbrüste auslösen, die Ente entbeinen, das Fleisch von Haut und Sehnen befreien und kleinschneiden.
Teig nach Anleitung auf Seite 90 zubereiten und kalt stellen.

Marinieren
Enten-, Schweinefleisch und die Leber mit Portwein, Orangensaft, Pfeffer und 1 TL Thymian 1 Stunde marinieren.
Die Rosinen in Grand Marnier einweichen.

Fond vorbereiten
Die Parüren fein hacken und in heißem Öl scharf anbraten. Lorbeerblatt, Pfeffer und die in kleine Würfel geschnittene Zwiebel dazugeben und kurz mitrösten.

Fond kochen
Den Fond mit Cognac ablöschen und mit Wasser und Rotwein aufgießen. Salzen und zugedeckt 30 Minuten bei schwacher Hitze köcheln lassen.

Farce herstellen
Aus mariniertem Fleisch, Speck, Orangenschale, Gewürzen und Eiern die Farce herstellen (siehe Seite 90) und die Rosinen samt Einweichflüssigkeit sowie die Pistazien dazugeben.
Die Leber in Butter anbraten.

In die Form füllen
Eine Pastetenform mit Teig auskleiden (siehe Seite 90). Die Hälfte der Farce einfüllen und vor allem in den Ecken gut festdrücken.

Mit Leber belegen
Die gebratene, abgekühlte Leber halbieren und nach Belieben mit Speckscheiben umhüllen. In die Mitte legen und mit der restlichen Farce gleichmäßig bedecken und gut festdrücken.

Pastete verschließen
Mit dem Teig verschließen, wie auf Seite 91 beschrieben, und mit einem verquirlten Eigelb bestreichen. Bei 220 °C 15 Minuten backen. Dann die Hitze auf 180 °C reduzieren und in etwa 40 Minuten goldbraun und gar backen.

Gelee herstellen
Den Entenfond durch ein mit einem Mulltuch ausgelegtes Sieb gießen und auf $^{1}/_{4}$ l einkochen lassen. Wie auf Seite 91 beschrieben, mit Gelatine binden.

Gelee einfüllen
Die etwas abgekühlte Geleeflüssigkeit durch den Kamin in die abgekühlte Pastete gießen, einige Stunden kühl stellen, bis das Gelee erstarrt ist.

BAUERNTERRINE

In Frankreich, dem traditionellen Terrinen- und Pastetenland, schätzt man gerade die besonders kräftig gewürzten bäuerlichen Terrinen. Selbst in den einfachsten Restaurants bekommt man als Vorspeise eine Terrine oder Pastete angeboten. Dieses mühelos nachzuvollziehende Rezept ist nur eine Version der unzähligen Familienrezepte.

Für 12 Personen
Zubereitungs- und Marinierzeit: ca. 2 1/2 Stunden

- 500 g Schweineleber
- 4 cl Kirschwasser
- 130 g Schweineschmalz
- 500 g fetter Schweinebauch
- 1 große Zwiebel
- 1 Knoblauchzehe
- 1 Bund Petersilie
- 1 Ei
- 6 EL Sahne
- Salz
- frisch gemahlener Pfeffer
- 1 EL gerebelter Majoran
- 150 g durchwachsener Räucherspeck

1. 400 g Schweineleber in große Stücke schneiden, mit Kirschwasser begießen und zugedeckt mindestens 1 Stunde marinieren. Die restliche Leber in etwa 1 cm große Würfel schneiden.
2. 30 g Schweineschmalz in einer Pfanne erhitzen und die marinierten, gut abgetrockneten Leberstücke darin kurz anbraten. Mit einem Schaumlöffel herausheben und die kleinen Leberwürfel 1 bis 2 Minuten darin anbraten. Ebenfalls herausnehmen und beiseite stellen.
3. Einen großen Topf, drei Finger hoch mit Wasser gefüllt, in den Backofen stellen und auf 180 °C vorheizen.
4. Das gut gekühlte Schweinefleisch sowie die geschälte Zwiebel und Knoblauchzehe in Würfel schneiden. Mit der Petersilie und der gebratenen, abgekühlten Leber portionsweise in der Küchenmaschine fein pürieren.
5. In eine Schüssel geben und mit Ei, Sahne und Kirschwasser (vom Einweichen) gründlich verrühren. Kräftig salzen, pfeffern und herzhaft mit Majoran abschmecken.
6. Den Räucherspeck in kleine Würfel schneiden und mit den gebratenen kleinen Leberwürfeln unter die Farce mischen.
7. In eine gefettete Terrinenform von 2 Liter Inhalt füllen und zugedeckt im Wasserbad in etwa 1 Stunde garen.
8. Das restliche Schweineschmalz erwärmen, über die abgekühlte Terrine gießen und erstarren lassen.

Pro Person:
Kalorien (kcal) 440
Eiweiß (g) 16
Fett (g) 39
Kohlenhydrate (g) 0

DÄNISCHE LEBERTERRINE

Leberterrine ist bei unseren dänischen Nachbarn unentbehrlich als Belag von Smørrebrød. Fast jede Familie hat ihr ganz spezielles Hausrezept, aber eines haben alle gemeinsam – als Bindemittel nimmt man Mehl. Einige verquirlen lediglich Mehl und Sahne und mischen es unter die Leberfarce. Häufig wird die Terrine aber mit einer Béchamelsauce zubereitet, wie im nachfolgenden Rezept beschrieben.

Für 12 bis 14 Personen
Zubereitungszeit: ca. 2 Stunden

- 30 g Butter
- 30 g Mehl
- 1/4 l Sahne
- 1/8 l Kalbsfond
- 700 g Schweineleber
- 350 g fetter roher Speck
- 3 Sardellenfilets in Öl
- 1 Zwiebel
- 2 Eier
- Salz
- frisch gemahlener Pfeffer
- etwas gemahlener Ingwer
- 300 g in dünne Scheiben geschnittener, roher fetter Speck

1. Die Butter zerlassen, das Mehl darin anschwitzen und mit Sahne und Kalbsfond aufgießen. Unter Rühren kurz durchkochen, dann von der Kochstelle nehmen.
2. Schweineleber und Speck in Stücke schneiden und mit den Sardellenfilets und der geschälten, geviertelten Zwiebel portionsweise in der Küchenmaschine pürieren oder durch die feine Scheibe des Fleischwolfs drehen.
3. Einen großen Topf, drei Finger hoch mit Wasser gefüllt, in den Backofen stellen und auf 180 °C vorheizen.
4. Die Eier unter die Béchamelsauce rühren und unter weiterem Rühren die Leber-Speck-Masse hinzufügen. Herzhaft mit Salz, Pfeffer und Ingwer würzen.
5. Eine Kastenform von etwa 2 Liter Inhalt mit den Speckscheiben auskleiden, die Leberfarce einfüllen und mit Speckscheiben bedecken. Mit Alufolie verschließen und im Wasserbad in gut 1 Stunde garen. Den Backofen abschalten und die Terrine noch etwa 15 Minuten im Wasserbad stehen lassen.
6. Gut abgekühlt, am besten am nächsten Tag, in Scheiben schneiden und auf Weißbrot anrichten. In Dänemark reicht man Preiselbeeren dazu.

Pro Person:
Kalorien (kcal) 630
Eiweiß (g) 16
Fett (g) 58
Kohlenhydrate (g) 3

PASTETCHEN MIT KALBFLEISCH-MORCHEL-RAGOUT

Für 4 Personen
Zubereitungszeit:
1 Stunde 20 Minuten

- 30 g getrocknete Morcheln
- 300 g Kalbfleisch aus der Keule
- Salz
- 1/2 Bund Suppengrün
- 1 Stückchen Zitronenschale
- einige Pfefferkörner
- 20 g Butter
- 2 cl Cognac
- 1/4 l Sahne
- 2 Eigelb
- 1/2 Bund glatte Petersilie
- 4 fertig gekaufte kleine Blätterteigpastetchen

1. Die Morcheln etwa 1 Stunde in 1/4 l kaltem Wasser einweichen.
2. Das Kalbfleisch in kochendes Salzwasser legen, Suppengrün, Zitronenschale und Pfefferkörner dazugeben und etwa 40 Minuten bei schwacher Hitze garen.
3. Die Morcheln einzeln unter fließendem Wasser gründlich reinigen, damit alle Sandteilchen aus den Vertiefungen herausgespült werden.
4. Die Butter in einer Sauteuse erhitzen und die halbierten Morcheln darin etwa 10 Minuten unter Rühren anbraten. Mit Cognac ablöschen. 1/8 l Einweichwasser durch ein feines Haarsieb zu den Pilzen geben und die Sahne dazugießen. Bei starker Hitze sämig einkochen.
5. Das gekochte Kalbfleisch in kleine Würfel schneiden und unter die Pilzsauce mischen.
6. Von der Kochstelle nehmen und das Ragout mit den verquirlten Eigelb binden. Noch einmal kurz erwärmen, aber nicht mehr kochen lassen, und die gehackte Petersilie untermischen.
7. Die Pastetchen im Backofen erwärmen, mit dem Ragout füllen und sofort servieren.

Pro Person:
Kalorien (kcal) 630
Eiweiß (g) 21
Fett (g) 49
Kohlenhydrate (g) 20

Pastetchen mit Ragoutfüllung lassen sich gut vorbereiten und eignen sich daher besonders, wenn man Gäste erwartet. Kurz bevor der Besuch kommt, werden die fertiggekauften Blätterteigpastetchen erwärmt und mit dem ebenfalls vorsichtig erhitzten Ragout gefüllt.
• Die Morcheln kann man sowohl durch Steinpilze oder Pfifferlinge ersetzen als auch durch frische Spargelstückchen oder Broccoliröschen!

PASTETCHEN MIT KALBSBRIESRAGOUT

Für 4 Personen
Zubereitungszeit:
1 Stunde 30 Minuten

- 400 g Kalbsbries
- Salz
- 250 g grüner Spargel
- 3 junge Möhren
- 40 g Butter
- 20 g Mehl
- 1/8 l Sahne
- 1/8 l Kalbsfond
- 1 Eigelb
- 1 EL Zitronensaft
- gemahlener weißer Pfeffer
- 1 EL gehackte Frühlingskräuter, z. B. Schnittlauch, Kerbel, Basilikum
- 4 fertig gekaufte kleine Blätterteigpastetchen

1. Das Kalbsbries einige Stunden in kaltem Wasser wässern, dabei das Wasser zwischendurch wechseln. Das Bries in kaltes Salzwasser geben, zum Kochen bringen und bei schwacher Hitze etwa 5 Minuten garen. Mit einem Schaumlöffel herausheben und in kaltem Wasser abkühlen lassen.
2. Die Spargelstangen nur am unteren Ende schälen und in kochendem Salzwasser in knapp 15 Minuten bißfest kochen. Die Möhren putzen, schälen und im Spargelkochwasser etwa 4 bis 5 Minuten garen. Spargel und Möhren in kleine Stücke schneiden.
3. Das Bries von allen Haut- und Sehnenteilen befreien und in kleine Stücke zerpflücken.
4. Die Butter erhitzen und das Mehl darin anschwitzen. Mit Sahne und Kalbsfond aufgießen, unter Rühren sämig einkochen. Bries und Gemüse untermischen, mit dem verquirlten Eigelb binden. Nicht mehr kochen lassen.
5. Mit Zitronensaft, Salz und Pfeffer würzen und die Kräuter darunterziehen.
6. Das Ragout in die vorgewärmten Pastetchen füllen und sofort servieren.

Pro Person:
Kalorien (kcal) 620
Eiweiß (g) 24
Fett (g) 44
Kohlenhydrate (g) 27

VITELLO TONNATO

Vitello tonnato ist eine Spezialität aus der Lombardei und dem Piemont. Die harmonische Kombination von Fleisch und Fisch hat mittlerweile auch bei uns, vor allem als beliebte sommerliche Vorspeise, ihre Freunde gefunden.
Das Fleisch – vorzugsweise eine Kalbsnuß – schmeckt besonders gut, wenn man es für einen Tag in eine Marinade aus Weißwein und Kräutern legt. Wenn Sie das Fleisch schon einen Tag vor dem Servieren kochen, unbedingt im Kochsud lassen, damit es saftig bleibt.

Für 10 bis 12 Personen
Zubereitungszeit: 30 Minuten
Koch- und Abkühlzeit: mindestens 3 Stunden

- 1 Zwiebel
- 1 Möhre
- 2 Stangen Staudensellerie
- 1/2 l trockener Weißwein
- 1 Zweig Rosmarin
- 2 Lorbeerblätter
- Salz
- 1 kg Kalbsnuß
- 3 Eigelb
- 200 ml Olivenöl, kaltgepreßt
- Saft von 1 Zitrone
- 3 EL Kapern
- 4 Sardellenfilets in Öl
- 2 Dosen Thunfisch in Öl (300 g Fischgewicht)
- frisch gemahlener Pfeffer

1. Die Zwiebel schälen und vierteln, Möhre und Selleriestangen putzen, waschen und in Stücke schneiden. Mit Weißwein, derselben Menge Wasser und etwas Salz zum Kochen bringen.
2. Das Fleischstück mit den Kräutern in ein Baumwolltuch hüllen und mit Küchengarn verschnüren.
3. Das Fleischpaket in den kochenden Sud geben und bei schwacher Hitze in etwa 1 Stunde 30 Minuten garen. Im Sud erkalten lassen.
4. Für die Thunfischsauce aus 3 Eigelb und 3/4 des Öls eine Mayonnaise zubereiten (siehe Seite 136) und mit Zitronensaft und Salz würzen.
5. 1 EL Kapern, die Sardellenfilets und das abgetropfte Thunfischfleisch im Mixer pürieren und dabei das restliche Olivenöl hinzufügen.
6. Die Thunfisch-Öl-Mischung durch ein Sieb streichen und mit der Mayonnaise verrühren.
7. Das abgekühlte Fleisch aus dem Sud nehmen, auspacken und in möglichst dünne Scheiben schneiden.
8. Auf einer großen Platte anrichten, mit Thunfischsauce begießen und mit den restlichen Kapern bestreuen.

Pro Person:
Kalorien (kcal) 410
Eiweiß (g) 29
Fett (g) 30
Kohlenhydrate (g) 0

Wichtig für den optimalen Geschmack ist eine selbstgemachte Mayonnaise aus gutem Olivenöl.

Sud kochen
Vorbereitetes, kleingeschnittenes Gemüse und Gewürze in einen Topf geben und mit 1/2 l Weißwein und 1/2 l Wasser zum Kochen bringen.

Fleisch einpacken
Das Fleisch mit den Kräutern belegen, in ein kochfestes Baumwolltuch hüllen und mit Küchengarn verschnüren.
Das Fleischpaket im Sud bei schwacher Hitze garen.

Sauce vorbereiten
1 EL Kapern mit den Sardellenfilets und dem gut abgetropften Thunfisch im Mixer fein pürieren, dabei langsam das restliche Öl dazugießen. Es soll eine halbflüssige, cremige Mischung entstehen.

Sauce fertigstellen
Die Thunfisch-Mischung durch ein Sieb streichen und mit der vorbereiteten Mayonnaise gründlich verquirlen. Mit Salz und Pfeffer würzen. Falls die Sauce zu dickflüssig ist, mit etwas Kochbrühe verdünnen.

Fleisch anrichten
Das abgekühlte Fleisch in sehr dünne Scheiben schneiden und auf einer mit etwas Sauce begossenen Platte anrichten. Mit der restlichen Sauce bedecken und mit Kapern bestreuen.

POCHIERTE EIER

Pochierte Eier heißen auch verlorene Eier, weil sie einzeln in einer großen Menge Essigsud garziehen. Doch sind sie erst einmal gemeinsam mit Gemüse, Sauce oder Toast angerichtet, wirken sie keineswegs mehr verloren.
Selbst wenn das Ei äußerst vorsichtig ins Wasser gleitet, franst manchmal der Eiweißrand leicht aus. Wer auf perfektes Aussehen Wert legt, schneidet den Rand vor dem Servieren gerade.

Die angegebenen Zutaten reichen jeweils für 4 Personen.
Zubereitungszeit: ca. 20 bis 30 Minuten

Grundrezept:

1 l Wasser
1 EL Essig
4 kleine, frische Eier

1. Wasser und Essig zum Kochen bringen.

2. Nacheinander die einzeln aufgeschlagenen Eier in das Wasser gleiten und in 4 Minuten garziehen lassen.

3. Die pochierten Eier mit einem Schaumlöffel herausheben und entsprechend dem Rezept anrichten und sofort servieren.

Pro Person:
Kalorien (kcal) 530
Eiweiß (g) 10
Fett (g) 52
Kohlenhydrate (g) 1

Ei in das Wasser geben
Zuerst jedes Ei in eine Tasse oder eine Schöpfkelle schlagen, prüfen ob es frisch ist (der Dotter muß hochgewölbt und das Eiweiß straff sein), dann vorsichtig in das vorbereitete, nicht mehr kochende Essigwasser gleiten lassen.

Ei in Form bringen
Das Ei mit Hilfe eines Löffels in Form halten und 4 Minuten pochieren. Das Wasser darf dabei keinesfalls kochen. Mit einem Schaumlöffel herausheben und sofort servieren.

Eier auf Florentiner Art
(links oben)
400 g frische, junge Spinatblätter verlesen, putzen und waschen. 2 Minuten in kochendem Salzwasser blanchieren, abtropfen lassen. Je 1 gehackte Knoblauchzehe und Schalotte in 20 g heißer Butter andünsten. Den Spinat dazugeben, mit Salz, Pfeffer und frisch geriebener Muskatnuß würzen. Den Spinat kranzförmig auf 4 vorgewärmten Tellern anrichten. Die pochierten Eier daraufgeben und mit Sauce Hollandaise begießen. Sofort servieren.

Eier in Gelee
(links unten)
3 Blatt weiße Gelatine in kaltem Wasser einweichen. Von $^1/_4$ l Geflügelfond die Hälfte erwärmen, die ausgedrückte Gelatine darin auflösen. Restlichen Geflügelfond, 2 EL Fino-Sherry und 1 TL Sherry-Essig dazugeben. Einen Geleespiegel in vier Tassen gießen (siehe Seite 91), im Kühlschrank erstarren lassen.
2 Tomaten häuten und in Würfel schneiden. Zusammen mit 8 kleinen Estragonblättern auf dem Gelee verteilen. Die abgekühlten pochierten Eier darauflegen, mit dem restlichen Gelee begießen und im Kühlschrank erstarren lassen (ca. 2 Stunden). Stürzen, mit Brunnenkresse garnieren und servieren.

Eier mit Krabben
(rechts oben)
10 g Butter zerlassen und 1 EL Schalottenwürfel darin glasig braten. 1 Msp gemahlener Safran und einige Safranfäden darüberstäuben, 1 EL trockenen Wermut und 100 g Crème fraîche dazugeben und bei starker Hitze sämig einkochen. 50 g Krabben ohne Schale in die Sauce geben und über die pochierten Eier verteilen.

Eier mit Rotweinsauce
(rechts unten)
4 kleine, geschälte Zwiebeln in feine Scheiben schneiden und in 1 EL heißem Öl weichdünsten. 1 EL Schalottenwürfel und $^1/_8$ l trockener Rotwein um die Hälfte einkochen. 20 g eiskalte Butter in kleinen Flöckchen mit dem Schneebesen unter die Weinmischung schlagen. Salzen und nicht mehr kochen lassen. Die Zwiebelringe auf 4 Teller verteilen, die pochierten Eier darauflegen und mit der Rotweinsauce begießen. Mit feingeschnittenem Schnittlauch bestreuen.

ZWILLING J.A.HENCKELS
SOLINGEN GERMANY

LAUCHQUICHE

Wer denkt bei dem Wort Quiche nicht an Frankreich, insbesondere natürlich an die Lothringer Specktorte Quiche Lorraine! Aber auch in vielen anderen europäischen Ländern kennt man salzige Mürbeteigtorten, gefüllt mit Gemüse, Schinken oder Meeresfrüchten, die mit einer Eiermilch zusammengehalten werden. In der Schweiz sind es die Wähen, in England die Pies und in Deutschland ist der bekannteste Vertreter dieser Gebäckgattung wohl der Zwiebelkuchen.
Eine wirklich ganz besondere Vorspeise ist diese Lauchtorte mit Lachs, die lauwarm am besten schmeckt.

Für 6 Personen
Zubereitungszeit:
1 Stunde 10 Minuten

300 g Tiefkühl-Blätterteig
Für die Füllung:
2 große Stangen Lauch
40 g Butter
Salz
gemahlener weißer Pfeffer
frisch geriebene Muskatnuß
4 cl trockener Wermut
(z. B. Noilly Prat)
150 g Räucherlachs
1/2 Bund Dill
1/4 l Sahne
3 Eier

1. Die Blätterteigplatten nebeneinandergelegt auftauen lassen.
2. Von den Lauchstangen die Wurzeln und die grünen Enden abschneiden. Die Stangen in feine Scheiben schneiden und in kaltem Wasser gründlich waschen. Auf einem Durchschlag abtropfen lassen.
3. Die Butter in einer großen Pfanne erhitzen und das Gemüse darin unter Rühren andünsten. Mit Salz, Pfeffer und Muskat würzen und mit Wermut aufgießen. Bei starker Hitze kochen, bis die Flüssigkeit verdampft ist. Von der Kochstelle nehmen und abkühlen lassen.
4. Den Backofen auf 200 °C vorheizen.
5. Räucherlachs in kleine Würfel schneiden, den Dill fein hacken.
6. Die Blätterteigplatten mit etwas Wasser bepinseln, übereinanderlegen und zu einer runden Platte von 30 cm Durchmesser ausrollen. Eine Springform von 24 cm Durchmesser mit kaltem Wasser ausspülen und Boden und Rand mit dem Teig auskleiden.
7. Die Hälfte des Lauchs auf dem Boden verteilen, die Lachswürfel darauf geben, mit Dill bestreuen und mit dem restlichen Lauch bedecken.
8. Sahne und Eier gründlich verquirlen, mit Salz, Pfeffer und Muskat würzen und gleichmäßig darübergießen.
9. Die Quiche auf der mittleren Schiene 30 bis 40 Minuten backen. Vor dem Anschneiden noch mindestens 15 Minuten ruhen lassen.

Pro Person:
Kalorien (kcal) 525
Eiweiß (g) 13
Fett (g) 42
Kohlenhydrate (g) 19

Lauch vorbereiten
Die Wurzeln und das harte grüne Ende von den Lauchstangen entfernen. Die Stangen in feine Scheiben schneiden und in reichlich kaltem Wasser gründlich waschen, damit alle Sandteilchen herausgespült werden.

Lauch garen
Den Lauch in der erhitzten Butter unter Rühren andünsten. Würzen, mit Wermut aufgießen und bei starker Hitze so lange kochen, bis die Flüssigkeit verdampft ist. Der Lauch soll noch bißfest sein.

Blätterteig ausrollen
Die Blätterteigplatten mit wenig Wasser, am besten mit einem Pinsel, befeuchten. Übereinanderlegen und mit einem Nudelholz zu einer runden Platte von 30 cm Durchmesser ausrollen.

Form auskleiden
Die Teigplatte um das Nudelholz rollen, über der Springform wieder abrollen und den Boden sowie einen Teil des Randes damit auskleiden.

Torte füllen
Die Hälfte des Gemüses auf dem Boden verteilen, Räucherlachswürfel und Dill darüberstreuen und mit Gemüse bedecken. Die Eiermilch darübergießen, so daß der Lauch völlig bedeckt ist.

QUICHES, TARTES UND TÖRTCHEN

Nach der im Grundrezept gezeigten Methode ist es nun Ihrer Phantasie überlassen, welche Köstlichkeiten, mit Eiersahne umhüllt, in delikate Quiches oder feine Törtchen verwandelt werden.
Zur Einstimmung einige Anregungen: Grundlage ist immer Tiefkühl-Blätterteig.

Die Mengen gelten für eine Springform von 24 cm Durchmesser oder 6 Torteletttförmchen von 8 cm Durchmesser.
Zubereitungszeit:
ca. 60 Minuten
(davon Backzeit: ca. 30 bis 40 Minuten)
Für alle Variationen gilt:
Vor dem Anschneiden etwa 15 Minuten ruhen lassen.

1 Roquefortbelag
100 g Roquefort mit einer Gabel fein zerdrücken und 3 EL Crème fraîche sowie 2 Eier unterrühren. Mit frisch gemahlenem Pfeffer würzen.

2 Krabbenbelag
300 g ausgelöste Krabben mit 2 EL Tomatenwürfeln, 100 g in Würfel geschnittenem Mozzarella und 2 EL gehackten Kräutern vermischen und in die ausgekleidete Form geben. 1/8 l Milch, 2 EL Crème fraîche und 3 Eier verquirlen, würzen und darübergießen.

3 Speckbelag
Die ausgekleidete Form mit 150 g in Würfel geschnittenem durchwachsenen Räucherspeck belegen. 125 g Crème fraîche und 4 Eier verquirlen, mit Salz, Pfeffer und Muskat würzen und darübergießen.

4 Meeresfrüchtebelag
400 g gemischte, küchenfertige Meeresfrüchte mit Zitronensaft beträufeln, salzen, pfeffern und in die ausgekleidete Form legen. Mit 1 EL gehackter Petersilie bestreuen und mit einer Mischung aus 1/8 l Sahne und 3 Eiern begießen.

1

2

3

4

5

6

7

8

5 Spargelbelag
1 kg grünen Spargel schälen und in 50 g Butter und $^{1}/_{8}$ l Weißwein weichdünsten. Im Mixer pürieren und mit 4 Eiern und 4 EL Crème fraîche verrühren. 100 g Schinkenwürfel untermischen und mit Salz und Pfeffer herzhaft würzen.

6 Blumenkohl-Broccoli-Belag
300 g Blumenkohl und 300 g Broccoli in kleine Röschen zerteilen und in Salzwasser bißfest kochen. Abwechselnd in die ausgekleidete Form schichten. $^{1}/_{4}$ l Sahne, 4 Eier und 100 g geriebenen Gruyère verquirlen, mit Salz, Pfeffer und Muskat würzen und über das Gemüse verteilen.

7 Kräuterbelag
1 Bund gemischte Frühlingskräuter fein hacken. 3 EL Schalottenwürfel in 30 g Butter glasig braten. $^{1}/_{8}$ l Sahne, 125 g Crème fraîche und 100 g geriebenen Emmentaler verquirlen, Kräuter und Schalotten untermischen, salzen und pfeffern.

8 Sardellen-Oliven-Belag
10 Sardellenfilets und 10 schwarze, entkernte Oliven hacken und mit 100 g in kleine Würfel geschnittenem Feta-Käse vermischen. Mit Pfeffer und Thymian würzen und in die ausgekleidete Form geben. Mit einer Mischung aus $^{1}/_{8}$ l Sahne und 2 Eiern begießen. Mit 2 EL Pinienkernen bestreuen.

Die kleinen Törtchen eignen sich besonders gut zum Einfrieren. Daher am besten immer gleich die doppelte Menge zubereiten. Nach dem Backen abkühlen lassen und noch lauwarm, einzeln verpackt, in das Tiefkühlgerät geben. Sie können in wenigen Minuten im Backofen aufgebacken werden.

- Die kleinen Törtchen dürfen nie zu dunkel gebacken werden, da sie sonst leicht trocken werden.
- Quiches und vor allem die kleinen Törtchen mit Eiermischungen nie ganz voll füllen. Es muß immer ein kleiner Rand freibleiben, da diese Füllungen aufgehen und überlaufen würden.

BLINI MIT SAUERRAHM UND KAVIAR

Aus Rußland kommen die köstlichen kleinen Pfannkuchen aus Buchweizenmehl, die ihren Geschmack erst voll entfalten, wenn der Teig vor dem Backen einige Stunden geruht hat. Nach russischer Tradition wird dazu Wodka getrunken – mit einem Glas Champagner schmeckt's aber auch!

Für 8 Personen
Zubereitungszeit: 25 Minuten
Ruhezeit des Teiges: einige Stunden

Für den Teig:

150 g Buchweizenmehl
50 g Weizenmehl
Salz
10 g Hefe
1/8 l warme Milch
1/8 l Sahne
2 EL flüssige Butter
3 Eigelb
3 Eiweiß

Zum Ausbacken:

2 EL Öl
40 g Butter

Für den Belag:

1/4 l Sauerrahm
80 g Kaviar

1. Buchweizenmehl, Weizenmehl und etwas Salz in einer Schüssel vermischen.
2. Die Hefe in der warmen Milch auflösen und unter das Mehl rühren. Sahne, flüssige Butter und die Eigelb dazugeben und zu einem glatten Teig verrühren. Zugedeckt einige Stunden, am besten über Nacht, stehen lassen.
3. Vor dem Ausbacken das Eiweiß zu steifem Schnee schlagen und gleichmäßig unter den Teig ziehen.
4. Etwas Öl und Butter erhitzen, mit einem Eßlöffel kleine Teigplätzchen in das heiße Fett setzen und von beiden Seiten goldbraun backen. So fortfahren, bis der Teig aufgebraucht ist.
5. Auf jedes Plätzchen etwas Sauerrahm geben und darauf russischen, Keta- oder Forellen-Kaviar häufen. Sofort servieren.

Pro Person:
Kalorien (kcal) 530
Eiweiß (g) 14
Fett (g) 31
Kohlenhydrate (g) 44

Blini kann man sehr gut einfrieren und bei Bedarf im heißen Ofen aufbacken.

KARTOFFELPUFFER MIT LACHS

Für 4 Personen
Zubereitungszeit: 20 Minuten

- 400 g vorwiegend festkochende Kartoffeln
- 1 Eigelb
- 1 EL gehackte Petersilie
- Salz
- Öl zum Ausbacken
- 100 g Crème fraîche
- 80 g Räucherlachs
- 1 Dillzweig

1. Kartoffeln schälen, waschen und grob raspeln. Mit Eigelb und Petersilie verrühren und salzen.
2. Das Öl erhitzen und 8 kleine Plätzchen darin von beiden Seiten goldbraun ausbacken.
3. Auf jeden Kartoffelpuffer ein wenig Crème fraîche geben und mit dem in Streifen geschnittenen Räucherlachs belegen. Mit Dill garnieren und sofort genießen.

Pro Person:
Kalorien (kcal) 210
Eiweiß (g) 7
Fett (g) 12
Kohlenhydrate (g) 16

GRÜNKERNPLÄTZCHEN MIT GORGONZOLACREME

Für 4 Personen
Zubereitungszeit: 20 Minuten

- 100 g weichgekochte Grünkernkörner
- 1 gehackte Schalotte
- 1 EL gehackte Frühlingskräuter
- 2 Eigelb
- 1 bis 2 EL Paniermehl
- Salz
- Öl zum Ausbacken
- 50 g Gorgonzola
- 100 g Mascarpone
- 1 TL Grappa
- 1 Kästchen Kresse

1. Grünkern, Schalotte, Kräuter, Eigelb, Paniermehl und Salz zu einer geschmeidigen Masse verrühren.
2. Das Öl erhitzen und 4 kleine Plätzchen darin von beiden Seiten goldbraun braten.
3. Gorgonzola und Mascarpone im Mixer pürieren und mit Grappa abschmecken. Die Creme auf die Plätzchen häufen und mit Kresse garnieren.

Pro Person:
Kalorien (kcal) 275
Eiweiß (g) 11
Fett (g) 16
Kohlenhydrate (g) 19

SALATE

Die Zeiten, da Salate lediglich als Beilage gereicht wurden, sind längst vorbei: Phantasievolle Salate genießt man als leichtes Hauptgericht oder kleinen Snack für zwischendurch. Die schönsten Rezepte mit Blattsalaten und Gemüse, Nudeln, Reis und Kartoffeln.

Kopfsalat
Obwohl die inneren, gelben Blätter oft bevorzugt werden, enthalten die äußeren, dunkelgrünen Blätter laut wissenschaftlicher Untersuchungen mehr Vitamin C und am wenigsten Nitrat. Es ist daher ratsam, den inneren Strunk und die Blattrippenansätze zu entfernen.

Blätter vom Strunk ablösen, welke und fleckige Stellen sowie die Rippenansätze entfernen.

In einer großen Schüssel oder im Spülbecken in reichlich kaltem Wasser rasch, aber sorgfältig waschen.

In einer Salatschleuder trockenschleudern und anschließend in mundgerechte Stücke zerteilen.

Feldsalat
Feldsalat welkt leider sehr schnell. Am besten bewahrt man ihn, leicht angefeuchtet, locker in einer großen, verschlossenen Plastiktüte auf. Gründliches Waschen ist sehr wichtig, da sich zwischen den kleinen Blättern viel Sand versteckt. Den gewaschenen Salat nicht lange stehen lassen, da sonst Vitamine verloren gehen.

Vom Feldsalat die kleinen Wurzeln so abschneiden, daß die Blätter noch zusammenhalten. Welke Blätter entfernen.

In reichlich kaltem Wasser waschen. Salat herausheben und Wasser erneuern. So oft wiederholen, bis der Salat sauber ist.

Den Salat in einer Salatschleuder trockenschleudern oder auf einem Durchschlag gut abtropfen lassen.

Chicorée
Den Strunk keilförmig herausschneiden, dann nacheinander die einzelnen Blätter ablösen. Zusammen mit einem raffinierten Dressing als Partysnack servieren.
Will man einen Salat zubereiten, muß der Kopf wie nachfolgend beschrieben vorbereitet werden.

Chicorée waschen, der Länge nach halbieren und den Strunk mit einem Messer keilförmig herauslösen.

Die Hälften mit den Schnittflächen nach unten auf ein Brett legen und in der gewünschten Breite aufschneiden.

Radicchio oder Eisbergsalat ebenso vorbereiten oder Blätter ablösen, in Stücke zerteilen, dicke Blattrippen entfernen.

Salatgurke
Ob man Gurken schält oder nicht, ist reine Geschmackssache. Wenn man sie ungeschält aufschneidet, müssen sie vorher gründlich mit warmem Wasser gewaschen werden. Wenn man die Gurken nur teilweise schält, erhält man ein dekoratives Muster.

Gurke waschen, von der Blüte zum Stiel schälen. Falls der Stielansatz bitter schmeckt, ein Stück abschneiden.

Die Gurke mit Hilfe eines Gurkenhobels je nach Wunsch in feine oder dickere Scheiben schneiden.

Oder die Gurke streifenweise mit einem Zitrusschäler ziselieren, dann in nicht zu feine Scheiben schneiden.

Wurzelgemüse für Rohkost
Alle Wurzelgemüse, die als Rohkostsalat zubereitet werden, immer mit einem Sparschäler sehr dünn schälen, da direkt unter der Schale wertvolle Vitamine stecken. Dann entweder fein oder grob auf einer Rohkostreibe raspeln oder in Julienne schneiden.

Von Möhren oder ähnlichem Gemüse die Blätter entfernen. Gründlich waschen und bürsten, falls nötig dünn schälen.

Das jeweilige Gemüse auf der Rohkostreibe direkt in die vorbereitete Salatsauce reiben.

Oder die Wurzeln erst längs in dünne Scheiben, dann quer in feine Streifen (Julienne) schneiden.

Wurzelgemüse garen
Die Vorbereitung von allen Sorten von Wurzelgemüse ist immer dieselbe. Am vitaminschonendsten ist das Garen über Dampf. Zudem ist gedämpftes Gemüse viel geschmacksintensiver.

Wurzelgemüse sorgfältig mit einer Bürste unter kaltem Wasser reinigen und Wurzelenden und Blätter entfernen.

Das Gemüse auf ein Dampfsieb legen und in einem Dampfdrucktopf auf Aromastufe schonend garen.

Kalt abschrecken und die Haut mit einem Messer abziehen. Dann mit einem Buntmesser in Scheiben schneiden.

Zwiebel
Die Wahl der richtigen Zwiebelsorte ist für jeden Salat von Bedeutung. Schalotten oder weiße Zwiebeln sind relativ mild, die herkömmlichen Haushaltszwiebeln ziemlich scharf.

Wurzeln und Stengelende abschneiden und die Schale mit Hilfe der Messerspitze abziehen. Zwiebel längs halbieren.

Mit der Schnittfläche auf ein Brett legen und von der Spitze bis zum Wurzelende einschneiden, nicht durchschneiden!

Einige Male mit einem scharfen Messer waagrecht einschneiden. Gut festhalten und quer in feine Scheiben schneiden.

Knoblauch
Nehmen Sie für Salat immer frischen Knoblauch und entfernen Sie den mittleren grünen Keim. Ein alter Trick: Die Salatschüssel mit einer halbierten Knoblauchzehe ausreiben!

Die Knoblauchzehe von der Knolle ablösen und mit einem spitzen Messer die Schale abziehen.

Die Knoblauchzehe auf ein Kunststoffbrett legen, mit etwas Salz bestreuen und mit einem breiten Messer zerdrücken.

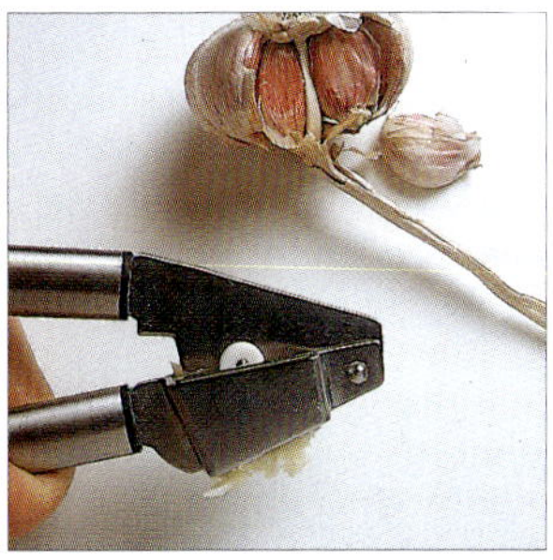
Oder Knoblauchzehe halbieren, den grünen Keim entfernen, in eine Knoblauchpresse geben und durchpressen.

VINAIGRETTE

Die klassische Salatsauce, die man mit etwas Fantasie immer wieder ein wenig anders gestalten kann. Sinnvoll ist es, vom Grundrezept gleich eine größere Menge zuzubereiten. In eine Flasche abgefüllt, hält sich die Vinaigrette im Kühlschrank einige Wochen. Vor dem Gebrauch immer wieder gut durchschütteln.

Für 4 Personen
Zubereitungszeit: 5 Minuten

- Salz
- frisch gemahlener Pfeffer
- 1/2 TL feinwürziger Senf
- 2 EL Weißwein- oder Rotweinessig
- 5 EL Keimöl
- 2 EL Weiß- oder Rotwein
- 1 EL frische gehackte Kräuter

Salz, Pfeffer, Senf und Essig mit einem kleinen Schneebesen so lange rühren, bis sich das Salz gelöst hat.

MAYONNAISE

Basis für viele klassische Salatsaucen ist eine Mayonnaise. Gewürzt mit frischen Paprikawürfeln und Chilisauce entsteht daraus eine Thousand-Island-Sauce. Bereiten Sie immer gleich eine größere Menge zu, denn die Sauce hält sich gut verschlossen einige Tage im Kühlschrank.
Das Grundrezept kann beliebig variiert werden. Unbedingt auf frische Eier von guter Qualität achten!

Für 4 Personen
Zubereitungszeit: 15 Minuten

- 2 Eigelb, 1 TL Senf
- Salz, frisch gemahlener Pfeffer
- 2 EL Zitronensaft, 1/4 l Keimöl

Für die Thousand-Island-Sauce:

- 1/2 rote Paprikaschote, in Würfel geschnitten
- 1 EL Chilisauce
- 1 TL Paprikapulver, edelsüß
- 2 EL Schlagsahne

Eigelb, Senf, Salz und Pfeffer mit einem elektrischen Handrührgerät verrühren. Zitronensaft hinzufügen.

SALATSAUCE MIT GEKOCHTEM EIGELB

Wer nicht so gerne Mayonnaise aus rohem Eigelb verzehrt, sollte einmal diese Version ausprobieren. Wichtig ist dabei, daß das hartgekochte Eigelb fein gerieben wird, damit sich keine Klümpchen bilden. Diese Sauce eignet sich für Blattsalat, Rohkost oder Kartoffelsalat, aber auch als würzige Sauce zu Fondue.

Für 4 Personen
Zubereitungszeit: 15 Minuten

- 3 hartgekochte Eier
- 1 TL feinwürziger Senf
- Salz, frisch gemahlener Pfeffer
- Cayennepfeffer
- 2 bis 3 EL Zitronensaft oder Essig
- 100 ml Keimöl
- 1 Bund Schnittlauch
- 2 EL Tomatenwürfel

Eier schälen, das Eiweiß etwas einschneiden und das Eigelb im Ganzen herauslösen. Das Eiweiß fein hacken.

SALATSAUCE AUS MILCHPRODUKTEN

Für alle, die die leichte Küche lieben und ein wenig auf ihre Figur achten, sind Salatsaucen aus Milchprodukten ideal. Ob Sie sich für Mager-, Vollmilch- oder Sahnejoghurt entscheiden, für Sauerrahm oder Crème fraîche, bleibt völlig ihrem Geschmack überlassen.

Für 4 Personen
Zubereitungszeit: 10 Minuten

- 150 g Milchprodukte nach Wahl (z. B. Joghurt, Dickmilch, Sauerrahm, Crème fraîche)
- Salz, frisch gemahlener Pfeffer
- 1/4 TL feinwürziger Senf
- 2 bis 3 EL Zitronensaft
- 2 EL Olivenöl, kaltgepreßt
- 5 bis 8 Blätter Zitronenmelisse

Milchprodukt in eine Schüssel geben und mit Salz, Pfeffer und Senf verrühren. Mit dem Zitronensaft abschmecken.

Unter weiterem Rühren Öl und Wein dazugießen. So lange rühren, bis eine cremige Sauce entstanden ist.

Variation mit Honig: Zusätzlich 1 TL flüssigen Honig und 1 TL Aceto Balsamico darunterrühren.

Variation mit Walnußöl: Die Hälfte des Keimöls durch Walnußöl ersetzen und gehackte Nüsse daruntermischen.

Variation mit Sherryessig: Sherryessig und Orangensaft verwenden. Zusätzlich 1 EL Nußöl darunterrühren.

Das Öl tröpfchenweise unter Rühren dazugießen. So lange rühren, bis eine cremige Mayonnaise entstanden ist.

Thousand-Island-Sauce: Paprikawürfel, Chilisauce und Paprikapulver unter die Mayonnaise mischen.

Falls nötig, noch mit Zitronensaft und Salz würzen und die Sahne locker darunterziehen. Durchziehen lassen.

Variation mit Kräutern: Statt der Paprika und Gewürze 3 EL gehackte Kräuter und 1 gehackte Schalotte daruntermischen.

Eigelb auf der feinen Seite des Reibeisens in eine Schüssel reiben. Senf, Salz, Pfeffer und Zitronensaft darunterrühren.

Mit einem kleinen Schneebesen tröpfchenweise das Keimöl darunterschlagen, bis die Sauce cremig ist.

Den Schnittlauch fein schneiden und mit den Tomaten- und den Eiweißwürfeln unter die Sauce mischen.

Variation mit Kapern: Schnittlauch und Tomaten durch 1 EL Kapern und 1 EL gehackte Essiggurken ersetzen.

Öl unter Rühren hinzufügen, zu einer glatten, cremigen Sauce verrühren. Melisse fein hacken und daruntermischen.

Variation mit Kräutern: Melisse durch 2 EL gemischte, gehackte Kräuter und 1 EL gehackte Zwiebeln ersetzen.

Variation mit Ingwer: Melisse durch 1 TL feingeriebene Ingwerwurzel und 1 TL Curry ersetzen.

Variation mit Ketchup: Statt Melisse 2 EL Ketchup, etwas Chilipulver und 2 EL Orangensaft daruntermischen.

GEMISCHTER BLATTSALAT

Eine knackiger, bunt zusammengestellter Salat ist keineswegs von der Jahreszeit abhängig. Während im Frühjahr Kopfsalat, junge Spinatblätter, Sauerampfer und Löwenzahn dominieren, stehen im Herbst und Winter unter anderem Feldsalat, Radicchio, Eis- und Eichblattsalat auf der Einkaufsliste. Eine würzige Vinaigrette und einige geröstete Nüsse sind das Tüpfelchen auf dem »i«. Weitere Anregungen, wie Sie eine Salatmischung immer wieder anders auf den Tisch bringen können, finden Sie auf den nächsten Seiten.

Für 4 Personen
Zubereitungszeit: 20 Minuten

- 1/2 Kopfsalat
- 1/2 Eichblattsalat
- 1/4 Friséesalat
- 1 Handvoll Feldsalat
- einige Blätter Radicchio
- 4 Frühlingszwiebeln
- 12 Cocktailtomaten
- 1 Knoblauchzehe

Für die Vinaigrette:

- 1 TL feinwürziger Dijon-Senf
- Salz
- frisch gemahlener Pfeffer
- 1 TL Aceto Balsamico
- 1 bis 2 EL Rotweinessig
- 3 EL trockener Rotwein
- 1 EL Walnußöl
- 4 EL Olivenöl, kaltgepreßt

Außerdem:

- 30 g Walnußkerne
- 1 EL Keimöl
- 1 hartgekochtes Ei
- 1/2 Bund Schnittlauch

1. Von Kopf-, Eichblatt- und Friséesalat die äußeren, welken Blätter entfernen. Die restlichen Salatblätter ablösen, den Feldsalat sorgfältig putzen. Alle Sorten rasch in reichlich kaltem Wasser waschen, gut abtropfen lassen und in mundgerechte Stücke teilen.
2. Von den Frühlingszwiebeln die Wurzeln entfernen und mit einem Teil des Grüns in feine Scheiben schneiden. Die Cocktailtomaten waschen und halbieren. Die Knoblauchzehe quer halbieren und eine große Salatschüssel damit ausreiben. Die Salatblätter hineingeben.
3. Die angegebenen Zutaten zu einer Vinaigrette verrühren.
4. Walnußkerne grob hacken und in heißem Öl kurz anrösten. Das Ei schälen und in Würfel, den Schnittlauch in feine Röllchen schneiden.
5. Die Salatmischung mit der Vinaigrette übergießen und locker vermischen.
6. Mit gerösteten Walnüssen, Eierwürfeln und Schnittlauch bestreuen.

Pro Person:
Kalorien (kcal) 240
Eiweiß (g) 4
Fett (g) 21
Kohlenhydrate (g) 4

• Gleich die ganzen Salatköpfe putzen, waschen und trockenschleudern. Die Hälfte davon in einen großen Plastikbeutel geben und so verschließen, daß viel Luft in der Tüte ist. Der Salat bleibt auf diese Weise verpackt im Kühlschrank 1 bis 2 Tage frisch.

• Anstelle des Friséesalates kann man auch Escarol- oder Endiviensalat nehmen!

Salat putzen und waschen
Jeweils die äußeren, welken Blätter entfernen. Die übrigen Blätter ablösen. Vom Feldsalat die Wurzeln und gelbe Blätter entfernen. Die Salatmischung in reichlich kaltem Wasser rasch, aber gründlich waschen.

Trocknen und zerteilen
Die Blätter aus dem Wasser nehmen und in einer Salatschleuder trockenschleudern. Anschließend in mundgerechte Stücke teilen. Tomaten und geputzte Frühlingszwiebeln ebenfalls kurz waschen.

Vinaigrette zubereiten
Senf, Salz, Pfeffer und die beiden Essigsorten mit einem kleinen Schneebesen so lange verrühren, bis sich das Salz gelöst hat. Dann Rotwein und Öl darunterschlagen. Die Salatschüssel mit den halbierten Knoblauchzehen ausreiben.

Garnitur vorbereiten
Die Walnußkerne grob hacken. Öl in einer Pfanne erhitzen und die Nüsse darin bei mittlerer Hitze goldbraun und knusprig rösten. Das Ei schälen, halbieren und in kleine Würfel, den Schnittlauch in feine Röllchen schneiden.

Salat fertigstellen
Salatblätter, Tomaten und Zwiebeln in die Salatschüssel geben. Mit der Vinaigrette begießen und mit einem Salatbesteck so vermischen, daß alle Blätter mit der Salatsauce überzogen sind. Mit den Nüssen, Eierwürfeln und dem Schnittlauch bestreuen.

BLATTSALAT – IMMER WIEDER ANDERS

Ein Blick in den Kühl- und Vorratsschrank, etwas Phantasie und schon kann man aus einem Blattsalat eine leckere Vorspeise oder eine kleine Zwischenmahlzeit zaubern. Zur Einstimmung zeigen wir Ihnen einige der unzähligen Möglichkeiten. Dabei ist es wichtig, für die Vinaigrette die richtigen Essig- und Ölsorten und Gewürze zu wählen und so den jeweiligen Salatzutaten anzupassen.

Für 4 Personen
Zubereitungszeit:
15 bis 30 Minuten

Wählen Sie je nach jahreszeitlichem Angebot:
Kopfsalat, Endivien-, Escarol- oder Friséesalat, Eis- oder Bataviasalat, Feldsalat, Eichblattsalat, Chicorée, Romanasalat, Lollo rosso oder Lollo biondo, junge Spinatblätter, diverse Wildkräuter, oder eine Mischung aus verschiedenen Sorten

Den Salat, wie auf Seite 139 beschrieben, vorbereiten, mit der Vinaigrette marinieren und beliebig garnieren. Die angegebenen Mengen für die Garnitur reichen für einen Vorspeisensalat. 30 bis 50 g geputzte Salatblätter sind dafür die ideale Grundlage. Für eine kleine Mahlzeit die Mengen verdoppeln.

1. Schinkenstreifen
80 g in dünne Scheiben geschnittenen, rohen oder gekochten Schinken erst der Länge nach halbieren, dann quer in sehr feine Streifen schneiden.
• Die Vinaigrette mit Keimöl zubereiten.

2. Speckkrusteln
80 g durchwachsenen Räucherspeck in Würfel schneiden und mit 1 TL Keimöl in einer Pfanne knusprig braten. Heiß über dem Salat verteilen und sofort servieren.
• Für die Vinaigrette Keimöl verwenden.

3. Kräuter-Eierstich
2 Eier schaumig schlagen, 1 EL gehackte Kräuter dazugeben und mit Salz und Pfeffer würzen. 1 1/2 cm hoch in eine kleine Form gießen und im heißen Wasserbad stocken lassen. Abgekühlt in Würfel schneiden und über dem Salat verteilen.
• Vinaigrette mit kaltgepreßtem Olivenöl und Estragonessig oder Zitronensaft zubereiten!

4. Käseflädli
2 Eier verrühren. 2 EL geriebenen Hartkäse hinzufügen, mit Salz und Pfeffer würzen. In einer beschichteten Pfanne in wenig Butter zu 2 dünnen Omeletts ausbacken. Abkühlen lassen, aufrollen, in feine Streifen schneiden und über den Salat streuen.
• Vinaigrette mit Schalotten, Weißweinessig und Keimöl zubereiten.

5. Croûtons
Pro Person 1/2 Scheibe Toastbrot in kleine Würfel schneiden und in heißem Keimöl knusprig braten. Statt des Weißbrots können Sie auch Bauern- oder Sonnenblumenbrot in Würfel schneiden und rösten.
• Dazu paßt jede Marinade.

6. Geröstete Nüsse
Statt der Walnüsse (siehe Rezept auf Seite 139) bestreuen Sie den Salat mit 50 g Erd-, Cashew-, Haselnüssen oder Pistazien. Frisch geröstet schmecken sie am besten.
• Unbedingt 1 bis 2 EL Nußöl unter die Vinaigrette rühren!

1

2

3

4

5

6

7

8

9

10

11

12

13

14

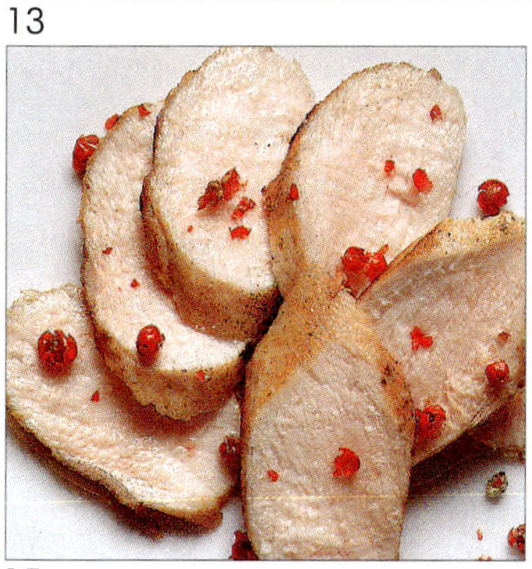
15

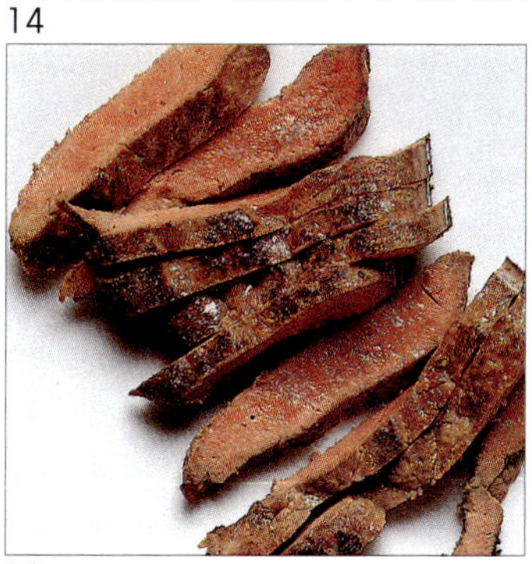
16

7. Geröstete Kerne/Samen
Pro Person je 1 EL Sonnenblumen-, Kürbiskerne oder Sesamsamen kurz in wenig Keimöl rösten und über den Salat streuen.
• Vinaigrette am besten mit dem entsprechenden Öl aus den Kernen/Samen herstellen.

8. Mungobohnenkeimlinge
Etwa 100 g Mungo- oder Sojabohnenkeimlinge machen den Salat nährstoffreicher.
• Ein wenig Nußöl und frisch gepreßter Zitronensaft in der Vinaigrette runden den Salat ab.

9. Hartkäse
100 g Emmentaler oder Leerdamer entweder in feine Streifen oder in kleine Würfel schneiden und mit feingeschnittenem Schnittlauch über den Salat streuen.
• Vinaigrette mit Sherryessig, kaltgepreßtem Olivenöl und 1 EL Nußöl zubereiten.

10. Schafskäse und Oliven
100 g frischen Schafskäse (Fetakäse) in Würfel schneiden und mit schwarzen Oliven über dem Salat verteilen.
• Vinaigrette unbedingt mit kaltgepreßtem Olivenöl zubereiten. Besonders würzig schmeckt der Salat, wenn man etwas getrockneten oder frischen Oregano darüberstreut.

11. Tofuwürfel
150 g abgetropften Tofu in Würfel schneiden, evtl. in heißem Keimöl anbraten und über den Salat streuen. Noch besser schmecken die Tofuwürfel, wenn man sie 1 bis 2 Stunden in eine Mischung aus Kräutern der Provence, feingehacktem Knoblauch und Keimöl einlegt.
• Vinaigrette aus Knoblauchessig und kaltgepreßtem Olivenöl zubereiten.

12. Zitrusfrüchte
Fruchtschnitze aus Grapefruits oder Orangen sind vor allem im Winter eine zusätzliche Vitamin-C-Anreicherung. Für einen Vorspeisensalat rechnet man 2 Früchte.
• Vinaigrette mit Zitronensaft, aufgefangenem Zitrussaft und Keimöl anrühren.

13. Meeresfrüchte
Salat mit 150 g ausgelösten, mit Zitronensaft marinierten Scampi oder mit 4 gebratenen, ausgelösten Riesengarnelen belegen.
• Vinaigrette mit Weißweinessig und kaltgepreßtem Olivenöl anrühren und mit Dill und Knoblauch würzen.

14. Räucherlachs
80 g Räucherlachs in feine Streifen schneiden und mit 1 hartgekochten, in Scheiben geschnittenen Ei über dem Salat verteilen.
• Vinaigrette mit Weißweinessig und Keimöl zubereiten, mit Dill bestreuen.

15. Kaninchenfilet
200 g Kaninchenfilet mit Salz und Pfeffer würzen und in heißem Keimöl von allen Seiten braten. Es muß innen noch rosa sein. Ca. 5 Minuten ruhen lassen, in dünne Scheiben schneiden und auf dem Salat anrichten. Mit geschrotetem roten Pfeffer bestreuen.
• Vinaigrette siehe Rezept auf Seite 136.

16. Gebratene Kalbsleber
2 Scheiben Kalbsleber (je 100 g) in heißem Keimöl kurz von beiden Seiten braten. Mit Salz und Pfeffer würzen, sofort in Streifen schneiden und auf dem Salat verteilen.
• Vinaigrette (siehe Rezept auf Seite 136) lediglich mit etwas Knoblauch würzen.

EICHBLATTSALAT MIT PFIFFERLINGEN UND ZIEGENKÄSE

Immer mehr Genießer entdecken den köstlichen Geschmack des Ziegenkäses, der zu den ältesten Käsesorten der Welt zählt. Die meisten Sorten, ob cremig-weich oder hart, kommen immer noch aus Frankreich, obwohl man heute auch in Deutschland vielerorts Ziegenkäse herstellt. Am besten schmecken die handgefertigten Käse frisch vom »Ziegenbauernhof«!
Daß Käse nicht nur als letzter Gang ein Menü krönt, beweist dieser herrliche Vorspeisensalat.

Für 4 Personen
Zubereitungszeit: 30 Minuten

1 Eichblattsalat
1 Bund Rucola
250 g Pfifferlinge
1 Schalotte
30 g Butter
1/2 Bund Petersilie
100 g Sellerieknolle
1 EL Zitronensaft
Für die Vinaigrette:
1 TL Dijon-Senf
Salz
frisch gemahlener Pfeffer
2 EL Rotweinessig
1 EL Portwein
3 EL Olivenöl, kaltgepreßt
2 EL Walnußöl
Außerdem:
150 g blaue Trauben
2 EL Olivenöl
8 kleine Ziegenkäse (Rocamadour), je 25 g
8 Walnußhälften

1. Eichblattsalat in einzelne Blätter zerlegen und die welken Blätter aussortieren. Rucola verlesen und gemeinsam mit dem Eichblattsalat in reichlich kaltem Wasser kurz waschen. Gut trockenschleudern und in mundgerechte Stücke teilen.
2. Pfifferlinge putzen, nur falls nötig waschen! Größere Pilze halbieren oder vierteln.
3. Die Schalotte schälen und in Würfel schneiden. Die Butter in einer Pfanne erhitzen und erst die Schalottenwürfel, dann die Pilze darin einige Minuten andünsten. Von der Kochstelle nehmen und mit gehackter Petersilie bestreuen.
4. Die Sellerieknolle schälen und entweder auf der Rohkostreibe grob reiben oder in sehr feine Julienne schneiden. Mit dem Zitronensaft beträufeln.
5. Aus den angegebenen Zutaten eine Vinaigrette zubereiten.
6. Trauben waschen, halbieren und entkernen.
7. Olivenöl in einer beschichteten Pfanne erhitzen und die Ziegenkäse darin von beiden Seiten goldgelb braten.
8. In der Zwischenzeit Eichblattsalat, Rucola und Sellerie mit der Vinaigrette gründlich vermischen. Salat auf 4 Teller verteilen und mit Pfifferlingen, Trauben, je 2 Käse und 2 Walnußhälften belegen.

Pro Person:
Kalorien (kcal) 460
Eiweiß (g) 14
Fett (g) 38
Kohlenhydrate (g) 11

Eichblattsalat können Sie durch Lollo rosso oder Lollo Biondo ersetzen!

FRISÉESALAT MIT FENCHEL UND GORGONZOLA

Der cremig-zartwürzige Geschmack des Gorgonzolas harmonisiert vorzüglich mit dem an Anis erinnernden Geschmack der Fenchelknolle. Da der Salat ziemlich sättigend ist, reicht anschließend ein leichtes Hauptgericht.

Für 4 Personen
Zubereitungszeit: 20 Minuten

- 150 g Friséesalat
- 1 mittelgroße Fenchelknolle mit Grün
- 1 reife Birne (nicht zu weich)
- 1 EL Zitronensaft
- 30 g Pinienkerne
- 100 g Gorgonzola

Für die Salatsauce:

- 30 g Gorgonzola
- 1 EL Crème fraîche
- 1 bis 2 EL Weißweinessig
- Saft von 1/2 Orange
- 2 EL Keimöl
- frisch gemahlener Pfeffer
- Salz

1. Den Friséesalat in einzelne Blätter zerlegen. Kurz, aber sorgfältig in reichlich kaltem Wasser waschen und in einer Salatschleuder trockenschleudern.
2. Von der Fenchelknolle die zarten, grünen Blätter abschneiden, fein hacken und beiseite legen. Die Fenchelknolle waschen, halbieren und quer in hauchdünne Streifen schneiden.
3. Die Birne schälen, halbieren und entkernen. Der Länge nach in dünne Spalten schneiden und mit dem Zitronensaft beträufeln.
4. Die Pinienkerne in einer Pfanne ohne Fettzugabe goldbraun rösten. Den Gorgonzola mit einem nassen Messer in kleine Würfel schneiden.
5. Für die Salatsauce 30 g Gorgonzola in einer großen Salatschüssel mit einer Gabel fein zerdrücken und unter Rühren Crème fraîche, Essig, Orangensaft und Öl hinzufügen. So lange rühren, bis eine cremige Sauce entstanden ist. Mit Pfeffer und (vorsichtig!) mit Salz abschmecken.
6. Friséesalat, Fenchel und Birnen gründlich mit der Sauce vermischen. Auf 4 Teller verteilen und mit Pinienkernen, Käsewürfeln und feingehacktem Fenchelgrün bestreuen.

Pro Person:
Kalorien (kcal) 280
Eiweiß (g) 10
Fett (g) 21
Kohlenhydrate (g) 10

• Italienischer Gorgonzola ist besonders fein und cremig im Geschmack! Wenn Sie einen anderen Blauschimmelkäse verwenden, sollten Sie auf den Käse für das Dressing verzichten.
• Statt des Friséesalates können Sie auch Feldsalat verwenden.

CHICORÉE MIT CURRYSAUCE

Schon die alten Griechen und Römer verzehrten wildwachsenden Chicorée. Dieser war allerdings wesentlich grüner und bitterer als unsere heutigen Sorten. Richtig entdeckt für die feine Küche wurden die weiß-gezüchteten Kolben kurz vor der Jahrhundertwende. In Deutschland begann der Siegeszug ganz allmählich in den 60er Jahren. Heute ist der kalorienarme Chicorée nicht nur für feine Wintersalate überaus geschätzt.

Für 4 Personen
Zubereitungszeit: 30 Minuten

3 mittelgroße Chicorée
150 g Zuckerschoten
Salz
Für die Salatsauce:
4 EL Mayonnaise
2 EL Vollmilchjoghurt
1 EL Curry
Saft von 1/2 Zitrone und
1/2 Orange
1 Spritzer Tabasco
Salz
frisch gemahlener Pfeffer
1 kleine reife Mango
1 Banane
Außerdem:
50 g Pistazien
1 EL gehacktes Koriandergrün
(Cilantro)

1. Die Chicoréeblätter ablösen, kurz waschen und gut abtropfen lassen. Von den Zuckerschoten die Enden abknipsen und in kochendem Salzwasser etwa 3 bis 4 Minuten blanchieren. Sofort in eisgekühltem Wasser abschrecken und gut abtropfen lassen.
2. Für die Salatsauce Mayonnaise, Joghurt und Curry gründlich verrühren und mit Zitronen-, Orangensaft, Tabasco, Salz und Pfeffer würzen.
3. Die Mango schälen. Das Fruchtfleisch vom Kern lösen und wie die geschälte Banane in sehr kleine Würfel schneiden. Unter die Salatsauce mischen und falls nötig nachwürzen.
4. Die Chicoréeblätter mit den Zuckerschoten sternförmig auf 4 Tellern anrichten. Die Fruchtsauce in die Mitte geben und mit den grobgehackten Pistazien und Cilantro bestreuen.

Pro Person:
Kalorien (kcal) 290
Eiweiß (g) 8
Fett (g) 20
Kohlenhydrate (g) 19

• Man kann die Chicoréekolben auch quer in etwa 1 bis 2 cm breite Streifen schneiden und mit ausgepalten Erbsen und der Fruchtsauce vermischen.
• Eine kleine, sättigende Mahlzeit wird daraus, wenn man den Salat mit Krabben oder gebratenem Hähnchenfleisch anreichert.

1

2

3

1. Chicorée mit Datteln
Von 3 Chicoréekolben die äußeren welken Blätter entfernen und die Kolben in etwa 1 cm breite Streifen schneiden. 12 frische Datteln schälen, halbieren und entkernen. 2 säuerliche Äpfel schälen, halbieren, entkernen und in Würfel schneiden. Die Salatzutaten mit einer Salatsauce aus 4 EL Mayonnaise, 2 EL Joghurt, 1 EL Curry, etwas Cayennepfeffer und 2 bis 3 EL Zitronensaft vermischen. Mit gehackten Erdnüssen oder Cashewnüssen bestreuen.

2. Chicorée mit Ingwer
Von 3 Chicoréekolben die äußeren welken Blätter entfernen und die Köpfe in etwa 1 cm breite Streifen schneiden. 2 EL Rosinen in 2 cl Amontillado-Sherry (medium) einweichen. 3 Scheiben frische Ananas in kleine Stücke schneiden, 100 g blaue Trauben halbieren und entkernen. Die Salatzutaten mit einer Salatsauce aus 2 EL Crème fraîche, 2 EL Mayonnaise, 1 EL frisch geriebenem Ingwer, 2 EL Kokosmilch, 1 TL Curry, etwas Chilipulver und 2 bis 3 EL Zitronensaft vermischen. Mit gerösteten Kokosrapseln bestreuen.

3. Chicorée mit Tomaten
Von 3 Chicoréekolben die äußeren welken Blätter entfernen und die Köpfe in 2 cm breite Streifen schneiden. 4 Fleischtomaten blanchieren, häuten, halbieren, entkernen und in schmale Streifen schneiden. 4 Frühlingszwiebeln putzen und mit zwei Drittel des Grüns in sehr feine Scheiben schneiden. Alle Zutaten in eine große Schüssel geben. 50 g schwarze, entkernte Oliven dazugeben und mit einer Vinaigrette aus 2 EL Weißweinessig, Salz, 1/2 fein zerdrückten Knoblauchzehe und 5 EL kaltgepreßtem Olivenöl vermischen. Mit fein geschnittenem Basilikum bestreuen.

KÖSTLICHES MIT AVOCADOS

Wer denkt schon beim Genuß einer Avocado daran, daß sie gar keine Gemüse-, sondern eine Obstsorte ist? Schließlich wird sie meist pikant zubereitet, weil ihr weiches, cremiges, nach Nuß schmeckendes Fleisch nun einmal gut zu Schinken, würzigem Fisch, selbst zu Knoblauch paßt. Obendrein sieht sie mit ihrem zarten Gelbgrün dekorativ aus – ob zum Fächer aufgeschnitten, zu Kugeln geformt oder halbiert und gefüllt.

Für 4 Personen rechnet man ca. 2 mittelgroße, vollreife Avocados
Zubereitungszeit: kaum länger als 20 Minuten

1 Avocadofächer mit Räucherlachs
Avocados halbieren, entkernen und schälen. Die Hälften fächerförmig aufschneiden, auf Tellern anordnen und mit Zitronensaft beträufeln. Salzen, pfeffern und mit 2 EL Schalottenwürfeln, 1 EL gehacktem Dill sowie 100 g in feine Streifen geschnittenem Räucherlachs bestreuen.

2 Avocado mit Krabben
Avocados halbieren, entkernen und schälen. Die Hälften quer in Scheiben schneiden. Auf Tellern anordnen und mit 2 EL Zwiebelwürfeln, 2 EL geschnittenem Schnittlauch und 120 g Krabben bestreuen. Mit einer Vinaigrette aus 2 EL Zitronensaft, Salz, Pfeffer und 3 EL Öl marinieren.

3 Avocadotatar mit Speckkrusten
Avocados halbieren, entkernen und das Fruchtfleisch mit einem Löffel herauslösen. Mit einer Gabel fein zerdrücken, salzen, pfeffern und mit 2 EL Zwiebelwürfeln sowie 1 gehackten Knoblauchzehe verrühren. Die Masse auf vier Scheiben getoastetes Bauernbrot streichen und mit Tomatenscheiben belegen. 80 g durchwachsenen Räucherspeck in kleine Würfel schneiden, ausbraten und die Krusten über den Brotscheiben verteilen.

4 Avocado mit Selleriesalat-Füllung
Avocados halbieren, entkernen und das Fruchtfleisch mit einem Ausstecher zu Kugeln formen. Mit 2 in feine Scheiben geschnittenen Selleriestangen und 1 geschälten, grob geraspelten Apfel vermischen. Mit einem Dressing aus 3 EL Crème fraîche, Salz, Pfeffer und Saft von 1 Zitrone anmachen. Den Salat in die Hälften füllen und mit 50 g gehackten Walnüssen bestreuen.

1

2

3

4

5

6

7

8

5 Avocado mit Tomaten
Avocados halbieren, entkernen, schälen und das Fruchtfleisch in Würfel schneiden. 12 Cocktailtomaten waschen, vierteln und mit den Avocadowürfeln vermischen. 1 EL Schalottenwürfel und 2 EL geschnittenes Basilikum hinzufügen. Mit einer Vinaigrette aus 1 EL Weißweinessig, 1 Msp Senf, Salz, Pfeffer und 3 EL Öl anmachen. Auf Salatblättern anrichten.

6 Avocado mit Kresse und Pilzen
Avocados mit harter Schale, am besten die Sorte Hass, halbieren und entkernen. Das Fruchtfleisch mit einem Löffel aus der Schale lösen und in Würfel schneiden. 1 Bund Brunnenkresse putzen, waschen und die Blätter abzupfen. 100 g Egerlinge putzen und in Scheiben schneiden. Alles miteinander vermischen und mit einer Vinaigrette aus 1 TL Aceto Balsamico, 1 EL Zitronensaft, Salz, Pfeffer und 1 EL Öl anmachen. Den Salat in die Avocadoschalen füllen.

7 Avocado mit Orangen
Avocados halbieren, entkernen und schälen. Die Hälften quer in Scheiben schneiden. 2 Orangen so dick schälen, daß die weiße Haut völlig entfernt ist, und die Früchte filetieren. 1 geschälte Gemüsezwiebel in feine Scheiben hobeln. Alle Zutaten vermischen, mit halbierten schwarzen Oliven belegen. Mit einer Vinaigrette aus dem Saft von 1 Zitrone, Salz, Pfeffer und 3 EL Öl anmachen. Mit Petersilie bestreuen.

8 Avocado mit Parmesan
Die Avocados halbieren, entkernen und schälen. Der Länge nach fächerförmig aufschneiden und auf marinierten Salatblättern anrichten. Mit 1 EL gehackten Kräutern bestreuen und mit einer Vinaigrette aus Salz, 2 EL Weißweinessig und 3 EL Öl beträufeln. 100 g jungen Parmesan darüberhobeln.

Keine unreifen, harten Avocados verarbeiten, sie schmecken nicht!
- Avocados nicht kochen, sie bekommen dadurch einen bitteren Beigeschmack!
- Damit die Avocado ihr gutes Aussehen behält, beträufelt man das aufgeschnittene Avocado-Fleisch sofort nach dem Schälen mit Zitronensaft oder Essig, sonst wird es braun.
- Legt man den Kern in den vorbereiteten Salat, behält dieser wesentlich länger seine schöne grüne Farbe!

TOMATEN MIT MOZZARELLA

Sonnengereifte Tomaten, milder Mozzarellakäse und duftendes Basilikum – einfach, aber fantastico! Zumindest, wenn alles wie in Italien mit feinstem kaltgepreßten Olivenöl beträufelt ist. Abwandlungen dieser auch bei uns so beliebten Vorspeise sind erlaubt.

Für 4 Personen
Zubereitungszeit: 15 Minuten

6 vollreife mittelgroße Tomaten
300 g (Büffel-)Mozzarella
Salz
frisch gemahlener Pfeffer
6 bis 8 EL Olivenöl, kaltgepreßt
1 Bund Basilikum

1. Die Tomaten waschen und die Stengelansätze entfernen. In nicht zu dünne Scheiben schneiden.

2. Den Mozzarella in dünne Scheiben, die Basilikumblätter in Streifen schneiden.

3. Die Tomatenscheiben auf einer großen Platte anrichten und jede Scheibe mit Mozzarella belegen. Salzen, pfeffern und mit dem Olivenöl beträufeln. Mit dem Basilikum bestreuen.

Pro Person:
Kalorien (kcal) 290
Eiweiß (g) 17
Fett (g) 21
Kohlenhydrate (g) 5

TOMATEN UND ZUCCHINI MIT MOZZARELLA

Für 4 Personen
Zubereitungszeit: 20 Minuten

2 kleine Zucchini
3 vollreife Fleischtomaten
200 g (Büffel-)Mozzarella
Salz
frisch gemahlener Pfeffer
6 EL Olivenöl, kaltgepreßt
1 Knoblauchzehe
10 bis 12 Basilikumblätter

1. Zucchini und Tomaten waschen. Zucchini und Mozzarella in dünne, Tomaten in dickere Scheiben schneiden.

2. Abwechselnd, leicht überlappend, 1 Tomaten- mit 2 Zucchinischeiben und darauf 1 Mozzarellascheibe anordnen. Mit Salz und Pfeffer bestreuen.

3. Das Olivenöl mit der durchgepreßten Knoblauchzehe verrühren und die Zutaten damit beträufeln. Mit in Streifen geschnittenem Basilikum bestreuen.

Pro Person:
Kalorien (kcal) 245
Eiweiß (g) 12
Fett (g) 19
Kohlenhydrate (g) 5

GEFÜLLTE TOMATEN MIT MOZZARELLASALAT

Für 4 Personen
Zubereitungszeit: 20 Minuten

4 mittelgroße Tomaten
Salz
frisch gemahlener Pfeffer
1 kleiner Zucchino
1 Schalotte
150 g (Büffel-)Mozzarella
5 schwarze, entkernte Oliven
3 EL Olivenöl, kaltgepreßt
1 TL Aceto Balsamico
1 EL gehackte Basilikumblätter

1. Von den Tomaten einen Deckel abschneiden, die Tomaten aushöhlen und innen mit Salz und Pfeffer würzen.
2. Zucchino, geschälte Schalotte, Mozzarella und die Oliven in sehr kleine Würfel schneiden. Mit Olivenöl vermischen und mit Salz, Pfeffer und Balsamessig würzen. Zum Schluß das Basilikum untermischen.
3. Den Salat in die Tomaten füllen und mit den Deckeln verschließen.

Pro Person:
Kalorien (kcal) 190
Eiweiß (g) 10
Fett (g) 14
Kohlenhydrate (g) 5

TOMATEN UND MOZZARELLA MIT PESTO

Für 4 Personen
Zubereitungszeit: 20 Minuten

4 große Tomaten
300 g (Büffel-)Mozzarella
1 Pesto siehe Seite 177
2 EL trockener Weißwein
4 Basilikumzweige

1. Die Tomaten waschen, Stengelansätze entfernen und die Früchte quer zur Blüte in Scheiben schneiden. Den Mozzarella ebenso in Scheiben schneiden.
2. Abwechselnd mit den Tomaten dachziegelartig auf vier Tellern anordnen.
3. Den Pesto nach Anleitung auf Seite 177 zubereiten, mit Wein verdünnen und über die angerichteten Teller verteilen. Mit je einem Basilikumzweig garnieren.

Pro Person:
Kalorien (kcal) 420
Eiweiß (g) 21
Fett (g) 32
Kohlenhydrate (g) 9

ROHKOSTTELLER MIT KRÄUTERDRESSING

Täglich frisches, rohes Gemüse in Form einer kleinen Vorspeise liefert nicht nur Vitamine und Mineralstoffe, es regt auch die Verdauung an. Ob geraspelt oder feingeschnitten, kombiniert mit Früchten, bestreut mit Nüssen, Samen oder Sprossen – der Phantasie sind keine Grenzen gesetzt. Einige Anregungen finden sie auf dieser Seite.

Für 4 Personen
Zubereitungszeit: 30 Minuten

1 mittelgroße rote Bete
4 mittelgroße Möhren
2 kleine Zucchini
1 gelbe Paprikaschote
4 Frühlingszwiebeln
30 g Walnüsse
8 schwarze entkernte Oliven

Für die Salatsauce:

1 Knoblauchzehe
1 TL feinwürziger Senf
2 Eigelb
1 Prise Zucker
Salz
frisch gemahlener Pfeffer
2 bis 3 EL Zitronensaft
5 EL Keimöl
4 bis 6 EL Kalbs- oder Gemüsefond
1 Bund Frühlingskräuter

Außerdem:

1 Bund Brunnenkresse
1 Handvoll Mungobohnenkeimlinge

1. Alle Gemüsesorten waschen. Die rote Bete und die Möhren schälen. Die Möhren auf der groben Seite einer Rohkostreibe, die rote Bete auf der feinen Seite reiben.
2. Die Zucchini entweder grob reiben oder in feine Julienne schneiden. Die Paprikaschote vierteln, Stengelansatz und Samenkerne entfernen und jedes Viertel quer in feine Streifen schneiden.
3. Von den Frühlingszwiebeln die Wurzeln entfernen und die Zwiebeln mit einem Teil des Grüns in Scheiben schneiden.
4. Die Walnüsse grob hacken und unter die rote Bete, die geviertelten Oliven unter die Zucchini mischen.
5. Die einzelnen Gemüsesorten auf 4 Tellern anrichten.
6. Für die Salatsauce die Knoblauchzehe durch eine Presse drücken. Mit Senf, Eigelb, Zucker, Salz, Pfeffer und Zitronensaft verquirlen und nach und nach tröpfchenweise das Öl dazugeben.
7. Die Sauce nach Geschmack mit dem Fond verdünnen. Die Kräuter fein hacken, unter die Salatsauce mischen und die Rohkost damit beträufeln.
8. Die Brunnenkresse gut verlesen. Mit den Keimlingen kurz waschen und gut abtropfen lassen. Die Kresse in die Mitte setzen, die Keimlinge über die Paprikastreifen streuen.

Pro Person:
Kalorien (kcal) 270
Eiweiß (g) 6
Fett (g) 21
Kohlenhydrate (g) 12

Bestreuen Sie die Rohkost mit hartgekochten, in Würfel geschnittenen Eiern, mit gerösteten Samenkernen oder gekeimten Sprossen wie Alfalfa oder Bockshornklee.

Gemüse vorbereiten
Gemüse kurz in kaltem Wasser waschen und gut abtropfen lassen. Rote Bete und Möhren schälen. Paprika vierteln und Stengelansatz sowie Samenstränge entfernen. Von den Frühlingszwiebeln die Wurzeln abschneiden.

Gemüse zerkleinern
Möhren auf der groben Seite der Rohkostreibe reiben, die rote Bete auf der feinen Seite. Die Zucchini längs in dünne Scheiben, dann quer in feine Streifen schneiden. Paprika ebenfalls in feine Streifen schneiden. Zwiebeln mit etwas Grün in Scheiben schneiden.

Rohkost anrichten
Walnüsse grob hacken und unter die rote Bete mischen. Die Oliven vierteln und zu den Zucchini geben. Das Gemüse abwechselnd nach eigenem Geschmack auf 4 Tellern anordnen.

Dressing zubereiten
Knoblauchzehe durch eine Presse drücken. Mit Senf, Eigelb, Zucker, Salz, Pfeffer und Zitronensaft verquirlen und unter ständigem Rühren nach und nach das Öl tröpfchenweise dazugeben. Die Sauce mit dem Fond verdünnen.

Rohkost fertigstellen
Die Kräuter fein hacken und unter die Salatsauce mischen. Mit einem Eßlöffel die dünnflüssige Mayonnaise gleichmäßig über der Rohkost verteilen. Brunnenkresse verlesen, mit den Keimlingen kurz waschen und gut abtropfen lassen. Beides auf den Tellern verteilen.

WEISSER BOHNENSALAT MIT THUNFISCH UND TOMATEN

Für 8 bis 10 Personen
Einweichzeit:
mindestens 8 Stunden
Zubereitungszeit:
1 Stunde 45 Minuten

- 500 g getrocknete, große weiße Bohnen
- 2 Zweige Thymian
- 2 Knoblauchzehen
- 3 Zwiebeln
- 1 Lorbeerblatt
- 2 Gewürznelken
- 2 Sardellen, in Öl eingelegt
- 2 bis 3 EL Rotweinessig
- 1 TL Aceto Balsamico
- Salz
- frisch gemahlener Pfeffer
- 8 EL Olivenöl, kaltgepreßt
- 6 Tomaten
- 1 Bund Basilikum
- 150 g Thunfisch, in Öl eingelegt

1. Die Bohnen über Nacht in 2 1/2 Liter Wasser einweichen. Am nächsten Tag mit dem Einweichwasser zum Kochen bringen. Die Zwiebeln schälen, eine davon mit einem Lorbeerblatt belegen und dieses mit zwei Nelken befestigen. Thymianzweige und eine in Stücke geschnittene Knoblauchzehe zu den Bohnen geben; in etwa 1 Stunde gar kochen.

2. Die restliche Knoblauchzehe sowie die Sardellen fein hacken. Die beiden Essigsorten in eine Schüssel geben, Salz, Pfeffer, Knoblauch und Sardellen zufügen. Unter Rühren das Öl dazugießen.

3. Die Bohnen auf einem Durchschlag gut abtropfen lassen, das Kochwasser aufbewahren. Die Bohnen unter die Salatmarinade mischen, etwas Kochwasser zugießen und mindestens 30 Minuten ziehen lassen.

4. Die Tomaten häuten, halbieren, entkernen und in kleine Würfel, das Basilikum in feine Streifen schneiden.

5. Kurz vor dem Servieren Tomaten, Basilikum und den in Stücke gezupften Thunfisch untermischen. Herzhaft abschmecken und mit Pfeffer bestreuen.

Pro Person:
Kalorien (kcal) 350
Eiweiß (g) 19
Fett (g) 14
Kohlenhydrate (g) 34

Dieser in Italien sehr beliebte Salat läßt sich gut am Vortag zubereiten; dann allerdings Tomaten, Basilikum und Thunfisch erst kurz vor dem Verzehr hinzufügen.

SALADE NIÇOISE

Variationen vom Salade Niçoise gibt es fast so viele wie Südfranzosen. Pflicht sind nur: Tomaten, Kartoffeln, Bohnen, Sardellen, Oliven und natürlich ein Hauch Knoblauch! Alles Köstlichkeiten der Provence, die mit einem Stück Baguette zur leichten Vorspeise werden.

Für 4 Personen
Zubereitungszeit: 30 Minuten

150 g junge grüne Bohnen,
z. B. Keniabohnen
Salz
1 Paprikaschote, grün oder rot
3 Frühlingszwiebeln
4 vollreife Tomaten
2 hartgekochte Eier
1 große gekochte Kartoffel
8 eingelegte Sardellenfilets
50 g schwarze Oliven
1 Knoblauchzehe
Saft von 1 Zitrone oder
2 EL Essig
frisch gemahlener Pfeffer
6 EL Olivenöl, kaltgepreßt
8 bis 10 Basilikumblätter

1. Die Bohnen waschen, die Enden abknipsen und die Bohnen in reichlich kochendem Salzwasser in etwa 5 bis 6 Minuten bißfest kochen. In Eiswasser abschrecken und gut abtropfen lassen.
2. Die Paprikaschote halbieren, entkernen und die Hälften in feine Streifen schneiden. Die geputzten und gewaschenen Frühlingszwiebeln in dünne Scheiben schneiden, die gewaschenen Tomaten und die Eier achteln. Die Kartoffel schälen und in Würfel schneiden.
3. Eine große Schüssel oder eine tiefe Platte mit der halbierten Knoblauchzehe ausreiben und die Salatzutaten darin anordnen. Mit den in Streifen geschnittenen Sardellen und den Oliven belegen.
4. Salz, Pfeffer, Zitronensaft oder Essig verrühren, das Olivenöl dazugeben und den Salat damit beträufeln. Mit den Basilikumblättern garnieren.

Pro Person:
Kalorien (kcal) 270
Eiweiß (g) 8
Fett (g) 18
Kohlenhydrate (g) 17

Häufig wird der Salat zusätzlich noch mit Thunfischstückchen belegt!

GRÜNER GEMÜSESALAT MIT SAUCE HOLLANDAISE

Frisches Gemüse, bißfest gekocht und umhüllt von einer würzigen, aufgeschlagenen Sauce! Bei dieser Vorstellung läuft einem das Wasser im Mund zusammen. Und zahlreiche Varianten – ob als Vorspeise, Zwischenmahlzeit oder Partysalat – bieten ausreichend Abwechslung.

Für 4 Personen
Zubereitungszeit: 1 Stunde

- 250 g grüner Spargel
- 100 g Zuckerschoten
- 100 g Keniabohnen
- 2 kleine Zucchini
- 100 g Broccoli
- Salz
- 10 g Butter
- 150 g dünne Scheiben Räucherlachs

Für die Sauce Hollandaise:

- 100 g Butter
- 1 Schalotte
- 6 EL trockener Weißwein
- 2 EL Estragonessig
- 2 Eigelb
- Salz, frisch gemahlener Pfeffer
- Cayennepfeffer
- 2 EL feingeschnittener Dill
- etwas Zitronensaft

1. Das Gemüse waschen. Die Spargelstangen nur im unteren Teil schälen, dann in Stücke schneiden. Von den Zuckerschoten und Bohnen die Enden abknipsen. Die Zucchini in dicke Scheiben schneiden und den Broccoli in Röschen teilen.
2. Den Spargel in wenig Salzwasser und der Butter in etwa 15 Minuten gar dünsten. Die Bohnen in kochendem Salzwasser in etwa 10 Minuten, Broccoli, Zuckerschoten und Zucchini in 5 Minuten bißfest kochen.
3. Das gegarte Gemüse sofort in eisgekühltes Wasser geben und anschließend auf einem Sieb abtropfen lassen.
4. Für die Sauce die Butter in einer Kasserolle bei schwacher Hitze zerlassen. Von der Kochstelle nehmen und die sich dabei absetzende Molke abschöpfen.
5. Die Schalotte schälen und in kleine Würfel schneiden. Mit Wein und Essig in einen kleinen Topf geben und auf ein Drittel einkochen lassen.
6. Eigelb in eine Metallschüssel geben, mit Salz, Pfeffer und Cayennepfeffer würzen und im heißen Wasserbad cremig schlagen.
7. Eingekochten Sud langsam durch ein Haarsieb dazugießen. So lange schlagen, bis die Sauce dicklich wird.
8. Nun tröpfchenweise unter ständigem Rühren mit dem Schneebesen die flüssige Butter dazugießen. Den Dill unter die Sauce mischen.
9. Räucherlachs und Sauce mit dem Gemüse mischen! Falls nötig, mit Salz und Zitronensaft nachwürzen. Etwa 15 Minuten marinieren.

Pro Person:
Kalorien (kcal) 390
Eiweiß (g) 14
Fett (g) 32
Kohlenhydrate (g) 8

Die Molke der Butter sollte unbedingt abgeschöpft werden, damit die Hollandaise eine glatte Konsistenz bekommt!

Gemüse vorbereiten
Die verschiedenen Gemüsesorten waschen. Den Spargel schälen und in Stücke schneiden. Von den Zuckerschoten und Bohnen die Enden abknipsen, falls nötig entfädeln. Die Zucchini in dicke Scheiben schneiden und den Broccoli in Röschen teilen.

Gemüse garen
Den Spargel in wenig Salzwasser und Butter gar dünsten. Die übrigen Gemüsesorten nacheinander in kochendem Salzwasser bißfest garen. Herausnehmen und in eisgekühltem Wasser abschrecken, damit sie die Farbe behalten.

Sauce vorbereiten
Die Butter in einem kleinen Topf bei schwacher Hitze schmelzen lassen. Die sich dabei bildende Molke abschöpfen. Die Schalotte in kleine Würfel schneiden. Mit Wein und Essig in einen Topf geben, auf ein Drittel einkochen lassen.

Sauce fertigstellen
Einen Topf zweifingerbreit mit Wasser füllen und das Wasser zum Sieden bringen. Eigelb und Gewürze in einer Metallschüssel im Wasserbad cremig schlagen. Den Sud darunterschlagen, bis die Sauce dicklich wird. Tröpfchenweise die Butter dazugeben. Das Wasser darf nicht kochen!

Salat marinieren
Die Sauce pikant würzen und den Dill darunterrühren. Alles sorgfältig vermischen und bei Bedarf noch einmal mit Salz und Zitronensaft nachwürzen. Kurze Zeit marinieren lassen!

SPARGELSALAT MIT ORANGEN-HOLLANDAISE

Für 4 Personen
Zubereitungszeit: 40 Minuten

1 kg weißer Spargel
Salz, 1/2 TL Zucker
10 g Butter
Für die Orangen-Hollandaise:
100 g Butter
2 Eigelb
Salz
frisch gemahlener Pfeffer
Cayennepfeffer
100 ml Blutorangensaft
abgeriebene Schale von
1/2 unbehandelten Orange
2 bis 3 EL Zitronensaft
einige Kerbelzweige

1. Spargel schälen und in wenig kochendem Wasser mit Salz, Zucker und Butter in 15 bis 20 Minuten bißfest kochen. Abkühlen lassen und in Stücke schneiden.
2. Wie im Rezept auf Seite 155 beschrieben, eine Hollandaise zubereiten. Statt des Weins Blutorangensaft verwenden und mit Orangenschale verfeinern. Mit dem Zitronensaft abschmecken.
3. Die Spargelstücke mit der Sauce vermischen und mit Kerbelblättchen bestreuen!

Pro Person:
Kalorien (kcal) 280
Eiweiß (g) 7
Fett (g) 24
Kohlenhydrate (g) 7

LAUCHSALAT MIT CURRY-HOLLANDAISE

Für 4 Personen
Zubereitungszeit: 35 Minuten

2 Lauchstangen
Salz
250 g Shiitake-Pilze
2 EL Keimöl
1 Bund Schnittlauch
Für die Curry-Hollandaise:
1 TL Curry
2 Eigelb
100 g Butter
2 Schalotten
3 EL Weißweinessig
100 ml trockener Weißwein
Salz
frisch gemahlener Pfeffer
etwas Cayennepfeffer
2 EL geschlagene Sahne

1. Lauchstangen putzen und schräg in 1 cm breite Scheiben schneiden. Waschen und in wenig Salzwasser in etwa 8 Minuten bißfest kochen. Die Pilze putzen, in Scheiben schneiden und kurz in heißem Öl anbraten. Abkühlen lassen.
2. Curry mit den Eigelb verrühren. Wie im Rezept auf Seite 155 beschrieben, eine Hollandaise zubereiten.
3. Zum Schluß die Schlagsahne unter die Sauce ziehen und mit dem Lauch und den Pilzen vermischen. Mit feingeschnittenem Schnittlauch bestreuen.

Pro Person:
Kalorien (kcal) 340
Eiweiß (g) 6
Fett (g) 32
Kohlenhydrate (g) 5

MÖHRENSALAT MIT GORGONZOLA-HOLLANDAISE

Für 4 Personen
Zubereitungszeit: 35 Minuten

- 2 Bund junge Möhren mit Grün
- Salz, 1/2 TL Zucker
- 10 g Butter
- 1 EL gehackte Petersilie

Für die Gorgonzola-Hollandaise:

- 100 g Butter, 1 Schalotte
- 100 ml trockener Weißwein
- 3 EL Weißweinessig
- 2 Eigelb
- Salz, frisch gemahlener Pfeffer
- 80 g Gorgonzola
- 2 EL Sahne

1. Das Grün der Möhren entfernen und einige zarte Blätter fein hacken. Möhren waschen, schälen und schräg in dicke Scheiben schneiden. In wenig Wasser mit Salz, Zucker und Butter etwa 10 Minuten bißfest dünsten. Petersilie daruntermischen und abkühlen lassen.
2. Wie im Rezept auf Seite 155 beschrieben, eine Hollandaise zubereiten. Käse zerdrücken, mit Sahne verrühren und bei schwacher Hitze schmelzen lassen. Langsam unter die Sauce rühren.
3. Die Möhren mit der Sauce gründlich vermischen und mit den Möhrenblättern bestreuen.

Pro Person:
Kalorien (kcal) 385
Eiweiß (g) 8
Fett (g) 33
Kohlenhydrate (g) 11

SCHWARZWURZELSALAT MIT KÜMMEL-HOLLANDAISE

Für 4 Personen
Zubereitungszeit: 50 Minuten

- 100 ml Weißweinessig
- 1 kg Schwarzwurzeln
- Salz, 1/2 TL Zucker
- 10 g Butter
- 2 EL Zitronensaft

Für die Kümmel-Hollandaise:

- 100 ml trockener Weißwein
- 1 TL Kümmel
- 100 g Butter
- 1 Schalotte
- 3 EL Weißweinessig
- 2 Eigelb
- 2 EL gehackte Petersilie

1. Essig mit 1 l Wasser vermischen. Die Schwarzwurzeln unter fließendem kalten Wasser schälen und sofort in das Essigwasser geben. In Stücke schneiden und in wenig Wasser mit Salz, Zucker, Butter und Zitronensaft in 30 Minuten bißfest kochen. Dann abkühlen lassen.
2. Den Wein mit dem Kümmel einkochen lassen. Wie auf Seite 155 beschrieben, eine Hollandaise zubereiten. Die Petersilie daruntermischen.
3. Die Schwarzwurzeln mit der Sauce vermischen und durchziehen lassen.

Pro Person:
Kalorien (kcal) 270
Eiweiß (g) 5
Fett (g) 25
Kohlenhydrate (g) 3

ROMANESCOSALAT MIT KÄSE

Wie bizarre Türmchen sehen die Blüten des Romanesco aus. Da er ähnlich wie Blumenkohl oder Broccoli schmeckt, können auch diese Kohlsorten für den folgenden Salat verwendet werden. Ein Kopf mit festgeschlossener »Blume« ist immer ein Zeichen für Frische.

Für 4 Personen
Zubereitungszeit: 35 Minuten

1 kg Romanesco oder Broccoli
Salz
2 rote Paprikaschoten
1 kleine Pfefferschote
1 Zwiebel
2 hartgekochte Eier
200 g Emmentaler oder Gruyère

Für die Salatsauce:
1 gekochte Kartoffel (ca. 100 g)
1 Knoblauchzehe
Salz
frisch gemahlener Pfeffer
1 TL frisch geriebener Meerrettich
2 bis 3 EL Weißweinessig
2 EL Joghurt
4 EL Sahne
3 EL Olivenöl, kaltgepreßt

1. Romanesco oder Broccoli putzen und in kleine Röschen teilen. Den Strunk schälen und in 1 cm dicke Scheiben schneiden.
2. Salzwasser zum Kochen bringen und zuerst den Strunk 3 Minuten garen, dann die Röschen hinzufügen und in weiteren 5 Minuten fertiggaren. Das Gemüse mit einem Schaumlöffel herausheben und in eisgekühltem Wasser abschrecken.
3. Paprikaschoten waschen, halbieren, die Stengelansätze sowie die Samenstränge entfernen. Die Paprikahälften, die geputzte Pfefferschote und die geschälte Zwiebel in sehr kleine Würfel schneiden. Mit Romanesco oder Broccoli auf einer tiefen Platte vermischen.
4. Eier schälen und vierteln, den Käse in Streifen schneiden und den Salat damit belegen.
5. Für die Salatsauce die Kartoffel schälen und fein reiben. Die geschälte Knoblauchzehe fein zerdrücken, unter die Kartoffel mischen und mit Salz, Pfeffer, Meerrettich und Essig verrühren. Nach und nach Joghurt, Sahne und Öl unter Rühren hinzugeben.
6. Die Sauce über den Salat geben, alles vermischen und mindestens 15 Minuten durchziehen lassen.

Pro Person:
Kalorien (kcal) 415
Eiweiß (g) 25
Fett (g) 28
Kohlenhydrate (g) 13

Variationen zu diesem Salat gibt es genug: Statt dem Käse in Würfel geschnittenen Schinken, Räucherzunge oder geräucherte Putenbrust hinzufügen. Oder mit Krabben oder Riesengarnelen servieren!

BLUMENKOHLSALAT AUF INDISCHE ART

Curry paßt zu vielen Gemüsesorten, aber eine der harmonischsten Verbindungen ist sicherlich die mit Blumenkohl. Lassen Sie den Salat unbedingt gut durchziehen, damit die Würze richtig in die Röschen eindringen kann. Ob als Vorspeise, als kleine vegetarische Mahlzeit für zwei Personen oder als Salat zu einem kalten Büfett – dieser Salat bietet immer eine gelungene Überraschung aus der fernöstlichen Küche!

Für 4 Personen
Zubereitungszeit: 35 Minuten

1 mittelgroßer Blumenkohl
200 g Keniabohnen
1 Möhre
Salz
Für die Salatsauce:
1 Schalotte
1 Knoblauchzehe
1 Chilischote
1 TL Erdnußcreme
3 EL Kokosmilch
100 g Crème fraîche
1 gestrichener EL Curry
Salz
frisch gemahlener Pfeffer
1 EL Sherryessig
Saft von 1 Zitrone
1 TL Sesamöl
2 EL Keimöl
Außerdem:
2 EL Sesamsamen
2 Minzezweige

1. Den Blumenkohl putzen und in kleine Röschen teilen. Von den Bohnen die beiden Enden abknipsen. Die Möhre waschen, schälen und erst der Länge nach in Scheiben, dann in feine Streifen schneiden.
2. Salzwasser zum Kochen bringen und erst die Bohnen 3 bis 4 Minuten darin bißfest kochen, sofort in Eiswasser geben, dann den Blumenkohl in etwa 8 Minuten gar kochen. Zum Schluß die Möhrenstreifen kurz darin blanchieren. Das abgetropfte Gemüse in einer Schüssel vermischen.
3. Schalotte und Knoblauchzehe schälen. Zusammen mit der Chilischote in winzig kleine Würfel schneiden. Mit Erdnußcreme, Kokosmilch und Crème fraîche verrühren und unter weiterem Rühren Curry, Salz, Pfeffer, Essig, Zitronensaft und das Öl dazugeben.
4. Das vorbereitete Gemüse mit der Salatsauce vermischen und durchziehen lassen.
5. Kurz vor dem Servieren die Sesamsamen in einer Pfanne ohne Fett goldbraun rösten. Die Minzeblätter in feine Streifen schneiden. Den Salat mit Minze und Sesam bestreuen.

Pro Person:
Kalorien (kcal) 240
Eiweiß (g) 8
Fett (g) 19
Kohlenhydrate (g) 9

Achten Sie beim Kauf von Curry auf eine gute Qualität. Es gibt große Unterschiede im Geschmack und vor allem auch in der Schärfe.
Ideal für diesen Salat: ein mildes Currypulver!

SPARGELSALAT MIT DILL

Für 4 Personen
Zubereitungszeit: 30 Minuten

- 500 g weißer Spargel
- 500 g grüner Spargel
- Salz
- 10 g Butter
- 1/2 TL Zucker
- 1 TL Honig
- 1 EL feinwürziger Kräutersenf
- 1 Eigelb
- 2 EL Estragonessig
- 1 EL Zitronensaft
- 4 EL Traubenkernöl
- 1 EL Crème fraîche
- frisch gemahlener Pfeffer
- 1/2 Bund Dill

1. Den weißen Spargel ganz, den grünen nur am unteren Ende schälen. Jeweils zu einem Bund zusammenbinden und in kochendem Wasser mit Salz, Butter und Zucker bißfest kochen. Den grünen Spargel nach 10 bis 15 Minuten, den weißen nach 15 bis 20 Minuten herausnehmen und auf einer Platte abdampfen lassen.
2. Honig, Senf, Salz und Eigelb mit einem Schneebesen verrühren und nach und nach Essig, Zitronensaft und das Öl unterrühren. 1 bis 2 EL Spargelwasser dazugeben und zum Schluß die Crème fraîche unterziehen.
3. Die Spargelstangen in etwa 4 cm lange Stücke schneiden und mit der Salatsauce vermischen. Mindestens 30 Minuten durchziehen lassen.
4. Mit Pfeffer würzen und mit feingeschnittenem Dill bestreuen.

Pro Person:
Kalorien (kcal) 190
Eiweiß (g) 6
Fett (g) 15
Kohlenhydrate (g) 6

Dieser Salat schmeckt natürlich in der Spargelzeit besonders fein. Im Nu entsteht daraus eine kleine sättigende Mahlzeit, wenn man zum Beispiel 200 g gekochten oder rohen Schinken in kleine Würfel geschnitten untermischt. Auch mit Räucherlachsstreifen oder hartgekochten, geviertelten Eiern schmeckt der Salat köstlich.
Auf die gleiche Weise kann man auch Hopfensprossensalat zubereiten.
Die Garzeit der jungen Sprossen beträgt etwa, ähnlich wie bei grünem Spargel, 10 bis 15 Minuten.
Wichtig: Ob Spargel- oder Hopfensprossensalat, keinesfalls direkt aus dem Kühlschrank servieren. Beide Gemüsesorten büßen durch Kälte viel von ihrem zarten Aroma ein.

BOHNENSALAT MIT MORCHELN UND SPECK

Für 4 Personen
Zubereitungszeit: 45 Minuten

500 g junge grüne Bohnen,
am besten Prinzeß- oder
Keniabohnen
Salz
200 g frische Morcheln
1 TL feinwürziger Dijonsenf
2 EL Rotweinessig
5 EL Olivenöl, kaltgepreßt
frisch gemahlener Pfeffer
1 mittelgroße Zwiebel
100 g durchwachsener
Räucherspeck
2 Tomaten
1/2 Bund glatte Petersilie

1. Von den Bohnen die Enden abknipsen. Die Bohnen waschen und in kochendem Salzwasser in etwa 10 Minuten bißfest kochen.
2. Die Morcheln 5 Minuten in kaltes Wasser legen, anschließend einzeln unter fließendem Wasser gründlich reinigen, damit der Sand aus den kleinen Vertiefungen herausgespült wird. Größere Morcheln halbieren.
3. Die gekochten Bohnen in einem Sieb abtropfen lassen, etwas Kochwasser aufbewahren.
4. Senf, Salz und Essig verrühren. Dann unter weiterem Rühren 3 EL Öl dazugießen und mit Pfeffer würzen. Die Bohnen mit der Marinade vermischen und ca. 20 Minuten durchziehen lassen.
5. Zwiebel schälen und wie den Räucherspeck in kleine Würfel schneiden. Die Tomaten häuten, halbieren, entkernen und in kleine Würfel schneiden.
6. Das restliche Öl erhitzen und die Speckwürfel darin ausbraten. Die krossen Speckstücke mit einem Schaumlöffel herausheben, dann die Zwiebel im Bratfett glasig braten. Morcheln dazugeben und kurz anbraten. Mit Salz und Pfeffer würzen und die frisch gehackte Petersilie untermischen.
7. Morcheln und Tomaten unter den Salat mischen, falls nötig nachwürzen und mit den knusprigen Speckwürfeln bestreuen.

Pro Person:
Kalorien (kcal) 360
Eiweiß (g) 7
Fett (g) 29
Kohlenhydrate (g) 12

Die etwas kostspieligen Morcheln kann man gut durch Pfifferlinge oder Shiitake-Pilze ersetzen.

BUNTER BOHNENSALAT

Dieser Salat ist ideal für ein sommerliches Picknick, für Partys oder als Beilage zu Gegrilltem. Man sollte ihn frühzeitig vorbereiten, denn er schmeckt umso besser, je länger er durchzieht.

Für 8 Personen
Zubereitungszeit: 2 Stunden
Einweichzeit: 8 Stunden
Marinierzeit: einige Stunden

je 100 g getrocknete, weiße, rote, schwarze und braune Bohnen
2 frische Thymianzweige
250 g frische grüne Bohnen
je 1 rote, gelbe und grüne Paprikaschote

Für die Vinaigrette:
1 EL scharfer Senf
Salz
frisch gemahlener Pfeffer
5 EL Rotweinessig
2 EL Aceto Balsamico
10 EL Olivenöl, kaltgepreßt

Außerdem:
1 Bund Frühlingszwiebeln
1 Bund glatte Petersilie

1. Bohnenkerne über Nacht in reichlich kaltem Wasser einweichen. Am nächsten Tag mit den Thymianzweigen im Einweichwasser in etwa 1 bis 1 1/2 Stunden weichkochen. Anschließend auf einem Sieb abtropfen lassen und die Abtropfflüssigkeit aufbewahren.

2. Von den grünen Bohnen die Enden abknipsen, falls nötig entfädeln und in Salzwasser bißfest kochen. In eisgekühltem Wasser abschrecken.

3. Paprikaschoten waschen, vierteln und Stengelansätze und Samenstränge entfernen. Die Viertel quer in feine Streifen schneiden. Alle Zutaten miteinander vermischen.

4. Senf, Salz, Pfeffer und den Essig so lange verrühren, bis sich das Salz aufgelöst hat. Unter weiterem Rühren das Öl dazugießen. Die Vinaigrette mit den Salatzutaten vermischen und den Salat mindestens einige Stunden, noch besser über Nacht, durchziehen lassen.

5. Vor dem Servieren die Frühlingszwiebeln waschen und mit einem Teil des Grüns in dünne Scheiben schneiden. Mit der frisch gehackten Petersilie unter den Salat mischen.

Pro Person:
Kalorien (kcal) 290
Eiweiß (g) 12
Fett (g) 14
Kohlenhydrate (g) 28

Wenn es schneller gehen soll, können Sie auch auf gekochte Bohnen aus der Dose zurückgreifen!

LINSENSALAT MIT GEMÜSE UND KÜRBISKERNÖL

KICHERERBSENSALAT MIT TOMATEN

Für 4 Personen
Zubereitungszeit: 35 Minuten

- 300 g braune Tellerlinsen
- 1 frischer Thymianzweig
- 4 Frühlingszwiebeln
- 1 gelbe Paprika
- 200 g Cocktailtomaten

Für die Vinaigrette:

- Salz, frisch gemahlener Pfeffer
- 1 TL feinwürziger Senf
- 3 EL Weißweinessig
- 4 EL Kürbiskernöl

Außerdem:

- 1 Bund Basilikum

1. Linsen und Thymian mit Wasser bedecken und in ca. 30 Minuten gar kochen, dann abtropfen lassen.
2. Frühlingszwiebeln und die Paprika putzen. Zwiebeln in dünne Scheiben, Paprika in kleine Würfel schneiden und die Tomaten vierteln.
3. Aus den angegebenen Zutaten eine Vinaigrette rühren und alles damit vermischen.
4. Vor dem Servieren mit dem in Streifen geschnittenen Basilikum bestreuen.

Pro Person:
Kalorien (kcal) 345
Eiweiß (g) 19
Fett (g) 11
Kohlenhydrate (g) 43

Für 4 Personen
Zubereitungszeit: ca. 2 Stunden
Marinierzeit: 1 Stunde

- 200 g Kichererbsen
- 1 Lorbeerblatt
- 1 frischer Thymianzweig
- 4 Tomaten, 2 Zwiebeln
- 150 g Feta-Käse
- 1 Bund glatte Petersilie
- 50 g schwarze entsteinte Oliven

Für die Vinaigrette:

- Salz, frisch gemahlener Pfeffer
- 2 bis 3 EL Rotweinessig
- 5 EL Olivenöl, kaltgepreßt

1. Kichererbsen über Nacht in 1 Liter Wasser einweichen. Dann in ca. 2 Stunden bei schwacher Hitze gar kochen.
2. Tomaten achteln, die Zwiebeln in Würfel schneiden und den Feta-Käse zerkleinern. Die Petersilie hacken und alles mit den abgekühlten Kichererbsen und den Oliven vermischen.
3. Eine Vinaigrette zubereiten und den Salat damit 1 Stunde marinieren.

Pro Person:
Kalorien (kcal) 410
Eiweiß (g) 18
Fett (g) 23
Kohlenhydrate (g) 36

MEERESFRÜCHTESALAT

Um so viele Schätze aus dem Meer in einer Vorspeise zu vereinen, muß man etwas Mühe einplanen. Aber es lohnt sich, wenn die Meeresfrüchte ganz frisch sind und der Rest des Menüs in solch noblem Stil weitergeht.

Für 4 Personen
Zubereitungszeit: 50 Minuten

- 250 g möglichst kleine Tintenfische (Pulpitos)
- 250 g Miesmuscheln
- 250 g Venusmuscheln
- 1 l Wasser
- 1/4 l trockener Weißwein
- 1 große Zwiebel
- 1 Thymianzweig
- 1 Lorbeerblatt
- 6 bis 8 Pfefferkörner
- Salz
- 250 g Garnelen mit Schale
- 1 EL Schalottenessig
- Saft von 1 Zitrone
- 5 EL Olivenöl, kaltgepreßt
- 1 Knoblauchzehe
- 1/2 Bund Petersilie

1. Die Tintenfische säubern, Muscheln sorgfältig aussortieren und beides gründlich waschen.
2. Wasser und Wein in einen großen Kochtopf gießen, die geschälte, in Stücke geschnittene Zwiebel und die Gewürze dazugeben und zum Kochen bringen.
3. Die Tintenfische in das Kochwasser geben und in etwa 10 Minuten gar kochen. Mit einem Schaumlöffel herausheben.
4. Die geputzten Muscheln hineingeben und so lange kochen, bis sie sich öffnen. Herausheben und ungeöffnete Muscheln wegwerfen.
5. Zum Schluß die Garnelen in den leicht siedenden Sud geben und in 2 bis 4 Minuten, je nach Größe, gar kochen.
6. Muscheln und Garnelen aus den Schalen lösen.
7. Aus Salz, Essig, Zitronensaft und Öl eine Marinade zubereiten und mit dem durchgepreßten Knoblauch würzen. Die Meeresfrüchte mit der Marinade vermischen und noch etwa 1/8 l von der durchgesiebten Fischbrühe dazugießen. Mindestens 30 Minuten durchziehen lassen.
8. Vor dem Servieren mit gehackter Petersilie bestreuen.

Pro Person:
Kalorien (kcal) 300
Eiweiß (g) 34
Fett (g) 16
Kohlenhydrate (g) 1

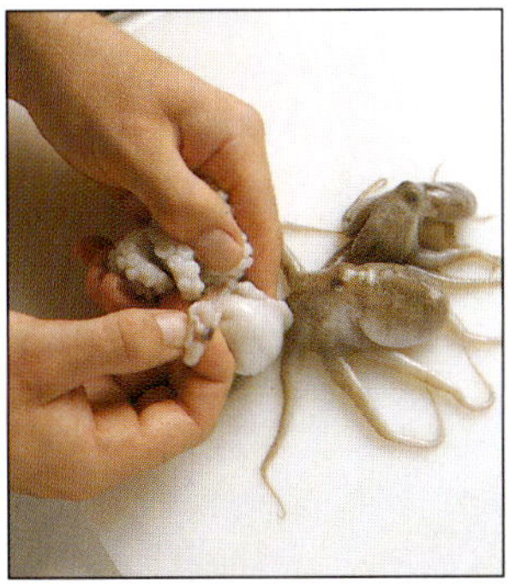

Tintenfische putzen
Bei kleinen Tintenfischen muß lediglich der Sack umgestülpt und gesäubert werden. Bei größeren Tieren muß alles, auch das Fischbein, aus dem Körper geholt werden. Augen und harte Teile des Kopfes abschneiden. Gut waschen!

Muscheln säubern
Muscheln sortieren! Falls sich geöffnete Muscheln bei Fingerdruck nicht wieder schließen, unbedingt wegwerfen. Den Bart herausziehen. Die Muscheln unter fließendem Wasser bürsten. In reichlich kaltem Wasser schwenken.

Muscheln kochen
Die auf einem Durchschlag abgetropften Muscheln in das mit Gewürzen und Kräutern angereicherte Kochwasser geben und zugedeckt in wenigen Minuten garen. Sobald sie sich öffnen, sind sie genießbar.

Garnelen auslösen
Von den gegarten Garnelen den Kopf abtrennen, die Schale von der Bauchseite her aufbrechen und ablösen. Eventuell das Schwanzende dranlassen.

Marinade zubereiten
Salz, Essig und Zitronensaft verrühren, bis sich das Salz gelöst hat, dann das Öl dazugießen und die Knoblauchzehe durch eine Presse in die Sauce drücken. Meeresfrüchte und 1/8 l durchgesiebten Fischsud dazugeben.

EXOTISCHER FISCHSALAT

Für 4 Personen
Zubereitungszeit: 35 Minuten

600 g Kabeljaufilet
einige Salatblätter
1 vollreife Mango
1 grüne Paprikaschote
1 frische Chilischote
Für die Vinaigrette:
1/2 TL geriebener Ingwer
1/2 TL Curry
Salz, frisch gemahlener Pfeffer
Saft und Schale von 1 Limette
1 TL Aceto Balsamico
4 EL Sojaöl, 4 EL Sahne
Außerdem:
einige Kopfsalatblätter
2 EL geröstete Kokosraspeln

1. Das Fischfilet über Dampf 8 bis 10 Minuten garen.
2. Mango schälen, das Fruchtfleisch vom Kern lösen und in Scheiben, die geputzte Paprikaschote in Streifen schneiden. Chilischote kleinschneiden.
3. Aus den angegebenen Zutaten eine Vinaigrette herstellen.
4. Eine tiefe Platte mit Salatblättern auslegen. Kabeljau in mundgerechte Stücke zerteilen. Alle Zutaten darauf verteilen. Mit Vinaigrette begießen und den Kokosraspeln bestreuen.

Pro Person:
Kalorien (kcal) 425
Eiweiß (g) 42
Fett (g) 21
Kohlenhydrate (g) 10

LACHSSALAT MIT BRUNNENKRESSE

Für 4 Personen
Zubereitungszeit: 20 Minuten

4 Scheiben frischer Lachs
(je 100 g)
Brunnenkresse
1 Handvoll junge Spinatblätter
einige Salatblätter (Lollo rosso
und Frisée)
8 hartgekochte Wachteleier
2 EL Schalottenwürfel
Für die Vinaigrette:
1 TL frisch geriebener
Meerrettich
Salz
frisch gemahlener Pfeffer
2 bis 3 EL Weißweinessig
5 EL Olivenöl, kaltgepreßt
Außerdem:
2 EL feingehackter Dill

1. Die Lachsscheiben über Dampf 3 bis 5 Minuten garen.
2. Spinat, Brunnenkresse und Salatblätter gründlich waschen und gut trockenschleudern. Auf einer Platte oder 4 Tellern auslegen.
3. Den Lachs in mundgerechte Stücke teilen. Die Wachteleier schälen, halbieren und mit den Schalotten und dem Lachs auf der Platte anordnen.
4. Aus den angegebenen Zutaten eine Vinaigrette herstellen, den Salat damit beträufeln und mit Dill bestreuen.

Pro Person:
Kalorien (kcal) 360
Eiweiß (g) 22
Fett (g) 28
Kohlenhydrate (g) 0

SPANISCHER FISCHSALAT

Für 4 Personen
Zubereitungszeit: 25 Minuten

2 Scheiben Schwertfisch (je ca. 250 g)
je 1 rote und gelbe Paprikaschote, 1 Zwiebel
50 g schwarze und mit Sardellen gefüllte grüne Oliven
einige Blätter Eissalat
Für die Vinaigrette:
1 feingehackte Sardelle
gebräunte Scheiben von 1 Knoblauchzehe
Saft von je 1 Orange und Zitrone
Salz, frisch gemahlener Pfeffer
6 EL Olivenöl, kaltgepreßt

1. Schwertfisch über Dampf 4 bis 6 Minuten garen.
2. Paprikaschoten waschen, halbieren, entkernen und in Rauten schneiden. Zwiebel schälen und in feine Ringe schneiden, die Oliven halbieren. Den gegarten Fisch etwas abkühlen lassen, in mundgerechte Stücke teilen und mit den übrigen Zutaten auf den Salatblättern anrichten.
3. Aus den angegebenen Zutaten eine Vinaigrette herstellen und den Salat damit beträufeln.

Pro Person:
Kalorien (kcal) 380
Eiweiß (g) 35
Fett (g) 21
Kohlenhydrate (g) 7

LANGOSTINOS AUF CHICORÉE

Für 4 Personen
Zubereitungszeit: 30 Minuten

1/8 l Weißwein, 1 Lorbeerblatt
1 frischer Thymianzweig
Salz, einige Pfefferkörner
1 EL Schalottenwürfel
500 g Langostinos
3 Chicorée
Für die Mayonnaise:
2 EL Orangensaft, Salz
frisch gemahlener Pfeffer
1 Eigelb, 1/8 l Keimöl
1 EL Ketchup, 1 EL Cognac
2 EL Schlagsahne
1 EL gehackte Petersilie

1. Weißwein und 1/4 l Wasser mit Gewürzen und Schalotten zum Kochen bringen. Die Langostinos hineingeben und bei schwacher Hitze etwa 10 Minuten garen.
2. Chicorée waschen und in breite Streifen schneiden, einige Blätter nicht zerkleinern. Auf einer Platte anrichten.
3. Aus den angegebenen Zutaten eine Mayonnaise (siehe Rezept auf Seite 136/137) zubereiten, Sahne und Petersilie darunterziehen.
4. Langostinos aus der Schale brechen und auf dem Chicorée anrichten. Mayonnaise über dem Salat verteilen.

Pro Person:
Kalorien (kcal) 480
Eiweiß (g) 26
Fett (g) 37
Kohlenhydrate (g) 3

SCAMPISALAT MIT PAPRIKASCHAUM

Sie wollen Ihre Gäste mit einer ganz besonderen, nicht alltäglichen Vorspeise verwöhnen? Dann probieren Sie doch einmal nachfolgende Kreation. Frische Scampi von bester Qualität harmonieren vorzüglich mit dem leicht süßlichen Geschmack vollreifer Paprikaschoten, und kleine, würzige Kapern sorgen für den nötigen Pep. Dazu ein knuspriges Weißbrot und fertig ist eine raffinierte kulinarische Überraschung!

Für 4 Personen
Zubereitungszeit: 45 Minuten

Für die Sauce:
- 2 gelbe Paprikaschoten
- 1 kleine Knoblauchzehe
- 1 Schalotte
- 2 EL Olivenöl, z. B. Olivenöl extra virgen
- 200 ml Hummerfond, Salz
- frisch gemahlener weißer Pfeffer
- etwas Cayennepfeffer
- 1 bis 2 TL Aceto Balsamico
- 2 EL geschlagene Sahne

Außerdem:
- 200 g junge grüne Bohnen
- Salz, 12 Scampi in der Schale
- 3 EL Olivenöl, z. B. Olivenöl extra virgen
- 1 Knoblauchzehe
- 2 EL möglichst kleine Kapern

1. Für die Sauce die Paprikaschoten waschen, halbieren und Stengelansätze sowie Samenstränge entfernen. Die Hälften in kleine Stücke schneiden. Knoblauchzehe und Schalotte schälen und kleinschneiden.
2. Olivenöl erhitzen und das Gemüse darin andünsten. Mit Hummerfond aufgießen, mit Salz, Pfeffer und Cayennepfeffer würzen und zugedeckt 20 Minuten bei schwacher Hitze köcheln lassen.
3. In der Zwischenzeit von den Bohnen die beiden Enden abknipsen und entfädeln. Salzwasser zum Kochen bringen und die Bohnen darin in etwa 10 Minuten bißfest garen. In eiskaltem Wasser abschrecken und auf einem Sieb abtropfen lassen.
4. Die Paprika mit einem Stabmixer fein pürieren und durch ein Sieb streichen. Mit Essig, Salz und Pfeffer würzen und kalt stellen.
5. Scampi mit der Schale halbieren. Den Darm mit einem spitzen Messer herauslösen.
6. Olivenöl in einer Pfanne erhitzen. Knoblauchzehe schälen und im Öl goldraun braten. Herausnehmen und die Scampihälften mit der Schale nach unten bei starker Hitze kurz anbraten. Wenden und bei schwacher Hitze in wenigen Minuten fertiggaren.
7. Die Paprikasauce mit dem Stabmixer nochmals schaumig aufschlagen, die Sahne locker unterziehen.
8. Bohnen und Scampihälften auf vier Tellern anrichten. Mit Paprikaschaum überziehen und mit den Kapern bestreuen.

Pro Person:
Kalorien (kcal) 233
Eiweiß (g) 8
Fett (g) 18
Kohlenhydrate (g) 7

Diese köstliche Vorspeise schmeckt auch mit kurzgebratenen Seeteufelfilets.

ASIATISCHER MEERESFRÜCHTESALAT

Meeresfrüchtesalate sind heute – bereits fix und fertig – fast in jedem Supermarkt erhältlich. Nachfolgend eine Version, die man garantiert nicht kaufen kann. Die Zubereitung erfordert zwar ein wenig Geduld, aber es lohnt sich!

Für 4 Personen
Zubereitungszeit: 50 Minuten
Marinierzeit: 1 Stunde

- 1 Lauchstange, Salz
- 1 kleine Fenchelknolle
- 1 kleine Mango
- 1 kleine rote Pfefferschote
- Saft von 1 Orange
- 5 EL Olivenöl, z. B. Olivenöl extra virgen
- 250 g Miesmuscheln
- 1/8 l Weißwein
- 100 g gegarte, geschälte Garnelen
- 150 g gegarte Tintenfischringe
- 1 feingehackte Knoblauchzehe
- Saft von 1 Zitrone
- 2 EL feingehackte Kräuter
- einige Salatblätter

1. Von der Lauchstange die Wurzeln und das grüne Ende entfernen. Die Stange erst in 5 cm lange Stücke, dann in feine Julienne schneiden. In kochendem Salzwasser kurz blanchieren, kalt abschrecken und abtropfen lassen.
2. Die Fenchelknolle längs halbieren, harten Strunk keilförmig herausschneiden und die Hälften in hauchdünne Streifen schneiden. Die Mango schälen, das Fruchtfleisch vom Kern lösen und in schmale Streifen schneiden. Die Pfefferschote fein hacken.
3. Alle vorbereiteten Zutaten vermischen und in Orangensaft und 3 EL Öl marinieren.
4. Miesmuscheln sorgfältig waschen und putzen. Den Wein zum Kochen bringen und die Muscheln darin zugedeckt garen, bis sich die Schalen öffnen. Muschelfleisch aus den Schalen lösen und mit Garnelen und Tintenfischringen vermischen.
5. Das restliche Öl in einer Pfanne mit dem Knoblauch erhitzen und die Meeresfrüchte darin kurz durchschwenken. Salzen, mit Zitronensaft beträufeln, mit Kräutern bestreuen und etwas abkühlen lassen.
6. Mit den übrigen Salatzutaten vermischen. Abdecken, kühl stellen und etwa 1 Stunde marinieren lassen. Dann mit den Salatblättern anrichten.

Pro Person:
Kalorien (kcal) 234
Eiweiß (g) 14
Fett (g) 14
Kohlenhydrate (g) 8

Ganz besonders fein wird der Salat, wenn man ihn mit Scampi, Jakobsmuscheln oder mit sautierten Austern zubereitet!

LACHSSALAT MIT CHAMPIGNONS

Für 4 Personen
Zubereitungszeit: 25 Minuten

200 g Lachsfilet, in dünne Scheiben geschnitten
200 g Champignons
2 Möhren
1 Handvoll Brunnenkresse
100 g Graved Lax, in Scheiben geschnitten
Für die Marinade:
4 EL Sahne
1 EL geriebener Meerrettich
Salz
frisch gemahlener weißer Pfeffer
Saft von 1 Zitrone
2 EL Keimöl

1. Das Lachsfilet über Dampf 2 bis 3 Minuten garen.
2. Champignons in dünne Scheiben schneiden. Möhren in feine Streifen schneiden und kurz blanchieren. Kresse verlesen, waschen und trockenschleudern.
3. Die angegebenen Zutaten zu einer Marinade verrühren. Sofort mit den Pilzen und den Möhren vermischen und auf vier Teller verteilen. Gedämpften Lachs und Graved Lax darauf anrichten und mit Kresse bestreuen.

Pro Person:
Kalorien (kcal) 250
Eiweiß (g) 16
Fett (g) 16
Kohlenhydrate (g) 4

MUSCHELSALAT MIT SPROSSEN

Für 4 Personen
Zubereitungszeit: 30 Minuten

2 Fleischtomaten
2 Schalotten
1 kleine Avocado
120 g gemischte Sprossen (z. B. Mungo-, Weizen- oder Linsensprossen)
1 kg Miesmuscheln
1/4 l Fischfond
2 EL frisch gehackte Kräuter
Für die Vinaigrette:
2 EL Weißweinessig
1 TL Aceto Balsamico
Salz
frisch gemahlener Pfeffer
3 EL Keimöl
1 EL Kürbiskernöl

1. Tomaten blanchieren, häuten, halbieren und entkernen. Die Schalotten schälen und wie die Tomaten in kleine Würfel schneiden. Avocado schälen, halbieren, den Kern entfernen und das Fleisch in Stücke schneiden.
2. Die angegebenen Zutaten zu einer Vinaigrette verrühren, über dem Gemüse und den Sprossen verteilen und marinieren lassen.
3. Die Miesmuscheln gründlich putzen und waschen. In dem Fischfond so lange garen, bis sich die Muscheln öffnen.
4. Muschelfleisch aus den Schalen lösen und unter den vorbereiteten Salat mischen. Zum Schluß die Kräuter unterheben.

Pro Person:
Kalorien (kcal) 250
Eiweiß (g) 17
Fett (g) 14
Kohlenhydrate (g) 9

TINTENFISCHSALAT MIT PAPRIKA UND OLIVEN

Für 4 Personen
Zubereitungszeit: 25 Minuten

2 gelbe Paprikaschoten
1 Gemüsezwiebel
50 g schwarze Oliven
1 bis 2 Knoblauchzehen
1 TL scharfer Senf
Salz, frisch gemahlener Pfeffer
2 EL Weißweinessig
5 EL Olivenöl, z. B. Olivenöl extra virgen
250 g gegarte Tintenfischringe
Saft von 1/2 Zitrone
1 EL frische Oreganoblätter

1. Die Paprikaschoten putzen, Zwiebel schälen und beides in feine Streifen schneiden. Olivenfleisch vom Kern schneiden.
2. Knoblauch schälen und fein zerdrücken. Mit Senf, Salz, Pfeffer, Essig und 4 EL Öl verrühren und mit dem Gemüse vermischen.
3. Restliches Öl erhitzen und die Tintenfischringe darin kurz anbraten. Salzen, mit Zitronensaft beträufeln und zugedeckt kurz schmoren lassen.
4. Tintenfischringe unter den Salat mischen. Mit Oregano bestreuen und etwa 30 Minuten marinieren lassen.

Pro Person:
Kalorien (kcal) 216
Eiweiß (g) 12
Fett (g) 15
Kohlenhydrate (g) 6

KRABBEN-BROCCOLI-SALAT

Für 4 Personen
Zubereitungszeit: 30 Minuten

300 g Broccoli
Salz
1/2 rote Pfefferschote
250 g Nordseekrabben
Saft von 1/2 Zitrone
Für die Salatsauce:
2 EL Crème fraîche
Salz
frisch gemahlener Pfeffer
1 bis 2 EL Weißweinessig
1 EL Olivenöl, z. B. Olivenöl extra virgen
Für die Garnitur:
2 hartgekochte Eier
4 Cocktailtomaten

1. Broccoli in kleine Röschen teilen und in Salzwasser bißfest garen, kalt abschrecken. Die Pfefferschote in winzige Würfel schneiden und mit den Krabben vermischen. Mit Zitronensaft beträufeln.
2. Die angegebenen Zutaten zu einer Salatsauce verrühren. Broccoli auf eine Platte geben, die marinierten Krabben darüber verteilen und mit der Salatsauce beträufeln.
3. Eier und Cocktailtomaten vierteln und den Salat damit garnieren.

Pro Person:
Kalorien (kcal) 217
Eiweiß (g) 21
Fett (g) 11
Kohlenhydrate (g) 5

FEINER FISCHSALAT MIT SPARGEL

Fischsalate sind einfach in der Zubereitung, hervorragend im Geschmack und zudem noch leicht bekömmlich. Gemeint sind allerdings nicht die üppigen Salate, die mit Mayonnaise zubereitet werden, sondern Salate mit gedämpftem Fisch, bißfest gegartem Gemüse und einer zartwürzigen Vinaigrette, die den Eigengeschmack des Fischs unterstützt.

Für 4 Personen
Zubereitungszeit: 45 Minuten

2 Seezungenfilets (à 70 g)
einige junge Spinatblätter, Salz
frisch gemahlener weißer Pfeffer
je 4 weiße und grüne Spargelstangen, 1 Prise Zucker
3 Tomaten, 4 Frühlingszwiebeln
1 Bund Rucola
200 g Seeteufelfilet
4 ausgelöste Jakobsmuscheln

Für die Vinaigrette:
1/2 TL Estragonsenf
Salz, frisch gemahlener Pfeffer
1 TL Estragonessig
2 EL feiner Weißweinessig
2 EL Fischfond
4 EL Olivenöl, z. B. Olivenöl extra virgen
1 EL Walnußöl

1. Seezungenfilets zwischen Klarsichtfolie flachklopfen. Die Spinatblätter blanchieren und abschrecken. Die Seezungenfilets mit Salz und Pfeffer einreiben und mit dem Spinat belegen. Filets aufrollen, abdecken und etwa 15 Minuten in das Tiefkühlgerät stellen.
2. Die weißen Spargelstangen ganz, die grünen Stangen nur am unteren Ende schälen. Wenig Wasser mit Salz und Zucker erhitzen. Den weißen Spargel etwa 20 Minuten, den grünen etwa 10 Minuten darin garen.
3. Tomaten blanchieren, häuten, halbieren, entkernen und in kleine Würfel schneiden. Frühlingszwiebeln putzen und in dünne Ringe schneiden. Rucola verlesen, waschen und trockenschleudern.
4. Das Seeteufelfilet in dünne Scheiben schneiden, salzen und in einen Dämpfkorb geben. Im geschlossenen Topf 3 bis 4 Minuten garen.
5. Die Seezungenröllchen in 1/2 cm dicke Scheiben schneiden. Seeteufel aus dem Korb nehmen und nacheinander Seezunge und Muscheln darin jeweils 2 bis 4 Minuten garen.
6. Vier Teller mit Rucola auslegen. Die Spargelstangen in Stücke schneiden und mit Frühlingszwiebeln, Fisch und Muscheln gleichmäßig auf den Tellern verteilen.
7. Die angegebenen Zutaten zu einer Vinaigrette verrühren und über den Salat träufeln. Mit Tomatenwürfeln und Pfeffer bestreuen.

Pro Person:
Kalorien (kcal) 260
Eiweiß (g) 20
Fett (g) 14
Kohlenhydrate (g) 10

Ersetzen Sie das Seezungenfilet durch das schmackhafte Filet von Merlan (Wittling), ziehen Sie den preiswerteren Rotbarsch dem Seeteufel vor und verwenden Sie statt der teuren Jakobsmuscheln Miesmuscheln!

Fischfilet flachklopfen
Seezungenfilets kurz waschen und trockentupfen. Die Filets zwischen Klarsichtfolie legen und mit einem Plattеisen oder der platten Seite eines Hackbeils flachklopfen. Mit Salz und Pfeffer einreiben.

Filets aufrollen
Spinatblätter zum Blanchieren in ein Sieb legen, kurz in kochendes, dann in eiskaltes Wasser tauchen und abtropfen lassen. Die Fischfilets damit belegen und von der Längsseite her aufrollen. Mit Klarsichtfolie abdecken und etwa 15 Minuten tiefkühlen.

Gemüse vorbereiten
Weißen Spargel ganz, grünen Spargel nur am unteren Ende schälen und garen. Tomaten blanchieren, häuten, halbieren, entkernen und in Würfel schneiden. Frühlingszwiebeln putzen und in dünne Ringe schneiden. Rucola verlesen, waschen und in einer Salatschleuder trockenschleudern.

Fisch dämpfen
In einen Topf, in dem ein Dämpfkorb aus Bambus oder Metall Platz hat, zweifingerbreit Wasser füllen, salzen und zum Kochen bringen. Seeteufel und Seezungenröllchen in Scheiben schneiden und nacheinander im Dämpfkorb garen. Dann die Muscheln dämpfen.

Teller anrichten
Teller mit Rucola auslegen. Spargel in Stücke schneiden und mit Zwiebeln, Fisch und Muscheln darauf verteilen. Mit der Vinaigrette beträufeln und mit Tomatenwürfeln und Pfeffer bestreuen.

SALATTELLER MIT TEE-GERÄUCHERTER ENTENBRUST

Für das Räuchern mit Tee ist kein spezielles Räuchergerät nötig, ein Wok reicht völlig aus. Zum Räuchern eignen sich die verschiedensten Teesorten, wie z. B. Darjeeling, Assam oder ein parfümierter Tee. Aber auch der Rauch getrockneter Kräuter verfeinert das zarte Geflügelfleisch. Das Räuchern mit Tee geht auf eine Idee von André Jaeger vom Restaurant Fischerzunft am Bodensee zurück.

Für 4 Personen
Zubereitungszeit: 1 Stunde
Marinierzeit: 24 Stunden

2 Entenbrüste (je 250 g)
6 g Pökelsalz
2 TL Teeblätter
2 EL Keimöl
2 EL Hoi-sin-Sauce
80 g rote Linsen
Salz
1 Handvoll gemischte Salatblätter (z. B. Frisée-, Kopf-, Feldsalat, Radicchio)
100 g Cocktailtomaten

Für die Vinaigrette:
1 EL Sojasauce
2 EL Aceto Balsamico
Salz
frisch gemahlener Pfeffer
4 EL Olivenöl, kaltgepreßt

1. Die Entenbrüste mit Pökelsalz einreiben und über Nacht marinieren.
2. Am nächsten Tag die Teeblätter in den Wok streuen. Ein Gitter darübergeben und die Entenbrüste darauflegen. Mit einem passenden Deckel verschließen. Erhitzen, bis sich die Teeblätter entzünden und sich Rauch entwickelt. Hitze reduzieren und die Entenbrüste 10 bis 20 Minuten räuchern.
3. Herausnehmen und die Haut rautenförmig einschneiden. Das Öl in einer Pfanne erhitzen und die Brüste auf der Hautseite 5 Minuten bei starker Hitze anbraten. Wenden und die zweite Seite bei mittlerer Hitze 10 Minuten braten. Die Haut mit Hoi-sin-Sauce bestreichen. 10 Minuten ruhen lassen.
4. Die Linsen in kochendem Salzwasser einige Minuten garen und auf einem Sieb abtropfen lassen.
5. Die Salatblätter waschen und trockentupfen, die Cocktailtomaten halbieren. Die Salatblätter auf einer Platte verteilen, Linsen und Cocktailtomaten darübergeben. Aus den angegebenen Zutaten eine Vinaigrette zubereiten und darüberträufeln.
6. Die Entenbrüste in dünne Scheiben schneiden und auf dem Salat anrichten.

Pro Person:
Kalorien (kcal) 430
Eiweiß (g) 25
Fett (g) 32
Kohlenhydrate (g) 4

Entenbrüste pökeln
Entenbrüste rundherum mit Pökelsalz einreiben. Nicht zuviel verwenden, da sonst das Fleisch zu salzig wird. Die Brüste zugedeckt 24 Stunden kühl stellen.

Entenbrüste räuchern
Tee im Wok erhitzen, bis sich Rauch entwickelt. Die Hitze reduzieren, die Brüste auf das Gitter legen und zugedeckt je nach gewünschter Intensität 10 bis 20 Minuten räuchern.

Entenbrüste braten
Haut rautenförmig einschneiden und im heißen Öl erst auf der Hautseite 5 Minuten anbraten, dann wenden, und bei reduzierter Hitze 10 bis 15 Minuten fertigbraten. Ruhen lassen!

TEEGERÄUCHERTE HÄHNCHENFILETS AUF PILZSALAT

Für 4 Personen
Zubereitungszeit: 40 Minuten
Marinierzeit: 24 Stunden

2 Hähnchenbrustfilets (je 150 g)
5 g Pökelsalz, 2 TL Teeblätter
250 g Shiitake-Pilze
4 EL Keimöl, 2 TL Hoi-sin-Sauce
1 EL gehacktes Koriandergrün
100 g Mungosprossen
1 Handvoll junge Spinatblätter
einige Radicchioblätter
Für die Vinaigrette:
1 EL Sojasauce
1 bis 2 EL Sherryessig
Salz, frisch gemahlener Pfeffer
4 EL Erdnußöl

1. Hähnchenfilets, wie in dem Rezept auf Seite 174 beschrieben, vorbereiten und 10 Minuten räuchern.
2. Pilze putzen und in Scheiben schneiden. Filets in 2 EL heißem Öl 6 bis 8 Minuten anbraten. Aus der Pfanne nehmen, mit Hoi-sin-Sauce bestreichen und ruhen lassen.
3. Restliches Öl erhitzen und die Pilze darin kurz anbraten. Abkühlen lassen, Koriandergrün daruntermischen.
4. Pilze mit Mungosprossen, Spinatblättern und zerkleinerten Radicchioblättern vermischen, mit der Vinaigrette marinieren.
5. Filets in Scheiben schneiden und auf dem Salat anrichten.

Pro Person:
Kalorien (kcal) 205
Eiweiß (g) 11
Fett (g) 17
Kohlenhydrate (g) 0

KRÄUTERGERÄUCHERTE PUTENBRUST AUF FELDSALAT

Für 4 Personen
Zubereitungszeit: 45 Minuten
Marinierzeit: 24 Stunden

300 g Putenbrust
5 g Pökelsalz
2 TL provenzalische Kräuter
2 EL Keimöl
100 g Feldsalat
2 Schalotten, 2 große Möhren
50 g schwarze Oliven
Für die Vinaigrette:
1 feingehackte Knoblauchzehe
1 TL Dijon-Senf
3 EL Weißweinessig
Salz, frisch gemahlener Pfeffer
5 EL Olivenöl, kaltgepreßt

1. Putenbrust, wie im Rezept auf Seite 174 beschrieben, vorbereiten und mit den Kräutern räuchern.
2. In heißem Öl rundherum 8 bis 10 Minuten anbraten. Ruhen lassen.
3. Feldsalat putzen, gründlich waschen und gut abtropfen lassen. Schalotten schälen und in Würfel schneiden. Die Möhren schälen und in Streifen schneiden. Oliven entkernen. Alle Zutaten für die Vinaigrette verrühren. Mit dem Salat gut vermischen und auf 4 Teller verteilen.
4. Mit der in dünne Scheiben geschnittenen Putenbrust belegen.

Pro Person:
Kalorien (kcal) 295
Eiweiß (g) 17
Fett (g) 22
Kohlenhydrate (g) 5

NUDELSALAT MIT PILZEN UND PESTO

Nudelsalate sind auch heute noch bei jung und alt gleichermaßen beliebt, und dank der unzähligen verschiedenen Pastasorten aus Italien sieht auch jeder Salat wieder ein bißchen anders aus. Bei unseren südlichen Nachbarn hingegen kennt man diese Zubereitungsart kaum.

Für 4 Personen
Zubereitungszeit: 45 Minuten
Marinierzeit: 1 Stunde

- 250 g Orecchiette
- Salz
- 250 g kleine Steinpilze
- 1 Zwiebel
- 2 EL Olivenöl
- 2 Fleischtomaten
- 150 g (Büffel-)Mozzarella

Für das Pesto:

- 50 g Pinienkerne
- 1 großer Bund Basilikum
- 2 bis 3 Knoblauchzehen
- 1 EL grobes Salz
- 50 g Parmesan
- 6 EL Olivenöl, kaltgepreßt
- 1 EL Aceto Balsamico
- 1 bis 2 EL Weißweinessig
- frisch gemahlener Pfeffer
- 1 EL gehackte Petersilie

1. Die Orecchiette in reichlich Salzwasser nach Angaben auf der Packung al dente kochen. Auf einem Durchschlag abtropfen lassen, dabei etwas Kochwasser aufbewahren. Mit kaltem Wasser abbrausen.
2. Die Pilze putzen, nur wenn nötig kurz waschen und in dünne Scheiben schneiden oder vierteln. Die Zwiebel schälen und in kleine Würfel schneiden.
3. Öl in einer Pfanne erhitzen und die Pilze darin bei starker Hitze anbraten. Die Zwiebelwürfel dazugeben und kurz mitdünsten. Vom Herd nehmen und abkühlen lassen.
4. Die Tomaten blanchieren, häuten, halbieren, entkernen und in Würfel schneiden. Den Mozzarella in Stücke schneiden.
5. Pinienkerne, abgezupfte Basilikumblätter sowie die geschälten, kleingeschnittenen Knoblauchzehen in einem Mörser zerkleinern und dabei immer wieder etwas Salz hinzufügen.
6. Parmesan in kleinen Stückchen dazugeben, fein zerstoßen und nach und nach das Öl darunterrühren bis eine geschmeidige Sauce entstanden ist. Zum Schluß den Essig daruntermischen und das Pesto mit den Nudeln, Pilzen, Tomaten und Mozzarella vermengen.
7. Bei Bedarf den Salat mit etwas Nudelkochwasser »geschmeidiger« machen. Mit Pfeffer bestreuen und mindestens 15 Minuten durchziehen lassen.

Person:
Kalorien (kcal) 680
Eiweiß (g) 24
Fett (g) 38
Kohlenhydrate (g) 55

• Versuchen Sie den Salat auch einmal mit Hörnchennudeln, Farfalle oder Fussili.
• Unbedingt frisch zubereitetes Pesto verwenden!

Nudeln kochen
In einem großen Kochtopf reichlich Salzwasser zum Kochen bringen (pro 100 g Nudeln 1 Liter Wasser und 10 g Salz). Die Nudeln hineingeben und nach Angaben auf der Packung al dente kochen. Zwischendurch auf Bißfestigkeit prüfen.

Nudeln abgießen
Die gegarten Nudeln auf einen Durchschlag schütten, dabei ein wenig Kochflüssigkeit aufbewahren. Mit kaltem Wasser abbrausen, damit die Nudeln nicht aneinanderkleben. Gut abtropfen lassen.

Pilze braten
Das Öl erhitzen und die zerkleinerten Pilze scharf anbraten. Die in Würfel geschnittene Zwiebel dazugeben und mitdünsten.

Salatsauce zubereiten
Pinienkerne, abgezupfte Basilikumblätter und kleingeschnittene Knoblauchzehen in einem Mörser zerstoßen, das Salz dazugeben. Parmesan in kleinen Stückchen dazugeben, zerstoßen und langsam das Öl darunterrühren, mit Essig würzen.

Salat anmachen
Nudeln, Tomaten, Pilze und Mozzarella in einer Schüssel vermischen und mit dem Pesto begießen. Mit einem Salatbesteck locker vermischen und bei Bedarf mit etwas Nudelkochwasser »geschmeidiger« machen. Mit Pfeffer bestreuen.

PENNESALAT MIT SALAMI

Für 4 Personen
Zubereitungszeit: 30 Minuten
Marinierzeit: 1 bis 2 Stunden

250 g Penne, Salz
1 rote Paprikaschote
150 g Mailänder-Salami
1 große Essiggurke
150 g gekochte Maiskörner
2 EL gehackte Petersilie
Für die Salatsauce:
3 EL Mayonnaise
2 EL Vollmilchjoghurt
2 EL Ketchup
1 TL Paprikapulver, edelsüß
Salz
frisch gemahlener Pfeffer
3 bis 4 EL Weißweinessig

1. Nudeln al dente kochen, siehe Rezept auf Seite 177.
2. Paprikaschote waschen, putzen und wie Salami und Essiggurke in kleine Würfel schneiden. Mit Maiskörnern und Petersilie zu den Nudeln geben.
3. Die Saucenzutaten gründlich verrühren und mit den Salatzutaten vermischen. Den Salat durchziehen lassen.
4. Falls er zu trocken ist, mit etwas Einlegflüssigkeit der Essiggurke oder Kochwasser »geschmeidiger« machen.

Pro Person:
Kalorien (kcal) 580
Eiweiß (g) 17
Fett (g) 30
Kohlenhydrate (g) 57

FARFALLESALAT MIT ERBSEN UND SCHINKEN

Für 4 Personen
Zubereitungszeit: 30 Minuten
Marinierzeit: 1 bis 2 Stunden

250 g Farfalle
Salz
150 g Tiefkühl-Erbsen
150 g Kochschinken
2 EL gehackte Kräuter
Für die Salatsauce:
4 EL Crème fraîche
Salz
frisch gemahlener Pfeffer
80 g geriebener Hartkäse
2 bis 3 EL Estragonessig

1. Nudeln al dente kochen, siehe Rezept auf Seite 177.
2. Tiefkühl-Erbsen kurz in wenig kochendem Wasser garen. Den Schinken in feine Streifen schneiden. Nudeln, Erbsen, Schinken und Kräuter in einer Schüssel vermischen.
3. Crème fraîche mit Salz, Pfeffer, Käse und Essig zu einer glatten Sauce verrühren. Über die Nudeln gießen und miteinander vermischen. Falls nötig, mit etwas Nudelkochwasser »geschmeidiger« machen.

Pro Person:
Kalorien (kcal) 460
Eiweiß (g) 24
Fett (g) 16
Kohlenhydrate (g) 51

TORTELLINISALAT MIT GEMÜSEVINAIGRETTE

Für 4 Personen
Zubereitungszeit: 30 Minuten
Marinierzeit: 2 bis 3 Stunden

250 g Tortellini
Salz
Für die Vinaigrette:
1 kleiner Zucchino
1 Selleriestange
1 gehäutete Tomate
2 EL Zwiebelwürfel
1 EL Aceto Balsamico
3 EL Weißweinessig
1/8 l trockener Weißwein
Salz
frisch gemahlener Pfeffer
5 EL Olivenöl, kaltgepreßt
1 Bund Schnittlauch

1. Tortellini al dente kochen, siehe Rezept auf Seite 177.
2. Zucchino, Selleriestange und Tomate in kleine Würfel schneiden und mit den Zwiebelwürfeln vermischen.
3. Essig mit Wein, Salz und Pfeffer so lange verrühren, bis sich das Salz aufgelöst hat. Langsam das Öl dazugießen. Das Gemüse hinzufügen.
4. Tortellini mit der Vinaigrette vermischen und den Salat gut durchziehen lassen. Mit feingeschnittenem Schnittlauch bestreut servieren.

Pro Person:
Kalorien (kcal) 380
Eiweiß (g) 9
Fett (g) 13
Kohlenhydrate (g) 50

CONCHIGLIESALAT MIT BROCCOLI

Für 4 Personen
Zubereitungszeit: 40 Minuten

250 g Conchiglie
Salz
300 g Broccoli
150 g Cocktailtomaten
1 kleine Pfefferschote
1 Knoblauchzehe
Für die Salatsauce:
100 g Gorgonzola
4 EL Sahne
3 EL Weißweinessig
3 EL Olivenöl, kaltgepreßt
Salz
frisch gemahlener Pfeffer

1. Conchiglie al dente kochen, siehe Rezept auf Seite 177.
2. Broccoli putzen, in kleine Röschen teilen und in wenig Salzwasser bißfest kochen. In eisgekühltem Wasser abschrecken. Tomaten vierteln, die Pfefferschote fein schneiden und die Knoblauchzehe fein hacken.
3. Für die Salatsauce den Gorgonzola mit einer Gabel zerdrücken. Mit Sahne, Essig und Öl verquirlen und vorsichtig mit Salz und Pfeffer würzen.
4. Die Sauce mit den Salatzutaten vermischen und den Salat kurz durchziehen lassen. Falls nötig, mit ein wenig Sahne »geschmeidiger« machen.

Pro Person:
Kalorien (kcal) 460
Eiweiß (g) 16
Fett (g) 21
Kohlenhydrate (g) 50

NUDELSALAT MIT MARINIERTEM GEMÜSE

Ein nicht alltäglicher Nudelsalat, der ohne viel Aufwand rasch zubereitet werden kann: In Öl eingelegtes Gemüse – in vielen ausländischen Lebensmittelgeschäften, aber auch in Feinkostgeschäften erhältlich –, eine Dose Thunfisch und Nudeln aus dem Vorratsschrank – jetzt kann jederzeit überraschender Besuch kommen.

Für 4 Personen
Zubereitungszeit: 20 Minuten
Marinierzeit: 1 bis 2 Stunden

- 250 g Fusilli
- Salz
- 350 g gemischtes, in Öl eingelegtes Gemüse (z. B. Paprika, Zwiebeln, Zucchini, Pilze)
- 150 g eingelegter Thunfisch, naturell
- 50 g mit Paprika gefüllte Oliven
- 3 EL kleine Kapern
- 1 Bund glatte Petersilie

Für die Vinaigrette:

- 1 Knoblauchzehe
- 2 bis 3 EL Aceto Balsamico
- Salz
- frisch gemahlener Pfeffer
- 3 EL Olivenöl, kaltgepreßt

1. Fusilli in reichlich Salzwasser al dente kochen. Auf einen Durchschlag schütten, kalt abbrausen und gut abtropfen lassen.
2. Das eingelegte Gemüse auf einem Sieb abtropfen lassen und die aufgefangene Marinade mit den gegarten Nudeln vermischen.
3. Das Gemüse, falls nötig, in kleine Stücke schneiden. Den Thunfisch zerpflücken und mit den in Scheiben geschnittenen Oliven und den Kapern zu den Nudeln geben. Die Petersilie hacken und ebenfalls daruntermischen.
4. Für die Vinaigrette die geschälte Knoblauchzehe durch eine Presse drücken und mit Essig, Salz und Pfeffer so lange verrühren, bis sich das Salz aufgelöst hat. Unter weiterem Rühren das Öl dazugießen.
5. Den Nudelsalat mit der Vinaigrette vermischen und bei Bedarf noch ein wenig nachwürzen. Vor dem Servieren kurz durchziehen lassen.

Pro Person:
Kalorien (kcal) 425
Eiweiß (g) 17
Fett (g) 16
Kohlenhydrate (g) 50

• Manche Gläser mit mariniertem Gemüse enthalten auch Oliven. In diesem Fall kann man auf zusätzliche Oliven verzichten.
• Anstelle von Thunfisch in feine Streifen geschnittenen Parmaschinken untermischen!

NUDELSALAT MIT MEERESFRÜCHTEN

Pasta und Meeresfrüchte, warm oder kalt serviert, sind immer eine unwiderstehliche Verführung. Natürlich ist der Salat mit frisch gekochten Meeresfrüchten am feinsten. Meeresfrüchte aus der Tiefkühltruhe sparen allerdings Zeit und sind immer griffbereit.

Für 4 Personen
Zubereitungszeit: 25 Minuten
Marinierzeit: 1 Stunde

- 250 g Rigatoni
- Salz
- 6 EL Olivenöl, kaltgepreßt
- 3 EL Weißweinessig
- 1 Zwiebel
- 2 Knoblauchzehen
- 1 kleine Pfefferschote
- 3 große Tomaten
- 300 g gemischte Tiefkühl-Meeresfrüchte
- einige Safranfäden
- 1/2 TL Curry
- 4 bis 5 EL trockener Weißwein
- frisch gemahlener Pfeffer
- 1 Bund Basilikum
- 1/2 Bund Dill

1. Nudeln in reichlich Salzwasser nach Angaben auf der Packung al dente kochen. Auf einen Durchschlag schütten, kalt abbrausen und gut abtropfen lassen. Mit 2 EL Öl und 2 EL Essig vermischen.

2. Zwiebel und Knoblauch schälen und in kleine Würfel schneiden, die Pfefferschote fein hacken. Tomaten kurz blanchieren, häuten, halbieren, entkernen und in Würfel schneiden.

3. Das restliche Öl in einer Pfanne erhitzen und Zwiebel- und Knoblauchwürfel darin glasig dünsten. Die tiefgekühlten Meeresfrüchte dazugeben, mit Salz, Safran und Curry würzen und bei mittlerer Hitze wenige Minuten andünsten. Mit Wein aufgießen und 3 bis 4 Minuten garen.

4. Etwas abkühlen lassen, dann mit den Tomatenwürfeln unter die Nudeln mischen. Mit Salz, Pfeffer und restlichem Essig abschmecken. Den Salat kurz durchziehen lassen.

5. Die Kräuter fein hacken und kurz vor dem Servieren unter den Salat mischen.

Pro Person:
Kalorien (kcal) 500
Eiweiß (g) 23
Fett (g) 20
Kohlenhydrate (g) 53

Mischen Sie zusätzlich einen kleinen, in Julienne geschnittenen Zucchino unter den Salat!

UNGARISCHER REISSALAT

Reis ist eine der ältesten Kulturpflanzen und für die Hälfte der Erdbevölkerung das Hauptnahrungsmittel. In unseren Breiten fristet er eher ein »Beilagen-Dasein«. Dabei sind die Körner ungemein vielseitig verwendbar. Übrigens, von den etwa 8000 Reissorten spielen nur acht ein bedeutende Rolle für unsere Ernährung! Für Salat nimmt man am besten Langkornreis.

Für 4 Personen
Zubereitungszeit: 45 Minuten
Marinierzeit: 1 Stunde

2 EL Keimöl
2 EL Zwiebelwürfel
150 g Langkornreis
Salz
1 TL Paprikapulver, edelsüß
350 ml Fleischbrühe
je 1 kleine rote und grüne Paprikaschote
100 g ungarische Salami
100 g Emmentaler Käse
1 Pfefferschote
1 Bund Petersilie
100 g gekochte Maiskörner
Für die Salatsauce:
3 EL Mayonnaise
100 g saure Sahne
2 EL Ketchup
3 bis 4 EL Weißweinessig
Salz
frisch gemahlener Pfeffer

1. Das Öl in einem Kochtopf erhitzen, die Zwiebelwürfel glasig dünsten, dann den Reis darin bei mittlerer Hitze unter Rühren kurz anbraten. Salzen, mit Paprikapulver bestäuben und mit der Brühe aufgießen.
2. Den Reis einmal aufkochen lassen, dann zugedeckt bei schwacher Hitze in etwa 20 bis 25 Minuten ausquellen lassen. Den gegarten Reis in eine Schüssel geben, mit einer Gabel lockern und abkühlen lassen.
3. Während der Reis gart, die Paprikaschoten waschen, vierteln und Stengelansätze und Samenstränge entfernen. Die Viertel in feine Streifen schneiden. Salami und Käse in etwa 4 cm lange, feine Streifen schneiden. Geputzte Pfefferschote und Petersilie fein hacken.
3. Die vorbereiteten Zutaten mit den Maiskörnern unter den abgekühlten Reis mischen.
4. Mayonnaise, saure Sahne und Ketchup zu einer glatten Sauce verrühren und mit Essig, Salz und Pfeffer würzen. Mit den Salatzutaten vermischen und noch einmal herzhaft abschmecken.

Pro Person:
Kalorien (kcal) 590
Eiweiß (g) 17
Fett (g) 38
Kohlenhydrate (g) 40

• Der Salat eignet sich vortrefflich als Partysalat. Er fällt nicht zusammen und schmeckt sogar noch aromatischer, wenn er längere Zeit durchziehen kann. • In diesem Fall die Hälfte der Petersilie erst kurz vor dem Servieren frisch an den Salat geben.

1. Art: Reis kochen
Öl erhitzen und die Zwiebelwürfel darin glasig dünsten. Den Reis dazugeben, mit Salz und Paprikapulver würzen und mit Brühe aufgießen. Einmal aufkochen lassen. Zugedeckt bei schwacher Hitze in etwa 20 Minuten ausquellen lassen.

2. Art: Reis kochen
In einem großen Topf reichlich Salzwassr zum Kochen bringen. Den Reis hineingeben, einmal umrühren und sprudelnd im offenen Topf in etwa 20 Minuten gar kochen. Nach Ende der Garzeit auf ein Sieb schütten und gut abtropfen lassen.

Salatzutaten vorbereiten
Paprikaschoten waschen, vierteln, Stengelansätze und Samenstränge entfernen und die Viertel quer in Streifen schneiden. Die Salami- und Käsescheiben ebenfalls in feine Streifen schneiden. Pfefferschote und Petersilie fein hacken.

Salatsauce rühren
Mayonnaise, saure Sahne und Ketchup in eine Schüssel geben und mit einem Schneebesen zu einer glatten Creme verrühren. Mit Essig, Salz und Pfeffer herzhaft würzen. Reissalate schmecken auch mit einer Vinaigrette (siehe Seite 136/137).

Salat fertigstellen
Abgekühlten Reis und die vorbereiteten Salatzutaten in einer Schüssel locker vermischen. Mit der Salatsauce begießen und mit einem Salatbesteck gründlich vermengen. Noch einmal herzhaft abschmecken.

KARTOFFELSALAT

Bei der Zubereitung von Kartoffelsalat gibt es schier unendlich viele Möglichkeiten. Grundlage sind jedoch immer festkochende Kartoffeln, auch Salatkartoffeln genannt, die noch warm entweder mit Mayonnaise oder mit Brühe angemacht werden. Da man im süddeutschen Raum Brühe bevorzugt und in Westdeutschland der Kartoffelsalat ohne Mayonnaise unvorstellbar ist – hier das Grundrezept für beide Varianten. Wie daraus die unterschiedlichsten Partysalate entstehen, sehen Sie auf den nächsten Seiten.

Für 4 Personen
Zubereitungszeit: 50 Minuten

800 g festkochende Kartoffeln
1 große Zwiebel
1. Variante mit Brühe:
200 ml heiße Fleischbrühe
Salz, frisch gemahlener Pfeffer
4 bis 5 EL Weißweinessig
5 EL Keimöl
1 Bund Schnittlauch
2. Variante mit Mayonnaise:
6 EL heiße Fleischbrühe
Salz, frisch gemahlener Pfeffer
4 bis 5 EL Weißweinessig
4 EL Mayonnaise
100 g Vollmilchjoghurt
1 Kästchen Kresse

1. In einem Topf mit Siebeinsatz Wasser zum Kochen bringen. Die Kartoffeln waschen und in den Siebeinsatz legen. Zugedeckt, je nach Größe der Kartoffeln, etwa 35 bis 45 Minuten dämpfen. (Im Dampfdrucktopf verkürzt sich die Garzeit um die Hälfte.)
2. Die Kartoffeln ein wenig abdampfen lassen, aber noch heiß schälen. Anschließend in dünne Scheiben schneiden. Die Zwiebel schälen, in kleine Würfel schneiden und zu den Kartoffeln geben.
3. ***Für die 1. Variante:*** Die heiße Fleischbrühe mit Salz, Pfeffer, Essig und Öl verquirlen und die Kartoffeln damit übergießen. Vorsichtig mit Hilfe eines Salatbestecks mischen und mindestens 15 Minuten durchziehen lassen. Falls nötig nachwürzen, mit Schnittlauch bestreuen und noch lauwarm servieren.
4. ***Für die 2. Variante:*** Die Brühe mit Salz, Pfeffer und Essig verquirlen und die Kartoffelscheiben damit begießen. Etwa 15 Minuten ziehen lassen, die Marinade muß völlig von den Kartoffeln aufgesogen sein. Mayonnaise und Joghurt gründlich verrühren und mit dem Salat vermengen. Dann mindestens 30 Minuten durchziehen lassen. Noch einmal gut abschmecken, mit Kresse bestreuen und servieren.

Pro Person (beide Varianten):
Kalorien (kcal) ca. 285
Eiweiß (g) ca. 5
Fett (g) ca. 13
Kohlenhydrate (g) ca. 33

- In Frankreich begießt man die aufgeschnittenen Kartoffeln anstatt mit Brühe mit säurebetontem Weißwein!
- Die zweite Variante des Salates schmeckt mit selbstgemachter Mayonnaise noch besser.

Kartoffeln dämpfen
Einen Topf mit passendem Siebeinsatz zur Hälfte mit Wasser füllen und dieses zum Kochen bringen. Gewaschene Kartoffeln in den Einsatz legen, in den Topf stellen und zugedeckt etwa 35 bis 45 Minuten dämpfen.

Kartoffeln schälen
Die gegarten Kartoffeln ein wenig abdampfen lassen. Noch heiß mit einer Gabel aufspießen. Die Schale mit einem kleinen Messer abziehen. Die Kartoffeln anschließend in Scheiben schneiden. Die Zwiebel in Würfel schneiden.

1. Variante:
Die heiße Fleischbrühe mit Salz, Pfeffer, Essig und Öl mit einem kleinen Schneebesen gründlich verquirlen. Die Marinade über die Kartoffel-Zwiebel-Mischung gießen und mit einem Salatbesteck locker vermischen. Etwa 15 Minuten durchziehen lassen.

2. Variante:
Die Kartoffeln ebenfalls zuerst mit einer heißen Marinade begießen und durchziehen lassen. Die Mayonnaise und den Joghurt gründlich verrühren und gleichmäßig unter den Kartoffelsalat mischen. Erneut durchziehen lassen.

Salate fertigstellen
Kartoffelsalat mit Brühe am besten immer lauwarm und mit Schnittlauch bestreut servieren. Kartoffelsalat mit Mayonnaise immer gut durchziehen lassen und kühl, aber keinesfalls zu kalt, mit Kresse bestreut, auf den Tisch bringen.

KARTOFFELSALAT-VARIATIONEN

Kein anderes Gemüse ist so vielseitig und anpassungsfähig wie die Kartoffel. Sie harmoniert mit fast allen Gemüsesorten, mit Wurst, Käse oder Fisch, mit Kräutern und Gewürzen. Zur Inspiration hier eine kleine Auswahl der unterschiedlichsten Kombinationen.

Für 4 Personen
Zubereitungszeit:
45 bis 55 Minuten

1. Speckkartoffelsalat
Aus 800 g festkochenden Kartoffeln einen »Kartoffelsalat mit Brühe«, siehe Rezept auf Seite 185, zubereiten und kurz durchziehen lassen. 100 g durchwachsenen Räucherspeck in kleine Würfel schneiden und in einer Pfanne glasig braten. 2 EL Zwiebelwürfel hinzufügen und so lange bei mittlerer Hitze mitdünsten, bis Speck und Zwiebel goldbraun sind. Die Mischung sofort unter den Kartoffelsalat heben. Noch einmal kurz durchziehen lassen, dann mit Schnittlauch bestreuen. Kurz vor dem Servieren 2 Handvoll in Streifen geschnittenen Endiviensalat oder Brunnenkresse daruntermischen.

2. Kartoffel-Gurken-Salat
800 g festkochende Kartoffeln in einem Kartoffeldämpfer garen. 1 mittelgroße Salatgurke schälen und auf dem Gurkenhobel in feine Scheiben schneiden. Salzen, mit 2 EL Essig vermischen und etwa 15 Minuten marinieren. Die Kartoffeln abdampfen lassen, pellen und in Scheiben schneiden. 1 Zwiebel schälen und in kleine Würfel schneiden. Beides zum Gurkensalat geben. Mit 4 EL Keimöl begießen, gründlich vermischen und kurz durchziehen lassen. Vor dem Servieren noch einmal abschmecken und mit Schnittlauch bestreut servieren.

3. Kartoffelsalat mit Pfifferlingen
Aus 800 g festkochenden Kartoffeln einen »Kartoffelsalat mit Brühe«, siehe Rezept auf Seite 185, zubereiten. Dabei allerdings 1 EL Weißweinessig durch Aceto Balsamico und 2 EL Keimöl durch Haselnußöl ersetzen. 200 g Pfifferlinge putzen, größere Pilze halbieren oder vierteln und mit 1 EL Zwiebelwürfel in 2 EL Keimöl etwa 5 Minuten anbraten. Mit einigen abgezupften Thymianblättchen unter den Kartoffelsalat mischen. Mit Brunnenkresse bestreuen und sofort servieren.

4. Kartoffelsalat mit Räucherlachs
Aus 600 g festkochenden Kartoffeln einen »Kartoffelsalat mit Mayonnaise«, siehe Rezept auf Seite 185, vorbereiten und kurz durchziehen lassen. 1 Bund Frühlingszwiebeln putzen und in feine Scheiben schneiden. 1 kleine Avocado schälen, halbieren und in Würfel schneiden. Mit 150 g in Streifen geschnittenen Räucherlachs unter den marinierten Kartoffelsalat mischen. Anstelle der Mayonnaise Crème fraîche mit Joghurt verrühren und 1 EL frisch geriebenen Meerrettich daruntermischen. Mit hartgekochten, geviertelten Eiern und Dill garnieren.

1

2

3

4

5

6

7

8

5. Schwedischer Kartoffelsalat
Aus 600 g festkochenden Kartoffeln einen »Kartoffelsalat mit Mayonnaise«, siehe Rezept auf Seite 185, vorbereiten und kurz durchziehen lassen.
2 gekochte rote Beten, 2 geschälte Äpfel, 1 geschälte rote Zwiebel und 100 g eingelegte Senfgurken in kleine Würfel schneiden. 2 Matjesfilets und 100 g kalten Kalbsbraten in feine Streifen schneiden.
Alles unter den Kartoffelsalat mischen und zum Schluß die mit Joghurt verrührte Mayonnaise darunterziehen. Falls der Salat zu trocken ist, noch etwas Einlegflüssigkeit der Senfgurken und ein wenig Sahne hinzufügen. Mit gehacktem Dill bestreuen.

6. Kartoffelsalat mit Curry
Aus 600 g festkochenden Kartoffeln einen »Kartoffelsalat mit Mayonnaise«, siehe Rezept auf Seite 185, vorbereiten und kurz durchziehen lassen.
1 rote Paprikaschote putzen, 1/2 Salatgurke schälen und beides in kleine Würfel schneiden. 8 Cocktailtomaten halbieren, 4 Wiener Würstchen in Scheiben schneiden und alles mit 150 g gekochten Maiskörnern unter den vorbereiteten Salat mischen. Zum Schluß die Mayonnaise-Joghurt-Mischung mit 1 TL Curry und 1/2 feingehackten Knoblauchzehe verrühren und unter den Salat mischen. Herzhaft abschmecken und gut durchziehen lassen. Mit frisch gehackten Kräutern bestreuen.

7. Kartoffelsalat mit Käse
Aus 600 g festkochenden Kartoffeln einen »Kartoffelsalat mit Mayonnaise«, siehe Rezept auf Seite 185, vorbereiten und kurz durchziehen lassen.
3 Selleriestangen in feine Scheiben und 150 g alten Gouda in feine Streifen schneiden. Zusammen mit 100 g entkernten, halbierten, schwarzen Oliven unter den vorbereiteten Salat mischen. Anstelle der Mayonnaise 3 EL Crème fraîche mit 2 EL Joghurt verrühren und unter den Salat mischen. Gut durchziehen lassen und mit Basilikumblättern bestreut servieren.

8. Kartoffelsalat mit Schinken und Essiggurke
Aus 600 g festkochenden Kartoffeln einen »Kartoffelsalat mit Mayonnaise«, siehe Rezept auf Seite 185, vorbereiten und kurz durchziehen lassen.
150 g gekochten Schinken und 3 große Gewürzgurken in feine Streifen schneiden. Mit 4 hartgekochten, in Würfel geschnittenen Eiern unter den Salat mischen. Zum Schluß die Mayonnaise-Mischung daruntermischen und den Salat gut durchziehen lassen. Mit feingeschnittenem Schnittlauch bestreuen.
Besonders fein schmeckt der Salat, wenn man anstatt des Schinkens geräucherte Rinderzunge verwendet.

FISCH UND MEERES-FRÜCHTE

Ob gedünstet oder in würzigem Sud pochiert, gedämpft, gebraten, geschmort oder gegrillt: Fisch und Meeresfrüchte bieten ungeahnte Möglichkeiten für die Küche. Ob einfaches Fischergericht oder aufwendiges Gourmetrezept: Vor- und Zubereitung werden detailliert erklärt.

Fisch schuppen

Die meisten Fische besitzen ein Schuppenkleid, das vor dem Garen entfernt werden muß. Normalerweise macht das der Fischhändler. Wenn man jedoch frische Fische von einem Hobbyangler bekommt, muß man sie selber entschuppen.

1. Mit einer Allzweckschere die Flossen des unausgenommenen Fisches in Richtung des Kopfes abschneiden.

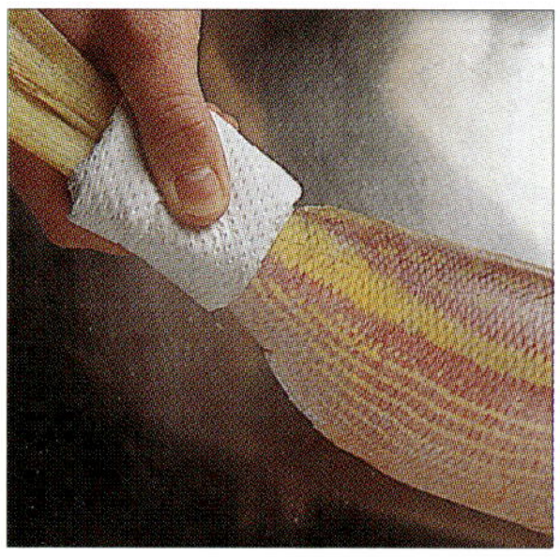

2. Über einem Spülbecken den Fisch mit einem Küchenpapier am Schwanz festhalten.

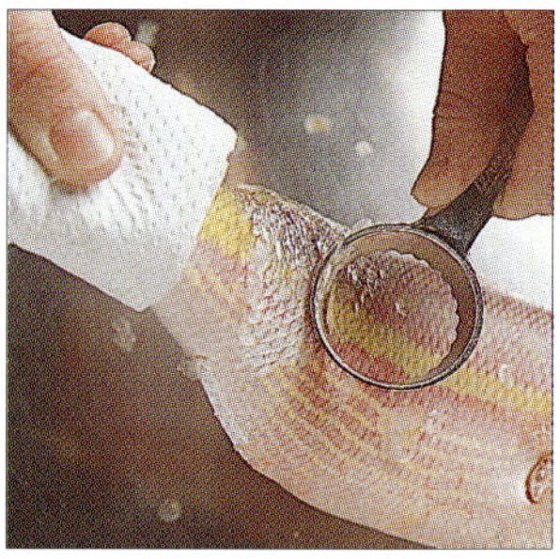

3. Mit einem Fischentschupper oder dem Rücken eines stabilen Messers die Schuppen zum Kopf hin abschaben.

Fisch ausnehmen

Beim Ausnehmen der Fische muß unbedingt darauf geachtet werden, daß die Galle nicht verletzt wird. Die Gallenflüssigkeit schmeckt bitter und macht den Fisch ungenießbar.

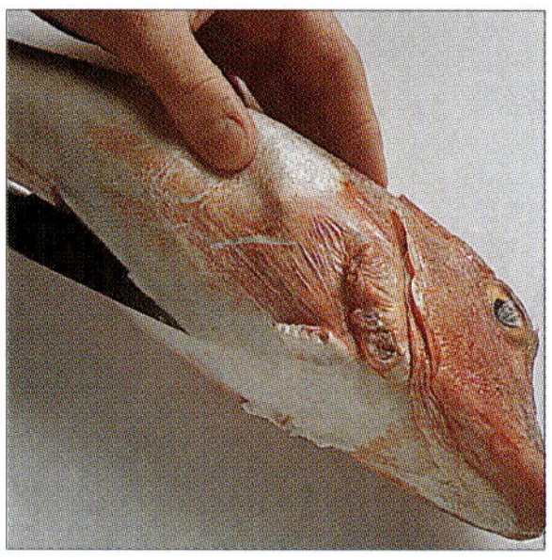

1. Den Fisch festhalten und den Bauch mit einem flachen Schnitt von der Afteröffnung zum Kopf hin aufschneiden.

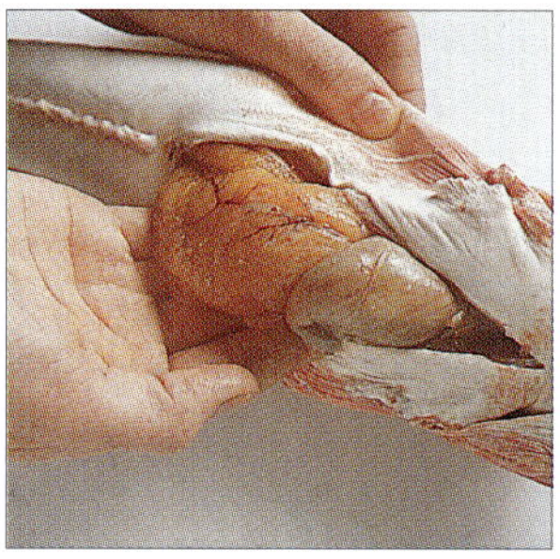

2. Die Bauchlappen auseinanderbiegen und die Eingeweide mit der Hand von der Afteröffnung lösen und herausziehen.

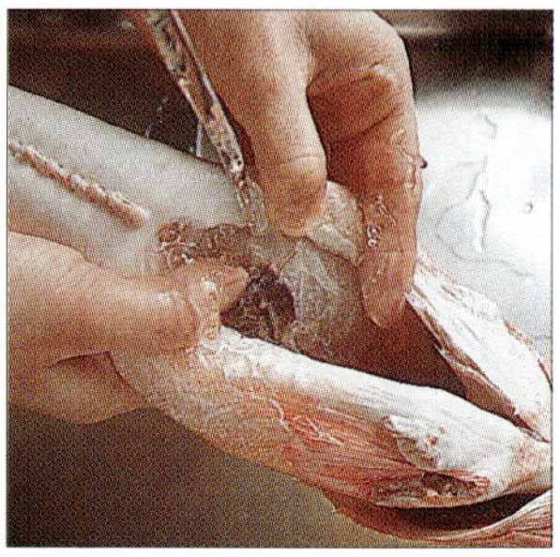

3. Die an der Mittelgräte entlanglaufende Niere mit dem Daumennagel unter fließendem Wasser herausschaben.

Fisch säubern

Werden die Fische im Ganzen gebraten, müssen unbedingt die Kiemen entfernt werden, da diese einen bitteren Geschmack haben. Will man den Fisch anschließend »blau« kochen, darf er nur innen gründlich ausgespült werden, niemals außen.

1. Die Kiemen mit der Allzweckschere an der Ansatzstelle abschneiden und herausziehen.

2. Bauchhöhle und Mundöffnung unter fließendem kalten Wasser kurz, aber gründlich, säubern.

3. Den Fisch auf ein Küchenpapier oder -tuch legen und damit innen und außen trokkentupfen.

Plattfisch häuten

Ob man nur die dunkle Hautseite der Plattfische oder auch die farblose Seite, auch Blindseite genannt, entfernt, hängt von der anschließenden Zubereitung ab.

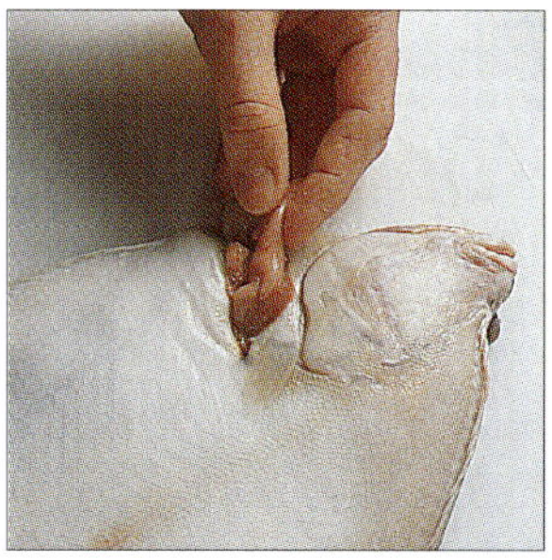

1. Die Haut auf der hellen Seite unterhalb der Kopfflosse einschneiden und die Innereien entfernen. Den Fisch wenden.

2. Den Schwanz festhalten. Mit einem Messer die Haut am Schwanzende einritzen und vom Schwanzende lösen.

3. Die Haut mit Hilfe eines Küchenpapiers am gelösten Ende fassen und mit einem Ruck zum Kopf hin wegziehen.

Rundfisch filetieren

Wer nicht so gerne bei Tisch das Fleisch von den Gräten löst, sollte Rundfische wie Forelle oder Saibling vor der Zubereitung filetieren.

1. Den Fisch auf ein Brett legen und den Kopf mit einem scharfen Messer direkt hinter den Kiemen abschneiden.

2. Mit einem Filetiermesser den Rücken der Länge nach einschneiden und eine Fleischseite von der Mittelgräte lösen.

3. Den Fisch wenden und die zweite Seite von der Mittelgräte lösen. Kleinere Gräten mit der Pinzette herausziehen.

Karpfen spalten

Karpfen wird häufig portionsweise im heißen Fett ausgebacken oder geräuchert. Dazu sollte man den Fisch spalten.

1. Kopf festhalten, mit einem spitzen Sägemesser von der Bauchseite her hinter dem Kopf die Mittelgräte durchstechen.

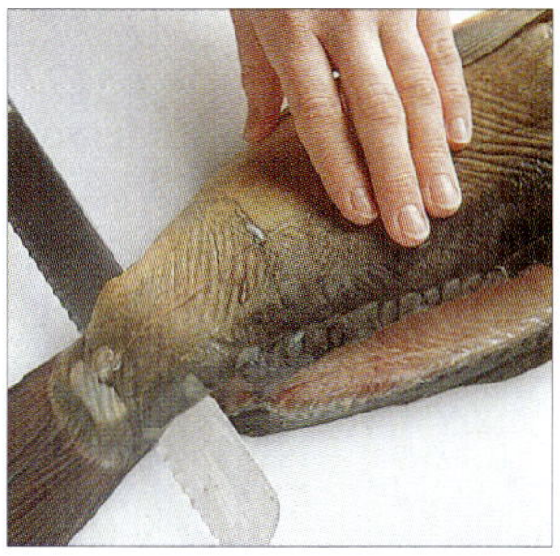

2. Den Karpfen mit einem Schnitt entlang der Mittelgräte vom Kopf zum Schwanz hin durchtrennen.

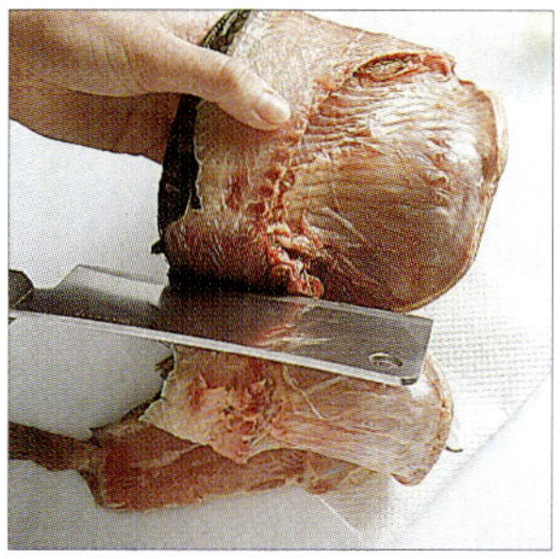

3. Karpfen mit dem Maul auf ein Küchenpapier stellen, eine Hälfte festhalten und den Kopf mit dem Beil durchtrennen.

Fisch portionieren

Größere Rundfische wie Hecht, Zander oder das Schwanzstück des Kabeljaus eignen sich gut zum Portionieren. Der Fisch muß vor dem Portionieren ausgenommen werden.

1. Mit einem großen Messer oder einem Beil den Kopf abtrennen. Die Flossen mit einer Allzweckschere entfernen.

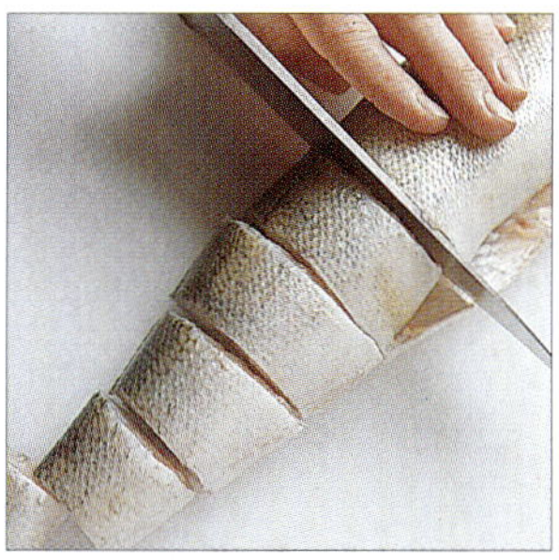

2. Mit einem großen Messer den Fisch in etwa 3 cm breite, gleichgroße Stücke schneiden.

3. Die abstehenden Bauchlappen mit einem Zahnstocher fest zusammenstecken.

Fisch zum Füllen vorbereiten

Wenn man einen Fisch füllen möchte, kauft man ihn am besten noch mit den Eingeweiden. Der Fisch wird dann vom Rücken her entgrätet, kann von oben gefüllt werden und behält so, gut verschnürt, seine Form.

1. Mit einem kurzen Messer den Fisch am Rücken beidseitig der Mittelgräte vom Kopf zum Schwanz einschneiden.

2. Die Schnitte entlang der Bauchgräten weiterführen, bis das ganze Skelett freigelegt ist.

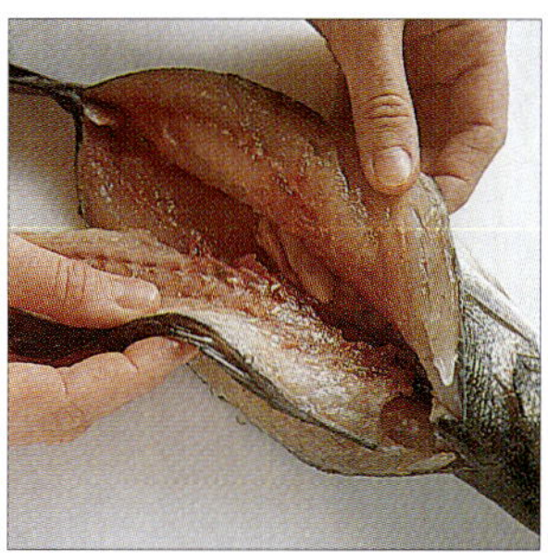

3. Das Rückgrat an Kopf und Schwanz durchtrennen und mit den Eingeweiden vorsichtig herausholen.

SCAMPI ODER GARNELEN AUSBRECHEN

Scampi und Garnelen werden zwar oftmals verwechselt, das köstliche Fleisch wird aber auf die gleiche Art und Weise aus dem Panzer des Schwanzes gelöst. Die Zubereitungsmöglichkeiten sind äußerst vielfältig.

1. Scampi oder Garnelen an Kopf und Schwanz fassen und mit einer Drehbewegung den Kopf vom Schwanz trennen.

2. Den Panzer mit Zeigefinger und Daumen zusammendrücken, bis die harte Schale zerspringt.

AUSTERN ÖFFNEN

Für Feinschmecker ist das Fleisch der Austern ein unwiderstehlicher Genuß. Entweder wird es lebend-frisch gegessen oder vor dem Verzehr gegart.

1. Die Austern mit einer Bürste gründlich unter fließendem kalten Wasser reinigen.

2. Die Austern mit der gewölbten Seite nach unten auf ein Küchentuch legen und so in die Hand nehmen.

JAKOBSMUSCHELN ÖFFNEN

Aufgrund ihres schönen Äußeren wird das Muschelfleisch oft in der Schale serviert. Diese muß dann sorgfältig unter fließendem kalten Wasser gesäubert werden. Man kann das köstliche Fleisch aber auch bereits ausgelöst kaufen.

1. Die Muscheln unter fließendem kalten Wasser mit einer Bürste gründlich reinigen.

2. Die Muschel mit der gewölbten Seite nach unten auf ein Küchentuch legen und so in die Hand nehmen.

TINTENFISCHE SÄUBERN

Unter dem Namen Tintenfisch sind diese Meeresbewohner wesentlich besser bekannt als unter der offiziellen Bezeichnung Sepia. Wie der Name schon sagt, besitzen die Tiere ein kleines Säckchen, in dem eine schwarze, tintenähnliche Flüssigkeit enthalten ist, und dieses muß sorgsam entfernt werden.

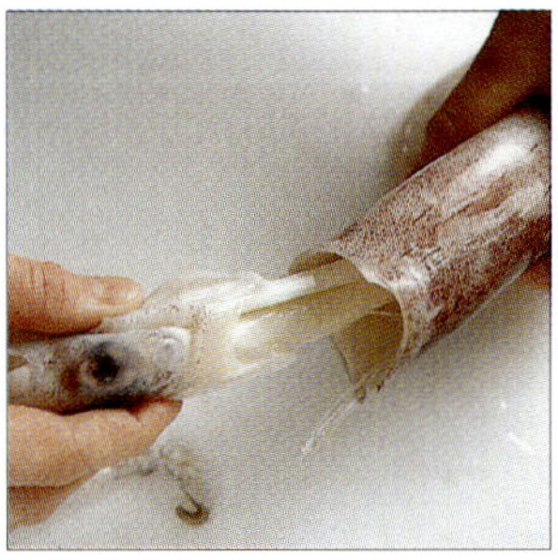

1. Kopf und Arme (Tentakel) in die Hand nehmen und mitsamt den Eingeweiden aus dem Körperbeutel ziehen.

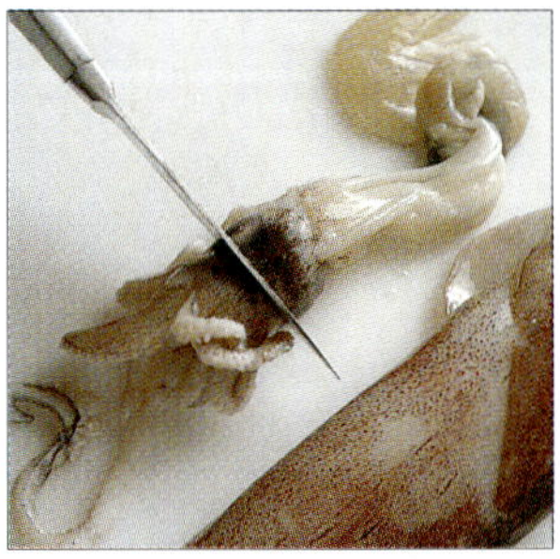

2. Die Arme knapp unter den Augen so vom Kopf abtrennen, daß sie noch durch einen dünnen Ring verbunden bleiben.

3. Die Unterseite des Panzers mit beiden Händen auseinanderbrechen und das Fleisch herausdrücken.

4. Mit einem kleinen, spitzen Messer das Fleisch am Rücken so tief einschneiden, bis der schwarze Darm sichtbar wird.

5. Das Fleisch auseinanderklappen und den Darm freilegen.

6. Den dünnen Darm vorsichtig mit der Messerspitze aus dem Fleisch lösen.

3. Mit der Spitze des Austernmessers in die kleine Öffnung des Gelenkes stechen und das Gelenk durchtrennen.

4. Das Messer entlang der oberen Schale führen, den Muskel durchtrennen. Dann die obere Schale entfernen.

5. Eventuell vorhandene Splitter entfernen. Achtung: Die enthaltene Flüssigkeit sollte auf keinen Fall verlorengehen.

6. Muskel, der das Fleisch an der Schale festhält, mit dem Messer durchtrennen. Das Muschelfleisch lösen.

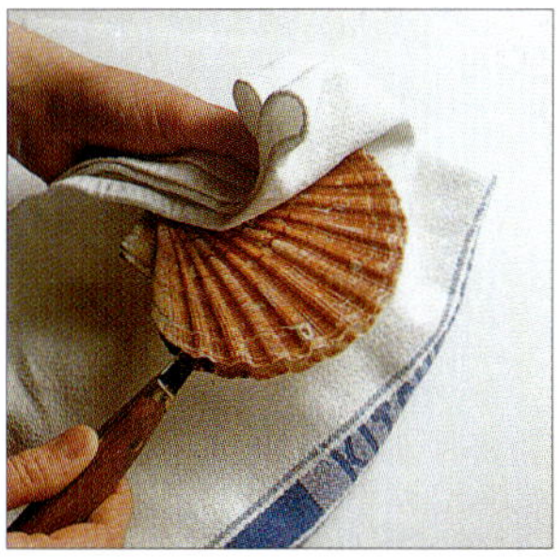

3. Mit einem kurzen, kräftigen Messer am Schalenrand entlangfahren und dabei den Schließmuskel durchtrennen.

4. Den Deckel abheben, das Fleisch rundherum mit dem Messer von der Schale lösen und herausheben.

5. Das weiße Muskelfleisch (Nuß) und den orangeroten Rogen (Corail) von den grauen Rändern befreien.

6. Das Fleisch mehrmals gründlich waschen, damit störende Sandkörner herausgespült werden.

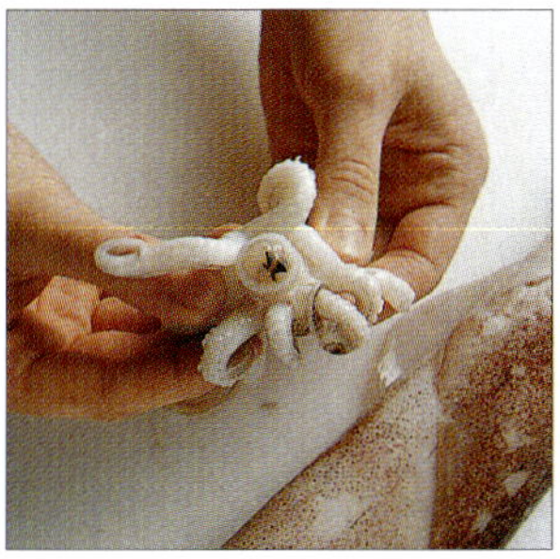

3. Tentakel so in beide Hände nehmen, daß der Mund oben liegt. Das Kauwerkzeug von unten herausdrücken.

4. Mit den Fingern das durchsichtige Fischbein aus dem Körperbeutel nehmen. Die hauchdünne Haut abziehen.

5. Die eßbaren Teile wie Arme und Körper gründlich unter fließendem kalten Wasser waschen, trockentupfen.

6. Möchte man die Tinte mitverwenden, muß man den Tintenbeutel vorsichtig aus den Eingeweiden lösen.

BLAUKOCHEN

Es heißt zwar »blaukochen«, aber eigentlich werden Forellen, Saiblinge, Felchen, junge Hechte oder Karpfen – alles Fische, die von einer klaren Schleimschicht umgeben sind – bei geringer Temperatur pochiert. Die Schleimschicht ermöglicht eine Blaufärbung, die durch einen kräftigen Schuß Essig im Sud noch verstärkt wird.

Für 4 Personen
Zubereitungszeit: 45 Minuten

1 Bund Suppengrün
1 Zwiebel, 2 1/2 l Wasser
100 ml guter Weißweinessig
2 EL Salz, 1 Lorbeerblatt
1 Thymianzweig
1 TL weiße Pfefferkörner
4 möglichst fangfrische Forellen (à 250 g)

1. Das Suppengrün waschen und die Zwiebel schälen. Alles in kleine Würfel schneiden und in einen Fischtopf geben.

SCHONEND DÄMPFEN

Fischfilets sowie ganze Fische können auf diese Weise zubereitet werden. Das Dämpfen ist die sanfteste aller Zubereitungsarten: Das Fischfleisch zerkocht nicht und laugt nicht aus, der Eigengeschmack der Fische bleibt erhalten.

Für 4 Personen
Zubereitungszeit: 20 Minuten

4 Glattbuttfilets (à 200 g)
Salz
frisch gemahlener weißer Pfeffer
2 cl Noilly Prat
4 Schalotten
40 g Butter
400 g junger Blattspinat
frisch geriebene Muskatnuß

1. Filets waschen und trockentupfen. Mit Salz und Pfeffer einreiben, mit Noilly Prat beträufeln und kühl stellen.

IN DER PFANNE BRATEN

Bei der klassischen Zubereitung nach »Müllerinart« sorgt ein hauchdünner Mehlmantel dafür, daß der Fisch saftig bleibt und eine zarte Kruste bekommt. Sehr gut eignen sich für diese Zubereitungsart neben Renken vor allem Forellen, Seezungen und Schollen. Aber auch Merlane schmecken, auf diese Weise gegart, köstlich.

Für 4 Personen
Zubereitungszeit: 30 Minuten

4 Renken (à 250 bis 300 g)
Salz
frisch gemahlener Pfeffer
4 Petersilienzweige
etwa 4 EL Mehl oder Dunst
100 g Butter
8 Salbeiblätter

1. Fische waschen, trockentupfen und mit Salz und Pfeffer würzen. In die Bauchhöhlen je einen Petersilienzweig legen.

IM BACKOFEN GAREN

Ein ganzer, im Rohr gebratener Fisch ist ein Hochgenuß. Bei der Zubereitung braucht er allerdings seine Zeit, nicht zuletzt wegen seines Gewichts. Im Zeitalter der »schnellen Küche« und der Singlehaushalte kommt diese Zubereitungsart deswegen viel zu kurz. Wichtig für ein saftiges Bratergebnis sind niedrige Temperaturen!

Für 4 Personen
Zubereitungszeit: 1 Stunde

2 dicke Lauchstangen (500 g)
40 g Butter
Salz, frisch gemahlener Pfeffer
frisch geriebene Muskatnuß
200 ml Sahne
1 mittelgroßer Schellfisch (etwa 1,8 kg)
Saft von 1 Zitrone

1. Lauch putzen und in Streifen schneiden. Butter in einem ovalen Schmortopf erhitzen und den Lauch andünsten.

2. Mit Wasser und Essig aufgießen. Salz, Kräuter und Pfefferkörner dazugeben und 30 Minuten köcheln lassen.

3. Mit Hilfe einer Dressiernadel Küchengarn durch Schwanz und Kiemendeckel der Fische ziehen und verknoten.

4. Forellen auf dem Siebeinsatz in das siedende Wasser geben. Bei schwacher Hitze 12 bis 15 Minuten pochieren.

5. Die Fische mit dem Siebeinsatz herausheben. Die Forellen mit flüssiger Butter und Zitronenspalten servieren.

2. Schalotten schälen, der Länge nach halbieren und in feine Streifen schneiden. In 20 g Butter kurz andünsten.

3. Spinat verlesen, waschen und mit den Schalotten in einen Dämpfkorb geben. Mit Salz und Muskat würzen.

4. In einen Topf 3 cm hoch Wasser gießen, salzen, erhitzen, Korb hineinstellen und Gemüse 3 Minuten dämpfen.

5. Filets auf dem Spinat verteilen, restliche Butter darübergeben und bei schwacher Hitze ca. 4 Minuten dämpfen.

2. Mehl oder Dunst auf einen Teller streuen. Die Fische darin wenden und überschüssiges Mehl abklopfen.

3. Butter mit Salbeiblättern in einer Fischpfanne aufschäumen lassen und die Fische hineinlegen.

4. Die Fische 6 bis 8 Minuten bei mittlerer Hitze braten, dabei immer wieder mit dem heißen Bratfett begießen.

5. Die Fische mit wenden und die zweite Seite in 5 bis 8 Minuten goldbraun braten.

2. Mit Salz, Pfeffer und Muskat würzen. Mit Sahne aufgießen, kurz durchkochen lassen. Backofen auf 180 °C vorheizen.

3. Fisch mit Salz und Pfeffer einreiben. Innen und außen mit Zitronensaft beträufeln und auf das Gemüsebett legen.

4. Den Topf mit einem Deckel verschließen und den Fisch 30 Minuten auf der mittleren Schiene im Backofen garen.

5. Den Fisch ohne Deckel in 15 Minuten fertigbraten. Garprobe: Die Rückenflosse läßt sich leicht herausziehen.

FISCHFOND

Ein aromatischer Fischfond ist für die Zubereitung vieler Saucen und Suppen und als schmackhafter Aufguß bei gedünstetem Fisch unerläßlich. Die Zutaten sind preiswert, und die Zubereitung ist einfach. Als Fischabfälle verwenden Sie Gräten, Flossen und Köpfe der Fische. Die Haut von fetten Fischen sowie die Kiemen können den Wohlgeschmack trüben und sollten nicht verwendet werden!

Für 4 Personen
Zubereitungszeit: 30 Minuten

1,5 kg Fischabfälle
1 Lauch- und 2 Selleriestangen
2 Schalotten, 2 kleine Petersilienwurzeln, 40 g Butter
1/4 l trockener Weißwein
2 l Wasser
Salz, 8 weiße Pfefferkörner
1 Lorbeerblatt

1. Fischabfälle in ein Sieb geben. Unter fließendem kalten Wasser säubern, bis das Wasser klar abläuft.

HUMMERSAUCE

Hummer- oder Langustenkarkassen sollten Sie niemals in den Abfall geben. Aus ihnen können Sie klassische sowie extravagante Saucen zaubern. Diese machen jedes Gericht zu einem Erlebnis.

Für 4 Personen
Zubereitungszeit: 40 Minuten

Karkassen von 2 gekochten Hummern oder Langusten
1 Möhre, 100 g Knollensellerie
3 Schalotten, 2 EL Olivenöl
je 1 Petersilien- und Thymianzweig, Salz, 1 EL Tomatenmark
2 cl Cognac, 400 ml Fischfond
100 g eiskalte Butter

1. Karkassen säubern und in grobe Stücke hacken. Gemüse kleinschneiden und in heißem Öl andünsten.

WEIN-SAHNE-SAUCE

Da oftmals beim Garen von Fisch und Meeresfrüchten keine Sauce entsteht, muß man sie separat zubereiten. Eine Sauce, die mit Weißwein zubereitet wurde, paßt hervorragend. Abwechslung bekommt man, wenn andere Kräuter oder Gewürze oder Orangensaft statt Zitronensaft verwendet werden.

Für 4 Personen
Zubereitungszeit: 20 Minuten

2 Schalotten, 20 g Butter
1/8 l trockener Weißwein
400 ml Fischfond, 4 weiße Pfefferkörner, 200 ml Sahne
Salz, Cayennepfeffer
1 EL Zitronensaft
2 EL feingeschnittener Dill
1 EL geschlagene Sahne

1. Schalotten in Würfel schneiden und in Butter andünsten. Mit Wein ablöschen und um die Hälfte einkochen lassen.

BUTTERSAUCE

Dieser Klassiker ist für Gourmets sicherlich die harmonischte Kombination von Fisch und Sauce. Es werden zwar keine ausgefallenen Zutaten verwendet, bei der Zubereitung benötigt man aber ein wenig Fingerspitzengefühl. Mit der nebenstehenden Anleitung gelingt die Sauce bestimmt!

Für 4 Personen
Zubereitungszeit: 15 Minuten

2 Schalotten, 100 ml Weißwein
100 ml Fischfond
1 EL Estragonessig
1 EL Weißweinessig
150 g eiskalte Butter
Salz
frisch gemahlener weißer Pfeffer
2 EL geschlagene Sahne

1. Schalotten schälen und in Würfel schneiden. Mit Wein, Fischfond und dem Essig in eine Sauteuse gießen.

2. Das Gemüse waschen, putzen und kleinschneiden. Die Butter zerlassen und das Gemüse darin andünsten.

3. Fischabfälle mit andünsten. Wein und Wasser aufgießen, Gewürze dazugeben und kurz aufkochen lassen.

4. Halb zugedeckt 20 Minuten bei schwacher Hitze köcheln lassen, dabei den sich bildenden Schaum abschöpfen.

5. Ein Spitzsieb mit einem Mulltuch auslegen. Die Brühe sofort abgießen, da sie sonst leimig wird.

2. Die Karkassen dazugeben und unter Rühren bei mittlerer Hitze mit andünsten. Die Kräuter dazugeben, salzen.

3. Das Tomatenmark unterrühren, mit Cognac ablöschen und mit Fischfond aufgießen. Einmal aufkochen lassen.

4. Im halbgeschlossenen Topf 20 Minuten sanft köcheln lassen. Durch ein Spitzsieb passieren, Karkassen ausdrücken.

5. Den Fond um ein Drittel einkochen lassen. Die Butter nach und nach mit dem Stabmixer unterschlagen.

2. Mit Fischfond aufgießen, Pfefferkörner dazugeben und auf die Hälfte einkochen lassen. Mit Sahne aufgießen.

3. Sanft köcheln lassen, bis die Sauce sämig ist. Durch ein Sieb passieren und mit Salz, Pfeffer und Zitronensaft würzen.

4. Die Sauce mit einem Stabmixer schaumig aufschlagen, damit sie luftig wird.

5. Den Dill unter die Sauce rühren und zum Schluß die Schlagsahne unterziehen.

2. Auf 3 Eßlöffel einkochen lassen. Durch ein Sieb zurück in die Sauteuse gießen. Butter in kleine Stücke schneiden.

3. Unter Schlagen mit einem Schnee- oder Spiralbesen ein Butterstück dazugeben. Die Sauce darf dabei nicht kochen.

4. Erst wenn das Butterstück geschmolzen ist und sich mit der Flüssigkeit verbunden hat, das nächste Stück dazugeben.

5. Sobald die Sauce sämig ist, mit Essig, Salz und Pfeffer abschmecken und die Sahne unterziehen. Sofort servieren.

POT-AU-FEU VON SÜSSWASSERFISCHEN

Die unverzichtbare Basis des Pot-au-feu ist ein feiner aromatischer Fond. Für dessen Zubereitung müssen die verwendeten Fischabfälle nicht nur mager, sondern – wie auch das Gemüse und die Kräuter – absolut frisch sein. Zum Aufgießen unbedingt nur Wein von bester Qualität verwenden!

Für 4 Personen
Zubereitungszeit: 45 Minuten

Für den Fischfond:
1,2 kg Fischabfälle (Köpfe, Gräten und Schwänze von mageren Süßwasserfischen, z. B. Hecht, Zander, Forelle oder Trüsche)
2 Schalotten
1 Bund Suppengrün
40 g Butter, 1 Lorbeerblatt
1 Thymianzweig
8 weiße Pfefferkörner
3 Petersilienzweige
1/2 l trockener Weißwein
1 1/2 l kaltes Wasser, Salz
Für die Einlage:
1 Lauchstange, 2 Möhren
50 g Zuckerschoten
200 g Lachsforellenfilet
200 g Zanderfilet
Salz, etwas Zitronensaft

1. Die Fischabfälle, wie auf Seite 190 beschrieben, säubern. Schalotten schälen, Suppengrün waschen und alles in kleine Stücke schneiden.
2. Butter zerlassen und die Fischabfälle darin andünsten. Gemüse, Kräuter und Gewürze dazugeben, andünsten und mit dem Wein ablöschen.
3. Mit Wasser aufgießen und aufkochen lassen. Die Brühe etwa 20 Minuten sanft köcheln lassen. Den sich bildenden Schaum abschöpfen.
4. Von der Lauchstange die Wurzeln und das grüne Ende entfernen. Die Möhren schälen, die Enden der Zuckerschoten abknipsen. Das Gemüse gut waschen. Den Lauch in dünne Ringe, die Möhren in dünne Scheiben schneiden. Gemüse nacheinander kurz blanchieren, abschrecken.
5. Ein Spitzsieb mit einem Mulltuch auslegen und die Brühe nach und nach hineingießen. Die Rückstände gut abtropfen lassen, aber nicht ausdrücken! Die Brühe auf etwa 1 Liter einkochen lassen.
6. Fischfilet waschen, trockentupfen, mit Salz und Zitronensaft würzen und in mundgerechte Stücke teilen. Gemüse und Filetstücke in dem Fond in etwa 3 bis 5 Minuten garziehen lassen.
7. Fisch und Gemüse mit einem Schaumlöffel aus dem Fond heben und auf vier Suppenteller verteilen. Mit dem Fischfond begießen.

Pro Person:
Kalorien (kcal) 390
Eiweiß (g) 47
Fett (g) 14
Kohlenhydrate (g) 8

• Die Einlage kann je nach Angebot und Jahreszeit beliebig variiert werden. Besonders fein ist das Pot-au-feu, wenn man noch einige Flußkrebse mitgart.
• Wenn der Fond glasklar sein soll, klären Sie die Brühe, wie auf Seite 78 beschrieben.

Zutaten vorbereiten
Fischabfälle, wie auf Seite 190 beschrieben, sehr gründlich säubern. Die Schalotten schälen, das Suppengrün waschen und alles in kleine Stücke schneiden.

Fisch und Gemüse andünsten
Die Butter in einem Kochtopf zerlassen und die Fischabfälle darin andünsten. Das kleingeschnittene Gemüse dazugeben und mit andünsten. Kräuter und Gewürze dazugeben, salzen und mit Wein ablöschen.

Fischfond kochen
Mit Wasser aufgießen und zum Kochen bringen. Einmal aufkochen lassen, dann die Hitze reduzieren und die Brühe bei schwacher Hitze etwa 20 Minuten sanft köcheln lassen. Den sich bildenden Schaum immer wieder abschöpfen.

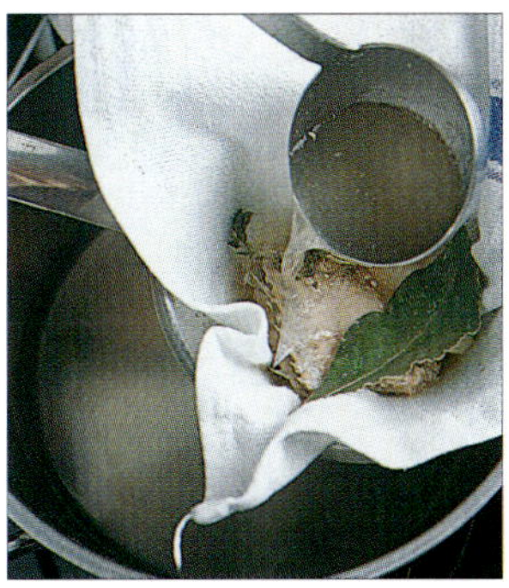

Fischfond abseihen
Ein Spitzsieb mit einem Mulltuch auslegen und die Brühe mit einem Schöpflöffel nach und nach hineingießen. Die Rückstände gut abtropfen lassen, aber nicht ausdrücken, damit der Fond klar bleibt.

Pot-au-feu fertigstellen
Vorbereitetes Gemüse nacheinander in kochendem Salzwasser kurz blanchieren, dann mit kaltem Wasser abschrecken. Fischfilet waschen, trockentupfen, würzen und in mundgerechte Stücke teilen. Mit dem Gemüse in der Brühe garziehen lassen.

FISCH-KARTOFFEL-TOPF

In jeder Küstenregion der Welt schätzt man frisch gefangene Fische. Mit Kartoffeln oder Reis und mit Gemüse zusammen in einem Topf gekocht, sind sie ein Hochgenuß, den man unbedingt probieren sollte. Hier eine der vielen Möglichkeiten für köstliche Fischeintöpfe.

Für 4 Personen
Zubereitungszeit: 45 Minuten

- 6 Schalotten
- 2 Knoblauchzehen
- 4 mittelgroße Kartoffeln
- je 1 rote, gelbe und grüne Paprikaschote
- 1 rote Pfefferschote
- 4 EL Olivenöl, z. B. Olivenöl extra virgen
- Salz
- frisch gemahlener Pfeffer
- 2 TL Paprikapulver, edelsüß
- 1/2 TL Thymianblätter
- 350 g Tomatenstücke aus der Dose
- 1 EL Tomatenmark
- 1/4 l Fischfond
- 700 g Kabeljau-, Seelachs- oder Wittlingfilet (Merlan)
- Saft von 1/2 Zitrone
- 2 bis 3 Basilikumzweige

1. Schalotten, Knoblauchzehen und Kartoffeln schälen. Paprikaschoten und Pfefferschote halbieren und Stengelansätze sowie Samenstränge entfernen. Knoblauch und Pfefferschote fein hacken, das übrige Gemüse in 1 cm große Würfel schneiden.

2. Das Öl erhitzen und das Gemüse darin andünsten. Mit Salz, Pfeffer, 1 TL Paprika und Thymian würzen und die Tomatenstücke und das Tomatenmark untermischen. Mit Fischfond aufgießen und etwa 20 Minuten leise köcheln lassen.

3. Das Fischfilet waschen, trockentupfen und in etwa 2 cm große Würfel schneiden. Mit Zitronensaft beträufeln, mit Salz, Pfeffer und restlichem Paprika würzen und vorsichtig unter das Gemüse mischen. Bei schwacher Hitze etwa 10 Minuten garen.

4. Basilikumblätter in feine Streifen schneiden oder im Ganzen kurz vor dem Servieren unter den Eintopf mischen.

Pro Person:
Kalorien (kcal) 380
Eiweiß (g) 42
Fett (g) 11
Kohlenhydrate (g) 19

Das Säuern mit Zitronensaft ist, vor allem bei nicht so edlen Fischen, eine altbewährte Methode, das Fischfleisch ein wenig weißer und auch fester zu machen!

ROTBARSCHEINTOPF MIT KRÄUTERN

Welche Gemüsesorten Sie für den Fischtopf auch auswählen, die Zubereitung bleibt immer gleich: Erst wenn das Gemüse fast gar ist, wird das zarte Fischfleisch untergemischt und benötigt dann nur noch eine kurze Garzeit bei sanften Temperaturen.

Für 4 Personen
Zubereitungszeit: 40 Minuten

- 400 g mehligkochende Kartoffeln
- 1 dicke Lauchstange
- 1 Zwiebel
- 40 g Butter
- Salz
- frisch gemahlener weißer Pfeffer
- frisch geriebene Muskatnuß
- abgeriebene Schale und Saft von 1/2 unbehandelten Zitrone
- 1 TL feinwürziger Dijon-Senf
- 1/4 l Fischfond
- 1/8 l Sahne
- 500 g Rotbarschfilet
- 2 EL gehackte Frühlingskräuter (z. B. Petersilie, Schnittlauch, Basilikum, Kerbel)
- 1 Eigelb

1. Kartoffeln schälen und in 1/2 cm dicke Scheiben schneiden. Von der Lauchstange die Wurzeln und das grüne Ende entfernen. Die Stange längs halbieren, gründlich waschen und in schmale Ringe schneiden. Die Zwiebel schälen und in kleine Würfel schneiden.

2. Butter zerlassen und die Zwiebel darin glasig dünsten. Kartoffel und Lauch dazugeben und mit andünsten. Mit Salz, Pfeffer, Muskat, Zitronenschale und Senf würzen und mit Fischfond und Sahne aufgießen. Einmal aufkochen lassen und bei schwacher Hitze etwa 20 Minuten garen.

3. Das Fischfilet waschen, trockentupfen und in mundgerechte Stücke schneiden. Mit Zitronensaft säuern und mit Salz und Pfeffer würzen. Den Fisch vorsichtig unter das Gemüse mischen und etwa 10 Minuten garen.

4. Kräuter und Eigelb verrühren und zum Schluß unter den Eintopf mischen. Nur noch kurz erhitzen, aber keinesfalls kochen lassen, da sonst das Eigelb gerinnt!

Pro Person:
Kalorien (kcal) 471
Eiweiß (g) 35
Fett (g) 24
Kohlenhydrate (g) 21

• Wählen Sie das Gemüse nach der Jahreszeit: Im Frühling schmeckt der Eintopf besonders gut mit grünem Spargel oder Frühlingszwiebeln, im Sommer mit frischen Gartenmöhren und im Herbst mit reifen Tomaten und Paprikaschoten.

• Anstelle von Rotbarsch können Sie auch Lengfisch oder Seehecht verwenden.

GEFÜLLTE WIRSINGBÄLLCHEN

Dämpfen ist die schonendste Art, Fisch zuzubereiten. Wird der Fisch wie in diesem Rezept noch zusätzlich durch einen Gemüsemantel geschützt, bleibt das feine Fischaroma vollkommen erhalten. Das zarte Wirsingblatt ist zudem nicht nur optisch, sondern auch geschmacklich eine gelungene Ergänzung. Ein weiterer Vorteil: Man kann das Fischgericht gut vorbereiten. Es ist also für eine Gästebewirtung bestens geeignet.

Für 4 Personen
Zubereitungszeit: 50 Minuten

- 150 g Lachsfilet
- 500 g Wolfsbarsch- oder Seezungenfilet
- 2 EL Noilly Prat
- 8 große, zarte Wirsingblätter
- Salz
- 400 ml eiskalte Sahne
- 1 Eiweiß
- frisch gemahlener weißer Pfeffer
- 1/4 l trockener Weißwein
- 1/4 l Wasser

Für die Sauce:

- 1/4 l Fischfond
- 2 cl Noilly Prat
- 200 ml Sahne
- 1 Msp gemahlener Safran
- Salz
- frisch gemahlener weißer Pfeffer
- frisch gemahlener Koriander

1. Das Fischfilet waschen und trockentupfen. Den Lachs in kleine Würfel schneiden, mit Noilly Prat begießen, gründlich vermischen und auf einer Platte verteilen. Fischwürfel und -filet für 15 Minuten in das Gefriergerät stellen und leicht anfrieren lassen.
2. Die Mittelrippe der Wirsingblätter flach schneiden und die Blätter in Salzwasser einige Minuten blanchieren. In eiskaltem Wasser abschrecken, auf einem Küchentuch ausbreiten und trocknen lassen.
3. Eine Metallschüssel in eine größere, mit Eiswürfeln gefüllte Schüssel stellen. Wolfsbarsch- oder Seezungenfilet durch die feine Scheibe des Fleischwolfes drehen oder in der Küchenmaschine fein pürieren. Das Püree durch ein feines Sieb oder eine Flotte Lotte in die Schüssel streichen. Mit einem Kochlöffel nach und nach die Sahne einarbeiten. Eiweiß steif schlagen und mit den Lachswürfeln unter die Farce rühren. Würzen und kalt stellen.
4. Ein Soufflétörmchen oder eine Tasse mit einem Wirsingblatt auskleiden. Etwas Fischfarce hineingeben, das Blatt oben zusammenfalten und gut festdrücken. Das entstandene Bällchen auf ein Dämpfgitter stürzen. Die übrigen Blätter auf die gleiche Weise formen.
5. In einem großen Topf den Wein und das Wasser erhitzen, Dämpfgitter hineinstellen und die Wirsingbällchen zugedeckt bei mittlerer Hitze 10 bis 12 Minuten garen.
6. Fischfond, Noilly Prat, Sahne und Safran sämig einkochen lassen (oder mit Fix-Soßenbinder hell binden). Mit Salz, Pfeffer und wenig Koriander würzen. Die Sauce mit den Wirsingbällchen servieren.

Pro Person:
Kalorien (kcal) 720
Eiweiß (g) 43
Fett (g) 53
Kohlenhydrate (g) 7

Fisch vorbereiten
Das Lachsfilet in kleine Würfel schneiden. Mit Noilly Prat begießen, gründlich vermischen und gleichmäßig auf einer Platte verteilen. Zusammen mit dem Fischfilet im Gefriergerät in etwa 15 Minuten leicht anfrieren lassen.

Wirsingblätter blanchieren
Mittelrippe der Wirsingblätter flach schneiden. Die Blätter in reichlich Salzwasser einige Minuten blanchieren. Sofort in eiskaltem Wasser abschrecken und auf einem Küchentuch ausgebreitet abtropfen lassen.

Fischfarce zubereiten
Das Wolfsbarsch- oder Seezungenfilet durch die feine Scheibe des Fleischwolfes drehen oder in der Küchenmaschine pürieren. Das Püree durch ein Sieb in die gut gekühlte Metallschüssel streichen. Mit einem Kochlöffel die Sahne nach und nach einarbeiten.

Wirsingbällchen formen
Eiweiß steif schlagen und mit den Lachswürfeln unter die Farce heben, würzen. Förmchen mit einem Wirsingblatt auskleiden. Ein Achtel der Masse hineingeben, das Blatt oben zusammenfalten und festdrücken. Auf ein Dämpfgitter stürzen. Übrige Blätter auf die gleiche Weise formen.

Sauce zubereiten
Fischfond, Noilly Prat, Sahne und Safran in einer Sauteuse bei mittlerer Hitze sämig einkochen lassen (oder mit Fix-Soßenbinder hell binden). Mit Salz, Pfeffer und wenig Koriander würzen. Die Sauce als Spiegel auf Teller gießen und die Wirsingbällchen daraufsetzen.

KABELJAUKOTELETTS AUF WILDKRÄUTERN

Für 4 Personen
Zubereitungszeit: 35 Minuten

4 Kabeljaukoteletts (à 250 g)
Saft von 1 Zitrone
Salz, frisch gemahlener Pfeffer
150 g frische Wildkräuter
(z. B. Brunnenkresse, Sauerampfer, Brennessel, Kapuzinerkresse, Löwenzahn, Vogelmiere)
1/4 Fischfond
2 EL Noilly Prat
50 g eiskalte Butter

1. Die Fischkoteletts waschen, trockentupfen, mit Zitronensaft beträufeln und mit Salz und Pfeffer einreiben.

2. Die Wildkräuter verlesen, waschen und trockenschleudern. Die Hälfte davon auf einem Dämpfgitter verteilen, die Koteletts darauflegen und mit den restlichen Kräutern bedecken.

3. Fischfond und Noilly Prat in einem Topf erhitzen und das Gitter hineinstellen. Den Fisch zugedeckt bei schwacher Hitze 16 bis 18 Minuten garen.

4. Butter in kleinen Stücken mit einem Schneebesen unter den Fond schlagen und zu den Koteletts servieren.

Pro Person:
Kalorien (kcal) 421
Eiweiß (g) 58
Fett (g) 13
Kohlenhydrate (g) 8

LAUBFRÖSCHE MIT FISCHFÜLLUNG

Für 4 Personen
Zubereitungszeit: 35 Minuten

8 große Mangoldblätter
Salz
500 g Zanderfilet, gut gekühlt
2 Eier
200 ml Sahne
frisch gemahlener weißer Pfeffer
Cayennepfeffer
abgeriebene Schale von
1/2 unbehandelten Zitrone
100 g geschlagene Sahne
1/4 l Fischfond

1. Mangoldblätter nacheinander in kochendem Salzwasser blanchieren und in eiskaltem Wasser abschrecken. Auf einem Küchentuch ausbreiten.

2. Fischfilet in der Küchenmaschine fein pürieren, dabei Eier und Sahne dazugießen. Die Masse würzen und die geschlagene Sahne unterziehen.

3. Mit zwei Eßlöffeln aus der Masse Nocken formen, auf die Blätter setzen und damit umhüllen. Mit den Rändern nach unten auf ein Dämpfgitter setzen und über dem leicht siedenden Fischfond 6 bis 8 Minuten garen.

Pro Person:
Kalorien (kcal) 444
Eiweiß (g) 37
Fett (g) 27
Kohlenhydrate (g) 4

GEDÄMPFTER HEILBUTT AUF FENCHEL

Für 4 Personen
Zubereitungszeit: 30 Minuten

4 Heilbuttkoteletts (à 200 g)
Saft von 1/2 Zitrone
Salz
frisch gemahlener weißer Pfeffer
etwas gemahlener Ingwer
2 Fenchelknollen mit Grün
2 EL Pernod
40 g Butter
1/8 l trockener Weißwein
1/8 l Fischfond

1. Heilbuttkoteletts waschen, trockentupfen, mit Zitronensaft beträufeln und mit Salz, Pfeffer und Ingwer würzen.

2. Die Fenchelknollen längs halbieren, den Strunk entfernen, das Grün abschneiden und fein hacken. Die Hälften längs in hauchdünne Streifen schneiden und auf einem Dämpfgitter verteilen. Mit Pernod beträufeln und 20 g Butter darüber verteilen

3. Wein und Fond erhitzen und den Fenchel kurz vorgaren. Mit dem Fisch belegen, restliche Butter darüber verteilen und 10 bis 12 Minuten dämpfen. Mit dem Fenchelgrün bestreut servieren.

Pro Person:
Kalorien (kcal) 357
Eiweiß (g) 50
Fett (g) 12
Kohlenhydrate (g) 3

STEINBUTT AUF RUCOLA-TOMATEN-BETT

Für 4 Personen
Zubereitungszeit: 25 Minuten

4 Steinbuttfilets (à 180 g)
Salz
frisch gemahlener weißer Pfeffer
2 Bund Rucola
2 Fleischtomaten
2 EL Schalottenwürfel
2 EL Olivenöl, z. B. Olivenöl extra virgen
1/4 l Fischfond
1/8 l trockener Weißwein
2 EL Crème fraîche

1. Die Steinbuttfilets waschen, trockentupfen und mit Salz und Pfeffer einreiben.

2. Rucola verlesen, waschen und trockenschleudern. Tomaten blanchieren, häuten, entkernen und in kleine Würfel schneiden.

3. Ein Dämpfgitter mit Rucola auslegen, mit Tomaten- und Schalottenwürfeln bestreuen, mit dem Fischfilet belegen und mit Olivenöl beträufeln.

4. Fond und Wein erhitzen und den Fisch zugedeckt über dem Dampf 6 bis 8 Minuten garen. Fond mit Crème fraîche verrühren und sämig einkochen lassen. Die Fischfilets damit überziehen.

Pro Person:
Kalorien (kcal) 277
Eiweiß (g) 40
Fett (g) 9
Kohlenhydrate (g) 3

MUSCHELN IN SHERRYSAUCE MIT GRÜNEM PFEFFER

Miesmuscheln findet man an den Meeresküsten in flachen Gewässern auf Steinen, Pfählen oder anderen natürlichen Unterlagen. Früher wurden sie nur in den Monaten mit einem "r" geerntet und zum Verkauf angeboten. Heute ermöglicht die moderne Kühltechnik eine ganzjährige Versorgung! Die relativ preiswerten Miesmuscheln können ungemein vielfältig zubereitet werden. Einfach köstlich sind die Muscheln, wenn man sie in halbtrockenem Sherry dämpft und die Sauce mit reichlich Pfefferkörnern würzt.

Für 4 Personen
Zubereitungszeit: 35 Minuten

- 2 kg Miesmuscheln
- 1 Lauchstange
- 2 Schalotten
- 1 Knoblauchzehe
- 3 EL Olivenöl, z. B. Olivenöl extra virgen
- 1/8 l Amontillado-Sherry
- 1/8 l Fischfond
- Salz
- Cayennepfeffer
- 1/4 l Sahne
- 2 bis 3 EL eingelegte grüne Pfefferkörner
- 2 EL gehackte Petersilie

1. Die Muscheln unter fließendem kalten Wasser sorgfältig mit einer Bürste putzen. Die Bärte abschneiden, geöffnete Muscheln aussortieren.

2. Von der Lauchstange die Wurzeln und das grüne Ende entfernen. Die Stange längs einschneiden, gründlich waschen und in feine Ringe schneiden. Schalotten und Knoblauch schälen und in kleine Würfel schneiden.

3. Das Öl in einem großen Topf erhitzen und das Gemüse darin andünsten. Mit Sherry und Fischfond aufgießen, würzen und aufkochen lassen. Die Muscheln hineingeben und zugedeckt bei mittlerer Hitze etwa 6 bis 8 MInuten garen, dabei ab und zu den Topf schwenken.

4. Sobald sich alle Schalen geöffnet haben, die Muscheln mit einem Schaumlöffel aus dem Sud heben und warm stellen. (Geschlossene Muscheln aussortieren, da sie nicht genießbar sind.) Sahne und Pfefferkörner in den Sud geben und bei starker Hitze sämig einkochen lassen (oder mit Fix-Soßenbinder hell binden).

5. Sauce über die Muscheln gießen, mit Petersilie bestreuen und mit frischem Weißbrot sofort servieren.

Pro Person:
Kalorien (kcal) 365
Eiweiß (g) 13
Fett (g) 28
Kohlenhydrate (g) 9

MUSCHELN IN COGNACSAUCE

MUSCHELN IN TOMATENSAUCE

Für 4 Personen
Zubereitungszeit: 35 Minuten

2 kg Miesmuscheln
2 Schalotten
1 Knoblauchzehe
1/2 Pfefferschote
1 Bund Suppengrün
30 g Butter
4 cl Cognac
Salz, frisch gemahlener Pfeffer
1 Thymianzweig
1/8 l Fischfond
200 ml Sahne

1. Muscheln, wie auf Seite 206 beschrieben, putzen. Schalotten und Knoblauch schälen. Pfefferschote putzen und alles fein hacken. Suppengrün in kleine Würfel schneiden.

2. Die Butter in einem großen Topf zerlassen und das Gemüse andünsten. Mit Cognac ablöschen, mit Salz und Pfeffer würzen, Thymian dazugeben und mit Fischfond aufgießen.

3. Die Muscheln dazugeben und zugedeckt 6 bis 8 Minuten garen. Die Muscheln herausnehmen und die Sahne in den Fond gießen. Sämig einkochen lassen (oder mit Fix-Soßenbinder hell binden) und über die Muscheln gießen.

Pro Person:
Kalorien (kcal) 309
Eiweiß (g) 12
Fett (g) 23
Kohlenhydrate (g) 7

Für 4 Personen
Zubereitungszeit: 35 Minuten

2 kg Miesmuscheln
2 Zwiebeln
2 Knoblauchzehen
4 Fleischtomaten
4 EL Olivenöl, z. B. Olivenöl extra virgen
2 Thymianzweige
1 Lorbeerblatt
Salz, frisch gemahlener Pfeffer
1/8 l Fischfond
einige Basilikumblätter

1. Muscheln, wie auf Seite 206 beschrieben, putzen. Zwiebeln und Knoblauch schälen und hacken. Tomaten blanchieren, häuten, entkernen und in Würfel schneiden.

2. Öl in einem großen Topf erhitzen und Zwiebeln und Knoblauch darin glasig dünsten. Tomaten und Kräuter dazugeben, mit Salz und Pfeffer würzen und mit Fischfond aufgießen. Einige Minuten köcheln lassen.

3. Die Muscheln hineingeben und zugedeckt in 6 bis 8 Minuten garen, dabei den Topf gelegentlich schwenken. Mit Basilikum bestreuen und mit Weißbrot servieren.

Pro Person:
Kalorien (kcal) 193
Eiweiß (g) 11
Fett (g) 12
Kohlenhydrate (g) 7

WALLER AUF WURZELGEMÜSE

Dieser Süßwasserfisch kann bis zu 3 Meter lang und 80 Jahre alt werden. Derartige Exemplare sind allerdings nicht mehr für den Kochtopf zu empfehlen. Am feinsten schmeckt das Fleisch junger Waller, auch Wels genannt! Den Fisch läßt man am besten gleich vom Fischhändler filetieren. Aus Kopf und Gräten bereitet man einen aromatischen Fond zu, in dem dann das fast grätenlose Fleisch pochiert wird.

Für 4 Personen
Zubereitungszeit: 1 Stunde

- 1 Waller (etwa 2 kg)
- 1 Bund Suppengrün
- 1 Lorbeerblatt
- 1 Gewürznelke
- 1 Zwiebel
- 1/2 l Wasser
- 1/4 l trockener Weißwein
- 6 Pfefferkörner
- Salz
- 4 große Möhren
- 2 große Petersilienwurzeln
- 1/2 kleine Sellerieknolle
- frisch gemahlener Pfeffer
- 50 g eiskalte Butter
- 3 bis 4 cm Meerrettichstange
- 1 Bund Schnittlauch

1. Waller am besten gleich vom Fischhändler filetieren lassen. Die Fischabfälle unbedingt mitnehmen.
2. Suppengrün waschen und kleinschneiden, das Lorbeerblatt mit der Nelke auf die Zwiebel spicken. Die Fischabfälle gründlich waschen und mit Zwiebel, Wasser und Wein in einen Topf geben. Die Pfefferkörner dazugeben, salzen und den Sud 20 Minuten leise köcheln lassen.
3. Möhren, Petersilienwurzeln und Sellerie schälen und erst in dünne Scheiben, dann in feine Streifen schneiden.
4. Ein Spitzsieb mit einem Mulltuch auslegen und den Sud nach und nach hineingießen. Den Sud in einem großen Topf zum Kochen bringen und die Gemüsestreifen darin 4 bis 5 Minuten garen. Mit einem Schaumlöffel herausheben und warm stellen.
5. Wallerfilets mit Salz und Pfeffer einreiben, in den Sud geben und bei schwacher Hitze zugedeckt 8 bis 10 Minuten pochieren. Ebenfalls herausheben, abdecken und warm stellen.
6. Den Kochsud bei starker Hitze um die Hälfte einkochen lassen. Die Butter in kleinen Stücken mit einem Schneebesen unterschlagen.
7. Den Fisch auf vier vorgewärmte Teller legen, mit dem Gemüse belegen und mit der Sauce übergießen. Den Meerrettich raspeln, den Schnittlauch fein schneiden und beides darüberstreuen.

Pro Person:
Kalorien (kcal) 717
Eiweiß (g) 98
Fett (g) 26
Kohlenhydrate (g) 8

Dazu passen am besten Salzkartoffeln und ein kräftiger Weißwein, z. B. ein Weißburgunder.

ROCHEN MIT ESSIGBUTTER

Von diesem etwas eigenwillig aussehenden Fisch werden fast ausschließlich die Flügel im Handel angeboten. Nur kleinere Exemplare kann man im Ganzen kaufen. Als Flügel werden die stark vergrößerten Brustflossen bezeichnet, die mit dem Körper verwachsen sind. Rochen besitzen statt der Gräten ein knorpeliges Skelett. Das gelatinehaltige Fleisch hat einen leichten Ammoniakgeschmack, der gewöhnungsbedürftig ist.

Für 4 Personen
Zubereitungszeit: 15 Minuten

4 Rochenflügel (à 250 g)
1/2 l Wasser
1/4 l Milch
2 Petersilienstengel
1 Thymianzweig
4 Pfefferkörner
Salz
4 EL Olivenöl, z. B. Olivenöl extra virgen
60 g Butter
2 EL Aceto Balsamico
1/2 Bund Petersilie, gehackt

1. Die Rochenflügel am besten gleich vom Fischhändler enthäuten lassen.
2. Wasser, Milch, Kräuter, Pfefferkörner und Salz in einen großen, breiten Topf geben und die Rochenflügel hineinlegen. Langsam zum Kochen bringen und bei schwacher Hitze etwa 5 bis 6 Minuten pochieren.
3. Öl und Butter erhitzen, den Essig dazugießen und kurz aufschäumen lassen.
4. Die Rochenflügel mit dem Schaumlöffel aus dem Sud heben, gut abtropfen lassen und auf eine vorgewärmte Platte legen. Mit der Essigbutter begießen und die Petersilie darüberstreuen.

Pro Person:
Kalorien (kcal) 483
Eiweiß (g) 50
Fett (g) 26
Kohlenhydrate (g) 4

• Rochenflügel schmecken auch als kalte Vorspeise sehr fein. Dazu pochiert man sie am besten in einem Wein-Essig-Sud und läßt sie darin erkalten. Durch das gelatinehaltige Fleisch wird daraus eine Art Sülzfisch, den man mit einer Tomaten- oder Kräutervinaigrette, aber auch mit Sauce Tatare servieren kann.
• Auf die gleiche Weise kann man auch Angelschellfisch pochieren, der dann mit einer Senfsauce serviert wird. Für die Senfsauce läßt man den Kochsud mit 1/8 l Sahne sämig einkochen und rührt zum Schluß, je nach gewünschter Schärfe, 2 bis 3 EL mittelscharfen Senf darunter.

SCHOLLENRÖLLCHEN AUF GURKENGEMÜSE

Das magere und schmackhafte Fleisch der Scholle – mancherorts besser unter der Bezeichnung Glattbutt bekannt – ist zwar nicht ganz so delikat wie das anderer Plattfische, dafür ist es aber wesentlich preiswerter. Die weiße Haut ist sehr zart und kann mitgegessen werden. Inzwischen findet man Schollenfilets auch in der Tiefkühltruhe jedes Supermarktes. Am besten schmeckt der Plattfisch aber frisch gefangen!

Für 4 Personen
Zubereitungszeit: 45 Minuten

8 Schollenfilets (à 80 g)
Salz
frisch gemahlener weißer Pfeffer
Saft von 1 Zitrone
2 Tomaten
2 EL gehackte Frühlingskräuter

Für das Gemüse:

2 mittelgroße Schmorgurken
2 Schalotten
30 g Butter
Salz
frisch gemahlener Pfeffer
4 EL trockener Weißwein
1/8 l Sahne
1/2 Bund Dill
2 EL geschlagene Sahne

1. Die Schollenfilets waschen, trockentupfen, mit Salz und Pfeffer einreiben und mit Zitronensaft beträufeln.
2. Tomaten blanchieren, häuten, entkernen und in kleine Würfel schneiden. Mit den Kräutern vermischen und auf der Hautseite der Filets verteilen. Filets aufrollen und mit einem Holzspießchen zusammenstecken. Kalt stellen.
3. Die Gurken schälen, längs halbieren und die Kerne mit einem Löffel herausschaben. Quer in feine Streifen schneiden. Schalotten schälen und in kleine Würfel schneiden.
4. Die Butter in einem Schmortopf zerlassen und die Schalottenwürfel darin glasig dünsten. Die Gurkenstücke dazugeben und kurz mit andünsten. Mit Salz und Pfeffer würzen, mit Wein und Sahne aufgießen. Den Dill fein hacken und eine Hälfte unter die Gurken mischen. Zugedeckt bei schwacher Hitze 4 bis 5 Minuten schmoren.
5. Die Schollenröllchen auf das Gemüse legen und zugedeckt bei schwacher Hitze 6 bis 8 Minuten garen.
6. Die Röllchen herausnehmen und warm stellen. Sahne und restlichen Dill unter das Gemüse mischen, auf vier Teller verteilen und mit den Schollenröllchen belegen.

Pro Person:
Kalorien (kcal) 341
Eiweiß (g) 34
Fett (g) 19
Kohlenhydrate (g) 3

Achtung: Die Hautseite der Filets muß beim Rollen immer innen sein, da die Fischröllchen beim Garen sonst aufplatzen.

ROTBARSCH AUF WACHSBOHNEN

Für 4 Personen
Zubereitungszeit: 45 Minuten

800 g Rotbarschfilet
Salz
frisch gemahlener Pfeffer
Saft von 1/2 Zitrone
500 g Wachsbohnen
3 EL Olivenöl, z. B. Olivenöl extra virgen
3 EL Schalottenwürfel
1/2 TL Fenchelsamen
1 Bohnenkrautzweig
1/4 l Geflügelfond
2 EL gehackte Petersilie

1. Fischfilet waschen, trockentupfen und in mundgerechte Stücke schneiden. Mit Salz und Pfeffer würzen und mit Zitronensaft beträufeln.
2. Die Bohnen waschen und, falls nötig, entfädeln. Das Öl erhitzen und die Schalottenwürfel glasig dünsten. Fenchelsamen, Bohnenkraut und Bohnen dazugeben. Würzen, mit Geflügelfond aufgießen und etwa 15 Minuten köcheln lassen.
3. Den Fisch auf das Gemüse legen und zugedeckt bei schwacher Hitze 15 Minuten garen. Mit Petersilie bestreuen.

Pro Person:
Kalorien (kcal) 444
Eiweiß (g) 56
Fett (g) 15
Kohlenhydrate (g) 15

THUNFISCH AUF LAUCHGEMÜSE

Für 4 Personen
Zubereitungszeit: 50 Minuten

4 Thunfischkoteletts (à 180 g)
Salz
frisch gemahlener Pfeffer
Saft von 1/2 Zitrone
2 dicke Lauchstangen
40 g Butter
100 ml halbtrockener Weißwein
100 g Crème fraîche
frisch geriebene Muskatnuß
1/2 Bund Petersilie
einige Minzeblätter

1. Fisch waschen, trockentupfen, mit Salz und Pfeffer würzen und mit Zitronensaft beträufeln.
2. Von den Lauchstangen die Wurzeln und das grüne Ende entfernen. Die Stangen längs einschneiden, waschen und in feine Ringe schneiden.
3. Die Butter zerlassen und den Lauch darin andünsten. Wein und Crème fraîche hinzufügen und mit Salz, Pfeffer und Muskat würzen. Zugedeckt 25 Minuten bei mittlerer Hitze schmoren.
4. Nach 10 Minuten die Thunfischkoteletts auf das Gemüse legen. Petersilie hacken und mit den Minzeblättern darüberstreuen.

Pro Person:
Kalorien (kcal) 508
Eiweiß (g) 48
Fett (g) 29
Kohlenhydrate (g) 4

SEETEUFEL AUF RATATOUILLE

Fast noch besser bekannt ist dieser Fisch bei uns unter der italienischen Bezeichnung »Lotte«. Das grätenlose, aromaintensive Fleisch, das geschmacklich ein wenig an Languste erinnert, begeistert auch diejenigen, die um alle grätenverdächtigen Nahrungsmittel eher einen großen Bogen machen. Das würzige Gemüse harmoniert sehr gut mit dem festen Fischfleisch.

Für 4 Personen
Zubereitungszeit: 50 Minuten

1 mittelgroße Aubergine
2 mittelgroße Zucchini
je 1 rote und 1 gelbe Paprikaschote
1 große Gemüsezwiebel
1 Knoblauchzehe
5 EL Olivenöl, z. B. Olivenöl extra virgen
Salz
frisch gemahlener Pfeffer
1 TL Kräuter der Provence
$^{1}/_{8}$ l Tomatensaft
$^{1}/_{8}$ l Roséwein aus der Provence
800 g Seeteufel (Lotte)
1 Rosmarinzweig

1. Aubergine und Zucchini waschen, putzen und in etwa $^{1}/_{2}$ cm große Würfel schneiden. Paprikaschoten halbieren, Stengelansätze und Samenstränge entfernen. Die Zwiebel schälen und wie die Paprikaschoten in sehr kleine Würfel schneiden. Die Knoblauchzehe schälen und fein hacken.

2. Das Öl in einem breiten Schmortopf erhitzen und das Gemüse scharf anbraten. Die Auberginen und Zucchini sollen dabei leicht bräunen. Mit Salz, Pfeffer und Kräutern abschmecken und mit Tomatensaft und Wein aufgießen. Das Ratatouille etwa 5 Minuten bei mittlerer Hitze köcheln lassen.

3. Das Seeteufelfleisch vom Mittelknorpel lösen und in mundgerechte Stücke schneiden. Mit Salz und Pfeffer würzen und mit dem Rosmarin auf dem Gemüse verteilen. Den Fisch zugedeckt 5 bis 6 Minuten garen. Fisch und Ratatouille im Schmortopf servieren.

Pro Person:
Kalorien (kcal) 347
Eiweiß (g) 41
Fett (g) 14
Kohlenhydrate (g) 7

Genießen Sie dieses Gericht mit knusprigem Baguette und natürlich einem Glas Roséwein. Ein leichter Rotwein aus der Côte de Provence harmoniert aber auch sehr gut.

GEDÜNSTETER KABELJAU AUF GEMÜSE

Der Kabeljau, in seinen jungen Jahren Dorsch genannt, zählt zu den preiswerteren Fischen. Sicherlich ist das Fleisch nicht ganz so delikat wie das einer Seezunge, aber es gibt zahlreiche Gerichte, bei denen sehr zartes Fleisch völlig fehl am Platze wäre. Meistens wird Kabeljau als Filet angeboten, wesentlich schmackhafter ist aber das Schwanzstück!

Für 4 Personen
Zubereitungszeit: 1 Stunde

- 5 bis 6 Schalotten
- 500 g Kartoffeln
- 2 Möhren
- 100 g Knollensellerie
- 1 Lauchstange
- 4 Tomaten
- 50 g durchwachsener Räucherspeck
- 30 g Butter
- Salz
- frisch gemahlener Pfeffer
- 1 kleine Knoblauchzehe
- 2 Lorbeerblätter
- 1/8 l trockener Weißwein
- 400 ml Fischfond
- 1,2 kg Kabeljau (Schwanzstück)
- Saft von 1 Zitrone
- 1/2 Bund Petersilie

1. Schalotten, Kartoffeln, Möhren und Sellerie schälen. Von der Lauchstange die Wurzeln und das grüne Ende entfernen. Die Stange längs halbieren und gründlich waschen. Die Schalotten halbieren, das restliche Gemüse in Würfel oder Scheiben schneiden.
2. Die Tomaten blanchieren, häuten, vierteln und entkernen. Den Räucherspeck in kleine Würfel schneiden
3. Die Butter in einem Bräter zerlassen und den Räucherspeck glasig dünsten. Das Gemüse dazugeben und mitandünsten. Mit Salz und Pfeffer würzen. Knoblauch schälen, fein zerdrücken und mit den Lorbeerblättern dazugeben. Mit Wein und Fischfond aufgießen.
4. Kabeljau waschen, trockentupfen, mit Salz und Pfeffer einreiben und mit Zitronensaft beträufeln. Den Fisch in den Bräter geben, mit dem Gemüse bedecken und zugedeckt 35 bis 40 Minuten garen.
5. Die Petersilie fein schneiden, darüberstreuen und alles im Bräter servieren.

Pro Person:
Kalorien (kcal) 566
Eiweiß (g) 56
Fett (g) 16
Kohlenhydrate (g) 35

• Wenn Sie kein Schwanzstück vom Kabeljau bekommen, können Sie auch Filets in dem Gemüse garen. Dann muß das Gemüse allerdings ohne Fisch erst 10 Minuten vorgegart werden.
• Anstelle des Kabeljaus können Sie auch Lengfisch oder Seehecht verwenden.

GESCHMORTER STOCKFISCH MIT KARTOFFELN

Stock- oder Klippfisch, in mediterranen Ländern eine Spezialität, ist bei uns weniger bekannt. Der weißlich getrocknete Kabeljau in Form von Fladen wird eher skeptisch betrachtet, und das nötige Wässern ist für viele ein wenig mühsam. Sobald die Fischfladen aber die Flüssigkeit aufgesogen haben, lassen sich daraus vielerlei schmackhafte Köstlichkeiten zaubern.

Für 4 Personen
Zubereitungszeit: 50 Minuten
Einweichzeit: 24 Stunden

- 800 g Stock- oder Klippfisch
- 1 kg festkochende Kartoffeln
- 2 Zwiebeln
- 6 EL Olivenöl, z. B. Olivenöl extra virgen
- 1 EL Tomatenmark
- 400 ml Fischfond
- Cayennepfeffer
- frisch gemahlener Pfeffer
- Salz
- 2 Lorbeerblätter
- 1 TL Paprikapulver, edelsüß
- 2 bis 3 EL frisch geriebener Parmesan

1. Stock- oder Klippfisch in vier Stücke schneiden und in reichlich kaltem Wasser etwa 24 Stunden einweichen, dabei das Wasser einige Male erneuern.
2. Kartoffeln schälen und in dünne Scheiben, die Zwiebeln schälen und in dünne Ringe schneiden.
3. 4 EL Öl in einem breiten Schmortopf erhitzen und die Zwiebelringe darin glasig dünsten. Das Tomatenmark mit dem Fischfond verrühren und über die Zwiebeln gießen.
4. Die Kartoffeln dazugeben. Mit Cayennepfeffer, Pfeffer, wenig Salz, Lorbeerblättern und Paprika würzen und zugedeckt bei schwacher Hitze 5 Minuten köcheln lassen. Den Backofen auf 180 °C vorheizen.
5. Den Fisch gut abtropfen lassen, in den Topf geben und mit Kartoffeln und Zwiebeln bedecken. Zugedeckt 20 bis 25 Minuten im Backofen garen.
6. Den Deckel abnehmen, mit Parmesan bestreuen und mit dem restlichen Öl beträufeln. Bei 220 °C in wenigen Minuten goldbraun überbacken.

Pro Person:
Kalorien (kcal) 784
Eiweiß (g) 101
Fett (g) 14
Kohlenhydrate (g) 48

GESCHMORTE KALMARE

Bekommt man die eigenwillig aussehenden Meerestiere nicht im Handel, kann man ebenso auf Tintenfische oder ohne Bedenken auch auf tiefgekühlte Ware zurückgreifen. Die Zitrone verleiht dem aus südlichen Ländern stammenden Gericht nicht nur die geschmacklich Note, es macht das eiweißreiche, etwas festere Fleisch der Kalmare auch ein wenig mürber.

Für 4 Personen
Zubereitungszeit: 40 Minuten
Marinierzeit: 1 Stunde

- 4 bis 6 Kalmare, je nach Größe
- Saft von 1 Zitrone
- 4 Tomaten
- 4 Schalotten
- 1 Knoblauchzehe
- 2 Basilikumzweige
- 5 EL Olivenöl, z. B. Olivenöl extra virgen
- 1 Prise Zucker
- 1/8 l trockener Weißwein
- Salz
- frisch gemahlener Pfeffer
- 2 EL feingeschnittene Petersilie

1. Die Kalmare, wie auf Seite 192/193 beschrieben, säubern. Die Körper in schmale Streifen schneiden, mit Zitronensaft beträufeln, abdecken und etwa 1 Stunde im Kühlschrank marinieren lassen.
2. Tomaten blanchieren, häuten, halbieren, entkernen und in Würfel schneiden. Schalotten schälen und in Würfel schneiden. Den Knoblauch schälen und fein zerdrücken, Basilikumblätter hacken.
3. Öl in einem Schmortopf erhitzen und die Schalotten darin glasig dünsten. Tomaten, Zucker, Knoblauch sowie Basilikum dazugeben und mit Weißwein aufgießen.
4. Die Kalmare samt Marinade untermischen und zugedeckt bei schwacher Hitze 35 bis 40 Minuten schmoren. Mit Salz und Pfeffer abschmecken und mit Petersilie bestreuen.

Pro Person:
Kalorien (kcal) 258
Eiweiß (g) 21
Fett (g) 13
Kohlenhydrate (g) 8

• Vor dem Servieren unbedingt testen, ob die Kalmare auch richtig weich sind. Gegebenenfalls muß die Garzeit verlängert werden.
• Soll das feine Ragout etwas schärfer sein, schmort man 1/2 bis 1 frische, feingehackte Pfefferschote mit.

AALTOURNEDOS MIT SALBEI

Vielen ist nur der Räucheraal ein Begriff. Frischen Aal, der in der Pfanne gebraten wurde, kennen dagegen nur wenige. Dabei schmeckt er, auf diese Weise zubereitet, einfach sensationell. Zugegeben, das Aalfleisch ist etwas fettreicher als das vieler anderer Fische, aber die kleine Kaloriensünde lohnt sich!

Für 4 Personen
Zubereitungszeit: 20 Minuten

1 kg Aal
Salz
frisch gemahlener Pfeffer
1 kleines Bund Salbei
8 Scheiben roher Schinken,
dünn aufgeschnitten
4 kleine Zucchini
2 EL Keimöl
einige Thymianzweige
1 bis 2 EL Zitronensaft
1 Bund Petersilie

1. Den Aal am besten vom Fischhändler häuten und in acht etwa 4 cm lange Stücke schneiden lassen.
2. Den Aal mit Salz und Pfeffer würzen. Um den Rand jeweils 2 Salbeiblätter legen und diese mit je einer Scheibe Schinken umwickeln. Den Backofen auf 180 °C vorheizen.
3. Die Zucchini waschen und erst der Länge nach in dünne Scheiben, dann quer in feine Streifen schneiden.
4. Öl in einer Pfanne erhitzen, einige Salbeiblätter dazugeben und die Aaltournedos auf jeder Seite 3 bis 4 Minuten scharf anbraten. Herausnehmen, in eine feuerfeste Form legen und im Backofen in 4 bis 5 Minuten fertiggaren.
5. Inzwischen die Zucchini in dem Bratfett bei starker Hitze goldgelb braten. Mit Salz, Pfeffer und Thymian würzen und mit Zitronensaft beträufeln.
6. Die Zucchinistreifen auf vier vorgewärmte Teller verteilen und die Tournedos darauf anrichten. Die Petersilie hacken und darüberstreuen. Mit Salzkartoffeln oder Weißbrot servieren.

Pro Person:
Kalorien (kcal) 853
Eiweiß (g) 47
Fett (g) 67
Kohlenhydrate (g) 1

• Dazu paßt sehr gut ein gehaltvoller Weißwein, zum Beispiel ein kalifornischer Chardonnay aus der Barrique.
• Das schmackhafte Aalfleisch harmoniert auch sehr gut mit einem würzigen Ratatouille oder einem feinen Wirsinggemüse.

Tournedos vorbereiten
Den gehäuteten und in etwa 4 cm lange Stücke geschnittenen Aal mit Salz und Pfeffer würzen. Um den Rand jeweils 2 Salbeiblätter legen und diese mit je einer Scheibe Schinken umwickeln. Mit Küchengarn festbinden.

Aaltournedos anbraten
Öl in einer großen Pfanne erhitzen, einige Salbeiblätter dazugeben und die Aaltournedos darin pro Seite etwa 3 bis 4 Minuten scharf anbraten. Die Fischstücke müssen leicht gebräunt sein.

Aal fertiggaren
Die Aaltournedos in eine feuerfeste Form legen und für 4 bis 5 Minuten in den vorgeheizten Backofen stellen. Dabei gart der Fisch auf sanfte Weise, ohne trocken zu werden.

Zucchini braten
In dem Bratfett die Zucchinistreifen bei starker Hitze scharf anbraten. Mit Salz, Pfeffer und Thymian würzen und dabei immer wieder mit einer Backschaufel wenden.

Anrichten
Die Zucchini mit Zitronensaft beträufeln. Die Zucchinistreifen auf vier vorgewärmte Teller verteilen und die Tournedos darauf anrichten. Die Petersilie hacken und darüberstreuen. Mit Salzkartoffeln oder Weißbrot servieren.

GEBRATENE ROTBARBEN

Für 4 Personen
Zubereitungszeit: 15 Minuten

- 8 küchenfertige Rotbarben (à 150 g)
- Salz
- frisch gemahlener Pfeffer
- 3 bis 4 EL Mehl
- etwa 1/8 l Olivenöl
- 4 Zitronen

1. Die Fische waschen und trockentupfen. Mit Salz und Pfeffer einreiben, in Mehl wenden und überschüssiges Mehl abklopfen. Den Backofen auf 150 °C vorheizen.

2. Öl in einer großen, hochwandigen Pfanne erhitzen und die Hälfte der Fische darin auf jeder Seite 3 Minuten knusprig braten. Die Fische aus dem Öl nehmen und im Backofen warm halten, bis die restlichen Fische gebraten sind.

3. Zitronen in Viertel schneiden und sofort mit den Fischen servieren.

Pro Person:
Kalorien (kcal) 367
Eiweiß (g) 57
Fett (g) 10
Kohlenhydrate (g) 3

GEBRATENE WITTLINGFILETS MIT PILZEN

Für 4 Personen
Zubereitungszeit: 25 Minuten

- 4 Wittlingfilets (à 150 g)
- Salz, frisch gemahlener Pfeffer
- Saft von 1/2 Zitrone
- 2 bis 3 EL Mehl
- 50 g Butter
- 200 g Champignons
- 100 g ausgelöste Krabben
- 4 EL Crème fraîche
- 1 EL geriebener Meerrettich
- 1 Eigelb
- 1 EL Schnittlauchröllchen

1. Filets waschen und trockentupfen. Mit Salz und Pfeffer einreiben und mit Zitronensaft beträufeln. In Mehl wenden und überschüssiges Mehl abklopfen. Den Backofen auf 150 °C vorheizen.

2. Butter zerlassen und die Filets darin bei mittlerer Hitze pro Seite 3 bis 4 Minuten braten. Herausnehmen und im Backofen warm halten.

3. Champignons putzen und in dünne Scheiben schneiden. Die Pilze im Bratfett andünsten, dann die Krabben dazugeben.

4. Crème fraîche, Meerrettich und Eigelb verquirlen und unter die Pilze rühren. Erhitzen, aber nicht kochen lassen. Die Filets mit den Pilzen überziehen und mit Schnittlauch bestreuen.

Pro Person:
Kalorien (kcal) 329
Eiweiß (g) 33
Fett (g) 17
Kohlenhydrate (g) 4

FORELLEN MIT MANDELN

Für 4 Personen
Zubereitungszeit: 30 Minuten

4 küchenfertige Forellen
(à 300 g)
Salz
frisch gemahlener Pfeffer
2 bis 3 EL Mehl
120 g Butter
50 g Mandelblättchen
2 bis 3 Petersilienzweige

1. Forellen waschen, trockentupfen und mit Salz und Pfeffer einreiben. Dann in dem Mehl wenden und überschüssiges Mehl abklopfen.

2. In einer Fischpfanne 50 g Butter zerlassen und die Fische hineinlegen. Bei mittlerer Hitze pro Seite 8 bis 10 Minuten braten.

3. Restliche Butter in einer zweiten Pfanne aufschäumen lassen und die Mandelblättchen darin goldbraun braten.

4. Die Forellen auf einer Platte anrichten, mit Mandeln und Butter übergießen und mit der Petersilie garnieren.

Pro Person:
Kalorien (kcal) 518
Eiweiß (g) 72
Fett (g) 20
Kohlenhydrate (g) 4

GEBRATENE SCAMPI MIT SHERRY UND KAPERN

Für 4 Personen
Zubereitungszeit: 20 Minuten

16 Scampi in der Schale
4 EL Olivenöl, z. B. Olivenöl
extra virgen
1 Knoblauchzehe
2 cl Fino-Sherry
Salz
frisch gemahlener Pfeffer
2 EL kleine Kapern

1. Die Scampi der Länge nach halbieren und die Därme mit einem spitzen Messer vorsichtig entfernen.

2. Öl in einer Pfanne erhitzen. Den Knoblauch schälen und darin goldgelb braten. Herausnehmen und die Scampi mit der Fleischseite nach unten in das heiße Öl legen.

3. Die Scampi 2 bis 3 Minuten bei mittlerer Hitze braten, wenden und die Schalenseite 1 bis 2 Minuten braten.

4. Mit Sherry begießen, mit Salz und Pfeffer würzen und die Kapern darüberstreuen. Kurz durchschwenken und mit Weißbrot servieren.

Pro Person:
Kalorien (kcal) 89
Eiweiß (g) 5
Fett (g) 7
Kohlenhydrate (g) 1

SCHOLLE FINKENWERDER ART

Diese Hamburger Spezialität ist, mit frisch gefangenen Schollen zubereitet, ein Hochgenuß. Deswegen ist das einfache Fischgericht wohl im südlichen Teil unseres Landes nicht ganz so bekannt. Verwendet man die tiefgefrorenen Filets des Plattfisches, büßt man an Geschmack ein. Übrigens, am besten schmecken die Schollen – natürlich mit Kartoffel-Gurken-Salat – im Mai!

Für 4 Personen
Zubereitungszeit: 30 Minuten

- 4 küchenfertige Schollen (à 350 g)
- Saft von 1 Zitrone
- 100 g durchwachsener Räucherspeck
- 2 EL Keimöl
- 3 bis 4 EL Mehl
- Salz
- frisch gemahlener Pfeffer
- 30 g Butter
- 1 Zitrone

1. Schollen waschen, trockentupfen und mit Zitronensaft beträufeln.
2. Den Räucherspeck in sehr kleine Würfel schneiden. In einer Pfanne das Öl erhitzen und die Speckwürfel darin glasig braten.
3. Mehl mit Salz und Pfeffer vermischen und die Schollen darin wenden. Überschüssiges Mehl abklopfen.
4. Die Speckwürfel mit einem Schaumlöffel aus der Pfanne heben und beiseite stellen. Die Schollen im Bratfett auf jeder Seite 6 bis 8 Minuten goldbraun braten. Herausnehmen und auf eine vorgewärmte Platte legen.
5. Das Bratfett abgießen und die Butter in der Pfanne aufschäumen lassen. Die Zitrone in Viertel schneiden.
6. Jede Scholle mit Speckwürfeln bestreuen, mit heißer Butter begießen und mit Zitrone garnieren.

Pro Person:
Kalorien (kcal) 560
Eiweiß (g) 70
Fett (g) 25
Kohlenhydrate (g) 3

Wer sicher gehen will, daß der Speck nicht zu salzig schmeckt, kann ihn vor dem Braten kurz in kochendem Wasser blanchieren.

KABELJAU IM EI-KÄSE-MANTEL

Für 4 Personen
Zubereitungszeit: 15 Minuten

- 4 Kabeljaufilets
- Salz
- frisch gemahlener Pfeffer
- Mehl zum Wenden
- 2 Eier
- 2 EL Crème fraîche
- 2 EL frisch geriebener Parmesan
- 2 EL Olivenöl, z. B. Olivenöl extra virgen
- 40 g Butter

1. Die Fischfilets waschen, trockentupfen und mit Salz und Pfeffer einreiben. In Mehl wenden und überschüssiges Mehl abklopfen.
2. Eier, Crème fraîche und Parmesan verrühren und die Filets darin wenden.
3. Öl und Butter erhitzen und die Filets darin bei mittlerer Hitze pro Seite 3 bis 4 Minuten braten. Eine frisch zubereitete Tomatensauce paßt sehr gut dazu!

Pro Person:
Kalorien (kcal) 285
Eiweiß (g) 31 15
Fett (g)
Kohlenhydrate (g) 1

GEBRATENE HERINGE

Für 4 Personen
Zubereitungszeit: 20 Minuten

- 8 mittelgroße Grüne Heringe, küchenfertig
- Saft von 1 Zitrone
- 8 Thymianzweige
- Salz
- frisch gemahlener Pfeffer
- 4 bis 5 EL Mehl
- 1/8 l Keimöl

1. Heringe waschen, trockentupfen und mit Zitronensaft beträufeln. Jeweils einen Thymianzweig in die Bauchhöhlen legen. Den Backofen auf 150 °C erhitzen.
2. Salz, Pfeffer und Mehl vermischen und die Heringe darin wenden. Überschüssiges Mehl abklopfen.
3. Öl in einer Pfanne erhitzen und die Hälfte der Heringe darin von jeder Seite 3 bis 4 Minuten goldbraun und knusprig braten. Herausnehmen und warm stellen, bis die zweite Hälfte gebraten ist.
4. Mit Kartoffel- und Feldsalat servieren. Dazu passen eine Senfsauce und ein kühles Pils.

Pro Person:
Kalorien (kcal) 306
Eiweiß (g) 34
Fett (g) 15
Kohlenhydrate (g) 4

FRITIERTE TINTENFISCHE

Die kleinen Tintenfische, die in heißem Fett ausgebacken wurden, schmecken äußerst delikat. Wenn Sie keine Zwerg-Tintenfische bekommen, sollten Sie das zarte Fleisch der Kalmar unbedingt Tintenfischringen vorziehen. Besonders attraktiv sieht das Gericht aus, wenn man die ausgebackenen Seppiolini oder Novellini auf fritierten Petersilienzweigen oder auf Algen serviert.

Für 4 Personen
Zubereitungszeit: 15 Minuten
Marinierzeit: 1 Stunde

- 250 g kleine Tintenfische (Seppiolini oder Novellini) oder tiefgekühlte Tintenfischringe
- 4 cl Fino-Sherry
- 2 EL Zitronensaft
- einige Spritzer Worcestersauce
- 1 Spritzer Tabasco-Sauce
- 2 bis 3 EL Mehl
- frisch gemahlener Pfeffer
- Keimöl zum Ausbacken
- Salz
- einige Zitronenviertel

1. Die Tintenfische, wie auf Seite 192/193 beschrieben, vorbereiten.
2. Sherry, Zitronensaft, Worcester- und Tabasco-Sauce zu einer Marinade verrühren und die Tintenfische darin etwa 1 Stunde marinieren lassen.
3. Das Mehl mit etwas Pfeffer vermischen. Die Tintenfische abtropfen lassen, in dem Mehl wenden und überschüssiges Mehl abklopfen.
4. Das Öl in einer Friteuse auf 180 °C erhitzen und die Tintenfische darin portionsweise in etwa 3 bis 4 Minuten goldbraun ausbacken.
5. Tintenfische auf Küchenpapier abtropfen lassen. Mit Salz bestreuen und mit der Zitrone anrichten.

Pro Person:
Kalorien (kcal) 165
Eiweiß (g) 12
Fett (g) 20
Kohlenhydrate (g) 2

- Dazu paßt eine frisch zubereitete Knoblauchmayonnaise oder eine würzige Kräutersauce.
- Köstlich schmecken die kleinen Tintenfische auch paniert. Dazu die küchenfertigen Tintenfische zuerst in Mehl, dann in verquirltem Ei und zum Schluß in Paniermehl oder in feinzerbröselten Cornflakes wenden.
- Ausgebackene Tintenfische kann man als Vorspeise servieren oder mit einem gemischten Salat als sättigende Hauptmahlzeit anbieten.

1

2

3

1. Fritierte Sardellen (für 4 Personen)

800 g Sardellen (etwa 4 bis 5 cm lang) waschen, in 1/8 l Milch tauchen und abtropfen lassen. 3 bis 4 EL Mehl mit Salz und Pfeffer vermischen. Die Fische in ein Sieb geben, mit dem Mehl bestäuben und durch Schütteln überschüssiges Mehl entfernen. Reichlich Olivenöl in einer Friteuse auf 180 °C erhitzen und die Fische darin in 2 bis 3 Minuten goldbraun und knusprig backen. Die Sardellen auf Küchenpapier abtropfen lassen. Die Zweige von 1 Bund Petersilie kurz fritieren und mit den Sardellen auf einer vorgewärmten Platte anrichten. 2 Zitronen in Viertel schneiden und dazu servieren.

2. Karpfen in Bierteig (für 4 Personen)

700 g Karpfenfilet in etwa 3 cm breite Stücke schneiden. Mit dem Saft von 1/2 Zitrone beträufeln und mit Salz und Pfeffer würzen. 200 g Mehl, 1/8 l Bier und 3 Eigelb zu einem glatten Teig verrühren und mit Salz und frisch geriebener Muskatnuß würzen. 3 Eiweiß steif schlagen und unterziehen. Reichlich Butterschmalz in einer Friteuse auf 180 °C erhitzen. Die Fischstücke portionsweise in 4 bis 5 Minuten goldbraun backen. Auf Küchenpapier abtropfen lassen.

3. Ausgebacke Fischbällchen (für 4 Personen)

200 g Stockfisch 24 Stunden in Wasser einweichen, dabei das Wasser öfters erneuern. Dann den Fisch 10 Minuten in dem Einweichwasser leicht köcheln lassen. 80 g Mehl, 10 g Hefe und 2 bis 3 EL lauwarmes Wasser verrühren. Den Stockfisch gut abtropfen lassen, mit einer Gabel zerdrücken und mit 2 Eiern, 3 EL Schalottenwürfeln, 3 EL feingeschnittenem Schnittlauch und 1 feingehackten Knoblauchzehe verrühren. Mit Cayennepfeffer würzen und unter den Hefeteig rühren. Den Teig ca. 15 Minuten gehen lassen. Reichlich Olivenöl in einer Friteuse auf 180 °C erhitzen. Aus dem Teig walnußgroße Bällchen formen und in 4 bis 6 Minuten goldbraun backen. Auf Küchenpapier abtropfen lassen.

SCAMPI MIT ANANAS UND CURRY

Sich im Wirrwarr der zahlreichen Bezeichnungen und Arten von Krustentieren auszukennen, ist schon eine bemerkenswerte Leistung. Kaisergranat kennt man bei uns meistens unter der italienischen Bezeichnung Scampi. Da das köstliche Fleisch nur im Schwanz sitzt, werden sie überwiegend ohne Kopf und Scheren angeboten. Die Ähnlichkeit mit Riesengarnelenschwänzen führt somit häufig zu Verwechslungen.

Für 4 Personen
Zubereitungszeit: 30 Minuten

- 16 große Scampi (Kaisergranat)
- 150 g Ananasfruchtfleisch
- 1 Bund Frühlingszwiebeln
- 1 kleine rote Pfefferschote
- 4 EL Keimöl
- 1 EL Curry
- 2 cl Oloroso-Sherry
- 2 EL Mango-Chutney
- 6 EL Hummerfond
- Salz
- frisch gemahlener Pfeffer
- 2 EL Kokosflocken
- 2 EL geschlagene Sahne

1. Die Scampi, wie auf Seite 192/193 beschrieben, ausbrechen. Ananas in kleine Stücke schneiden. Von den Frühlingszwiebeln die Wurzeln und das grüne Ende entfernen und in feine Ringe schneiden. Die Pfefferschote halbieren, entkernen und fein hacken.
2. Öl in einem Wok erhitzen und die Scampi darin rasch unter Wenden bei starker Hitze anbraten. Herausnehmen, abdecken und warm stellen.
3. Die Zwiebeln, Ananas und Pfefferschote im Bratfett andünsten. Mit Curry bestäuben, kurz rösten und mit Sherry ablöschen. Mango-Chutney und den Hummerfond unterrühren und kurz aufkochen lassen. Mit Salz und Pfeffer würzen, die Scampi dazugeben und durchschwenken.
4. Die Kokosflocken in einer Pfanne ohne Fettzugabe hellgelb rösten. Die Sahne locker unter die Sauce ziehen und mit Kokosflocken bestreuen. Am besten paßt dazu körnig gekochter Reis.

Pro Person:
Kalorien (kcal) 144
Eiweiß (g) 8
Fett (g) 7
Kohlenhydrate (g) 9

SÜSS-SAURE GARNELEN MIT PAPRIKA

Auch Garnelen werden unter verschiedensten Bezeichnungen angeboten. In vielen Ländern bezeichnet man kleine Garnelen als Shrimps und größere Exemplare als Riesengarnelen, Prawns oder King Prawns. Eine einheitliche Einteilung gibt es bislang nicht.

Für 4 Personen
Zubereitungszeit: 40 Minuten

- 20 große Garnelenschwänze
- 1 Eiweiß
- 2 EL Aceto Balsamico
- 4 EL Reiswein
- 2 EL Sojasauce
- 1 EL Ketchup
- Salz
- frisch gemahlener Pfeffer
- etwas Cayennepfeffer
- 2 rote Paprikaschoten
- 4 Frühlingszwiebeln
- 1 kleine rote Pfefferschote
- 2 bis 3 EL Speisestärke, z. B. Mondamin, 8 EL Keimöl
- etwas frisch geraspelter Ingwer
- 3 bis 4 EL Hummerfond

1. Die Garnelenschwänze, wie auf Seite 192/193 beschrieben, ausbrechen.

2. Das Eiweiß leicht schaumig schlagen und Essig, Reiswein, Sojasauce und Ketchup unterrühren. Mit Salz, Pfeffer und Cayennepfeffer würzen und die Garnelen darin etwa 15 Minuten marinieren lassen.

3. Paprikaschoten waschen, halbieren und Stengelansätze sowie Samenstränge entfernen. Die Hälften in 2 cm große Würfel schneiden. Von den Frühlingszwiebeln die Wurzeln und das grüne Ende entfernen und in Ringe schneiden. Die Pfefferschote halbieren, entkernen und fein hacken.

4. Die Garnelen aus der Marinade nehmen und abtropfen lassen, die Marinade aufbewahren. Die Garnelen mit der Speisestärke bestäuben.

5. Öl in einem Wok erhitzen und die Garnelen darin rasch unter Rühren anbraten. Herausnehmen, abdecken und warm stellen.

6. Das Gemüse im Bratfett unter Rühren 5 bis 6 Minuten bei mittlerer Hitze garen. Mit Ingwer würzen und mit der Marinade und dem Hummerfond aufgießen. Einige Minuten durchkochen lassen, dann die Garnelen wieder in den Wok geben und mit Salz und Pfeffer würzig abschmecken.

Pro Person:
Kalorien (kcal) 185
Eiweiß (g) 12
Fett (g) 12
Kohlenhydrate (g) 5

Sehr gut schmecken die Garnelen auch, wenn man zum Schluß noch einige Ananasstückchen untermischt.

GEFÜLLTER WOLFSBARSCH IN BLÄTTERTEIG

Umhüllt von Blätterteig gart der Wolfsbarsch samt Füllung im eigenen Saft. Das Aroma bleibt voll erhalten. Die knusprige Hülle liefert zudem noch einen geschmacklichen Kontrast zum zarten Fischfleisch. Den Fisch unbedingt vor dem Backen sorgfältig entgräten, das erhöht den Genuß!

Für 4 Personen
Zubereitungszeit: 2 Stunden

- 600 g Blätterteig, tiefgekühlt
- 1 Wolfsbarsch von etwa 800 g (Loup de mer), nicht ausgenommen
- 400 g rohe, geschälte Garnelenschwänze
- 3 Eier
- 1/4 l Sahne
- 4 TL Hummerbutter
- Salz
- frisch gemahlener weißer Pfeffer
- 1 EL feingehackte Estragonblätter
- 1 Eiweiß, 1 Eigelb

1. Die Blätterteigplatten nebeneinander legen und auftauen lassen.
2. Vom Fisch die Flossen mit einer Schere abschneiden, die Kiemen entfernen und den Fisch zum Füllen vorbereiten (siehe auch Seite 190/191). Den Fisch mit kaltem Wasser auswaschen und trockentupfen. Noch sichtbare Gräten mit einer Pinzette herausziehen.
3. Eine Metallschüssel in eine größere, mit Eiswürfeln gefüllte Schüssel stellen. Die gut gekühlten Garnelenschwänze in Stücke schneiden, in die Schüssel geben und mit dem Stabmixer fein pürieren.
4. Eier, Sahne und Hummerbutter nach und nach dazugeben. Die Farce mit Salz und Pfeffer würzen und für etwa 10 Minuten in das Tiefkühlgerät stellen. Den Backofen auf 200 °C vorheizen.
5. Je 4 Blätterteigplatten anfeuchten, übereinanderlegen und jeweils zu einer Platte, etwas größer als der Fisch, ausrollen. Ein Backblech mit Backpapier auslegen und eine Teigplatte daraufgeben. Den Wolfsbarsch darauflegen und mit Salz, Pfeffer und Estragon einreiben. Den Fisch mit der Farce füllen.
6. Die Teigplatte rund um den Fisch mit Eiweiß bestreichen und die zweite Platte darauflegen. Die Ränder gut festdrücken, dabei die Fischform nachformen. Mit einem Teigrädchen den überflüssigen Teig abschneiden, dabei einen etwa 1 1/2 cm breiten Rand lassen.
7. Aus dem restlichen Teig, Flossen, Schwanz und Schuppen formen und den Fisch damit dekorieren. Mit Eigelb bestreichen und im Backofen etwa 30 Minuten backen. Vor dem Anschneiden mindestens 5 Minuten ruhen lassen.

Pro Person:
Kalorien (kcal) 1270
Eiweiß (g) 72
Fett (g) 80
Kohlenhydrate (g) 47

Fisch vorbereiten
Die Flossen mit einer Allzweckschere abschneiden, die Kiemen entfernen und den Fisch am Rücken beidseitig der Mittelgräte einschneiden (siehe auch Seite 190/191).

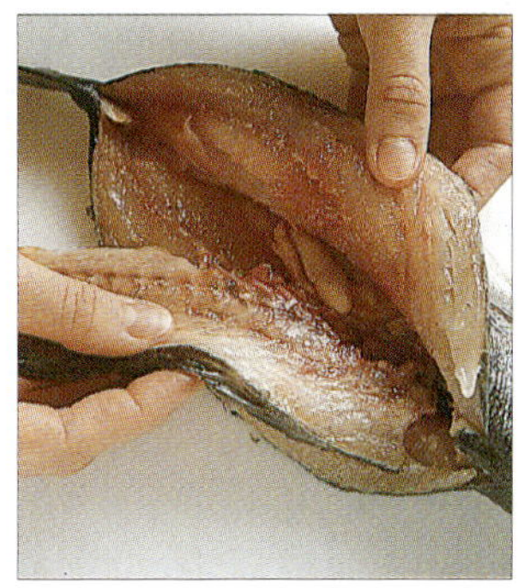

Fisch vorbereiten
Die freigelegte Mittelgräte am Kopf und Schwanz durchschneiden und das gesamte Skelett mitsamt den Innereien vorsichtig herausholen. Den Fisch mit kaltem Wasser auswaschen und trockentupfen (siehe auch Seite 190/191).

Farce zubereiten
Gekühlte Garnelenschwänze in Stücke schneiden, in eine Metallschüssel geben und diese in eine größere, mit Eiswürfeln gefüllte Schüssel stellen. Mit einem Stabmixer fein pürieren. Eier, Sahne und die Hummerbutter nach und nach dazugeben, würzen.

Fisch umhüllen
Den Blätterteig zu zwei Platten, die etwas größer als der Fisch sind, ausrollen. Eine Teigplatte auf ein mit Backpapier ausgelegtes Backblech legen. Den Fisch darauflegen, würzen und mit der Farce füllen. Die Teigränder mit Eiweiß bestreichen, die zweite Teigplatte darüberlegen.

Fisch dekorieren
Ränder gut festdrücken, dabei die Fischform nachformen. Überflüssigen Teig abschneiden, dabei einen etwa 1 1/2 cm breiten Rand lassen. Den restlichen Teig zu Schwanz, Flossen und Schuppen formen und den Fisch damit dekorieren. Mit Eigelb bestreichen und etwa 30 Minuten backen.

DORADE IM SALZMANTEL

Fisch im Salzmantel oder -teig zu backen, ist eine uralte Garmethode, die heutzutage nur noch selten angewandt wird. Und das, obwohl das Gargut äußerst wohlschmeckend ist. Durch die dichte, harte Salzkruste geht kein bißchen vom Eigengeschmack verloren! Die Zubereitung ist aufwendig und lohnt sich nur bei sehr aromatischen Fischen wie Dorade, Lachs oder Wolfsbarsch.

Für 4 Personen
Zubereitungszeit: 45 Minuten

- 1 küchenfertige Dorade royale (Goldbrasse) von etwa 1,2 kg
- frisch gemahlener Pfeffer
- $\frac{1}{2}$ Bund Petersilie
- 2 Thymianzweige
- $1\frac{1}{2}$ kg grobes Meersalz
- 4 Eiweiß
- etwas Wasser

1. Dorade waschen, trockentupfen und innen und außen mit Pfeffer einreiben. Die Petersilie und den Thymian in die Bauchhöhle stecken. Backofen auf 220 °C vorheizen.
2. Das Salz in eine Schüssel geben, das Eiweiß leicht schaumig schlagen und unter das Salz rühren. Falls nötig, so viel Wasser dazugießen, daß ein formbarer Teig entsteht.
3. Drei Stück extra-starke Alufolie in Größe des Fisches der Länge nach wie eine Ziehharmonika falten. Die Enden zusammenstecken und mit dem so entstehenden verstärkten Streifen die Kontur des Fisches nachformen.
4. Diese Form auf ein Backblech legen und die Hälfte des Salzteiges darin verteilen. Den Fisch darauflegen und mit dem restlichen Salzteig bedecken. Die Oberfläche mit einer nassen Palette glattstreichen. Im Backofen etwa 25 Minuten backen.
5. Den Fisch in der Salzkruste servieren und diese erst bei Tisch aufbrechen.

Pro Person:
Kalorien (kcal) 303
Eiweiß (g) 52
Fett (g) 7
Kohlenhydrate (g) 0

Man kann den Salzteig auch mit Mehl zu einem festeren, knetbaren Teig verarbeiten. Der Vorteil ist, daß man dann den Teig ausrollen und den Fisch, wie auf Seite 227 beschrieben, damit umhüllen kann. Für diesen Salzteig verkneten Sie 250 g Mehl, 1 kg Meersalz, 2 Eier und so viel Wasser, bis ein geschmeidiger Teig entstanden ist.

GLATTBUTT IM SCHWEINENETZ

Wenn Sie Gäste erwarten und ihnen etwas ganz Besonderes anbieten wollen, dann probieren Sie das nachfolgende Rezept. Vergessen Sie allerdings nicht, das Schweinenetz rechtzeitig bei Ihrem Metzger zu bestellen!

Für 4 Personen
Zubereitungszeit: 45 Minuten

2 Schweinenetze
2 Glattbutt (à 800 g)
200 g Möhren
200 g Knollensellerie
1 dünne Lauchstange
4 EL Keimöl
Salz
frisch gemahlener Pfeffer
1/2 TL Thymianblätter
1/8 l trockener Weißwein

1. Die Schweinenetze in reichlich lauwarmem Salzwasser wässern. Dabei das Wasser zwischendurch immer wieder erneuern.
2. Die Fische waschen und trockentupfen. Möhren und Knollensellerie schälen, von der Lauchstange die Wurzeln und das grüne Ende entfernen. Das Gemüse in winzig kleine Würfel schneiden.
3. 2 EL Öl erhitzen und das Gemüse darin andünsten. Mit Salz, Pfeffer und Thymian würzen. Dann auf einem Sieb gut abtropfen lassen, die Flüssigkeit auffangen. Den Backofen auf 180 °C vorheizen.
4. Die Schweinenetze gut abtropfen lassen und auf einem Küchentuch ausbreiten. Die Hälfte der Gemüsemischung auf den beiden Netzen verteilen, je einen Glattbutt darauflegen und mit dem restlichen Gemüse bedecken. Die Fische mit den Schweinenetzen umhüllen.
5. Das restliche Öl in einem Bräter erhitzen, die Fische hineingeben und kurz anbraten. Mit dem Wein begießen und im Backofen 20 bis 25 Minuten garen. Zwischendurch mit dem aufgefangenen Gemüsesaft begießen.
6. Die Fische am besten mit Salzkartoffeln servieren.

Pro Person:
Kalorien (kcal) 544
Eiweiß (g) 91
Fett (g) 12
Kohlenhydrate (g) 6

Besonders fein schmeckt das Gericht, wenn man den Glattbutt durch Steinbutt oder Seezunge ersetzt. Dann ist es allerdings etwas teurer. Für eine preiswertere Version nimmt man Scholle oder Flunder!

RED SNAPPER MIT LORBEER UND ZITRONE

Für 4 Personen
Zubereitungszeit: 40 Minuten

- 1 küchenfertiger Red Snapper (1,2 bis 1,5 kg), ersatzweise Zahn- oder Goldbrasse
- Salz, frisch gemahlener Pfeffer
- 2 unbehandelte Zitronen
- 6 frische Lorbeerblätter
- 1/8 l Olivenöl

1. Fisch waschen, trockentupfen und, wie auf Seite 190 beschrieben, die Kiemen entfernen. Die Haut mit einem spitzen Messer leicht einritzen und mit Salz und Pfeffer einreiben. Backofen auf 200 °C vorheizen.

2. Eine Zitrone in Scheiben schneiden und mit 2 Lorbeerblättern in die Bauchhöhle stecken. Von der zweiten Zitrone die Schale abreiben, dann den Saft auspressen.

3. Restliche Lorbeerblätter in feine Streifen schneiden und mit Zitronenschale, -saft und Öl in einem Bräter erhitzen. Den Fisch hineinlegen und im Backofen 25 bis 30 Minuten garen. Zwischendurch einmal wenden und mit dem Bratensaft begießen.

Pro Person:
Kalorien (kcal) 461
Eiweiß (g) 62
Fett (g) 18
Kohlenhydrate (g) 1

MAKRELE IN ALUFOLIE GEGART

Für 4 Personen
Zubereitungszeit: 50 Minuten

- 4 Makrelen (à 350 g)
- Salz, frisch gemahlener Pfeffer
- Saft von 1 Zitrone
- 1 EL Thymianblätter
- 1 TL Rosmarinnadeln
- 1 Bund glatte Petersilie
- 2 Knoblauchzehen
- 4 EL Tomatenwürfel
- 6 EL Olivenöl, z. B. Olivenöl extra virgen

1. Fische waschen, trockentupfen und, wie auf Seite 190 beschrieben, die Kiemen entfernen. Mit Salz und Pfeffer einreiben und mit Zitronensaft beträufeln. Den Backofen auf 180 °C vorheizen.

2. Kräuter und Knoblauch fein hacken. Die Tomatenwürfel und 4 EL Öl dazugeben, verrühren und die Mischung in den Bauchhöhlen der Fische verteilen.

3. Vier ausreichend große Stücke Alufolie mit dem restlichen Öl bestreichen und jeweils einen Fisch darin gut verpacken. Nebeneinander auf ein Backblech legen und 30 bis 35 Minuten garen.

Pro Person:
Kalorien (kcal) 544
Eiweiß (g) 77
Fett (g) 21
Kohlenhydrate (g) 1

LACHS MIT MEERRETTICHSAUCE

Für 4 Personen
Zubereitungszeit: 30 Minuten

- 4 Lachsfilets (à 180 g)
- Salz
- frisch gemahlener weißer Pfeffer
- 20 g Butter
- 400 ml Sahne
- 2 Eigelb
- 2 bis 3 EL frisch geriebener Meerrettich
- 3 EL gehackte Petersilie

1. Die Filets waschen, trockentupfen, in Streifen schneiden und mit Salz und Pfeffer würzen. Eine Auflaufform mit Butter ausfetten und die Filets hineinlegen. Den Backofen auf 200 °C vorheizen.
2. Sahne, Eigelb, Meerrettich und Petersilie verrühren und über die Lachsfilets gießen. Im Backofen in etwa 15 Minuten goldbraun backen.

Pro Person:
Kalorien (kcal) 623
Eiweiß (g) 46
Fett (g) 43
Kohlenhydrate (g) 4

HECHTFILETS MIT SENFSAUCE

Für 4 Personen
Zubereitungszeit: 30 Minuten

- 4 Hechtfilets (à 180 g)
- Salz
- frisch gemahlener Pfeffer
- Saft von 1/2 Zitrone
- 20 g Butter
- 200 ml Sahne
- 2 EL Crème fraîche
- 2 Eigelb
- 2 bis 3 EL feinwürziger Dijon-Senf
- 1 EL feingeschnittener Dill
- 2 EL gehackte Petersilie
- 2 EL frisch geriebenes Weißbrot

1. Die Filets waschen, trockentupfen, mit Salz und Pfeffer einreiben und mit Zitronensaft beträufeln. Eine Auflaufform mit Butter ausfetten und die Hechtfilets hineinlegen. Backofen auf 200 °C vorheizen.
2. Die restlichen Zutaten miteinander verrühren und über die Fischfilets verteilen. Im Backofen in 15 bis 20 Minuten goldbraun backen.

Pro Person:
Kalorien (kcal) 423
Eiweiß (g) 43
Fett (g) 24
Kohlenhydrate (g) 2

ZANDER AUF BLATTSPINAT

Ein im Ganzen gebratener Fisch ist ein besonderer Leckerbissen, der von Feinschmeckern jedem Fischfilet, auch wenn es noch so ausgefallen zubereitet wurde, vorgezogen wird. Dieses Rezept ist eine Abwandlung des Klassikers »Hecht Badische Art«. Der Zander schmeckt ebenso gut wie Hecht, besitzt aber wesentlich weniger kleine Gräten.

Für 4 Personen
Zubereitungszeit: 1 Stunde

1 küchenfertiger Zander
(1,2 bis 1,5 kg)
Salz
frisch gemahlener Pfeffer
Saft von 1 Zitrone
4 EL Olivenöl, z. B. Olivenöl
extra virgen
1 EL feingehackter Estragon
1 kg junger Blattspinat
1 Zwiebel
1 Knoblauchzehe
30 g Butter
frisch geriebene Muskatnuß
1/4 l Sahne
2 EL Noilly Prat

1. Zander waschen, trockentupfen und die Haut mit einem scharfen Messer leicht einritzen. Salz, Pfeffer, Zitronensaft, Öl und Estragon verrühren. Mit der Hälfte davon den Fisch innen und außen bestreichen und etwa 30 Minuten marinieren lassen.
2. Den Spinat verlesen, gründlich waschen und abtropfen lassen. Zwiebel und Knoblauch schälen, in kleine Würfel schneiden und in zerlassener Butter andünsten. Den Spinat dazugeben und zugedeckt in wenigen Minuten zusammenfallen lassen.
3. Den Spinat mit Salz, Pfeffer und Muskat würzen, mit Sahne und Noilly Prat aufgießen und auf dem Boden eines Fischbräters verteilen.
4. Den Zander auf das Spinatbett setzen und 25 bis 30 Minuten garen, dabei immer wieder mit der restlichen Marinade bestreichen. Den Fisch in dem Bräter servieren und erst bei Tisch portionieren.

Pro Person:
Kalorien (kcal) 673
Eiweiß (g) 77
Fett (g) 33
Kohlenhydrate (g) 4

• Gart man Fische im Ganzen, hat es sich bewährt, wenn man sie an der dicksten Stelle mit einem scharfen Messer quer ein paar mal einige Millimeter tief einschneidet. So gart der Fisch rascher und gleichmäßiger.
• Meeresfische (z. B. Meeräsche, Wolfsbarsch oder Dorsch) schmecken auf diese Weise gegart auch sehr fein!

KARPFEN IN WEINSAUCE

In Deutschland ist Weihnachten oder Silvester ohne Karpfen fast unvorstellbar! In den östlichen Regionen des Landes genießt man den Süßwasserfisch mit einer Biersauce, die mit Lebkuchen gebunden wird. Da diese Zubereitung für viele ein wenig gewöhnungsbedürftig ist, hier eine modernere, leichtere Variante!

Für 4 Personen
Zubereitungszeit: 1 Stunde

1 küchenfertiger Spiegelkarpfen
(1,2 bis 1,5 kg)
Salz
frisch gemahlener Pfeffer
Saft von 1 Zitrone
1 Bund Petersilie
2 Zitronenthymianzweige
1 Zwiebel
1 Bund Suppengrün
40 g Butter
1/4 l trockener, gehaltvoller
Weißwein (z. B. ein Riesling
von der Mosel)
1/8 l Fischfond
1/8 l Sahne
1 Eigelb

1. Karpfen waschen, trockentupfen und die Haut einige Male mit einem scharfen Messer leicht einritzen. Mit Salz und Pfeffer einreiben und mit Zitronensaft beträufeln. Die Hälfte von der Petersilie und dem Thymian in die Bauchhöhle stecken.

2. Den Backofen auf 180 °C vorheizen. Zwiebel schälen, das Suppengrün putzen und beides kleinschneiden. 30 g Butter in einem Fischbräter zerlassen und das Gemüse darin andünsten. Den Karpfen dazugeben, mit der restlichen Butter belegen und mit Wein und Fischfond begießen.

3. Den Karpfen im Backofen 30 bis 40 Minuten garen, dabei immer wieder mit dem Bratenfond begießen. Falls der Fisch zu stark bräunt, mit Alufolie abdecken. (Läßt sich die Rückenflosse leicht herausziehen, ist der Fisch gar!)

4. Den Karpfen mit Hilfe von zwei Fischhebern aus dem Bräter heben und auf einer vorgewärmten Platte warm halten. Bratenfond und Gemüse mit einem Stabmixer pürieren, durch ein Sieb streichen und in einer Sauteuse zum Kochen bringen.

5. Sahne und Eigelb verquirlen und unter die Sauce rühren. Erhitzen, aber keinesfalls mehr kochen lassen. Zum Schluß die restliche Petersilie und den Thymian fein hacken und unter die Sauce mischen. Mit Salz, Pfeffer und Zitronensaft nachwürzen.

6. Die Sauce getrennt zum Karpfen reichen. Eine ideale Ergänzung sind Salzkartoffeln und grüner Salat.

Pro Person:
Kalorien (kcal) 563
Eiweiß (g) 67
Fett (g) 25
Kohlenhydrate (g) 3

FISCHE UND MEERESFRÜCHTE VOM GRILL

Auf sommerlichen Grillparties werden Würstchen, Koteletts & Co. immer mehr von Fischen und Krustentieren verdrängt. Kommen die Fische im Ganzen auf den Holzkohlengrill, bewahrt die Haut das Fleisch vor dem Austrocknen. Filets oder Portionsstücke umwickelt man besser mit Alufolie! Bei schlechtem Wetter oder im Winter ist der elektrische Haushaltsgrill eine echte Alternative.

Für 6 bis 8 Personen
Zubereitungszeit: 30 Minuten
Marinierzeit: 2 Stunden

Für die Sardinen:
12 mittelgroße Sardinen
1 Knoblauchzehe
1/2 Pfefferschote
100 ml Olivenöl, z. B. Olivenöl extra virgen
Salz, frisch gemahlener Pfeffer
je 1 Salbei-, Rosmarin- und Thymianzweig

Für die Riesengarnelen:
12 Riesengarnelen in der Schale
2 Knoblauchzehen
1 Bund glatte Petersilie
2 Oreganozweige
1/8 l Olivenöl, z. B. Olivenöl extra virgen
Saft von 1 Zitrone

Für den Rotbarsch:
400 g Rotbarschfilet
Salz
frisch gemahlener Pfeffer
Saft von 1/2 Zitrone
4 Basilikumzweige
2 Schalotten
2 gehäutete Tomaten
2 EL Olivenöl, z. B. Olivenöl extra virgen

1. Die Sardinen, wie auf Seite 190 beschrieben, ausnehmen, waschen und trockentupfen.
2. Knoblauch und Pfefferschote fein hacken und mit dem Öl verrühren. Mit Salz und Pfeffer würzen. Sardinen mit dem Öl übergießen und mit den Kräutern mindestens 2 Stunden marinieren lassen. Dabei die Fische gelegentlich wenden.
3. Riesengarnelen waschen, den Kopf abdrehen, Schwanz längs halbieren und den Darm entfernen. Knoblauch, Petersilie und Oregano fein hacken und mit Öl und Zitronensaft verrühren. Über die Garnelen gießen und etwa 30 Minuten marinieren lassen.
4. Rotbarschfilet waschen, trockentupfen und in 4 gleichgroße Stücke schneiden. Mit Salz und Pfeffer würzen und mit Zitronensaft beträufeln. Basilikum fein hacken, die Schalotten schälen und wie die Tomaten in kleine Würfel schneiden, alles vermischen.
5. Vier entsprechend große Stücke Alufolie mit Öl bepinseln. Die Fischstücke darauflegen, mit der Tomatenmischung belegen und locker mit Folie umwickeln.
6. Auf dem Holzkohlengrill oder unter dem elektrischen Haushaltsgrill die Sardinen pro Seite 3 bis 5 Minuten grillen. Die Garnelen 4 bis 6 Minuten auf der Schalenseite, auf der Fleischseite höchstens 2 Minuten grillen. Das Filet in 5 bis 7 Minuten gar werden lassen.

Pro Person (bei 6 Personen):
Kalorien (kcal) 226
Eiweiß (g) 19
Fett (g) 14
Kohlenhydrate (g) 3

Fische marinieren
Werden Fische vor dem Grillen mariniert, sind sie besonders schmackhaft und saftig: Sardinen vorbereiten. Knoblauch und Pfefferschote fein hacken, mit dem Öl verrühren und würzen. Die Sardinen mit den Kräutern darin mindestens 2 Stunden marinieren. Dabei gelegentlich wenden.

Krustentiere marinieren
Krustentiere grillt man immer mit der Schale. Vorheriges Marinieren verstärkt den Geschmack: Knoblauch, Petersilie und Oregano fein hacken und mit Öl und Zitronensaft verrühren. Über die Garnelen gießen und etwa 30 Minuten marinieren.

Fische in Alufolie
Rotbarschfilet portionieren, würzen und mit Zitronensaft beträufeln. Basilikum hacken, Schalotten und Tomaten in kleine Würfel schneiden und alles vermischen. Alufolie mit Öl bepinseln, den Fisch darauflegen, mit der Tomatenmischung belegen und das Filet locker mit Folie umwickeln.

Grillen auf dem Holzkohlengrill
Den Holzkohlengrill so lange vorheizen, bis die Kohlen von einer weißlichen Ascheschicht überzogen sind. Eventuell würzende Kräuter in die Glut streuen, diese machen den Fisch noch aromatischer. Je größer und dicker der Fisch ist, umso größer muß der Abstand zur Glut sein.

Grillen im Elektrogrill
Den Grill vorheizen, bis die richtige Temperatur erreicht ist. Den Rost gut einölen. Auch hier gilt: Je größer und dicker das Grillgut ist, umso größer muß der Abstand zum Grill sein. Die Hitze kann hier zwar exakt reguliert werden, dafür entwickelt das Gargut aber weniger Aroma.

GEGRILLTER THUNFISCH MIT KRÄUTERN

Für 4 Personen
Zubereitungszeit: 20 Minuten

- 4 Thunfischkoteletts (à 180 g), am besten vom Schwanzstück
- Saft von 1 Zitrone
- 6 EL Olivenöl, z. B. Olivenöl extra virgen
- 1 EL Rosmarin
- 2 EL gehackte Petersilie
- Salz
- frisch gemahlener Pfeffer

1. Die Thunfischkoteletts waschen und trockentupfen. Den Grill vorheizen.
2. Zitronensaft, Öl, Rosmarin und Petersilie verrühren und mit Salz und Pfeffer würzen.
3. Die Thunfischkoteletts mit der Marinade beträufeln und etwa 6 bis 7 Minuten pro Seite grillen. Mit Grilltomaten und geröstetem Weißbrot servieren.

Pro Person:
Kalorien (kcal) 353
Eiweiß (g) 45
Fett (g) 16
Kohlenhydrate (g) 1

GEGRILLTE HERINGE

Für 4 Personen
Zubereitungszeit: 20 Minuten
Marinierzeit: 30 Minuten

- 12 mittelgroße Heringe
- Salz
- frisch gemahlener Pfeffer
- 6 bis 8 gemahlene Korianderkörner
- 1 Knoblauchzehe
- 5 EL Olivenöl, z. B. Olivenöl extra virgen
- Saft von 1 Orange

1. Heringe, wie auf Seite 190 beschrieben, ausnehmen, waschen und trockentupfen. Mit Salz, Pfeffer und Koriander würzen.
2. Knoblauch sehr fein hacken und mit Öl und Orangensaft verrühren. Die Fische darin etwa 30 Minuten marinieren lassen. Den Grill vorheizen.
3. Die Heringe auf jeder Seite 4 bis 5 Minuten grillen und sofort servieren.

Pro Person:
Kalorien (kcal) 321
Eiweiß (g) 57
Fett (g) 7
Kohlenhydrate (g) 1

KRÄUTERMAKRELE IN FOLIE

Für 4 Personen
Zubereitungszeit: 30 Minuten

- 4 Makrelen (à 400 g)
- Salz
- frisch gemahlener Pfeffer
- 1 Bund gemischte Frühlingskräuter (z. B. Petersilie, Kerbel, Dill, Basilikum)
- 2 Knoblauchzehen
- 1/2 Pfefferschote
- 100 g weiche Butter
- Saft von 1 Zitrone

1. Die Makrelen, wie auf Seite 190/191 beschrieben, filetieren. Die Filets mit Salz und Pfeffer würzen. Vier ausreichend große Stücke Alufolie mit je einem Makrelenfilet belegen. Den Grill vorheizen.
2. Kräuter, Knoblauch und Pfefferschote fein hacken und mit Butter sowie Zitronensaft verrühren. Auf die Filets streichen und mit den restlichen Filets bedecken. Locker mit der Folie umwickeln und 10 bis 12 Minuten grillen.

Pro Person:
Kalorien (kcal) 538
Eiweiß (g) 83
Fett (g) 18
Kohlenhydrate (g) 1

GEGRILLTER HUMMER

Für 4 Personen
Zubereitungszeit: 30 Minuten

- 3 l Wasser
- 1 Lorbeerblatt
- je 1 Thymian-, Rosmarin- und Petersilienzweig
- Salz
- 2 Hummer oder Langusten (à 600 bis 700 g)
- 1 Knoblauchzehe
- 5 EL Olivenöl, z. B. Olivenöl extra virgen
- frisch gemahlener Pfeffer

1. Wasser mit Kräutern und Salz zum Kochen bringen und die Hummer oder Langusten mit dem Kopf nach unten hineingeben. Kurz kochen lassen, dann aus dem Sud nehmen. Längs halbieren und Corail sowie Innereien entfernen. Den Grill vorheizen.
2. Knoblauchzehe zerdrücken und mit Öl, Salz und Pfeffer verrühren. Den Grillrost damit einpinseln und die Hummer- oder Langustenhälften mit den Schnittflächen nach unten darauflegen. 4 bis 5 Minuten grillen, dann wenden, mit Öl bestreichen und weitere 3 bis 5 Minuten grillen.

Pro Person:
Kalorien (kcal) 165
Eiweiß (g) 22
Fett (g) 6
Kohlenhydrate (g) 2

GRATINIERTE JAKOBSMUSCHELN

Wegen ihrer wunderschönen Form und ihres feinen Fleisches sind Jakobsmuscheln eine beliebte Vorspeise. Bei uns sind sie auch unter den Bezeichnungen »Pilgermuschel« oder »Coquille St. Jacques« bekannt. Ihre Namen bekam die Muschel, weil sie früher fast nur in Galizien in der Nähe des Wallfahrtsortes Santiago de Compostela zu finden war, und die Pilger die leeren Schalen sammelten und als Symbol und zur Erinnerung mitnahmen.

Für 4 Personen
Zubereitungszeit: 45 Minuten

- 8 Jakobsmuscheln mit Schale
- grobes Meersalz für die Form
- 300 g junger Blattspinat
- Salz
- 1 Möhre
- 50 g Knollensellerie
- 40 g Butter
- 1 Msp gemahlener Safran oder einige Safranfäden
- 2 cl Noilly Prat
- 200 ml Sahne
- 2 Eigelb
- frisch gemahlener weißer Pfeffer
- 2 EL geschlagene Sahne

1. Muscheln, wie auf Seite 192/193 beschrieben, putzen, waschen und öffnen. Das Muschelfleisch herauslösen und dabei vom roten Corail trennen. Das Fleisch in Scheiben schneiden. Eine feuerfeste Form mit Salz ausstreuen und die unteren Schalenhälften in die Form stellen.

2. Den Spinat verlesen, waschen und in wenig Salzwasser kurz blanchieren. Auf einem Sieb abtropfen lassen. Den Backofen auf 220 °C vorheizen.

3. Möhre und Sellerie schälen und in winzig kleine Würfel schneiden. 20 g Butter aufschäumen lassen und das Gemüse darin andünsten. Den Safran dazugeben, mit Noilly Prat ablöschen, mit Sahne aufgießen und sämig einkochen lassen. Von der Kochstelle nehmen, Eigelb unterziehen und mit Salz und Pfeffer würzen. Ein wenig abkühlen lassen, die geschlagene Sahne unterziehen.

4. Die restliche Butter in einer beschichteten Pfanne zerlassen und das Muschelfleisch sowie den Corail darin 1 bis 2 Minuten schwenken.

5. Spinat auf die Muschelschalen verteilen, mit dem Muschelfleisch und Corail belegen und mit der Safransauce überziehen. Im Backofen auf der oberen Schiene in wenigen Minuten überbacken.

Pro Person:
Kalorien (kcal) 315
Eiweiß (g) 7
Fett (g) 29
Kohlenhydrate (g) 4

• Wenn Sie im Fischgeschäft nur das Muschelfleisch kaufen können, dann füllen Sie die Zutaten zum Überbacken und Servieren statt in die Muschelschalen in kleine Souffléförmchen.

• Sie können die Sauce, statt sie einkochen zu lassen oder mit Eigelb zu binden, auch mit Fix-Soßenbinder hell andicken.

MIESMUSCHELN MIT KRÄUTERN ÜBERBACKEN

Die »Muscheln des kleinen Mannes« schmecken in dieser Zubereitung sicher auch jedem noch so verwöhnten Feinschmecker. Die nach Kräutern duftende Vorspeise ist preisgünstig und kann zudem schnell und gut vorbereitet werden.

Für 4 Personen
Zubereitungszeit: 30 Minuten

24 große Miesmuscheln
1/4 l Wein
2 Thymianzweige
einige schwarze Pfefferkörner
Salz
grobes Meersalz für die Form
Für die Füllung:
2 bis 4 Knoblauchzehen
2 Schalotten
4 EL Olivenöl, z. B. Olivenöl extra virgen
1 TL Kräuter der Provence
1 EL gehackte Petersilie
3 bis 4 EL frisch geriebenes Weißbrot
1 EL Cognac
Salz
frisch gemahlener Pfeffer
Cayennepfeffer

1. Die Muscheln unter fließendem kalten Wasser gründlich säubern.
2. Wein mit Thymian, Pfefferkörnern und Salz zum Kochen bringen und die Muscheln darin so lange garen, bis alle Schalen geöffnet sind. Die Muscheln mit einem Schaumlöffel aus dem Sud heben und die oberen Schalenhälften entfernen.
3. Eine feuerfeste Form mit Meersalz ausstreuen und die Muscheln in die Form setzen.
4. Knoblauch und Schalotten schälen, in Würfel schneiden und im heißen Öl andünsten. Die Kräuter dazugeben und so viel geriebenes Weißbrot unterrühren, bis eine geschmeidige Masse entstanden ist. Von der Kochplatte nehmen, den Cognac unterrühren und mit Salz, Pfeffer und Cayennepfeffer würzen. Backofen auf 220 °C vorheizen.
5. Mit Hilfe von zwei Teelöffeln die Masse auf dem Muschelfleisch verteilen und auf der oberen Schiene im Backofen in wenigen Minuten goldbraun und knusprig gratinieren.

Pro Person:
Kalorien (kcal) 102
Eiweiß (g) 3
Fett (g) 8
Kohlenhydrate (g) 3

• Dazu paßt ein fruchtiger Roséwein, z. B. Côte de Provence.
• Richtet man die Muscheln auf blanchierten Spinatblättern an, sieht das nicht nur besonders appetitlich aus, der Spinat ist zugleich eine schmackhafte Beilage.
• Man kann die Muscheln natürlich auch unter einem Grill gratinieren.

GEFLÜGEL

Im Ganzen gebraten, in Stücken sanft geschmort oder geschnetzelt als feines Frikassee: Geflügel und Wildgeflügel sind vielseitig. Die wichtigsten Techniken wie Zerlegen, Füllen und Dressieren von Hähnchen & Co. sowie die schönsten Rezepte der Geflügelküche.

ENTE DRESSIEREN

Enten, Kapaune oder große Hähnchen bleiben am besten in Form, wenn man mit Hilfe von Dressiernadel und Küchengarn Beine und Flügel am Körper befestigt.

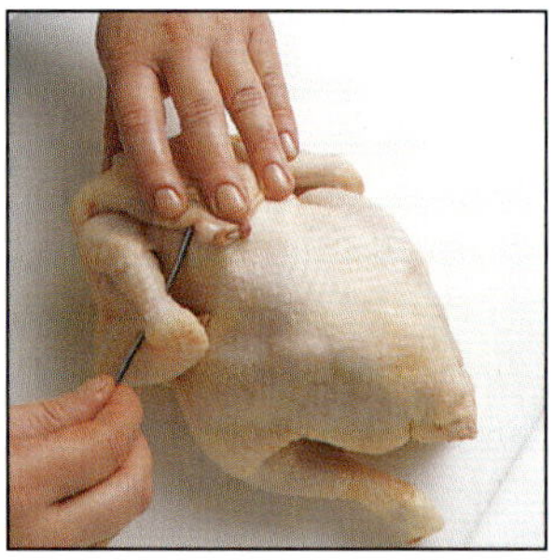

1. Geflügel auf die Brust legen und von einem Flügelende zum anderen stechen, dabei die Halshaut mitbefestigen.

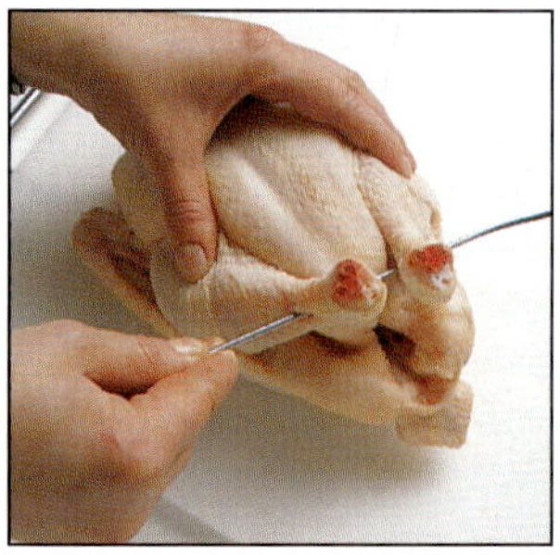

2. Geflügel wenden, mit der Nadel von einem Oberschenkel zum anderen stechen, dabei die Bauchdecke mitfassen.

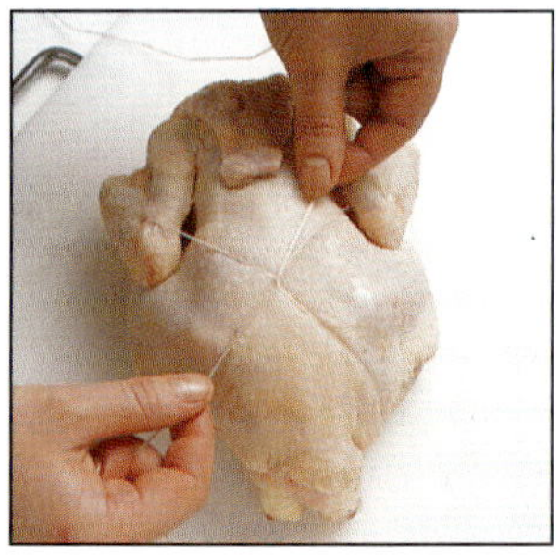

3. Das Geflügel auf die Seite legen, die überstehenden Fadenenden straffziehen und am Rücken gut verknoten.

HÄHNCHEN DRESSIEREN

Kleineres Geflügel wie Hähnchen bindet man rascher mit einem langen Faden ohne Nadel in Form.

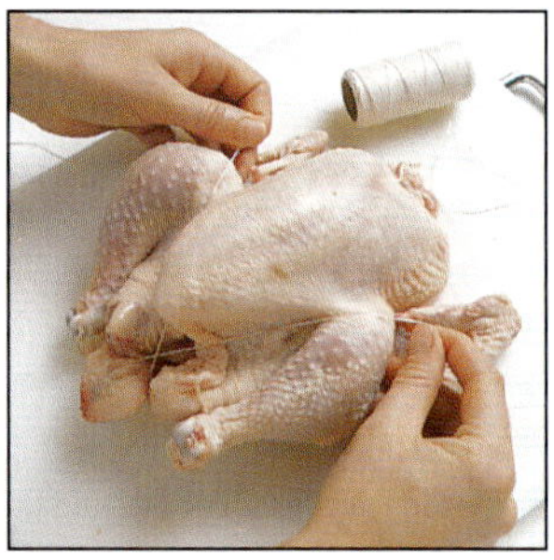

1. Faden unter dem Bürzel durchziehen, kreuzen und um die Schenkel legen. Überkreuzen und festziehen.

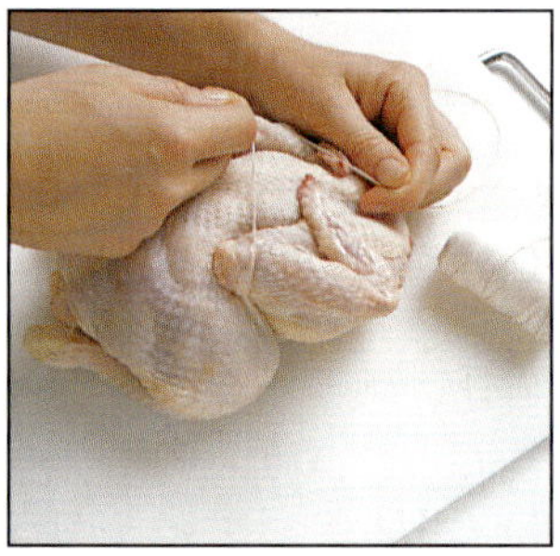

2. Hinter die Schenkel ziehen, Hähnchen auf die Brust legen und den Faden nach vorne um die beiden Flügel legen.

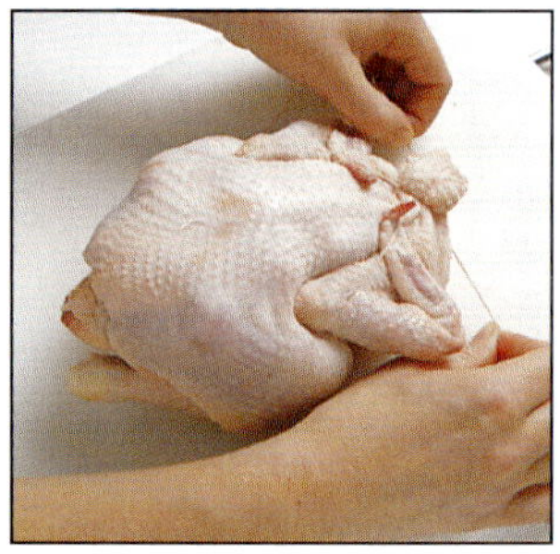

3. Faden um die Flügel schlingen, die Halshaut miteinbeziehen, festziehen und verknoten. Fadenenden abschneiden!

GEFLÜGEL PORTIONIEREN

Man kann zwar heute alle Geflügelteile auch einzeln kaufen, dennoch ist es wichtig zu wissen, wie man Geflügel zerlegt.

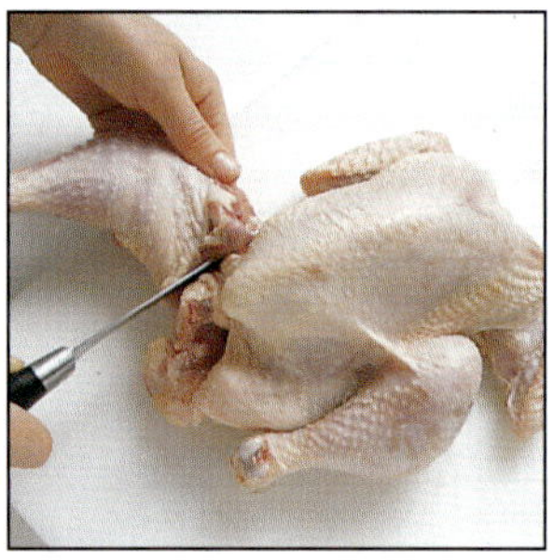

1. Geflügel auf den Rücken legen. Schenkel vom Rumpf wegziehen. Mit dem Messer am Gelenk durchtrennen.

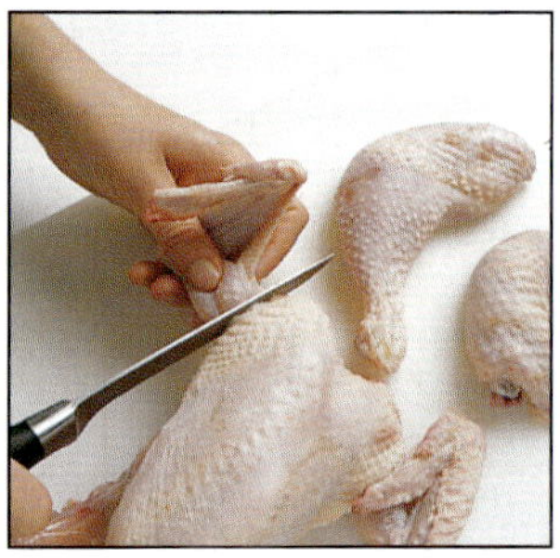

2. Flügel bewegen, damit die Schultergelenke sichtbar werden, und mit einem scharfen Messer abtrennen.

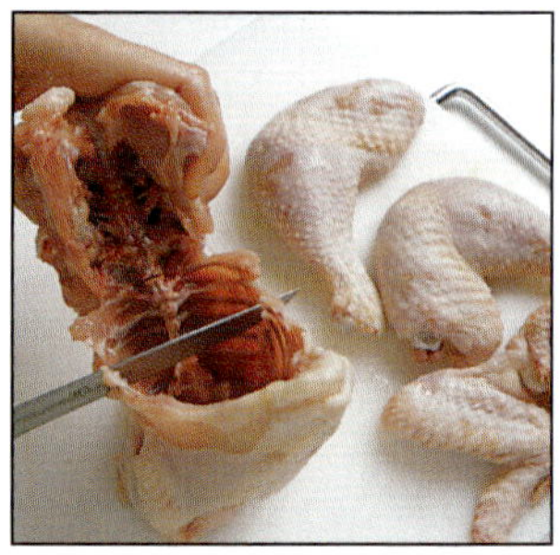

3. Rumpf aufrechtstellen und auf beiden Seiten entlang der Rippengelenke durchtrennen. Das Bruststück wegklappen.

BRUSTFLEISCH AUSLÖSEN

Ausgelöste Hähnchenbrüste sind rasch gegart und eignen sich gut zum Füllen. Aus einer ganzen Putenbrust kann man mühelos mehrere Schnitzel schneiden.

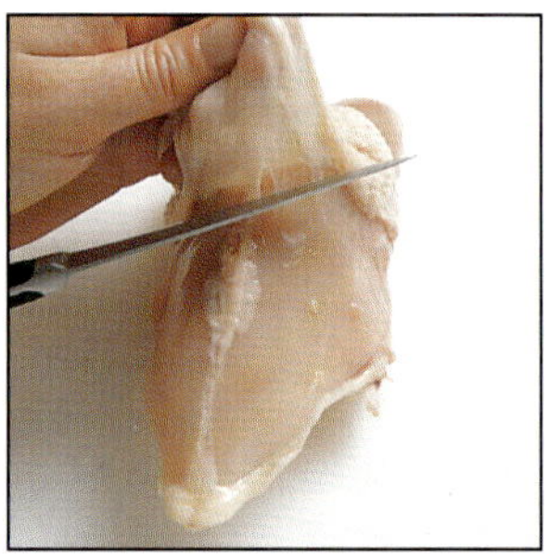

1. Hähnchen- oder Putenbrust mit der Fleischseite nach oben auf ein Brett legen. Mit einem spitzen Messer enthäuten.

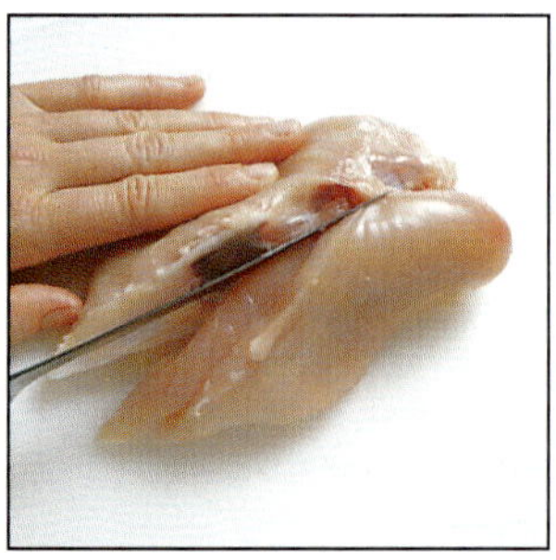

2. An beiden Seiten am Brustbein entlang einschneiden und das Fleisch vorsichtig vom Knochen ablösen.

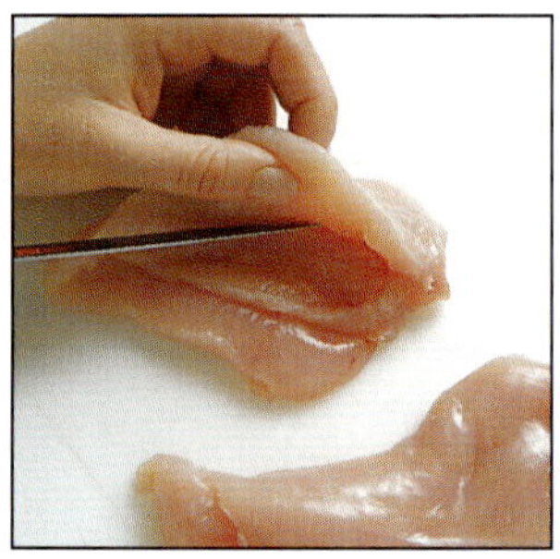

3. Brustfleisch des Puters schräg zur Faser in Scheiben schneiden. In die Hähnchenbrust eine Tasche schneiden.

KEULEN AUSLÖSEN

Schenkelfleisch ist saftiger und aromatischer als Brustfleisch. Für diejenigen, die nicht gerne Knochen abnagen, wird hier gezeigt, wie man die Knochen vorher entfernt.

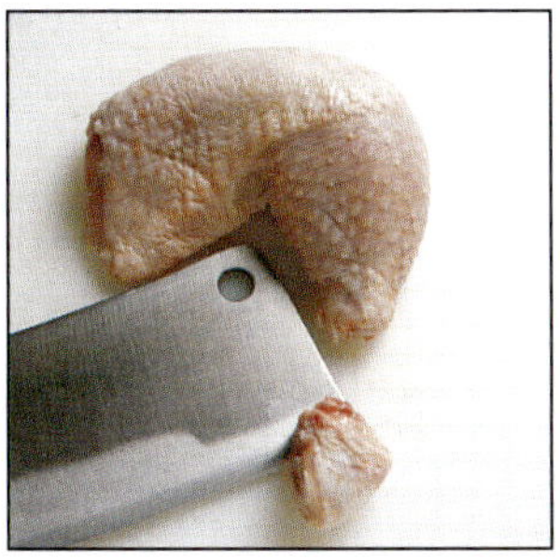

1. Den untersten, verdickten Gelenkknochen vom Unterschenkel mit einem Hackbeil abschlagen.

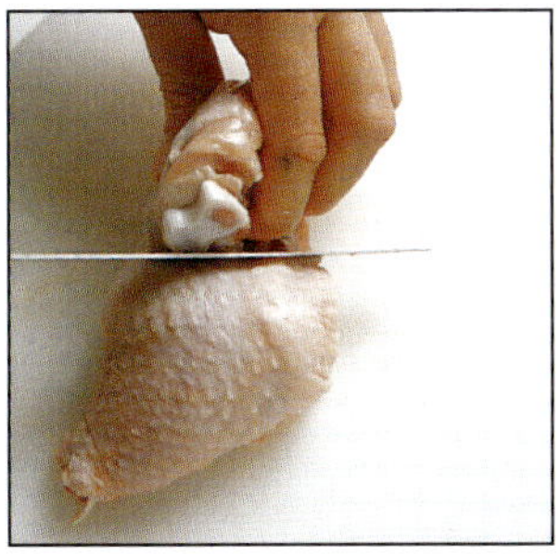

2. Den Oberschenkelknochen mit einem scharfen, spitzen Messer vom Fleisch lösen und am Gelenk abtrennen.

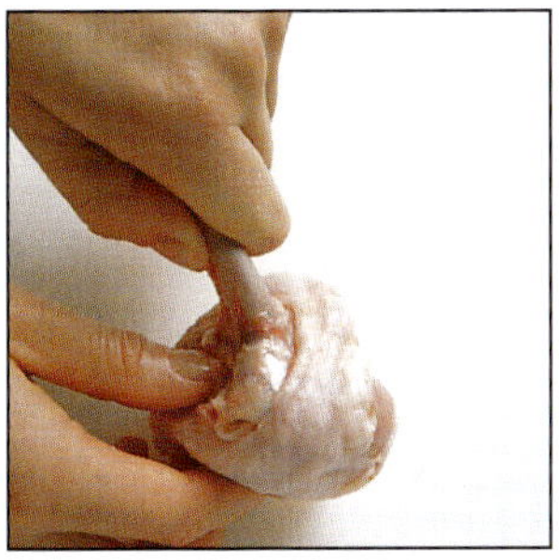

3. Den Unterschenkelknochen mit den Daumen durchdrükken, den Knochen bis auf ein kleines Stück herausziehen.

ROLLBRATEN VORBEREITEN

Das magere Putenfleisch bekommt, würzig gefüllt, eine besondere Note. Welche Füllung Sie auch wählen, immer muß rundherum ein kleiner Rand frei bleiben.

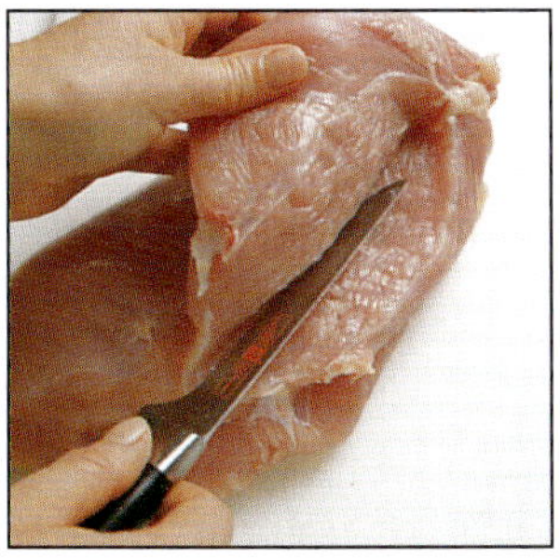

1. Eine möglichst gleichmäßige Putenbrust im oberen Drittel längs einschneiden, aber nicht durchschneiden.

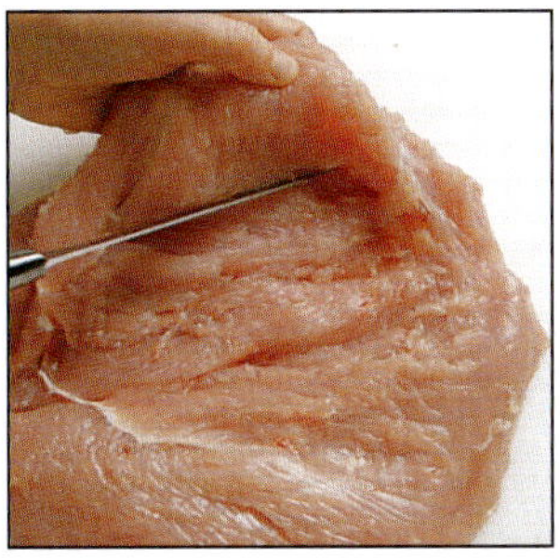

2. Den Einschnitt zur Seite klappen und von der Mitte aus nach außen schneiden. Nicht durchschneiden!

3. Die so entstandene Fleischscheibe mit einem breiten Messer flachklopfen, füllen, aufrollen und verschnüren.

ENTE ODER GANS FÜLLEN

Wenn Sie eine frische Bauerngans zubereiten: Flügel, Hals, Innereien und Flomen entfernen (daraus können Sie Gänseklein herstellen) und das Geflügel innen und außen gründlich waschen.

1. Geflügel innen und außen salzen und pfeffern. Die gewünschte Füllung mit einem Löffel in das Geflügel geben.

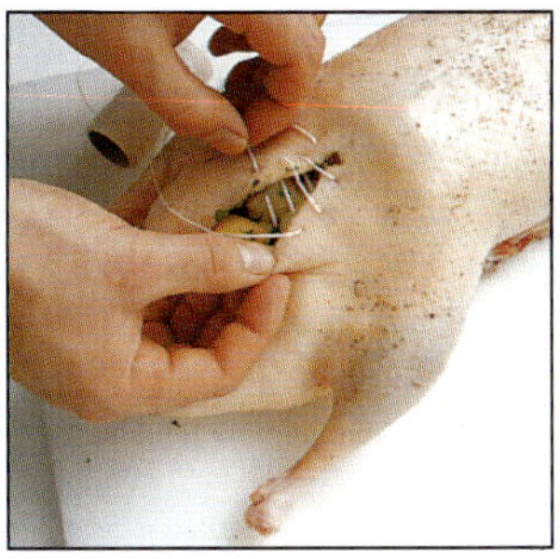

2. Das Geflügel nicht zu prall füllen. Die Öffnung mit einer Dressiernadel und Küchengarn zickzackförmig zunähen.

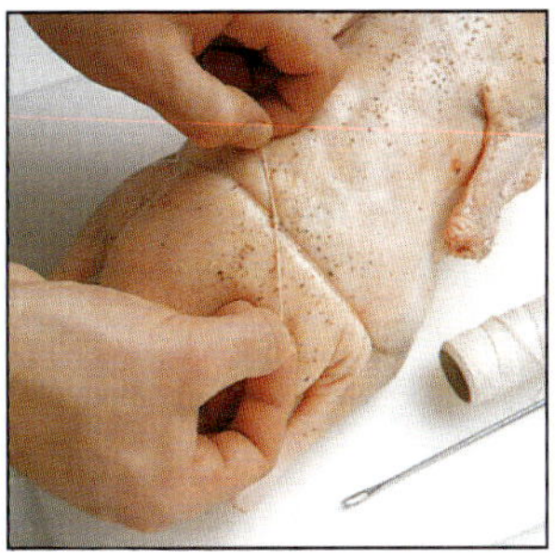

3. Mit Nadel und Garn durch Schenkel und Rumpf stechen, durch den zweiten Schenkel durchziehen. Faden verknoten.

WILDGEFLÜGEL BARDIEREN

Da das Brustfleisch leicht trocken wird, ist es ratsam die Brust mit Speckscheiben zu belegen. Eine andere Möglichkeit ist das Umhüllen mit einem Schweinenetz.

1. Die Brust des Fasans mit einer dünnen Scheibe grünen Speck, die mehrmals schräg eingeschnitten ist, belegen.

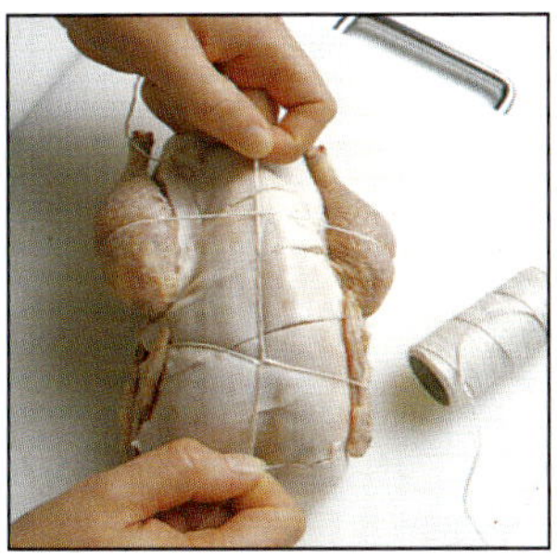

2. Wildgeflügel und Speckscheibe mit einem Küchengarn nicht zu fest wie ein Päckchen verschnüren.

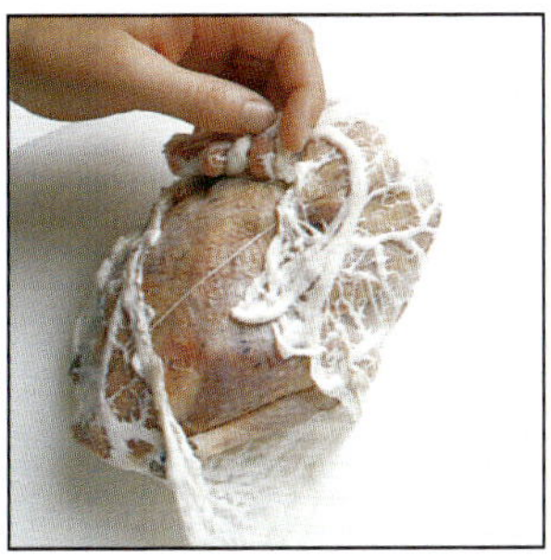

3. Gewässertes Schweinenetz ausbreiten, etwas größer als das Geflügel zurechtschneiden und dieses damit umhüllen.

GEBRATENE GANS

Gänsebraten zählt nicht gerade zu den Gerichten aus der »Schlankheitsküche«, aber mit ein paar Tricks kann man auch die Gans etwas kalorienärmer servieren: Dafür sticht man die dicke Haut ein wenig ein, damit das Fett ablaufen kann, und entfettet den Bratenfond gründlich. Durch das kurze Vordämpfen bleibt das Fleisch besonders saftig.

Für 6 bis 8 Personen
Zubereitungszeit: ca. 3 Stunden

1 l Wasser
1 bratfertige Gans von ca. 4 kg
Salz
frisch gemahlener Pfeffer
beliebige Füllung

1. Wasser im Bräter erhitzen. Gans-Brust nach unten auf den Rost legen und 10 Minuten zugedeckt köcheln lassen.

GEBRATENE ENTE

Will man mit einer gebratenen Ente 4 Personen bewirten, sollte sie mindestens 2,5 kg wiegen. Am besten schmeckt eine frische Bauernente, die 2,5 bis 3 kg auf die Waage bringt.

Für 4 Personen
Zubereitungszeit: 2 Stunden

1 fleischige Ente, ca. 2,5 kg
Salz, frisch gemahlener Pfeffer
je 1 Beifuß- u. Majoranzweig
1/2 Bund Petersilie
je 1 Zwiebel und Apfel,
geschält und geviertelt
1/2 l Wasser
1 EL Entenschmalz

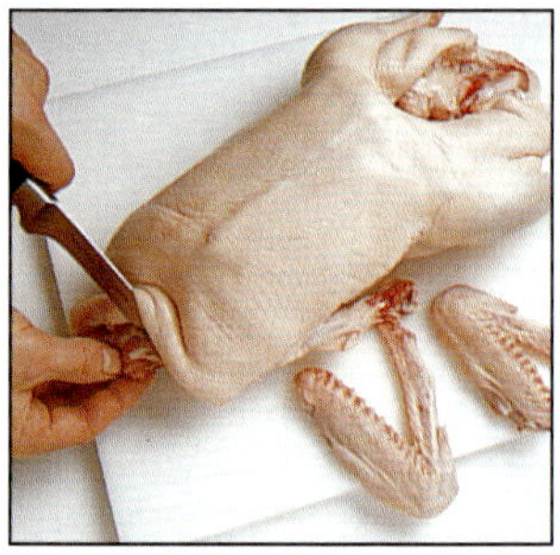

1. Flügel und Hals abschneiden. Ente würzen, mit Kräutern, Zwiebel- und Apfelvierteln füllen (siehe Seite 243).

BRATHÄHNCHEN

Da die heiße Luft des Backofens das fettarme Fleisch der Hähnchen leicht austrocknet, muß man besonders sorgsam damit umgehen. Daher entweder das junge Geflügel in Butter anbraten und immer wieder begießen oder, bevor es in den heißen Backofen kommt, dick mit Butter bestreichen.

Für 4 Personen
Zubereitungszeit: 1 Stunde

1 Hähnchen von 1,2 kg
Salz, frisch gemahlener Pfeffer
50 g Butter
1 Bund Petersilie
1 Möhre, 1 Zwiebel
je 1/8 l Wein und Brühe
2 EL Crème fraîche

1. Das gewürzte, gefüllte und dressierte Geflügel (s. S. 243) in Butter rundherum anbraten. Ofen auf 200 °C vorheizen.

WILDGEFLÜGEL BRATEN

Nicht nur um Wildgeflügel vor Austrocknung zu schützen, sondern auch des Geschmacks wegen umwickelt man es mit Speckscheiben. Nur wirklich junge Tiere zum Braten verwenden! Feinschmecker bevorzugen den Fasanenhahn!

Für 4 Personen
Zubereitungszeit: 1 Stunde

2 junge Fasane, je ca. 800 g
Salz
frisch gemahlener Pfeffer
2 Scheiben grüner Speck
30 g Butterschmalz
5 zerdrückte Wacholderbeeren
1 Bund Suppengrün
je 1/8 l Weißwein und Sahne

1. Die Fasane würzen, bardieren und dressieren (s. S. 243) und im heißen Fett im Bräter bei 200 °C anbraten.

2. Backofen auf 180 °C vorheizen. Die Hälfte der Kochflüssigkeit abgießen und aufbewahren.

3. Gans mit der Brust nach unten auf die untere Schiene des Ofens legen und $^1/_2$ Stunde braten, dann wenden!

4. Mit der Brust nach oben noch 1 $^1/_2$ Stunden braten, dabei immer wieder mit der Gänsebrühe begießen.

5. Gans im Bräterdeckel bei 220 °C in 20 Minuten goldbraun braten. Fond entfetten und etwas einkochen.

2. Ente mit der Brust nach unten auf den Rost des Bräters legen, mit $^1/_8$ l Wasser begießen. $^1/_2$ Stunde bei 180 °C braten.

3. Flügel und Hals in 1 EL Entenschmalz anbraten. Salzen, mit restlichem Wasser aufgießen und köcheln lassen.

4. Backofen auf 200 °C stellen. Geflügel wenden und in 1 Stunde gar braten, dabei mit der Entenbrühe begießen.

5. Füllung aus der Ente nehmen und mit dem Bratenfond verrühren, etwas einkochen lassen und durchpassieren.

2. Petersilie und das geputzte, kleingeschnittene Gemüse dazugeben und anbraten. Mit $^1/_8$ l Wein aufgießen.

3. Mit der Brust nach unten 15 Minuten braten. Wenden und in 35 bis 40 Minuten fertigbraten.

4. Während des Bratens das Hähnchen zwischendurch mit Bratensaft und Brühe begießen.

5. Das Hähnchen herausnehmen. Den Bratenfond mit Crème fraîche verrühren, einkochen lassen und durchpassieren.

2. Nach 15 Minuten wenden und Wacholder und das kleingeschnittene Suppengrün dazugeben. Mit Wein aufgießen.

3. Weitere 20 Minuten braten lassen, dabei immer wieder mit Bratenfond begießen.

4. Von den Fasanen den Speck entfernen und die Brusthaut 10 Minuten bräunen lassen.

5. Geflügel herausnehmen. Sahne in den Bratenfond geben, einkochen lassen und die Sauce durchpassieren.

GEKOCHTES SUPPENHUHN

Das Kochen eines Suppenhuhns hat zwei Vorteile: Einerseits bekommt man eine kräftige, schmackhafte Brühe, andererseits lassen sich aus dem Fleisch köstliche Frikassees und Salate zubereiten.

Ergibt ca. 1 1/2 l Brüh
Zubereitungszeit: 2 1/2 bis 3 Stunden

- 1 Suppenhuhn von etwa 2 kg
- 2 Bund Suppengrün
- Salz
- einige Pfefferkörner
- 1 Zweig Thymian

1. Das küchenfertige Suppenhuhn in einen großen Kochtopf legen. Mit 2 1/2 l kaltem Wasser begießen.

KNUSPRIG GEBRATENE PUTENSCHNITZEL

Ob Putenschnitzel oder Hähnchenbrüste, für beides gilt: Sie müssen zwar durchgebraten werden, sollen aber innen noch saftig sein. Womit man das zarte Fleisch sonst noch umhüllen kann, erfahren Sie auf Seite 250/251.

Für 4 Personen
Zubereitungszeit: 25 Minuten

- 4 Putenschnitzel à 150 g
- Salz
- frisch gemahlener Pfeffer
- ca. 3 EL Mehl
- 2 verquirlte Eier
- ca. 100 g Paniermehl
- 30 g Butter, 2 EL Keimöl

1. Die Putenschnitzel mit Salz und Pfeffer würzen und in Mehl wenden. Überschüssiges Mehl abklopfen.

GESCHMORTE TRUTHAHNKEULEN

Es eignen sich zwar fast alle Geflügelarten zum Schmoren, doch das Fleisch junger Tiere oder Brustfleisch ist fast zu schade dafür. Ideal zum Schmoren sind Truthahnkeulen. Schmort man ganzes Geflügel, ist es besser, es in portionsgerechte Stücke zu teilen. Das Brustfleisch kommt dann erst etwas später dazu.

Für 4 Personen
Zubereitungszeit: ca. 2 Stunden

- 2 Truthahnunterkeulen à 400 g
- Salz, frisch gemahlener Pfeffer
- 4 EL Keimöl
- 2 gehackte Knoblauchzehen
- 2 gehackte Zwiebeln
- je 1 Thymian- und Rosmarinzweig, 500 g Tomatenstücke
- 1/4 l Hühnerbrühe

1. Truthahnkeulen würzen. Öl in einem Schmortopf erhitzen und die Keulen rundherum bei starker Hitze anbraten.

ENTENBRUSTWÜRFEL AUS DEM WOK

Der vielseitig einsetzbare Wok kommt aus China, und wohl in keinem anderen Land der Welt ist Entenfleisch so beliebt wie dort. Deshalb hier das Grundrezept mit Ente, aber auch Hähnchenbrust, Putenfleisch, Tauben- oder Wachtelbrüstchen schmecken vorzüglich aus dem Wok.
Bevor man den Wok benützt, 1 EL Öl darin erhitzen, den Topf damit durchschwenken und das Öl wieder abgießen.

Für 4 Personen
Zubereitungszeit: 30 Minuten

- 2 Entenbrüste à 250 g, Salz
- 400 g Gemüse und Pilze
- 3 EL Sojaöl
- 1 EL frisch geraspelter Ingwer
- 1 EL Speisestärke
- 2 EL Sojasauce
- 200 ml Reiswein
- 1 TL Aceto Balsamico
- 300 g frische Ananasstücke

1. Entenbrüste in 2 cm große Würfel schneiden und salzen. Gemüse und Pilze kleinschneiden.

2. Bei starker Hitze zum Kochen bringen. Aufkochen lassen und das kleingeschnittene Suppengrün dazugeben.

3. Salz, Pfefferkörner und Thymian zugeben. Bei schwacher Hitze zugedeckt 2 bis 2 1/2 Stunden köcheln lassen.

4. Am Oberschenkel kurz einstechen. Der austretende Saft muß klar sein und die Keule sich leicht vom Rumpf lösen.

5. Das Huhn herausnehmen und je nach Bedarf weiterverarbeiten. Die Brühe durch ein Spitzsieb gießen.

2. Die Schnitzel nacheinander mit einer Gabel durch die Eier ziehen und anschließend im Paniermehl wenden.

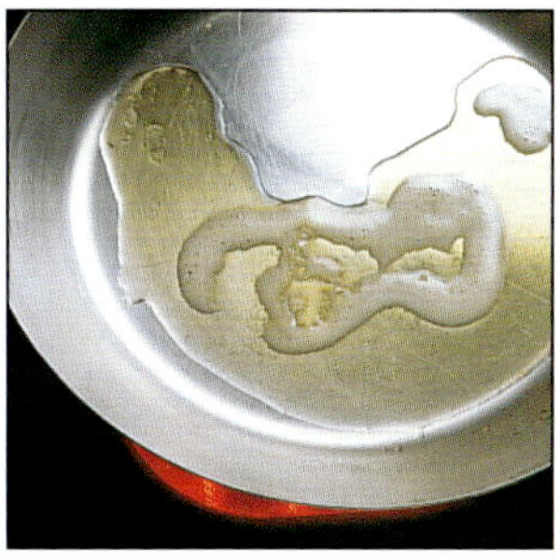

3. Butter und Öl in einer beschichteten Pfanne bei höchster Stufe erhitzen.

4. Schnitzel vorsichtig in das heiße Fett geben und 2 bis 3 Minuten anbraten. Die Hitze um die Häfte reduzieren.

5. Fleischscheiben wenden und die zweite Seite 2 bis 3 Minuten braten. Vor dem Servieren kurz ruhen lassen.

2. Backofen auf 160 °C vorheizen. Knoblauch, Zwiebeln und Kräuter anschmoren und die Tomaten dazugeben.

3. Mit Brühe aufgießen, aufkochen lassen und zugedeckt 70 Minuten auf der mittleren Schiene des Backofens garen.

4. Andere Möglichkeit: Die Keulen bei schwacher Hitze im geschlossenen Bräter auf der Kochplatte garen.

5. Keulen herausnehmen. Sie sind gar, wenn sich das Fleisch leicht vom Knochen löst. Sauce durchpassieren.

2. Öl im Wok erhitzen und das Entenbrustfleisch darin unter Rühren in 4 bis 5 Minuten knusprig anbraten.

3. Das Fleisch herausnehmen, und in dem Bratfett nacheinander Gemüse, Pilze und Ingwer anrösten.

4. Stärke, Sojasauce, Reiswein und Balsamessig verquirlen und mit den Ananasstücken zum Gemüse geben.

5. Kurz durchköcheln lassen. Zum Schluß das Entenfleisch daruntermischen und einige Minuten ziehen lassen.

GEFÜLLTE HÄHNCHEN-BRÜSTCHEN

Die Zubereitungsmöglichkeiten für Hähnchenbrüstchen sind unbegrenzt. Das zarte Fleisch paßt sich harmonisch fast jeder Zutat an. Nur eines bekommt ihnen nicht: zu lange Garzeit! Dadurch werden sie trocken, zäh und faserig.

Für 4 Personen
Zubereitungszeit: 30 Minuten

500 g junger Spinat
Salz
frisch geriebene Muskatnuß
4 Hähnchenbrustfilets
(je 150 g)
gemahlener weißer Pfeffer
150 g (Büffel-) Mozzarella
2 Eier
30 g Cornflakes oder
4 EL Paniermehl
2 EL Mehl
30 g Butter
2 EL Keimöl

1. Die Spinatblätter verlesen, waschen und tropfnaß in einem großen Topf bei starker Hitze zusammenfallen lassen. Mit Salz und Muskat würzen und einige Minuten sanft köcheln lassen. Von der Kochstelle nehmen, auf ein Sieb schütten und abtropfen lassen.
2. Die Hähnchenbrusthälften häuten und waschen. In jede Filethälfte mit einem sehr scharfen Messer eine Tasche einschneiden und mit Salz und Pfeffer würzen.
3. Mozzarella in kleine Würfel schneiden und unter den abgekühlten Spinat mischen.
4. In jede Tasche etwas von der Spinat-Käse-Füllung geben und die Öffnung mit einem Zahnstocher zustecken.
5. Die Eier mit einer Gabel verquirlen. Die Cornflakes in eine Plastiktüte geben und mit einem Nudelholz zerkleinern.
6. Die Hähnchenbrüstchen zuerst in Mehl, dann im Ei und zum Schluß in den Cornflakes oder Paniermehl wenden. Die Panade gut festdrücken.
7. Butter und Öl erhitzen und die gefüllten Hähnchenbrusthälften bei mittlerer Hitze knapp 10 Minuten braten.

Pro Person:
Kalorien (kcal) 450
Eiweiß (g) 47
Fett (g) 23
Kohlenhydrate (g) 7

• Diese und die nachfolgenden Rezeptideen können auch mit Putenschnitzel zubereitet werden.
• Lassen Sie sich gleich vom Metzger eine Tasche in die Schnitzel schneiden.

Füllung vorbereiten
Den Spinat verlesen, waschen und tropfnaß in einen Topf geben. Bei starker Hitze im geschlossenen Topf in wenigen Minuten zusammenfallen lassen. Zum Abtropfen in ein Sieb geben. Abgekühlt mit dem in kleine Würfel geschnittenen Käse vermischen.

Tasche einschneiden
Die Hähnchenbrustfilets häuten. Mit einem scharfen Messer der Länge nach eine Tasche einschneiden. Darauf achten, daß das gegenüberliegende Ende nicht durchgeschnitten wird. Am besten geht es, wenn das Fleisch gut gekühlt ist.

Füllen
Die Tasche aufklappen und die Füllung hineingeben – aber keinesfalls zu viel, da sie sonst herausquillt. Die Taschen schließen und mit einem Zahnstocher zusammenstecken oder einem Küchengarn zunähen.

Panieren
Grundsätzlich das Fleisch immer erst in Mehl und erst dann in den verquirlten Eiern wenden. Als äußere Hülle können, neben Paniermehl und Cornflakes, auch Sesamsamen oder gehackte Nüsse verwendet werden. Die Panade sehr gut festdrücken.

Goldbraun braten
Das Fett in einer beschichteten Pfanne bei mittlerer Temperatur erhitzen. Die Brustfilets hineinlegen und 3 bis 4 Minuten anbraten. Vorsichtig wenden, die Temperatur ein wenig reduzieren und die zweite Seite in 4 bis 5 Minuten goldbraun braten.

UMHÜLLTE UND GEFÜLLTE HÄHNCHENBRÜSTCHEN

Das delikate, eiweißreiche Fleisch kauft man entweder als ganze Brust mit Knochen und Haut oder bereits ausgelöst als Hähnchenbrustfilet. Alle Rezepte auf dieser Seite sind für 4 Hähnchenbrustfilets oder 4 Putenschnitzel (je ca. 150 g) berechnet.

Für 4 Personen
Zubereitungszeit:
20 bis 30 Minuten

1. Salbei-Schinken-Füllung
In die Hähnchenfilets, wie im Grundrezept beschrieben, eine Tasche einschneiden und mit Salz und Pfeffer würzen. In jede Öffnung 1 dünne Scheibe Parmaschinken und 2 Salbeiblätter legen. Die Öffnung mit einem Zahnstocher zustecken und das Fleisch in Mehl wenden. In 3 EL Olivenöl auf jeder Seite 3 bis 4 Minuten braten. Die Hähnchenfilets herausnehmen, den Bratenfond mit 2 cl Madeira und 1/8 l Hühnerbrühe ablöschen und sämig einkochen. Von der Kochstelle nehmen und 40 g kalte Butter in kleinen Flöckchen unter die Sauce schlagen. Über den Hähnchenfilets verteilen und mit Weißbrot servieren.

2. Mandelumhüllung und Traubensauce
Die Hähnchenfilets salzen und pfeffern. Zuerst in Mehl, dann in 2 verquirlten Eiern und zum Schluß in 100 g Mandelblättchen wenden. Die Panade gut festdrücken und die Hähnchenfilets in 40 g Butter auf jeder Seite 3 bis 4 Minuten braten. Herausnehmen und warm stellen. Dann 200 ml frisch gepreßten Orangensaft in das Bratfett gießen und bei starker Hitze sämig einkochen. 300 g grüne Weintrauben waschen, halbieren und falls nötig entkernen. In die Sauce geben und kurz darin erhitzen. Mit frisch gemahlenem Pfeffer würzen und zu den Hähnchenfilets reichen.

3. Schinken und Käse
In die Hähnchenfilets, wie im Grundrezept beschrieben, eine Tasche einschneiden und mit Salz und Pfeffer würzen. Die Taschen mit je 1 Scheibe Kochschinken auskleiden und darauf 1 Scheibe Butterkäse legen. Die Öffnungen fest zusammendrücken und mit einem Zahnstocher zusammenstecken. Zuerst in Mehl, dann in 2 verquirlten Eiern und zum Schluß in Paniermehl wenden. Die Panade gut festdrücken. 40 g Butter und 1 EL Keimöl erhitzen und die Hähnchenfilets 3 bis 5 Minuten anbraten, wenden und in 4 bis 5 Minuten bei mittlerer Hitze fertigbraten.

4. Pilzfüllung
200 g Pfifferlinge fein hacken und mit 1 EL Zwiebelwürfel und 1 gehackten Knoblauchzehe in 20 g Butter andünsten. Mit Salz und Pfeffer würzen und 1 EL gehackte Petersilie untermischen. Etwas abkühlen lassen und in die vorbereiteten Taschen der gewürzten Hähnchenfilets füllen, wie im Grundrezept beschrieben. Die Öffnungen mit je einem Zahnstocher zusammenstecken. Zuerst in Mehl, dann in 2 verquirlten Eiern und zum Schluß in gehackten Sonnenblumenkernen wenden. Die Panade gut festdrücken und die Hähnchenfilets in 4 EL Sonnenblumenöl auf jeder Seite 3 bis 4 Minuten anbraten, wenden und in 4 bis 5 Minuten fertigbraten.

1

3

2

4

5

7

6

8

5. Gorgonzolafüllung
In die Hähnchenfilets, wie im Grundrezept beschieben, eine Tasche einschneiden und mit Salz und Pfeffer würzen. Je eine Scheibe Gorgonzola (je 30 g) in die Taschen legen und die Öffnungen mit einem Zahnstocher zusammenstecken. Zuerst in Mehl, dann in 2 verquirlten Eiern und zum Schluß in Sesamsamen wenden. Die Panade gut festdrücken und die Hähnchenfilets in 4 EL erhitztem Erdnußöl von jeder Seite 3 bis 4 Minuten braten. Die Filets auf Blattspinat anrichten.

6. Süß-saure Ananasfüllung
4 Scheiben Ananasfruchtfleisch in Stifte schneiden. In 1 EL Keimöl anbraten und mit Curry, Sojasauce und dem frisch geraspelten Ingwer würzen. Mit 2 cl Fino-Sherry ablöschen, einkochen lassen und kalt stellen. Die Ananasfüllung in die Taschen von 4 gesalzenen und gepfefferten Hähnchenbrustfilets verteilen und die Öffnungen, wie im Grundrezept beschrieben, mit einem Zahnstocher zusammenstecken. Die Hähnchenfilets erst in Mehl, dann in 2 verquirlten Eiern und zum Schluß in Kokosraspeln wenden. Die Panade gut festdrücken und die Hähnchenfilets in 4 EL erhitztem Keimöl von jeder Seite 3 bis 4 Minuten braten.

7. Kräuterfüllung
4 EL frisch gehackte Frühlingskräuter (z. B. Schnittlauch, Basilikum, Kerbel, Estragon, Petersilie) mit 1 EL Schalottenwürfeln, 2 EL geriebenem Hartkäse und 1 bis 2 gehackten Knoblauchzehen vermischen. In die vorbereiteten Taschen der gesalzenen und gepfefferten Hähnchenbrusthälften füllen und die Öffnungen mit einem Zahnstocher zusammenstecken. Die Brüstchen in 30 g erhitzter Butter von jeder Seite 3 bis 4 Minuten braten, herausnehmen und warm stellen.
1 EL Schalottenwürfel im Bratfett glasig dünsten und mit 100 ml trockenem Weißwein aufgießen. Etwas einkochen lassen und 2 EL Crème fraîche unterrühren. Bei starker Hitze sämig einkochen und zum Schluß 1 EL feingeschnittenen Schnittlauch untermischen. Die Brüstchen mit der Sauce begießen.

8. Bratwurstfüllung
In die Hähnchenfilets, wie im Grundrezept beschrieben, eine Tasche einschneiden und mit Salz und Pfeffer würzen. Jeweils 50 g rohes Bratwurstbrät hineinstreichen und die Öffnungen gut zusammendrücken. 1 oder 2 Schweinenetze, je nach Größe, in lauwarmem Wasser einweichen. Gut abgetropft auf einem Tuch ausbreiten und in 4 so große Teile schneiden, daß die Filets damit umhüllt werden können. 2 EL Keimöl erhitzen und die Geflügelpäckchen darin von jeder Seite 4 bis 5 Minuten braten. Mit Kartoffel-Gurken-Salat servieren.

ENTENBRUST MIT MANGO

Gibt es für einen Genießer etwas Schöneres als die krosse Haut einer Ente und darunter das saftige, rosagebratene Brustfleisch? Frische Entenbrüste gibt es fast das ganze Jahr hindurch, am besten schmeckt die fleischige Brust einer Barberie-Ente allerdings immer noch im Spätherbst.

Für 4 Personen
Zubereitungszeit: 30 Minuten

3 Entenbrustfilets (je 300 g)
Salz
frisch gemahlener Pfeffer
1 EL Entenschmalz oder
Keimöl
2 mittelgroße Mangos
1/2 TL frisch geriebene
Ingwerwurzel
1 TL Curry
Cayennepfeffer
2 cl Portwein
1/8 l Enten- oder Hühnerbrühe
etwas abgeriebene Schale von
1 unbehandelten Orange

1. Den Backofen auf 220 °C vorheizen.
2. Die Entenbrustfilets kalt waschen, trockentupfen und mit Salz und Pfeffer einreiben.
3. Das Schmalz erhitzen und die Entenbrüste mit der Hautseite nach unten in die Pfanne geben. 2 bis 3 Minuten scharf anbraten, wenden und die zweite Seite bei mittlerer Hitze 8 bis 10 Minuten zugedeckt braten.
4. Inzwischen die Mangos schälen, das Fruchtfleisch vom Kern lösen und in kleine Würfel schneiden.
5. Die Entenbrustfilets mit der Hautseite nach oben auf eine feuerfeste Platte legen und auf der mittleren Schiene des Backofens in 8 bis 10 Minuten knusprig braten. Dann herausnehmen und warm stellen.
6. Den Bratenfond etwas entfetten. Die Mangowürfel in die Pfanne geben und kurz anbraten. Mit Ingwer, Curry und Cayennepfeffer würzen. Mit Portwein und der Brühe aufgießen und bei mittlerer Hitze so lange braten, bis die Früchte weich und glasig sind. Zum Schluß die Orangenschale daruntermischen.
7. Die Filets in dünne, schräge Scheiben schneiden. Den dabei entstehenden Fleischsaft unter die Mangosauce mischen und diese getrennt dazu servieren.

Pro Person:
Kalorien (kcal) 605
Eiweiß (g) 41
Fett (g) 42
Kohlenhydrate (g) 6

1

2

3

1. Süß-saure Entenbrust
3 gewürzte Entenbrustfilets in der Pfanne anbraten. 2 EL Orangenmarmelade, 2 EL Sojasauce, die abgeriebene Schale von 1/2 Orange, Cayennepfeffer und Pfeffer verrühren. Die Filets im Ofen 10 Minuten garen, dabei immer wieder mit der Marinade bestreichen. Aus der Pfanne nehmen und den Bratenfond entfetten. Mit 2 cl Grand Marnier, 1/8 l Hühnerbrühe und 2 EL Crème fraîche verrühren und bei starker Hitze sämig kochen. Die Sauce zu den dünn aufgeschnittenen Entenbrustscheiben reichen.

2. Entenbrust mit Frühlingszwiebeln
3 gewürzte Entenbrustfilets in der Pfanne anbraten. 12 junge Frühlingszwiebeln putzen und die grünen Enden entfernen. Die Zwiebeln in das Bratfett geben, anbraten und mit 2 EL Aceto Balsamico und 4 cl Madeira ablöschen. Die Entenhaut mit 2 TL dünnflüssigem Honig bestreichen, die Filets mit 1/8 l kräftigem Rotwein umgießen und im Backofen in 10 Minuten fertiggaren. Entenfleisch und Zwiebeln herausnehmen, den Fond entfetten und mit 1/8 l Enten- oder Hühnerbrühe aufgießen. Dann bei starker Hitze etwas einkochen lassen und zu den dünn aufgeschnittenen Entenbrustscheiben reichen.

3. Entenbrust mit Apfel-Calvados-Sauce
3 gewürzte Entenbrustfilets in der Pfanne anbraten.
3 aromatische Äpfel schälen, entkernen und in kleine Würfel schneiden. 3 EL Apfelwürfel in das Bratfett zu den Filets geben und kurz anbraten. Mit 4 cl Calvados ablöschen und mit 1/4 l Hühnerbrühe aufgießen. Im Backofen in 10 Minuten fertigbraten. Die Filets aus der Pfanne nehmen.
Die Sauce entfetten, mit 1/8 l Sahne fein pürieren und durch ein Sieb streichen. Die restlichen Apfelstücke kurz in 1 EL Entenfett hellgelb braten und unter die Sauce mischen. Zu den dünn aufgeschnittenen Entenbrustscheiben reichen.

Die Entenbrustfilets unbedingt mit der Haut braten, damit das Fleisch nicht austrocknet und das feine Aroma nicht verloren geht.

REBHUHNBRÜSTCHEN MIT BIRNEN

Damit der erlesene Geschmack der Rebhühner auch richtig zur Geltung kommt, löst man am besten Brustfilets aus und brät sie nur kurz. Aus den Knochen kann man einen schmackhaften Fond zubereiten und aus den Keulen mit Wirsing, Linsen oder einem anderen Herbstgemüse einen deftigen Eintopf.

Für 4 Personen
Zubereitungszeit: 25 Minuten

- 4 Rebhühner (je 250 g)
- Salz
- frisch gemahlener Pfeffer
- 2 große aromatische Birnen
- 2 EL Keimöl
- 20 g Butter oder Margarine
- 1/2 TL frische Thymianblätter
- 2 cl Williamsbirnenbrand
- 1/4 l selbstgemachte Rebhuhnbrühe, ersatzweise fertigen Wildfond
- 3 EL Crème fraîche

1. Brustfilets und Keulen der Rebhühner auslösen. Die Keulen für ein anderes Gericht (z. B. Seite 271) aufbewahren, aus den Knochen einen Fond kochen. Die Brustfilets mit Salz und Pfeffer einreiben.
2. Die Birnen schälen, dann halbieren, entkernen und jede Hälfte längs in 4 Spalten schneiden.
3. Öl und Fett in einer großen Pfanne erhitzen und die Brustfilets darin mit der Hautseite nach unten 2 bis 3 Minuten scharf anbraten. Wenden und die andere Seite ebenfalls 2 bis 3 Minuten braten. Die Filets mit Thymian würzen, in Alufolie einschlagen und warm halten.
4. Die Birnenspalten in das Bratfett geben und kurz anbraten. Mit dem Birnenbrand ablöschen und so lange dünsten, bis die Früchte gar sind. Aus der Pfanne nehmen und ebenfalls warm stellen.
5. Den Bratenfond mit der Brühe aufgießen. Crème fraîche darunterrühren und bei starker Hitze sämig einkochen lassen.
6. Die Rebhuhnbrüstchen mit einem scharfen Messer schräg in 1 cm dicke Scheiben schneiden, mit den Birnen anrichten und die Sauce dazu reichen. Dazu paßt Kartoffelpüree und Wirsing.

Pro Person:
Kalorien (kcal) 443
Eiweiß (g) 43
Fett (g) 22
Kohlenhydrate (g) 13

- Rebhühner schmecken im November und Dezember am besten.
- Kocht man aus den Knochen einen Fond und friert ihn portionsweise ein, kann man das ganze Jahr hindurch, z. B. zu einer Perlhuhnbrust, eine raffinierte Wildsauce reichen.

GEFÜLLTE FASANENBRUST IM SCHWEINENETZ

Das beste am Fasan ist eigentlich sein Brustfleisch. In diesem Rezept werden aber auch die sehnigen Keulen zu einer Farce verarbeitet, und die Knochen lassen eine herrliche Suppe entstehen.

Für 4 Personen
Zubereitungszeit: 1 Stunde

2 junge küchenfertige Fasane (je 800 g)
2 Eigelb
2 EL Paniermehl
2 EL gehackte Walnüsse
2 EL frisch gehackte Petersilie
abgeriebene Schale von 1/2 unbehandelten Orange
etwas frisch geriebene Ingwerwurzel
Salz
frisch gemahlener Pfeffer
2 Schweinenetze
2 EL Keimöl
2 cl Madeira
1/4 l Fasanenbrühe (ersatzweise Hühnerbrühe)

1. Die Brustfilets auslösen und häuten. Die Keulen abtrennen und das Fleisch von Knochen und Sehnen befreien.
2. Aus Knochen und Sehnen einen Fond kochen.
3. Das abgelöste Keulenfleisch in der Küchenmaschine fein zerkleinern. Mit Eigelb, Paniermehl, Walnüssen und Petersilie vermengen und mit Orangenschale, Ingwer, Salz und Pfeffer herzhaft würzen.
4. Die Schweinenetze in lauwarmem Wasser einweichen, dann auf einem Tuch ausbreiten. In 4 gleich große Stücke schneiden und je ein Brustfilet darauflegen.
5. Jede Brust dick mit der Farce bestreichen und mit dem Netz sorgfältig umhüllen.
6. Das Öl in einer großen Pfanne erhitzen und die umwickelten Filets auf der Fleischseite bei mittlerer Hitze ca. 8 Minuten anbraten. Wenden und die zweite Seite ebenfalls 6 bis 8 Minuten braten. Herausnehmen und mit Alufolie umhüllen.
7. Den Bratenfond mit Madeira ablöschen, mit der Fasanenbrühe aufgießen und bei starker Hitze etwas einkochen lassen.
8. Die Brustfilets in Scheiben schneiden, auf einer Platte anrichten und mit der Sauce begießen. Dazu Kartoffelgratin und Selleriepüree servieren.

Pro Person:
Kalorien (kcal) 606
Eiweiß (g) 76
Fett (g) 27
Kohlenhydrate (g) 4

• Auf dieselbe Weise kann man auch die Keulen von Reb- oder Perlhühnern verarbeiten.
• Das Schweinenetz ist ein guter Ersatz für den oft üblichen Speckmantel.
• Die gefüllten Fasanenbrustfilets kann man auch mit blanchierten Wirsing- oder Weißkohlblättern umwickeln.

PUTENGESCHNETZELTES MIT PILZEN

Geschnetzeltes ist nicht nur ein schnelles und sättigendes Gericht, mit eigener Phantasie läßt es sich auch beliebig variieren. Nur eines muß man beachten: Das eiweißreiche zarte Fleisch darf keinesfalls zu lange garen, da es sonst austrocknet und viel von dem äußerst feinen Geschmack einbüßt!

Für 4 Personen
Zubereitungszeit: 20 Minuten

600 g Putenbrustfleisch
Salz
gemahlener weißer Pfeffer
250 g Shiitake-Pilze,
Egerlinge oder Champignons
4 Schalotten
3 EL Keimöl
20 g Butter oder Margarine
4 bis 5 frische Estragonblätter
2 cl trockener Wermut (z. B.
Noilly Prat)
1/8 l Hühnerbrühe
200 ml Sahne
1 EL Dijon-Senf
1 Bund glatte Petersilie

1. Das Putenbrustfleisch erst in 1 cm breite Scheiben und dann in 1 cm breite Streifen schneiden. Mit Salz und Pfeffer würzen.
2. Die Pilze putzen, nur falls nötig kurz waschen, dann vierteln oder in Scheiben schneiden. Die Schalotten schälen und in kleine Würfel schneiden.
3. Das Öl in einer großen Pfanne erhitzen und die Putenstreifen darin bei starker Hitze portionsweise kurz anbraten. Herausnehmen und beiseite stellen.
4. Die Butter in das Bratfett geben und die Schalottenwürfel darin glasig dünsten. Pilze und Estragon hinzufügen und unter Rühren kräftig anbraten.
5. Mit Wermut ablöschen, mit Brühe und Sahne aufgießen und bei mittlerer Hitze sämig einkochen lassen. Die Putenstreifen dazugeben, den Senf unterrühren und mit Salz und Pfeffer abschmecken.
6. Zum Schluß die frisch gehackte Petersilie daruntermischen und mit Rösti, Nudeln oder Reis servieren.

Pro Person:
Kalorien (kcal) 465
Eiweiß (g) 35
Fett (g) 32
Kohlenhydrate (g) 3

• Frischer Estragon paßt sehr gut zum zarten Geflügelgeschmack. Da das Kraut sehr intensiv schmeckt, muß man bei der Dosierung vorsichtig sein.
• Ersatzweise in Öl eingelegte Estragonblätter verwenden!

Fleisch aufschneiden
Die Putenbrust in 1 cm dicke Scheiben schneiden oder bereits Putenschnitzel kaufen. Die Fleischscheiben quer zur Faser in 1 cm breite Streifen schneiden. Auf die gleiche Weise kann man auch Hähnchenbrustfilets aufschneiden.

Zutaten vorbereiten
Da die Garzeit sehr kurz ist, müssen alle Zutaten, die beigefügt werden sollen, vorbereitet werden. Die Pilze putzen und in Scheiben oder in Viertel schneiden, die Schalotten schälen und in kleine Würfel schneiden.

Fleisch anbraten
Das Öl in einer Pfanne auf höchster Stufe erhitzen und etwa die Hälfte der Putenstreifen darin unter Wenden 1 bis 2 Minuten anbraten und aus der Pfanne nehmen. Das restliche Geflügelfleisch ebenfalls 1 bis 2 Minuten kräftig anbraten, dann herausnehmen und beiseite stellen.

Pilze garen
Die Butter in das Bratfett geben, etwas aufschäumen lassen und die Schalotten darin glasig dünsten. Pilze und Estragon hinzufügen und unter Rühren bei starker Hitze anbraten.

Sauce zubereiten
Mit Wermut ablöschen, mit Brühe und Sahne aufgießen und bei starker Hitze sämig einkochen lassen. Die Putenstreifen wieder dazugeben und in der Sauce erhitzen. Mit Senf, Salz und Pfeffer würzen und mit der Petersilie bestreut servieren.

PUTENGESCHNETZELTES IN PAPRIKACREME

Für 4 Personen
Zubereitungszeit: 20 Minuten

600 g Putenbrustfleisch, in Streifen geschnitten
Salz
frisch gemahlener Pfeffer
30 g Butterschmalz
2 Zwiebeln, in Würfel geschnitten
2 gehackte Knoblauchzehen
1 bis 2 EL Paprikapulver (edelsüß)
1 TL Mehl
1/8 l Hühnerbrühe
1/4 l Sahne
1 EL frisch gehackte Petersilie

1. Die Putenstreifen mit Salz und Pfeffer würzen. In heißem Fett portionsweise anbraten und herausnehmen.
2. Zwiebeln und Knoblauch im Bratfett glasig dünsten, mit Paprika und Mehl bestäuben und kurz anrösten.
3. Mit der Brühe ablöschen und aufkochen. Dann die Sahne darunterrühren und bei starker Hitze sämig einkochen lassen. Die Geflügelstreifen in der Sauce erhitzen und mit der Petersilie bestreuen.

Pro Person:
Kalorien (kcal) 480
Eiweiß (g) 33
Fett (g) 34
Kohlenhydrate (g) 4

PUTENGESCHNETZELTES MIT GEMÜSE

Für 4 Personen
Zubereitungszeit: 30 Minuten

600 g Putenbrustfleisch, in Streifen geschnitten
Salz
frisch gemahlener Pfeffer
2 EL Keimöl
40 g Butter
400 g in feine Streifen oder kleine Würfel geschnittenes Gemüse (z. B. Möhren, Knollensellerie, Lauch)
1/8 l Hühnerbrühe
4 EL Crème fraîche
2 EL feine Schnittlauchröllchen

1. Die Putenstreifen mit Salz und Pfeffer würzen. In heißem Öl portionsweise anbraten und herausnehmen.
2. Die Butter in das Bratfett geben, aufschäumen lassen und dann das Gemüse darin andünsten. Mit der Brühe aufgießen und zugedeckt in einigen Minuten bißfest garen.
3. Die Crème fraîche darunterrühren, kurz durchkochen lassen und die Putenstreifen darin erhitzen. Mit dem Schnittlauch bestreuen.

Pro Person:
Kalorien (kcal) 402
Eiweiß (g) 33
Fett (g) 25
Kohlenhydrate (g) 7

PUTENGESCHNETZELTES MIT THUNFISCHSAUCE

Für 4 Personen
Zubereitungszeit: 20 Minuten

600 g Putenbrustfleisch, in Streifen geschnitten
Salz
frisch gemahlener Pfeffer
3 EL Keimöl
2 EL Zwiebelwürfel
180 g eingelegter Thunfisch
2 bis 3 Sardellenfilets
1 TL Kapern
1/8 l Hühnerbrühe
200 ml Sahne
150 g gedünstete Zuckerschoten
1 EL gehackte Petersilie

1. Die Putenstreifen mit Salz und Pfeffer würzen. In heißem Öl portionsweise anbraten und herausnehmen.
2. Die Zwiebelwürfel im Bratfett glasig dünsten. Dann den abgetropften Thunfisch und die Sardellen in Stückchen dazugeben. Die Kapern daruntermischen und mit Brühe und Sahne aufgießen. Einige Minuten durchkochen, dann mit einem Stabmixer pürieren.
3. Fleischstreifen und Zuckerschoten darin erhitzen und mit der Petersilie bestreuen.

Pro Person:
Kalorien (kcal) 595
Eiweiß (g) 45
Fett (g) 40
Kohlenhydrate (g) 6

PUTENCURRY

Für 4 Personen
Zubereitungszeit: 25 Minuten

600 g Putenbrustfleisch, in Streifen geschnitten
Salz
frisch gemahlener Pfeffer
3 EL Keimöl
2 EL Zwiebelwürfel
1 gehackte Knoblauchzehe
Fruchtfleisch von 1/2 Mango
1 EL Currypulver
1/2 TL Kurkuma
1/2 TL geriebene Ingwerwurzel
je 1/8 l Hühnerbrühe und Sahne
2 Scheiben Ananasfruchtfleisch
1 EL gehackte Petersilie

1. Die Putenstreifen mit Salz und Pfeffer würzen. In heißem Öl portionsweise anbraten und herausnehmen.
2. Zwiebeln und Knoblauch im Bratfett glasig dünsten und das in Würfel geschnittene Mangofruchtfleisch dazugeben. Die Gewürze darunterrühren und mit der Brühe und der Sahne aufgießen.
3. In einigen Minuten sämig einkochen. Das Putenfleisch und die in Stifte geschnittene Ananas hinzufügen und darin erhitzen. Mit der Petersilie bestreuen.

Pro Person:
Kalorien (kcal) 390
Eiweiß (g) 33
Fett (g) 24
Kohlenhydrate (g) 6

HÄHNCHENLEBER AUF ITALIENISCHE ART

Rasches Arbeiten ist für das Gelingen von Leberrezepten Voraussetzung, damit die Leber nicht hart und trocken wird. Zart rosa gebraten sind die Lebern von Hähnchen, Puten, Enten und Gänsen wahre Leckerbissen. Sie schmecken auf knusprigen Toasts, in Omeletts oder mit einer sahnigen Sauce! Außerdem sind sie ausgesprochen preiswert.

Für 4 Personen
Zubereitungszeit: 20 Minuten

- 600 g Hähnchenlebern
- 2 EL Mehl
- Salz
- frisch gemahlener Pfeffer
- 4 Schalotten
- 2 Knoblauchzehen
- 2 Fleischtomaten
- 80 g Parmaschinken
- 3 EL Olivenöl
- 20 g Butter
- 8 Salbeiblätter
- 2 cl Madeira
- 1/8 l Hühnerbrühe

1. Von den Lebern das Fett und die Sehnen entfernen. Jede Leber halbieren und in ein Sieb geben. Kurz mit kaltem Wasser abspülen und gut abtropfen lassen. Mit einem Küchenpapier trockentupfen.
2. Mehl, Salz und Pfeffer in einem tiefen Teller vermischen. Die Leberhälften darin wenden und überschüssiges Mehl gut abklopfen. Will man auf das Mehl verzichten, darf die Leber vorher nicht gesalzen werden.
3. Schalotten und Knoblauch schälen. Die Tomaten kurz blanchieren, dann häuten und entkernen. Alles in kleine Würfel, den Schinken in feine Streifen schneiden.
4. Das Öl in einer Pfanne erhitzen und die Lebern darin portionsweise bei starker Hitze 3 bis 4 Minuten anbraten. Herausnehmen und beiseite legen. Bratfett abgießen und Butter in der Pfanne zerlassen.
5. Schalotten, Knoblauch und Salbeiblätter darin anrösten. Mit Madeira ablöschen und der Hühnerbrühe aufgießen.
6. Kurz durchkochen lassen, dann die Tomatenwürfel, den Schinken und die Lebern dazugeben. Einige Minuten leise köcheln lassen.
7. Darauf achten, daß die Lebern innen rosa sind. Mit frisch gehackter Petersilie bestreuen und mit französischem Weißbrot oder Polenta servieren.

Pro Person:
Kalorien (kcal) 398
Eiweiß (g) 39
Fett (g) 21
Kohlenhydrate (g) 8

Auch die größeren Lebern von Enten, Gänsen oder Puten möglichst nur in ihre zwei natürlichen Hälften teilen, damit die umhüllende zarte Haut unversehrt bleibt. Schneidet man die Lebern vor dem Braten auf, werden sie hart und verlieren viel von dem feinen Aroma.

1

2

3

1. Hähnchenleber-Curry
600 g vorbereitete Hähnchenlebern in einer Mischung aus Mehl, Salz und Pfeffer wenden. 3 Schalotten und 2 Knoblauchzehen in winzig kleine Würfel schneiden. 3 EL Keimöl in einer Pfanne erhitzen und die Lebern darin bei starker Hitze 3 bis 4 Minuten anbraten. Herausnehmen, Bratfett abgießen und 2 EL Keimöl in die Pfanne geben. Schalotten und Knoblauch darin glasig dünsten. 1 EL Curry, 1 TL eingelegte grüne Pfefferkörner und 1 EL Erdnußcreme dazugeben. Mit 1/8 l Sahne aufgießen und sämig einkochen. Die Lebern daruntermischen und mit gehacktem Koriandergrün (Cilantro) bestreuen.

2. Hähnchenleber in Kräutersauce
500 g vorbereitete Hähnchenlebern in einer Mischung aus Mehl, Salz und Pfeffer wenden. 4 Schalotten und 2 Knoblauchzehen schälen und in kleine Würfel schneiden. 1 Bund frische Frühlingskräuter (z. B. Petersilie, Schnittlauch, Kerbel, Basilikum, Estragon) fein hacken. 3 EL Keimöl erhitzen und die Lebern darin 3 bis 4 Minuten bei starker Hitze anbraten. Herausnehmen und beiseite stellen. Das Bratfett abgießen und 20 g Butter in die Pfanne geben. Schalotten und Knoblauch darin glasig dünsten. Mit 2 cl trockenem Wermut, z. B. Noilly Prat, ablöschen und mit 1/8 l Sahne aufgießen. Sämig einkochen, die Lebern und die Kräuter dazugeben und mit Salz und Pfeffer abschmecken.

3. Hähnchenleber mit Senfsauce
600 g vorbereitete Hähnchenlebern in einer Mischung aus Mehl, Salz und Pfeffer wenden. 2 Zwiebeln und 1 Knoblauchzehe in Würfel, 2 Essiggurken in schmale Streifen schneiden. 3 EL Keimöl erhitzen und die Lebern 3 bis 4 Minuten anbraten. Herausnehmen und beiseite stellen. Bratfett abgießen und 20 g Butter in die Pfanne geben. Zwiebeln und Knoblauch darin glasig dünsten und mit 1/8 l Hühnerbrühe und 1/8 l Sahne aufgießen. Sämig einkochen, dann 2 EL Dijon-Senf unterrühren. Essiggurken und Lebern unter die Sauce mischen und mit Petersilie bestreuen.

GÄNSELEBER MIT APFEL

Auf Gänsestopfleber wird man gerne verzichten, wenn man dieses köstliche Gänselebergericht einmal gegessen hat. Es wird mit der Leber von ganz gewöhlich aufgezogenen Gänsen zubereitet.

Für 4 Personen
Zubereitungszeit: 20 Minuten

- 500 g frische Gänselebern
- 2 große Zwiebeln
- 2 große aromatische Äpfel (z. B. Boskop)
- 4 EL Gänseschmalz
- 2 frische Majoranzweige oder 1 TL gerebelter Majoran
- Salz
- frisch gemahlener Pfeffer
- $^{1}/_{8}$ l trockener Weißwein
- 4 große Scheiben Bauernbrot
- $^{1}/_{2}$ Bund krause Petersilie

1. Die Gänselebern von Fett und Sehnen befreien und halbieren.
2. Die Zwiebeln schälen und auf dem Gurkenhobel in feine Scheiben schneiden. Die Äpfel schälen und mit einem Kernausstecher die Kerngehäuse entfernen. Die Äpfel in $^{1}/_{2}$ cm dicke Scheiben schneiden.
3. Dann 2 EL Gänseschmalz erhitzen und die Zwiebelscheiben darin bei starker Hitze goldgelb braten. Herausnehmen und auf einem dick zusammengefalteten Küchenpapier abtropfen lassen.
4. 1 weiteren EL Schmalz in die Pfanne geben und die Apfelscheiben bei schwacher Hitze von beiden Seiten goldbraun braten. Ebenfalls herausnehmen und abtropfen lassen.
5. Das restliche Schmalz erhitzen und darin die Gänselebern von allen Seiten 4 bis 5 Minuten anbraten. Mit den frischen Majoranblättchen oder dem gerebelten Majoran bestreuen, mit Salz und Pfeffer würzen. Die Lebern herausnehmen, wenn sie innen noch leicht rosa sind. Den Bratenfond mit dem Weißwein aufgießen und ein wenig einkochen lassen.
6. Das Brot im Toaster rösten und mit den in dünne Scheiben geschnittenen Gänselebern belegen. Dann mit den Apfel- und Zwiebelringen bedecken und mit je 1 EL Bratenfond beträufeln. Mit je 1 Petersilienzweig garnieren.

Pro Person:
Kalorien (kcal) 535
Eiweiß (g) 34
Fett (g) 18
Kohlenhydrate (g) 50

• Köstlich schmeckt das Brot auch mit gebratenen, feinen Ringen von Frühlingszwiebeln anstelle der Äpfel.
• Falls Sie keine Gänseleber bekommen, können Sie auch Enten- oder Putenleber verwenden. Aber unbedingt in Gänseschmalz braten!

PUTENLEBER MIT BANANE

Putenleber gibt es das ganze Jahr über, sie ist preiswert, kalorienarm und ungemein vielseitig verwendbar – deshalb sollte man sie des öfteren in den Einkaufskörben wiederfinden. Schneidet man die Leber vor dem Braten in kleine Scheiben, muß die Garzeit sehr kurz sein, damit die Stücke nicht hart und trocken werden. Zarter schmeckt die Putenleber, wenn sie erst nach dem Braten in Scheiben geschnitten wird.

Für 4 Personen
Zubereitungszeit: 20 Minuten

- 600 g Putenlebern
- 2 EL Mehl
- Salz, frisch gemahlener Pfeffer
- 3 EL Keimöl
- 1 gehackte Knoblauchzehe
- 1 Banane
- 1 EL Currypulver
- Cayennepfeffer
- 1/8 l Kokosmilch
- 1/8 l Hühnerbrühe
- 4 Babybananen
- 20 g Butter
- 1 EL gehackte Korianderblätter (Cilantro)

1. Die Putenlebern von Fett und Sehnen befreien und in einer Mischung aus Mehl, Salz und Pfeffer wenden. Überschüssiges Mehl gut abklopfen.

2. Das Öl in einer Pfanne erhitzen und die Lebern darin 4 bis 5 Minuten bei starker Hitze anbraten. Sie müssen innen noch rosa sein. Aus der Pfanne nehmen und warm stellen.

3. Den Knoblauch und die in Scheiben geschnittene Banane im Bratfett anbraten. Mit Curry und Cayennepfeffer bestreuen und mit Kokosmilch und Brühe aufgießen. Kräftig durchkochen lassen, dann die Sauce mit einem Mixstab sehr fein pürieren.

4. In einer zweiten Pfanne die Babybananen in der erhitzten Butter rundherum anbraten.

5. Die Putenlebern in Scheiben schneiden. Mit der Sauce begießen, den gebratenen Bananen belegen und dem Cilantro bestreuen.

Pro Person:
Kalorien (kcal) 405
Eiweiß (g) 35
Fett (g) 19
Kohlenhydrate (g) 18

Statt der sehr aromatischen Babybananen kann man auch 2 halbierte große Obstbananen verwenden.

COQ AU VIN

Der »Hahn im Wein« ist leider meist nur ein Hähnchen und sollte demnach richtigerweise »Poulet au vin« heißen. Im Orlginalrezept nimmt man einen einjährigen Hahn, der mindestens 2,5 kg auf die Waage bringt. Das Gericht reicht dann für 6 Personen und die Garzeit muß um 30 Minuten verlängert werden. Da aber ein schwergewichtiges Hähnchen (Poularde) leichter zu bekommen ist, hier das Rezept für ein geschmortes Hähnchen in Wein.

Für 4 Personen
Zubereitungszeit:
1 Stunde 45 Minuten

1 Hähnchen (1,5 kg, mit Leber)
Salz
frisch gemahlener Pfeffer
150 g Räucherspeck
12 Schalotten
250 g Egerlinge
80 g Butterschmalz
1 EL Mehl, 2 cl Cognac
1/2 l Burgunder-Rotwein
1/2 l Geflügelbrühe
1 Knoblauchzehe
1/2 Bund Petersilie
1 frischer Thymianzweig
1 Lorbeerblatt
8 Scheiben Weißbrot
50 g eiskalte Butter

1. Das Hähnchen waschen, trockentupfen und in 8 Stücke teilen. Salzen und pfeffern, die Leber beiseite legen.
2. Den Räucherspeck in kleine Würfel schneiden, die Schalotten schälen. Die Champignons putzen und vierteln.
3. 50 g Butterschmalz in einem Bräter erhitzen und die Speckwürfel darin glasig dünsten. Schalotten und Champignons dazugeben und einige Minuten anbraten. Aus dem Bräter nehmen und beiseite stellen.
4. Die Geflügelteile mit Mehl bestäuben. Zuerst die Keulen im heißen Fett anbraten, dann die Bruststücke dazugeben und von allen Seiten bei starker Hitze goldbraun braten.
5. Die Hähnchenteile mit Cognac begießen. Mit Rotwein und Geflügelbrühe aufgießen und aufkochen lassen.
6. Champignons, Speck und Schalotten in den Bräter geben. Knoblauch, Petersilie, Thymian und Lorbeerblatt zusammenbinden und dazugeben. Zugedeckt bei schwacher Hitze 1 Stunde 15 Minuten schmoren lassen. Man kann die Hähnchenteile auch im Backofen bei 180 °C fertigschmoren.
7. Das Weißbrot zu Dreiecken schneiden und in 30 g zerlassenem Schmalz goldbraun rösten.
8. Geflügelteile, Gemüse und das Kräutersträußchen aus dem Bräter nehmen. Die Sauce durch ein Haarsieb gießen.
9. Die von Fett und Sehnen befreite Leber durch ein Sieb passieren oder im Mixer fein pürieren und unter die Sauce mischen.
10. Die eiskalte Butter in kleinen Flöckchen mit einem Schneebesen unter die Sauce schlagen. Nicht mehr kochen lassen!
11. Die Geflügelteile mit dem Gemüse auf einer warmen Platte anrichten und mit der Sauce begießen. Dazu die Weißbrotecken servieren.

Pro Person:
Kalorien (kcal) 1240
Eiweiß (g) 68
Fett (g) 71
Kohlenhydrate (g) 46

Hähnchen vorbereiten
Das Hähnchen mit der Geflügelschere halbieren und jede Hälfte in 4 Teile schneiden. Die Geflügelteile waschen und mit Küchenpapier sorgfältig trockentupfen. Mit Salz und Pfeffer einreiben und mit Mehl bestäuben.

Zutaten vorbereiten
Vor dem Anbraten müssen alle Zutaten vorbereitet werden: Räucherspeck in Würfel schneiden, die Champignons putzen und vierteln. Schalotten schälen, größere halbieren. Kräuter und Knoblauch zu einem Sträußchen binden.

Anbraten
In einem großen Schmortopf das Butterschmalz bei hoher Temperatur erhitzen. Speck, Schalotten und Champignons kurz anbraten und herausnehmen. Dann die Keulen, etwas später die Bruststücke ins Bratfett geben und rundherum goldbraun anbraten.

Schmoren
Die gebräunten Geflügelteile mit Cognac beträufeln und mit Rotwein und Brühe aufgießen. Bei starker Hitze aufkochen lassen, Speck, Champignons und Schalotten hinzufügen. Die Temperatur reduzieren und gut verschlossen gar schmoren.

Sauce zubereiten
Hähnchenteile und Gemüse auf einer Platte anrichten und warm stellen. Die Sauce durch ein Sieb gießen. Die gesäuberte Hähnchenleber durch ein Sieb streichen, in die Sauce rühren und die kalte Butter in kleinen Flöckchen darunterschlagen.

HÄHNCHEN AUS DEM SCHMORTOPF

Nach dem auf der vorhergehenden Seite beschriebenen Prinzip des Schmorens können viele internationale Hähnchenrezepte zubereitet werden. Eines bleibt jedoch immer gleich: Die Hähnchenteile müssen zunächst scharf angebraten werden. Manchmal wird das Hähnchen dann mit Alkohol übergossen und flambiert, bevor es in einer kräftigen Brühe, in Champagner, Wein oder Sherry bei schwacher Hitze langsam gar schmort.

Für 4 Personen
Zubereitungszeit:
ca. 1 Stunde 15 Minuten

1. Hähnchen mit Riesling
1 Hähnchen (1,5 kg) in 8 Stücke teilen. Salzen, pfeffern und in Mehl wenden. 150 g Räucherspeck, 4 Schalotten und 2 Möhren in Würfel schneiden und in 4 EL Olivenöl andünsten. Herausnehmen und beiseite stellen. Das Fleisch im Bratfett anbraten. 1 Estragonzweig und $^{1}/_{2}$ Bund Petersilie sowie Speck-, Schalotten- und Möhrenwürfel hinzufügen und mit $^{1}/_{2}$ l Elsässer Riesling und $^{1}/_{4}$ l Hühnerbrühe aufgießen. Aufkochen lassen und zugedeckt in etwa 45 Minuten gar schmoren. Hähnchen und Gemüse auf einer Platte warm stellen, die Kräuter entfernen. 2 EL Crème fraîche unter die Sauce rühren und sämig einkochen. Frisch gehackte Petersilie daruntermischen.

2. Hähnchen mit Sherry
1 Hähnchen (1,5 kg) in 8 Stücke teilen. Salzen, pfeffern und in Mehl wenden. 5 EL Olivenöl erhitzen und 2 Knoblauchzehen darin goldgelb braten. Herausnehmen und die Hähnchenteile anbraten. Mit der abgeriebenen Schale von 1 unbehandelten Orange und 1 TL Thymianblättchen bestreuen. Mit $^{1}/_{8}$ l Fino-Sherry und $^{1}/_{4}$ l Hühnerbrühe aufgießen und zugedeckt bei schwacher Hitze 40 Minuten gar schmoren. Die Hähnchenteile auf einer Platte warm stellen. Fruchtfilets von 2 Orangen und 100 g mit Sardellen gefüllte Oliven in die Sauce geben. Kurz durchkochen lassen und über das Hähnchen verteilen.

3. Hähnchen mit Zitronensauce
1 Hähnchen (1,5 kg) in 8 Stücke teilen. Saft von 2 Zitronen mit Salz und Pfeffer würzen und die Hähnchenstücke darin 1 Stunde marinieren. 4 EL Keimöl in einem Bräter erhitzen und die Geflügelteile anbraten. Mit 200 ml Geflügelbrühe und der restlichen Marinade begießen. 2 Thymianzweige hinzufügen und in 40 Minuten gar schmoren. Die Hähnchenteile auf einer Platte warm stellen. Die Thymianzweige aus der Sauce nehmen, 4 EL Crème fraîche einrühren. Sämig einkochen lassen und das Geflügel damit überziehen.

4. Hähnchen auf baskische Art
1 Hähnchen (1,5 kg) in 8 Stücke teilen. Salzen, pfeffern und in Mehl wenden. 1 kg Tomaten häuten und mit 250 g grünem Paprika in feine Streifen schneiden. 12 Schalotten vierteln, 1 Knoblauchzehe fein hacken. In insgesamt 100 g Butter nach und nach die Geflügelteile und das Gemüse anschmoren. Mit 200 ml Tomatensaft begießen und 40 Minuten schmoren lassen. Mit Petersilie bestreut servieren.

1

2

3

4

5

7

6

8

5. Hähnchen mit Quitten
1 Hähnchen (1,5 kg) in 8 Stücke teilen. Salzen, pfeffern und in Mehl wenden. 1 kg Quitten schälen, vierteln und die Kerngehäuse entfernen.
4 Schalotten in Würfel schneiden. 3 EL Keimöl in einem Bräter erhitzen und die Geflügelteile anbraten, herausnehmen und warm stellen. Schalotten und Quitten im Bratfett bei starker Hitze anbraten. Mit Salz, Pfeffer, 1 TL frisch geraspeltem Ingwer, 1/2 TL gemahlenem Koriander und einigen Safranfäden würzen und mit 1/8 l Hühnerbrühe aufgießen. Geflügelstücke dazugeben und zugedeckt bei schwacher Hitze in 40 Minuten gar schmoren.

6. Hähnchen mit Calvados
1 Hähnchen (1,5 kg) in 8 Stücke teilen. Salzen, pfeffern und in Mehl wenden.
4 Schalotten in kleine Würfel schneiden, 250 g Champignons vierteln. 30 g Butter in einem Bräter erhitzen, Schalotten und Pilze darin anbraten und herausnehmen. 20 g Butter erhitzen und die Hähnchenteile anbraten. Mit 2 cl Calvados begießen, flambieren und die Pilze dazugeben. Mit 1/8 l Hühnerbrühe aufgießen und 40 Minuten schmoren.
2 große Äpfel schälen, achteln und entkernen. In 20 g Butter bei geringer Hitze bräunen. Die Hühnerteile mit den Pilzen auf einer Platte anrichten. 125 g Crème fraîche mit 2 Eigelb verquirlen und mit einem Schneebesen unter den Bratenfond rühren. Die Sauce darf dabei aber keinesfalls kochen. Die Hähnchenteile mit der Sauce und den Apfelstücken servieren.

7. Hähnchen mit Kräutern
1 Hähnchen (1,5 kg) in 8 Stücke teilen. Salzen, pfeffern und in Mehl wenden. 1 Zwiebel und 3 Knoblauchzehen in Würfel schneiden. Die Hähnchenteile in 4 EL Olivenöl anbraten. Zwiebel und Knoblauch hinzufügen und kurz anbraten. Mit 4 cl Noilly Prat ablöschen und 1/8 l trockenem Weißwein und 1/8 l Hühnerbrühe aufgießen. 1 Thymianzweig dazugeben und 30 Minuten schmoren. 1 Bund Frühlingskräuter fein hacken.
2 Tomaten in kleine Würfel schneiden. Die Hähnchenteile auf einer Platte warm stellen. Die Sauce durch ein Sieb streichen, 3 EL Crème fraîche darunterrühren und etwas einkochen. Gehackte Kräuter und Tomatenwürfel daruntermischen und die Sauce über das Geflügel verteilen.

8. Hähnchen mit Steinpilzen
1 Hähnchen (1,5 kg) in 8 Stücke teilen. Salzen, pfeffern und in Mehl wenden.
150 g durchwachsenen Räucherspeck und 2 Zwiebeln in Würfel schneiden. 250 g frische Steinpilze in Scheiben schneiden. Die Hähnchenteile in 2 EL Keimöl und 20 g Butter anbraten. Mit 2 cl Cognac übergießen, flambieren, herausnehmen und warm stellen. Speck- und Zwiebelwürfel im Bratfett glasig dünsten, Pilze und 1 Estragonzweig dazugeben und anbraten. Mit 1/8 l Weißwein und 1/8 l Hühnerbrühe aufgießen. Die Hähnchenteile darin 40 Minuten schmoren. Auf einer Platte warm stellen. 100 ml Sahne in die Pilzsauce gießen und etwas einkochen lassen. 2 EL gehackte Petersilie daruntermischen und die Sauce zum Geflügel servieren.

HÜHNERRAGOUT MARENGO

Dieses klassische Gericht der französischen Küche wird nach dem Originalrezept mit gekochten Krebsen serviert und bei besonderen Anlässen auch noch mit Trüffelstückchen verfeinert.

Für 4 Personen
Zubereitungszeit: 1 Stunde

- 1 Hähnchen (1,5 kg)
- Salz
- frisch gemahlener Pfeffer
- 1 EL Mehl
- 6 Schalotten
- 2 Knoblauchzehen
- 200 g Champignons
- 4 Tomaten
- 4 EL Olivenöl
- 1 Lorbeerblatt
- 1/4 l trockener Weißwein
- 1/8 l Hühnerbrühe
- 50 g grüne, entsteinte Oliven
- 4 Scheiben Weißbrot
- 20 g Butter
- 4 Eier

1. Das Hähnchen in 8 Stücke teilen, waschen und trockentupfen. Mit Salz und Pfeffer würzen und in Mehl wenden.
2. Schalotten und Knoblauch schälen und in kleine Würfel schneiden. Die Champignons putzen, falls nötig waschen und in sehr dünne Scheiben schneiden. Die Tomaten blanchieren, häuten, halbieren, entkernen und in Würfel schneiden.
3. Olivenöl in einem Bräter erhitzen und die Hähnchenteile darin bei starker Hitze von allen Seiten goldbraun braten, herausnehmen und warm stellen.
4. Schalotten, Knoblauch und Pilze in das Bratfett geben und einige Minuten andünsten. Die Tomaten daruntermischen, das Lorbeerblatt dazugeben, mit Wein und Brühe aufgießen und aufkochen lassen.
5. Die Hähnchenteile hineingeben und zugedeckt bei schwacher Hitze 40 Minuten schmoren. Zum Ende der Garzeit die Oliven in Scheiben schneiden und untermischen.
6. Das Weißbrot goldbraun rösten und in Dreiecke schneiden. Die Butter in einer Pfanne erhitzen und darin 4 Spiegeleier braten.
7. Das Hähnchenragout auf einer Platte anrichten und mit den Spiegeleiern und den Brotecken servieren.

Pro Person:
Kalorien (kcal) 895
Eiweiß (g) 76
Fett (g) 42
Kohlenhydrate (g) 31

MEXIKANISCHES HÄHNCHEN MIT SCHOKOSAUCE

Hähnchen und Schokolade – eine ungewöhnliche Kombinaton, die allerdings einen Versuch wert ist! Die zartbittere Schokolade mildert auf angenehme Weise die für uns ungewohnte Schärfe der Chilischoten.

Für 4 Personen
Zubereitungszeit: 1 Stunde

1 Hähnchen (1,5 kg)
Salz
frisch gemahlener Pfeffer
1 EL Mehl
1 Zwiebel
2 Knoblauchzehen
4 Chilischoten
3 EL Schweineschmalz
1 EL Rotweinessig
1/4 l Hühnerbrühe
2 Fleischtomaten
50 g geriebene Mandeln
1 Msp gemahlener Koriander
1 Msp gemahlene Nelken
1 EL Paniermehl
50 g Zartbitter-Schokolade

1. Das Hähnchen in 8 Stücke teilen, waschen und trockentupfen. Mit Salz und Pfeffer würzen und in Mehl wenden.
2. Zwiebel und Knoblauch schälen und mit den Chilischoten in sehr kleine Würfel schneiden.
3. Schweineschmalz in einem Bräter erhitzen und die Hähnchenteile darin von allen Seiten goldbraun braten.
4. Das Fleisch herausnehmen, die Zwiebelmischung im Bratfett kurz anbraten, dann mit Essig ablöschen. Das Fleisch wieder in den Topf geben, mit Brühe aufgießen und zugedeckt bei schwacher Hitze 30 Minuten schmoren. Zum Ende der Garzeit den Grill vorheizen.
5. Die Tomaten blanchieren, häuten und in kleine Würfel schneiden. Mandeln, Gewürze, Paniermehl und Tomatenwürfel mischen. Die Schokolade fein reiben.
6. Die Hähnchenteile auf einer feuerfesten Platte anrichten und unter dem Grill in wenigen Minuten knusprig braten.
7. Inzwischen die Mandelmischung in den Bratenfond rühren und einige Minuten köcheln lassen. Nach und nach unter Rühren die Schokolade dazugeben und in der Sauce schmelzen lassen. Die feurige Schokosauce über die Hähnchenstücke gießen.

Pro Person:
Kalorien (kcal) 650
Eiweiß (g) 67
Fett (g) 32
Kohlenhydrate (g) 14

Eine ideale Beilage sind natürlich mexikanische Tortillas, die es fertig zu kaufen gibt. Das Gericht schmeckt aber auch mit körnig gekochtem Reis oder Weißbrot!

LINSENTOPF MIT GÄNSEKEULEN

Gänse schmecken nicht nur zur Weihnachtszeit. Es lohnt sich immer zuzugreifen, denn das würzige Gänsefleisch mundet nicht nur als Braten. An kalten Januartagen ist auch ein Eintopf eine willkommene Abwechslung.

Für 4 Personen
Zubereitungszeit: 3 Stunden

- 2 Gänsekeulen (je ca. 500 g)
- Salz
- frisch gemahlener Pfeffer
- 2 EL Gänseschmalz
- 1 Zwiebel
- 2 frische Thymianzweige
- 2 cl Cognac
- 3/4 l Hühnerbrühe
- 2 Möhren
- 1 Petersilienwurzel
- 1 Lauchstange
- 400 g Linsen
- 1/4 l Rotwein
- 1 EL Rotweinessig
- 1/2 Bund glatte Petersilie

1. Die Gänsekeulen mit Salz und Pfeffer einreiben. Das Gänseschmalz in einem großen Bräter erhitzen und die Keulen darin von allen Seiten goldbraun anbraten.

2. Den Backofen auf 180 °C vorheizen.

3. Die Zwiebel schälen und mit den Thymianzweigen zu den Keulen geben. Mit Cognac und 1/4 l Hühnerbrühe begießen und den Topf gut verschlossen auf die mittlere Schiene des Backofens stellen. Dann etwa 1 Stunde 30 Minuten schmoren lassen.

4. Möhre und Petersilienwurzel schälen, den Lauch putzen. Das Gemüse in kleine Würfel schneiden.

5. Die vorgegarten Gänsekeulen und die Zwiebel aus dem Topf nehmen. Den Bratenfond entfetten und das Gemüse und die Linsen hineingeben.

6. Mit der restlichen Brühe und dem Rotwein aufgießen, einmal aufkochen lassen und die Keulen zu den Linsen geben. Zugedeckt erneut in den Backofen stellen und in 30 bis 40 Minuten gar schmoren.

7. Den Eintopf mit dem Essig abschmecken und falls nötig mit Salz und Pfeffer nachwürzen. Frisch gehackte Petersilie daruntermischen.

Pro Person:
Kalorien (kcal) 1180
Eiweiß (g) 57
Fett (g) 72
Kohlenhydrate (g) 56

Keulen anbraten
In einem großen Bräter das Gänseschmalz bei hoher Temperatur erhitzen. Dann die gewürzten Keulen darin unter Wenden von allen Seiten goldbraun anbraten.

Keulen schmoren
Zwiebel und Thymianzweige dazugeben, mit Cognac und Brühe ablöschen. Den Topf gut verschlossen (eventuell Alufolie zu Hilfe nehmen) in den Backofen stellen.

Hülsenfrüchte mitschmoren
Keulen herausnehmen, Bratenfond entfetten und das Suppengrün und die Linsen darin anschmoren. Mit Brühe und Wein aufgießen und zugedeckt gar schmoren.

Wer gerne knusprige Keulen ißt, öffnet die letzten 15 Minuten den Topf und schaltet den Backofen auf 220 °C.

WIRSINGTOPF MIT FASAN

Für 4 Personen
Zubereitungszeit: 1 Stunde

- 4 Fasanenkeulen (Brustfleisch der Fasane für ein anderes Gericht verwenden)
- Salz
- frisch gemahlener Pfeffer
- 1 kg junger Wirsingkohl
- 1 EL Keimöl
- 30 g Butter
- 1/2 l Hühnerbrühe
- 3 EL Crème fraîche

1. Die Keulen mit Salz und Pfeffer einreiben. Den Wirsing putzen und in breite Streifen schneiden. Den Backofen auf 180 °C vorheizen.
2. Öl und Butter in einem Bräter erhitzen und die Keulen darin anbraten. Mit 1/8 l Brühe begießen und zugedeckt 15 Minuten im Backofen garen.
3. Die Keulen herausnehmen und den Kohl im Bratenfond andünsten. Mit der restlichen Brühe aufgießen, die Keulen dazugeben und verschlossen ca. 30 Minuten im Backofen garen.
4. Crème fraîche unter das Gemüse rühren und einige Minuten durchkochen lassen.

Pro Person:
Kalorien (kcal) 472
Eiweiß (g) 50
Fett (g) 23
Kohlenhydrate (g) 11

CASSOULET MIT ENTENKEULEN

Für 4 Personen
Zubereitungszeit: 2 Stunden
Einweichzeit: 8 Stunden

- 200 g weiße Bohnen
- 1 l Wasser
- 4 Entenkeulen (je ca. 200 g)
- Salz
- frisch gemahlener Pfeffer
- 1 EL Enten- oder Gänseschmalz
- 1 Zwiebel
- 1 Knoblauchzehe
- 2 frische Thymianzweige
- 1 Lorbeerblatt
- 2 EL gehackte Petersilie

1. Die Bohnen über Nacht im Wasser einweichen.
2. Den Backofen auf 180 °C vorheizen.
3. Entenkeulen mit Salz und Pfeffer würzen und im heißen Schmalz rundherum anbraten.
4. Die abgetropften Bohnen, die in Würfel geschnittene Zwiebel und Knoblauchzehe, Thymianzweige und Lorbeerblatt in das Bratfett geben und miteinander anbraten.
5. Mit dem Einweichwasser der Bohnen aufgießen und gut verschlossen 1 Stunde 40 Minuten im Backofen gar schmoren. Mit Petersilie bestreut servieren.

Pro Person:
Kalorien (kcal) 675
Eiweiß (g) 47
Fett (g) 39
Kohlenhydrate (g) 25

GESCHMORTE TAUBEN NACH GROSSMUTTERS ART

Eine Taube, meist mit Brot gefüllt, gab es früher oft auf dem Mittagstisch einfacher Leute. Heute sind Wild- oder Haustauben, besonders aus der französischen Region Bresse, eine teuere und seltene Delikatesse. Das zarte, wohlschmeckende Fleisch mit dem kräftigen Aroma ist mit nichts zu vergleichen.

Für 4 Personen
Zubereitungszeit: 1 Stunde

- 4 küchenfertige Tauben (je 350 g), mit Innereien
- Salz
- frisch gemahlener Pfeffer

Für die Füllung:

- 3 Brötchen vom Vortag
- 200 ml Milch
- 1 Zwiebel
- 20 g Butter
- 2 Bund Petersilie
- 2 Eier
- frisch geriebene Muskatnuß
- 50 g Butterschmalz
- 2 cl Cognac
- 1/2 l Hühnerbrühe
- 2 EL saure Sahne
- 2 EL Crème fraîche
- 1 TL Mehl

1. Die Tauben waschen und trockentupfen. Innen und außen mit Salz einreiben.
2. Für die Füllung die Brötchen in kleine Würfel schneiden. Die Milch erhitzen, über die Brotwürfel gießen, durchziehen lassen, dann leicht ausdrücken.
3. Die Zwiebel schälen, in kleine Würfel schneiden und in der erhitzten Butter glasig dünsten. Die eine Hälfte der Petersilie fein hacken und mit den Eiern und den Zwiebeln unter das Brot mischen.
4. Die Herzen und Lebern der Tauben sehr fein wiegen und ebenfalls zur Füllung geben. Mit Salz, Pfeffer und Muskat würzig abschmecken.
5. Die Tauben mit der Farce füllen. Die Öffnung zunähen, Flügel und Beine mit Hilfe eines Küchengarns festbinden.
6. Das Butterschmalz in einem großen Bräter bei hoher Temperatur erhitzen und die Tauben darin von allen Seiten goldbraun anbraten. Die andere Hälfte der Petersilie in das Bratfett geben und kurz anbraten.
7. Den größten Teil des Bratfetts abschöpfen, dann die Tauben mit Cognac ablöschen. Mit der Hühnerbrühe aufgießen und zugedeckt bei mittlerer Hitze 30 Minuten schmoren. Die Tauben herausnehmen und warm stellen.
8. Saure Sahne, Crème fraîche und Mehl verquirlen, unter die Sauce rühren und sämig einkochen lassen. Die Sauce durch ein Sieb passieren und mit Petersilienkartoffeln zu den Tauben reichen.

Pro Person:
Kalorien (kcal) 845
Eiweiß (g) 83
Fett (g) 41
Kohlenhydrate (g) 21

• Wer die Tauben knusprig mag, legt sie kurz unter den Grill.
• Gerichte mit unausgebluteten Tauben werden von echten Gourmets besonders geschätzt.
• Beim Schmoren bleiben die mageren Tauben herrlich saftig.

Füllung zubereiten
Brötchen in Würfel schneiden und mit der heißen Milch übergießen. Zwiebelwürfel glasig dünsten, Petersilie und die Innereien fein hacken und mit den Eiern zum ausgedrückten Brot geben. Vermischen und würzig abschmecken.

Füllen und binden (dressieren)
Die gewürzten Tauben mit der Farce füllen. Die Öffnungen mit einem Faden und einer Nadel zunähen (siehe Seite 243). Die beiden Keulen und die Flügel so überkreuzen und zusammenbinden, daß sie nicht abstehen.

Anbraten
Das Butterschmalz in einem großen Schmortopf bei hoher Temperatur erhitzen. Die Tauben darin von allen Seiten unter Wenden goldbraun anbraten. Das überschüssige Bratfett abgießen und die Petersilie dazugeben.

Schmoren
Die Tauben mit der Brust nach oben in den Topf legen. Zuerst mit Alkohol, dann mit Brühe begießen. Darauf achten, daß das Fleisch nicht am Topfboden haften bleibt. Einmal aufkochen lassen, dann zugedeckt bei mittlerer Hitze gar schmoren.

Sauce zubereiten
Bei der Garprobe muß beim Einstechen in die Brust klarer Fleischsaft austreten. Tauben herausnehmen und warm stellen. Crème fraîche, saure Sahne und Mehl in die Sauce rühren. Sämig einkochen lassen und durch ein Sieb passieren.

WACHTELN MIT PORTWEIN

Für 4 Personen
Zubereitungszeit: 30 Minuten

- 4 küchenfertige Wachteln
- (je 180 g)
- Salz
- frisch gemahlener Pfeffer
- 4 Scheiben grüner Speck
- 4 eingelegte Weinblätter
- 140 g kalte Butter
- 100 ml Portwein
- 200 ml Hühnerbrühe

1. Die Wachteln salzen und pfeffern. Jede Wachtel mit 1 Speckscheibe und 1 Weinblatt umhüllen und mit Küchengarn festbinden.

2. 40 g Butter in einem Bräter erhitzen und die Wachteln darin von allen Seiten goldbraun braten.

3. Das überschüssige Fett abgießen, dann mit Portwein aufgießen und zugedeckt 15 bis 20 Minuten schmoren.

4. Wachteln herausnehmen, Bratenfond mit der Brühe aufgießen und etwas einkochen lassen.

5. Restliche Butter in Flöckchen schneiden und zum Binden unter die Sauce schlagen.

Pro Person:
Kalorien (kcal) 806
Eiweiß (g) 41
Fett (g) 62
Kohlenhydrate (g) 4

WACHTELN MIT ACETO BALSAMICO

Für 4 Personen
Zubereitungszeit: 30 Minuten

- 4 küchenfertige Wachteln
- (je 180 g)
- Salz
- frisch gemahlener Pfeffer
- 4 frische kleine Thymianzweige
- 4 Petersilienstengel
- 2 EL Olivenöl
- 2 EL Aceto Balsamico
- 200 ml Hühnerbrühe
- 50 g kalte Butter

1. Die Wachteln mit Salz und Pfeffer würzen. Die Kräuter in die Bauchhöhlen füllen und die Öffnungen mit Zahnstochern zustecken.

2. Öl erhitzen und die Wachteln darin von allen Seiten goldbraun braten.

3. Mit Balsamessig und Brühe aufgießen und zugedeckt bei mittlerer Hitze 15 Minuten schmoren. Von Zeit zu Zeit mit dem Bratenfond begießen.

4. Wachteln herausnehmen und den Bratensaft mit Butterflöckchen binden.

Pro Person:
Kalorien (kcal) 396
Eiweiß (g) 38
Fett (g) 25
Kohlenhydrate (g) 0

GESCHMORTE TAUBEN MIT WALDPILZEN

Für 4 Personen
Zubereitungszeit: 45 Minuten

- 4 küchenfertige Tauben (je 300 g)
- Salz
- frisch gemahlener Pfeffer
- 2 EL Keimöl
- 50 g Räucherspeck, in Würfel geschnitten
- 2 EL Zwiebelwürfel
- 500 g frische gemischte Waldpilze
- 1/2 TL Thymianblättchen
- 1/8 l Brühe
- 1/8 l Rotwein
- 3 EL Crème fraîche
- 2 EL gehackte Petersilie

1. Tauben salzen und pfeffern und im heißen Öl anbraten.
2. Herausnehmen und Speck- und Zwiebelwürfel darin glasig braten. Die in Scheiben geschnittenen Pilze und die Thymianblättchen dazugeben und kurz anbraten.
3. Die Tauben wieder in den Bräter geben, mit Brühe und Rotwein aufgießen und zugedeckt 30 Minuten schmoren.
4. Die Tauben herausnehmen. Crème fraîche unter die Pilzsauce rühren, etwas einkochen und Petersilie daruntermischen.

Pro Person:
Kalorien (kcal) 626
Eiweiß (g) 66
Fett (g) 31
Kohlenhydrate (g) 5

SCHMORHÄHNCHEN MIT ESTRAGON

Für 4 Personen
Zubereitungszeit: 1 Stunde

- 1 Hähnchen (1,2 kg), ohne Innereien
- 2 EL Zitronensaft
- Salz
- frisch gemahlener Pfeffer
- 2 frische Estragonzweige
- 40 g Butter
- 2 EL Schalottenwürfel
- 1/8 l trockener Weißwein
- 1/4 l Hühnerbrühe
- 4 EL Crème fraîche
- 2 Eigelb
- 1 EL Dijon-Senf

1. Das Hähnchen mit Zitronensaft, Salz und Pfeffer einreiben. In die Bauchhöhle 1 Estragonzweig geben und in der heißen Butter von allen Seiten anbraten.
2. Restlichen Estragon und Schalotten dazugeben und kurz andünsten. Mit Wein und Brühe aufgießen und im geschlossenen Topf bei mittlerer Hitze 45 Minuten garen. Das Hähnchen herausnehmen und warm stellen.
3. Crème fraîche, Eigelb und Senf verqirlen und unter den Schmorsaft rühren. Die Sauce erhitzen, aber nicht mehr kochen lassen.

Pro Person:
Kalorien (kcal) 770
Eiweiß (g) 49
Fett (g) 56
Kohlenhydrate (g) 2

HÜHNERFRIKASSEE

Frikassee-Gerichte können auf eine lange Tradition zurückblicken, bereits in einem Kochbuch aus dem Jahre 1745 sind sie zu finden. Die Zubereitungsweise ist bis heute die gleiche geblieben. Verwandlungsfähig ist das Frikassee allerdings durch die Zugabe der verschiedensten Zutaten – ganz nach dem eigenen Geschmack!

Für 6 Personen
Zubereitungszeit: 50 Minuten

- 1 gekochtes Suppenhuhn (1,5 kg), Rezept siehe Seite 85
- 200 g Spargel
- 60 g Butter
- 100 g Champignons
- 2 EL Mehl
- 1/4 l trockener Weißwein
- 1/4 l Hühnerbrühe
- Salz
- gemahlener weißer Pfeffer
- 4 eingelegte Artischockenherzen
- 300 g Kalbsbries, blanchiert und gehäutet
- Saft von 1 Zitrone
- 100 ml Sahne
- 2 Eigelb
- 1/2 Bund gehackte Petersilie

1. Das Huhn häuten, entbeinen und das Fleisch in mundgerechte Stücke zerteilen.
2. Den Spargel schälen und in Stücke schneiden. Dann in 10 g Butter andünsten, mit 1/4 l Salzwasser aufgießen und in etwa 15 Minuten bißfest kochen.
3. Die Pilze putzen, vierteln und in 10 g Butter andünsten.
4. Die restliche Butter in einem halbhohen Topf erhitzen. Das Mehl hineinstreuen und unter Rühren anschwitzen.
5. Nach und nach mit Wein und Brühe aufgießen und kräftig durchrühren. Mit Salz und Pfeffer würzen, etwa 15 Minuten leise köcheln lassen und dabei gelegentlich umrühren.
6. Artischockenherzen vierteln und das Kalbsbries in kleine Stücke teilen. Mit Spargel, Champignons und Hühnerfleisch in die Sauce geben und vermischen.
7. Mit Zitronensaft und Salz würzen und kurz durchkochen lassen.
8. Sahne und Eigelb verquirlen und unter das Frikassee rühren. Erhitzen, aber nicht mehr kochen lassen. Mit frisch gehackter Petersilie bestreuen.

Pro Person:
Kalorien (kcal) 819
Eiweiß (g) 49
Fett (g) 58
Kohlenhydrate (g) 7

Zutaten vorbereiten
Hühnerfleisch in 2 cm große Stücke teilen. Spargel in 3 cm große Stücke schneiden und gar kochen. Pilze andünsten, Artischockenherzen vierteln, Bries in kleine Stücke teilen.

Béchamelsauce zubereiten
Butter aufschäumen lassen. Mehl darüberstreuen und anschwitzen. Mit kalter Flüssigkeit aufgießen, gut durchschlagen und mindestens 15 Minuten köcheln lassen.

Frikassee fertigstellen
Sauce würzen, vorbereitete Zutaten daruntermischen und einige Minuten köcheln lassen. Sahne und Eigelb verquirlen, darunterrühren, erhitzen, aber keinesfalls kochen lassen.

1. Hühnerfrikassee mit Morcheln
Das gehäutete und entbeinte Suppenhuhn in größere Stücke schneiden. Dann wie auf Seite 276 beschrieben eine Béchamelsauce zubereiten. 2 EL Schalottenwürfel in 30 g Butter anbraten. 12 geputzte und gründlich gewaschene frische Morcheln hinzufügen und kurz andünsten. Mit 2 EL Noilly Prat abschmecken und mit dem Hühnerfleisch unter die Sauce mischen. 1/8 l Sahne und 2 Eigelb verquirlen und das Frikassee damit legieren. Nicht mehr kochen lassen! Reichlich frische grobgehackte Petersilie daruntermischen.

2. Hühnerfrikassee mit Kräutern
Das gehäutete und entbeinte Suppenhuhn in größere Stücke schneiden. Dann wie auf Seite 276 beschrieben eine Béchamelsauce zubereiten. 2 Schalotten und 1 Knoblauchzehe fein hacken und in 30 g Butter glasig dünsten. 6 bis 8 Sauerampfer- und 2 Estragonblätter in feine Streifen schneiden. Zusammen mit je 2 EL frischen Kerbel- und Brunnenkresseblättern zu den Schalotten geben, andünsten und mit dem Hühnerfleisch unter die Béchamelsauce mischen. 1/8 l Sahne mit 2 Eigelb verquirlen und das Frikassee damit legieren.

3. Hühnerfrikassee mit Erbsen und Garnelen
Das gehäutete und entbeinte Suppenhuhn in größere Stücke schneiden. Dann wie auf Seite 276 beschrieben eine Béchamelsauce zubereiten. 1 Zwiebel in kleine Würfel schneiden und in 30 g Butter glasig dünsten. 200 g tiefgekühlte Erbsen darin andünsten, mit 3 EL Hühnerbrühe aufgießen und in wenigen Minuten garen. 150 g geschälte Garnelen dazugeben, kurz erwärmen und mit dem Hühnerfleisch unter die Sauce mischen. 1/8 l Sahne und 2 Eigelb verquirlen und das Hühnerfrikassee damit legieren. Mit 1 EL gehacktem Dill bestreuen.

4. Hühnerfrikassee mit Ingwer und Curry
Das gehäutete und entbeinte Suppenhuhn in größere Stücke schneiden. Dann wie auf Seite 276 beschrieben eine Béchamelsauce zubereiten. 2 Knoblauchzehen und 1/2 frische Pfefferschote sehr fein hacken und in 2 EL Keimöl kurz anbraten, keinesfalls bräunen lassen. 1 cm frische Ingwerknolle schälen, fein reiben und zum Knoblauch geben.
Mit 1 TL Currypulver bestäuben, 1/8 l Sahne aufgießen und einige Minuten kochen lassen. Von der Kochstelle nehmen und etwas abgekühlt mit den 2 Eigelb verquirlen. Die Mischung mit dem Hühnerfleisch unter die Béchamelsauce mischen.

1

2

3

4

GÄNSEBRATEN MIT APFEL-KRÄUTER-FÜLLUNG

Ein Gänsebraten, dessen vorzüglicher Duft sich schnell im ganzen Haus verbreitet, kommt meistens nur an bestimmten Festtagen wie Martinstag oder Weihnachten auf den Tisch. Da eine Gans selbst für eine vierköpfige Familie zu groß ist, genießt man sie auch oft mit Freunden. Sicherlich ist das mit ein Grund, weshalb der Gänsebraten immer wieder etwas Besonderes ist.

Für 8 Personen
Zubereitungszeit: 3 1/2 Stunden

800 g kleine, aromatische Äpfel
6 cl Calvados
2 Salbeiblätter
2 frische Majoranzweige
2 Stengel glatte Petersilie
1 küchenfertige Bauerngans (4 bis 5 kg)
Salz
frisch gemahlener Pfeffer
1 l Wasser

1. Die Äpfel schälen, vierteln und die Kerngehäuse entfernen. In eine Schüssel geben und mit 4 cl Calvados beträufeln. Zugedeckt etwa 10 Minuten marinieren. Inzwischen die Kräuter hacken und unter die Äpfel mischen.
2. Die Gans innen und außen waschen, trockentupfen und überschüssiges Fett herauslösen. (Das Fett klein scheiden und bei schwacher Hitze zu Schmalz auslassen.)
3. Die Gans innen und außen mit Salz und Pfeffer einreiben. Die Haut der Gans rundherum, aber vor allem zwischen den Keulen mit einem Schaschlikspieß einstechen, damit das Fett besser ablaufen kann.
4. Die Apfel-Kräuter-Mischung in die Gans füllen und die Öffnung mit einem Küchengarn zunähen.
5. In einem Gänsebräter das Wasser auf der Kochplatte zum Kochen bringen. Den dazugehörenden Rost hineingeben und die Gans mit der Bauchseite nach unten darauflegen. Zugedeckt 15 Minuten bei mittlerer Hitze dämpfen.
6. Den Backofen auf 180 °C vorheizen.
7. Die Gans mit dem Gitter aus dem Bräter nehmen, die Hälfte der Gänsebrühe abgießen und aufbewahren.
8. Dann mit dem Rost zurück in den Bräter geben und auf der unteren Schiene des Backofens 2 bis 2 1/2 Stunden braten. Nach 30 Minuten die Gans wenden. Während der gesamten Garzeit die Gans immer wieder mit Gänsebrühe begießen.
9. Sobald die Gans gar ist, mit dem Rost herausheben und in den Deckel des Bräters legen. Den Backofen auf 220 °C stellen. Die Haut mit dem restlichen Calvados und Bratensaft bestreichen und auf der mittleren Schiene des Backofens knusprig braun braten.
10. Den Bratenfond entfetten und etwas einkochen lassen.
11. Die Gans tranchieren, die Füllung in eine Schüssel geben und mit der Sauce dazu reichen.

Pro Person:
Kalorien (kcal) 1420
Eiweiß (g) 59
Fett (g) 117
Kohlenhydrate (g) 12

Füllung vorbereiten
Die Äpfel schälen, vierteln und entkernen. In eine Schüssel geben und mit Calvados 10 Minuten marinieren. Die Blätter der Kräuter abzupfen, mit einem Wiegemesser zerkleinern und unter die Äpfel mischen.

Gans vorbereiten
Die Gans waschen und trockentupfen. Die Gänsehaut mit einem Holzspieß vor allem zwischen den Keulen einstechen. Die Gans salzen und pfeffern, füllen und die Öffnung mit Küchengarn zunähen. Den Backofen auf 180 °C vorheizen.

Vordämpfen
1 l Wasser in einem Gänsebräter auf der Kochplatte erhitzen. Die Gans mit der Brust nach unten auf den Rost legen, in den Bräter geben und zugedeckt ca. 15 Minuten dämpfen. Die Hälfte der Brühe abgießen und aufbewahren.

Garen
Die Gans mit der Brust nach unten im Bräter auf der untersten Schiene des Backofens in etwa 2 1/2 Stunden gar braten. Nach ca. 30 Minuten wenden und während der gesamten Bratzeit immer wieder mit der zurückbehaltenen Gänsebrühe begießen.

Knusprig braten
Die gegarte Gans mit der Brust nach oben in den Deckel des Bräters legen und mit restlichem Calvados und Bratensaft (evtl. auch kaltem Salzwasser) bepinseln. Bei 220 °C braun und knusprig braten. Den Bratenfond entfetten und etwas einkochen lassen.

WILDENTEN MIT PFLAUMENFÜLLUNG

Um fettärmere Geflügelarten wie z. B. Wildente oder Fasan beim Braten im Backofen vor dem Austrocknen zu schützen, bestreicht man das Geflügel mit reichlich Butter oder umhüllt es mit einem Speckmantel.

Für 4 Personen
Zubereitungszeit: 1 Stunde
Marinierzeit: 30 Minuten

- 20 Dörrpflaumen
- 1/8 l Portwein
- 2 Wildenten (je 1 kg)
- Salz
- frisch gemahlener Pfeffer
- 1 Knoblauchzehe
- 75 g Butter
- 1 EL Gelierzucker
- 4 EL Apfelessig
- 1/4 l fertiger Wildfond
- 1 EL rotes Johannisbeergelee

1. Die Dörrpflaumen halbieren oder vierteln, mit Portwein begießen und mindestens 30 Minuten darin einweichen.
2. Den Backofen auf 225 °C vorheizen.
3. Die Enten waschen und trockentupfen. Innen und außen mit Salz, Pfeffer und der zerdrückten Knoblauchzehe einreiben.
4. Die Enten mit den abgetropften Plaumen füllen und die Öffnungen zunähen. Die Haut dick mit Butter bestreichen und nebeneinander in eine Bratreine legen. Im vorgeheizten Backofen auf der mittleren Schiene 10 bis 15 Minuten braten.
5. In einem kleinen Topf Gelierzucker und Essig erhitzen und sirupartig auf die Hälfte einkochen lassen.
6. Die Enten damit bestreichen und weitere 20 bis 30 Minuten braten.
7. Sobald die Enten gar sind, herausnehmen und warm stellen. Den Bratenfond entfetten. Mit dem Wildfond und der restlichen Marinade aufgießen, das Johannisbeergelee darunterrühren und etwas einkochen lassen.
8. Die Enten tranchieren, die Füllung in Scheiben schneiden. In einer Schüssel servieren. Die Geflügelteile mit der Sauce begießen.

Pro Person:
Kalorien (kcal) 884
Eiweiß (g) 105
Fett (g) 38
Kohlenhydrate (g) 9

Sie können Wildenten auch mit gemischtem und eingeweichtem Backobst oder mit in zerlassener Butter vorgeschmorten Äpfeln füllen.

FASAN MIT TRAUBEN

Eine wirklich gelungene Kombination ist die Verbindung von dem leicht säuerlichen Geschmack der saftigen Weintrauben und dem zarten Wildgeschmack des Fasans. Um diese Harmonie noch zu unterstützen, sollte man beim Einkauf einen Fasanenhahn bevorzugen.

Für 4 Personen
Zubereitungszeit: 1 Stunde

2 Fasane (je 800 g)
Salz
frisch gemahlener Pfeffer
100 g Butter
4 dünne Scheiben grüner Speck
800 g grüne Trauben
1 EL Puderzucker
4 cl Cognac
1/2 l Hühnerbrühe
4 EL Crème fraîche

1. Die Fasane waschen und trockentupfen. Innen und außen mit Salz und Pfeffer einreiben und mit 20 g Butter bestreichen.
2. Den Backofen auf 220 °C vorheizen.
3. Jeden Fasan mit 2 mehrfach eingeschnittenen Speckscheiben umhüllen und mit Küchengarn festbinden (siehe Seite 242).
4. Den Boden eines Bräters mit 30 g Butter ausstreichen, die Fasane mit der Brust nach unten hineinlegen. Auf die untere Schiene des Backofens stellen und 15 Minuten braten.
5. Die Weintrauben halbieren und die Kerne entfernen. 500 g Trauben in 30 g Butter andünsten, mit Puderzucker bestäuben und mit Cognac begießen. Flambieren und mit der Hühnerbrühe ablöschen. Mit Salz und Pfeffer würzen und mit dem Mixstab pürieren. Durch ein Haarsieb streichen.
6. Die Fasane wenden, mit dem Traubenpüree umgießen und 20 bis 25 Minuten braten.
7. Die zurückbehaltenen Trauben in der restlichen Butter kurz schwenken.
8. Die Fasane herausnehmen, den Speckmantel entfernen und das Geflügel warm stellen. Die Crème fraîche unter die Sauce rühren und sämig einkochen lassen.
9. Die Fasane tranchieren, mit der Sauce überziehen und mit den restlichen Trauben garnieren. Als Beilage Kartoffelpüree servieren.

Pro Person:
Kalorien (kcal) 1015
Eiweiß (g) 86
Fett (g) 52
Kohlenhydrate (g) 37

Will man die Fasanenbrust ein wenig aromatisieren, legt man unter die Speckscheiben entweder ein frisches Wein-, Lorbeer- oder Salbeiblatt.

ENTE MIT ORANGENSAUCE

Eine junge, nicht zu schwere Barberie-Ente eignet sich für dieses klassische Gericht »Canard à l'orange« der Haute Cuisine am besten. Die Orangenschale sollte man unbedingt vorher blanchieren, damit die Sauce keinen bitteren Beigeschmack bekommt!

Für 4 Personen
Zubereitungszeit:
1 Stunde 30 Minuten

- 1 Barberie-Ente (ca. 2 kg), mit Innereien
- Salz
- frisch gemahlener Pfeffer
- 1/2 l Wasser
- 1 Bund Suppengrün
- 2 EL Keimöl
- 3 unbehandelte Orangen
- 100 g Zucker
- 100 ml Essig
- 100 ml Portwein
- 1 EL flüssige Butter
- 2 cl Orangenlikör

1. Die Ente waschen, trockentupfen und innen und außen mit Salz und Pfeffer einreiben.
2. Aus dem Entenklein (Hals, Flügelspitzen, Magen und Herz), Wasser, Suppengrün und Salz eine Brühe kochen.
3. Den Backofen auf 180 °C vorheizen.
4. Die Ente in heißem Öl von allen Seiten goldbraun anbraten und im Backofen in etwa 1 Stunde gar braten. Zwischendurch mit Bratenfond begießen.
5. 1 Orange hauchdünn schälen und die Schale in sehr feine Streifen schneiden. In wenig kochendem Wasser kurz blanchieren. Die restlichen Orangen auspressen.
6. Sobald die Ente gar ist, aus dem Ofen nehmen und warm stellen. Den Bratenfond durch ein Sieb gießen und entfetten.
7. Zucker und Essig im Bräter karamelisieren lassen. Mit Portwein, 1/4 l Entenbrühe und dem Bratenfond ablöschen und etwas einkochen lassen.
8. Die Entenleber pürieren, die Butter untermischen und durch ein Sieb in die Sauce streichen. Die Sauce mit Orangenlikör verfeinern und keinesfalls mehr kochen lassen.
9. Die Ente tranchieren und mit der Sauce servieren.

Pro Person:
Kalorien (kcal) 1330
Eiweiß (g) 87
Fett (g) 85
Kohlenhydrate (g) 32

Ente braten
Öl im Bräter erhitzen und die gewürzte Ente von allen Seiten goldbraun anbraten. Dann mit der Brust nach oben auf der unteren Schiene des Backofens in 1 Stunde gar braten.

Orangen vorbereiten
Eine Orange mit einem scharfen Sparschäler sehr dünn abschälen. Die Schale in sehr schmale Streifen schneiden. Die beiden anderen Orangen auspressen.

Sauce zubereiten
Zucker und Essig im Bräter karamelisieren. Mit der Flüssigkeit aufgießen und einkochen. Leber roh pürieren, mit der Butter durch ein Sieb streichen und in die Sauce rühren.

1. Ente mit Feigen
Die Ente wie auf Seite 282 beschrieben vorbereiten. Im Bräter anbraten und im Backofen gar braten. 4 frische Feigen enthäuten und im Mixer kurz pürieren. Die Ente aus dem Bräter nehmen, den Bratenfond entfetten und das Feigenpüree sowie 1/4 l Portwein und 1/4 l Entenbrühe darunterrühren. Etwas einkochen lassen und durch ein Sieb passieren. Die Sauce mit der Leber-Butter-Mischung binden (siehe Seite 282). 4 Feigen halbieren, kurz in wenig Butter anbraten und mit der Sauce zu der tranchierten Ente reichen.

2. Ente mit Pfirsich
Die Ente wie auf Seite 282 beschrieben vorbereiten. Im Bräter anbraten und im Backofen gar braten. 2 vollreife Pfirsiche häuten, halbieren und entsteinen. 1 Pfirsich in Spalten schneiden, den zweiten pürieren. Die Ente aus dem Bräter nehmen, den Bratenfond entfetten und das Pfirsichpüree sowie 2 cl Cognac und 1/4 l Entenbrühe darunterrühren. Einkochen lassen und durch ein Sieb streichen. 1 EL grüne Pfefferkörner hinzufügen und die Sauce mit der Leber-Butter-Mischung (siehe Seite 282) binden. Die Pfirsichspalten in wenig Butter kurz anbraten und mit der Sauce zu der tranchierten Ente reichen.

3. Ente mit Ananas
Die Ente wie auf Seite 282 beschrieben vorbereiten. Im Bräter anbraten und im Backofen gar braten. 1 kleine Ananas schälen und das harte Mittelstück entfernen. Eine Hälfte des Fruchtfleisches pürieren, die andere in kleine Stücke schneiden. Die Ente aus dem Bräter nehmen, den Bratenfond entfetten und das Ananaspüree, 2 EL Sojasauce, 1 EL Aceto Balsamico und 1/4 l Entenbrühe darunterrühren. Etwas einkochen lassen und durch ein Sieb passieren. Die Sauce mit der Leber-Butter-Mischung (siehe Seite 282) binden. Die Ananasstückchen in wenig Butter anbraten und mit der Sauce zu der tranchierten Ente reichen.

4. Ente mit Granatapfel
Die Ente wie auf Seite 282 beschrieben vorbereiten. Im Bräter anbraten und im Backofen gar braten. 2 Granatäpfel halbieren und den Saft mit einer Zitruspresse auspressen. Die Ente aus dem Bräter nehmen, den Bratenfond entfetten und mit dem Granatapfelsaft und 1/8 l Entenbrühe aufgießen. Etwas einkochen lassen und die Sauce mit der Leber-Butter-Mischung (siehe Seite 282) binden. 1 Granatapfel halbieren, die fleischigen Kerne herauslösen, in wenig Butter kurz anbraten und mit der Sauce zu der tranchierten Ente reichen.

1

2

3

4

KRÄUTERHÄHNCHEN IN SALZKRUSTE

Das Backen in der Salzkruste ist keineswegs eine moderne Garmethode. Schon vor Jahrhunderten kannte man diese Zubereitungsart. Der Vorteil bei dieser Art des Garens ist, daß der Eigengeschmack voll erhalten bleibt. Nehmen Sie deshalb für dieses Gericht unbedingt ein frisches Masthähnchen und natürlich gartenfrische Kräuter!

Für 4 Personen
Zubereitungszeit:
2 Stunden 20 Minuten

- 1 frisches Masthähnchen (mindestens 1,7 kg), ohne Innereien
- frisch gemahlener Pfeffer
- 1 großer Bund frische gemischte Kräuter (z. B. Kerbel, Petersilie, Basilikum, Estragon, Oregano, Thymian)
- 2 Knoblauchzehen
- 2 kg feines Meersalz
- 2 Eiweiß

1. Das Hähnchen waschen, trockentupfen und innen und außen mit Pfeffer einreiben.
2. Die Kräuterblättchen von den Stielen zupfen, die Knoblauchzehen schälen und alles mit einem Wiegemesser sehr fein wiegen.
3. Die Haut von dem Hähnchen mit einem schmalen, spitzen Messer rundherum lösen und die Kräutermischung zwischen Fleisch und Haut schieben.
4. Den Backofen auf 180 °C vorheizen.
5. Das Salz in eine Schüssel geben und das Eiweiß unterrühren. Soviel Wasser dazugießen, bis die Masse formbar ist. Es darf aber kein weicher Brei entstehen.
6. Etwa ein Drittel der Salzmasse auf dem Boden einer Bratreine 1 cm dick verteilen. Das Hähnchen darauflegen und mit der restlichen Masse sorgfältig bedecken. Es darf kein Geflügelteil sichtbar sein!
7. Die Reine auf die untere Schiene des vorgeheizten Backofens stellen und das Hähnchen knapp 2 Stunden garen.
8. Das Hähnchen mit der Salzkruste servieren und diese erst bei Tisch aufbrechen.

Pro Person:
Kalorien (kcal) 505
Eiweiß (g) 78
Fett (g) 16
Kohlenhydrate (g) 0

Der Salzteig muß unbedingt die richtige Konsistenz aufweisen. Wenn der Teig zu flüssig ist, wird das Hähnchen zu salzig.

MASTHÄHNCHEN MIT KNOBLAUCH

Erschrecken Sie nicht über so viel Knoblauch. Da die Zehen in der Schale mitgebraten werden und das bei sehr geringen Temperaturen, bekommen sie einen ausgesprochen feinen Geschmack. Bei Tisch drückt man einfach das weiche Fruchtfleisch aus der Schale und streicht es auf knuspriges Baguette. Jeder kann somit selbst bestimmen, wieviel Knoblauch er essen will.

Für 4 Personen
Zubereitungszeit: 2 Stunden

- 1 frisches Masthähnchen (1,7 kg), ohne Innereien
- Salz
- frisch gemahlener Pfeffer
- 4 EL Olivenöl
- 40 große Knoblauchzehen
- 1 Bund Petersilie
- 1 frischer Thymianzweig
- 1 frischer Rosmarinzweig
- 4 große Kartoffeln
- 1/8 l trockener Weißwein

1. Das Hähnchen waschen und trockentupfen. Innen und außen mit Salz und Pfeffer einreiben.
2. Den Backofen auf 160 °C vorheizen.
3. Das Öl in einem Bräter erhitzen und das Hähnchen darin von allen Seiten bei mittlerer Hitze goldbraun anbraten.
4. Die ungeschälten Knoblauchzehen und die Kräuter hinzufügen. Den Bräter verschließen und auf die untere Schiene des Backofens stellen. 45 Minuten braten, zwischendurch wenden und mit Bratfett begießen.
5. Die Kartoffeln waschen, schälen, vierteln und um das Hähnchen verteilen. Mit dem Wein begießen und weitere 45 Minuten zugedeckt braten. Die letzten 15 Minuten den Deckel abnehmen.
6. Das Hähnchen herausnehmen und tranchieren. Mit den Kartoffeln und dem Knoblauch auf einer Platte anrichten und mit dem Bratensaft begießen.

Pro Person:
Kalorien (kcal) 716
Eiweiß (g) 82
Fett (g) 24
Kohlenhydrate (g) 28

Auf die gleiche Weise können Sie auch Perlhuhn zubereiten. Die Garzeit verkürzt sich dann allerdings, da Perlhühner in der Regel kaum mehr als 1 kg wiegen.

GRILLHÄHNCHEN

Das Grillhähnchen war lange Zeit der Inbegriff köstlicher Geflügelgerichte. Beeinflußt durch die Küchen aus aller Welt ist dieses Rezept ein wenig in Vergessenheit geraten. Zu Unrecht, denn richtig zubereitet ist es immer noch ein Genuß!

Für 4 Personen
Zubereitungszeit: 1 Stunde
Marinierzeit: 30 Minuten

- 1 Hähnchen (1,2 kg), ohne Innereien
- Salz
- frisch gemahlener Pfeffer
- 1 Bund Petersilie
- 1 frischer Thymianzweig
- 2 Schalotten

Für die Marinade:

- 4 EL Keimöl
- 1 TL Paprikapulver, edelsüß
- 1 EL Tomatenmark
- etwas feingerebelter Thymian
- 4 bis 5 EL dunkles Bier

1. Das Hähnchen waschen, trockentupfen und innen und außen mit Salz und Pfeffer einreiben.
2. Ein Grillgerät oder einen Backofen mit Grillvorrichtung vorheizen.
3. Petersilie, Thymian und die geschälten Schalotten in die Bauchhöhle geben und die Öffnung mit einem Zahnstocher zustecken.
4. Das Hähnchen mit Küchengarn binden (siehe Seite 242), damit die Flügel und Beine nicht abstehen.
5. Öl, Paprika, Tomatenmark und Thymian verquirlen. Das Geflügel mit der Hälfte davon bestreichen und 30 Minuten marinieren.
6. Das Hähnchen auf den Spieß stecken, mit den beiden Halteklammern befestigen und in die Vorrichtung stecken.
7. Das Geflügel in etwa 55 bis 60 Minuten unter ständigem Drehen garen, dabei immer wieder mit der Marinade bestreichen.
8. 10 Minuten vor Ende der Garzeit das Geflügel mit Bier bepinseln und knusprig braten.

Pro Person:
Kalorien (kcal) 644
Eiweiß (g) 47
Fett (g) 45
Kohlenhydrate (g) 2

• Grillt man das ganze Hähnchen auf einem Holzkohlengrill, sollte die Glut seitwärts liegen, damit das Fett nicht hineintropfen kann.
• Die Grilltemperatur ist optimal, wenn die Kohlen mit weißer Asche bedeckt sind.

Hähnchen vorbereiten
Das Hähnchen waschen, trockentupfen und mit Kräutern und Schalotten füllen. Die Öffnung mit Zahnstochern zustecken und mit einem langen Küchengarn Flügel und Keulen festbinden (siehe Seite 242).

Marinade anrühren
Das Öl in eine kleine Schüssel geben und unter Rühren Paprika, Tomatenmark und Thymian dazugeben. Das Hähnchen auf einen Teller legen und rundherum gleichmäßig mit der Mischung bestreichen.

Mit Drehspieß grillen
Das Hähnchen mit Hilfe der zwei dazugehörenden Halteklammern am Spieß befestigen und in die Grillvorrichtung stecken. Während des Grillens immer wieder mit Marinade und vor Ende der Garzeit mit Bier bestreichen.

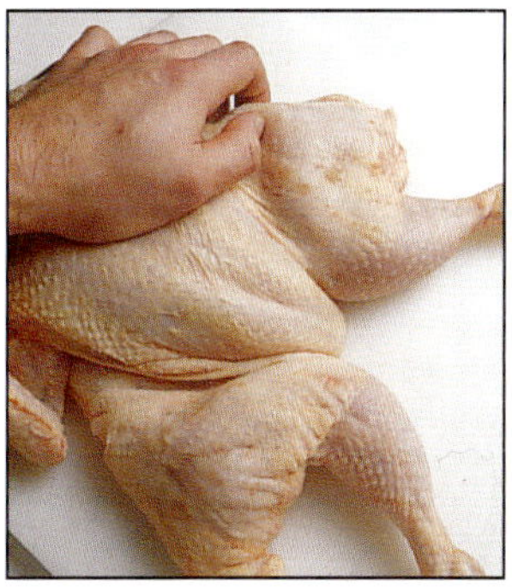

Andere Zubereitungsart:
Hähnchen mit einer Geflügelschere am Rückgrat entlang aufschneiden. Auseinanderklappen und mit der Hand oder einem Fleischklopfer so daraufschlagen, daß Brustbein, Schlüsselbein und Rippen brechen. Dann das Hähnchen flachdrücken.

Grillen auf dem Rost
Hähnchen salzen, pfeffern und mit der Marinade bepinseln. Mit der Hautseite nach unten auf den Rost legen und über einer Fettpfanne im heißen Ofen 15 Minuten grillen, wenden und in 25 Minuten fertiggaren. Auf mindestens 10 cm Abstand zur Hitzequelle achten!

WACHTELN VOM GRILL

Für 2 Personen
Zubereitungszeit: 35 Minuten

- 4 Wachteln
- Salz
- frisch gemahlener Pfeffer
- 4 Lorbeerblätter
- 1 Bund Petersilie
- 2 EL Keimöl
- 4 cl Madeira
- 1 TL Aceto Basamico

1. Die Wachteln waschen und trockentupfen. Innen und außen mit Salz und Pfeffer einreiben.
2. Je 1 Lorbeerblatt und einige Petersilienstengel in die Bauchhöhle geben.
3. Die Wachteln mit einem Küchengarn binden (siehe Seite 242).
4. Hintereinander auf einen Spieß stecken und mit den Haltern befestigen.
5. Im vorgeheizten Grill über einer Fettpfanne ca. 20 Minuten grillen.
6. Dabei immer wieder mit einer Mischung aus Öl, Madeira und Balsamessig bestreichen.

Pro Person:
Kalorien (kcal) 625
Eiweiß (g) 75
Fett (g) 28
Kohlenhydrate (g) 3

TAUBEN VOM GRILL

Für 4 Personen
Zubereitungszeit: 30 Minuten

- 4 Tauben
- Salz
- frisch gemahlener Pfeffer
- 1 TL gerebelter Thymian
- einige Rosmarinnadeln
- 1 Knoblauchzehe
- 3 EL flüssige Butter
- 2 EL Rotwein

1. Die Tauben waschen und entlang des Rückgrats mit der Geflügelschere durchschneiden, auseinanderklappen und flachklopfen.
2. Salz, Pfeffer, Thymian, kleingehackte Rosmarinnadeln und die zerdrückte Knoblauchzehe mit der flüssigen Butter und dem Rotwein vermischen.
3. Die Tauben von allen Seiten damit bepinseln.
4. Auf einen Grillrost legen und über einer Fettpfanne im vorgeheizten Grill in etwa 25 bis 30 Minuten knusprig braten.
5. Zwischendurch wenden und immer wieder mit der restlichen Marinade bestreichen.

Pro Person:
Kalorien (kcal) 483
Eiweiß (g) 63
Fett (g) 22
Kohlenhydrate (g) 0

GEGRILLTE ENTE

Für 4 Personen
Zubereitungszeit:
1 Stunde 15 Minuten

1 junge Ente (1,8 kg)
Salz
frisch gemahlener Pfeffer
4 Frühlingszwiebeln
1 Apfel
2 EL Orangensaft
2 EL Fino-Sherry
1 EL Honig
2 EL Sojasauce
Cayennepfeffer

1. Ente waschen, trockentupfen und mit Salz und Pfeffer einreiben. Die Haut mit einem Holzspieß rundherum einstechen.

2. Zwiebeln putzen und in Scheiben schneiden. Den Apfel schälen, entkernen und achteln. Apfelstücke und Zwiebeln in die Bauchhöhle füllen, zunähen und auf den Bratspieß stecken.

3. Orangensaft, Sherry, Honig, Sojasauce und Cayennepfeffer verrühren und die Ente damit bestreichen.

4. Im vorgeheizten Grill in 60 bis 70 Minuten goldbraun und knusprig braten, dabei immer wieder mit Marinade bepinseln.

Pro Person:
Kalorien (kcal) 1020
Eiweiß (g) 73
Fett (g) 69
Kohlenhydrate (g) 10

PUTENROLLBRATEN AM SPIESS

Für 6 Personen
Zubereitungszeit:
1 Stunde 15 Minuten

1 kg fertiger Putenrollbraten
Salz
frisch gemahlener Pfeffer
2 EL Tomatenketchup
1 EL scharfer Senf
2 EL Keimöl
2 gehackte Knoblauchzehen
1 TL Paprikapulver, edelsüß

1. Den Putenrollbraten salzen und pfeffern. Auf einen Drehspieß stecken und mit den Haltern gut befestigen.

2. Aus Ketchup, Senf, Öl, Knoblauch und Paprika eine Marinade rühren und das Fleisch damit einstreichen.

3. Im vorgeheizten Grill in etwa 60 bis 70 Minuten goldbraun braten, dabei immer wieder mit der Marinade bestreichen.

Pro Person:
Kalorien (kcal) 262
Eiweiß (g) 35
Fett (g) 11
Kohlenhydrate (g) 1

FLEISCH

Deftige Ragouts, saftige Braten, knusprige Schnitzel und Steaks: ein schönes Stück Fleisch, perfekt zubereitet, macht die Tafel zur Festtafel. Die richtige Vorbereitung, Tips für die Zubereitung und die raffiniertesten Rezepte für Rind, Schwein, Kalb und Lamm.

REHRÜCKEN PARIEREN

Damit sich das Fleisch beim Braten nicht zusammenzieht, müssen die Häute und Sehnen entfernt werden. Aus den Parüren kann man dann einen herrlichen, gehaltvollen Fond zaubern.

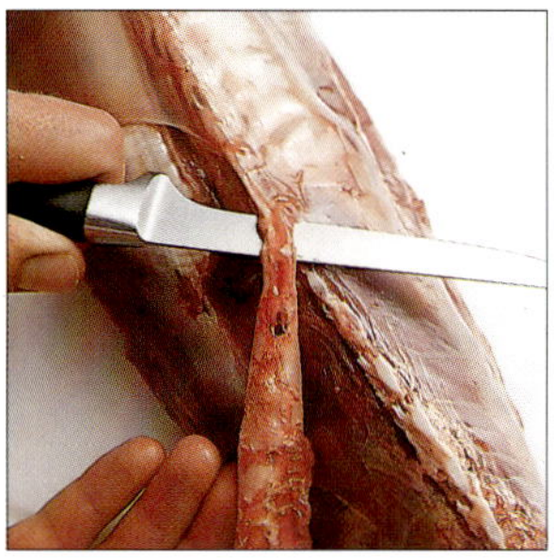

1. Locker sitzende dicke Hautteile links und rechts des Knochens entfernen.

2. Das Fleisch entlang des Mittelknochens etwas lösen, damit sich beim Braten die Hitze besser verteilen kann.

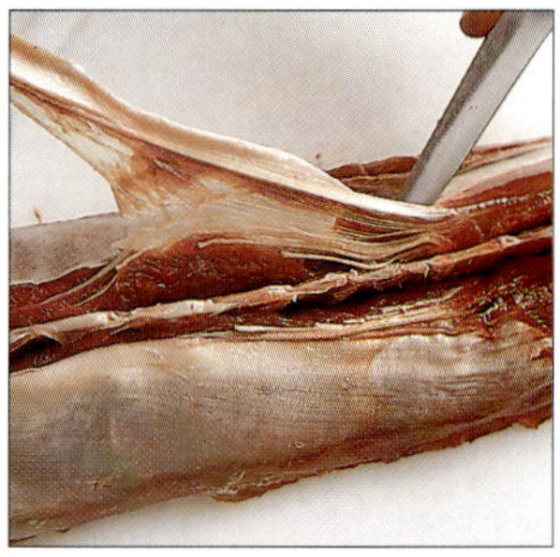

3. Die mit dem Fleisch fest verbundenen Sehnen vom Sattel zum Hals mit einem Messer vorsichtig abziehen.

SPICKEN ODER BARDIEREN

Durch das Spicken werden die Fleischfasern verletzt und der Fleischsaft kann leichter austreten. Deshalb bevorzugt man heute häufig das Umhüllen mit Speck oder mit einem Schweinenetz.

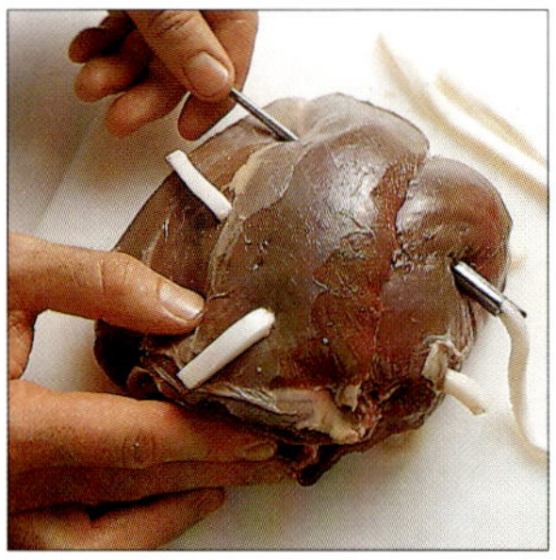

1. Speck in Streifen schneiden, mit einer Spicknadel durch das magere Fleisch ziehen. Die Enden sollen hervorschauen.

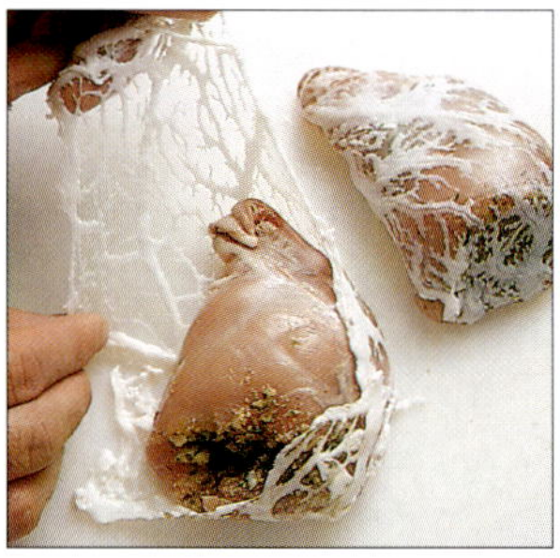

2. Schweinenetz wässern, trockentupfen und ausbreiten. Magere Fleischteile damit einhüllen.

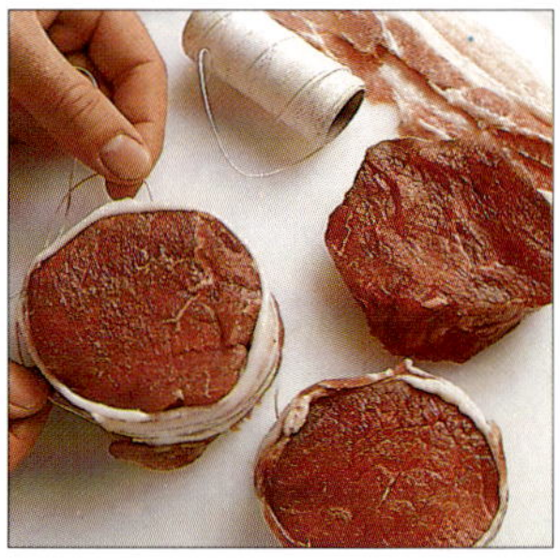

3. Speckscheiben zurechtschneiden, um den Rand eines Filetsteaks wickeln und mit Küchengarn in Form binden.

TASCHE EINSCHNEIDEN

Mit einer feinen Farce gefüllt, wird aus den weniger wertvollen Fleischteilen wie Brust oder Bauch ein exzellenter Braten. Wichtig ist, daß man mit einem gut geschärften, großen Küchenmesser arbeitet!

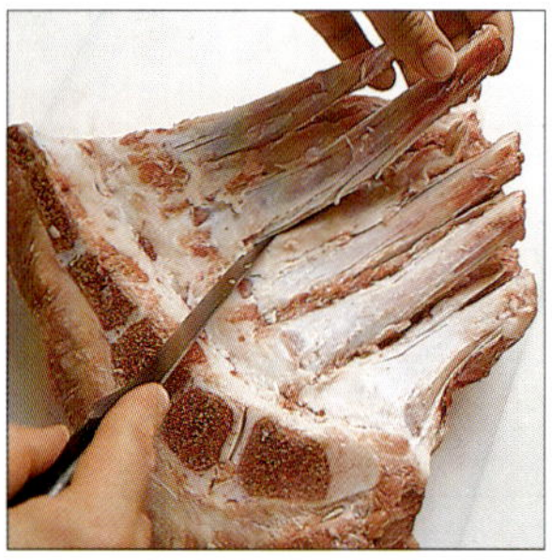

1. Die Knorpelgelenke am Brustbein und die Knochenhäute längs der Knochen einschneiden.

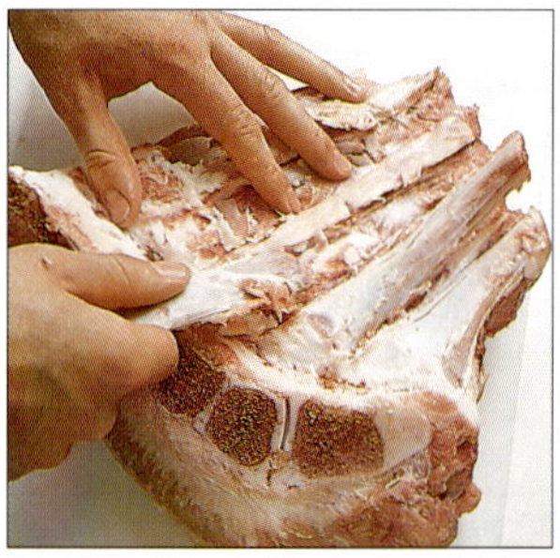

2. Die Knochen heraustrennen. Das Brustbein vorsichtig abtrennen, ohne dabei Fleisch und Knorpel zu verletzen.

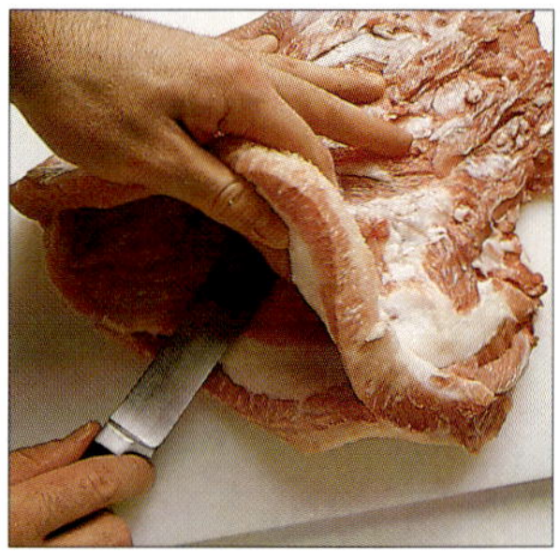

3. Mit einem Messer vorsichtig eine Tasche einschneiden, das Fleisch aber nicht durchschneiden.

ROLLBRATEN BINDEN

Die Fleischscheibe wird mit einer Füllung bestrichen und dann sorgfältig aufgerollt. Mit einem Küchengarn richtig gebunden, hält der Braten zusammen und bleibt in Form.

1. Ein flaches Fleischstück gleichmäßig mit der Farce bestreichen. Von der Schmalseite her aufrollen.

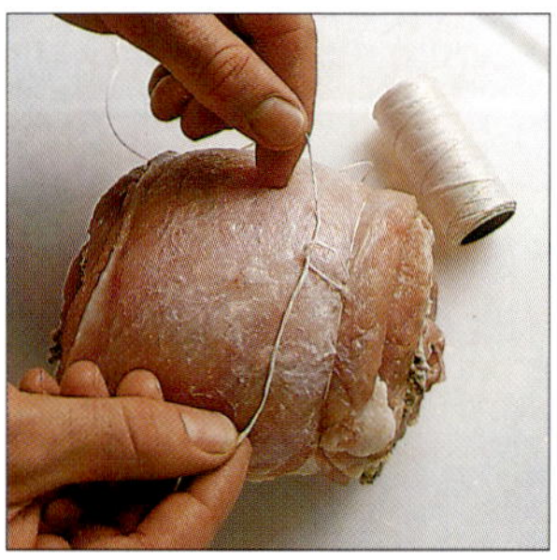

2. Um ein Ende das Küchengarn schlingen und zusammenknoten. Dabei ein Fadenende lang lassen.

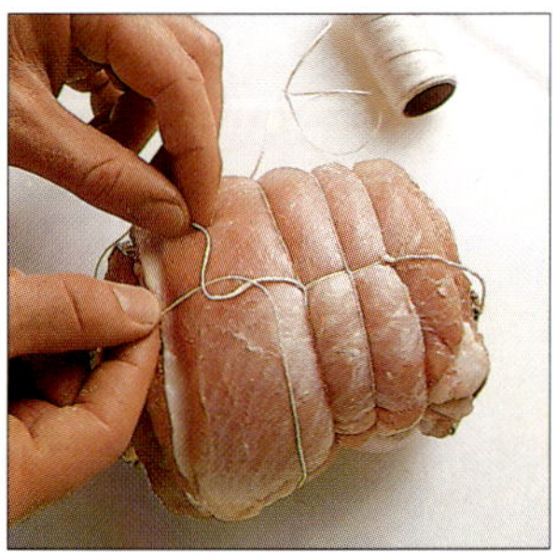

3. Mit dem langen Faden die Rolle umwickeln und an der Oberseite immer durch die sich bildende Schlinge ziehen.

SCHNITZEL KLOPFEN

Um die Fleischfasern nicht zu verletzen, wird das Fleisch mit der platten Seite des Fleischklopfers flachgeklopft. Die einzige Ausnahme ist das Wiener Schnitzel: Hier wird die gezackte Seite verwendet.

1. Schnitzel müssen, egal ob vom Rind, Schwein oder Kalb, unbedingt quer zur Faser geschnitten werden!

2. Mit der leicht gezackten Seite des Fleischklopfers die Fleischscheibe vorsichtig flachklopfen!

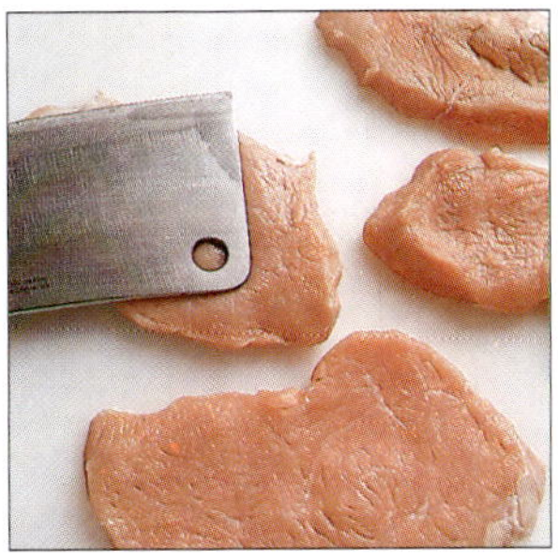

3. Oder die Fleischscheiben mit der platten Seite eines Hackbeils mit sanften Schlägen flachklopfen!

EINSCHNEIDEN DER HAUT

Damit sich das Fleisch beim Braten nicht wölbt oder zusammenzieht und dadurch ungleichmäßig gart, muß die Fett- bzw. Hautseite eingeschnitten werden.

1. Die Fettschicht der Lendensteaks im Abstand von etwa 2 cm mit einem spitzen Messer einschneiden.

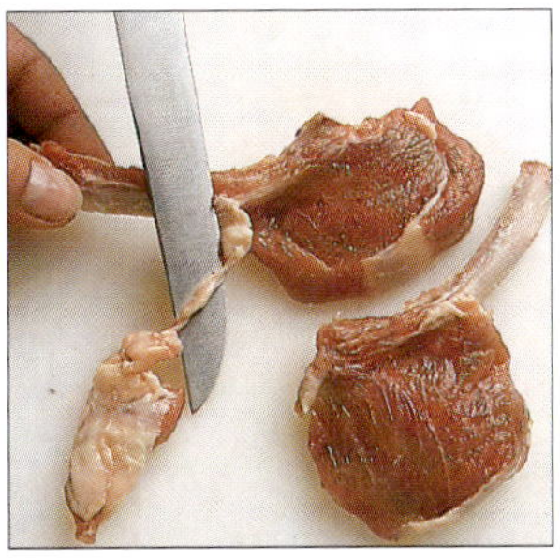

2. Bei Koteletts das Fleisch am unteren Knochenteil abschaben und ein wenig zurückschieben.

3. Die Haut des Schweinebratens rautenförmig einschneiden, damit das Fett austreten kann.

NIEREN VORBEREITEN

Nieren, am besten natürlich vom Kalb oder Milchlamm, sind eine wahre Delikatesse. Sie müssen aber unbedingt sorgfältig vorbereitet werden.

1. Die Nieren längs einschneiden. Mit einem scharfen, spitzen Messer Fett, Sehnen und Adern herausschneiden.

2. Die Nieren kurz abbrausen und anschließend etwa 30 Minuten in kaltes Wasser legen.

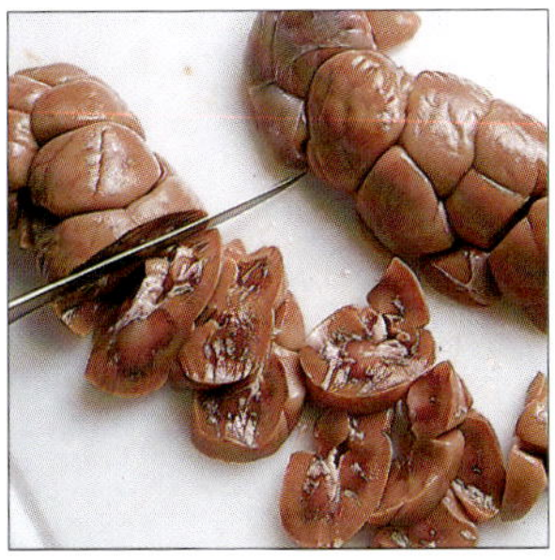

3. Herausnehmen, mit einem Küchentuch gut trockentupfen und quer in nicht zu dünne Scheiben schneiden.

BRIES UND HIRN VORBEREITEN

Bries oder Hirn zu säubern und enthäuten ist zwar Kleinarbeit, für die man etwas Geduld aufbringen muß, aber der sorgfältige Umgang mit diesen Innereien lohnt sich.

1. Grobe Blutäderchen entfernen. Einige Stunden in lauwarmes Wasser legen, zwischendurch das Wasser erneuern.

2. Innereien in einen Topf mit kaltem Wasser legen, zum Kochen bringen und 3 bis 5 Minuten ziehen lassen.

3. Häute, Sehnen und restliche Adern gründlich mit einem spitzen Messer von Bries oder Hirn entfernen.

STEAKS BRATEN

Das »auf den Punkt gebratene« Steak zählt zu den Meisterwerken der Kochkunst. Die besten Voraussetzungen für das Gelingen sind ein gut abgehanges Rindfleisch (man erkennt es an der dumpfen, braunroten Farbe) und die richtige Pfanne.

Für 4 Personen
Zubereitungszeit: 10 Minuten

- 2 EL Keimöl
- 4 Scheiben Rinderfilet
- (4 bis 5 cm dick)
- 2 EL flüssige Butter
- Salz
- frisch gemahlener Pfeffer

1. Die Pfanne auf die Herdplatte stellen und auf höchste Stufe vorheizen. Das Öl in die Pfanne gießen und erhitzen.

GEKOCHTE RINDERBRUST

Will man Fleisch kochen, sollte es auf alle Fälle mit dünnen Fettadern durchzogen sein! So erhält man ein saftiges Fleischstück und zusätzlich eine kräftige Brühe, die man am nächsten Tag mit herzhaften Einlagen servieren kann.

Für 4 Personen
Zubereitungszeit:
2 bis 3 Stunden

- 3 bis 4 Fleischknochen
- 1 kg Rinderbrust
- 8 Pfefferkörner
- Salz
- 2 Bund Suppengrün
- 1 Zwiebel

1. Knochen in den Kochtopf geben, mit kaltem Wasser begießen, aufkochen lassen und das Wasser wieder abgießen.

KALBFLEISCH IN WEIN GESCHMORT

Das Grundprinzip des Schmorens ist immer: Zuerst das Fleisch bei hohen Temperaturen scharf anbraten und anschließend, gut verschlossen, bei sanfter Hitze auf der Herdplatte oder im Backofen gar schmoren. Nur so können sich alle Aromen voll entfalten. Ob Sie mit Fleischbrühe, Weiß- oder Rotwein oder auch mit Milch aufgießen, hängt vom jeweiligen Rezept ab.

Für 4 Personen
Zubereitungszeit: 2 Stunden

- 800 g Kalbsnuß
- 1 Kalbsknochen
- Salz, gemahlener weißer Pfeffer
- 2 EL Keimöl, 20 g Butter
- je 2 Thymian- und Rosmarinzweige, 1 Lorbeerblatt
- 2 Fleischtomaten
- 1/2 l trockener Weißwein

1. Fleisch und Knochen unter kaltem Wasser waschen. Trockentupfen und mit Salz und Pfeffer einreiben.

KALBSNIERENBRATEN

Kalbsnierenbraten war und ist – vor allem in Bayern – immer noch ein beliebter Sonntagsbraten. Das ausgelöste Kotelettstück und die gesäuberte Niere werden mit Bauchfleisch umhüllt und gebraten. Kalbsnierenbraten gibt es auch bereits vorbereitet beim Metzger.

Für 4 Personen
Zubereitungszeit: 2 Stunden

- 1,2 kg Kalbsnierenbraten
- Salz, frisch gemahlener Pfeffer
- 2 EL Keimöl, 20 g Butter
- 1 Bund Suppengrün
- 1 Zwiebel
- 1 Estragonzweig
- 1/4 l Fleischbrühe
- 1/8 l trockener Weißwein

1. Den Backofen auf 250 °C vorheizen. Das gewürzte Fleisch in erhitzem Öl und der Butter rundherum anbraten.

2. Die Filetsteaks mit einem Bratwender in das heiße Öl geben und 1 Minute scharf anbraten.

3. Wenden und die andere Seite ebenfalls 1 Minute anbraten. Dann die Hitze auf mittlere Stufe reduzieren.

4. Jede Seite weitere 2 Minuten braten! Die Steaks mit der Butter begießen und je Seite nochmals 1 Minute braten.

5. Garprobe: Das Steak muß auf Fingerdruck nachgeben! Würzen, mit Alufolie umhüllen und 2 Minuten ruhen lassen.

2. Erneut mit kaltem Wasser bedecken. Das Fleisch zu den Knochen geben und die Brühe zum Kochen bringen.

3. Den Schaum abschöpfen. Salz und Pfefferkörner dazugeben und bei schwacher Hitze 1 1/2 Stunden sieden lassen.

4. Suppengrün waschen und kleinschneiden. Die Zwiebel schälen und halbieren und alles in die Brühe geben.

5. Noch etwa 1 Stunde bei sanfter Hitze garen lassen. Mit einer Fleischgabel prüfen, ob das Fleisch weich ist.

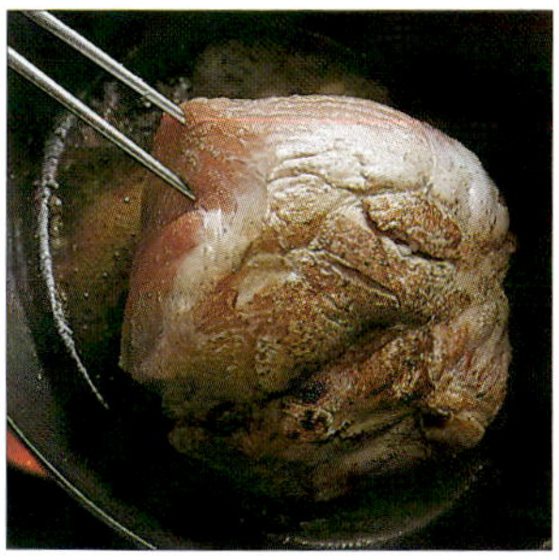

2. In einem Schmortopf Öl und Butter bei höchster Stufe erhitzen und das Fleisch darin rundherum anbraten.

3. Knochen, zusammengebundene Kräuter und die gewaschenen und geviertelten Tomaten dazugeben.

4. Kurz mitanschmoren. Mit Wein aufgießen, die Hitze reduzieren und zugedeckt 1 1/2 Stunden schmoren.

5. Das Fleisch mit Alufolie umhüllen. Die Sauce durch ein Spitzsieb passieren und sämig einkochen lassen.

2. Kleingeschnittenes Suppengrün, die geschälte und geviertelte Zwiebel und den Estragon kurz mitanschmoren.

3. Mit Brühe und Wein aufgießen und auf der unteren Schiene des Backofens ca. 20 Minuten braten lassen.

4. Den Ofen auf 180 °C schalten. Den Braten zwischendurch wenden, mit dem Fond begiessen und 1 1/2 Stunden braten.

5. Fleisch herausnehmen und kurz ruhen lassen. Den Bratenfond durch ein Sieb passieren und sämig einkochen.

GEKOCHTE HOHE RIPPE AUF BUNTEM GEMÜSE

Das Porterhouse-Steak, mit Knochen und Filet aus dem Roastbeef des Rindes geschnitten, ist gleichmäßig mit Fett durchzogen und eignet sich deshalb zum Kochen, Braten und Grillen gleichermaßen. Gut abgehangen liefert es bei jeder Zubereitungsart ein besonders intensives Aroma.

Für 4 Personen
Zubereitungszeit: 1 1/2 Stunden

1 Porterhouse-Steak (ca. 1 kg)
je 2 Mark- und Fleischknochen
1 große Zwiebel
Salz, 6 Pfefferkörner
3 bis 4 Lorbeerblätter
2 Thymianzweige
2 l Wasser
1 Bund junge Möhren
1 Bund junge Frühlingszwiebeln
250 g junge Zuckerschoten
Für die Hollandaise:
200 g Butter
2 kleine Eigelb, 4 EL Brühe
1 Handvoll Kerbelzweige
gemahlener weißer Pfeffer
Saft von 1/2 Zitrone

1. Fleisch und Knochen unter fließend kaltem Wasser waschen und trockentupfen.
2. Einen großen Kochtopf auf der Kochplatte stark erhitzen. Zwiebel halbieren, mit den Schnittflächen auf den Topfboden legen und rösten. Die Knochen, Salz, Pfefferkörner, Lorbeerblätter und den Thymian dazugeben, mit dem kalten Wasser begießen und zum Kochen bringen.
3. Das Steak in die kochende Brühe legen, die Hitze reduzieren und das Fleisch darin in etwa 1 Stunde gar ziehen lassen.
4. In der Zwischenzeit das Gemüse waschen. Möhren schälen und nur einen Teil des Grüns entfernen. Von den Frühlingszwiebeln die Wurzeln und das hintere grüne Ende entfernen. Die Enden der Zuckerschoten abknipsen.
5. Das Fleisch mit einem Schaumlöffel etwas aus der Brühe heben und prüfen, ob es weich ist. Es muß bei leichtem Fingerdruck nachgeben. Dann aus der Brühe nehmen und mit Alufolie umwickeln. Das Gemüse in die Brühe geben und etwa 10 Minuten darin garen.
6. Währenddessen für die Hollandaise die Butter zerlassen. Eigelb und Brühe in einer Metallschüssel im warmen Wasserbad schaumig schlagen. Die Butter klären und langsam darunterrühren. Bis auf einige Blättchen den Kerbel hacken und darundermischen. Mit Salz, Pfeffer und Zitronensaft abschmecken.
7. Das Gemüse aus der Brühe heben und mit dem Fleisch anrichten. Mit etwas Fleischbrühe begießen und mit der Sauce und den Kerbelblättchen servieren.

Pro Person:
Kalorien (kcal) 1120
Eiweiß (g) 54
Fett (g) 87
Kohlenhydrate (g) 17

Die Garzeit verkürzt sich, je besser das Porterhouse-Steak abgehangen ist. Daher zwischendurch unbedingt Garproben durchführen!

Fleisch vorbereiten
Fleisch und Knochen kalt abwaschen und trockentupfen. Den Kochtopf auf die Kochplatte stellen und stark erhitzen. Die Zwiebel halbieren, mit den Schnittflächen auf den Topfboden legen und rösten. Knochen und Gewürze dazugeben und mit kaltem Wasser begießen.

Fleisch gar ziehen lassen
Das Wasser bei starker Hitze zum Kochen bringen. Das Steak hineinlegen und das Fleisch bei schwacher Hitze gar ziehen lassen. Die Brühe darf dabei nur simmern, nicht kochen!

Gemüse vorbereiten
Gemüse waschen. Möhren schälen, ein Teil des Grüns daranlassen. Von den Frühlingszwiebeln die Wurzeln und das hintere grüne Ende entfernen. Die Enden der Zuckerschoten abknipsen.

Garprobe durchführen
Das Steak aus der Brühe heben. Wenn das Fleisch gar ist, muß es bei leichtem Fingerdruck nachgeben. Dann in Alufolie wickeln und ruhen lassen. Das Gemüse in die Brühe geben und in etwa 10 Minuten gar kochen.

Hollandaise aufschlagen
Butter zerlassen und klären. Die Eigelb mit der Brühe in einer Metallschüssel im Wasserbad schaumig schlagen. Dann die Butter langsam dazugeben. Mit gehacktem Kerbel, Salz, Pfeffer und Zitronensaft abschmecken.

POT AU FEU

Schon Asterix und Obelix aßen nicht nur Wildschweine! In einem großen Kessel, der über einem Feuer hing, wurde in dem gallischen Dörfchen Fleisch, Hühner und mancherlei Gemüse zusammen gekocht. Auch heute ist Pot au feu noch ein beliebtes Essen in französischen Bistros. Es wird immer in zwei Gängen serviert – erst die aromatische Brühe mit Weißbrot, das mit Mark bestrichen wird, dann das Fleisch mit dem Gemüse!

Für 6 Personen
Zubereitungszeit:
3 bis 4 Stunden

- 500 g Ochsenbrust oder -beinscheibe
- 1 kg Ochsenfleisch aus der Hüfte (Blume)
- 300 g Fleischknochen
- 1 große Zwiebel
- je 1 Rosmarin- und Thymianzweig, 1 Lorbeerblatt
- Salz, 8 Pfefferkörner
- 4 l Wasser
- 1 Bund junge Möhren
- 3 kleine Lauchstangen
- 6 Selleriestangen
- 4 Markknochen
- 6 Scheiben französisches Weißbrot

1. Fleisch und Knochen unter kaltem Wasser waschen.
2. Einen großen Kochtopf auf der Kochplatte stark erhitzen. Die Zwiebel halbieren, mit den Schnittflächen auf den Topfboden legen und rösten.
3. Fleischknochen, Brust oder Beinscheibe sowie die Kräuter, Salz und Pfefferkörner in den Topf geben. Mit Wasser begießen, langsam erhitzen und den entstehenden Schaum mit einer Schöpfkelle abschöpfen.
4. Sobald die Brühe zu kochen beginnt, das restliche Fleisch einlegen und die Hitze reduzieren. Mindestens 3 Stunden bei schwacher Hitze gar ziehen lassen.
5. Die Möhren schälen. Vom Lauch die Wurzeln und das hintere grüne Ende entfernen, halbieren und mit den Selleriestangen waschen. Gemüse kleinschneiden und mit den Markknochen 30 Minuten vor Ende der Garzeit in die Brühe geben.
6. Sobald alles gar ist, das Gemüse und Fleisch mit einem Schaumlöffel aus dem Topf heben. Auf einer tiefen Platte anrichten und mit etwas Brühe begießen.
7. Die Fleischbrühe durch ein Sieb gießen und als ersten Gang servieren. Die Weißbrotscheiben rösten, mit dem Mark der Markknochen bestreichen und dazu reichen.
8. Anschließend wird das in Scheiben geschnittene Fleisch mit dem Gemüse serviert. Salzkartoffeln sind eine ideale Beilage.

Pro Person:
Kalorien (kcal) 810
Eiweiß (g) 50
Fett (g) 50
Kohlenhydrate (g) 28

In Frankreich reicht man auch süß-saures Gemüse, in Essig eingelegte Kirschen oder Pflaumen und diverse Sorten Senf dazu.

BOLLITO MISTO

Dieses Gericht ist die etwas kalorienreichere italienische Version des französischen »Pot au feu«. Fast jede Familie hat ihr eigenes überliefertes Rezept. In manchen Gegenden Italiens wird auch gerne ein gefüllter Schweinefuß und Schweinsbratwürste mit viel Knoblauch mitgekocht. Auf keinen Fall darf die »Salsa Verde«, die grüne Sauce, fehlen.

Für 6 bis 8 Personen
Zubereitungszeit: 2 1/2 Stunden

- 600 g Rinderbeinscheibe
- 2 Kalbsknochen
- 3 EL Salz, 8 Pfefferkörner
- 1 Lorbeerblatt, 4 l Wasser
- 1 Kalbszunge
- 1 Hähnchen (ca. 1,2 kg)
- 1 Rosmarinzweig
- 600 g Kalbfleisch aus der Unterschale
- 1 Bund Suppengrün
- 1 Zwiebel, 1 Bund Petersilie
- abgeriebene Schale von 1/2 unbehandelten Zitrone

Für die Salsa verde:

- 1 Bund Petersilie
- 1 Knoblauchzehe
- 2 in Öl eingelegte Sardellen
- 2 EL Kapern, 1 hartgekochtes Ei
- 1 bis 2 EL Paniermehl
- Salz, frisch gemahlener Pfeffer
- ca. 2 EL Weißweinessig
- ca. 1/8 l Olivenöl

1. Rindfleisch, Knochen, Salz und Gewürze in einen großen Kochtopf geben und mit Wasser begießen. Bei schwacher Hitze etwa 1 Stunde kochen lassen.

2. Die Zunge waschen und hinzufügen, weitere 30 Minuten kochen lassen.

3. Das Hähnchen waschen und den Rosmarinzweig hineinstecken. Mit Kalbfleisch, Suppengrün, Zwiebel und Petersilie in die heiße Brühe geben. Eine Stunde bei sanfter Hitze garen. 15 Minuten vor Ende der Garzeit die Zitronenschale in die Brühe geben.

4. In der Zwischenzeit für die Sauce Petersilienblätter mit Knoblauchzehe, Sardellen, Kapern und dem Ei fein hacken. Paniermehl mit Salz, Pfeffer und Essig vermischen. Die Petersilienmischung und und nach und nach so viel Öl darunterrühren, bis eine geschmeidige Sauce entstanden ist. Mit Salz und Pfeffer abschmecken, gut gekühlt etwa 1 Stunde durchziehen lassen.

5. Die Zunge aus der Brühe nehmen, unter kaltem Wasser abbrausen, enthäuten und in Scheiben schneiden. Hähnchen in 6 Teile zerlegen und Rind- sowie Kalbfleisch in Scheiben schneiden. Auf einer Platte anrichten, mit Brühe begießen und mit der Sauce servieren. Dazu schmecken Salzkartoffeln und Senffrüchte!

Pro Person:
Kalorien (kcal) 710
Eiweiß (g) 66
Fett (g) 44
Kohlenhydrate (g) 2

RINDERSCHMORBRATEN IN ROTWEIN

Bei der Zubereitung eines Schmorbratens sollte man sich viel Zeit nehmen, denn nur durch langsames Garen kommen die Aromen von Fleisch, Gemüse und Wein voll zur Geltung. Neben einer guten Fleischqualität und einem exzellenten Rotwein ist ein Schmortopf mit dickem Boden und gut schließendem Deckel wichtig.

Für 6 Personen
Marinierzeit: 2 Tage
Zubereitungszeit: 3 bis 4 Stunden

- 1 kg gut abgehangenes Rindfleisch aus der Hüfte (Blume)
- 3/4 l kräftiger Rotwein, z. B. Spätburgunder oder Rioja
- 6 zerstoßene Pfefferkörner
- 2 Rosmarinzweige
- 1 Thymianzweig
- 1 Lorbeerblatt
- 1 Stück unbehandelte Orangenschale
- Salz, frisch gemahlener Pfeffer
- 4 EL Keimöl
- 2 EL Aceto Balsamico
- 1 Bund Suppengrün
- 1 Zwiebel
- 2 Tomaten
- 1 Kalbsknochen
- 2 EL Crème double
- 2 cl Armagnac

1. Das Rindfleisch in eine Marinade aus Rotwein, Pfefferkörnern, Kräutern und Orangenschale einlegen und zugedeckt mindestens 2 Tage darin marinieren.
2. Am Tag der Zubereitung das Fleisch aus der Marinade nehmen, gut trockentupfen und, wie auf Seite 292 beschrieben, in Form binden. Mit Salz und Pfeffer einreiben.
3. Öl in einem ausreichend großen, schweren Schmortopf erhitzen und das Fleisch darin rundherum scharf anbraten.
Den Backofen auf 160 °C vorheizen.
4. Mit Essig ablöschen und etwas einkochen lassen. Das kleingeschnittene Suppengrün, die geschälte und geviertelte Zwiebel, die gehäuteten und entkernten Tomaten und den Kalbsknochen hinzufügen. Die Marinade durch ein Sieb in den Bratenfond gießen. Aufkochen lassen und den Topf gut verschlossen in den vorgeheizten Backofen stellen.
5. Etwa 3 Stunden schmoren lassen, dabei gelegentlich das Fleisch wenden und mit der Schmorflüssigkeit begießen.
6. Das Fleisch aus dem Topf nehmen und kurz ruhen lassen. Den Knochen entfernen und den Schmorfond durch ein Sieb in eine Sauteuse oder einen kleinen Topf passieren. Crème double und Armagnac darunterrühren und kurz durchkochen lassen.
7. Das Fleisch in Scheiben schneiden. Mit Tagliatelle oder Kartoffelplätzchen und der Sauce servieren!

Pro Person:
Kalorien (kcal) 500
Eiweiß (g) 30
Fett (g) 39
Kohlenhydrate (g) 2

Das Fleischstück für einen wirklich guten Schmorbraten darf nicht zu klein sein. 1 kg ist das Mindestgewicht!

Fleisch marinieren
Rotwein in eine Schüssel gießen, die so groß ist, daß das Fleisch gerade hineinpaßt. Pfefferkörner, Kräuter und Orangenschale dazugeben. Das Fleisch einlegen und zugedeckt 2 bis 4 Tage kühl stellen, zwischendurch wenden.

Fleisch anbraten
Das Fleisch aus der Marinade nehmen, trockentupfen, binden und mit Salz und Pfeffer einreiben. In einem schweren Schmortopf Öl erhitzen und das Fleisch darin rundherum scharf anbraten (dazu mit Hilfe von zwei Bratwendern oder Kochlöffeln wenden).

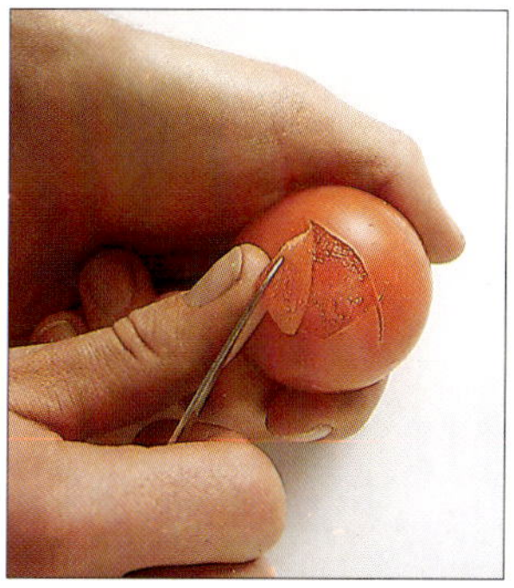

Gemüse vorbereiten
Das Suppengrün waschen und in kleine Stücke schneiden. Die Zwiebel schälen und vierteln. Die Tomaten kurz in kochendes Wasser tauchen, häuten, halbieren und entkernen.

Aufgießen
Den Bratenfond mit Aceto Balsamico ablöschen und einkochen. Dann das vorbereitete Gemüse und den Knochen mitbraten. Die Marinade abseihen und den Bratenfond aufgießen. Den Topf gut verschlossen in den vorgeheizten Backofen stellen.

Sauce fertigstellen
Das Rindfleisch nach etwa 3 Stunden aus dem Topf nehmen und kurz ruhen lassen. Den Schmorfond durch ein Sieb passieren, mit Crème double verrühren und sämig einkochen lassen. Die Sauce mit Armagnac abschmecken.

RINDERSCHMORBRATEN MIT PILZEN

Für 4 Personen
Zubereitungszeit:
3 bis 4 Stunden

30 g getrocknete Steinpilze
2 Zwiebeln
1 kg Rindfleisch aus der Unterschale, evtl. Tafelspitz
Salz, frisch gemahlener Pfeffer
2 EL Keimöl
je 1 Thymian- und Rosmarinzweig
1/4 l kräftiger Rotwein

1. Pilze in lauwarmem Wasser etwa 30 Minuten einweichen. Die Zwiebeln schälen und in Würfel schneiden. Den Backofen auf 160 °C vorheizen.
2. Das Rindfleisch waschen, trockentupfen und mit Salz und Pfeffer einreiben.
3. Das Öl in einem Schmortopf erhitzen und das Fleisch darin rundherum scharf anbraten. Zwiebeln und Kräuter dazugeben, mit Rotwein aufgießen und einmal aufkochen lassen.
4. Zugedeckt im Backofen 3 1/2 Stunden schmoren. Nach 2 Stunden die Pilze und 1/4 l der durchgeseihten Einweichflüssigkeit dazugeben. Fleisch in Scheiben schneiden und mit Lauchgemüse servieren.

Pro Person
Kalorien (kcal) 700
Eiweiß (g) 45
Fett (g) 52
Kohlenhydrate (g) 4

FRÄNKISCHES MAJORANFILET

Für 4 Personen
Zubereitungszeit: 30 Minuten

2 Schweinefilets (à 350 g)
Salz
frisch gemahlener Pfeffer
2 Zwiebeln
2 EL Schweineschmalz
2 EL Majoranblätter oder
1 EL gerebelter Majoran
1/4 l fränkischer Silvaner
1/8 l Fleischbrühe
1 TL Kräutersenf
2 EL Sahne
1 bis 2 EL Fix-Soßenbinder, dunkel

1. Die Schweinefilets entsehnen und enthäuten, waschen, trockentupfen und mit Salz und Pfeffer einreiben.
2. Die Zwiebeln schälen und in kleine Würfel schneiden.
3. Das Schmalz in einer Pfanne erhitzen und das Fleisch darin von allen Seiten scharf anbraten. Die Zwiebeln hinzufügen und glasig dünsten.
4. Mit Majoran bestreuen und mit Wein und Brühe aufgießen. Zugedeckt 8 bis 10 Minuten, je nach Dicke der Filets, bei mittlerer Hitze schmoren lassen.
5. Senf und Sahne verquirlen und unter die Sauce rühren. Soviel Soßenbinder einrühren, bis die Sauce die gewünschte Sämigkeit erreicht hat.

Pro Person:
Kalorien (kcal) 425
Eiweiß (g) 34
Fett (g) 28
Kohlenhydrate (g) 3

RHEINISCHER SAUERBRATEN

Für 4 Personen
Zubereitungszeit: 3 1/2 Stunden

- 1 kg Rindfleisch aus der Blume
- 1 l Fleischbrühe oder Wasser
- 1/2 l Weißweinessig
- 1 Lorbeerblatt, 2 Gewürznelken
- 5 zerdrückte Wacholderbeeren
- 8 Pfefferkörner
- 1 Bund Suppengrün
- Salz, frisch gemahlener Pfeffer
- 2 EL Keimöl
- 1 bis 2 Aachener Printen oder Lebkuchen, 50 g Pumpernickel

1. Fleisch waschen. Brühe oder Wasser, Essig, Kräuter, Gewürze und kleingeschnittenes Suppengrün aufkochen und abkühlen lassen. Fleisch darin ca. 1 Woche marinieren.
2. Das gut trockengetupfte, mit Salz und Pfeffer eingeriebene Fleisch im heißen Öl anbraten. Suppengrün, die Hälfte der Marinade, zerbröckelte Printen oder Lebkuchen und Pumpernickel dazugeben. Zugedeckt im Backofen bei 160 °C etwa 3 Stunden schmoren lassen. Zwischendurch mit der restlichen Marinade begießen.
3. Das Fleisch aus dem Topf nehmen, die Sauce pürieren und durch ein Sieb streichen.

Pro Person:
Kalorien (kcal) 765
Eiweiß (g) 45
Fett (g) 54
Kohlenhydrate (g) 15

GESCHMORTE HOHE RIPPE MIT CALVADOSÄPFELN

Für 4 Personen
Zubereitungszeit: 1 1/2 Stunden

- 1,2 kg Hohe Rippe (Rinderkotelett)
- Salz
- frisch gemahlener Pfeffer
- 2 EL Keimöl
- 300 ml Cidre
- 4 aromatische Äpfel, z. B. Boskop oder Cox Orange
- 1 TL Thymianblätter
- 4 cl Calvados
- 1/8 l Fleischbrühe
- 40 g eiskalte Butter

1. Das Fleisch waschen und trockentupfen. Mit Salz und Pfeffer einreiben.
2. Öl in einem Schmortopf erhitzen und das Fleisch darin scharf anbraten. Mit Cidre begießen und zugedeckt bei schwacher Hitze ca. 1 Stunde schmoren lassen.
3. Die Äpfel schälen, vierteln, entkernen und mit dem Thymian in den Bratenfond geben. Mit Calvados und Brühe begießen. Weitere 15 bis 20 Minuten zugedeckt schmoren.
4. Das Fleisch mit den Äpfeln aus dem Topf nehmen und die Sauce mit den Butterflöckchen binden. Mit Kartoffelpüree servieren.

Pro Person:
Kalorien (kcal) 955
Eiweiß (g) 57
Fett (g) 64
Kohlenhydrate (g) 18

OCHSENSCHWANZRAGOUT

Langsames Schmoren bei sanften Temperaturen ist die Voraussetzung für das gute Gelingen dieses Ragouts. Erst dann wird das knorpelige, sehnige Fleisch zart und saftig und für jeden Genießer zu einer Delikatesse.

Für 4 Personen
Zubereitungszeit: 3 1/2 Stunden

- 1 Zwiebel
- 2 Knoblauchzehen
- 1 Möhre
- 1 Petersilienwurzel
- 1 Lauchstange
- 1,5 kg Ochsenschwanz, in dicke Scheiben geschnitten
- Salz
- 40 g Butterschmalz
- 1 Lorbeerblatt
- 2 Thymianzweige
- je 4 zerdrückte Wacholderbeeren und Korianderkörner
- 1 EL Pfefferkörner
- 1 EL Tomatenmark
- 1 EL Mehl
- 1/2 l trockener Rotwein
- 4 cl Armagnac

1. Zwiebel, Knoblauch, Möhre und Petersilienwurzel schälen und in kleine Würfel schneiden. Vom Lauch die Wurzeln und das grüne Ende entfernen. Die Stange halbieren, gründlich waschen und in feine Streifen schneiden.
2. Ochsenschwanzscheiben waschen, trockentupfen und salzen.
3. Das Schmalz in einem Schmortopf erhitzen und den Ochsenschwanz darin scharf anbraten.
4. Erst das Gemüse, die Kräuter und die Gewürze dazugeben und anrösten. Dann das Tomatenmark und Mehl hinzufügen und ebenfalls kräftig anbraten.
5. Mit der Hälfte des Weins aufgießen, aufkochen lassen und zugedeckt bei schwacher Hitze ca. 3 Stunden schmoren. Gelegentlich umrühren und mit dem restlichen Wein begießen.
6. Wenn sich das Fleisch leicht vom Knochen löst, die Fleischscheiben aus dem Topf nehmen und warm stellen.
7. Die Sauce durch ein Sieb passieren, den Armagnac hinzugießen und sämig einkochen lassen.

Pro Person:
Kalorien (kcal) 870
Eiweiß (g) 77
Fett (g) 53
Kohlenhydrate (g) 6

Will man das Ragout ohne die Knochen servieren, muß das Fleisch sofort ausgelöst werden. Abgekühlt ist dies fast unmöglich!

OSSOBUCO ALLA MILANESE

GESCHMORTE KALBSHAXENSCHEIBEN

Mittlerweile kann man dieses aus Norditalien stammende Schmorgericht auch bei uns problemlos nachkochen, da fast jeder Metzger Kalbshaxe in Scheiben geschnitten anbietet. Das Besondere dieses Gerichtes ist, daß das Knochenmark seine feinen Geschmacksstoffe an die Sauce abgibt. Der höchste Genuß: zum Schluß das Mark auslöffeln oder auf ein Stück Weißbrot streichen.

Für 4 Personen
Zubereitungszeit: 2 Stunden

- 4 Scheiben Kalbshaxe (3 bis 4 cm dick)
- Salz
- frisch gemahlener Pfeffer
- 2 bis 3 EL Mehl
- 2 Zwiebeln
- 2 Knoblauchzehen
- 2 Möhren
- 2 Selleriestangen
- 2 Fleischtomaten
- 30 g Butter
- 2 EL Olivenöl
- 2 Thymianzweige
- 1 Stückchen unbehandelte Zitronenschale
- 1/4 l trockener Weißwein
- 1/8 l Kalbsfond
- 1/2 Bund Petersilie

1. Die Fleischscheiben waschen, trockentupfen, mit Salz und Pfeffer würzen und in Mehl wenden.
2. Zwiebeln, Knoblauchzehen und Möhren schälen, Selleriestangen waschen und alles in kleine Würfel schneiden. Die Tomaten kurz blanchieren, häuten, halbieren und entkernen. Das Fruchtfleisch in Würfel schneiden.
3. Butter und Olivenöl in einem Schmortopf erhitzen und das Fleisch darin von beiden Seiten scharf anbraten. Gemüse, Thymian und Zitronenschale dazugeben und kurz mitbraten.
4. Mit Wein aufgießen und zugedeckt bei schwacher Hitze etwa 1 1/2 Stunden schmoren lassen.
5. Zwischendurch die Fleischscheiben wenden und mit Kalbsfond begießen.
6. Die Petersilie fein hacken und zum Schluß daruntermischen.

Pro Person:
Kalorien (kcal) 435
Eiweiß (g) 55
Fett (g) 16
Kohlenhydrate (g) 12

Eine ganz besondere Note erhält das Gericht, wenn man zum Schluß eine Mischung aus gehackter Petersilie, geriebener Zitronenschale, frisch gehackten Knoblauchzehen und Sardellen daruntermischt.

GESCHMORTE KALBSHAXE

Für das sehnenreiche Fleisch der Kalbshaxe ist Schmoren die ideale Garmethode. Das Fleisch wird dabei weich und bleibt saftig, Knochen und Knorpel sorgen für eine aromatische Sauce.

Für 4 Personen
Zubereitungszeit: 2 1/2 Stunden

1 hintere Kalbshaxe (1,5 kg)
250 g Schweinebauch
1 Kalbsknochen
Salz
frisch gemahlener Pfeffer
2 Möhren
100 g Knollensellerie
1 kleine Petersilienwurzel
100 g Schalotten
2 EL Keimöl
20 g Butter
1 TL Tomatenmark
400 ml Fleischbrühe
1/8 l trockener Weißwein

1. Kalbshaxe, Schweinebauch und Knochen waschen und trockentupfen. Die Haxe und den Schweinebauch mit Salz und Pfeffer einreiben.
2. Möhren, Sellerie, Petersilienwurzel und Schalotten schälen und alles in kleine Stücke schneiden. Den Backofen auf 180 °C vorheizen.
3. Öl und Butter in einem großen Schmortopf erhitzen und die Haxe und den Schweinebauch darin rundherum anbraten.
4. Den Knochen und das Gemüse dazugeben und kurz mitbraten. Das Tomatenmark darunterrühren und mit der Fleischbrühe aufgießen.
5. Zugedeckt im Backofen 2 Stunden schmoren, dabei gelegentlich mit dem Bratensaft begießen. 30 Minuten vor Ende der Garzeit den Deckel abnehmen und das Fleisch bräunen lassen.
6. Fleisch und Knochen aus dem Topf nehmen. Das Kalbfleisch vom Knochen lösen, den Schweinebauch in 4 Teile schneiden und den Knochen entfernen. Beides warm stellen.
7. Den Bratenfond entfetten, dann mit dem Gemüse fein pürieren und durch ein Sieb streichen. Wein dazugießen und die Sauce sämig einkochen lassen. Die Sauce getrennt zum Fleisch servieren.

Pro Person:
Kalorien (kcal) 780
Eiweiß (g) 89
Fett (g) 39
Kohlenhydrate (g) 6

• Anstelle einer großen hinteren Kalbshaxe können Sie auch zwei vordere Haxen nehmen.
• Der mitgebratene Schweinebauch verleiht der Sauce einen köstlichen, kräftigen Geschmack.

LAMMSCHULTER AUF KARTOFFELN

Die Lammschulter zählt zu den preiswerteren Fleischteilen, dabei ist sie aber keineswegs weniger schmackhaft. Es kommt nur auf die richtige Zubereitungsart an! Das von Sehnen und Bindegewebe durchzogene Fleisch muß sanft geschmort werden, damit es nicht zäh wird.

Für 4 Personen
Marinierzeit: 2 Stunden
Zubereitungszeit: 2 Stunden

- 2 Lammschultern (à 700 g)
- Salz, frisch gemahlener Pfeffer
- 1 TL Thymianblätter
- 2 Knoblauchzehen
- 4 EL Olivenöl
- 1 Zwiebel
- 1/4 l trockener Weißwein
- 4 Möhren
- 800 g festkochende Kartoffeln
- 1 Rosmarinzweig
- 1/8 l Lammfond
- 2 EL gehackte Petersilie

1. Die Lammschultern mit einer Mischung aus Salz, Pfeffer, Thymian, zerdrückten Knoblauchzehen und 2 EL Olivenöl einreiben und mindestens 2 Stunden marinieren.
2. Den Backofen auf 160 °C vorheizen.
3. Das restliche Öl erhitzen und das Fleisch darin scharf anbraten. Die Zwiebel schälen, in Würfel schneiden und kurz glasig dünsten. Mit dem Weißwein aufgießen und zugedeckt ca. 45 Minuten im Backofen schmoren lassen.
4. Die Möhren und die Kartoffeln gründlich waschen und schälen. Die Möhren in 1/2 cm dicke Scheiben, die Kartoffeln in größere Würfel schneiden.
5. Nach 45 Minuten das Fleisch aus dem Topf nehmen. Kartoffeln und Möhren mit dem Bratenfond vermischen. Das Fleisch und den Rosmarinzweig darauflegen und mit Lammfond begießen.
6. Zugedeckt weitere 45 Minuten schmoren. Die letzten 15 Minuten den Deckel abnehmen und die Hitze auf 200 °C erhöhen.
7. Die Lammschultern aus dem Topf nehmen, das Fleisch von den Knochen lösen und in Scheiben schneiden. Die Petersilie unter das Kartoffel-Möhren-Gemüse mischen und zum Fleisch reichen.

Pro Person:
Kalorien (kcal) 1200
Eiweiß (g) 53
Fett (g) 86
Kohlenhydrate (g) 40

Würzen Sie die Lammschultern anstelle von Thymian auch einmal mit frischem Majoran!

UNGARISCHES GULASCH

Bestellt man in Ungarn »gulyas«, so wird man wohl überrascht sein. Denn man bekommt eine Suppe aus Zwiebeln, Rindfleisch, Kartoffeln und reichlich Peperoni. Das, was wir als Gulasch bezeichnen, heißt in Ungarn »pörkölt« und wird mit der gleichen Menge Zwiebeln wie Fleisch zubereitet, damit eine sämige Sauce entsteht. Mehl hat in einem echten Pörkölt nichts zu suchen!

Für 4 Personen
Zubereitungszeit: 2 Stunden

- 800 g Rindfleisch aus dem Nacken
- Salz
- frisch gemahlener Pfeffer
- 800 g Zwiebeln
- 1 mittelgroße Kartoffel
- 4 EL Keimöl
- 1 EL Paprikapulver, edelsüß
- 1 TL Paprikapulver, rosenscharf
- 1/2 TL Kümmel
- 1 Stückchen getrocknete Pfefferschote
- 2 EL Tomatenmark
- 1/2 l Fleischbrühe

1. Das Fleisch waschen, trockentupfen und in etwa 3 cm große Würfel schneiden. Mit Salz und Pfeffer würzen.
2. Die Zwiebeln schälen, halbieren und in Scheiben schneiden. Die Kartoffel schälen und in winzige Würfel schneiden.
3. Das Öl erhitzen und die Zwiebeln darin unter Rühren glasig dünsten. Dann die Fleischwürfel dazugeben und mitbraten.
4. Mit Paprikapulver, Kümmel und der zerbröselten Pfefferschote würzen und die Kartoffelstückchen und das Tomatenmark darunterrühren.
5. Kurz andünsten, dann mit der Fleischbrühe aufgießen. Aufkochen lassen und zugedeckt bei schwacher Hitze etwa 1 1/2 Stunden schmoren, dabei gelegentlich umrühren.
6. Das Gulasch mit Salzkartoffeln, Nudeln oder frischem Weißbrot servieren.

Pro Person:
Kalorien (kcal) 485
Eiweiß (g) 43
Fett (g) 24
Kohlenhydrate (g) 19

• Ob und wieviel Pfefferschoten mitgeschmort werden, hängt davon ab, wie scharf das Gulasch werden soll!
• Wie bei allen Eintopfgerichten sollten Sie die Mengen großzügig abmessen. Denn aufgewärmt schmeckt auch Gulasch noch besser!
• Eine besondere Note erhält das Gulasch, wenn man 1 bis 2 Scheiben von einer unbehandelten Zitrone mitschmort.

Zutaten vorbereiten
Das Fleisch von Fett und Sehnen befreien, waschen und trockentupfen. In 3 cm große Würfel schneiden. Zwiebeln und Kartoffeln schälen. Die Zwiebeln halbieren und in dünne Scheiben, die Kartoffeln in winzige Würfel schneiden.

Zwiebeln andünsten
In einem Schmortopf das Öl erhitzen und die Zwiebeln darin unter Rühren glasig dünsten. Die Zwiebeln dürfen dabei keinesfalls zu braun werden, da sie sonst nicht mehr sämig zerkochen.

Fleisch anbraten
Die Fleischwürfel zu den Zwiebeln geben und miteinander unter Rühren anbraten. Zugedeckt bei mittlerer Hitze etwa 10 Minuten schmoren.

Würzen
Nun die Kartoffelwürfel, Paprikapulver, Kümmel und zerbröselte Pfefferschote hinzufügen und das Tomatenmark darunterrühren. Bei starker Hitze kurz andünsten. Dabei aufpassen, daß das Paprikapulver nicht bräunt. Es wird sonst bitter!

Aufgießen
Nach und nach mit Fleischbrühe aufgießen und einmal aufkochen lassen. Dann die Hitze reduzieren und das Gulasch bei schwacher Hitze 1 1/2 Stunden sanft köcheln lassen. Gelegentlich umrühren.

BŒUF BOURGUIGNON

RINDFLEISCHRAGOUT AUF BURGUNDER ART

Dies ist die französische, oder besser die burgundische Art, ein Gulasch zuzubereiten. Je gehaltvoller der Wein ist, umso besser wird das Bœuf bourguignon! Trinken Sie den Wein dazu, mit dem Sie das Ragout zubereitet haben.

Für 4 Personen
Marinierzeit: 24 Stunden
Zubereitungszeit: 2 1/2 Stunden

- 1 Zwiebel
- 4 Knoblauchzehen
- je 1 Rosmarin-, Thymian- und Majoranzweig
- 1 Lorbeerblatt
- 8 Pfefferkörner
- 3/4 l Rotwein (z. B. Beaujolais)
- 800 g Rindfleisch aus der Unterschale oder Blume
- 20 kleine Zwiebeln
- 100 g durchwachsener Speck
- 3 EL Keimöl
- 1 bis 2 EL Mehl, Salz
- 250 g Champignons
- 20 g Butter
- 2 cl Cognac
- 1 EL gehackte Petersilie

1. Die Zwiebel und 1 Knoblauchzehe schälen und halbieren. Mit Kräutern und Pfefferkörnern in eine Schüssel geben und mit Rotwein begießen.
2. Das Rindfleisch waschen, trockentupfen, in 3 cm große Würfel schneiden und in die Marinade legen.
3. Am nächsten Tag die kleinen Zwiebeln und die restlichen Knoblauchzehen schälen. Knoblauch und Speck in kleine Würfel schneiden.
4. Das Fleisch auf ein Sieb schütten und die Marinade auffangen. Das Fleisch trockentupfen.
5. Das Öl in einem Schmortopf erhitzen und die Speck- und Knoblauchwürfel darin glasig dünsten. Die Zwiebeln unzerkleinert dazugeben und goldgelb braten. Speck und Zwiebeln mit einem Schaumlöffel herausheben und das Fleisch im heißen Bratfett bei starker Hitze portionsweise anbraten.
6. Mit Mehl bestäuben und kurz rösten, dann die Zwiebeln, den Speck sowie die Kräuter aus der Marinade wieder hinzufügen. Mit der Marinade aufgießen, wenig salzen und aufkochen lassen. Zugedeckt bei schwacher Hitze mindestens 1 1/2 Stunden schmoren.
7. Die Champignons putzen, evtl. halbieren und in der erhitzten Butter kurz schwenken. 5 Minuten vor Ende der Garzeit unter das Ragout mischen.
8. Das Ragout mit Cognac verfeinern, noch einmal abschmecken und, falls nötig, etwas einkochen lassen. Mit frisch gehackter Petersilie bestreut servieren. Salzkartoffeln oder frisches Baguette dazu reichen.

Pro Person:
Kalorien (kcal) 830
Eiweiß (g) 41
Fett (g) 65
Kohlenhydrate (g) 8

Die angegebene Garzeit bei allen Schmorgerichten ist immer die Mindestgarzeit. Gart man die Gerichte etwas länger, wird das Aroma noch intensiver.

LAMMCURRY

Die indische Variante des Gulasch wird mit Lamm zubereitet und mit orientalischen Gewürzen abgeschmeckt. Am wichtigsten ist dabei Curry, eine indische Würzmischung aus mindestens 12 verschiedenen Gewürzen. In Indien hat jede Familie ihre eigene Mischung, bei uns ist die Auswahl jedoch nicht sehr groß. Das beste Angebot findet man in Asien-Läden.

Für 4 Personen
Zubereitungszeit: 1 Stunde

- 800 g Lammfleisch aus der Schulter
- Salz, frisch gemahlener Pfeffer
- 6 Tomaten
- 2 Zwiebeln
- 2 Knoblauchzehen
- 4 EL Keimöl
- 1 TL Pimentpulver
- 1 bis 2 EL mildes Curry
- 1/4 l Kalbsfond
- Saft von 1 Zitrone
- 2 EL Kokosraspeln

1. Das Lammfleisch waschen, trockentupfen und in 2 cm große Würfel schneiden. Mit Salz und Pfeffer würzen.
2. Die Tomaten kurz blanchieren, häuten und in Stücke schneiden. Die Zwiebeln und Knoblauchzehen schälen und in Würfel schneiden.
3. Das Öl in einem Schmortopf erhitzen und das Fleisch darin rundherum anbraten.
4. Zwiebeln dazugeben und glasig dünsten. Mit Piment und Curry würzen, dann die Tomatenstücke und den Knoblauch in den Topf geben und gut durchrühren.
5. Mit Kalbsfond aufgießen, aufkochen lassen und 25 bis 30 Minuten zugedeckt bei schwacher Hitze schmoren lassen.
6. Mit Zitronensaft und, falls nötig, mit Salz und Pfeffer abschmecken und zum Schluß die Kokosraspeln darunterrühren. Rasch aufkochen lassen und sofort servieren.

Pro Person:
Kalorien (kcal) 780
Eiweiß (g) 34
Fett (g) 64
Kohlenhydrate (g) 8

• Die Kokosraspeln verleihen dem Gericht nicht nur einen raffinierten Geschmack, sie sorgen auch für die nötige Bindung der Sauce.
• Vorsicht: Curry auf keinen Fall zu stark anrösten – er wird sonst bitter!

FRANZÖSISCHES PFEFFERSTEAK

Bei der Zubereitung von Steaks braucht man ein bißchen Fingerspitzengefühl. Wichtig sind aber vor allem eine gute Pfanne, die richtige Temperatur und natürlich gut abgehangenes Fleisch. Und mit den exakten Schritt-für-Schritt-Anweisungen in diesem Rezept gelingt's bestimmt!

Für 4 Personen
Zubereitungszeit:
ca. 20 Minuten

- je 1 EL schwarze und weiße Pfefferkörner
- 4 Pimentkörner
- 4 gut abgehangene Rinderfiletsteaks (à 200 g)
- 2 EL Keimöl
- Salz
- 4 cl Cognac
- 20 g Butter
- 1/4 l Sahne

1. Pfeffer- und Pimentkörner entweder im Mörser oder mit dem breiten Rücken eines Küchenmessers grob zerkleinern.
2. Die Pfeffermischung auf ein Brett streuen, die Steaks darauflegen und die Mischung mit der Hand gut festdrücken. Wenden und auch die zweite Seite mit einer Pfefferkruste versehen.
3. Öl in einer Pfanne erhitzen. Die Steaks in das heiße Fett geben und bei größter Hitze 1 Minute braten. Wenden und die zweite Seite ebenfalls 1 Minute braten.
4. Die Hitze reduzieren und die Fleischscheiben 2 bis 4 Minuten pro Seite braten, je nachdem, ob das Steak rot, rosa oder durch sein soll.
5. Die Steaks mit Salz bestreuen, aus der Pfanne nehmen und mit Alufolie umhüllen. Das Bratfett abgießen.
6. Die Temperatur erhöhen und den Bratenfond mit Cognac ablöschen. Die Butter in die Pfanne geben und unter Rühren die Sahne dazugießen. Die Sauce bei starker Hitze sämig einkochen lassen und mit Salz abschmecken.
7. Die Steaks auf einer Platte anrichten. Den entstandenen Fleischsaft unter die Sauce mischen und die Steaks damit überziehen. Mit Röstkartoffeln, Kartoffelkroketten oder Pommes frites servieren.

Pro Person:
Kalorien (kcal) 535
Eiweiß (g) 40
Fett (g) 38
Kohlenhydrate (g) 2

• Beschichtete Pfannen sind zum Steakbraten weniger geeignet. Am besten sind schwere Pfannen aus Gußeisen, Eisen oder Edelstahl. Der Boden muß unbedingt plan sein, damit eine gleichmäßige Hitzeverteilung gewährleistet ist. Der Bodendurchmesser der Pfanne muß mit dem der Kochplatte übereinstimmen.
• Wenn die Sauce etwas kalorienärmer sein soll, verwenden Sie nur die Hälfte der Sahne und binden die Sauce mit Fix-Soßenbinder binden.

Körner zerstoßen
Beide Pfeffersorten sowie die Pimentkörner in einen Mörser geben und grob zerstoßen oder mit Hilfe eines breiten Messerrückens zerdrücken. Die Mischung auf ein Brett streuen, die Steaks darin wenden und festdrücken.

Steaks anbraten
Das Öl in einer schweren Pfanne stark erhitzen. Die Steaks hineinlegen und 1 Minute braten. Vorsichtig mit einem Pfannenheber wenden und auch die andere Seite 1 Minute braten.

Steaks fertigbraten
Die Hitze auf mittlere Temperatur zurückschalten und die Filetsteaks je nach gewünschter Art 2 bis 4 Minuten braten. Dabei einmal vorsichtig wenden, anschließend salzen.

Steaks ruhen lassen
Die Steaks aus der Pfanne nehmen und mit einem großen Stück Alufolie umhüllen. Das Bratfett abgießen. Die Temperatur wieder auf höchste Stufe schalten.

Sauce zubereiten
Den Bratenfond mit Cognac ablöschen. Die Butter in die Pfanne geben, aufschäumen lassen und unter Rühren mit einem Kochlöffel die Sahne dazugießen. Die Sauce sämig einkochen lassen und mit Salz abschmecken.

ENTRECOTE PROVENÇALE

Für 4 Personen
Zubereitungszeit: 15 Minuten

- 2 Knoblauchzehen
- 1 TL gerebelter Thymian
- Salz, frisch gemahlener Pfeffer
- 4 Entrecôtes (à 200 g)
- 3 EL Olivenöl
- 1/8 l trockener Weißwein
- 1/8 l Fleischbrühe
- 2 feingehackte Sardellen
- 20 schwarze entsteinte Oliven
- 40 g eiskalte Butter
- 1 Thymianzweig

1. Knoblauch schälen und zerdrücken. Mit Thymian, Salz und Pfeffer vermischen und die Entrecôtes damit einreiben.

2. Das Öl erhitzen und die Entrecôtes, wie auf Seite 313 beschrieben, braten. Dann mit Alufolie umhüllen.

3. Das Bratfett abgießen. Mit dem Weißwein und der Brühe aufgießen und die Sardellen dazugeben. Auf die Hälfte einkochen lassen.

4. Die grobgehackten Oliven in der Sauce erwärmen. Die Sauce mit Butterflöckchen binden und mit Thymianblättchen bestreut servieren.

Pro Person:
Kalorien (kcal) 545
Eiweiß (g) 42
Fett (g) 38
Kohlenhydrate (g) 0

RUMPSTEAK MIT ROTWEINZWIEBELN

Für 4 Personen
Zubereitungszeit: 30 Minuten

- 12 Schalotten
- 400 ml kräftiger Rotwein
- 2 EL Aceto Balsamico
- 2 EL Keimöl
- 4 Rumpsteaks (à 200 g)
- Salz
- frisch gemahlener Pfeffer
- 20 g eiskalte Butter

1. Die Schalotten schälen, halbieren und der Länge nach in schmale Spalten schneiden. Mit Rotwein und Essig in einen Topf geben und bei starker Hitze so lange kochen lassen, bis die Flüssigkeit fast verdampft ist.

2. Das Öl in einer schweren Pfanne erhitzen und die gewürzten Steaks darin, wie auf Seite 313 beschrieben, braten. Aus der Pfanne nehmen und mit Alufolie umhüllen.

3. Die Rotweinschalotten im Bratenfond schwenken, Butterflöckchen darunterrühren und auf den Steaks anrichten.

Pro Person:
Kalorien (kcal) 475
Eiweiß (g) 42
Fett (g) 30
Kohlenhydrate (g) 3

FILET MIGNON MIT DATTELN

Für 4 Personen
Zubereitungszeit: 25 Minuten

8 frische Datteln
8 Scheiben Rinderfilet von
der Filetspitze (à 90 g)
Salz, frisch gemahlener Pfeffer
2 EL Keimöl
8 Scheiben Camembert, mit
Edelpilzkäse durchzogen, z. B.
Bavariablu oder Cambozola
5 EL Madeira
5 EL Fleischbrühe

1. Die Datteln schälen, halbieren und entkernen.
2. Die Fleischscheiben mit Salz und Pfeffer würzen und in dem heißen Öl pro Seite 1 bis 2 Minuten braten. Die Dattelhälften dazugeben und kurz mitbraten.
3. Dann jeweils zwei Dattelhälften auf eine Fleischscheibe legen und mit je 1 Scheibe Käse bedecken. Die Pfanne mit dem Deckel verschließen und den Käse in ca. 1 Minute schmelzen lassen.
4. Die Steaks auf eine vorgewärmte Platte legen, den Bratenfond mit Madeira und Brühe ablöschen, kurz durchkochen lassen und um die Steaks gießen.

Pro Person:
Kalorien (kcal) 390
Eiweiß (g) 39
Fett (g) 20
Kohlenhydrate (g) 8

T-BONE-STEAK MIT PILZEN

Für 4 Personen
Zubereitungszeit: 40 Minuten

1 Zwiebel
400 g Shiitake-Pilze
2 T-Bone-Steaks (à 500 g)
Salz
frisch gemahlener Pfeffer
2 EL Keimöl
50 g Rindermark
1 EL Dijon-Senf
4 cl Cognac
100 ml Sahne
2 EL gehackte Petersilie

1. Die Zwiebel schälen und in Würfel, die geputzten Pilze in Scheiben schneiden.
2. T-Bone-Steaks mit Salz und Pfeffer würzen und im heißen Öl bei höchster Hitze pro Seite 2 Minuten anbraten. Die Hitze reduzieren und in 6 bis 8 Minuten fertigbraten. Dann mit Alufolie umhüllen.
3. Währenddessen in einer zweiten Pfanne das in Stücke geschnittene Mark zerlassen und Zwiebelwürfel und Pilze darin dünsten. Mit Salz und Pfeffer würzen.
4. Das Bratfett von den Steaks abgießen. Die Pilzmischung sowie Senf, Cognac und Sahne in den Bratenfond geben und kurz durchkochen lassen. Petersilie daruntermischen und auf die T-Bone-Steaks geben.

Pro Person:
Kalorien (kcal) 720
Eiweiß (g) 45
Fett (g) 53
Kohlenhydrate (g) 6

ZWIEBELROSTBRATEN

Eigentlich entstammt der Zwiebelrostbraten der Wiener Küche. Allerdings hat er sich auch in Deutschland zu einem echten Klassiker entwickelt und darf auf keiner gutbürgerlichen Speisekarte mehr fehlen. Probieren Sie ihn aber doch auch selbst einmal aus!

Für 4 Personen
Zubereitungszeit: 45 Minuten

- 5 große Zwiebeln
- 4 Entrecôtes (à 180 g)
- Salz
- frisch gemahlener Pfeffer
- 80 g Butterschmalz
- 3 EL Keimöl
- 1 EL Mehl
- 1/4 l Fleischbrühe

1. Die Zwiebeln schälen, eine Zwiebel in kleine Würfel, die übrigen in feine Ringe schneiden. Am besten geht es mit einem Gurkenhobel.
2. Die Entrecôtes mit Salz und Pfeffer würzen.
3. Das Butterschmalz in einer Pfanne erhitzen und die Zwiebelringe darin unter gelegentlichem Wenden goldbraun braten.
4. Das Öl in einer schweren Pfanne erhitzen und die Entrecôtes bei starker Hitze 2 Minuten pro Seite scharf anbraten. Die Hitze reduzieren und weitere 3 bis 4 Minuten pro Seite braten. Das Fleisch aus der Pfanne nehmen und mit Alufolie umhüllen.
5. Die Zwiebelwürfel in das Bratfett geben, mit Mehl bestäuben und goldbraun anrösten. Mit Fleischbrühe begießen und bei starker Hitze sämig einkochen lassen. Mit Salz und Pfeffer herzhaft abschmecken.
6. Die gebratenen Zwiebelringe aus der Pfanne nehmen und auf einem Küchenpapier abtropfen lassen.
7. Die Entrecôtes auf einer vorgewärmten Platte anrichten. Mit der Sauce begießen und mit den goldbraunen Zwiebelringen bedecken.
8. Servieren sie dazu Röstkartoffeln oder Pommes frites und grünen Salat.

Pro Person:
Kalorien (kcal) 625
Eiweiß (g) 39
Fett (g) 46
Kohlenhydrate (g) 6

• Man kann die Zwiebelringe auch in einer Friteuse goldbraun braten.
• Noch knuspriger werden die Zwiebeln, wenn man sie kurz vor dem Braten mit Mehl bestäubt.

SCHWEINERÜCKENSTEAK MIT SONNENBLUMENKRUSTE

Die Sonnenblumenkerne verfeinern mit ihrem mild-nussigen Aroma, das durch das Rösten in der Pfanne noch verstärkt wird, den Geschmack des Steaks und geben diesem noch dazu einen knackigen Biß. Vielleicht etwas ungewöhnlich, dennoch am besten einfach ausprobieren. Sie werden überrascht sein!

Für 4 Personen
Zubereitungszeit: 30 Minuten

- 4 Schweinerückensteaks (à 150 g)
- Salz
- frisch gemahlener Pfeffer
- 4 EL Sonnenblumenkerne
- 80 g Butter
- 2 Eigelb
- 1 EL Paniermehl
- 2 EL gehackte Petersilie
- frisch geriebene Muskatnuß
- 2 EL Keimöl

1. Die Schweinerückensteaks waschen, trockentupfen und mit Salz und Pfeffer einreiben.
2. Die Sonnenblumenkerne in einer Pfanne ohne Zugabe von Fett rösten, abkühlen lassen und hacken.
3. Die weiche Butter mit den Eigelb verrühren. Sonnenblumenkerne, Paniermehl und Petersilie darunterrühren und mit Salz, Pfeffer und geriebener Muskatnuß herzhaft würzen. Die Creme muß weich und geschmeidig sein. Bei Bedarf noch etwas Paniermehl darunterrühren.
4. Den Grill vorheizen und in einer schweren Pfanne das Öl erhitzen. Die Steaks 3 bis 4 Minuten pro Seite bei mittlerer Hitze anbraten. Dann auf eine feuerfeste Platte legen und mit der Sonnenblumenpaste bestreichen.
5. Unter den Grill schieben und etwa 3 bis 4 Minuten gratinieren. Sofort servieren! Als Beilage Gemüse der Saison reichen.

Pro Person:
Kalorien (kcal) 650
Eiweiß (g) 33
Fett (g) 53
Kohlenhydrate (g) 3

• Die Steaks aus dem ausgelösten Kotelettstück sollen zwar durchgebraten sein, dürfen aber keinesfalls zu lange in der Pfanne bleiben, da das Fleisch sonst trocken und faserig wird.
• Die Sonnenblumenfarce schmeckt auch gut mit kurz gebratenen Lammkoteletts oder Kalbssteaks.

CORDON BLEU

Bedeutende Persönlichkeiten erhielten vom Orden von Saint Esprit (»Heiliger Geist«), gestiftet 1578 vom französischen König Heinrich III, als Auszeichnung für bemerkenswerte Taten das »Blaue Band«, den »Cordon bleu«. Darunter waren auch einige große Köche. Einer von ihnen schuf für diesen Anlaß das gefüllte Kalbsschnitzel, das dann als Erinnerung nach dem Orden benannt wurde!

Für 4 Personen
Zubereitungszeit: 25 Minuten

- 4 Kalbsschnitzel (à 180 g)
- Salz
- frisch gemahlener Pfeffer
- 4 Scheiben Emmentaler Käse
- 4 Scheiben Kochschinken
- 1 bis 3 EL Mehl
- 2 Eier
- etwa 100 g Paniermehl
- 80 g Butter oder 4 EL Keimöl
- 1 Zitrone

1. In die Kalbsschnitzel am besten gleich vom Metzger eine Tasche schneiden lassen. Die Fleischscheiben waschen, trockentupfen und innen und außen sparsam mit Salz und Pfeffer würzen.
2. Mit je 1 Käse- und Schinkenscheibe füllen und die Öffnungen mit einem Zahnstocher zustecken.
3. Die gefüllten Schnitzel zuerst in Mehl, dann in den verquirlten Eiern und zum Schluß in Paniermehl wenden. Die Panade gut festdrücken.
4. Die Butter oder das Öl in einer großen oder zwei kleineren Pfannen erhitzen und die Schnitzel bei mittlerer Hitze pro Seite 5 bis 6 Minuten braten. Zwischendurch immer wieder wenden.
5. Mit Zitronenvierteln und jungem Gemüse nach Saison servieren.

Pro Person:
Kalorien (kcal) 550
Eiweiß (g) 51
Fett (g) 29
Kohlenhydrate (g) 15

Nachfolgend weitere Füllungen ganz unterschiedlicher Art:
- roher Schinken
- alter Gouda-Käse
- Mozzarella
- Sardellen und Kapern
- Kräuter
- gebratene Pilze
- und natürlich Füllungen nach eigener Phantasie!

PICCATA MILANESE

Dieses Gericht kombiniert alles, was kleine und große Kinder gerne mögen: panierte Schnitzel, Spaghetti und natürlich Tomatensauce!

Für 4 Personen
Zubereitungszeit: 40 Minuten

- 800 g vollreife Tomaten
- 2 EL Olivenöl
- 1 Zwiebel
- 2 Knoblauchzehen
- 1 Thymyianzweig
- 1 Lorbeerblatt
- 1/8 l Fleischbrühe
- Salz
- frisch gemahlener Pfeffer
- 8 Kalbsschnitzel (à 70 g)
- 100 g frisch geriebener Parmesan
- etwa 60 g Paniermehl
- 2 Eier
- 300 g Spaghetti
- 80 g Butter oder 4 EL Keimöl
- 1/2 Bund Basilikum

1. Die Tomaten kurz blanchieren, häuten und in Stücke schneiden. Öl erhitzen und die in Würfel geschnittene Zwiebel und die Knoblauchzehen darin glasig dünsten. Tomatenstücke und Kräuter dazugeben, mit Brühe aufgießen und Salz und Pfeffer würzen. Bei mittlerer Hitze etwas einkochen lassen.
2. Die Kalbsschnitzel mit der platten Seite des Fleischklopfers flachklopfen und mit Salz und Pfeffer würzen.
3. 50 g Parmesan mit dem Paniermehl vermischen. Die Schnitzel erst durch die verquirlten Eiern, dann durch die Parmesanmischung ziehen. Die Panade gut festdrücken.
4. 3 Liter Salzwasser zum Kochen bringen und die Spaghetti darin nach Packungsanweisung »al dente« kochen.
5. Inzwischen die Butter oder das Öl in zwei Pfannen erhitzen und die Schnitzel bei mittlerer Temperatur 2 bis 3 Minuten pro Seite braten.
6. Die Spaghetti auf einen Durchschlag schütten, abtropfen lassen und auf 4 Teller verteilen. Jeweils 2 Schnitzel und etwas Tomatensauce darauf anrichten, mit Basilikumblättchen garnieren. Den restlichen Parmesan getrennt dazu servieren.

Pro Person:
Kalorien (kcal) 840
Eiweiß (g) 54
Fett (g) 35
Kohlenhydrate (g) 71

Wenn es schnell gehen soll, kann man auch auf Tomatenstücke aus der Packung zurückgreifen.

KLEINE KALBSSCHNITZEL MIT GORGONZOLACREME

Diese kleinen Schnitzel werden nicht nur in der Heimat des Gorgonzolas gerne gegessen. Auch bei uns kommt das abwechslungsreiche Schnellgericht immer öfter auf den Tisch. Besonders in den heißen Sommermonaten oder nach einer üppigen Vorspeise ist ein kleines Hauptgericht genau das Richtige.

Für 4 Personen
Zubereitungszeit: 10 Minuten

- 8 kleine, dünn geschnittene Kalbsschnitzel aus der Blume (à 70 g)
- Salz
- frisch gemahlener Pfeffer
- 1/8 l Sahne
- 150 g Gorgonzola
- 1 EL Olivenöl
- 20 g Butter
- 2 cl Grappa

1. Die Kalbsschnitzel mit der platten Seite eines Fleischklopfers vorsichtig klopfen. Mit Salz und Pfeffer würzen.
2. Die Sahne und den in Stücke zerteilten Gorgonzola mit einem Pürierstab oder im Mixer fein pürieren.
3. Das Öl und die Butter in einer großen Pfanne erhitzen und die Schnitzel darin bei mittlerer Temperatur etwa 2 Minuten pro Seite braten. Aus der Pfanne nehmen und mit Alufolie umhüllen.
4. Das Bratfett abgießen und die Temperatur auf höchste Stufe schalten. Den Bratenfond mit Grappa ablöschen und einkochen lassen. Dann mit der Gorgonzola-Sahne aufgießen und in wenigen Minuten sämig einkochen lassen.
5. Die Schnitzel mit der Gorgonzolacreme überziehen. Mit Tagliatelle, einem kleinen Salat oder Weißbrot servieren.

Pro Person:
Kalorien (kcal) 420
Eiweiß (g) 37
Fett (g) 27
Kohlenhydrate (g) 1

• Wer es würziger liebt, nimmt anstelle des Gorgonzolas den etwas kräftigeren Roquefort. Zum Ablöschen verwendet man dann Amontillado-Sherry (medium) oder auch Madeira.
• Man kann selbstverständlich auch kleine, dünne Schweineschnitzel auf diese Weise zubereiten.
• Auf jeden Fall sollte man aber auf gute Fleischqualität achten!

1

2

3

1. Kalbsschnitzel mit Zitronensauce

8 kleine, dünn geschnittene Kalbsschnitzel aus der Blume (à 70 g) mit Salz und Pfeffer würzen und in Mehl wenden. Das überschüssige Mehl abklopfen. 1 EL Olivenöl und 20 g Butter in einer Pfanne erhitzen und die Fleischscheiben darin bei mittlerer Hitze ca. 2 Minuten pro Seite braten. Aus der Pfanne nehmen und mit Alufolie umhüllen. Den Bratenfond mit dem Saft von 1 Zitrone und 2 cl Noilly Prat ablöschen und kurz durchkochen lassen. 1/2 Bund Petersilie fein hacken und mit 2 EL kleinen Kapern daruntermischen und über den Schnitzeln verteilen. Mit Zitronenscheiben garnieren.

2. Kalbsschnitzel mit Salbei und Marsala

8 kleine, dünn geschnittene Kalbsschnitzel aus der Blume (à 70 g) mit Salz und Pfeffer würzen. Jedes Schnitzel mit 1 großen oder 2 kleinen Salbeiblättern belegen und mit 1/2 hauchdünn geschnittenen Scheibe Parmaschinken bedecken. Mit einem Zahnstocher feststecken. 2 EL Olivenöl und 20 g Butter erhitzen und die Schnitzel darin ca. 2 Minuten bei mittlerer Hitze braten. Aus der Pfanne nehmen und warm stellen. Das Bratfett abgießen und den Bratenfond mit 5 cl Marsala ablöschen. Aufkochen lassen und 30 g Butter darin schmelzen lassen. Die Fleischscheiben damit überziehen.

3. Schweineschnitzel mit Fenchelsamen

8 dünn geschnittene Schweineschnitzel aus der Oberschale (à 70 g) mit Salz und Pfeffer würzen und in Mehl wenden. Das überschüssige Mehl abklopfen. 1 EL Keimöl und 20 g Butter erhitzen und die Fleischscheiben bei mittlerer Hitze 2 bis 3 Minuten pro Seite anbraten. Aus der Pfanne nehmen und mit Alufolie umhüllen. Das Bratfett abgießen, 2 Msp Fenchelsamen in die Pfanne geben und mit 1/8 l trockenem Weißwein aufgießen. Etwas einkochen und 30 g Butter darin schmelzen lassen. Die Schnitzel damit überziehen und mit Petersilienblättchen bestreuen.

ZÜRCHER GESCHNETZELTES

Das in feine Streifen geschnittene Kalbfleisch mit der Sahnesauce ist weit über die Grenzen der Schweiz hinaus bekannt. Obwohl im ursprünglichen Rezept unter den Zutaten keine Pilze zu finden sind, wird das Zürcher Geschnetzelte fast überall mit Champignons zubereitet. Als Beilage werden traditionell Rösti serviert, körnig gekochter Reis harmoniert aber auch gut damit.

Für 4 Personen
Zubereitungszeit: 40 Minuten

- 4 Kalbsschnitzel (à 150 g)
- Salz
- frisch gemahlener Pfeffer
- 500 g Champignons
- 4 Schalotten
- 2 EL Keimöl
- 40 g Butter
- 1/8 l trockener Weißwein
- 1/8 l Fleischbrühe
- 200 ml Sahne
- 1 bis 2 EL Fix-Soßenbinder
- 1/2 Bund Petersilie

1. Das Fleisch quer zur Faser in etwa 1 cm breite Streifen schneiden. Mit Salz und Pfeffer würzen.
2. Die Champignons putzen, nur falls nötig waschen und in dünne Scheiben schneiden. Die Schalotten schälen und in kleine Würfel schneiden.
3. Das Öl und 20 g Butter erhitzen und die Fleischstreifen bei starker Hitze unter ständigem Rühren 3 bis 4 Minuten anbraten. Dann mit einem Schaumlöffel aus der Pfanne heben und warm halten.
4. Die restliche Butter in der Pfanne zerlassen und erst die Schalottenwürfel darin glasig dünsten, dann die Pilze dazugeben und unter Rühren bei starker Hitze goldbraun braten. Mit Salz und Pfeffer würzen und zum Fleisch geben.
5. Das Bratfett abgießen und den Bratenfond mit Wein ablöschen. Aufkochen lassen, mit Brühe und Sahne aufgießen und bei starker Hitze einige Minuten kochen lassen. Entweder mit Fix-Soßenbinder binden oder so lange einkochen lassen, bis die Sauce sämig ist.
6. Fleisch und Pilze daruntermischen und in der Sauce erwärmen. Zum Schluß mit frisch gehackter Petersilie bestreuen.

Pro Person:
Kalorien (kcal) 405
Eiweiß (g) 36
Fett (g) 25
Kohlenhydrate (g) 4

• Das Fleisch darf in der Sauce nicht mehr kochen, da es sonst zäh wird.
• Anstelle der Champignons können Sie auch Shiitake-Pilze oder Steinpilze verwenden. Das entspricht zwar nicht dem Originalrezept, schmeckt aber köstlich!

BŒUF STROGANOFF

Zu Ehren des Grafen Stroganow, dessen Verdienst es war, daß Sibirien erschlossen wurde, erfand man das nachfolgende Gericht und benannte es nach ihm. »Bœuf Stroganoff« wird aus gebratenen Rinderfiletstreifen und Zwiebeln zubereitet, die mit einer Sauce aus Senf und saurer Sahne gekrönt werden. Wie bei fast allen berühmten Rezepten gibt es auch davon diverse Abwandlungen. Hier ist eine Version mit Pilzen und Essiggurken.

Für 4 Personen
Zubereitungszeit: 30 Minuten

- 2 große Zwiebeln
- 250 g Champignons
- 2 mittelgroße Essiggurken
- 600 g Rinderfiletspitzen
- Salz
- frisch gemahlener Pfeffer
- 3 EL Keimöl
- 20 g Butter
- 1 EL Mehl
- 200 ml Fleischbrühe
- 100 g saure Sahne
- 100 g Crème fraîche
- 1 EL Dijon-Senf
- Saft von 1/2 Zitrone

1. Die Zwiebeln schälen und in kleine Würfel schneiden. Die Pilze putzen, nur falls nötig waschen und in dünne Scheiben, die Essiggurken erst der Länge nach in dünne Scheiben, dann in feine Streifen schneiden. Das Fleisch erst in 1 cm dicke Scheiben, dann in 1 cm breite Streifen schneiden. Mit Salz und Pfeffer würzen.

2. Das Öl erhitzen und die Fleischstreifen portionsweise bei starker Hitze etwa 2 bis 3 Minuten anbraten. Das Fleisch aus der Pfanne nehmen und wam halten.

3. Das Bratfett abgießen. Die Butter in die Pfanne geben und Zwiebeln und Pilze darin andünsten. Mit dem Mehl bestäuben und kurz anschwitzen. Mit Brühe aufgießen, aufkochen lassen und die saure Sahne und Crème fraîche hinzufügen. Bei starker Hitze unter Rühren sämig einkochen lassen.

4. Zum Schluß das Fleisch, den Senf und die Essiggurken daruntermischen und mit dem Zitronensaft und gegebenenfalls nochmals mit Salz und Pfeffer herzhaft abschmecken.

Pro Person:
Kalorien (kcal) 390
Eiweiß (g) 34
Fett (g) 24
Kohlenhydrate (g) 6

• Wer mehr Sauce möchte, läßt sie nicht so lange einkochen und bindet sie mit Fix-Soßenbinder.
• Senf sollte man nicht zu lange mitkochen lassen, da er dabei sein feines Aroma verliert!

TOSKANISCHER SCHWEINEBRATEN

Der Schweinebraten ist in vielen Ländern der Welt zu Hause, nicht nur in Bayern, wie manch einer vielleicht meinen möchte. Natürlich wird er überall anders gewürzt und auch zubereitet. Wichtig ist jedoch immer die Fleischqualität, da der Braten sonst sehr schnell trocken und faserig wird.

Für 4 Personen
Zubereitungszeit:
1 Stunde 40 Minuten

- 1 kg Schweinekotelett am Stück (mit Knochen)
- 1 Zwiebel
- 2 bis 3 Knoblauchzehen
- 1 Bund glatte Petersilie
- 1/2 Bund Basilikum
- 2 Oreganozweige
- 3 Thymianzweige
- 1 Rosmarinzweig
- 4 Salbeiblätter
- 2 EL Olivenöl
- Salz
- frisch gemahlener Pfeffer
- 6 dünn geschnittene Scheiben frischer Schweinebauch
- 1/4 l trockener Weißwein

1. Das Fleischstück am besten beim Metzger vom Knochen lösen lassen, die Knochen mitnehmen.
2. Die Zwiebel und den Knoblauch schälen und in winzige Würfel schneiden. Die Kräuter fein hacken und mit Zwiebel und Knoblauch vermischen. Das Öl darunterrühren.
3. Den Backofen auf 200 °C vorheizen.
4. Das Kotelettstück mit Salz und Pfeffer einreiben und mit der Kräutermischung bestreichen. Das Fleischstück auf die Knochen legen und der Länge nach mit den Schweinebauchscheiben belegen. Mit einem Küchengarn wie einen Rollbraten binden (siehe Seite 292).
5. Auf einen Rost legen, ein tiefes Blech darunterschieben und den Braten auf der unteren Schiene des Backofens etwa 30 Minuten braten lassen. Mit Weißwein begießen, die Temperatur auf 160 °C reduzieren und in etwa 1 Stunde fertiggaren.
6. Das Fleisch kurz ruhen lassen, in Scheiben schneiden und mit dem Bratensaft begießen. Das Fleisch nicht zu lange braten, da es sonst trocken und faserig wird.

Pro Person:
Kalorien (kcal) 625
Eiweiß (g) 50
Fett (g) 43
Kohlenhydrate (g) 0

• Die Auswahl der Kräuter ist Ihrem Geschmack überlassen. Wichtig ist vor allem, daß sie frisch gehackt werden!
• Der Braten schmeckt auch kalt sehr gut und ist daher ideal für ein kaltes Büfett!

1

2

3

1. Bayerischer Schweinebraten
Bei 1 kg Schweineschulter mit Schwarte die Hautseite mit einem sehr scharfen Messer rautenförmig einschneiden. Das Fleisch mit Salz und Pfeffer einreiben und mit der Hautseite nach unten in eine Bratreine legen. 200 g Schweineknochen, 2 geschälte und in Stücke geschnittene Zwiebeln sowie 1 geputzte Möhre dazugeben. Mit 1 EL Kümmel bestreuen und 1/8 l Wasser begießen. Auf die untere Schiene des Backofens stellen und bei 200 °C ca. 30 Minuten braten. Den Braten wenden, die Temperatur auf 180 °C reduzieren und weitere 1 1/2 Stunden braten. Zwischendurch mit Bratenfond und 1/4 l Wasser begießen. 30 Minuten vor Ende der Garzeit 1/8 l dunkles Bier mit 1 EL mittelscharfem Senf verquirlen und die Kruste damit bestreichen.
Das Fleisch aus der Reine nehmen und kurz ruhen lassen. Den Bratenfond mit dem Gemüse durch ein Sieb streichen. Falls die Haut noch nicht richtig knusprig ist, den Braten mit der Hautseite nach oben kurz unter den Grill legen.

2. Andalusischer Braten mit Sherry-Orangen-Sauce
800 g Schweinehals mit Salz und Pfeffer einreiben. 1 EL Rosmarinnadeln und 1 EL Thymianblätter hacken und mit der abgeriebenen Schale von 1 unbehandelten Orange, 2 cl Amontillado-Sherry (medium) und 2 EL Olivenöl verrühren. Das Fleisch damit einstreichen und zugedeckt über Nacht marinieren. Am nächsten Tag in 3 EL erhitztem Olivenöl anbraten, mit dem Saft von einer Orange und 4 cl Fino-Sherry aufgießen und im vorgeheizten Backofen bei 180 °C etwa 1 Stunde braten. Dabei mit Bratenfond und 1/4 l Fleischbrühe begießen. In einer Pfanne 30 g Butter, 30 g Zucker und den Saft von 1/2 Orange sirupartig einkochen lassen. 1 unbehandelte Orange in Scheiben schneiden und in dem Sirup einige Minuten erhitzen. Das Fleisch in Scheiben schneiden und mit den Orangenscheiben anrichten. Den Bratenfond etwas einkochen lassen und das Fleisch damit überziehen.

3. Balkanbraten mit Pefferschoten
800 g Schweinefleisch aus der Keule (ohne Haut und Knochen) mit Salz und Pfeffer würzen. Von 4 milden Pfefferschoten die Stielenden und die Kerne entfernen und in Stifte schneiden. Mit einem spitzen Messer tief in das Fleisch einstechen und die Pefferschotenstifte hineinstecken. Mit 2 zerdrückten Knoblauchzehen einreiben. Dann mit 150 g durchwachsenen Speckscheiben umwickeln und diese mit Küchengarn festbinden. In 30 g erhitztem Butterschmalz anbraten, mit 1/8 l Wasser begießen und 30 bis 40 Minuten bei 180 °C auf der unteren Schiene des Backofens braten. Zwischendurch mit Bratenfond begießen. 2 Bund Suppengrün in kleine Würfel schneiden. Nach der Hälfte der Garzeit zusammen mit 1/2 TL Tomatenmark, 1 Thymian- und 1 Rosmarinzweig zum Fleisch geben und mit 1/4 l trockenem Weißwein aufgießen und fertigbraten.
Aus der Reine nehmen, kurz ruhen lassen und den Bratenfond durch ein Sieb streichen. Falls nötig, mit Fix-Soßenbinder andicken.

ENGLISCHES ROASTBEEF IM SALZMANTEL

In kaum einem Land der Welt gibt es so wunderschöne und stilvolle Restaurants wie in Großbritannien. Genau der richtige Rahmen, um ein herrlich saftiges englisches Roastbeef aus dem Fleisch der schottischen Hochlandrinder zu genießen. In England wird der Rinderrücken meistens mit dem Knochen gebraten, erst kurz vor dem Servieren ausgelöst und traditionell mit Yorkshire Pudding – das ist in kleinen Förmchen im Backofen knusprig gebackener Pfannkuchenteig – serviert.

Für 6 Personen
Zubereitungszeit: 1 1/2 Stunden

300 g Mehl
200 g grobkörniges Salz
Wasser
1,5 kg gut abgehangenes Roastbeef
frisch gemahlener Pfeffer
1 Knoblauchzehe
2 Thymianzweige
2 Rosmarinzweige
2 EL Keimöl

1. Mehl und Salz in einer Schüssel vermischen und so viel kaltes Wasser darunterrühren, bis ein zäher Teig entstanden ist. Zugedeckt 15 Minuten ruhen lassen.
2. Inzwischen das Roastbeef mit Pfeffer und der zerdrückten Knoblauchzehe einreiben und die Kräuterzweige auf das Fleischstück legen. Den Backofen auf 250 °C vorheizen.
3. Den Salzteig auf einer bemehlten Arbeitsplatte so groß ausrollen, daß das Fleisch damit umhüllt werden kann. Das Fleischstück in die Mitte legen und die Teigenden über dem Braten verschließen. Gut zusammendrücken und die Teigdecke mit einer Gabel mehrmals einstechen, damit der Dampf entweichen kann.
4. Den Braten auf das mit Öl bestrichene, tiefe Backblech legen und auf der mittleren Schiene des Backofens 40 Minuten braten. Dann die Hitze auf 180 °C reduzieren und weitere 20 Minuten braten.
5. Das Roastbeef aus dem Ofen nehmen und einige Minuten ruhen lassen, damit sich der Fleischsaft verteilen kann.
6. Am besten erst bei Tisch die goldbraune Salzkruste aufbrechen, das rosa gebratene Roastbeef herausholen und in Scheiben schneiden.

Pro Person:
Kalorien (kcal) 500
Eiweiß (g) 51
Fett (g) 29
Kohlenhydrate (g) 0

Wie lange man das Fleisch im Ofen lassen muß, richtet sich nach dem gewünschten Bratergebnis. Ohne den Salzmantel rechnet man bei einer Anfangstemperatur von 220 °C pro 1 kg Fleisch ca. 40 Minuten für ein noch blutiges Roastbeef. Bis zu 50 Minuten muß man veranschlagen, wenn es rosa sein soll und nach etwa 60 Minuten ist das Fleisch durchgebraten. Die Temperatur sollte nach etwa der Hälfte der Garzeit unbedingt auf 180 °C zurückgeschaltet werden!

KASSELERBRATEN MIT SÜSS-SCHARFER KRUSTE

Kasseler nennt man das gepökelte und geräucherte Kotelettstück vom Schwein. Es wird roh oder bereits gekocht angeboten. Das nachfolgende Gericht wird mit rohem Kasseler zubereitet.

Für 4 Personen
Zubereitungszeit: 1 1/2 Stunden

- 4 Schalotten
- 2 EL Keimöl
- 1 kg rohes Kasseler (mit Knochen)
- 1/8 l kräftiger Weißwein (z. B. Gewürztraminer)
- 3 EL Orangenmarmelade
- 1 EL scharfer Senf
- 1 TL frisch geriebene Ingwerwurzel
- frisch gemahlener Pfeffer
- Cayennepfeffer
- je 1 Msp Piment- und Korianderpulver
- 100 g Pinienkerne
- 100 ml Fleischbrühe
- 1/8 l Sahne, Salz

1. Den Backofen auf 200 °C vorheizen. Die Schalotten schälen und halbieren. Das Öl in einem Bräter erhitzen und das Kasseler rundherum scharf anbraten.
2. Die Schalotten dazugeben und kurz mitbraten. Mit Weißwein aufgießen und auf der mittleren Schiene des Backofens 15 Minuten braten.
3. Die Orangenmarmelade mit Senf und den Gewürzen verrühren und mit einem Drittel davon das Fleisch bestreichen. Weitere 30 Minuten braten lassen, dabei das Fleisch immer wieder mit Bratenfond begießen.
4. Die Temperatur auf 220 °C erhöhen. Die Pinienkerne grob hacken, unter die restliche Marmeladenmischung rühren und die Oberseite des Kasselers gleichmäßig damit bestreichen. In weiteren 15 Minuten goldbraun und knusprig braten lassen.
5. Das Fleisch aus dem Bräter nehmen. Den Bratenfond mit Brühe und Sahne aufgießen und so lange bei starker Hitze kochen lassen, bis die Sauce sämig ist. Mit Pfeffer und, falls nötig, mit Salz abschmecken.
6. Das Fleisch vorsichtig vom Knochen lösen und in Scheiben schneiden. Mit jungem zarten Gemüse und Kartoffelplätzchen servieren.

Pro Person:
Kalorien (kcal) 845
Eiweiß (g) 53
Fett (g) 61
Kohlenhydrate (g) 9

• Bereitet man das Gericht aus gekochtem Kasseler zu, verringert sich die Garzeit um die Hälfte.
• Wenn Sie wenig Zeit haben, binden Sie die Sauce mit Fix-Soßenbinder.

LAMMRÜCKEN MIT KRÄUTER-PILZ-KRUSTE

Französische Hausfrauen wissen, daß nur Fleisch von bester Qualität einen köstlichen Braten entstehen läßt. Besonders beliebt sind bei ihnen die »agneaux pré-salés«, die Lämmer der Salzweiden an der Atlantikküste, oder die Lämmer der Provence, die sich hauptsächlich von Kräutern ernähren. In Deutschland findet man in der Lüneburger Heide und an den Küsten Schleswig-Holsteins Lämmer mit gleicher Fleischqualität.

Für 4 Personen
Zubereitungszeit: 1 Stunde

1,2 kg Lammrücken
(mit Knochen)
Salz, frisch gemahlener Pfeffer
4 EL Olivenöl
1 Thymianzweig
1 Rosmarinzweig
2 Fleischtomaten
1 Zwiebel
250 g Egerlinge
2 Schalotten
1 Knoblauchzehe
1 Bund Frühlingskräuter
(z. B. Petersilie, Kerbel, Estragon, Basilikum)
2 EL geriebener Parmesan
2 Eigelb
1 bis 2 EL Paniermehl
1/8 l trockener Weißwein
1/4 l Lammfond

1. Den Backofen auf 250 °C vorheizen. Den Lammrücken waschen und trockentupfen. Entlang des Mittelknochens die Haut ein wenig einschneiden, mit Salz und Pfeffer einreiben und mit 2 EL Öl bestreichen. Mit Thymian und Rosmarin belegen und mit Küchengarn festbinden.

2. Die Tomaten waschen und vierteln, die Zwiebel schälen und in Stücke schneiden und in ein tiefes Backblech geben. Den Bratrost mit dem Lammrücken darüberschieben und auf der mittleren Schiene des Backofens 15 Minuten braten.

3. Pilze putzen und nur wenn nötig waschen. Schalotten und Knoblauch schälen und mit den Pilzen in kleine Würfel schneiden. Restliches Öl erhitzen und die Zwiebel- und Knoblauchwürfel darin andünsten. Die Pilze dazugeben und so lange dünsten, bis alle Flüssigkeit verdampft ist. Vom Herd nehmen und etwas abkühlen lassen.

4. Die Kräuter hacken. Zusammen mit Parmesan und Eigelb unter die etwas abgekühlten Pilze geben und so viel Paniermehl hinzufügen, bis eine geschmeidige Masse entstanden ist. Mit Salz und Pfeffer herzhaft würzen.

5. Nach 20 Minuten den Braten aus dem Ofen nehmen, die Oberfläche mit der Pilzfarce bestreichen und in 5 bis 10 Minuten goldbraun gratinieren.

6. Das Fleisch aus dem Ofen nehmen und mit Alufolie abdecken. Den Bratenfond mit Wein und Lammfond aufgießen und gut durchkochen lassen. Mit dem Gemüse pürieren und durch ein Sieb streichen. Sämig einkochen lassen oder mit Fix-Soßenbinder andicken.

Pro Person:
Kalorien (kcal) 560
Eiweiß (g) 68
Fett (g) 25
Kohlenhydrate (g) 7

HASENRÜCKEN MIT CALVADOSÄPFELN

Früher durften Wildhasen nur auf der Tafel von Fürstenhöfen serviert werden. Da sich die Tiere allerdings einfacher fangen ließen als Rehe oder Hirsche, kam so mancher Hase auch in die Schlinge von geschickten Wilddieben und krönte dann den Mittagstisch von armen Leuten. Heute werden Hasen in ausreichender Menge und zu erstaunlich günstigen Preisen angeboten.

Für 4 Personen
Marinierzeit: ca. 1 Stunde
Zubereitungszeit: 50 Minuten

- 2 Hasenrücken (à 600 g)
- Salz, frisch gemahlener Pfeffer
- 1 TL Thymianblätter
- 1 TL Rosmarinnadeln
- 4 bis 6 Salbeiblätter
- 4 Wacholderbeeren
- 1 Msp Zimtpulver
- 1 Msp Nelkenpulver
- abgeriebene Schale von 1/2 unbehandelten Orange
- 4 EL Keimöl, 50 g Butter
- 1 Bund Suppengrün
- 6 cl Calvados
- 4 dünne Scheiben fetter Speck
- 4 aromatische Äpfel (z. B. Boskop oder Cox Orange)
- 1 EL Zucker
- 1/4 l Wildfond
- 2 EL Preiselbeersirup
- 1/8 l Sahne

1. Die Hasenrücken mit einem scharfen Messer enthäuten (siehe Seite 292). Mit Salz und Pfeffer einreiben. Kräuter und Gewürze im Mörser zerstoßen, Orangenschale und 2 EL Öl darunterrühren und die Rücken damit bestreichen. Zugedeckt mindestens 1 Stunde marinieren. Den Backofen auf 180 °C vorheizen.

2. Das restliche Öl und 20 g Butter in einem Bräter erhitzen und die Hasenrücken darin anbraten. Das Suppengrün waschen und kleinschneiden. Dazugeben, kurz mitrösten und mit 2 cl Calvados ablöschen. Die Hasenrücken mit den Speckscheiben belegen, den Bräter auf die mittlere Schiene des Backofens stellen und 20 bis 25 Minuten braten.

3. Die Äpfel schälen, halbieren und entkernen. Die Hälften in längliche Spalten schneiden.

4. Die restliche Butter mit dem Zucker karamelisieren lassen und die Äpfel darin einige Minuten schwenken. Mit dem restlichen Calvados ablöschen und zugedeckt 2 bis 3 Minuten schmoren.

5. Die Rücken aus dem Bräter nehmen, Speck entfernen und das Fleisch in Alufolie hüllen.

6. Den Bratenfond mit Wildfond aufgießen und auf der Kochplatte kräftig durchkochen lassen. Durch ein Sieb passieren und Preiselbeersirup sowie Sahne hinzufügen. Bei starker Hitze sämig einkochen lassen. (Oder die Sauce statt der Sahne mit Fix-Soßenbinder binden.)

Pro Person:
Kalorien (kcal) 900
Eiweiß (g) 54
Fett (g) 61
Kohlenhydrate (g) 25

Verwendet man Wildschweinrücken, was auch sehr gut schmeckt, verdoppelt sich die Garzeit.

FILET WELLINGTON

Dieses Meisterwerk der Kochkunst wurde nach dem englischen Herzog Wellington (1769 bis 1852) benannt, der bei der Schlacht von Waterloo den Sieg davontrug. Im Laufe der Jahre entwickelte es sich zum Klassiker der internationalen Küche.

Für 8 Personen
Zubereitungszeit: 2 Stunden

3 Schalotten
500 g Champignons
30 g Butter oder Keimöl
7 EL Madeira
3 EL Sahne
Salz, frisch gemahlener Pfeffer
1 Bund Petersilie, gehackt
1,5 kg Rinderfilet vom Mittelstück, 3 EL Olivenöl
100 g Gänseleberpastete
600 g aufgetauter Tiefkühl-Blätterteig
1 Ei, getrennt
1/8 l Fleischbrühe
etwas Worcestersauce
1/8 l Sahne
20 g Trüffel (frisch oder aus der Dose)

1. Schalotten schälen, Pilze putzen und beides fein hacken. Die Schalotten in Butter oder Öl glasig dünsten. Champignons dazugeben und dünsten, bis die Flüssigkeit verdampft ist.
2. 4 EL Madeira und die Sahne dazugießen und bei starker Hitze verdampfen lassen. Die Farce muß trocken sein! Mit Salz und Pfeffer würzen, die Petersilie daruntermischen und die Farce abkühlen lassen.
3. Das Rinderfilet mit Salz und Pfeffer einreiben. Öl in einer Pfanne erhitzen und das Filet bei starker Hitze anbraten. Das Fleisch aus der Pfanne nehmen und kurz ruhen lassen, den Bratenfond aufbewahren.
4. Die Gänseleberpastete mit der abgekühlten Pilzfarce verrühren.
5. Die Blätterteigscheiben leicht mit Wasser befeuchten und übereinanderlegen. Mit einem Nudelholz zu einem so großen Rechteck ausrollen, daß man das Fleisch mitsamt der Farce gut umhüllen kann. Den Backofen auf 220 °C vorheizen.
6. Das Filet auf das obere Drittel der Teigplatte legen und rundherum mit der Farce bestreichen. Die Teigränder glattschneiden.
7. Die Teigränder mit Eiweiß bestreichen. Das Fleisch mit dem Teig umhüllen und die Ränder gut festdrücken. Mit einigen Teigstreifen verzieren und mit Eigelb bestreichen. Rundherum mehrmals mit einer Spicknadel einstechen.
8. Ein Backblech mit Backpapier auslegen und das Filet darauflegen. Etwa 15 Minuten ruhen lassen, damit der Blätterteig nachher besser aufgeht. Auf der mittleren Schiene in 30 Minuten goldbraun backen. Im abgeschalteten und geöffneten Ofen ruhen lassen, bis die Sauce fertig ist.
9. Bratenfond erhitzen und mit der Brühe und dem restlichen Madeira ablöschen. Mit Worcestersauce würzig abschmecken und etwas einkochen lassen. Trüffel in kleine Würfel schneiden, mit der Sahne dazugeben und sämig einkochen lassen.
10. Das Filet am besten in Scheiben schneiden und die Sauce getrennt dazu reichen.

Pro Person:
Kalorien (kcal) 740
Eiweiß (g) 45
Fett (g) 48
Kohlenhydrate (g) 24

Farce vorbereiten
Schalotten und Pilze hacken und in heißer Butter so lange dünsten, bis alle Flüssigkeit verdampft ist. 4 EL Madeira und die Sahne dazugeben und einkochen lassen. Mit Salz und Pfeffer würzen und kalt stellen. Dann die Leberpastete und die Petersilie daruntermischen.

Fleisch braten
Das Rinderfilet mit Salz und Pfeffer einreiben. Öl in einer schweren Pfanne erhitzen und das Fleisch darin rundherum scharf anbraten. Aus der Pfanne nehmen und abkühlen lassen. Den Bratenfond für die Sauce aufbewahren.

Blätterteig ausrollen
Die aufgetauten Blätterteigplatten leicht mit Wasser befeuchten. Übereinanderlegen und zu einem so großen Rechteck ausrollen, daß man das Fleischstück mitsamt der Farce damit umhüllen kann. Die Teigränder glattschneiden.

Fleisch umhüllen
Fleisch auf das obere Drittel der Teigplatte legen. Das Filet mit der Farce und die Teigränder mit Eiweiß bestreichen. Das Fleisch mit dem Teig so umhüllen, daß die Teigränder an der unteren Seite liegen, gut festdrücken. Teigstreifen mit Eiweiß bestreichen und dekorativ darauf anordnen.

Goldbraun backen
Den Blätterteigmantel mit Eigelb bestreichen und mehrmals einstechen, damit der Dampf entweichen kann. Auf einem Backblech auf der mittleren Schiene des 220 °C heißen Backofens in 30 Minuten goldbraun backen. Vor dem Anschneiden unbedingt ruhen lassen.

FLAMBIERTE KALBSNIEREN IN SENFSAUCE

Beim Kauf von Kalbsnieren sollten Sie darauf achten, daß diese noch mit ein wenig Fett umhüllt sind, da gerade das dem Gericht ein besonders schmackhaftes Aroma verleiht. Richtig zubereitet sind Kalbsnieren saftig und ausgesprochen zart, zu lange gegart werden Sie trocken und zäh. Daher rechtzeitig aus der Pfanne nehmen!

Für 4 Personen
Zubereitungszeit: 30 Minuten

2 Kalbsnieren (à 250 g)
Salz
frisch gemahlener Pfeffer
50 g Butter
3 Schalotten
1/8 l Kalbsfond
1/8 l Sahne
2 cl Cognac
4 EL trockener Weißwein
1 EL Dijon-Senf
2 EL gehackte Frühlingskräuter

1. Die Kalbsnieren waschen, gut trockentupfen und mit Salz und Pfeffer würzen. In 20 g erhitzter Butter rundherum anbraten, bis eine leichte Kruste entsteht. Bei schwacher Hitze 10 Minuten braten lassen, dabei die Nieren immer wieder wenden und mit dem Bratfett begießen.
2. Die Schalotten schälen, in Würfel schneiden und in der restlichen Butter glasig dünsten. Mit Kalbsfond und Sahne aufgießen und sämig einkochen lassen.
3. Die Nieren mit Cognac begießen und flambieren. Anschließend aus dem Topf nehmen und in Alufolie hüllen.
4. Den Bratenfond entfetten, mit Wein ablöschen und mit dem Senf unter die Sahnesauce mischen. Kurz durchkochen lassen! Zum Schluß die Kräuter hinzufügen und, falls nötig, noch einmal mit Salz und Pfeffer würzig abschmecken.
5. Die Nieren in Scheiben schneiden und den entstandenen Bratensaft zur Sauce geben. Mit Röstkartoffeln und gedünstetem Gemüse servieren.

Pro Person:
Kalorien (kcal) 375
Eiweiß (g) 22
Fett (g) 29
Kohlenhydrate (g) 4

• Garprobe: Mit einem Metallspieß in die Nieren stechen. Zeigt sich an der Einstichstelle ein heller Blutstropfen, sind die Nieren genau richtig. Sie müssen innen noch leicht rosa sein.
• Im Ganzen gebratene Innereien müssen vor dem Anschneiden ruhen, damit sich der Saft verteilen kann.

GESCHMORTES KALBSHERZ

Herz ist das Stiefkind unter den Innereien. Völlig zu Unrecht, denn es ist nicht nur sehr mager und mineralstoffhaltig, sondern – richtig zubereitet – ein wahrer Hochgenuß. Wichtig ist: bei sanfter Hitze und nicht zu lange schmoren!

Für 4 Personen
Zubereitungszeit: 35 Minuten

1 Kalbsherz (à 800 g)
1 mittelgroße Lauchstange
2 große Möhren
Salz
frisch gemahlener Pfeffer
1 EL Keimöl
50 g Butter
4 cl weißer Portwein
1/8 l trockener Weißwein
2 EL Crème double
einige Kerbelzweige

1. Das Kalbsherz halbieren und die Sehnen und Knorpel sorgfältig herausschneiden.
2. Von der Lauchstange die Wurzeln und das hintere grüne Ende entfernen. Die Stange in etwa 6 cm lange Stücke schneiden. Dann halbieren, waschen und längs in feine Streifen schneiden. Die Möhren waschen, putzen und in 6 cm lange Stücke schneiden. Auf dem Gurkenhobel der Länge nach in dünne Scheiben hobeln, dann in feine Streifen schneiden.
3. Die Herzhälften mit Salz und Pfeffer würzen und in 20 g Butter bei starker Hitze scharf anbraten. Mit Portwein ablöschen und zugedeckt bei mittlerer Hitze ca. 10 Minuten schmoren.
4. In einer zweiten Pfanne die restliche Butter erhitzen und die Gemüsestreifen darin andünsten. Mit dem Wein aufgießen und zugedeckt in wenigen Minuten bißfest garen.
5. Die Herzhälften aus der Pfanne nehmen und in Alufolie hüllen.
6. Die Crème double und das Gemüse unter den Bratenfond mischen. Kurz durchkochen lassen und mit Kerbelblättchen bestreuen.
7. Das Herz in dünne Scheiben schneiden (es sollte innen noch leicht rosa sein) und auf dem Gemüse anrichten.

Pro Person:
Kalorien (kcal) 410
Eiweiß (g) 34
Fett (g) 25
Kohlenhydrate (g) 8

• Wichtig ist, daß die Herzen sorgfältig von allen Sehnen und Knorpeln befreit werden. Es darf nur noch das reine Muskelfleisch übrigbleiben.
• Portwein ist ein Aperitif- oder Dessertwein (bis 25 Vol.% Alkohol) aus den Weingärten entlang des Flusses Douro in Portugal. Die Qualität eines Portweins hängt vor allem von den Traubensorten und der Lagerzeit in den Fässern und Flaschen ab. Weißer Portwein, wie er in diesem Rezept verwendet wird, ist weniger süß als roter, und man trinkt ihn bevorzugt gekühlt. Sollten Sie keinen weißen Portwein haben, nehmen Sie am besten trockenen Amontillado-Sherry.

KALBSBRIES AUF GEMÜSE

Das zarte Fleisch vom Bries, der Thymusdrüse junger Kälber oder Lämmer, kommt nur dann richtig zur Geltung, wenn es sorgfältig vorbereitet wird. Vor dem Wässern sollten unbedingt alle Blutäderchen entfernt werden, damit das Bries schön weiß bleibt. Eine langwierige Arbeit, die sich aber lohnt! Bries müssen Sie beim Metzger meist vorbestellen!

Für 4 Personen
Einweichzeit: ca. 2 Stunden
Zubereitungszeit: 30 Minuten

- 700 g Kalbsbries
- Salz
- 1 Schalotte
- 1 Knoblauchzehe
- 1 große Möhre
- 1 kleiner Zucchino
- 1 Fleischtomate
- 60 g Butter
- 1/8 l trockener Weißwein
- 2 EL Crème fraîche
- etwa 2 EL Mehl
- 1/2 Bund Basilikum

1. Das Kalbsbries mit einem spitzen Messer von gröberen Blutäderchen befreien und ca. 2 Stunden in kaltes Wasser legen. Dabei das Wasser immer wieder erneuern.
2. In einen Topf geben, mit kaltem Salzwasser bedecken und zum Kochen bringen. Die Hitze abschalten und das Bries etwa 5 Minuten ziehen lassen.
3. Schalotte und Knoblauchzehe schälen und in kleine Würfel schneiden. Möhre und Zucchino waschen, putzen und erst der Länge nach in dünne Scheiben, dann quer in feine Streifen schneiden. Die Tomate blanchieren, häuten, halbieren, entkernen und in kleine Würfel schneiden.
4. 20 g Butter erhitzen und die Schalotten- und Knoblauchwürfel darin glasig dünsten. Möhren- und Zucchinistreifen dazugeben und mitdünsten. Mit Wein aufgießen und in wenigen Minuten bißfest kochen. Tomatenwürfel und Crème fraîche dazugeben und kurz durchkochen lassen.
5. Das Bries säubern und enthäuten, jedoch nicht zerteilen. In Scheiben schneiden und in Mehl wenden. Die restliche Butter erhitzen und die Briesscheiben darin etwa 2 bis 3 Minuten pro Seite braten. Auf dem Gemüse anrichten und mit feingeschnittenem Basilikum bestreuen.

Pro Person:
Kalorien (kcal) 310
Eiweiß (g) 32
Fett (g) 16
Kohlenhydrate (g) 5

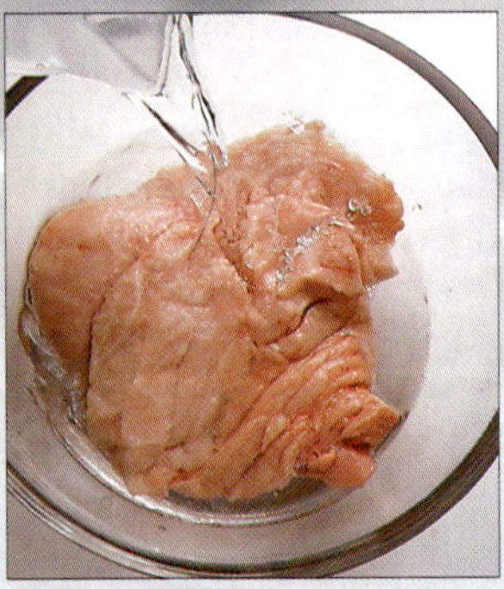

Bries vorbereiten
Von dem Bries die gröberen Blutäderchen mit einem spitzen Messer entfernen. Bries in kaltes Wasser legen, dabei das Wasser zwischendurch immer wieder erneuern.

Blanchieren
Das völlig entblutete Bries in einen Topf legen und mit Salzwasser bedecken. Zum Kochen bringen, dann die Hitze abschalten und etwa 5 Minuten ziehen lassen.

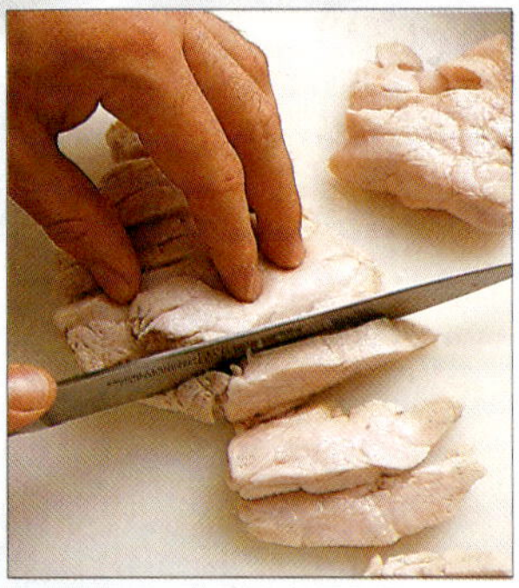

Weiterverarbeiten
Das Bries säubern und enthäuten, in Scheiben schneiden und braten oder die einzelnen Segmente aus den Häuten lösen und zu einem Ragout verarbeiten.

BRIES IM KRÄUTERMANTEL

Für 4 Personen
Einweichzeit: ca. 2 Stunden
Zubereitungszeit: 20 Minuten

700 g Kalbsbries
Salz
frisch gemahlener Pfeffer
2 EL Mehl
1 Knoblauchzehe
1 Schalotte
1 Bund Frühlingskräuter
2 Eier
50 g Butter

1. Das Bries vorbereiten, wässern und blanchieren (siehe Seite 293 oder 334). Abkühlen lassen, in Scheiben schneiden, mit Salz und Pfeffer würzen und in Mehl wenden.
2. Die Knoblauchzehe und die Schalotte schälen und in kleine Würfel schneiden. Die Frühlingskräuter fein hacken, die Eier verquirlen und alles miteinander vermischen.
3. Die Butter in einer beschichteten Pfanne erhitzen. Die Briesscheiben in der Ei-Kräuter-Mischung wenden und im heißen Fett bei mittlerer Temperatur etwa 3 bis 4 Minuten pro Seite braten.

Pro Person:
Kalorien (kcal) 350
Eiweiß (g) 35
Fett (g) 19
Kohlenhydrate (g) 4

HIRN MIT EI

Für 4 Personen
Einweichzeit: 30 Minuten
Zubereitungszeit: 20 Minuten

500 g Kalbshirn
4 Eier
1 Bund Petersilie, gehackt
Salz
frisch gemahlener Pfeffer
40 g Butter
2 EL Schalottenwürfel

1. Das Hirn vorbereiten, wässern und blanchieren (siehe Seite 293). Aus dem Wasser nehmen und trockentupfen. Mit einem großen, schweren Messer fein hacken.
2. Die Eier in einer Schüssel verquirlen, das gehackte Hirn und die Hälfte der gehackten Petersilie hinzufügen. Mit Salz und Pfeffer würzen.
3. Die Butter in einer beschichteten Pfanne erhitzen und die Schalottenwürfel darin glasig dünsten. Das Hirn hineingeben und unter Rühren stocken lassen. Mit der restlichen Petersilie bestreuen und mit einem kleinen Salat servieren.

Pro Person:
Kalorien (kcal) 415
Eiweiß (g) 28
Fett (g) 30
Kohlenhydrate (g) 3

GEMÜSE

Frisch vom Markt ein Hochgenuß: Gemüse. Mit ein wenig Phantasie wird aus der klassischen Beilage ein Hauptgericht. Ausgewählte Rezepte mit den schönsten Gemüsesorten von Artischocken bis Zuckerschoten.

RICHTIG VORBEREITEN

Für fast alle Gemüsesorten gelten folgende vier Vorbereitungsschritte:

- **Putzen**
- **Waschen**
- **Schälen oder Schaben**
- **Zerkleinern oder Aushöhlen**

Unter **Putzen** versteht man das Entfernen von anhaftenden Erdresten, Wurzeln und äußeren Blättern und das Abschrubben von Wurzelgemüse unter fließendem Wasser.

Das **Waschen** von Gemüse ist heute wichtiger denn je, denn so kann man anhaftende Schadstoffe mindern. Untersuchungen haben gezeigt, daß der Bleigehalt durch gründliches Waschen beträchtlich reduziert wird.
Kurz, aber sorgfältig, am besten unter fließendem Wasser waschen.
Niemals vor dem Waschen zerkleinern!

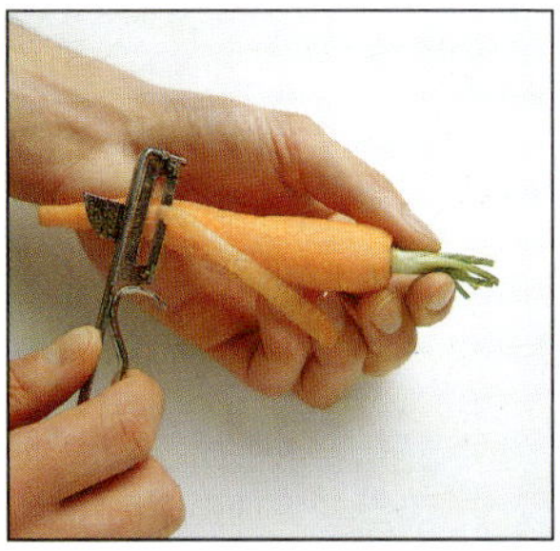

Vom Wurzelgemüse die Blätter und Wurzeln abschneiden. Blätter evtl. mitverwenden. Das Gemüse dünn schälen.

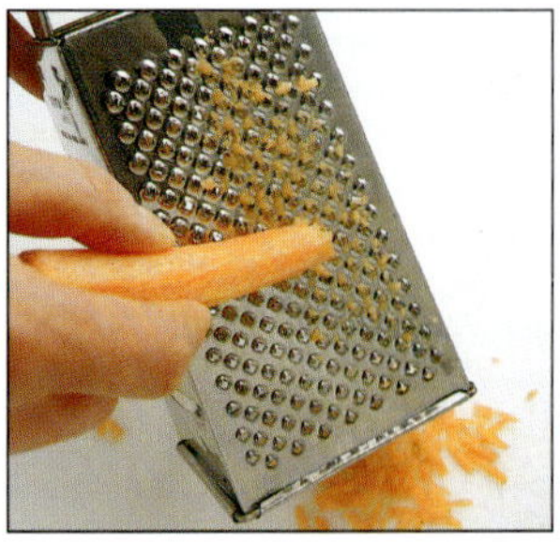

Wurzelgemüse je nach Verwendungsart auf der Rohkostreibe grob oder fein raspeln.

Wurzel- und Knollengemüse in Streifen, Julienne, Rauten oder Kugeln schneiden oder tournieren.

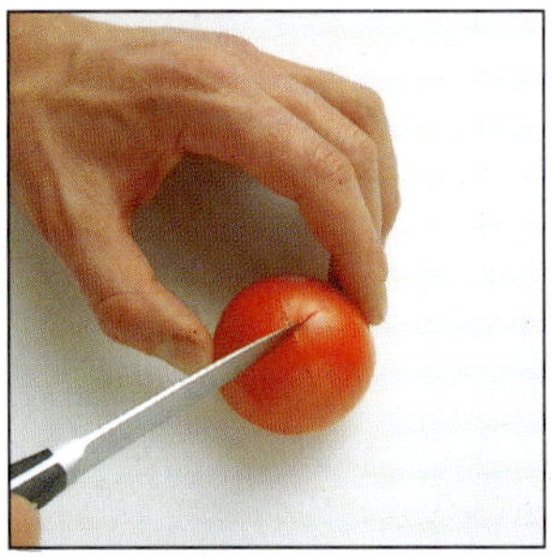

Aus Tomaten immer den Stielansatz mit einem spitzen Messer herausschneiden, die Haut kreuzförmig einschneiden.

Tomaten kurz in kochendes Wasser tauchen, sofort unter kaltem Wasser abkühlen und häuten.

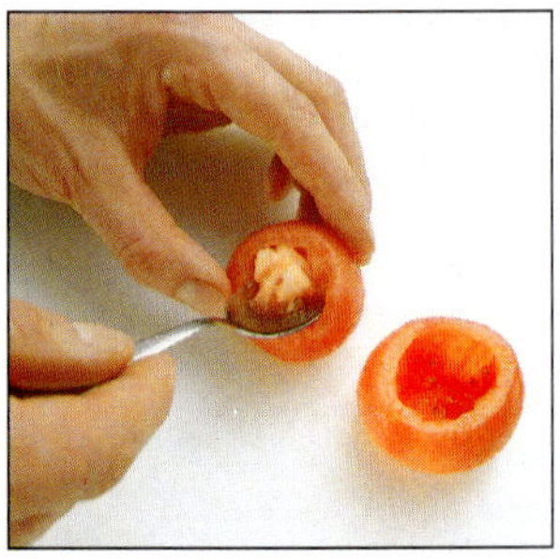

Tomaten entweder halbieren, entkernen und in Würfel schneiden oder mit einem Teelöffel vorsichtig aushöhlen.

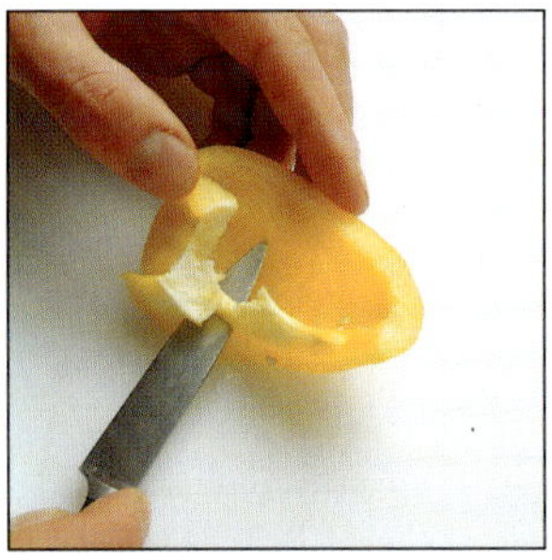

Paprika waschen, halbieren und den Stengelansatz sowie die weißen Samenstränge herausschneiden.

Halbierte Schoten in Streifen oder in Würfel schneiden. Zum Füllen einen Deckel abschneiden und aushöhlen.

Paprika ist gehäutet besser bekömmlich. Im heißen Ofen rösten, bis die Haut dunkelbraun ist und Blasen wirft.

Bohnen und Zuckerschoten müssen brechen, wenn man sie biegt. Vor der Zubereitung waschen.

Die Stielansätze abschneiden, dabei eventuell vorhandene Fäden aus der Naht mitziehen. Die Spitzen kappen.

Zuckerschoten ganz lassen, Bohnen je nach Größe und Verwendung entweder in Stücke brechen oder schnippeln.

Bei kleinen Artischocken lediglich Blattspitzen etwas kürzen und ganz, halbiert oder geviertelt verwenden.

Von größeren Exemplaren die harten Blätter mit der Schere abschneiden und die Schnittflächen mit Zitrone einreiben.

In reichlich Salzwasser mit Zitrone in 30 bis 40 Minuten garkochen. Blätter auseinanderdrücken, das »Heu« entfernen.

Von den Auberginen das Stielende abschneiden. Die Früchte waschen und längs oder quer in Scheiben schneiden.

Mit Salz bestreuen, übereinandergelegt etwa 30 Minuten ziehen lassen, um Wasser und Bitterstoffe herauszulösen.

Die Scheiben kurz unter fließendem Wasser abspülen und mit Küchenpapier gut trockentupfen.

Avocados der Länge nach einschneiden und durch Drehen die beiden Hälften auseinander lösen.

Den Kern entfernen und die Frucht füllen oder das weiche Fruchtfleisch mit einem Löffel herauslösen und pürieren.

Die Avocadohälften schälen und das Fruchtfleisch der Länge nach oder quer in feine Streifen schneiden.

Blumenkohl aus den Blättern lösen und wie Broccoli in Röschen teilen. Den Strunk von den Broccoli abschneiden.

Die Strunkenden der Blumenkohlröschen kreuzweise einschneiden. Das gleiche gilt für geputzte Rosenkohlröschen.

Den Broccolistrunk schälen und in Scheiben schneiden oder den Strunk schälen und mit den Röschen längs vierteln.

Schälen ist bei allen Wurzel- und Knollengemüsen und bei einigen Fruchtgemüsesorten notwendig, aber immer erst kurz vor dem Garen schälen, da durch die Sauerstoffeinwirkung unnötigerweise Vitamine verloren gehen. Manches Gemüse kann oder soll man nach dem Garen schälen, z. B. Kartoffeln, Sellerie oder Rote Bete.
Je jünger und zarter das Gemüse ist, um so dünner muß es geschält werden. In vielen Fällen reicht es, die äußere Haut abzuschaben.

Der letzte Schritt, bevor Gemüse in den Kochtopf kommt, ist das **Zerkleinern.** Hierfür gibt es ganz unterschiedliche Methoden.
Man kann Gemüse in Stäbchen, Julienne, Chiffonade, Würfel, Rauten, Scheiben und Kugeln schneiden, man kann es tournieren, raspeln oder mit einem Buntmesser in Form bringen.
Aber Vorsicht: Je kleiner die Gemüsestücke, desto mehr Oberfläche entsteht und um so leichter gehen neben Aromastoffen auch die wasserlöslichen Vitamine und Mineralstoffe verloren. Daher kleingeschnittenes Gemüse in wenig Flüssigkeit garen oder unter Suppen und Eintöpfe mischen.

Blanchieren und Kochen
Der Unterschied zwischen beiden Garmethoden liegt in der Garzeit. Bei beiden Garweisen benötigt man einen großen Topf mit reichlich kochendem Salzwasser, in dem das Gemüse kurz angekocht wird.

1. Geputzten Blumenkohl in 2 l kochendes Salzwasser, 500 g Zuckerschoten in 4 l kochendes Salzwasser geben.

2. Die Zuckerschoten 2 bis 3 Minuten blanchieren, herausheben und sofort in reichlich Eiswasser geben.

3. Den Blumenkohl kochen lassen, bis sich der Strunk leicht durchstechen läßt (ca. 20 Minuten).

Dämpfen
Bei dieser Methode kommt das Gemüse nicht mit Wasser in Berührung, sondern gart vitamin-, mineralstoff- und aromaschonend über Dampf. Das Gemüse entweder in einen Siebeinsatz geben, in wenig kochendes Wasser stellen oder in einem Dampfdrucktopf auf »Biogarstufe« gardämpfen.

1. 750 g geputzten Broccoli in einen Siebeinsatz geben. Mit ca. 2 Tassen Wasser im Dampfdrucktopf erhitzen.

2. Einsatz mit Gemüse in den Topf geben, den Deckel schließen, Regler auf Biogaren stellen und die Hitze reduzieren.

3. Nach ca. 6 Minuten den Dampf ablassen, Topf öffnen und eine Garprobe machen. Bei Bedarf kurz weitergaren.

Dünsten
Darunter versteht man Garen im eigenen Saft unter Zugabe von wenig Fett und Wasser. Dünsten ist eine nährstoffschonende Zubereitung und eignet sich vor allem für kleingeschnittenes Gemüse. Häufig brät man vorher noch Zwiebel- oder Schalottenwürfel glasig.

1. 30 g Butter in einem Topf bei mittlerer Hitze zerlaufen lassen und 2 EL Schalottenwürfel darin glasig braten.

2. 750 g in Scheiben geschnittene Möhren hineingeben, unter Rühren anschwitzen, Salz und eine Prise Zucker dazugeben.

3. Mit 1/8 l Wasser oder Wein aufgießen und zugedeckt bei mittlerer Hitze in 4 bis 5 Minuten fertiggaren.

Schmoren
Während beim Dünsten keinerlei Bräunung entstehen soll, ist dieses beim Schmoren erwünscht. Wichtig hierfür ist ein guter Topf mit einem starken, gut wärmeleitenden Boden.

1. 4 EL Öl bei höchster Garstufe erhitzen, 2 EL Zwiebelwürfel darin rasch unter Rühren anschwitzen.

2. 750 g vorbereitete Gemüsewürfel (Auberginen, Zucchini, Paprika) darin unter Rühren kräftig anbraten. Salzen!

3. Mit 5 bis 6 EL Tomatensaft aufgießen, mit Thymian und Knoblauch würzen. Zugedeckt bei schwacher Hitze fertiggaren.

Braten

ist Garen mit Bräunung in heißem Fett.
Weiche Gemüsesorten, evtl. in Scheiben oder Stücke geschnitten, können sofort in das heiße Fett kommen. Harte Gemüsearten sollten zuvor blanchiert werden.

1. 4 Zucchini in ½ cm dicke Scheiben schneiden und in einer Mischung aus Mehl, Salz, Pfeffer und Thymian wenden.

2. 3 EL Öl in einer großen Pfanne auf höchster Stufe erhitzen. Überschüssiges Mehl abklopfen, die Zucchini braten.

3. Nach etwa 2 Minuten die Scheiben wenden, die zweite Seite weitere 1 bis 2 Minuten bräunen. Sofort servieren.

Pfannenrühren

Hierfür benötigt man einen Wok oder eine Pfanne mit hohem Rand. Fast alle Gemüsesorten kann man im erhitzten Fett unter ständigem Rühren bißfest braten, aber immer zuerst das Gemüse mit der längsten Garzeit in den Wok geben.

1. Je 300 g Lauch und Möhren in Streifen geschnitten, 100 g Sojabohnenkeimlinge und asiatische Gewürze bereitstellen.

2. 2 EL Öl in einem Wok erhitzen und etwas Lauch hineingeben. Unter Rühren bei mittlerer Hitze anbraten, nicht bräunen.

3. Übrigen Lauch, dann Möhren und zum Schluß die Keimlinge dazugeben. Unter Rühren bißfest braten und würzen!

Gratinieren/Überbacken

Fast immer werden die Gemüse vorgegart, bevor sie, mit Käse bestreut oder mit einer Sauce bedeckt, im sehr heißen Ofen eine schöne goldgelbe Bräunung erhalten.

1. Backofen auf 225 °C vorheizen. 1½ kg gekochte Spargelstangen nebeneinander in eine feuerfeste Form schichten.

2. 250 g Crème fraîche mit 100 g geriebenem Gruyère verrühren, würzen und gleichmäßig über die Stangen verteilen.

3. Auf der oberen Schiene des Backofens oder Grills in etwa 10 Minuten goldbraun gratinieren und sofort servieren.

Fritieren

Reichlich frisches Fritierfett und die richtige Temperatur sind wichtig. Gut geeignet sind elektrische Friteusen, bei denen ein Thermostat die Temperatur automatisch regelt.

1. 600 g geschälte Kartoffeln in 6 cm lange Stäbchen schneiden, waschen und gut mit einem Tuch abtrocknen.

2. 1 l Öl auf 175 °C erhitzen, die Hälfte der Kartoffeln etwa 4 Minuten braten. Die andere Hälfte ebenso vorfritieren.

3. Das Fritierfett auf 190 °C erhitzen und die Pommes frites darin in wenigen Minuten goldbraun und knusprig braten.

GEMÜSETOPF

Grundlage für jeden guten Eintopf ist eine gehaltvolle Brühe, egal ob aus Rind, Wild, Geflügel, Fisch oder Gemüse. Je nach Geschmack können die weiteren Zutaten in Fett angeröstet oder, wie im nachfolgenden Rezept, roh in der Brühe gegart werden. Keinesfalls darf das Gemüse verkochen.

Für 4 Personen
Zubereitungszeit: 2 Stunden

- 1 Zwiebel
- 1 1/2 l Wasser
- 800 g Rindfleisch, Beinscheibe
- 3 Fleischknochen
- 1 Bund Suppengrün
- 8 Pfefferkörner
- Salz
- 1 Bund junge Möhren
- 1/2 Sellerieknolle
- 250 g mehligkochende Kartoffeln
- 1/4 Blumenkohl
- 1/4 kleiner Wirsingkopf
- 1 kleine Stange Lauch
- 1 kleiner Zucchino
- 1/2 Bund Petersilie

1. Die Zwiebel mit der Schale quer halbieren und die beiden Schnittflächen im erhitzten Kochtopf ohne Fett bräunen lassen. Mit Wasser aufgießen und das gewaschene Fleisch, die Knochen sowie das kleingeschnittene Suppengrün und die Pfefferkörner dazugeben. Zum Kochen bringen, dabei den entstehenden Schaum abschöpfen. Die Suppe salzen und bei schwacher Hitze etwa 1 1/2 Stunden offen köcheln lassen.

2. Möhren, Sellerie und Kartoffeln schälen, waschen und in 1 cm große Würfel schneiden. Den Blumenkohl in Röschen teilen, den Wirsing in 1 cm breite Streifen schneiden. Den Lauch gründlich waschen, das harte grüne Ende und die Wurzeln abschneiden. Den Lauch in Ringe und den geputzten Zucchino in dicke Scheiben schneiden. Die Petersilie hacken.

3. Fleisch und Knochen mit einem Schaumlöffel aus der Suppe heben. Die Brühe durch ein Spitzsieb gießen, zurück in den Topf schütten und auf 1 l einkochen lassen. Das Gemüse in die Brühe geben und bei mittlerer Hitze in 20 bis 30 Minuten garen.

4. Das Fleisch vom Knochen lösen, in Würfel schneiden und mit der Petersilie unter das gekochte Gemüse mischen.

Pro Person:
Kalorien (kcal) 630
Eiweiß (g) 42
Fett (g) 39
Kohlenhydrate (g) 21

Auf die gleiche Weise bereitet man Hühnereintopf mit Gemüse zu. Das entbeinte und enthäutete Geflügelfleisch wird zum Schluß unter den Eintopf gemischt.
Anstelle der Kartoffeln Reis oder Nudeln mitgaren.

Zwiebel anbräunen
Die Schnittfläche der Zwiebelhälften anbräunen. Dies verleiht der Suppe einen besonders aromatischen Geschmack.

Brühe abschäumen
Den aufsteigenden Schaum mit einem Schaumlöffel abschöpfen. Den Vorgang einige Male wiederholen, damit die Brühe klar bleibt. Dann erst salzen.

Gemüse vorbereiten
Das Gemüse putzen, waschen und kleinschneiden. Festere Gemüse in kleinere Stücke und junges zartes Gemüse etwas größer schneiden, damit die Garzeit in etwa gleich ist.

Eintopf garen
Das Gemüse in die etwas eingekochte Fleischbrühe geben und bei schwacher Hitze zugedeckt garen. Das Gemüse muß völlig mit Brühe bedeckt sein. Zwischendurch nicht umrühren!

Fleisch in Würfel schneiden und mit der gehackten Petersilie unter das gekochte Gemüse mischen.

RATATOUILLE

Diese typisch provenzalische Gemüsekomposition kommt ursprünglich aus Nizza, und ihr Name bedeutete eigentlich nichts allzu Gutes, nämlich »Gemisch«. Heute wählt man die Garzeiten wesentlich kürzer, so daß das Gemüse eine so feste Konsistenz beibehält, die diesem Namen nicht mehr gerecht wird. Ratatouille ist besonders köstlich als Beilage zu Lammfleisch, aber auch als aromatische Ergänzung zu gegrilltem Fleisch oder Fisch. Probieren Sie sie auch kalt als Vorspeise.

Für 4 Personen
Zubereitungszeit:
1 Stunde 30 Minuten

- 500 g Fleischtomaten
- 1 mittelgroße Aubergine
- 4 sehr kleine Zucchini
- 1 Gemüsezwiebel
- Salz
- 1 rote und 1 gelbe 0
- Paprikaschote
- 2 bis 3 Knoblauchzehen
- 1/2 l Olivenöl
- je 1 EL gerebelter Thymian
- und Rosmarin
- frisch gemahlener Pfeffer
- 4 bis 5 EL Weißwein

1. Die Tomaten häuten, vierteln und entkernen. Aubergine und Zucchini waschen, die Zwiebel schälen und alles in Scheiben schneiden. Die Auberginenscheiben mit Salz bestreuen und übereinandergelegt etwa 20 Minuten ziehen lassen. Die gewaschenen Paprikaschoten halbieren und ohne Stengelansätze und Samenkerne in Streifen schneiden. Die geschälten Knoblauchzehen mit einem breiten Messer zerquetschen oder durch die Knoblauchpresse drücken.

2. Etwas Olivenöl in einer großen beschichteten Bratpfanne erhitzen und zuerst die mit Küchenpapier abgetrockneten Auberginenscheiben von beiden Seiten anbraten. Herausnehmen und erneut Olivenöl in die Pfanne gießen. Nun die Zucchini, die Zwiebel und zum Schluß die Paprikaschoten kurz darin anbraten.

3. Das Gemüse abwechselnd in einen gut schließenden Schmortopf schichten, zwischen jede Schicht Tomatenstücke, Kräuter sowie Salz und Pfeffer geben. Mit Wein und restlichem Olivenöl begießen und zugedeckt bei schwacher Hitze entweder auf der Herdplatte oder im Backofen bei 180 °C in etwa 40 Minuten fertig garen.
Mit knusprigem Baguette serviert, ergibt dies ein leichtes Hauptgericht.

Pro Person:
Kalorien (kcal) 385
Eiweiß (g) 7
Fett (g) 33
Kohlenhydrate (g) 26

GURKENTOPF MIT LACHSKLÖSSCHEN

Für 4 Personen
Zubereitungszeit: 1 Stunde

500 g mehligkochende Kartoffeln
1 Zwiebel
2 Schmorgurken (à 500 g)
40 g Butter
Salz
gemahlener weißer Pfeffer
1/4 l Fleischbrühe
2 EL Crème fraîche
Für die Klößchen:
400 g rohes Lachsfilet
200 ml eiskalte Sahne
2 eiskalte Eiweiß
Salz
gemahlener weißer Pfeffer
etwas Zitronensaft
1 Bund Dill

1. Kartoffeln schälen, waschen und in 1 cm große Würfel, die geschälte Zwiebel in winzige Würfel schneiden. Die Schmorgurken schälen, halbieren und die Kerne mit einem Löffel herausschaben. Die Gurkenhälften in 1 cm dicke Scheiben schneiden.
2. Die Butter in einem Schmortopf erhitzen und erst die Zwiebeln, dann die Kartoffeln darin anbraten. Salzen und pfeffern und mit der Brühe aufgießen. Zugedeckt bei mittlerer Hitze etwa 8 Minuten kochen.
3. Für die Lachsklößchen das gut gekühlte Lachsfleisch in Würfel schneiden und rasch im Mixer fein pürieren, dabei Sahne und Eiweiß hinzufügen. Die Masse mit Salz, Pfeffer und Zitronensaft würzen und kalt stellen.
4. Die Gurkenstücke unter die vorgegarten Kartoffeln mischen, die Crème fraîche unterrühren und den Eintopf zugedeckt in etwa 15 Minuten gar schmoren.
5. Aus der Fischmasse mit zwei nassen Teelöffeln kleine Klößchen formen und auf dem Gemüse verteilen. Zugedeckt bei schwacher Hitze in wenigen Minuten gar ziehen lassen.
6. Den Dill fein hacken und unter den Eintopf mischen.

Pro Person:
Kalorien (kcal) 577
Eiweiß (g) 29
Fett (g) 40
Kohlenhydrate (g) 26

Die Fischklößchen können durch Kalbfleischklößchen ersetzt werden (dann zum Schluß noch einige Tomatenwürfel unter den Eintopf mischen).

LINSENEINTOPF MIT WÜRSTCHEN

Im Gegensatz zu anderen Hülsenfrüchten müssen getrocknete braune Tellerlinsen nicht eingeweicht werden, sofern sie nicht zu alt sind.

Für 4 Personen
Zubereitungszeit:
1 Stunde 30 Minuten

- 500 g braune Tellerlinsen
- 100 g durchwachsener Räucherspeck
- 2 mittelgroße Zwiebeln
- 4 mittelgroße Möhren
- 200 g Knollensellerie
- 1 kleine Petersilienwurzel
- 1 kleine Stange Lauch
- 1 l Wasser
- 1 Lorbeerblatt
- 1 Zweig Thymian
- 4 geräucherte Kochmettwürste
- 800 g vorwiegend festkochende Kartoffeln
- 1/2 Bund glatte Petersilie
- Salz
- frisch gemahlener Pfeffer
- ca. 2 EL Rotweinessig
- scharfer Senf nach Geschmack

1. Die Linsen in kaltem Wasser waschen und auf einem Sieb abtropfen lassen.
2. Räucherspeck und das geputzte, gewaschene Gemüse in kleine Würfel schneiden.
3. Die Speckwürfel glasig braten. Erst die Zwiebelwürfel dazugeben und anbraten, dann unter Rühren das restliche Gemüse und die gut abgetropften Linsen anschmoren. Mit Wasser aufgießen und die Kräuter hineingeben. Zum Kochen bringen und die mit einer Gabel mehrmals eingestochenen Mettwürstchen hineinlegen. Zugedeckt bei schwacher Hitze ca. 1 Stunde köcheln lassen.
4. Inzwischen Kartoffeln schälen, waschen, vierteln und in wenig Salzwasser gar kochen.
5. Den Linseneintopf mit Salz, Pfeffer und Essig würzig abschmecken, die feingehackte Petersilie untermischen und mit Salzkartoffeln servieren. Senf bei Tisch dazu reichen.

Pro Person:
Kalorien (kcal) 1240
Eiweiß (g) 51
Fett (g) 64
Kohlenhydrate (g) 103

Alle Gerichte aus Hülsenfrüchten erst zum Schluß salzen, da diese sonst nicht weich werden.

KICHERERBSEN-GEMÜSE-TOPF

Wie Bohnenkerne und geschälte und ungeschälte Erbsen müssen auch Kichererbsen mindestens 6 Stunden in kaltem Wasser quellen. Pro 100 g benötigt man knapp 1/2 l Einweichwasser, in dem sie auch gekocht werden sollten.

Für 4 Personen
Einweichzeit: mind. 6 Stunden
Zubereitungszeit:
2 Stunden 10 Minuten

- 250 g Kichererbsen
- 1 Gemüsezwiebel
- 1 bis 2 Knoblauchzehen
- 1 mittelgroße Aubergine
- 1 rote Paprikaschote
- 2 kleine Zucchini
- 200 g junge grüne Bohnen
- 2 Fleischtomaten
- 5 EL Olivenöl
- je 1 Prise gemahlener Piment, Zimt, Koriander, Cayennepfeffer und Safran
- Salz
- frisch gemahlener Pfeffer
- 1 TL fein geschnittene Minzeblätter
- 1 EL gehackte Petersilie

1. Die in 1 1/2 l Wasser eingeweichten Kichererbsen in etwa 1 1/2 Stunden weich kochen (Dampfdrucktopf ca. 40 Min).
2. Zwiebel und Knoblauch schälen und fein hacken. Von der Aubergine und den Zucchini die Stielenden entfernen, die Paprikaschote halbieren und putzen, von den Bohnen die Enden abknipsen. Die Tomaten häuten, vierteln und entkernen. Die Bohnen in Stücke, das restliche Gemüse in große Würfel schneiden.
3. Das Öl in einem Schmortopf erhitzen und Zwiebeln sowie Knoblauch darin anbraten. Das restliche Gemüse und die abgetropften Kichererbsen hinzufügen und kurz mitanbraten. Salzen, die Gewürze dazugeben und mit 1/2 l Kochflüssigkeit der Kichererbsen aufgießen. Zugedeckt bei schwacher Hitze ca. 25 Minuten köcheln lassen.
4. Den Eintopf falls nötig noch einmal würzig abschmecken. Minze und Petersilie untermischen.
Je nach Geschmack mit geraspeltem Schafskäse bestreuen oder Joghurt dazu reichen.

Pro Person:
Kalorien (kcal) 380
Eiweiß (g) 17
Fett (g) 15
Kohlenhydrate (g) 41

FRITIERTER BLUMENKOHL

Das Fritieren ist eine traditionelle Garmethode der japanischen Küche. Zum klassischen Tempura gehören neben Fisch und Fleisch auch fritiertes Gemüse, das in vielen Variationen in unsere Küche Einzug gehalten hat.
Schneiden Sie das Gemüse in nicht zu große Stücke, damit es schnell und gleichmäßig gart, und wählen Sie gut erhitzbares Fritierfett, entweder reines Pflanzenfett, Butterschmalz oder Öl. Die ausgebackenen Teilchen zum Entfetten auf Küchenpapier legen und mit einer würzigen Sauce als Vorspeise, kleines Häppchen oder Hauptgericht reichen.

Für 4 Personen
Zubereitungszeit: 40 Minuten

- 1 Blumenkohl von etwa 500 g
- Salz
- Saft von 1 Zitrone

Für den Ausbackteig:

- 100 g Mehl, Salz
- 30 g geriebener Hartkäse, z. B. Emmentaler
- 1/2 TL Currypulver, Salz
- 1 Eigelb
- 1 EL flüssige Butter
- 1/8 l Bier
- 2 Eiweiß

1. Den Blumenkohl putzen, waschen und in gleichmäßig große Röschen teilen.
2. Reichlich Salzwasser zum Kochen bringen und die Blumenkohlröschen darin kurz blanchieren. Mit einem Schaumlöffel herausheben und gut abtropfen lassen.
Mit Zitronensaft beträufeln und mindestens 10 Minuten marinieren.
3. Für den Ausbackteig Mehl, Käse, Curry und Salz vermischen, Eigelb, flüssige Butter und Bier unterrühren und zum Schluß den steifgeschlagenen Eischnee unterziehen.
4. Das Ausbackfett in einer Friteuse auf 180 °C erhitzen, die Gemüsestücke nacheinander in den Teig tauchen und im heißen Fett goldbraun braten. Nicht zu viele Röschen auf einmal in das Fett geben, damit die Temperatur nicht zu stark sinkt.
5. Die Gemüsestücke mit einem Schaumlöffel herausheben und auf Küchenpapier abtropfen lassen.
Sofort mit Sauce tatare, Sauce béarnaise oder Sauce hollandaise genießen.

Pro Person:
Kalorien (kcal) 210
Eiweiß (g) 11
Fett (g) 7
Kohlenhydrate (g) 23

Wenn Sie das Fritierfett nach jedem Gebrauch reinigen (durch eine Papierfiltertüte oder ein mit einem Küchenpapier ausgelegtes Sieb gießen), können Sie es bis zu viermal verwenden.

Gemüse blanchieren
Reichlich Salzwasser in einem großen Topf zum Kochen bringen und die möglichst gleich großen Blumenkohlröschen darin in einigen Minuten bißfest blanchieren.

Teig zubereiten
Mehl, Käse, Paprika und Salz in einer Schüssel vermischen und ein Eigelb, flüssige Butter und Bier unterrühren. Zum Schluß das sehr steif geschlagene Eiweiß unterziehen.

Ausbackfett
Nur Fett nehmen, das hocherhitzbar ist (also niemals Butter oder Margarine). Mischen Sie nie verschiedene Fettsorten und frischen Sie keinesfalls gebrauchtes Fett mit neuem auf.

Durch den Teig ziehen
Die blanchierten Blumenkohlröschen einzeln nacheinander durch den Teig ziehen, so daß sie gleichmäßig davon bedeckt sind.

Fritieren von Gemüse
Immer nur wenige Stücke mit einer Schaumkelle oder im Ausbackkorb in das Fett geben, damit die Temperatur nicht zu sehr absinkt. Das Fett muß immer sprudelnd aufbrausen. Nur so nimmt das Gargut wenig Fett auf.

FRITIERTES GEMÜSE

Viele Gemüsesorten schmecken besonders köstlich, wenn sie, umhüllt mit einem Teig oder einer Panade, im Fett ausgebacken werden. Sie sollten außen knusprig, innen bißfest sein. Jeder Ausbackteig reicht für ca. 500 g Gemüse!

Ausbackteig 1:

- 100 g Mehl, Salz
- 30 g geriebener Hartkäse
- 1 Msp Paprika, edelsüß
- 1 Eigelb
- 1 EL flüssige Butter
- 1/8 l Bier
- 2 Eiweiß (steifgeschlagen)

Alles gründlich verquirlen, Eischnee unterziehen.

Ausbackteig 2:

- 100 g Mehl, Salz
- 1/4 l trockener Weißwein
- 2 EL flüssige Butter oder Öl
- etwas abgeriebene Zitronenschale
- 2 Eiweiß (steifgeschlagen)

Alles gründlich verquirlen, Eischnee unterziehen.

Ausbackteig 3:

- 100 g Mehl, Salz
- 1/4 l Mineralwasser mit Kohlensäure
- 1 Ei

Alles zu einem dünnflüssigen Teig verquirlen.

Panade:

- 3 bis 4 EL Mehl
- 2 kleine Eier
- Salz, frisch gemahlener Pfeffer
- 5 bis 6 EL Paniermehl

Gemüse nacheinander darin wenden. Panade festdrücken.

Gemüse, das roh ausgebacken werden kann:

1 Champignons oder Egerlinge
Bevorzugt kleine Pilze auswählen! Evtl. etwas geriebenen Parmesan unter das Paniermehl mischen oder die Pilze in Ausbackteig Nr. 1 tauchen.

2 Zucchinischeiben oder -stifte
Das Gemüse vorher mit ein wenig Thymian, Knoblauch und Öl marinieren, dann in Mehl wenden oder in Ausbackteig Nr. 3 tauchen.

3 Zucchiniblüten
Mit Mozzarella, Fleischfarce oder Pesto füllen. In Ausbackteig Nr. 1 oder Nr. 2 tauchen.

4 Auberginenscheiben
Unbedingt vorher salzen und ausdrücken! Entweder in Mehl wenden oder in Ausbackteig Nr. 2 oder Nr. 3 tauchen.

5 Spinatblätter
Gründlich gewaschenen, gut abgetrockneten Winterspinat von kräftiger Struktur in Ausbackteig Nr. 3 tauchen.

6 Salbeiblätter
In Teig Nr. 2 oder Nr. 3 getaucht und kroß ausgebacken – köstlich zum Aperitif.

7 Radicchioblätter
Die inneren zarten Blätter schmecken prima in einer Hülle aus Teig Nr. 3.

8 Zwiebelringe
Ausbackteig Nr. 1 mit oder ohne Käse, aber kräftig mit Paprika und Pfeffer gewürzt, paßt hierzu am besten.

1

2

3

4

5

6

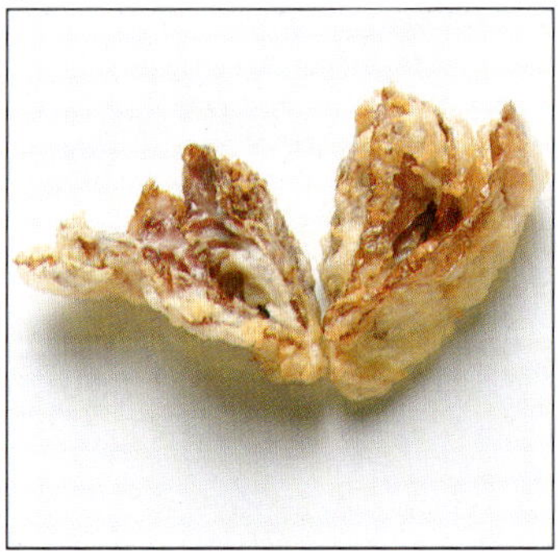
7

8

9

10

11

12

13

14

15

16

Gemüse, das zuvor blanchiert werden muß:

9 Broccoliröschen
Am besten Teig Nr. 2 wählen und mit abgeriebener Orangenschale verfeinern.

10 Spargel, weiß und grün
Bißfest gekocht in Stücke schneiden und in Teig Nr. 2 oder Nr. 3 tauchen.

11 Schwarzwurzeln
Gekocht und in Stücke geschnitten, harmonieren sie mit Teig Nr. 1; den Paprika durch gemahlenen Kümmel ersetzen.

12 Kleine Artischocken
Kochfertig vorbereiten, kurz kochen, in Teig Nr. 3 tauchen und knusprig ausbacken.

13 Sellerie-Stäbchen
Knollensellerie schälen und in Stäbchen schneiden. Bißfest blanchieren und panieren. Das Paniermehl durch grob gemahlene Cornflakes ersetzen.

14 Möhren
Junge, zarte Möhren putzen, etwas Grün daran lassen und bißfest kochen. In Teig Nr. 1 tauchen (Paprika und Käse durch 2 EL gehackte Pinien- oder Pistazienkerne ersetzen).

15 Frühlingszwiebeln
Zwiebeln putzen, das letzte grüne Drittel wegschneiden und kurz blanchieren. In Teig Nr. 2 wenden und ausbacken.

16 Zuckerschoten
Putzen und kurz blanchieren. In Teig Nr. 2 oder Nr. 3 wenden und ausbacken.

Überraschen Sie einmal Ihre Gäste mit einer Gemüse-Fritier-Party. So wird's gemacht:

1. Verschiedene Gemüse der Saison putzen, waschen, in mundgerechte Stücke schneiden und blanchieren. Vergessen Sie nicht, farbige Gemüse wie Zuckerschoten, grüne Bohnen oder auch Möhren sofort nach dem Kochen in Eiswasser abzukühlen, damit sie ihre schöne, frische Farbe behalten.

2. Unterschiedliche Teige vorbereiten, dabei den Eischnee erst kurz bevor die Gäste eintreffen unterziehen. Die Teige in kleinen Schalen um den Fonduetopf anordnen.

3. Drei bis vier würzige Saucen vorbereiten oder notfalls aus dem Glas bereitstellen.

4. Sobald Ihre Gäste gekommen sind, das Öl erhitzen und auf das Rechaud stellen.

5. Jeder spießt sich sein Lieblingsgemüse auf eine Fonduegabel, taucht es in einen beliebigen Teig und dann ab ins heiße Fettbad. Sobald es goldgelb und knusprig ist, genießt man es mit einer der würzigen Saucen.

KNUSPRIGE KARTOFFELN

Knusprige, goldbraune Pommes frites sind nicht nur für Kinder ein unwiderstehlicher Genuß. Leider werden die Kartoffelstäbchen allzuoft in minderwertigem Fett ausgebacken und schmecken dann entsprechend schlecht. Wichtig für das gute Gelingen von Pommes & Co. sind aromatische, festkochende Kartoffeln, hochwertiges, geschmacksneutrales Öl und die richtige Fritiertemperatur.

Jeweils für 4 Personen

Pommes frites
1 kg festkochende Kartoffeln schälen, waschen und entweder mit einem scharfen Messer in 6 bis 7 cm lange und 1 cm dicke Stäbchen schneiden oder durch einen Frittenschneider drücken. In ein Sieb geben und so lange mit kaltem Wasser abspülen, bis das Wasser klar herausläuft. Die anhaftende Stärke muß völlig entfernt sein, da die Außenflächen sonst nicht knusprig werden. Anschließend gut abtrocknen. 3 l Keimöl in einer elektrischen Friteuse auf 180 °C erhitzen. Kartoffeln portionsweise in das heiße Öl geben und in etwa 8 Minuten goldgelb fritieren. Herausheben und gut abtropfen lassen. Wenn alle Fritten vorgebacken sind, das Öl auf 190° C erhitzen und alles noch einmal portionsweise 3 bis 4 Minuten goldbraun und knusprig backen. Herausnehmen und auf einem Küchenpapier gut abtropfen lassen. Mit Salz bestreuen und sofort servieren.

Kartoffelchips
1 kg festkochende Kartoffeln waschen, schälen und mit dem Gurkenhobel in hauchdünne Scheiben hobeln. In ein Sieb geben, mit kaltem Wasser abbrausen, bis das Wasser klar herausläuft, und anschließend gut abtrocknen. In einer Friteuse 3 l Keimöl auf 180 °C erhitzen und die Chips portionsweise darin 5 bis 6 Minuten knusprig backen. Mit Salz bestreut sofort servieren.

Strohkartoffeln
1 kg festkochende Kartoffeln waschen, schälen und in Streichholzgröße schneiden. In ein Sieb geben, mit kaltem Wasser abbrausen, bis das Wasser klar herausläuft. Anschließend gut abtrocknen. In einer Friteuse 3 l Keimöl auf 180 °C erhitzen, die Kartoffeln portionsweise darin in 4 bis 5 Minuten knusprig backen. Mit Salz bestreut sofort genießen.

Waffelkartoffeln
1 kg festkochende Kartoffeln waschen, schälen und mit einem Messer mit Wellenschliffklinge jeweils schräg in die eine und dann in die andere Richtung dünne Scheiben abschneiden. In ein Sieb geben, mit kaltem Wasser abbrausen, bis das Wasser klar herausläuft, und anschließend gut abtrocknen. In einer Friteuse 3 l Keimöl auf 180 °C erhitzen und die Waffelkartoffeln portionsweise darin 4 bis 5 Minuten knusprig backen. Mit Salz bestreut sofort genießen.

Kartoffelnester

1 kg festkochende Kartoffeln waschen, schälen und in Julienne schneiden. In ein Sieb geben, mit kaltem Wasser abbrausen, bis das Wasser klar herausläuft, und anschließend gut abtrocknen. In einer Friteuse 3 l Keimöl auf 180 °C erhitzen. Ein halbkugelförmiges Metallsieb mit einer kleinen Portion Kartoffeljulienne gleichmäßig auskleiden und ein zweites, kleineres Sieb in das große Sieb drücken, so daß die Kartoffeln in Form gehalten werden. Beide Siebe etwa 8 bis 10 Minuten in das heiße Ausbackfett tauchen, bis die Kartoffeln goldgelb geworden sind. Das Nest herauslösen und auf Küchenpapier abtropfen lassen. Im 100 °C heißen Backofen warm halten, bis alle Nester gebacken sind. Die Nester kann man mit Gemüse füllen und als Beilage zu Kurzgebratenem reichen oder mit Mayonnaise-Salaten oder Tatar gefüllt als kleine Snacks zu Wein anbieten.

Ausgebackene kleine Kartoffeln

1 kg kleine, festkochende Kartoffeln schälen und etwa 10 Minuten in wenig Salzwasser vorkochen. Schälen und auf Küchenpapier ausgebreitet gut abtropfen lassen. In einer Friteuse 3 l Keimöl auf 180 °C erhitzen und die Kartoffeln portionsweise hineingeben. 8 bis 10 Minuten im heißen Öl goldbraun werden lassen. Mit einem Schaumlöffel herausheben und auf Küchenpapier abtropfen lassen. Salzen und sofort servieren.

Kartoffelkroketten

1 kg vorwiegend festkochende Kartoffeln waschen, schälen und gar kochen. Das Kochwasser abschütten, Kartoffeln abdampfen lassen und durch eine Kartoffelpresse drücken. 80 g Butter in kleinen Stückchen und nach und nach 4 Eigelb und 1 Ei unterrühren. Mit Salz, Pfeffer und Muskat würzen. Die Arbeitsplatte mit Mehl bestäuben und mit einem Eßlöffel etwas vom Teig abstechen. Mit bemehlten Händen zu länglichen Rollen formen. 2 Eier in einem tiefen Teller verquirlen und in einem zweiten Teller 100 g grobgeriebene Cornflakes bereitstellen. Die Kroketten zuerst im Ei, dann in den Cornflakes wenden und die Panade gut festdrücken. In einer Friteuse 3 l Keimöl erhitzen und die Kroketten darin portionsweise goldgelb fritieren. Herausheben und auf Küchenpapier gut abtropfen lassen.

Kartoffelbirnen

Aus 1 kg Kartoffeln einen Krokettenteig herstellen (siehe vorhergehendes Rezept). Mit einem Löffel kleine Teigportionen abstechen und mit bemehlten Händen zu kleinen Birnen formen. Als Stiel ein Stückchen Spaghetti in den Teig drücken. In einem tiefen Teller 2 Eier verquirlen, in einem zweiten 100 g Mandelblättchen mit 50 g Paniermehl vermischen. Birnen zuerst in den Eiern, dann in der Mandelmischung wenden und die Panade gut festdrücken. In einer Friteuse 3 l Keimöl erhitzen und die Kroketten portionsweise in etwa 6 bis 8 Minuten goldgelb fritieren. Herausheben und auf Küchenpapier abtropfen lassen.

ROTKOHL

Dies ist wohl die beliebteste deutsche Gemüsebeilage, die es in allen Regionen gibt. Im Süden sagt man Rotkraut oder auch Blaukraut, aber die Zubereitungsweise ist immer gleich. Wichtig ist, daß das Gemüse nicht zerkocht und matschig sein darf.

Für 4 Personen
Vorbereitungszeit: 20 Minuten
Zubereitungszeit: 1 Stunde

- 1 kg Rotkohl
- 2 große Äpfel, z. B. Boskop
- 50 g Schweine-, Gänse- oder Butterschmalz
- 1 EL Zucker
- 1 Zwiebel
- 1 Lorbeerblatt
- 2 Gewürznelken
- Salz
- 2 EL Rotweinessig
- 1/8 l trockener Rotwein
- 1/8 l Wasser

1. Vom Rotkohl die äußeren Blätter entfernen, den Kopf halbieren und den Strunk herausschneiden. Die Kohlhälften entweder auf einem Gurkenhobel oder mit einem Messer in feine Streifen schneiden. Die Äpfel vierteln, die Kerngehäuse entfernen. Die Äpfel schälen und kleinschneiden.

2. Das Schmalz in einem Topf erhitzen, die Apfelstücke hineingeben, mit Zucker bestreuen und unter Rühren leicht karamelisieren lassen. Nun den Kohl dazugeben und andünsten. Die geschälte Zwiebel mit dem Lorbeerblatt belegen, mit den Nelken feststecken und zum Kohl geben. Salzen, mit Essig beträufeln und mit Rotwein und Wasser aufgießen. Gut vermischen und zugedeckt bei schwacher Hitze ca. 40 Minuten garen lassen, dabei zwischendurch umrühren. Das Gemüse soll noch Biß haben.

Pro Person:
Kalorien (kcal) 230
Eiweiß (g) 3
Fett (g) 13
Kohlenhydrate (g) 18

Mischt man 1 bis 2 EL Preiselbeeren unter den fertigen Rotkohl, schmeckt das Gemüse noch raffinierter.
Rotkohl paßt zu Schweine-, Gänse- und Entenbraten ebenso wie zu Wildgerichten. Die Auswahl der Schmalzsorte richtet sich danach, wozu das Gemüse gereicht wird.

SAUERKRAUT

Für 4 Personen
Vorbereitungszeit: 5 Minuten
Zubereitungszeit: 40 Minuten

750 g Sauerkraut
1 Zwiebel
30 g Schweineschmalz
1/8 l Weißwein, z. B. Riesling
1/4 l Wasser
1 Prise Zucker
Salz
1 Lorbeerblatt
je 5 zerdrückte Wacholder-beeren und Pfefferkörner
1/2 TL Kümmel
1 Stück Räucherspeckschwarte
1 mehligkochende Kartoffel

1. Das Sauerkraut probieren: Falls es zu sauer ist, mit kaltem Wasser ausspülen. Die Zwiebel in Würfel schneiden und im erhitzten Schmalz glasig braten. Das Kraut hineingeben, kurz andünsten und mit Wein und Wasser aufgießen.
2. Zucker, Salz, Gewürze und den Speck dazugeben, gründlich vermischen und zugedeckt 20 Minuten köcheln lassen.
3. Die geschälte Kartoffel fein reiben, unter das Sauerkraut mischen und in weiteren 10 bis 15 Minuten sämig kochen lassen.

Pro Person:
Kalorien (kcal) 125
Eiweiß (g) 4
Fett (g) 8
Kohlenhydrate (g) 8

BAYERISCHES KRAUT

Für 4 Personen
Vorbereitungszeit: 15 Minuten
Zubereitungszeit: 40 Minuten

1 kg Weißkraut (Weißkohl)
50 g durchwachsener Räucherspeck
1 Zwiebel
30 g Schweineschmalz
1 TL Kümmel
1 TL Zucker
2 EL Weißweinessig
Salz
1/4 l Fleischbrühe

1. Vom Kohl die äußeren Blätter entfernen, den Kopf halbieren und den Strunk herausschneiden. Die Hälften in feine Streifen, Zwiebel und Speck in kleine Würfel schneiden.
2. Das Schweineschmalz erhitzen, Zwiebel- und Speckwürfel darin glasig braten. Mit Kümmel und Zucker bestreuen und unter Rühren goldgelb werden lassen. Das Kraut dazugeben und kurz mitanbraten.
3. Mit Essig beträufeln, salzen und mit der Fleischbrühe aufgießen. Zugedeckt bei schwacher Hitze in etwa 30 Minuten weich dünsten.
Das Kraut eignet sich als Beilage zu Bratwürsten, gebratenen Koteletts oder Kasseler.

Pro Person:
Kalorien (kcal) 210
Eiweiß (g) 4
Fett (g) 16
Kohlenhydrate (g) 9

LEIPZIGER ALLERLEI

In Sachsen hat seit jeher süßes Naschwerk, wie Sächsischer Baumkuchen, Eierschecke, Leipziger Lerchen oder Dresdner Stollen, eine größere Rolle gespielt als die feine, delikate Küche. Die wohl einzige Ausnahme ist ein wirklich edles Gemüsegericht, das unter dem Namen »Leipziger Allerlei« nicht nur in Deutschland berühmt wurde. Ohne die Flußkrebse ist das Leipziger Allerlei eine herrliche Beilage zu Steaks. Auf klassische Art wird es mit Flußkrebsen, Grießklößchen oder Fleurons aus Blätterteig serviert.

Für 4 Personen
Vorbereitungszeit: 30 Minuten
Zubereitungszeit: 1 Stunde

- 10 g getrocknete Morcheln
- 250 g weißer Spargel
- 250 g junge Möhren
- 250 g ausgepalte Erbsen
- Salz
- 70 g Krebsbutter (fertig gekauft)
- 1 Prise Zucker
- 12 gekochte Flußkrebse

1. Die Morcheln unter fließendem Wasser gründlich reinigen. In 1/8 l lauwarmem Wasser 30 Minuten einweichen, dabei immer wieder bewegen, damit sich der Sand aus den Kammern löst.

2. Spargel schälen und die Möhren putzen. Jedes Gemüse getrennt in kochendem Salzwasser bißfest kochen und auf einem Sieb abtropfen lassen. Die Morcheln gut ausdrücken, das Morchel-Einweichwasser durch ein mit einem Mulltuch ausgelegtes Sieb gießen und die Pilze darin in einigen Minuten weich kochen.

3. 50 g Krebsbutter in einem Topf erhitzen, das Gemüse sowie die Morcheln mit der restlichen Flüssigkeit hinzufügen und mit Salz und Zucker abschmecken.

4. Die ausgelösten Krebsschwänze in der restlichen erhitzten Krebsbutter kurz schwenken und unter das Gemüse mischen.

Pro Person:
Kalorien (kcal) 245
Eiweiß (g) 21
Fett (g) 11
Kohlenhydrate (g) 12

Man kann die einzelnen Gemüsesorten auch in einem Dampfdrucktopf übereinanderschichten und ohne Druck aromagaren!

ZUCKERSCHOTEN

Für 4 Personen
Vorbereitungszeit: 10 Minuten
Zubereitungszeit: 15 Minuten

500 g Zuckerschoten
Salz
30 g Butter
1 Prise Zucker
einige Kerbelzweige oder
1 EL frisch gehackte Petersilie

1. Die Enden der Zuckerschoten abknipsen. Falls nötig, die Schoten entfädeln (siehe Seite 338). Waschen und in kochendem Salzwasser 3 Minuten blanchieren. Auf einem Sieb abtropfen lassen und sofort in reichlich, mit Eiswürfeln gekühltes Wasser geben.
2. Butter und Zucker erhitzen, die Zuckerschoten dazugeben, salzen und unter Schwenken des Topfes darin erhitzen. Mit abgezupften Kerbelblättchen oder gehackter Petersilie bestreuen.

Pro Person:
Kalorien (kcal) 150
Eiweiß (g) 7
Fett (g) 7
Kohlenhydrate (g) 14

Zuckerschoten dürfen keinesfalls zu lange gegart werden. Sie verlieren dadurch nicht nur ihre schöne Farbe, sondern auch viel von ihrem köstlichen, nußartigen Geschmack. Die feinen Zuckerschoten sind zusammen mit Möhren eine ideale Beilage zu zartem weißen Fleisch, z. B. Kalbfleisch, Hähnchen- oder Putenfleisch. Sie passen aber auch zu vielen Fischgerichten.
Achten Sie beim Kauf der Zuckerschoten darauf, daß sie grasgrün, knackig und keinesfalls fleckig sind.

GLASIERTES MÖHRENGEMÜSE

Für 4 Personen
Zubereitungszeit: 25 Minuten

- 750 g junge Möhren
- 50 g Butter
- 1/2 TL Zucker, Salz
- 4 bis 5 EL lieblicher Weißwein
- 1 EL fein gehackte Petersilie

1. Möhren putzen, waschen und schälen. In dünne Scheiben schneiden.
2. Butter und Zucker in einem Topf erhitzen, die Möhren dazugeben und unter Rühren leicht karamelisieren lassen. Salzen, mit Wein beträufeln und zugedeckt bei schwacher Hitze etwa 10 Minuten garen. Zwischendurch umrühren, damit die Möhren nicht anbrennen.
3. Den Topf zum Schluß schwenken, bis die Gemüsescheiben völlig mit der sirupartigen Flüssigkeit überzogen sind. Mit Petersilie bestreuen.

Pro Person:
Kalorien (kcal) 150
Eiweiß (g) 2
Fett (g) 11
Kohlenhydrate (g) 10

WIRSING IN SAHNESAUCE

Für 4 Personen
Zubereitungszeit: 40 Minuten

- 1 kg junger Wirsingkohl
- 50 g durchwachsener Räucherspeck
- 1 EL Öl
- Salz
- frisch gemahlener Pfeffer
- geriebene Muskatnuß
- 1/8 l Fleischbrühe
- 1/2 l Crème fraîche

1. Vom Wirsing die äußeren Blätter entfernen, den Kopf vierteln und den Strunk herauslösen. Jedes Viertel in breite Streifen schneiden.
2. Den Räucherspeck in Würfel schneiden und im erhitzten Öl glasig braten. Das Gemüse hinzugeben und andünsten. Mit Salz, Pfeffer und Muskat würzen und mit Brühe begießen. Die Crème fraîche unterrühren, aufkochen lassen und zugedeckt ca. 20 Minuten garen.
3. Dann den Deckel abnehmen und, falls nötig, die Flüssigkeit etwas einkochen lassen.

Pro Person:
Kalorien (kcal) 265
Eiweiß (g) 8
Fett (g) 21
Kohlenhydrate (g) 9

KOHLRABI-GEMÜSE

Für 4 Personen
Zubereitungszeit: 45 Minuten

- 5 junge Kohlrabi, je ca. 150 g
- 4 Schalotten
- 50 g Butter
- Salz
- frisch gemahlener Pfeffer
- 4 EL Fleischbrühe
- 1 EL gehackte Petersilie

1. Von den Knollen die Blätter entfernen, die inneren Blätter in feine Streifen schneiden. Die Knollen in 1/2 cm dicke Scheiben, dann in ebenso dicke Streifen, die geschälten Schalotten in Würfel schneiden.

2. 30 g Butter zerlassen und die Schalotten darin glasig braten. Kohlrabi dazugeben, salzen, pfeffern und kurz andünsten. Mit Brühe begießen und zugedeckt etwa 10 Minuten dünsten.

3. Zum Schluß die restliche Butter in kleinen Flocken sowie die geschnittenen Kohlblätter und die Petersilie unter das Gemüse mischen.

Pro Person:
Kalorien (kcal) 160
Eiweiß (g) 5
Fett (g) 11
Kohlenhydrate (g) 11

BECHAMEL-KARTOFFELN

Für 4 Personen
Zubereitungszeit: 35 Minuten

- 750 g vorwiegend festkochende Kartoffeln
- 40 g Butter
- 30 g Mehl
- 1/4 l Fleischbrühe
- 1/4 l Milch
- Salz
- frisch gemahlener Pfeffer
- geriebene Muskatnuß
- 1 EL gehackte Petersilie

1. Die Kartoffeln in etwa 20 Minuten gar kochen.

2. Die Butter zerlassen und das Mehl unter Rühren aufschäumen lassen. Mit Brühe und Milch unter Rühren aufgießen und einmal aufkochen lassen. Bei schwacher Hitze etwa 10 Minuten köcheln lassen. Mit Salz, Pfeffer und Muskat würzen und zwischendurch umrühren.

3. Die Kartoffeln schälen und in Scheiben schneiden.

4. Mit der Petersilie unter die Sauce mischen.

Pro Person:
Kalorien (kcal) 280
Eiweiß (g) 7
Fett (g) 11
Kohlenhydrate (g) 38

BROCCOLIAUFLAUF

Aufläufe sind eine Mischung aus unterschiedlichen Zutaten, etwa Gemüse und Fleisch, die mit Kartoffeln, Nudeln oder Reis in eine feuerfeste Form geschichtet und, mit einer Eiermischung übergossen, im Ofen überbacken werden. Mit Paniermehl und geriebenem Käse bestreut und mit Butterflöckchen belegt, erhalten sie eine knusprige Oberfläche. Die goldbraune Kruste ist das Markenzeichen eines gelungenen Auflaufs.

Für 4 Personen
Zubereitungszeit: 1 Stunde

500 g Broccoli
500 g Blumenkohl
Salz
200 g gekochter Schinken
40 g Butter
40 g Mehl
1/4 l Gemüsekochwasser
1/4 l Milch
gemahlener weißer Pfeffer
geriebene Muskatnuß
4 Eigelb
100 g geriebener Hartkäse,
z. B. Emmentaler
4 Eiweiß
Fett für die Form

1. Broccoli und Blumenkohl putzen und in Röschen teilen, die Stiele in Würfel schneiden. Das vorbereitete Gemüse in reichlich kochendes Salzwasser geben, dann auf einem Durchschlag abtropfen lassen.
2. Den Schinken in kleine Würfel schneiden. Den Backofen auf 200 °C vorheizen.
3. Die Butter schmelzen lassen und das Mehl unterrühren. Sobald die Mischung zu schäumen beginnt, Gemüsekochwasser und Milch unter ständigem Rühren dazugießen. Aufkochen lassen und unter weiterem Rühren einige Minuten kochen.
4. Von der Kochstelle nehmen und die Eigelb sowie 75 g Käse unterrühren. Mit Salz, Pfeffer und Muskat abschmecken.
5. In eine gefettete Auflaufform abwechselnd eine Lage Broccoli, Blumenkohl und Schinkenwürfel geben.
6. Die Eiweiß zu steifem Schnee schlagen und unter die Béchamelsauce ziehen. Die Käsesauce über den Auflauf verteilen, die Oberfläche mit dem restlichen Käse bestreuen und im Backofen auf der mittleren Schiene in etwa 30 Minuten goldbraun backen.

Pro Person:
Kalorien (kcal) 515
Eiweiß (g) 35
Fett (g) 32
Kohlenhydrate (g) 17

Gemüse kochen
Reichlich Salzwasser in einem großen Topf zum Kochen bringen und den Blumenkohl sowie die Broccolistiele in etwa 8 Minuten, die Broccoliröschen in 6 Minuten darin bißfest garen.

Gut abtropfen lassen
Mit einem Schaumlöffel herausheben und auf einem Durchschlag gut abtropfen lassen. Das Gemüse muß völlig trocken sein, damit es die Béchamelsauce nicht verwässert.

Béchamelsauce zubereiten
Die zerlaufene Butter mit dem Mehl verrühren, bis keine Klümpchen mehr zu sehen sind und die Mischung leicht schäumt. Nun mit Brühe und kalter Milch unter Rühren mit einem Schneebesen aufgießen.

Einfüllen in die Form
Abwechselnd Broccoli, Blumenkohl und Schinken in eine gut gefettete längliche, gläserne Auflaufform von 2 l Inhalt schichten.

Eiweiß unterheben
Das Eiweiß so steif schlagen, daß beim Hochziehen des Kochlöffels die Spitzen stehen bleiben. Vorsichtig unter die Sauce ziehen, nicht rühren, da sonst der Auflauf nicht locker wird.

GEMÜSEGRATIN

Für 4 Personen
Vorbereitungszeit: 50 Minuten

250 g Champignons
oder Egerlinge
250 g Zucchini
250 g Möhren
500 g frischer Spinat
Salz
1 Knoblauchzehe
20 g Butter
200 g Crème fraîche
1/4 l Milch
100 g geriebener Parmesan
gemahlener weißer Pfeffer
1 EL Paniermehl

1. Die Pilze putzen, von den Zucchini die Enden entfernen. Die Möhren schälen und die Spinatblätter sorgfältig verlesen. Pilze, Zucchini und Möhren waschen und in dünne Scheiben schneiden. Die Spinatblätter gründlich in kaltem Wasser waschen bis alle Schmutzteile herausgespült sind.

2. Reichlich Salzwasser zum Kochen bringen und die Gemüsesorten nacheinander blanchieren, Möhren 4 bis 5, Zucchini und Pilze etwa 2 Minuten und, zum Schluß, die Spinatblätter etwa 1 Minute. Das Gemüse gut abtropfen lassen.

3. Den Backofen auf 220 °C vorheizen. Eine große, runde, feuerfeste Gratinform mit der halbierten Knoblauchzehe ausreiben, dick mit Butter ausfetten und ringförmig abwechselnd die Pilze, den Spinat, Möhren und Zucchini anordnen.

4. Crème fraîche, Milch und Käse miteinander verquirlen und gleichmäßig über das Gemüse verteilen. Mit Paniermehl bestreuen und auf der mittleren Schiene des Backofens in etwa 20 Minuten goldbraun backen.

Pro Person:
Kalorien (kcal) 385
Eiweiß (g) 19
Fett (g) 29
Kohlenhydrate (g) 10

Versuchen Sie das Gratin auch mit anderen Gemüsesorten oder bereiten Sie auf die gleiche Weise ein Gratin aus nur einer Sorte zu.

KARTOFFELGRATIN

Für 4 Personen
Zubereitungszeit:
1 Stunde 30 Minuten

1 kg vorwiegend festkochende Kartoffeln
1 Knoblauchzehe
20 g Butter
100 g geriebener Gruyère oder Emmentaler
Salz
frisch gemahlener Pfeffer
frisch geriebene Muskatnuß
1/2 l Sahne
1/4 l Milch

1. Kartoffeln schälen, waschen und in dünne Scheiben schneiden. In ein Sieb geben, kurz mit kaltem Wasser abbrausen und mit einem Küchentuch abtrocknen. Den Backofen auf 150 °C vorheizen.
2. Eine große, feuerfeste Gratinform mit der halbierten Knoblauchzehe ausreiben und mit Butter ausfetten. Ein Drittel der Kartoffeln dachziegelartig in die Form schichten, mit Salz, Pfeffer und Muskat würzen und mit einem Drittel Käse bestreuen. Mit Kartoffelscheiben bedecken und so fortfahren, bis Kartoffeln und Käse aufgebraucht sind.
3. Sahne und Milch verquirlen und gleichmäßig über die Kartoffeln geben. Die Form auf die mittlere Schiene des Backofens stellen und 50 Minuten garen lassen. Dann den Backofen auf 220 °C schalten und die Oberfläche in 15 bis 20 Minuten goldbraun backen.

Pro Person:
Kalorien (kcal) 755
Eiweiß (g) 17
Fett (g) 54
Kohlenhydrate (g) 46

Für das Kartoffelgratin gibt es unzählige Variationen. So kann man Schinkenwürfel dazwischen streuen oder die Sahnemischung mit Eigelb verfeinern. Das Wichtigste ist, daß eine ausreichend große Form gewählt wird, damit die Kartoffelscheiben nicht zu hoch übereinanderliegen. Sie müssen völlig mit der Sahnemischung bedeckt sein, sonst wird das Gratin trocken.

FENCHEL MIT MOZZARELLA GRATINIERT

Für 4 Personen
Zubereitungszeit:
1 Stunde 10 Minuten

- 1 kg Tomaten
- 1 Zwiebel
- 1 Knoblauchzehe
- 4 EL Olivenöl
- 1 Zweig Thymian
- 1 Lorbeerblatt
- 1/8 l Fleischbrühe
- Salz
- frisch gemahlener Pfeffer
- 1 kg Fenchel
- 250 g Mozzarella
- 1 EL Paniermehl
- 1 EL geriebener Parmesan

1. Die Tomaten häuten und in Stücke schneiden. Zwiebel und Knoblauch schälen und in kleine Würfel schneiden.
2. 2 EL Öl in einem großen Schmortopf erhitzen und Zwiebel und Knoblauch darin anschwitzen. Die Tomaten und Kräuter hinzufügen, mit Brühe aufgießen und mit Salz und Pfeffer würzen. Zugedeckt bei schwacher Hitze köcheln lassen.
3. Reichlich Salzwasser zum Kochen bringen. Die Fenchelknollen putzen, waschen, das Fenchelgrün abschneiden und beiseite legen. Die Knollen längs in 1 cm dicke Scheiben schneiden und im kochenden Wasser 5 Minuten blanchieren. Mit einem Schaumlöffel herausheben, gut abtropfen lassen, in die Tomatensauce geben und 15 Minuten garen. Den Backofen auf 220 °C vorheizen.
4. Die Fenchelscheiben mit der Sauce in eine große, längliche Gratinform schichten und mit dem in Würfel geschnittenen Mozzarella belegen. Paniermehl und Parmesan gemischt darüberstreuen und mit dem restlichen Olivenöl beträufeln. Auf der mittleren Schiene etwa 8 bis 10 Minuten überbacken.
5. Mit dem gehackten Fenchelgrün bestreuen und servieren.

Pro Person:
Kalorien (kcal) 415
Eiweiß (g) 22
Fett (g) 22
Kohlenhydrate (g) 28

Wenn es schnell gehen soll oder wenn es keine vollreifen Tomaten gibt, bereiten Sie die Sauce aus guten Dosentomaten zu.

GRATINIERTER RADICCHIO

Am besten eignet sich für dieses Gericht der längliche Radicchio di Treviso. Wenn Sie diese Sorte nicht bekommen können, verwenden Sie möglichst kleine Radicchioköpfe.

Für 4 Personen
Zubereitungszeit: 35 Minuten

800 g Radicchio
60 g Rindermark
1 Knoblauchzehe
3 EL Olivenöl
Salz
frisch gemahlener Pfeffer
1/8 l trockener Weißwein,
z. B. Pinot Grigio
2 große Fleischtomaten
6 bis 8 Basilikumblätter
4 EL geriebener Parmesan

1. Die Radicchioköpfe von welken Blättern befreien, den Strunk abschneiden und die Köpfe halbieren, größere Köpfe vierteln. Treviso-Radicchio ganz lassen, lediglich den Strunk abschneiden. Das Rindermark in kaltes Wasser legen.
2. Den Backofen auf 220 °C vorheizen.
3. Die geschälte Knoblauchzehe im erhitzten Olivenöl anbraten, dann herausnehmen und das Gemüse hineingeben. Kurz anbraten, mit Salz und Pfeffer würzen und mit Wein aufgießen. Zugedeckt bei schwacher Hitze ca. 8 Minuten garen.
4. Die Tomaten häuten, entkernen und in Würfel schneiden. Basilikumblätter in feine Streifen schneiden.
5. Radicchio in eine längliche, gefettete Auflaufform geben, Tomaten und Basilikum darüber verteilen, mit dem gut abgetropften, in Scheiben geschnittenen Rindermark belegen und mit Parmesan bestreuen. Auf der mittleren Schiene des Backofens in 5 bis 8 Minuten überbacken. Dazu paßt Weißbrot oder ein saftiges Risotto.

Pro Person:
Kalorien (kcal) 265
Eiweiß (g) 7
Fett (g) 23
Kohlenhydrate (g) 5

Anstelle des Rindermarks kann man den Radicchio auch mit Mozzarellascheiben belegt gratinieren.

GEFÜLLTE PAPRIKA UND TOMATEN

In kargen südlichen Gegenden, wo das Fleisch rar, Gemüse aber reichlich vorhanden war, pflegte man das Fleisch zum Beispiel mit Reis zu strecken und in die Gemüse zu füllen, um seiner Wenigkeit eine würdige Hülle zu geben. So entstanden vor allem in den südlichen Regionalküchen herrliche Kombinationen von gefülltem Gemüse.

Für 4 Personen
Vorbereitungszeit: 30 Minuten
Garzeit: 1 Stunde

- 1 große Zwiebel
- 2 Knoblauchzehen
- 2 EL geschmacksneutrales Öl
- 50 g Langkornreis
- 1/4 l Fleischbrühe
- je 2 gelbe und grüne mittelgroße Paprikaschoten
- 4 große Tomaten
- 2 Eier
- 1 EL gehackte Petersilie
- 700 g gehacktes Rindfleisch
- frisch gemahlener Pfeffer
- 1 EL Paprika, edelsüß
- 500 g Tomatenstücke aus der Packung
- 1 EL Tomatenmark
- 1 feingehackte Knoblauchzehe
- 1/8 l trockener Weißwein

1. Zwiebel und Knoblauch schälen, in kleine Würfel schneiden und im erhitzten Öl glasig braten. Den Reis hinzufügen und mitanschwitzen. Mit Fleischbrühe aufgießen und zugedeckt bei schwacher Hitze etwa 15 bis 20 Minuten kochen lassen.

2. Paprika und Tomaten waschen und jeweils am Stielansatz einen Deckel abschneiden. Von den Paprikaschoten die Kerne mitsamt den dicken Rippen herauslösen, die Tomaten mit einem Teelöffel aushöhlen und das Fruchtfleisch aufbewahren. Den Backofen auf 180 °C vorheizen.

3. Den gegarten Reis mit den Eiern und der Petersilie unter das Hackfleisch mischen und mit Salz, Pfeffer und Paprika würzen. Die Fleischfarce auf die innen leicht gesalzenen Schoten und Tomaten verteilen und diese jeweils mit ihrem Deckel verschließen.

4. Die Tomatenstücke mit dem zurückgelassenen Tomatenfleisch in eine große Auflaufform geben, mit Tomatenmark, Knoblauch und Wein verrühren, mit Salz und Pfeffer würzen. Die Paprikaschoten so in die Sauce stellen, daß Zwischenräume für die Tomaten bleiben. Zugedeckt 40 Minuten im Backofen garen.

5. Dann die Tomaten zwischen die Schoten stellen und zugedeckt in weiteren 20 Minuten fertig garen.

Pro Person:
Kalorien (kcal) 585
Eiweiß (g) 46
Fett (g) 31
Kohlenhydrate (g) 24

Obwohl man das ganze Jahr über Paprika und Tomaten bekommt, schmeckt das Gericht am besten im Spätsommer, wenn dieses Gemüse sonnenreif geerntet wird.
Zu dieser Zeit sollten Sie die Tomatensauce aus frischen Tomaten zubereiten.

Reis vorgaren
Unter die glasig gebratenen Zwiebel- und Knoblauchwürfel den Reis rühren, etwas anbraten und mit der Fleischbrühe aufgießen. Zugedeckt bei schwacher Hitze ausquellen lassen. Der Reis muß noch Biß haben.

Paprika aushöhlen
Deckel abschneiden und die Samenstränge mit einem kleinen Gemüsemesser aus den Schoten herauslösen. Unter fließend kaltem Wasser ausspülen, bis alle Kerne entfernt sind.

Tomaten aushöhlen
Von den Tomaten das obere Drittel als Deckel abschneiden. Das Fruchtfleisch mit einem kleinen Löffel vorsichtig herauslösen und aufbewahren. Schoten und Tomaten mit Salz und Pfeffer würzen.

Gemüse füllen
Die Fleischfarce mit Hilfe eines Löffels in das ausgehöhlte Gemüse füllen. Es soll etwas von der Füllung darüber hinausragen. Den Deckel daraufdrücken.

Gemüse garen
Die Tomaten zwischen den vorgegarten Paprikaschoten plazieren. Die Paprikaschoten mit etwas Tomatensauce begießen und zugedeckt auf der mittleren Schiene fertig garen.

GEMÜSETORTE

Gemüsetorten, -kuchen oder -strudel lassen sich schon Stunden vor dem Verzehr vorbereiten.
Haben Sie viele Gäste, verdoppeln Sie die Zutaten und ordnen alles auf einem Backblech an. Wollen Sie die pikanten Kuchen als Vorspeise reichen, verteilen Sie Teig und Füllung in Tortelettförmchen. Warm oder lauwarm schmecken die Kuchen am besten.

Für 4 Personen
Zubereitungszeit:
1 Stunde 10 Minuten

- 300 g Tiefkühl-Blätterteig
- 8 grüne Spargelstangen
- 200 g Blumenkohl
- 200 g Möhren
- Salz
- 100 g magerer, roher Schinken
- 200 g Cocktailtomaten
- 200 ml Sahne
- 3 Eier
- 1 EL gehackte Frühlingskräuter, z. B. Basilikum, Petersilie, Kerbel
- frisch gemahlener Pfeffer
- geriebene Muskatnuß
- Hülsenfrüchte zum Blindbacken

1. Die Blätterteigplatten auftauen lassen.Den Backofen auf 200 °C vorheizen.
2. Die Spargelstangen nur am unteren Ende schälen, auf eine Länge von 11 cm kürzen. Das untere Ende in Stücke schneiden. Den Blumenkohl in kleine Röschen teilen und die geschälten Möhren in 1/2 cm große Würfel schneiden.
3. Die Spargelstangen 10 bis 15 Minuten in kochendem Salzwasser bißfest garen. Anschließend Blumenkohl, Möhren und Spargelstücke darin fast gar kochen. Das Gemüse in einem Sieb gut abtropfen lassen. Den Schinken in kleine Würfel schneiden.
4. Die Blätterteigplatten mit etwas Wasser bepinseln, übereinanderlegen und zu einer runden Platte von 28 cm Durchmesser ausrollen. Boden und Rand einer kalt abgespülten Springform (24 cm Durchmesser) damit auskleiden und mit Hülsenfrüchten belegen. 10 Minuten vorbacken. Die Hülsenfrüchte entfernen.
5. Das kleingeschnittene Gemüse und den Schinken auf dem Kuchenboden verteilen, die Spargelstangen sternförmig darauf anordnen und die Tomaten um den äußeren Rand legen.
6. Sahne, Eier und Kräuter verquirlen, mit Salz, Pfeffer und Muskat würzen und über den Kuchenbelag gießen. Auf der mittleren Schiene in etwa 40 Minuten goldgelb backen.

Pro Person:
Kalorien (kcal) 710
Eiweiß (g) 18
Fett (g) 54
Kohlenhydrate (g) 30

Gemüse vorbereiten
Die Spargelstangen nur am unteren Ende schälen. Blumenkohl in sehr kleine Röschen teilen. Die Möhren schälen und in kleine Würfel schneiden. Falls die Möhren mit Grün sind, geben Sie die inneren, zarten Blätter feingehackt mit den Kräutern unter die Eiersahne.

Teigboden vorbereiten
Die einzelnen Blätterteigplatten mit etwas kaltem Wasser bepinseln, übereinander legen und mit einem Nudelholz zu einer runden Platte von 28 cm ausrollen. Mit Hilfe des Nudelholzes in die kalt abgespülte Springform (24 cm Ø) gleiten lassen.

Blindbacken
Den Kuchenboden 1/2 cm hoch mit getrockneten Linsen oder Erbsen belegen und auf der mittleren Schiene des vorgeheizten Backofens etwa 10 Minuten vorbacken. Anschließend die Hülsenfrüchte wieder entfernen.

Eiermischung zubereiten
Je nach Geschmack kann man für die saftige Umhüllung Milch, süße oder saure Sahne, Crème fraîche oder eine Mischung davon verwenden. Hinzu kommen nach und nach unter leichtem Schlagen mit einem Schneebesen die Eier.

Eiermischung würzen
Mit Salz und Pfeffer und je nach Geschmack mit Muskat, Ingwer, Curry, Paprika usw. kräftig würzen, da das Backen etwas die Würzkraft mindert. Außer frischen Kräutern kann man auch geriebenen Hartkäse, in Würfel geschnittenen Weichkäse oder Schinkenwürfel unter die Eimasse mischen.

GEMÜSEKUCHEN IN ALLEN VARIATIONEN

Am schnellsten und einfachsten bereitet man Gemüsekuchen sicherlich mit Blätterteig zu. Sie sollten aber auch andere Teige versuchen!
Die Garzeit der Kuchen beträgt zwischen 30 und 45 Minuten bei 200 °C auf der mittleren Schiene des Backofens.
Die folgenden Teig-Grundrezepte reichen für eine Springform von 24 cm Durchmesser.

Hefeteig
250 g Mehl
1 TL Salz
10 g Hefe
1/8 l lauwarme Milch
20 g Butter
1 kleines Ei

Aus der Milch und der Hefe einen Vorteig bereiten, dann mit den übrigen Zutaten zu einem Teig verarbeiten. Etwa 30 Minuten gehen lassen.

Mürbeteig
250 g Mehl
1/2 TL Salz
125 g kalte Butter in Flöckchen
4 bis 5 EL eiskaltes Wasser

Die angegebenen Zutaten rasch miteinander verkneten und vor dem Ausrollen 30 Minuten mit Folie umhüllt kalt stellen.

Quarkölteig
100 g Speisequark,
20 % Fett i.Tr.
1 kleines Ei
2 EL geschmacksneutrales Öl
150 g Mehl
1 TL Backpulver
1/2 TL Salz

Quark, Ei und Öl verquirlen und die übrigen Zutaten unterkneten. Mit Folie umhüllt 30 Minuten ruhen lassen.

Teig ausrollen, eine Springform damit auskleiden und je nach Geschmack füllen, z. B. mit:

1 Rosenkohl
300 g vorgegarten Rosenkohl in 100 g durchwachsenen Speckwürfeln anbraten.
Für die Sauce:
200 ml Sahne, 3 Eier, 80 g geriebener Roquefort, Salz, Pfeffer und Muskat.

2 Möhren
500 g junge Möhren, grob geraspelt, in 50 g zerlassener Butter anschwitzen und mit 2 cl Noilly Prat aufgießen. Mit 2 EL gehackten Möhrenblättern, Salz und Pfeffer würzen.
Für die Sauce:
100 g Crème fraîche, 100 ml Sahne, 2 Eigelb, 1 Ei, abgeriebene Orangenschale, Salz, Pfeffer.

3 Zwiebeln
500 g Zwiebeln in Scheiben geschnitten mit 100 g durchwachsenen Speckwürfeln und 20 g Butter glasig braten, nicht bräunen.
Für die Sauce:
200 ml Saure Sahne, 3 Eier, Salz, Pfeffer, Kümmel.

4 Chicorée
500 g Chicorée in Scheiben schneiden und in 50 g Butter anschwitzen, mit Salz und Pfeffer würzen und mit 100 g in Würfel geschnittenem Räucherlachs vermischen.
Für die Sauce:
200 ml Sahne, 2 Eigelb, 1 Ei, 1 EL geschnittener Dill, Salz, Pfeffer.

1

2

3

4

5

6

7

8

5 Champignons
500 g Champignons mit 2 EL Zwiebelwürfeln in 40 g Butter anbraten. Mit 1 TL Kräutern der Provence und 2 gehäuteten, in Würfel geschnittenen Tomaten vermischen.
Für die Sauce:
100 g Crème fraîche, 100 ml Sahne, 2 Eigelb, 50 g geriebener Gruyère, 2 EL gehackte Petersilie, Salz, Pfeffer.

6 Lauch
500 g geputzten, in Scheiben geschnittenen Lauch in 40 g Butter anschwitzen, mit 4 EL Weißwein aufgießen und weich garen. 100 g in Würfel geschnittenen rohen Schinken untermischen.
Für die Sauce:
200 ml Sahne, 3 Eier, 100 g geriebener Hartkäse, Salz, Pfeffer und Muskat.

7 Artischocken
8 junge kleine Artischocken putzen, vierteln und in 4 EL erhitztem Olivenöl anbraten. Mit Zitronensaft beträufeln, salzen und pfeffern.
Für die Sauce:
200 ml Sahne, 2 Eigelb, 80 g geriebener Parmesan, 2 EL gehackte Petersilie, Salz.

8 Spargel
1 kg geschälten Bruchspargel in 1/8 l Weißwein und 40 g Butter weichdünsten, pürieren und mit 100 g in Würfel geschnittenem Kochschinken vermischen. Mit Salz und weißem Pfeffer würzen.
Für die Sauce:
200 ml Sahne, 2 Eigelb, 2 Eier, 2 EL gehackte Frühlingskräuter verquirlen und unter das Spargelpüree mischen.

Eine gute Idee für eine Party sind bunte Gemüsekuchen vom Blech! Dazu ein Kuchenblech mit der doppelten Menge des gewünschten Teiges auskleiden und in diagonalen oder waagrechten Streifen mit unterschiedlichen Gemüsesorten belegen.
Mit der doppelten Menge an Eiermilch oder Eiersahne begießen und fertig backen. Beim Eintreffen der Gäste den Kuchen im Backofen kurz erwärmen.

GEFÜLLTE SELLERIESCHNITZEL

Für 4 Personen
Kochzeit der Sellerieknollen: 1 Stunde
Zubereitungszeit: 20 Minuten

2 Sellerieknollen à 500 g
8 Scheiben Lachsschinken
8 kleine Käsescheiben,
z. B. Emmentaler
Salz
frisch gemahlener Pfeffer
20 g Cornflakes
50 g Erdnüsse (ungesalzen)
2 Eier
2 bis 3 EL Mehl
6 EL Erdnußöl

1. Die Sellerieknollen waschen und ungeschält in reichlich Salzwasser in etwa 50 Minuten gar kochen.
2. Die Knollen in kaltem Wasser abkühlen lassen, dann abschälen. In vier gut 1 cm dicke Scheiben schneiden und jede Scheibe noch einmal einschneiden, aber nicht völlig durchschneiden. In diese Öffnung jeweils eine Schinken- und Käsescheibe stecken und fest zusammendrücken. Mit Salz und Pfeffer würzen.
3. Cornflakes und Erdnüsse in ein Tuch geben und mit dem Nudelholz fein zermahlen.
4. Die Sellerieschnitzel zuerst in Mehl, dann in den verquirlten Eiern und zum Schluß in der Cornflakes-Nußmischung wenden. Die Panade gut festdrücken.
5. Öl in einer beschichteten Pfanne erhitzen und die gefüllten Sellerieschnitzel darin von jeder Seite etwa 3 bis 4 Minuten bei mittlerer Hitze goldbraun braten.

Pro Person:
Kalorien (kcal) 440
Eiweiß (g) 21
Fett (g) 30
Kohlenhydrate (g) 17

Die Knollen dürfen nicht zu weich gekocht sein, da sie sonst beim Durchschneiden leicht brechen.
Die Selleriescheiben schmecken ebenfalls sehr raffiniert, wenn man sie mit etwas Gorgonzola füllt.
Aber auch ohne Füllung sind die außen knusprigen, innen saftigen Gemüsescheiben eine ideale Beilage zu vielen Wildgerichten.

GEMÜSE-KÜCHLEIN

Für 4 Personen
Zubereitungszeit: 45 Minuten

400 g Möhren
400 g Zucchini
1 mittelgroße Zwiebel
1 Knoblauchzehe
50 g durchwachsener
Räucherspeck
20 g Butter
2 Eier
80 g geriebener Hartkäse,
z. B. mittelalter Gouda
4 bis 5 EL Paniermehl
1 EL gehackte Petersilie
Salz
frisch gemahlener Pfeffer
4 EL Sesamsamen
6 EL Öl

1. Die Möhren schälen und waschen, von den Zucchini die Enden abschneiden. Beide Gemüse auf der groben Seite einer Rohkostreibe raspeln.
2. Zwiebel und Knoblauch schälen, wie den Räucherspeck in kleine Würfel schneiden und in der erhitzten Butter glasig braten.
3. Das geraspelte Gemüse mit der angedünsteten Zwiebelmischung und den Eiern verrühren. Käse und soviel Paniermehl hinzufügen, bis eine formbare Masse entsteht. Die Petersilie untermischen und mit Salz und Pfeffer herzhaft abschmecken.
4. 8 Frikadellen daraus formen. Den Sesamsamen auf einen Teller geben und die Gemüseplätzchen darin wenden.
5. Die Hälfte des Öls in einer Pfanne erhitzen und die Plätzchen darin auf jeder Seite 4 bis 5 Minuten bei mittlerer Hitze anbraten. Die Hitze darf keinesfalls zu stark sein, damit die Sesamsamen nicht zu braun werden. Die Gemüsefrikadellen im vorgeheizten Backofen warmstellen, bis alle fertig gebraten sind.
Mit Tomatensauce oder Knoblauchjoghurt und Salzkartoffeln servieren.

Pro Person:
Kalorien (kcal) 590
Eiweiß (g) 17
Fett (g) 37
Kohlenhydrate (g) 38

Probieren Sie einmal, Zucchini und Kartoffeln im gleichen Verhältnis zu mischen, und ersetzen Sie den Hartkäse durch geriebenen Schafskäse (Feta), oder mischen Sie Möhren mit Petersilienwurzeln und wenden Sie die Plätzchen dann in Sonnenblumenkernen.
Wenn Sie junge, zarte Möhren verwenden, mischen Sie ein wenig von den frischen Blättern, feingehackt, unter die Gemüsemasse.

CONCHIGLIE MIT BROCCOLI

In italienischen Küchen ist die Kombination von Pasta und Gemüse nicht nur üblich, sondern zu höchster Perfektion kultiviert. Die vielen Nudelsorten und das reiche Angebot an Gemüse lassen der Rezeptvielfalt einen unvergleichlichen Spielraum. Mal wird das Gemüse erst blanchiert und dann mit Sahne sämig gekocht, mal brät man das rohe Gemüse in reichlich Olivenöl an, bevor man es mit den »al dente« gekochten Nudeln vermischt. Die Einfachheit der Zubereitung steht in keinem Verhältnis zum kulinarischen Erfolg!

Für 4 Personen
Zubereitungszeit: 30 Minuten

800 g Broccoli
Salz
1 Zwiebel
1 Knoblauchzehe
1 rote Paprikaschote
1/2 frische, rote Peperoni
4 EL Olivenöl
frisch gemahlener Pfeffer
1/4 l Sahne
2 EL Tomatenstücke aus der Packung oder 1 gehäutete Tomate
300 g Conchiglie (Muschelnudeln)
60 g frisch geriebener Pecorino

1. Broccoli waschen, putzen und in Röschen teilen, die Stiele in Würfel schneiden. Röschen und Stiele in kochendem Salzwasser einige Minuten blanchieren.
2. Zwiebel und Knoblauch schälen, Paprikaschote waschen, halbieren, Stielende und Kerne entfernen und alles in Würfel schneiden. Die Peperoni fein hacken.
3. Das Öl in einer großen, hochwandigen Pfanne erhitzen und Zwiebel, Knoblauch, Paprika und Peperoni darin anschwitzen und unter Rühren weich braten. Den abgetropften Broccoli zum Gemüse geben, mit Salz und Pfeffer würzen, mit Sahne aufgießen und die Tomatenstücke hinzufügen. Bei mittlerer Hitze etwas einkochen lassen, dabei gelegentlich umrühren.
4. Währenddessen die Nudeln in reichlich kochendem Salzwasser oder im Kochwasser des Broccoli al dente kochen.
5. Die Conchiglie in ein Sieb schütten und gut abgetropft in die Pfanne zu der Broccolisauce geben. Die Hälfte des Pecorinos hinzufügen und alles gründlich miteinander vermischen. Den restlichen Käse getrennt dazu reichen.

Pro Person:
Kalorien (kcal) 680
Eiweiß (g) 23
Fett (g) 35
Kohlenhydrate (g) 65

Aus selbst zubereiteten Nudeln schmeckt dieses Gericht besonders fein.
Aber auch gute Feinkostgeschäfte bieten frische Teigwaren an. Beachten Sie, daß bei frisch zubereiteten Nudeln die Garzeit wesentlich kürzer ist.

Gemüse vorbereiten
Broccoli putzen und in kleine Röschen teilen, die Stiele in Würfel schneiden. Geschälte Zwiebel und Knoblauch sowie die geputzte, halbierte Paprikaschote in kleine Würfel, die Peperoni in feine Ringe schneiden.

Gemüse anbraten
Am besten eignet sich für dieses und die nachfolgenden Gerichte eine große hochwandige Pfanne, in der auch noch die Nudeln Platz finden. Unter Rühren mit einem Kochlöffel das Gemüse darin anschwitzen.

Nudeln kochen
Während die Gemüsesauce kocht, 4 l Wasser mit 40 g Salz in einem großen Topf zum Kochen bringen und die Nudeln darin in 8 bis 12 Minuten je nach Sorte al dente kochen. Zwischendurch immer wieder überprüfen, daß die Pasta nicht zu weich wird.

Gemüse und Nudeln vermischen
Die in einem Sieb gut abgetropften Nudeln sofort, ohne Abschrecken mit kaltem Wasser, in die Pfanne zum Gemüse geben.

Mit Käse vermischen
Geriebenen Käse darüberstreuen, alles gründlich, am besten mit zwei Holzlöffeln, vermischen und noch einmal kurz erhitzen.

GEMÜSE UND NUDELN

Für 4 Personen rechnet man 300 g Pasta. Beachten Sie die auf der Packung angegebenen unterschiedlichen Garzeiten der Nudelsorten!

1 Tagliatelle mit grünem Spargel
1 kg grünen Spargel nur am unteren Ende schälen und in etwa 10 Minuten bißfest kochen. In Stücke schneiden und in 6 EL Olivenöl kurz anschwitzen. Reichlich frisch gehackte Kräuter und 2 gehäutete, in Würfel geschnittene Fleischtomaten dazugeben und mit Salz und Pfeffer würzen. Die al dente gekochten, gut abgetropften Tagliatelle untermischen und frisch geriebenen Parmesan dazu reichen.

2 Penne mit Zucchini
4 kleine Zucchini waschen, erst in Scheiben, dann in schmale Streifen schneiden. 6 EL Olivenöl erhitzen, 2 gehackte Knoblauchzehen und die Zucchini darin anschwitzen. Mit 1 TL abgezupfter Thymianblättchen bestreuen, mit Salz und Pfeffer würzen und die al dente gekochten, gut abgetropften Penne untermischen. Mit frisch gehackter Petersilie bestreuen und ohne Käse servieren.

3 Spaghetti mit Paprika
3 große Paprikaschoten, gelb, rot und grün oder nur eine Farbe, je nach Geschmack, halbieren und entkernen. Die Schoten häuten und in Würfel schneiden. 2 gehackte Knoblauchzehen in 5 EL Olivenöl anschwitzen, Paprika und 4 feingehackte Sardellen hinzufügen und weich schmoren. 2 EL Kapern sowie die al dente gekochten, gut abgetropften Spaghetti untermischen. Mit feingeschnittenem Basilikum bestreuen.

4 Orecchiette mit Artischocken
6 kleine, junge Artischocken putzen, in Scheiben schneiden, sofort mit Zitronensaft beträufeln und in 50 g erhitzter Butter unter Rühren goldbraun braten. 1 feingehackte Zwiebel hinzufügen, kurz mitanbraten und mit 4 EL Weißwein und 4 EL Sahne aufgießen. Zugedeckt weich schmoren. Das in Streifen geschnittene Basilikum, 2 EL Tomatenstücke, geriebenen Parmesan und die al dente gekochten, gut abgetropften Orecchiette untermischen.

1

2

3

4

5

6

7

8

5 Farfalle mit Erbsen
2 EL Zwiebelwürfel in 50 g Butter anschwitzen, 300 g ausgepalte Erbsen mitanbraten, salzen und pfeffern und 4 gehäutete, in kleine Würfel geschnittene Tomaten sowie 1 EL gehackte Minzeblätter untermischen. Sobald das Gemüse gar ist, mit den al dente gekochten, gut abgetropften Farfalle vermischen und mit frisch geriebenem Parmesan bestreut servieren.

6 Rigatoni mit Tomaten
1 kg vollreife Tomaten häuten, entkernen und in kleine Würfel schneiden. 1 Zwiebel und 2 Knoblauchzehen, in kleine Würfel geschnitten, sowie je 1 Zweig Thymian und Rosmarin in 5 EL Olivenöl anbraten. Tomatenstücke dazugeben, salzen und pfeffern und bei mittlerer Hitze sämig kochen. Die al dente gekochten, gut abgetropften Rigatoni untermischen und mit geriebenem Pecorino servieren.

7 Ditalini mit Gemüse
250 g Zucchini und 250 g geschälte Möhren in kleine Würfel, 4 Stengel Staudensellerie in dünne Scheiben schneiden. 5 EL Olivenöl in einer hochwandigen Pfanne erhitzen und 1 gehackte Knoblauchzehe darin anrösten. Das vorbereitete Gemüse dazugeben und unter Rühren anschwitzen. Mit Salz und Pfeffer würzen. Kurz bevor das Gemüse gar ist, 100 g ausgepalte Erbsen dazugeben und diese in wenigen Minuten gar werden lassen. Die al dente gekochten, gut abgetropften Ditalini und 2 EL feingehackte Petersilie sowie 1 EL feingeschnittene Basilikumblätter untermischen und mit frisch geriebenem Parmesan servieren.

8 Fusilli mit Auberginen, Pilzen und Tomaten
2 mittelgroße Auberginen in Scheiben schneiden und salzen. Nach 30 Minuten ausdrücken und die Scheiben in Würfel schneiden. 100 g Steinpilze putzen und vierteln. 5 EL Olivenöl erhitzen und 2 EL Zwiebelwürfel sowie 1 gehackte Knoblauchzehe darin anschwitzen. Die Auberginenwürfel und die Pilze dazugeben und goldbraun anrösten. Mit Salz, Pfeffer und 1 TL Thymianblättchen würzen und die Tomatenwürfel dazugeben. Einige Minuten durchkochen lassen, dann die al dente gekochten, gut abgetropften Fusilli und 2 bis 3 EL frisch geriebenen Pecorino untermischen.

GEMÜSERAVIOLI IN TOMATENSAUCE

Für 4 Personen
Zubereitungszeit:
1 Stunde 15 Minuten

Für den Teig:
400 g Mehl
4 Eier
1 EL Öl
Für die Füllung:
1 kleine rote Paprikaschote
1 große Möhre
1 Stange Staudensellerie
1 kleiner Zucchino
2 EL ausgepalte Erbsen
30 g Butter
Salz
200 g Ricotta,
ersatzweise Schichtkäse
1 Eigelb
60 g geriebener Parmesan
8 bis 10 Basilikumblätter
frisch gemahlener Pfeffer
Für die Sauce:
700 g vollreife Tomaten
1 bis 2 Knoblauchzehen
3 EL Olivenöl
je 1 Zweig Rosmarin und
Thymian
1/8 l Fleischbrühe
50 g geriebener Parmesan

1. Aus Mehl, Eiern und Öl einen Nudelteig zubereiten und mit einem Tuch bedeckt 20 Minuten ruhen lassen.
2. In der Zwischenzeit das Gemüse waschen, putzen und in kleine Würfel schneiden. Die Butter in einer Pfanne erhitzen und die Gemüsewürfel sowie die Erbsen darin bei mittlerer Hitze etwa 5 Minuten anschwitzen. Salzen und abkühlen lassen.
3. Den Ricotta mit Eigelb und Parmesan glattrühren, das Gemüse sowie die fein geschnittenen Basilikumblätter untermischen, mit Salz und Pfeffer würzen.
4. Die Tomaten häuten, entkernen und in Stücke schneiden. Die geschälten, gehackten Knoblauchzehen im erhitzten Öl anbraten. Tomaten und Kräuter hinzufügen und mit Fleischbrühe aufgießen.
20 Minuten leise köcheln lassen.
5. Den Nudelteig halbieren und jeweils 2 mm dick ausrollen. Auf eine Teighälfte im Abstand von 4 cm mit einem Teelöffel etwas Gemüsemasse geben. Die zweite Teigplatte darüberlegen und rund um die Füllung gut festdrücken. Mit einem Teigrädchen Quadrate um die Füllung herum ausrollen, die Ränder noch einmal zusammendrücken.
6. Die Ravioli portionsweise im leicht siedenden Salzwasser in 3 bis 5 Minuten al dente kochen, herausheben, abtropfen lassen und auf vorgewärmte Teller verteilen. Mit der Tomatensauce begießen und mit Parmesan servieren.

Pro Person:
Kalorien (kcal) 860
Eiweiß (g) 37
Fett (g) 40
Kohlenhydrate (g) 83

CANNELLONI MIT RADICCHIOFÜLLUNG

Für 4 Personen
Zubereitungszeit: 1 Stunde

- 500 g vollreife Tomaten
- 1 Möhre
- 2 Zwiebeln
- 1 Stange Staudensellerie
- 8 EL Olivenöl
- 1 Zweig frischer Oregano
- Salz
- frisch gemahlener Pfeffer
- 1/8 l Fleischbrühe
- 500 g Treviso-Radicchio
- 2 kleine Zucchini (250 g)
- 50 g durchwachsener Speck
- 2 Knoblauchzehen
- 250 g Ricotta (ersatzweise Schichtkäse)
- 1 Bund Basilikum
- 100 g Bel Paese (Butterkäse)
- ca. 20 fertig gekaufte Cannelloni (je nach Durchmesser)
- 60 g geriebener Parmesan

1. Tomaten häuten und in Stücke schneiden. Möhre und Zwiebeln schälen, Staudensellerie waschen und alles in kleine Würfel schneiden.
2. 3 EL Öl erhitzen und Möhre, Sellerie und die Hälfte der Zwiebeln darin anbraten. Die Tomaten und den Oregano dazugeben, salzen und pfeffern und mit Fleischbrühe aufgießen. Zugedeckt bei schwacher Hitze etwa 20 Minuten köcheln lassen.
3. Die Radicchioköpfe putzen, waschen und in feine Streifen schneiden. Zucchini waschen und erst der Länge nach in dünne Scheiben, dann quer in feine Streifen schneiden. Die Knoblauchzehen fein hacken, den Speck in Würfel schneiden.
4. 3 EL Olivenöl erhitzen und die Zwiebel-, Knoblauch- und Speckwürfel darin glasig braten. Die Gemüsestreifen dazugeben und bei starker Hitze scharf anbraten. Mit Salz und Pfeffer würzen und von der Kochstelle nehmen. Den Backofen auf 200 °C vorheizen.
5. Ricotta in einer Schüssel verrühren und das feingeschnittene Basilikum, den in kleine Würfel geschnittenen Käse sowie das abgekühlte Gemüse untermischen. Noch einmal würzig abschmecken und die Füllung mit einem Teelöffel in die Cannelloni füllen.
6. Die Nudelrollen nebeneinander in eine flache, feuerfeste Auflaufform schichten, mit der Tomatensauce begießen, mit Parmesan bestreuen und mit dem restlichen Öl beträufeln. Auf der mittleren Schiene etwa 30 Minuten backen.

Pro Person:
Kalorien (kcal) 815
Eiweiß (g) 30
Fett (g) 50
Kohlenhydrate (g) 56

GEMÜSEREIS »PRIMAVERA«

Risotto ist eine norditalienische Spezialität, die mit ihrer Verbreitung über das Land alle Farben und Geschmacksrichtungen der Regionalküche angenommen hat. Die Kunst der Herstellung ist sehr leicht zu beherrschen, wenn man sich die Zeit nimmt, dem Risotto dauernde Aufmerksamkeit zu widmen. Nur dann gelingt er in aller Schönheit: glänzend und feucht. Niemals darf der Reis trocken sein!

Für 4 Personen
Zubereitungszeit: 45 Minuten

150 g wilder Spargel,
ersatzweise grüner Spargel
2 kleine Artischocken
Saft von 1 Zitrone
1 junge Möhre
2 Schalotten
100 g junge Bohnen
50 g ausgepalte Erbsen
5 EL Olivenöl
20 g Butter
200 g Arborioreis
ca. 3/4 l kochendheiße
Fleischbrühe
Salz
frisch gemahlener Pfeffer
1 EL gehackte Frühlingskräuter,
z. B. Basilikum, Petersilie,
Estragon, Rucola
30 g geriebener Parmesan

1. Den Spargel putzen und in Stücke schneiden. Die Köpfe beiseite legen. Von den Artischocken harte Blattspitzen entfernen, vierteln und in Wasser mit Zitronensaft legen. Möhre und Schalotten schälen und in Würfel schneiden. Von den Bohnen die Enden abknipsen und die Bohnen in 2 cm lange Stücke schneiden.

2. Olivenöl und Butter in einem Schmortopf erhitzen, die Schalotten darin glasig braten. Das Gemüse, bis auf die Spargelspitzen und die Erbsen, nach und nach dazugeben und mitanbraten.

3. Den Reis darüberstreuen, mit Salz und Pfeffer würzen und unter Rühren etwa ein Viertel der heißen Fleischbrühe dazugießen. Etwa 20 Minuten sprudelnd kochen lassen, dabei immer wieder etwas Fleischbrühe nachgießen und umrühren. Nach ca. 10 Minuten das restliche Gemüse dazugeben.

4. Das Risotto ist fertig, wenn alle Flüssigkeit aufgesogen ist. Käse und Kräuter untermischen.

Pro Person:
Kalorien (kcal) 410
Eiweiß (g) 10
Fett (g) 19
Kohlenhydrate (g) 48

Man sollte Risotto bei der Zubereitung nie aus den Augen lassen und immer wieder, kurz bevor die Flüssigkeit verkocht ist, heiße Brühe nachgießen.

STEINPILZ-REIS

Für 4 Personen
Zubereitungszeit: 40 Minuten

250 g Steinpilze
1 Zwiebel
5 EL Olivenöl
20 g Butter
200 g Arborioreis
Salz
frisch gemahlener Pfeffer
ca. 3/4 l heiße Fleischbrühe
1 Bund Petersilie
30 g geriebener Parmesan

1. Steinpilze putzen und in Scheiben schneiden, die Zwiebel schälen und in Würfel schneiden.
2. Öl und Butter erhitzen und die Zwiebel glasig braten, die Pilze darin anrösten und den Reis dazugeben. Mit Salz und Pfeffer würzen und nach und nach die heiße Brühe dazugießen. In etwa 20 Minuten sprudelnd garkochen lassen (siehe Gemüsereis »Primavera«).
3. Zum Schluß gehackte Petersilie und Käse untermischen.

Pro Person:
Kalorien (kcal) 385
Eiweiß (g) 8
Fett (g) 19
Kohlenhydrate (g) 43

BUNTER PAPRIKAREIS

Für 4 Personen
Zubereitungszeit: 45 Minuten

je 1 rote, gelbe und
grüne Paprikaschote
1 bis 2 Knoblauchzehen
6 EL Olivenöl
200 g Arborioreis
Salz
frisch gemahlener Pfeffer
1/2 TL gerebelter Thymian
ca. 3/4 l heiße Fleischbrühe
30 g geriebener Pecorino
1 Bund Schnittlauch

1. Paprikaschoten waschen, halbieren, Stengelansatz und Kerne entfernen. Das Fruchtfleisch in kleine Würfel schneiden. Knoblauchzehen fein hacken.
2. Öl erhitzen und das Gemüse darin anbraten. Mit Reis und Thymian bestreuen und nach und nach mit der heißen Fleischbrühe aufgießen. Sprudelnd gar kochen (siehe Gemüsereis »Primavera«).
3. Den Käse untermischen und mit Schnittlauch bestreuen.

Pro Person:
Kalorien (kcal) 370
Eiweiß (g) 8
Fett (g) 18
Kohlenhydrate (g) 43

GEMÜSE-REIS-AUFLAUF

Für 4 Personen
Zubereitungszeit:
1 Stunde 15 Minuten

- 1 Bund Frühlingszwiebeln
- je 1 gelbe und 1 rote Paprikaschote
- 2 große Möhren
- 100 g grüne Bohnen
- 3 EL Öl
- 200 g Langkornreis
- Salz
- frisch gemahlener Pfeffer
- 1/2 l Gemüsebrühe
- 100 g Butter oder Margarine
- 4 Eigelb
- 100 g geriebener Hartkäse, z. B. Emmentaler oder Gruyère
- 1 Bund Petersilie
- 1 TL Paprika, edelsüß
- 4 Eiweiß
- Fett für die Form

1. Das Gemüse waschen und putzen. Die Frühlingszwiebeln mit einem Teil des Grüns in Scheiben, die Paprikaschoten und die geschälten Möhren in Würfel und die Bohnen in etwa 3 cm lange Stücke schneiden.
2. Das Öl in einem Schmortopf erhitzen und das Gemüse darin anbraten. Den Reis darüberstreuen, mitanbraten und mit Salz und Pfeffer würzen. Mit der Gemüsebrühe aufgießen. Aufkochen lassen und zugedeckt bei schwacher Hitze etwa 20 Minuten ausquellen lassen. Dann in eine Schüssel geben und abkühlen lassen.
3. Den Backofen auf 200 °C vorheizen. 80 g Butter und Eigelb cremig rühren, 80 g Käse und die gehackte Petersilie hinzufügen. Den Gemüsereis untermischen und mit Salz, Pfeffer und Paprika würzig abschmecken.
4. Die Eiweiß zu steifem Schnee schlagen und unter die Gemüsemasse ziehen.
5. Die Masse in eine gut gefettete Auflaufform füllen, die Oberfläche glattstreichen und mit Butterflöckchen belegen. Auf der mittleren Schiene in ca. 40 Minuten goldbraun backen, nach 15 Minuten Backzeit den Auflauf mit dem restlichen Käse bestreuen.

Pro Person:
Kalorien (kcal) 690
Eiweiß (g) 21
Fett (g) 43
Kohlenhydrate (g) 50

Wer den Auflauf nicht ganz so vegetarisch möchte, fügt 100 g in Würfel geschnittenen, gekochten Schinken hinzu.

THAILÄNDISCHER GEMÜSEREIS MIT GARNELEN

Dieses Gericht läßt sich besonders gut in einem Wok herstellen. Die chinesische Eisenpfanne mit gerundetem Boden und hochgezogenem Rand wird in der asiatischen Küche vor allem zum Pfannenrühren verwendet. Mit dieser Methode läßt sich das Gemüse ausgezeichnet bißfest braten, wie es nicht nur für ein thailändisches Gericht ideal ist.

Für 4 Personen
Zubereitungszeit: 35 Minuten

- 1 Zwiebel
- 2 Knoblauchzehen
- 100 g Blumenkohl
- 100 g Broccoli
- 100 g Weißkohl
- 100 g Möhren
- 2 Stangen Staudensellerie
- 50 g Zuckerschoten
- 50 g Mungosprossen
- 8 EL Öl
- Salz
- frisch gemahlener Pfeffer
- Cayennepfeffer
- 1 bis 2 EL Sojasauce
- 300 g gekochter Langkornreis
- 1/8 l Fischfond
- 2 cl Reiswein oder Fino-Sherry
- 8 Garnelen mit der Schale
- Saft von 1 Limette
- 2 EL Sesamsamen
- 1 EL fein gehackte Cilantroblätter (Koriandergrün)

1. Zwiebel und Knoblauch schälen und in kleine Würfel schneiden. Blumenkohl und Broccoli in Röschen zerteilen, Weißkohl in feine Streifen und die geschälten Möhren und den Staudensellerie in Scheiben schneiden. Von den Zuckerschoten die Enden abknipsen.

2. 5 EL Öl in einem Wok oder einer hochwandigen Pfanne erhitzen und erst die Zwiebel- und Knoblauchwürfel darin glasig braten, dann nach und nach das vorbereitete Gemüse hinzufügen. Unter ständigem Rühren in etwa 6 bis 8 Minuten bißfest braten.

3. Mit Salz, Pfeffer, Cayennepfeffer und Sojasauce würzen und den Reis untermischen. Mit Fischfond, Reiswein oder Sherry aufgießen, gründlich vermischen und alles kurz erhitzen.

4. In einer zweiten Pfanne das restliche Öl erhitzen und die Garnelen darin von beiden Seiten kurz anbraten. Mit Limettensaft beträufeln.

5. Die Sesamsamen trocken in einer Pfanne rösten.

6. Den Gemüsereis mit Cilantro und Sesam bestreuen und mit den Garnelen belegt servieren.

Pro Person:
Kalorien (kcal) 450
Eiweiß (g) 30
Fett (g) 25
Kohlenhydrate (g) 21

DESSERTS

Das Dessert ist der glanzvolle Abschluß und Höhepunkt eines guten Menüs. Umso wichtiger ist es, das passende Dessert auszuwählen. Die schönsten Ideen für das süße Ende: luftige Cremes, zarte Soufflés, Eis- und Fruchtdesserts sowie kleines Gebäck!

ANANAS

Frische Ananas müssen tranchiert werden, und obwohl dabei fast 40 Prozent Abfall anfallen, lohnt sich die Mühe. Das phantastische Aroma frischer Früchte ist nämlich nicht mit dem Geschmack konservierter Früchte zu vergleichen.

1. Den unteren Stielansatz und die Blattkrone so abschneiden, daß das Fruchtfleisch sichtbar ist.

2. Frucht aufstellen und die Schale von oben nach unten abschneiden. »Augen« mit einem Messer herauslösen.

3. Die Ananas der Länge nach halbieren, den inneren harten Kern herauslösen und das Fruchtfleisch in Stücke teilen.

MANGO

Da das Fruchtfleisch fest mit dem Kern verwachsen ist, benötigt man beim Zerteilen ein scharfes Messer, damit möglichst wenig köstlicher Saft verloren geht. Vorsicht: Der Saft hinterläßt Flecken, die sich nur schwer aus der Kleidung entfernen lassen!

1. Mango mit einem scharfen, leicht gerundeten Obstmesser oder einem Gurkenschäler dünn abschälen.

2. Das Fruchtfleisch beidseitig der Länge nach vom Kern schneiden. Dabei dicht am Kern entlang fahren.

3. Vollreife Früchte ungeschält teilen und das Fruchtfleisch mit einem Löffel aus den Hälften herauslösen.

ZITRUSFRÜCHTE

Möchte man das Fleisch der Früchte ohne die störenden Häutchen genießen, muß man die Früchte filetieren. Die Früchte sollten hierfür kernlos sein, da sonst die ausgelösten Segmente leicht zerfallen.

1. Orangen und Grapefruits schälen, so daß die weiße Haut völlig entfernt wird.

2. Über einem Teller mit einem scharfen Messer die Filets zwischen den Trennhäuten herauslösen.

3. Die Trennhäute mit der Hand auspressen, da in dem restlichen Fruchtfleisch noch viel Saft steckt.

PFIRSICH

Der Hochgenuß des herrlichen Pfirsich-Aromas wird durch die leicht pelzige Haut oft ein wenig beeinträchtigt. Durch kurzes Blanchieren läßt sich die Haut leicht entfernen.

1. Die Pfirsiche auf einen Schaumlöffel legen und kurz in kochendes Wasser tauchen.

2. Aus dem Wasser heben und in einer Schüssel mit kaltem Wasser abschrecken oder kurz kalt überbrausen.

3. Die Haut, am Stengelansatz beginnend, mit einem spitzen Messer abziehen. Die Frucht halbieren und entsteinen.

MELONEN

Vor allem in den heißen Sommermonaten sind reife Melonen eine herrliche Erfrischung. Die Reifeprüfung ist deshalb besonders wichtig: mit dem Daumen gegen den Blütenansatz drücken. Die Stelle muß weich sein und einen aromatischen Duft verströmen!

1. Melone quer halbieren, indem man entlang der Mitte mit einem spitzen, langen Messer zickzackförmig einsticht.

2. Die Kerne herauslösen und das Fruchtfleisch mit einem Kugelausstecher ausstechen.

3. Das restliche Fruchtfleisch im Mixer oder mit dem Pürierstab fein pürieren und z. B. unter Fruchtsalate mischen.

FRISCHE DATTELN

Selbstverständlich kann man die nährstoffreichen Früchte auch mitsamt der Haut genießen, aber bei den meisten Desserts ist die etwas harte Schale störend.

1. Mit einem spitzen, kleinen Messer die Haut und das Fruchtfleisch der Länge nach bis zum Kern einschneiden.

2. Die harte Schale, am Stielansatz beginnend, abziehen. Den länglichen Kern entfernen.

3. Die Früchte entweder füllen und wieder zusammendrücken oder längs in Spalten oder Streifen schneiden.

GRANATAPFEL

Dank der dicken, lederigen Schale sind Granatäpfel besonders lange haltbar, ohne daß das saftige Innere darunter leidet. Selbst wenn sich die Schale schon hart anfühlt, hat die Frucht meist nicht an Saftigkeit verloren. Übrigens: Je dünner die Schale, um so süßer sind die Kerne!

1. Entweder die Frucht quer halbieren und die Kerne mit einem Löffel sorgfältig herauslösen.

2. Oder den Kelchansatz keilförmig herausschneiden, die Frucht auseinanderbrechen, so daß die Kerne herausfallen.

3. Um den Saft zu gewinnen, preßt man die Fruchthälften am ergiebigsten mit einer elektrischen Zitruspresse aus.

PASSIONSFRÜCHTE

Bei uns erhält man aus der großen Familie der Passionsfrüchte vor allem die ovalen, gelblichgrünen Maracujas, die rundlichen, orangeroten Granadillas und die bananenförmigen, gelben Curubas. Das sehr saftreiche, gallertartige Fruchtfleisch mit den kleinen Samenkernen findet man bei jeder Sorte.

1. Früchte quer halbieren, das kernige Fruchtfleisch herauslösen und so unter Fruchtsalate mischen.

2. Zur Saftgewinnung das Fruchtfleisch kurz mit dem Pürierstab oder im Mixer »durchrühren«.

3. Anschließend durch ein feines Haarsieb streichen und als Basis für exotische Cremes oder Eis verwenden.

SAHNE SCHLAGEN

Für viele Desserts ist Sahne nicht nur Lockerungsmittel, sie unterstreicht auch den Wohlgeschmack! Sahne sollte auf keinen Fall zu schnell geschlagen werden, da sie sonst nicht richtig locker wird. Profis lassen daher die Finger von Handrührgeräten.

1. Die gut gekühlte Sahne mit einem stabilen Schneebesen in einer fettfreien Schüssel schlagen.

2. Für gesüßte Sahne den Zucker in die flüssige Sahne geben, damit er sich während des Schlagens auflösen kann.

3. Beim Schlagen mit einem Handrührgerät immer auf kleiner Stufe beginnen und bei mittlerer Stufe steif schlagen.

EISCHNEE SCHLAGEN

Eischnee ist, im Unterschied zur Sahne, eine kalorienarmes Lockerungsmittel. Voraussetzung für das Gelingen sind frische Eier von bester Qualität, die sorgfältig getrennt werden müssen, sowie absolut fettfreie Arbeitsgeräte!

1. Jedes Ei einzeln über einer Tasse aufschlagen und sorgfältig trennen, damit kein Eigelb ins Eiweiß gelangt.

2. Entweder mit dem Schneebesen oder mit dem Handrührgerät auf kleinster Stufe schaumig schlagen.

3. Zucker langsam hinzufügen und weiterschlagen, bis sich der Zucker aufgelöst hat und die Masse schnittfest ist.

BINDEN MIT GELATINE

Für Geleespeisen immer nur so viel Gelatine verwenden als unbedingt nötig!
Soll die Speise cremig werden, reichen 4 bis 5 Blätter oder 8 bis 10 g auf 1/2 l Flüssigkeit. Will man das Dessert stürzen, muß man etwa 8 Blatt (16 g) unter 1/2 l Flüssigkeit rühren.

1. Blattgelatine in reichlich kaltem Wasser in einem ausreichend großen Gefäß etwa 10 Minuten quellen lassen.

2. Bei Fruchtgelees die Blätter ausdrücken und nach und nach in der heißen Flüssigkeit unter Rühren auflösen.

3. Für Cremes ausgedrückte Blätter bei schwacher Hitze auflösen. Erst mit wenig Creme verrühren, dann vermischen.

BINDEN MIT STÄRKE

Pudding oder Cremes, die gekocht werden, bindet man mit Speisestärke. Auch hier sollt man nur so viel als unbedingt nötig verwenden.
30 g Speisestärke, z. B. Mondamin, auf 1/2 l Flüssigkeit sind ideal für ein cremiges Dessert. 40 g reichen aus, um den Pudding sturzfähig zu machen.

1. Die Speisestärke mit etwas kalter Flüssigkeit anrühren. Restliche Flüssigkeit zum Kochen bringen.

2. Mit einem Kochlöffel oder Schneebesen die angerührte Speisestärke in die kochende Flüssigkeit rühren.

3. Die Masse unter Rühren kurz aufkochen lassen, von der Kochstelle nehmen und in gewünschte Formen gießen.

ZUCKERSIRUP ZUBEREITEN

Profis benötigen hierfür eine Zuckerwaage, Aräometer genannt, die den genauen Grad der Zuckerkonzentration angibt. Für einen Hobbykoch ist das nicht zwingend notwendig. Bei der Verwendung für Kompott oder Sorbet reicht ein Sirup, der Fäden zieht!

1. 150 g Zucker in einer Kasserolle, am besten aus Kupfer, mit 4 EL Wasser verrühren.

2. Unter Rühren mit einem Schneebesen so lange kochen lassen, bis die Flüssigkeit große Blasen bildet.

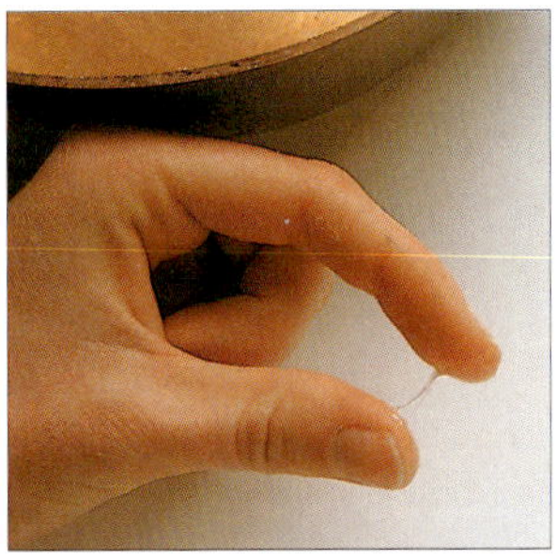

3. Etwas Sirup abnehmen, leicht abkühlen lassen und zwischen zwei Fingern prüfen, ob er einen Faden zieht.

KARAMEL ZUBEREITEN

Zu Karamel geschmolzener, gebräunter Zucker ist die Grundlage der klassischen Karamelcreme. Man kann damit aber auch diversen Saucen eine besondere Note verleihen oder duftige Schneeklößchen überziehen.

1. Eine Kasserolle, am besten aus Kupfer, auf der Kochplatte erhitzen und 100 g Zucker hineinstreuen.

2. Unter Rühren mit einem Kochlöffel den Zucker erst schmelzen, dann leicht bräunen lassen.

3. Mit 2 EL Wasser aufgießen und unter Rühren kochen lassen, bis sich der Karamel aufgelöst hat.

FORMEN AUSFETTEN

Damit sich die lockeren Soufflés oder Aufläufe gut aus den kleinen Keramik- oder Porzellanformen lösen, ist ein sorgfältiges Einfetten nötig.

1. Etwas Butter streichfähig erwärmen. Mit einem Pinsel Boden und Seitenwände der Form damit ausstreichen.

2. Streuzucker oder braunen Zucker hineinstreuen und durch Drehen des Förmchens gleichmäßig verteilen.

3. Den restlichen Zucker in die nächste Form schütten und auf die gleiche Weise in der Form verteilen.

SOUFFLÉFORM VORBEREITEN

Um den Effekt eines aufgegangenen Teiges bei Eissoufflés zu erreichen, müssen die Formen mit einer Papiermanschette versehen werden.

1. Pergamentpapier doppelt falten und einen Streifen schneiden, der 3 cm höher ist als die Souffléformen.

2. Die Streifen um die Formen wickeln. Die Enden etwas überlappen lassen, mit einem Klebestreifen festkleben.

3. Creme 2 cm über den Förmchenrand einfüllen und tiefkühlen. Vor dem Servieren die Manschette entfernen.

BAYERISCHE CREME

Die klassische bayerische »Rahmsulz«, wie sie heute noch manchmal in Bayern genannt wird, hat als »Crème Bavaroise« weltweit die feine Küche erobert. Zu verdanken haben die Bayern die sahnige Creme der bayerischen Prinzessin Isabeau Bavière. Bei festlichen Anlässen ließ sie die Creme zubereiten, in spezielle Formen füllen und dann, auf Platten gestürzt, mit einer süßen Sauce servieren.

Für 6 Personen
Zubereitungszeit: 50 Minuten
Kühlzeit: 4 bis 5 Stunden

- $^{1}/_{2}$ l Milch
- 1 Vanilleschote
- 8 Blatt weiße Gelatine
- (oder 16 g Gelatinepulver)
- 5 Eigelb
- 120 g Zucker
- 400 ml Sahne

1. Die Milch in einen Kochtopf gießen. Die Vanilleschote der Länge nach aufschneiden, das Mark mit einem spitzen Messer herausschaben und mit der Schote in der Milch erwärmen.
2. Die Blattgelatine in reichlich kaltem Wasser einweichen. (Bei Gelatinepulver Packungsangaben beachten.)
3. Eigelb und Zucker in einer Schlagschüssel mit einem Schneebesen so lange schlagen, bis die Masse weiß und cremig ist und sich der Zucker vollständig aufgelöst hat.
4. Die Vanilleschote aus der heißen Milch nehmen und die Milch langsam unter die Eimasse rühren.
5. Über einem heißen Wasserbad aufschlagen und zur Rose abziehen. Die Masse darf aber auf keinen Fall zu heiß werden, da sie sonst gerinnt.
6. Die Blattgelatine aus dem Wasser nehmen und ausdrücken. Die Blattgelatine (oder das gequollene Gelatinepulver) nach und nach in die heiße Creme geben und unter Rühren auflösen.
7. Die Schlagschüssel in eine größere Schüssel mit Eiswasser stellen und die Creme unter Rühren erkalten lassen.
8. Die Sahne steif schlagen und, kurz bevor die Creme zu gelieren beginnt, gleichmäßig darunterziehen.
9. Die Creme in eine mit kaltem Wasser ausgespülte Form füllen. Mit Klarsichtfolie abdecken und im Kühlschrank mehrere Stunden fest werden lassen.
10. Vor dem Servieren die Form kurz in heißes Wasser tauchen und die Creme auf eine Platte stürzen. In Scheiben schneiden und mit Kompott oder einer fruchtigen Sauce servieren.

Pro Person:
Kalorien (kcal) 420
Eiweiß (g) 9
Fett (g) 29
Kohlenhydrate (g) 26

Will man die Creme als Nocken servieren, reduziert man die Gelatinemenge auf 5 Blatt oder 10 g Pulver, füllt die Masse in eine große weite Form und sticht, nachdem die Creme fest ist, mit einem Eßlöffel Nocken ab.

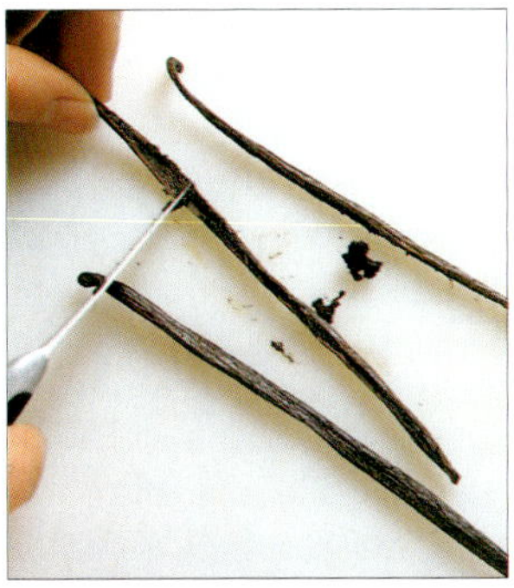

Vanilleschote ausschaben
Die Vanilleschote längs mit einem Messer oder einer Schere aufschneiden und das Mark herausschaben. Damit nichts von dem feinen Aroma verlorengeht, mit der Schote in der Milch erwärmen.

Gelatine einweichen
Die Blattgelatine in reichlich kaltem Wasser (etwa $^{1}/_{2}$ l Wasser für 8 Blatt Gelatine) mindestens 10 Minuten quellen lassen. Bei Gelatinepulver rechnet man etwa $^{1}/_{8}$ l Wasser für 16 g Gelatine – jedoch unbedingt die Packungsangaben beachten!

Eiercreme rühren
Eigelb und Zucker in einer Schlagschüssel am besten mit einem Schneebesen (und nicht mit einem Handrührgerät) cremig rühren. Die Masse darf nicht schaumig sein, da die Creme nach dem Stürzen sonst feine Bläschen aufweist.

Creme zur Rose abziehen
Die Masse über einem heißen Wasserbad unter ständigem Rühren aufschlagen. Die Creme hat die richtige Konsistenz, wenn sie einen Löffelrücken überzieht und sich beim Daraufblasen Ringe bilden, die an eine Rose erinnern.

Creme fertigstellen
Die Creme in einer Schüssel mit Eiswasser unter Rühren erkalten lassen. Sobald die Creme zu gelieren beginnt, die geschlagene Sahne locker, aber gleichmäßig darunterziehen. Die Creme in eine Form gießen und kalt stellen.

KAFFEECREME

Für 4 Personen
Zubereitungszeit: 50 Minuten
Kühlzeit: 2 bis 3 Stunden

- 5 Blatt weiße Gelatine
- 4 Eigelb
- 80 g Zucker
- 30 g Mokkaschokolade
- 1/4 l heiße Milch
- 1/8 l sehr starker, heißer Kaffee
- 2 cl Kaffeelikör
- 1/4 l Sahne
- 4 EL leicht geschlagene Sahne
- etwas Kakaopulver

1. Die Blattgelatine in kaltem Wasser einweichen.
2. Eigelb und Zucker cremig rühren. Die Schokolade in der heißen Milch schmelzen lassen und mit dem Kaffee und dem Likör unter die Eimasse rühren. Über einem heißen Wasserbad zur Rose abziehen (siehe Seite 391).
3. In einer Schüssel mit Eiswasser unter Rühren erkalten lassen. Sahne steif schlagen und darunterheben. Die Creme in Tassen füllen und im Kühlschrank fest werden lassen.
4. Mit je 1 EL der leicht geschlagenen Sahne garnieren und mit etwas Kakao bestäubt servieren.

Pro Person:
Kalorien (kcal) 413
Eiweiß (g) 10
Fett (g) 34
Kohlenhydrate (g) 11

MANGOCREME

Für 4 Personen
Zubereitungszeit: 45 Minuten
Kühlzeit: 2 bis 3 Stunden

- 5 Blatt weiße Gelatine
- 4 Eigelb
- 80 g Zucker
- 1/8 l heiße Milch
- püriertes Fruchtfleisch von
- 1 großen Mango (250 g)
- 1/4 l Sahne
- 4 Eiweiß
- 2 cl Maracujalikör
- 4 Minzezweige
- einige Himbeeren

1. Die Blattgelatine in kaltem Wasser einweichen.
2. Eigelb und Zucker cremig rühren. Die Milch darunterrühren und über einem heißen Wasserbad zur Rose abziehen (siehe Seite 391).
3. Die Gelatine ausdrücken und darin auflösen. Das Mangopüree daruntermischen und die Creme in einer Schüssel mit Eiswasser unter Rühren erkalten lassen.
4. Sahne und Eiweiß steif schlagen und kurz vor dem Gelieren mit dem Likör unter die Creme ziehen. In einer Schüssel kalt stellen.
5. Mit einem Eßlöffel Nocken abstechen und mit Hippenblättern (siehe Seite 436), Minzeblättern und Himbeeren garniert servieren.

Pro Person:
Kalorien (kcal) 407
Eiweiß (g) 8
Fett (g) 28
Kohlenhydrate (g) 25

KALTGERÜHRTE ORANGENCREME

Für 4 Personen
Zubereitungszeit: 30 Minuten
Kühlzeit: 2 bis 3 Stunden

- 5 Blatt weiße Gelatine
- 4 Eigelb
- 100 g Puderzucker
- 2 cl Grand Marnier
- 1/4 l frisch gepreßter Orangensaft
- 25 g gehackte Pistazien
- 1/4 l Sahne
- Fruchtfleisch von 1 Orange, in dünne Scheiben geschnitten

1. Die Blattgelatine in kaltem Wasser einweichen.
2. Eigelb, Puderzucker und Grand Marnier cremig rühren. Orangensaft und 20 g Pistazien dazugeben.
3. Gelatine ausdrücken und in einem Topf bei schwacher Hitze auflösen. Etwas von der Creme mit der Gelatine verrühren.
4. Dann alles sorgfältig vermischen und kalt stellen. Die Sahne steif schlagen und kurz vor dem Gelieren 200 g unter die Creme ziehen. In Förmchen füllen und kalt stellen.
5. Mit Orangenscheiben, restlicher Sahne und Pistazien garniert servieren.

Pro Person:
Kalorien (kcal) 483
Eiweiß (g) 9
Fett (g) 30
Kohlenhydrate (g) 40

ERDBEERCREME

Für 4 Personen
Zubereitungszeit: 45 Minuten
Kühlzeit: 2 bis 3 Stunden

- 500 g Erdbeeren
- 2 cl Orangenlikör
- 1 EL Puderzucker
- 4 Blatt weiße Gelatine
- 1 Blatt rote Gelatine
- 3 Eigelb
- 80 g Zucker
- 1/4 l Sahne

1. Erdbeeren entstielen, einige Erdbeeren beiseite legen, den Rest in Stücke schneiden und mit Orangenlikör und Puderzucker 15 Minuten marinieren.
2. Erdbeeren im Mixer pürieren und durch ein Sieb passieren.
3. Die Blattgelatine in kaltem Wasser einweichen.
4. Eigelb und Zucker über einem heißen Wasserbad cremig schlagen. Gelatine ausdrücken und in einem Topf bei schwacher Hitze auflösen. Mit dem Erdbeerpüree sorgfältig unter die Creme rühren.
5. Die Creme in einer Schüssel mit Eiswasser unter Rühren erkalten lassen. Die Sahne steif schlagen und kurz vor dem Gelieren 200 g unter die Creme ziehen. In Schälchen füllen und fest werden lassen.
6. Mit restlicher Sahne und Erdbeeren garniert servieren.

Pro Person:
Kalorien (kcal) 414
Eiweiß (g) 7
Fett (g) 25
Kohlenhydrate (g) 35

MOUSSE AU CHOCOLAT

Wer diesen Klassiker erfand, weiß heute niemand mehr. Unbestritten ist er jedoch der absolute Spitzenreiter unter den Desserts. Vermutlich war es eine Frau, die dieses zartschmelzende Dessert kreiierte, um den Mann ihrer Träume zu verführen, denn gerade Männer lieben diesen luftig süß-herben Schokoladenschaum!

Für 4 Personen
Zubereitungszeit: 30 Minuten
Kühlzeit: 4 bis 5 Stunden

- 150 g Zartbitterschokolade
- 2 Eigelb
- 3 EL Zucker
- 1 EL Kakao, stark entölt
- 2 cl Grand Marnier
- 2 Eiweiß
- 200 ml Sahne

Außerdem:

- Schokoladenspäne
- abgeriebene Schale von 1/4 unbehandelten Orange
- Puderzucker zum Bestäuben

1. Schokolade in kleine Stücke brechen und in einer Metallschüssel über einem heißen Wasserbad schmelzen lassen.
2. Eigelb mit 2 EL Zucker schaumig schlagen, der Zucker muß sich dabei vollständig auflösen. Unter weiterem Schlagen Kakao und Grand Marnier hinzufügen.
3. Eiweiß steif schlagen, den restlichen Zucker einrieseln lassen. Die Sahne ebenfalls steif schlagen.
4. Die geschmolzene Schokolade nach und nach unter die Eimasse rühren.
5. Sahne und Eischnee vorsichtig mit einem Teigschaber darunterziehen. Die Creme muß schaumig und locker bleiben.
6. Die Mousse in eine große Schüssel füllen, mit Klarsichtfolie abdecken und im Kühlschrank einige Stunden fest werden lassen.
7. Mit zwei Eßlöffeln Nocken abstechen und jeweils zwei Nocken auf einem Teller anrichten. Mit Schokoladenspänen und Orangenschale garnieren und mit Puderzucker bestäuben.

Pro Person:
Kalorien (kcal) 554
Eiweiß (g) 9
Fett (g) 39
Kohlenhydrate (g) 36

• Sehr schnell und völlig unproblematisch geht das Schmelzen von Schokolade in der Mikrowelle. 100 g kleine Schokoladenstückchen bei 600 Watt in etwa 2 Minuten schmelzen.
• Mousse au chocolat ist immer nur so gut, wie die dafür verwendete Schokolade. Nehmen Sie daher nur beste Qualität!

WEISSE MOUSSE AU CHOCOLAT

Diese Version der Mousse ist einfach in der Zubereitung und kann außerdem sehr gut vorbereitet werden. Schaumig geschlagen wird die Masse erst kurz vor dem Servieren – ein ideales Dessert, wenn man Gäste zu bewirten hat.

Für 4 Personen
Zubereitungszeit: 15 Minuten
Kühlzeit: mindestens 8 Stunden

150 g weiße Schokolade
1/4 l Sahne
2 cl Orangenlikör
Außerdem:
1/2 frische Mango
Puderzucker und Kakao zum Bestäuben

1. Die Schokolade in kleine Stücke brechen. Mit Sahne und Orangenlikör erhitzen und die Schokolade bei schwacher Hitze darin schmelzen lassen. Die Sahne darf dabei auf keinen Fall kochen!
2. Die Mischung in eine Schlagschüssel geben, mit Klarsichtfolie abdecken und am besten über Nacht in den Kühlschrank stellen.
3. Kurz vor dem Servieren die Schoko-Sahne-Mischung am besten mit einem Schneebesen zu einer lockeren Creme aufschlagen. Mit einem Handrührgerät nur auf kleiner Stufe schlagen, damit möglichst viel Luft in die Creme gelangt.
4. Die Mousse entweder in einen Spritzbeutel mit Sterntülle füllen und rosettenartig auf Teller spritzen oder mit einem Eßlöffel zu Nocken formen und auf Tellern anrichten.
5. Die Mango schälen und in kleine Würfel schneiden. Die Mousse mit Mango und eventuell Blüten aus Schokoladenspänen garnieren. Mit Puderzucker und Kakao bestäuben.

Pro Person:
Kalorien (kcal) 438
Eiweiß (g) 5
Fett (g) 32
Kohlenhydrate (g) 28

• Auf die gleiche Weise können Sie aus 150 g Mokkaschokolade, 1 EL Nescafé, 1/4 l Sahne und 2 cl Kaffeelikör eine herrliche Mokkamousse zaubern. Mit ganzen Kaffeebohnen garniert servieren.
• Übrigens sind diese schnell zubereiteten Mousses auch raffinierte Füllungen für z. B. kleine Windbeutel oder Biskuitrouladen.

CREME AU CARAMEL

Eigentlich ist dieses klassische Rezept aus der französischen Küche nichts anderes als ein süßer Eierstich. Das einzig Schwierige daran: Der Karamel muß die richtige Farbe haben – zu hell ist der typische Karamelgeschmack zu schwach, zu dunkel schmeckt er bitter. Außerdem darf die Masse nicht zu schaumig gerührt werden, da die Crème sonst mit kleinen Löchern versehen ist.

Für 6 Personen
Zubereitungszeit:
1 Stunde 15 Minuten
Kühlzeit: 6 bis 8 Stunden

100 g brauner Zucker
2 EL Cognac oder Weinbrand
1/2 Vanilleschote
400 ml Vollmilch
100 ml Sahne
4 Eier, 100 g Zucker

1. Kleine, feuerfeste Soufflé- oder Timbalförmchen in heißes Wasser legen.
2. Den Backofen auf 160 °C vorheizen. Einen flachen Topf zweifingerbreit mit Wasser füllen und in den Ofen stellen.
3. Den braunen Zucker mit 1 EL Cognac oder Weinbrand und 2 EL Wasser in einer Kasserolle verrühren und goldbraun karamelisieren lassen.
4. Förmchen aus dem Wasser nehmen, gut abtropfen lassen und die Hälfte des Karamels als dünne Schicht auf den Böden verteilen.
5. Restlichen Karamel mit dem restlichen Cognac oder Weinbrand und 2 EL Wasser kurz durchkochen lassen.
6. Die Vanilleschote der Länge nach aufschneiden und mit der Milch und Sahne erhitzen.
7. Eier und Zucker mit einem Handrührgerät auf mittlerer Stufe cremig, aber nicht schaumig rühren. Der Zucker muß sich vollständig auflösen.
8. Die Vanilleschote aus der Milch nehmen und das Mark hineinschaben. Die heiße Milch unter die Creme rühren.
9. Die Eiermilch durch ein feines Sieb vorsichtig in die Förmchen gießen. Nur etwa zu drei Viertel füllen, da die Creme aufgeht!
10. Die Förmchen in das Wasserbad stellen, mit Alufolie abdecken und in etwa 40 bis 45 Minuten stocken lassen.
11. Anschließend zugedeckt im Kühlschrank mehrere Stunden erkalten lassen.
12. Den Rand mit einem spitzen Messer lösen, die Creme auf Teller stürzen und mit der Karamelsauce umgießen.

Pro Person:
Kalorien (kcal) 300
Eiweiß (g) 7
Fett (g) 12
Kohlenhydrate (g) 37

• Die Creme ist gestockt, wenn die Oberfläche auf Druck mit der Fingerkuppe leicht nachgibt oder an einem Holzstäbchen, das man in die Creme gesteckt hat, nichts hängen bleibt!
• Soll das Dessert cremiger und nicht sturzfähig sein, nimmt man statt 4 Eiern 3 Eigelb und 2 Eiweiß!
• Man kann den Karamel auch unter die Creme ziehen, bevor sie im Wasserbad stockt.

BUNET

Dieser köstliche Amaretti-Kakao-Flan aus der Toskana stammt von Lorenza de' Medici. Feinschmeckern ist diese Dame auf Grund ihrer Kochkurse, die sie auf ihrem Weingut »Badia a Coltibuono« – mitten im Chianti-Gebiet – hält, bekannt. »Coltibuono« ist auch ein Begriff für sehr gute Weine und aromatisches Olivenöl!

Für 4 Personen
Zubereitungszeit:
1 Stunde 20 Minuten
Kühlzeit: 4 bis 5 Stunden

3 gehäufte EL ungesüßter Kakao, schwach entölt
400 ml Milch
180 g Amaretti
4 cl Rum
120 g Zucker
6 Eigelb
2 Eiweiß

Außerdem:
200 ml Sahne

1. Den Kakao mit 6 EL kalter Milch verrühren. Die restliche Milch erhitzen.
2. 150 g Amaretti zerbröseln und mit dem angerührten Kakao vermischen. Mit der heißen Milch und dem Rum begießen und etwa 10 Minuten quellen lassen.
3. 40 g Zucker in einer Kasserolle unter Rühren goldbraun karamelisieren lassen. Mit 2 EL Wasser ablöschen und so lange durchkochen lassen, bis sich der Karamel gelöst hat. In eine vorgewärmte feuerfeste Form gießen und durch Schwenken gleichmäßig verteilen.
4. Den Backofen auf 200 °C vorheizen. Die Fettpfanne etwa 1 cm hoch mit Wasser füllen und in den Ofen stellen.
5. Eigelb und 50 g Zucker cremig rühren. Eiweiß mit dem restlichen Zucker steif schlagen.
6. Die eingeweichten Amaretti unter die Eimasse rühren und den Eischnee vorsichtig darunterziehen.
7. Die Masse in die Form füllen und die Oberfläche glattstreichen. Im Wasserbad 1 Stunde garen lassen. Nach etwa 20 Minuten mit Alufolie abdecken.
8. Den abgedeckten Flan mehrere Stunden kalt stellen!
9. Vor dem Servieren die Form kurz in heißes Wasser tauchen, dann den Flan auf einen großen Teller stürzen.
10. Die Sahne steif schlagen, in einen Spritzbeutel mit Sterntülle füllen und den Flan damit verzieren. Mit den restlichen Amaretti servieren.

Pro Person:
Kalorien (kcal) 677
Eiweiß (g) 15
Fett (g) 34
Kohlenhydrate (g) 68

In der Toskana wird zu dem Flan ein Vin Santo serviert.

KONDITORCREME

Diese Creme wird im Volksmund schlicht und einfach als Pudding bezeichnet, obwohl die aus Milch, Stärke und Eigelb zubereitete Creme fachlich richtig Flammeri heißen müßte (in Frankreich heißt sie »Crème pâtissière«). Der Pudding wurde jedoch ursprünglich im Wasserbad gegart. Seit der Erfindung des Puddingpulvers Anfang dieses Jahrhunderts wurde der alte Begriff Flammeri jedoch fast vollständig verdrängt. Die Konditorcreme dient auch als Basis für viele Soufflés oder kann mit Butter oder Sahne verfeinert zum Füllen von Kuchen und Gebäck verwendet werden.

Für 4 Personen
Zubereitungszeit: 15 Minuten
Kühlzeit: etwa 1 Stunde

40 g Speisestärke, z. B.
Mondamin
3 Eigelb
80 g Zucker
1/2 l Milch
1/2 Vanilleschote

1. Speisestärke, Eigelb und 40 g Zucker mit 1/4 l kalter Milch gründlich verrühren.
2. Die Vanilleschote der Länge nach aufschneiden und mit der restlichen Milch und dem restlichen Zucker zum Kochen bringen.
3. Von der Kochstelle nehmen, die Vanilleschote aus der Milch nehmen und das Mark hineinschaben.
4. Milch erneut zum Kochen bringen und die Speisestärke mit einem Schneebesen darunterrühren.
5. Die Creme unter kräftigem Rühren aufkochen lassen. Es muß eine glatte Masse entstehen.

Pro Person:
Kalorien (kcal) 255
Eiweiß (g) 7
Fett (g) 9
Kohlenhydrate (g) 35

Die Konditorcreme beliebig weiterverarbeiten:

- Die Creme auf 4 Puddingförmchen verteilen und mit Puderzucker bestäuben, um die Bildung einer Haut zu verhindern. Kalt stellen! Nach etwa 1 Stunde stürzen und servieren.
- 2 Eiweiß steif schlagen, sofort unter die noch heiße Creme ziehen und kurz aufkochen lassen. Die Masse leicht abkühlen lassen und z. B. als Füllung für Kuchen verwenden. Bald verzehren, denn nach etwa 4 bis 5 Stunden verliert die Creme ihre Luftigkeit.
- Crème Chantilly heißt die Konditorcreme, wenn man 1/4 l Sahne steif schlägt und unter die erkaltete Creme zieht. Wenn man die Creme, bevor die Sahne dazukommt, durch ein feines Sieb streicht, wird sie besonders fein. Herrlich schmeckt die Crème Chantilly mit frischen Beeren und Kompottfrüchten oder mit exotischem Fruchtmark beträufelt. Sie ist aber auch als feine lockere Füllung z. B. für Windbeutel geeignet.

Speisestärke anrühren
Speisestärke, Eigelb und 40 g Zucker in eine Schüssel geben. Darauf achten, daß kein Eiweiß am Eigelb haftet, das gibt unschöne Klümpchen! Unter Rühren mit einem Schneebesen 1/4 l kalte Milch dazugeben.

Creme binden
Die restliche Milch mit Zucker und aufgeschnittener Vanilleschote zum Kochen bringen. Das Vanillemark in die Milch schaben, die Schote entfernen. Dann die angerührte Speisestärke unter Rühren mit einem Schneebesen in die kochende Milch gießen.

Creme aufkochen
Die Creme einige Male unter kräftigem Rühren aufkochen lassen. Es muß eine glatte, völlig homogene Masse entstehen. Den Topf von der Kochplatte nehmen!

Creme zum Stürzen
Will man die Creme stürzen, füllt man sie sofort in eine kalt ausgespülte Form oder 4 Förmchen. Bestäuben der Oberfläche mit Puderzucker verhindert die Bildung einer dicken Haut.

Crème Chantilly
Für diese besonders feine Variante der Konditorcreme ist es ratsam, die leicht abgekühlte Creme durch ein feines Sieb zu streichen. Dann 1/4 l Sahne steif schlagen und darunterziehen.

ZUPPA INGLESE

Weshalb dieses weit über Italiens Grenzen hinaus so beliebte Dessert »Englische Suppe« heißt, weiß keiner genau! Eines steht jedoch fest: In Italien hat jede Familie ihre eigene Rezeptkreation. Einheitlich ist lediglich ein getränkter Biskuitboden. Im Norden liebt man einen Sahneüberzug, im Süden wird die »Zuppa inglese« mit einer Baiserhaube umhüllt, die kurz gratiniert wird. Hier eine der vielen Versionen aus dem nördlichen Italien.

Für 8 bis 10 Personen
Zubereitungszeit: 1 Stunde
Marinierzeit: 4 bis 5 Stunden

Für den Biskuitboden:
4 Eigelb, 100 g Zucker
4 Eiweiß, 60 g Speisestärke, z. B. Mondamin
60 g Weizenmehl

Für die Konditorcreme:
1½ l Milch
abgeriebene Schale von ½ unbehandelten Orange
60 g Zucker
40 g Speisestärke, z. B. Mondamin, 3 Eigelb
2 Blatt weiße Gelatine
etwas Puderzucker, ¼ l Sahne

Außerdem:
100 g kandierte Früchte
2 cl Maraschino
200 g gemischte Kompottfrüchte, 2 cl Amaretto
200 ml Alchermes (italienischer Kräuterlikör), ¼ l Sahne

1. Eigelb mit Zucker hellschaumig schlagen. Die Eiweiß sehr steif schlagen und auf die Schaummasse geben. Stärke und Mehl über den Eischnee sieben. Alle Zutaten mit dem Schneebesen locker vermengen.
2. Ein Backblech mit Backpapier auslegen, Teig daraufstreichen und im 200 °C heißen Backofen in 10 bis 15 Minuten goldgelb backen. Den Boden abkühlen lassen und in drei Streifen schneiden.
3. Die Konditorcreme zubereiten (siehe Seite 399). Mit Puderzucker bestäuben, abkühlen lassen und durch ein feines Sieb streichen. Die Sahne steif schlagen und darunterziehen.
4. Die kandierten Früchte in kleine Würfel schneiden und mit Maraschino begießen. Die Kompottfrüchte abtropfen lassen, in kleine Würfel schneiden und mit Amaretto begießen.
5. Einen Biskuitstreifen auf eine längliche Platte legen, mit einem Drittel des Kräuterlikörs tränken und einem Drittel der Creme bestreichen. Die Kompottfrüchte darauf verteilen.
6. Mit dem zweiten Biskuitstreifen bedecken. Erneut mit einem Drittel des Likörs und der Creme bestreichen und die kandierten Früchte darauf verteilen.
7. Den dritten Biskuitboden darauflegen und mit dem restlichen Likör tränken. Den Kuchen rundherum mit der restlichen Creme bestreichen und einige Stunden durchziehen lassen.
8. Vor dem Servieren die Sahne steif schlagen und die Zuppa inglese dick damit bestreichen und garnieren. Eventuell mit gerösteten Mandelblättchen bestreuen.

Pro Person:
Kalorien (kcal) 477
Eiweiß (g) 8
Fett (g) 22
Kohlenhydrate (g) 47

TRIFLE

»Trifle« bedeutet zwar übersetzt so viel wie »Kleinigkeit«, aber es fällt schwer, von diesem englischen Dessert nur wenig zu essen. Es ist der »Zuppa inglese« sehr ähnlich. Allerdings darf zum Tränken des Biskuits nur Sherry verwendet werden: ob dry, medium oder sweet ist reine Geschmackssache!

Für 8 Personen
Zubereitungszeit: 50 Minuten
Kühlzeit: 2 bis 3 Stunden

Für die Konditorcreme:

- 40 g Speisestärke, z. B. Mondamin
- 3 Eigelb
- 80 g Zucker
- 1/2 l Milch
- 1/2 Vanilleschote
- 1/4 l Sahne

Außerdem:

- 250 g weiche Löffelbiskuits
- 3 EL Himbeerkonfitüre
- 1 EL schwarze Johannisbeerkonfitüre
- 3 EL Grenadinesirup
- 500 g gemischte Beerenfrüchte (z. B. Erdbeeren, Brombeeren, Johannisbeeren und Himbeeren)
- 4 cl Grand Marnier
- 200 ml Amontillado-Sherry (medium)
- 1/4 l Sahne

1. Die Konditorcreme zubereiten (siehe Seite 399). Mit Puderzucker bestäuben, abkühlen lassen und durch ein feines Sieb streichen. Die Sahne schlagen und darunterziehen.

2. Den Boden einer großen rechteckigen Form mit der Hälfte der Löffelbiskuits auslegen.

3. Die Konfitüren und den Grenadinesirup verrühren. Die Beeren putzen, größere Früchte zerkleinern und mit Grand Marnier begießen.

4. Den Biskuit mit 100 ml Sherry beträufeln und der Hälfte der Konfitürenmischung bestreichen. Dann die Hälfte der Creme und der Beeren darüber verteilen.

5. Mit den restlichen Löffelbiskuits bedecken und die übrigen Zutaten in der gleichen Reihenfolge darüber verteilen. Einige Beeren für die Garnitur zurückbehalten.

6. Das Trifle einige Stunden im Kühlschrank durchziehen lassen.

7. Die Sahne steif schlagen, in einen Spritzbeutel mit Sterntülle füllen und das Trifle damit üppig garnieren. Mit den restlichen Beeren garnieren.

Pro Person:
Kalorien (kcal) 596
Eiweiß (g) 10
Fett (g) 30
Kohlenhydrate (g) 61

- Sie können das Trifle auch nur mit einer Beerensorte oder mit Kompottfrüchten (z. B. Pfirsich, Birnen oder Kirschen) füllen.
- Besonders fein schmeckt das englische Dessert, wenn Sie statt der Löffelbiskuits selbstgebackenen Biskuit verwenden!

TIRAMISU

Obwohl es eigentlich nie ein Klassiker der italienischen Küche war, hat kein anderes Dessert aus Italien bei uns derart für Furore gesorgt wie die Komposition aus espressogetränktem Biskuit und sahniger Mascarponecreme. Niemand kann genau nachvollziehen, welchen Ursprung diese Süßspeise hat, die übersetzt soviel bedeutet wie »zieh mich hoch«. Heute jedenfalls wird sie fast in ganz Europa mit Genuß gelöffelt. Hier die klassische Version und einige traumhafte Variationen.

Für 4 Personen
Zubereitungszeit: 30 Minuten
Kühlzeit: etwa 3 Stunden

- 200 ml Espresso
- 4 cl italienischer Weinbrand oder Cognac
- 4 Eigelb
- 80 g Zucker
- 1/2 Vanilleschote
- 500 g Mascarpone
- etwa 150 g Löffelbiskuits
- Kakaopulver, schwach entölt

1. Den Espresso frisch zubereiten, mit dem Alkohol vermischen und abkühlen lassen.
2. Eigelb und Zucker so lange schaumig schlagen, bis sich der Zucker vollständig aufgelöst hat. Die Vanilleschote der Länge nach aufschneiden und das Mark mit einem spitzen Messer in die Creme schaben. Den Mascarpone löffelweise darunterrühren.
3. Eine rechteckige große Form mit der Hälfte der Löffelbiskuits auslegen und mit der Hälfte des Espressos tränken. Eine Hälfte der Mascarponecreme darüber verteilen und glattstreichen. Mit den restlichen Biskuits belegen, ebenfalls tränken und mit der restlichen Mascarponecreme bedecken.
4. Die Oberfläche glattstreichen, mit Klarsichtfolie abdecken und das Tiramisu einige Stunden kalt stellen.
5. Vor dem Servieren dick mit Kakao bestäuben.

Pro Person:
Kalorien (kcal) 779
Eiweiß (g) 22
Fett (g) 52
Kohlenhydrate (g) 44

• Das Tiramisu über Nacht durchziehen lassen. So schmeckt es am besten!
• Dazu paßt: ein Espresso oder ein Cognac!

1

2

3

1. Tiramisu mit Amaretti und Grappa (für 4 Personen)
Etwa 60 g kleine Amaretti auf 4 Souffléförmchen (10 cm Durchmesser) verteilen. 6 cl Espresso und 2 cl Grappa vermischen und mit zwei Drittel davon die Kekse tränken.
2 Eigelb, 4 cl Amaretto und 40 g Zucker über einem heißen Wasserbad wie eine Zabaione aufschlagen (siehe Seite 433). 250 g Mascarpone mit einem Schneebesen glattrühren und den Amarettoschaum gleichmäßig darunterziehen. Die Creme auf den Amaretti verteilen. Pro Förmchen 3 Amaretti in den restlichen Espresso tauchen und leicht in die Creme drücken. Mit Klarsichtfolie abdecken und mindestens 2 Stunden durchziehen lassen. Wird das Tiramisu in einer großen rechteckigen Form zubereitet, muß die Zutatenmenge verdoppelt werden.

2. Schoko-Tiramisu (für 6 bis 8 Personen)
Eine rechteckige halbhohe Form mit etwa 75 g Löffelbiskuits auslegen. 200 ml Espresso und 6 cl Amaretto vermischen und mit der Hälfte davon die Biskuits tränken.
4 Eigelb, 60 g Zucker und 2 gehäufte EL schwach entölten Kakao über einem heißen Wasserbad zu einer schaumigen Creme aufschlagen.
500 g Mascarpone glattrühren und löffelweise die Schaummasse darunterrühren. Die Hälfe der Creme auf den Löffelbiskuits verteilen, mit etwa 75 g Löffelbiskuits bedecken und mit dem restlichen Espresso beträufeln. Die zweite Hälfte der Creme darüberstreichen, mit Klarsichtfolie abdecken und einige Stunden kalt stellen. Vor dem Servieren mit Schokoladenfächern oder -spänen garnieren und mit Puderzucker bestäuben.

3. Tiramisu für Kinder (für 6 bis 8 Personen)
Eine große rechteckige Form mit 75 g Löffelbiskuits auslegen. Je 250 g Erdbeeren und Himbeeren mit 2 EL Puderzucker im Mixer pürieren und durch ein feines Sieb passieren. Die Biskuits mit der Hälfte des Fruchtmarks begießen.
4 Eigelb mit 80 g Zucker, 2 EL Vanillezucker, etwas abgeriebener unbehandelter Orangenschale und dem Saft von 1/2 Orange schaumig rühren. 500 g Mascarpone glattrühren und löffelweise die Schaummasse hinzufügen.
Die Hälfte der Creme auf den Biskuits verteilen, mit 75 g Löffelbiskuits belegen und mit dem restlichen Beerenmark beträufeln. Mit der zweiten Hälfte der Creme bedecken und die Oberfläche glattstreichen. Mit Klarsichtfolie abdecken und mehrere Stunden kalt stellen. 1/4 l Sahne steif schlagen, in einen Spritzbeutel füllen und die Oberfläche mit Sahnetupfen verzieren. Mit Himbeeren und Erdbeeren garnieren und Puderzucker bestäuben.

EXOTISCHE FRÜCHTE IN EDELSÜSSEM WEINGELEE

Für alle, die auf Kalorien achten und dennoch auf einen süßen Menüabschluß nicht verzichten wollen, ist dieses Dessert genau das Richtige. Edelsüßer Wein, Sekt, Rotwein oder Sherry sind, ebenso wie Fruchtsaft oder Milchprodukte, ideale und wohlschmeckende Grundlagen. An heißen Sommertagen ist das Gelee ein herrlich erfrischender Genuß!

Für 4 Personen
Zubereitungszeit: 30 Minuten
Kühlzeit: 1 bis 3 Stunden

- 9 Blatt weiße Gelatine (oder etwa 13 g Gelatinepulver)
- 1 rosa Grapefruit
- 1 Orange
- 2 Kiwis
- 1/2 vollreife Mango
- 1 Papaya
- 100 g Himbeeren
- 40 g Zucker
- 3/4 l edelsüßer Wein (z. B. Sauternes oder eine deutsche Beerenauslese)
- einige Minzezweige

1. Die Blattgelatine in reichlich kaltem Wasser einweichen. (Bei Gelatinepulver Packungsangaben beachten.)
2. Grapefruit und Orange schälen und dabei die weiße Haut völlig entfernen. Dann die Früchte filetieren. Kiwis und Mango schälen. Kiwis in Scheiben, die Mango in schmale Spalten schneiden. Papaya halbieren, schwarze Kerne entfernen und mit einem Kugelausstecher kleine Bällchen aus dem Fruchtfleisch formen.
3. Die Früchte in Sektschalen oder in einer großen Glasschale anordnen und mit den Himbeeren garnieren.
4. Den Zucker und 1 EL Wein erhitzen und sirupartig einkochen. Ein Glas Wein dazugeben, von der Kochstelle nehmen. Die Gelatineblätter aus dem Wasser nehmen und ausdrücken. Die Blattgelatine (oder das gequollene Gelatinepulver) in dem Sirup auflösen.
5. Den restlichen Wein dazugießen. Dann in einer Schüssel mit Eiswasser unter Rühren erkalten lassen. Sobald die Flüssigkeit zu gelieren beginnt, vorsichtig mit einem Schöpflöffel über den Früchten verteilen. Sie müssen völlig mit Gelee bedeckt sein. Im Kühlschrank in etwa 3 Stunden fest werden lassen.
6. Mit Minzeblättern und eventuell Nocken aus steifgeschlagener Sahne garniert servieren.

Pro Person:
Kalorien (kcal) 263
Eiweiß (g) 5
Fett (g) 0
Kohlenhydrate (g) 32

• Statt Sauternes oder einer guten Beerenauslese können Sie auch auf eine halbtrockene Spätlese zurückgreifen!
• Sehr gut schmeckt auch Vanilleeis dazu.

Gelatine einweichen
Gelatineblätter einrollen und am besten in einem hohen Meßbecher mit kaltem Wasser bedecken. Das Gelatinepulver nach den Packungsangaben mit Wasser verrühren und 10 Minuten quellen lassen.

Früchte vorbereiten
Alle Früchte schälen. Die Zitrusfrüchte filetieren, Kiwis in Scheiben und die Mango in Spalten schneiden. Papaya halbieren, mit einem Löffel die Kerne entfernen und das Fruchtfleisch mit einem Ausstecher zu Kugeln formen. In Sektschalen oder einer Schüssel anrichten.

Gelatine auflösen
Den Zucker und 1 EL Wein sirupartig einkochen. Ein Glas Wein dazugießen und von der Kochstelle nehmen. Gelatineblätter ausdrücken und nach und nach unter Rühren in der heißen Flüssigkeit auflösen. Das gequollene Gelatinepulver löffelweise dazugeben und auflösen.

Gelee kalt rühren
Die Geleeflüssigkeit in eine Schüssel gießen, in eine zweite Schüssel mit Eiswasser stellen und unter Rühren völlig erkalten lassen.

Gelee fertigstellen
Sobald die Flüssigkeit zu gelieren beginnt, mit einem Schöpflöffel vorsichtig über den Früchten verteilen. Sie müssen völlig mit dem Gelee bedeckt sein. Portionsschalen 1 Stunde, eine große Schüssel 2 bis 3 Stunden kalt stellen.

ROTE GRÜTZE

Früher wurde in Dänemark roter Fruchtsaft mit Hafer-, Gersten- oder Buchweizengrütze angedickt und als Hauptgericht gereicht – daher auch der Name rote Grütze. Ein typisches Armeleuteessen, das sich schon lange auch in Deutschland zu einer überregionalen Spezialität entwickelt hat. Das gut gekühlte und mit Vanillesauce oder Sahne servierte Dessert ist vor allem in den warmen Monaten besonders begehrt und darf während der Beerensaison auf keiner Speisekarte fehlen.

Für 4 bis 6 Personen
Zubereitungszeit: 25 Minuten

- 300 g rote Johannisbeeren
- 100 g schwarze Johannisbeeren
- 250 g Himbeeren
- 200 g Sauerkirschen
- 100 g Zucker
- 1/2 l roter Johannisbeersaft
- 50 g Speisestärke, z. B. Mondamin

1. Die Johannisbeeren von den Rispen streifen, Himbeeren putzen und Sauerkirschen entsteinen.
2. 200 g rote Johannisbeeren, die schwarzen Johannisbeeren sowie die Hälfte der Himbeeren in einen Topf geben und mit Zucker bestreuen. Mit dem Saft begießen und erhitzen. Einige Minuten köcheln lassen. Die Früchte durch ein Sieb passieren und erneut zum Kochen bringen.
3. Die Speisestärke mit etwas kaltem Wasser anrühren und das Fruchtpüree damit andicken. Einige Male aufkochen lassen, damit die Grütze klar wird.
4. Die restlichen Früchte vorsichtig darunterrühren, kurz erhitzen und etwas abgekühlt in eine Schüssel oder in Portionsschalen füllen. Gut gekühlt servieren!

Pro Person:
Kalorien (kcal) 240
Eiweiß (g) 2
Fett (g) 0
Kohlenhydrate (g) 56

• Die rote Grütze unbedingt mit kalter Milch, flüssiger oder halbsteif geschlagener Sahne, Vanillesauce oder Vanilleeis servieren!
• Soll die Grütze gestürzt werden, muß man 70 g Speisestärke verwenden.

RHABARBER-ERDBEER-GRÜTZE

STACHELBEER-KIWI-GRÜTZE

Rhabarber-Erdbeer-Grütze

Für 4 Personen
Zubereitungszeit: 25 Minuten

- 500 g Rhabarber
- 400 ml Weißwein, halbtrocken
- 100 g Zucker
- 1 TL geriebene Ingwerwurzel
- 40 g Speisestärke, z. B. Mondamin
- 250 g Erdbeeren

1. Den Rhabarber schälen und in Stücke schneiden.
2. Wein, Zucker und Ingwer erhitzen und den Rhabarber darin weichkochen. Die Stücke sollen dabei nicht zerfallen. Auf einem Sieb abtropfen lassen und die Flüssigkeit auffangen.
3. Die Speisestärke mit 2 EL kaltem Wasser anrühren und unter die Flüssigkeit rühren. Aufkochen lassen!
4. Die Erdbeeren von den Stielen zupfen, halbieren und mit dem Rhabarber darunterrühren. Kurz erhitzen, in Schalen füllen und erkalten lassen. Mit Vanilleeis servieren.

Pro Person:
Kalorien (kcal) 343
Eiweiß (g) 3
Fett (g) 6
Kohlenhydrate (g) 53

Stachelbeer-Kiwi-Grütze

Für 4 Personen
Zubereitungszeit: 25 Minuten

- 500 g grüne Stachelbeeren
- 140 g Zucker
- 400 ml Weißwein, halbtrocken
- 40 g Speisestärke, z. B. Mondamin
- 2 Kiwis
- 25 g gehackte Pistazien

1. Stachelbeeren putzen und mit Zucker und Wein so lange kochen, bis sie weich sind und zu zerfallen beginnen. Durch ein feines Sieb passieren.
2. Die Speisestärke mit 2 EL kaltem Wasser anrühren und unter das Fruchtmus rühren. Einige Male aufkochen lassen.
3. Kiwis schälen, in Scheiben schneiden und mit den Pistazien unter die Grütze mischen. Kurz erhitzen, in eine Schüssel füllen und erkalten lassen. Eventuell mit halbsteif geschlagener Sahne servieren.

Pro Person:
Kalorien (kcal) 366
Eiweiß (g) 3
Fett (g) 4
Kohlenhydrate (g) 65

PFIRSICH MELBA

Für die begnadete australische Opernsängerin Nelly Melba (1861 bis 1931) kreierten zahlreiche Bewunderer herrliche Gerichte. Eine der besten Kreationen ist ohne Zweifel der in Vanillesirup pochierte Pfirsich, angerichtet auf Vanilleeis und mit Himbeermark übergossen. Nachfolgend das originalgetreue Rezept von Escoffier.

Für 4 Personen
Zubereitungszeit: 25 Minuten
Kühlzeit: 30 Minuten

- 4 vollreife Pfirsiche
- 150 g Zucker
- 1 Vanilleschote
- Saft von 1 Zitrone
- 250 g Himbeeren
- 2 cl Himbeergeist
- etwas Puderzucker
- 8 Kugeln Vanilleeis
- 20 g Mandelblättchen

1. Die Pfirsiche blanchieren, kalt abschrecken und die Haut abziehen. Die Früchte halbieren und die Steine entfernen.
2. Zucker und 1/2 l Wasser zum Kochen bringen. Die Vanilleschote der Länge nach aufschneiden und das Mark herausschaben. Schote und Mark sowie den Zitronensaft in die Zuckerlösung geben und sirupartig einkochen.
3. Die Pfirsichhälften in dem Vanillesirup 3 bis 5 Minuten, je nach dem Reifegrad der Früchte, pochieren. Früchte aus dem Sirup nehmen und abkühlen lassen.
4. Die Himbeeren mit 2 bis 3 EL Sirup im Mixer pürieren, dann durch ein feines Sieb passieren. Das Mark mit Himbeergeist abschmecken.
5. Vier Teller mit Puderzucker bestäuben. In die Mitte der Teller jeweils zwei Kugeln Eis setzen. Jede Eiskugel mit einer Pfirsichhälfte belegen und mit Himbeermark begießen.
6. Mandelblättchen rösten und darüberstreuen!

Pro Person:
Kalorien (kcal) 480
Eiweiß (g) 7
Fett (g) 15
Kohlenhydrate (g) 76

Besonders fein schmeckt diese köstliche Abwandlung des Klassikers: weiße Pfirsiche pochieren und auf Pistazieneis anrichten. Mit Erdbeermark übergießen und servieren!

BIRNE HELENE

Dieses Dessert wurde in Paris anläßlich der Uraufführung der Operette »Die schöne Helena« von Jacques Offenbach von einem unbekannten Koch erfunden. Die Operette wurde ein Erfolg – »Birne Helene« ein Klassiker der Dessertküche!

Für 4 Personen
Zubereitungszeit: 30 Minuten

Für die Birnen:
4 Birnen, z. B. Williams Christ
2 EL Zitronensaft
1/2 l Weißwein, halbtrocken
150 g Zucker
1 Stück Ingwerwurzel
1 Stück Zimtstange
1 Stück unbehandelte Zitronenschale

Für die Sauce:
100 g Zartbitterschokolade
4 cl Birnengeist
2 EL Sahne

Außerdem:
Puderzucker zum Bestäuben
8 Kugeln Vanilleeis
einige kandierte Veilchen

1. Birnen schälen und sofort mit Zitronensaft beträufeln!
2. Wein, Zucker, Ingwer, Zimt und Zitronenschale sirupartig einkochen.
3. Die Birnen in dem Sud 5 bis 8 Minuten, je nach Reifegrad der Früchte, pochieren. Die Früchte in dem Sud abkühlen lassen.
4. Die Schokolade in kleine Stücke brechen und mit dem Birnengeist und der Sahne bei schwacher Hitze oder über einem heißen Wasserbad unter Rühren schmelzen lassen.
5. Vier Teller mit Puderzucker bestäuben. Die Birnen halbieren, vorsichtig entkernen und jeweils 2 Hälften in die Mitte eines Tellers legen. Auf jede Hälfte eine Kugel Eis setzen.
6. Die Schokoladensauce gut durchrühren und über die Birnen gießen oder getrennt dazu reichen! Mit kandierten Veilchen garnieren.

Pro Person:
Kalorien (kcal) 690
Eiweiß (g) 7
Fett (g) 22
Kohlenhydrate (g) 90

• Die Birnen müssen vollreif sein, damit sie richtig aromatisch schmecken. Sie dürfen aber auf keinen Fall zu weich sein, da sie sonst beim Pochieren zerfallen!
• Sehr schön sieht das Dessert aus, wenn man die pochierten Birnenhälften der Länge nach einschneidet, am Stielende jedoch nicht durchschneidet und anschließend fächerförmig mit den Eiskugeln und der Schokoladensauce garniert serviert.

GEMISCHTER FRÜCHTESALAT MIT MARACUJAZABAIONE

Frische Früchte, harmonisch zu einem Salat vereint, und dazu eine locker aufgeschlagene Zabaione – ein Dessert das jedem schmeckt! Dank der Importe aus aller Welt ist es möglich, das ganze Jahr hindurch einheimische und exotische Früchte raffiniert zu kombinieren. Möglichkeiten gibt es genug!

Für 4 Personen
Zubereitungszeit: 40 Minuten

2 säuerliche Äpfel
2 Orangen
1/2 Kantalup-Melone
2 Kiwis
1 Nektarine oder Pfirsich
200 g Erdbeeren
Saft von 1/2 Orange
Saft und Schale von 1 Limette
Zucker oder flüssiger Süßstoff
nach Geschmack
Für die Zabaione:
2 Eigelb
2 EL Puderzucker
100 ml Maracujasirup
2 EL Maracujalikör
Außerdem:
4 Minzezweige

1. Äpfel schälen, halbieren, entkernen und in dünne längliche Spalten schneiden. Die Orangen schälen, dabei die weiße Haut völlig entfernen, das Fruchtfleisch filetieren und den Saft auffangen.
2. Aus dem Fruchtfleisch der entkernten Melone mit einem Kugelausstecher kleine Bällchen ausstechen. Das restliche Fruchtfleisch pürieren. Kiwis schälen und quer in Scheiben schneiden.
3. Nektarine halbieren, entkernen und längs in dünne Spalten schneiden. (Den Pfirsich vorher blanchieren und häuten.) Die Erdbeeren putzen und halbieren.
4. Die vorbereiteten Früchte in eine Schüssel geben und mit dem pürierten Melonenfleisch, Orangen- und Limettensaft begießen. Mit Zucker oder Süßstoff abschmecken und mit der abgeriebenen Limettenschale bestreuen. Zugedeckt kühl stellen.
5. Für die Zabaione die Eigelb in eine Metallschüssel geben. Zucker, Maracujasirup und -likör hinzufügen und mit den Schneebesen eines Handrührgerätes so lange schlagen, bis eine fester, cremiger Schaum entstanden ist. In ein heißes Wasserbad stellen und schlagen, bis der Schaum warm und luftig ist.
6. Den Fruchtsalat auf Glastellern anrichten, mit Zabaione begießen und mit je einem Minzezweig garnieren.

Pro Person:
Kalorien (kcal) 256
Eiweiß (g) 4
Fett (g) 4
Kohlenhydrate (g) 50

Orangen filetieren
Äpfel schälen, halbieren und entkernen. Orangen schälen, dabei die weiße Haut völlig entfernen. Mit einem scharfen Messer das Fruchtfleisch zwischen den Trennhäuten herauslösen. Den dabei austretenden Saft auffangen.

Melonenkugeln formen
Die Melone quer halbieren und die Kerne entfernen. Mit einem Kugelausstecher kleine Bällchen aus dem Fruchtfleisch ausstechen. Restliches Melonenfleisch im Mixer pürieren.

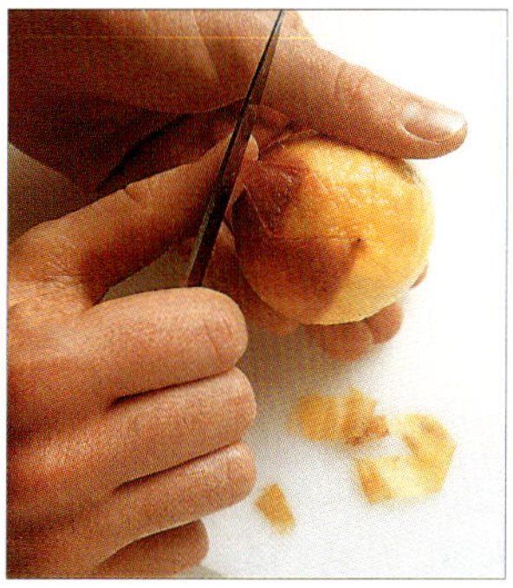

Pfirsich häuten, Kiwi schälen
Den Pfirsich auf eine Fleischgabel spießen und kurz in kochendes Wasser tauchen. Mit einem kleinen Messer die Haut abziehen. Kiwi mit einem scharfen Messer schälen und quer in Scheiben schneiden.

Salat marinieren
Alle kleingeschnittenen Früchte in eine Schüssel geben. Mit Orangen- und Limettensaft sowie dem pürierten Melonenfruchtfleisch und dem aufgefangenen Orangensaft begießen. Vorsichtig mit zwei Löffeln vermischen.

Zabaione aufschlagen
Eigelb, Zucker und Maracujasirup und -likör in eine Metallschüssel geben und mit einem Handrührgerät cremig rühren. In ein heißes Wasserbad stellen und so lange schlagen, bis der Schaum warm und luftig ist. Das Wasser darf keinesfalls kochen!

ORANGEN-ERDBEER-SALAT MIT MINZE

Für 4 Personen
Zubereitungszeit: 20 Minuten

- 5 bis 6 Orangen
- 400 g große Erdbeeren
- 1 EL Zucker, 2 cl weißer Rum
- Saft von 1/2 Zitrone
- 1/2 Bund Minze
- 1/8 l Sahne
- 1 EL Vanillezucker
- 2 cl Orangenlikör

1. Die Orangen schälen und filetieren (siehe Rezept auf Seite 411). Erdbeeren putzen und der Länge nach in Scheiben schneiden.

2. Auf 4 Tellern Orangenfilets und Erdbeerscheiben abwechselnd kreisförmig anordnen. Zucker, Rum, Zitronensaft und aufgefangenen Orangensaft verrühren, bis sich der Zucker gelöst hat. Die Früchte damit beträufeln und mit feingeschnittener Minze bestreuen.

3. Die Sahne steif schlagen und mit Vanillezucker und Orangenlikör abschmecken. Getrennt zu dem Salat reichen.

Pro Person:
Kalorien (kcal) 555
Eiweiß (g) 8
Fett (g) 15
Kohlenhydrate (g) 90

BEERENSALAT MIT PORTWEINZABAIONE

Für 4 Personen
Zubereitungszeit: 25 Minuten

- 150 g Erdbeeren, evtl. Walderdbeeren
- 150 g Himbeeren
- 150 g Heidelbeeren
- 150 g rote Johannisbeeren
- 2 EL Zucker
- Saft von 1 Orange

Für die Zabaione:

- 2 Eigelb
- 2 EL Puderzucker
- 100 ml Portwein
- abgeriebene Schale von 1/2 Orange

1. Die Erdbeeren putzen (evtl. halbieren), Himbeeren und Heidelbeeren verlesen, Johannisbeeren von den Rispen streifen und alle Beeren vorsichtig vermischen.

2. Zucker und Orangensaft so lange verrühren, bis sich der Zucker aufgelöst hat, und die Beeren damit beträufeln. Auf 4 Schalen verteilen und kalt stellen.

3. Aus Eigelb, Puderzucker und Portwein eine Zabaione herstellen, siehe Rezept auf Seite 411, und über den Beerensalat gießen. Mit der Orangenschale bestreuen.

Pro Person:
Kalorien (kcal) 210
Eiweiß (g) 3
Fett (g) 4
Kohlenhydrate (g) 34

EXOTISCHER FRUCHTSALAT

Für 4 Personen
Zubereitungszeit: 30 Minuten

1 kleine Mango
1/2 mittelgroße Ananas
1 reife Karambole
1 Kiwi
4 Kumquats
Für die Sauce:
2 Passionsfrüchte
1 bis 2 EL Zucker
Saft und Schale von 1 Limette
2 cl weißer Rum
Außerdem:
2 EL gehackte Pistazien

1. Mango schälen, das Fruchtfleisch vom Kern lösen und in Scheiben schneiden. Ananas schälen und das Fruchtfleisch in Stücke teilen. Karambole waschen, die Kiwi schälen und beides wie die Kumquats in Scheiben schneiden. Alles auf 4 Tellern anrichten.
2. Passionsfrüchte halbieren, das Fruchtfleisch herauslösen, im Mixer kurz pürieren und durch ein Sieb passieren.
Mit Zucker, Limettensaft und -schale sowie Rum verrühren und den Salat damit anmachen. Gut gekühlt durchziehen lassen. Mit den Pistazien bestreut servieren.

Pro Person:
Kalorien (kcal) 156
Eiweiß (g) 2
Fett (g) 2
Kohlenhydrate (g) 28

MELONEN-HIMBEER-SALAT

Für 4 Personen
Zubereitungszeit: 20 Minuten

2 kleine Ogen-Melonen
250 g frische Himbeeren
6 bis 8 Blätter Zitronenmelisse
80 g Puderzucker
Saft von 1/2 Zitrone und
1/2 Orange
2 cl Himbeergeist

1. Die Melonen quer halbieren, entkernen und aus dem Fruchtfleisch Kugeln ausstechen, siehe Rezept auf Seite 411.
Bis auf einen kleinen Rand das restliche Fruchtfleisch herauslösen und pürieren. Die Ränder der Schale zickzackförmig einschneiden.
2. Himbeeren verlesen und mit den Melonenkugeln und den feingeschnittenen Melisseblättern vermischen.
3. Puderzucker, Zitronen- und Orangensaft und Himbeergeist verrühren und unter den Salat mischen. Kühl stellen.
4. Den Fruchtsalat in die Melonenhälften füllen.

Pro Person:
Kalorien (kcal) 165
Eiweiß (g) 2
Fett (g) 0
Kohlenhydrate (g) 36

TROPISCHER FRUCHTSALAT

Ein Korb mit frischen Früchten darf in südlichen Ländern als Nachtisch nicht fehlen. Nach einem üppigen Essen gibt es wohl auch keine bessere Alternative. Außer vielleicht eine der nachfolgenden Kompositionen aus reifen, aromatischen kleingeschnittenen Früchten, die raffiniert mariniert werden!

Für 4 Personen
Zubereitungszeit: 20 Minuten
Kühlzeit: 30 Minuten

- 1 kleine Mango
- 2 Kiwis
- 1/2 Ananas
- 4 frische Datteln
- 100 g Physalis (Kapstachelbeeren)
- 1 Karambole
- 4 Kumquats
- 2 Feigen
- 4 Passionsfrüchte
- 1 Limette
- 60 g Zucker
- 4 cl Maracujalikör
- 2 EL geröstete Pinienkerne

1. Mango, Kiwis und Ananas schälen. Die Datteln mit einem spitzen Messer häuten und entkernen. Die papierähnlichen Hüllen der Physalis entfernen. Karambole, Kumquats (mit der Schale) und Kiwis quer, die Feigen der Länge nach in Scheiben schneiden. Die Ananas in mundgerechte Stücke und die Datteln in längliche Spalten schneiden. Alle Früchte in einer großen Schüssel mischen.

2. Passionsfrüchte halbieren und das kernige Fruchtfleisch mit einem Löffel herauslösen. Im Mixer kurz pürieren und durch ein Sieb passieren.

3. Mit einem Zestenreißer feine Streifen von der Limettenschale abziehen oder die Schale grob abreiben.

4. Den Zucker und die Hälfte des entstandenen Saftes sirupartig einkochen. Den restlichen Saft sowie den Saft der Limette und den Likör dazugießen und den Sirup über den Früchten verteilen. Vorsichtig vermischen und etwa 30 Minuten kalt stellen.

5. Den Fruchtsalat mit Pinienkernen und der Limettenschale bestreuen.

Pro Person:
Kalorien (kcal) 300
Eiweiß (g) 4
Fett (g) 4
Kohlenhydrate (g) 58

Früchte vorbereiten
Früchte, falls nötig, schälen und entweder in längliche Spalten oder in Scheiben schneiden. Auf einem Kunststoffbrett arbeiten, den Fruchtsaft unbedingt auffangen.

Marinade herstellen
Die Kerne der Passionsfrüchte kurz pürieren und passieren. Die Hälfte des Saftes mit Zucker sirupartig einkochen. Restlichen Saft, Limettensaft und Likör daruntermischen.

Fruchtsalat marinieren
Die Früchte in einer großen Schüssel mit der Marinade begießen und vorsichtig vermischen. Mit Klarsichtfolie zudecken und mindestens 30 Minuten kalt stellen.

BEERENSALAT

Für 4 Personen
Zubereitungszeit: 15 Minuten
Kühlzeit: 30 Minuten

- 125 g rote Johannisbeeren
- 100 g schwarze Johannisbeeren
- 250 g Erdbeeren
- 250 g Himbeeren
- 125 g Brombeeren
- 2 EL schwarzes Johannisbeergelee
- 4 cl Cassislikör oder Johannisbeersaft
- Saft von 1 Orange

1. Die Johannisbeeren von den Rispen streifen, Erdbeeren, Himbeeren und Brombeeren putzen.
2. Für die Marinade das Johannisbeergelee mit Cassislikör oder Johannisbeersaft und Orangensaft glattrühren.
3. Die Marinade über den Beeren verteilen, locker vermischen und etwa 30 Minuten durchziehen lassen.

Pro Person:
Kalorien (kcal) 135
Eiweiß (g) 2
Fett (g) 0
Kohlenhydrate (g) 24

HERBSTLICHER FRUCHTSALAT

Für 4 Personen
Zubereitungszeit: 20 Minuten
Kühlzeit: 30 Minuten

- 150 g helle Trauben
- 150 g blaue Trauben
- 250 g Zwetschgen
- 2 kleine aromatische Äpfel
- 2 kleine aromatische Birnen
- 2 EL Preiselbeerkonfitüre
- 100 ml Amontillado-Sherry, medium
- 50 g Walnüsse

1. Trauben und Zwetschgen halbieren und die Kerne und Steine entfernen. Zwetschgen längs in Spalten schneiden.
2. Äpfel und Birnen schälen, halbieren, entkernen und die Hälften in längliche Spalten schneiden. Die Früchte in eine große Schüssel geben.
3. Für die Marinade Preiselbeerkonfitüre durch ein Sieb passieren und mit dem Sherry glattrühren.
4. Marinade mit den Früchten vermischen und 30 Minuten durchziehen lassen. Mit den Walnüssen bestreut servieren.

Pro Person:
Kalorien (kcal) 275
Eiweiß (g) 3
Fett (g) 8
Kohlenhydrate (g) 39

MANGO-EIS-GUGELHUPF

Wer das Speiseeis erfunden hat, ist ungewiß. Man vermutet, daß in China bereits vor 5000 Jahren Eis serviert wurde. Richtig entdeckt wurde das Speiseeis allerdings erst 1580, als ein junger Sizilianer bemerkte, daß Wasser mit Salpeter und Salz vermischt andere Flüssigkeiten zum Gefrieren bringt. 23 Jahre später wurde die erste Eisdiele in Wien eröffnet. Doch auch wenn es heute an jeder Ecke Eis zu kaufen gibt – das Selbermachen lohnt sich!

Für 4 bis 6 Personen
Zubereitungszeit: 35 Minuten
Gefrierzeit: 3 bis 4 Stunden

2 mittelgroße Mangos
(etwa 500 g Fruchtfleisch)
4 cl Grand Marnier
4 Eigelb
120 g Zucker
200 ml frisch gepreßter
Orangensaft
Saft von 1 Limette
1/2 l Sahne
3 Baiserschalen
(in Konditoreien erhältlich)
25 g gehackte Pistazien

1. Die Mangos schälen und das Fruchtfleisch in Spalten vom Kern schneiden (siehe Seite 386). Im Mixer pürieren, durch ein Sieb passieren und mit Grand Marnier verrühren.
2. Eigelb und Zucker in einer Schlagschüssel über einem heißen Wasserbad cremig aufschlagen. Die Masse soll nicht schaumig sein.
3. Nach und nach die Zitrussäfte und das Fruchtmark darunterrühren. Aus dem Wasserbad nehmen und in einer Schüssel mit Eiswasser unter Rühren erkalten lassen.
4. Sahne steif schlagen und unter die Fruchtmasse ziehen. Die Baiserschalen in kleine Stücke hacken und mit den Pistazien ebenfalls unter die Fruchtmasse mischen.
5. Die Creme in eine Gugelhupfform von 1,5 l Inhalt füllen, mit Klarsichtfolie zudecken und einige Stunden im Tiefkühlgerät gefrieren lassen.
6. Die Form kurz in heißes Wasser tauchen. Eine Platte mit der Oberseite nach unten auf die Form legen und beides rasch wenden. Gegebenenfalls etwas schütteln, bis sich das Eis löst.
7. Nach Belieben mit geschlagener Sahne, Hippengebäck (siehe Seite 436) und Mangowürfeln oder Schokoladensauce servieren.

Pro Person:
Kalorien (kcal) 370
Eiweiß (g) 5
Fett (g) 20
Kohlenhydrate (g) 38

• Das Mangofruchtfleisch kann man auch durch frisch püriertes Ananasfruchtfleisch ersetzen.
• Selbstzubereitete cremige Eissorten mindestens 15 Minuten vor dem Servieren aus dem Tiefkühlgerät nehmen!

Fruchtmark vorbereiten
Die Mangos schälen und das Fruchtfleisch in Spalten vom Kern scheiden. Im Mixer fein pürieren, durch ein feines Sieb passieren und mit dem Alkohol abschmecken.

Eiercreme aufschlagen
Eigelb und Zucker in eine Schlagschüssel aus Metall geben und über einem heißen Wasserbad mit einem Schneebesen aufschlagen. Die Masse soll cremig, aber nicht schaumig werden.

Creme fertigstellen
Nach und nach Zitrussäfte und Fruchtmark darunterrühren. Die Schüssel in eine größere, mit Eiswasser gefüllte Schüssel stellen und die Creme unter Rühren erkalten lassen. Zum Schluß geschlagene Sahne, Baiserstückchen und Pistazien darunterziehen.

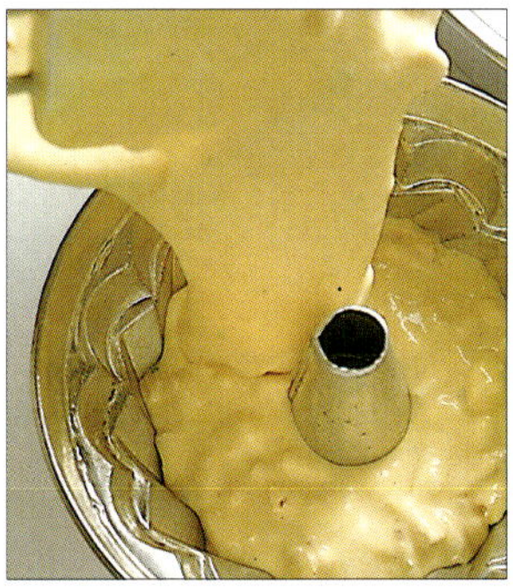

Creme einfüllen
Die Masse in eine Gugelhupfform oder eine andere beliebige Form von etwa 1,5 l Inhalt füllen. Die Oberfläche mit einem Teigschaber glattstreichen und die Form mit Klarsichtfolie zudecken. In 3 bis 4 Stunden gefrieren lassen.

Form stürzen
Die Form einige Sekunden in sehr heißes Wasser tauchen, bis das Eis am Rand etwas antaut. Dann eine Platte mit der Oberfläche nach unten auf die Form legen und beides rasch umdrehen. Etwas schütteln, damit sich das Eis an allen Stellen gut löst.

EISSOUFFLÉ PEDRO XIMÉNEZ

Für alle, die leichte, zartschmelzende Eisdesserts lieben und wenig Zeit zum Kochen haben, sind die nachfolgenden Rezepte besonders zu empfehlen. Die Grundmasse ist rasch zubereitet und kann zudem beliebig nach eigener Phantasie abgewandelt werden. Zur Anregung hier einige besonders empfehlenswerte Kreationen!

Für 4 Personen
Zubereitungszeit: 15 Minuten
Gefrierzeit: 2 bis 3 Stunden

- 1/4 l Sahne
- 2 Eiweiß
- 80 g Zucker
- 2 EL Crème double
- 4 cl Pedro Ximénez oder Cream Sherry
- 50 g geschälte gemahlene Mandeln
- 1 bis 2 EL Kakao, schwach entölt

1. Die Sahne steif schlagen. Die Eiweiß ebenfalls steif schlagen, dabei nach und nach den Zucker einrieseln lassen. Die Masse muß glänzend und schnittfest sein.
2. Sahne, Crème double, Sherry und die Mandeln mit einem Teigspachtel sorgfältig vermischen. Den Eischnee darunterheben.
3. Vier Soufflêförmchen mit Pergamentpapier umwickeln (siehe Seite 389).
4. Die Masse 2 cm über den Förmchenrand einfüllen und etwa 2 bis 3 Stunden in das Tiefkühlgerät stellen.
5. Die Förmchen mindestens 15 Minuten vor dem Servieren aus dem Tiefkühlgerät nehmen! Die Papiermanschetten entfernen und die Oberfläche dick mit Kakao bestäuben!

Pro Person:
Kalorien (kcal) 410
Eiweiß (g) 6
Fett (g) 29
Kohlenhydrate (g) 26

Pedro Ximénez ist zwar der typischste, aber auch der teuerste Süßwein aus Jerez: ein fast sirupartiger Wein, der intensiv nach Rosinen und Dörrpflaumen schmeckt. Vorwiegend wird er mit anderen Sherrytypen verschnitten, um diesen mehr Süße zu verleihen. Pur ist er nur etwas für Liebhaber! Zum Verfeinern von Desserts ist Pedro Ximénez unübertroffen. Jeder Andalusienbesucher wird sich mit Wonne an Mandeleis erinnern, das mit diesem Likörwein zubereitet wurde.

1

2

3

1. Walnuß-Honig-Parfait

Für die Grundmasse 1/4 l Sahne sowie 2 Eiweiß mit 40 g Zucker steif schlagen und mit 2 EL Crème double vermischen. 80 g Walnüsse grob hacken. 30 g Zucker in einer Kasserolle schmelzen, die Nüsse dazugeben und unter Rühren goldbraun karamelisieren. Abkühlen lassen und mit 1 EL dünnflüssigem Waldhonig unter die Grundmasse mischen. Vier Souffléförmchen mit Pergamentpapier umwickeln (siehe Seite 389). Die Masse 2 cm über den Förmchenrand einfüllen und 2 bis 3 Stunden in das Tiefkühlgerät stellen. Papiermanschetten entfernen, das Soufflé mit Kakao und Puderzucker bestäuben und je einer Walnußhälfte garnieren.

2. Eissoufflé mit kandierten Früchten

Für die Grundmasse 1/4 l Sahne sowie 2 Eiweiß mit 40 g Zucker steif schlagen und mit 2 EL Crème double vermischen. 50 g Orangeat in kleine Würfel schneiden und mit 2 cl Cointreau 15 Minuten marinieren. 50 g Pistazien hacken und mit dem Orangeat unter die Grundmasse mischen. Vier Souffléförmchen mit Pergamentpapier umwickeln (siehe Seite 389). Die Masse 2 cm über den Förmchenrand einfüllen und 2 bis 3 Stunden in das Tiefkühlgerät stellen. Papiermanschetten entfernen, das Soufflé mit geschlagener Sahne und kandierten Früchten garnieren.

3. Schokoladen-Ingwer-Eissoufflé

Für die Grundmasse 1/4 l Sahne sowie 2 Eiweiß mit 40 g Zucker steif schlagen und mit 2 EL Crème double vermischen. 60 g Kuvertüre über einem heißen Wasserbad schmelzen, leicht abkühlen lassen und mit 1 EL schwach entöltem Kakaopulver sowie 1 EL feingeriebener Ingwerwurzel unter die Grundmasse mischen. Vier Souffléförmchen mit Pergamentpapier umwickeln (siehe Seite 389). Die Masse 2 cm über den Förmchenrand einfüllen und 2 bis 3 Stunden in das Tiefkühlgerät stellen. Papiermanschetten entfernen, das Soufflé dick mit Schokoladenspänen garnieren und leicht mit Puderzucker bestäuben.

KIWISORBET

Früher als Wassereis kaum beachtet, heute das Tüpfelchen auf dem »i«: das Sorbet. In einer elektrischen Eismaschine oder einer Sorbetiere gelingt das Sorbet nicht nur am besten, es geht auch am schnellsten. Die Anschaffung einer Eismaschine lohnt sich jedoch nur, wenn man ein Liebhaber eisiger Desserts ist und Sorbets oder Eis oft selbst zubereitet!

Für 4 bis 6 Personen
Zubereitungszeit: 15 Minuten
Gefrierzeit: 15 Minuten bis 2 Stunden

- 100 g Zucker
- 5 Kiwis (etwa 400 g Fruchtfleisch)
- Saft und Schale von 1 Limette
- 2 cl Kiwilikör
- 1/8 l Weißwein, halbtrocken
- 1 Eiweiß

1. Den Zucker mit 4 EL Wasser sirupartig einkochen, dann abkühlen lassen.

2. Die Kiwis schälen und im Mixer pürieren. Zwei Drittel des Fruchtpürees durch ein Sieb passieren, damit das Sorbet nicht zu viele schwarze Kerne enthält.

3. Den Zuckersirup mit dem Kiwipüree, Limettensaft und -schale, Likör und Wein vermischen.

4. Das Eiweiß steif schlagen und gleichmäßig darunterziehen. Die Fruchtmasse in einer Eismaschine oder in einer flachen Metallform im Tiefkühlgerät unter gelegentlichem Rühren gefrieren lassen.

5. Vor dem Servieren das Sorbet leicht antauen lassen, mit einem Eßlöffel Nocken abstechen und auf Tellern anrichten.

Pro Person:
Kalorien (kcal) 150
Eiweiß (g) 1
Fett (g) 0
Kohlenhydrate (g) 30

Sorbet vorbereiten
Zucker und Wasser sirupartig einkochen. Abgekühlt mit Fruchtpüree, Zitrussaft und -schale, Likör und Wein vermischen. Den Eischnee darunterziehen.

Sorbet gefrieren
Die Masse in einer elektrischen Eismaschine cremig gefrieren lassen oder in einer Metallform im Tiefkühlgerät und unter gelegentlichem Rühren gefrieren lassen.

Sorbet anrichten
Kurz vor dem Servieren das Sorbet leicht antauen lassen. Mit einem Eßlöffel Nocken abstechen und auf Tellern oder in Glasschalen anrichten.

Läßt man die Masse in einer Metallform gefrieren, bilden sich durch den relativ geringen Zuckergehalt kleine Kristalle. Das Dessert heißt jetzt allerdings nicht mehr Sorbet, sondern Granité. Es erinnert an gestoßenes Eis. Die Körnung des Granités kann man durch die Häufigkeit des Durchrührens variieren.

ZITRUSSORBET MIT CAMPARI

Für 4 Personen
Zubereitungszeit: 15 Minuten
Gefrierzeit: 30 Minuten bis 2 Stunden

150 g Zucker
1/8 l frisch gepreßter Orangensaft
1/8 l frisch gepreßter Saft von rosa Grapefruits
100 ml Weißwein, halbtrocken
8 cl Campari
1 Eiweiß

1. Den Zucker mit 5 EL Wasser sirupartig einkochen, dann abkühlen lassen.
2. Orangen- und Grapefruitsaft durch ein Sieb zu dem Sirup gießen, mit Wein und Campari verrühren. Eiweiß steif schlagen und darunterziehen.
3. In einer Eismaschine oder in einer flachen Metallform unter gelegentlichem Rühren im Tiefkühlgerät gefrieren lassen.
4. Mit einem Eßlöffel Nocken abstechen. Mit Konfetti von Zitrusschalen garnieren.

Pro Person:
Kalorien (kcal) 234
Eiweiß (g) 1
Fett (g) 0
Kohlenhydrate (g) 48

APFELSORBET

Für 4 Personen
Zubereitungszeit: 20 Minuten
Gefrierzeit: 20 Minuten bis 2 Stunden

120 g Zucker
1/8 l Apfelsaft oder Cidre
800 g aromatische Äpfel
Saft von 1 Zitrone
4 cl Calvados
1 Eiweiß

1. Zucker und Apfelsaft oder Cidre kurz aufkochen lassen.
2. Äpfel schälen, halbieren, entkernen und kleinschneiden. In der Zuckerlösung weich kochen, bis sie zerfallen.
3. Die Äpfel durch ein Sieb passieren und mit Zitronensaft und Calvados abschmecken. Eiweiß halbsteif schlagen und darunterziehen.
4. In einer Eismaschine oder in einer flachen Metallform unter gelegentlichem Rühren im Tiefkühlgerät gefrieren lassen.
5. Mit einem Eßlöffel Nocken abstechen oder das Sorbet in fritierte Apfelhüllen füllen und auf Tellern anrichten.

Pro Person:
Kalorien (kcal) 270
Eiweiß (g) 2
Fett (g) 0
Kohlenhydrate (g) 58

ORANGENSOUFFLÉ

Soufflé, das ist eine Art Auflauf, allerdings wesentlich luftiger und zarter. Viele scheuen sich, Soufflés zuzubereiten, aus Angst, das zarte Gebilde fällt zusammen, ehe es auf den Tisch kommt. Dabei ist die Herstellung nicht schwierig, wenn man zwei Dinge beherzigt: Das sehr steif geschlagene Eiweiß erst kurz, bevor das Soufflé in den Ofen kommt, vorsichtig unter den Teig heben. Und: Der Gast wartet auf das Soufflé, und nicht umgekehrt!

Für 4 Personen
Zubereitungszeit: 50 Minuten

Für den Teig:

- 30 g kandierte Orangenscheiben
- 2 cl Grand Marnier
- 1/2 unbehandelte Orange
- 40 g Zucker
- 1/8 l Milch
- 20 g Butter
- 20 g Mehl
- 3 Eiweiß
- 2 Eigelb

Außerdem:

- etwas Butter
- 1 EL Vanillezucker
- Puderzucker zum Bestäuben

1. Die Orangenscheiben in sehr kleine Würfel schneiden, mit Orangenlikör begießen und mindestens 15 Minuten marinieren.
2. Die Orange heiß waschen und abtrocknen. Mit einem Zestenreißer die Schale abziehen und mit 20 g Zucker in der Milch erhitzen.
3. Vier Souffléförmchen von 1/8 l Inhalt mit Butter ausfetten und Vanillezucker ausstreuen. Den Backofen auf 200 °C vorheizen. Einen großen flachen Topf zweifingerbreit mit Wasser füllen und auf die mittlere Schiene des Backofens stellen.
4. Die Butter in einer Kasserolle zerlassen und das Mehl darunterrühren. Mit der Orangenmilch ablöschen. Unter Rühren einmal aufkochen lassen und sofort 1 Eiweiß darunterrühren.
5. Ein wenig abkühlen lassen, dann die Eigelb sowie die marinierten Orangenwürfel mitsamt der Flüssigkeit gleichmäßig daruntermischen.
6. Das restliche Eiweiß mit 20 g Zucker zu steifem Schnee schlagen und unter den Teig ziehen.
7. Die Masse bis etwa 1 cm unter den Rand in die Förmchen füllen.
8. Im Wasserbad etwa 15 bis 20 Minuten garen. Sofort mit Puderzucker bestäuben und servieren.

Pro Person:
Kalorien (kcal) 190
Eiweiß (g) 7
Fett (g) 9
Kohlenhydrate (g) 17

Das Eiweiß unbedingt mit dem Zucker steif schlagen! Der Eischnee wird auf diese Weise zwar nicht so locker und schaumig, dafür aber widerstandsfähiger. Ideal also für die Zubereitung von Soufflés, da diese dann nicht so schnell zusammenfallen.

Förmchen vorbereiten
Die Souffléförmchen mit Butter ausfetten und mit Vanillezucker ausstreuen. Den Backofen auf 200 °C vorheizen. Einen flachen großen Topf zweifingerbreit mit Wasser füllen und auf die mittlere Schiene des Backofens stellen.

Mehlschwitze zubereiten
Butter in einer Kasserolle bei schwacher Hitze zerlassen. Mehl einrühren und aufschäumen lassen. Mit der heißen Orangenmilch ablöschen und unter Rühren einmal aufkochen lassen. Sofort 1 Eiweiß darunterrühren.

Eigelb darunterrühren
Die Masse etwas abkühlen lassen. Nach und nach die Eigelb darunterrühren. Dann die marinierten Orangenwürfel mitsamt Alkohol hinzufügen.

Eiweiß steif schlagen
Das restliche Eiweiß in eine fettfreie Schlagschüssel geben, den Zucker hinzufügen und mit einem Schneebesen oder dem Handrührgerät auf der niedrigsten Stufe cremig und steif schlagen.

Eischnee unterziehen
Ein Drittel des Eischnees darunterrühren, den Rest mit einem Teigschaber oder Kochlöffel vorsichtig darunterziehen. Die Masse sofort bis 1 cm unter den Rand in die Förmchen füllen.

SCHOKOLADENSOUFFLÉ

Für 4 Personen
Zubereitungszeit: 50 Minuten

- 1/8 l Milch
- 50 g Zartbitterschokolade
- 20 g Butter
- 20 g Mehl
- 2 cl Kaffeelikör
- 1 TL Instant-Kaffeepulver
- 3 Eiweiß
- 2 Eigelb
- Fett und Vanillezucker für die Förmchen

1. Den Backofen auf 200 °C vorheizen.
2. Die Milch erhitzen, Schokolade in Stücke brechen und in der Milch schmelzen.
3. Butter zerlassen, das Mehl darunterrühren und mit der Schokoladenmilch ablöschen. Likör und Kaffeepulver dazugeben. Die Masse unter Rühren einmal aufkochen lassen. Sofort 1 Eiweiß darunterrühren, abkühlen lassen.
4. Nach und nach die Eigelb darunterrühren. Restliches Eiweiß steif schlagen und darunterziehen.
5. Förmchen ausfetten und mit Vanillezucker ausstreuen. Die Masse einfüllen, im Wasserbad 15 bis 20 Minuten garen.

Pro Person:
Kalorien (kcal) 215
Eiweiß (g) 7
Fett (g) 13
Kohlenhydrate (g) 14

WALNUSSSOUFFLÉ

Für 4 Personen
Zubereitungszeit: 45 Minuten

- 1/8 l Milch
- Mark von 1/2 Vanilleschote
- 20 g Butter
- 20 g Mehl
- 3 Eiweiß
- 40 g gehackte Walnüsse
- 2 Eigelb
- Fett und Vanillezucker für die Förmchen

1. Den Backofen auf 200 °C vorheizen.
2. Die Milch mit dem Vanillemark erhitzen.
3. Butter zerlassen, das Mehl darunterrühren und mit der Milch ablöschen. Die Masse unter Rühren einmal aufkochen lassen. Sofort 1 Eiweiß darunterrühren, die Walnüsse hinzufügen, abkühlen lassen.
4. Nach und nach die Eigelb darunterrühren. Restliches Eiweiß steif schlagen und darunterziehen.
5. Förmchen ausfetten und mit Vanillezucker ausstreuen. Die Masse einfüllen, im Wasserbad 15 bis 20 Minuten garen.

Pro Person:
Kalorien (kcal) 200
Eiweiß (g) 8
Fett (g) 15
Kohlenhydrate (g) 7

PHYSALISSOUFFLÉ

Für 4 Personen
Zubereitungszeit: 50 Minuten

- 60 g Butter, 60 g Zucker
- Schale und Saft von 1/2 Limette
- 2 cl weißer Rum
- 2 Eigelb
- 30 g gemahlene Mandeln
- 30 g Zwiebackbrösel
- 20 g Mehl
- 2 Eiweiß
- Fett und Vanillezucker für die Förmchen
- 200 g Physalis (Kapstachelbeeren)

1. Den Backofen auf 200 °C vorheizen.
2. Butter, Zucker, Limettenschale, -saft und Rum schaumig rühren. Nach und nach die Eigelb hinzufügen.
3. Mandeln, Zwiebackbrösel und Mehl darunterrühren. Das Eiweiß steif schlagen und vorsichtig darunterziehen.
4. Förmchen ausfetten und mit Vanillezucker ausstreuen. Die Masse einfüllen.
5. Die papierähnlichen Hüllen der Physalis entfernen und die Früchte auf dem Soufflé verteilen. In etwa 20 Minuten im Wasserbad garen.

Pro Person:
Kalorien (kcal) 350
Eiweiß (g) 7
Fett (g) 20
Kohlenhydrate (g) 30

QUARKSOUFFLÉ

Für 4 Personen
Zubereitungszeit: 45 Minuten

- 2 Eigelb
- 80 g Zucker
- Mark von 1/2 Vanilleschote
- abgeriebene Schale von 1/2 unbehandelten Zitrone
- 125 g Magerquark
- 125 g Mascarpone
- 20 g Speisestärke, z. B. Mondamin
- 2 Eiweiß
- Fett und Vanillezucker für die Förmchen

1. Den Backofen auf 200 °C vorheizen.
2. Eigelb, 60 g Zucker, Vanillemark und die Zitronenschale schaumig rühren.
3. Magerquark, Mascarpone und Speisestärke hinzufügen und zu einer glatten Creme verrühren.
4. Eiweiß mit dem restlichen Zucker steif schlagen und darunterziehen.
5. Förmchen ausfetten und mit Vanillezucker ausstreuen. Die Masse einfüllen, im Wasserbad 15 bis 20 Minuten garen.
6. Mit einer Fruchtsauce oder einem Kompott servieren.

Pro Person:
Kalorien (kcal) 275
Eiweiß (g) 11
Fett (g) 13
Kohlenhydrate (g) 26

sola

CRÊPES MIT CALVADOSÄPFELN

Crêpes sind die zarten, hauchdünnen französischen Verwandten des Pfannkuchens. In der Bretagne kennt man Crêpes schon seit dem 13. Jahrhundert, und noch heute ist es Sitte, daß eine junge Frau an ihrem Hochzeitstag Crêpes backen muß. Gelingt ihr das Wenden mit einem gekonnten Schwung, gilt dies als gutes Omen für die Ehe.

Für 4 Personen
Zubereitungszeit: 35 Minuten
Ruhezeit: 1 Stunde

Für den Crêpeteig:
- 80 g Mehl, 1 Prise Salz
- 1 TL Vanillezucker
- 2 Eier, 1 Eigelb, 100 ml Milch
- 100 ml Mineralwasser mit Kohlensäure
- 2 EL flüssige Butter

Für die Füllung:
- 300 g aromatische Äpfel
- 20 g Butter, 30 g Zucker
- 2 EL Rosinen
- 4 cl Calvados, 4 bis 5 EL Cidre

Außerdem:
- Butter zum Braten
- Puderzucker zum Bestäuben

1. Mehl, Salz und Vanillezucker in eine Schüssel geben und unter Rühren mit dem Schneebesen die Eier und das Eigelb hinzufügen. So lange rühren, bis ein glatter Teig entstanden ist.
2. Milch und Mineralwasser dazugeben und erneut kräftig durchschlagen. Die flüssige Butter darunterrühren und den Teig 1 Stunde ruhen lassen.
3. Die Äpfel schälen, vierteln, entkernen und in dünne Scheiben schneiden.
4. Butter und Zucker in einer Pfanne karamelisieren lassen und die Apfelstücke darin anbraten. Rosinen hinzufügen, mit Calvados und Cidre ablöschen und die Äpfel einige Minuten dünsten.
5. In einer Eisenpfanne wenig Butter erhitzen. Mit einer kleinen Schöpfkelle etwas Crêpeteig hineingießen. Durch Drehen und Schwenken der Pfanne den Teig gleichmäßig dünn auf dem Boden verteilen.
6. Crêpe hellbraun backen, mit einer Palette oder einem gekonnten Schwung mit der Pfanne wenden und auch die zwei Seite goldbraun braten.
7. Auf diese Weise 8 Crêpes (etwa 16 cm Durchmesser) backen. Jeweils auf einen Teller geben, einen zweiten Teller darüberlegen und in den warmen Backofen stellen, bis alle Crêpes gebacken sind.
8. Die Calvadosäpfel auf den Crêpes verteilen, zweimal zusammenfalten oder aufrollen und leicht mit Puderzucker bestäuben.

Pro Person:
Kalorien (kcal) 355
Eiweiß (g) 8
Fett (g) 16
Kohlenhydrate (g) 35

- Wer das Dessert besonders effektvoll servieren möchte, übergießt die fertigen Crêpes mit heißem Calvados und flambiert sie.
- Es gibt auch elektrische Crêpes-Eisen, die das Braten erleichtern sollen, aber Profis schwören auf eine gut erhitzbare Eisenpfanne!
- Besonders fein ist der Teig, wenn man statt des Mineralwassers Cidre verwendet.

Teig zubereiten
Mehl, Salz und Vanillezucker mit Eiern und Eigelb zu einem glatten Teig verrühren. Milch und Mineralwasser dazugeben und den Teig kräftig durchschlagen.

Teig fertigstellen
Zum Schluß die flüssige Butter darunterrühren und den Teig zugedeckt bei Zimmertemperatur 1 Stunde ruhen lassen, damit das Mehl aufquellen kann. Vor dem Backen den Teig nochmal kurz durchrühren.

Calvadosäpfel zubereiten
Butter und Zucker karamelisieren lassen und die Apfelstücke darin anbraten. Die Rosinen dazugeben, mit Calvados ablöschen und in wenigen Minuten weichdünsten.

Crêpes in der Pfanne backen
Butter in einer Eisenpfanne erhitzen. Mit einer Schöpfkelle etwas Teig hineingießen und durch Drehen und Schwenken der Pfanne gleichmäßig dünn am Boden verteilen. Crêpe goldbraun backen, wenden und auch die zweite Seite backen.

Crêpes mit dem Crêpes-Eisen backen
Das Eisen erhitzen. Den Teig in einen großen tiefen Teller geben. Das heiße Eisen mit der gewölbten Seite in den Teig tauchen und backen. Es wird nur eine Seite gebacken.

MOHR IM HEMD

Diese beliebte Speise aus Österreich (dort wird sie kurz »Koch« genannt) wird bei sanfter Hitze in einer geschlossenen Form im Wasserbad gegart. Der Vorteil eines gekochten Puddings: Durch die geschlossene Form und die sanfte Garweise bleiben alle Aromen besonders gut erhalten.

Für 6 Personen
Zubereitungszeit:
1 Stunde 20 Minuten

Für den Teig:
100 g Mokkaschokolade
80 g Haselnüsse
50 g zimmerwarme Butter
50 g Zucker
5 Eigelb
1 EL Kakaopulver, stark entölt
1 EL Instant-Kaffeepulver
abgeriebene Schale von
1/2 unbehandelten Orange
2 cl Orangenlikör
5 Eiweiß
20 g Paniermehl
Außerdem:
Butter und Paniermehl für
die Form
200 ml Sahne

1. Die Schokolade hacken und über einem heißen Wasserbad schmelzen. Die Haselnüsse im heißen Backofen 15 bis 20 Minuten rösten, die Schale abreiben und die Nüsse fein mahlen.
2. Butter und Zucker cremig rühren und nach und nach Eigelb, Schokolade, Kakao- und Kaffeepulver, Orangenschale und Likör hinzufügen.
3. Eiweiß steif schlagen, auf die Schaummasse häufen und vorsichtig mit den Nüssen und dem Paniermehl mit einem Teigspachtel darunterheben.
4. Eine Kochpuddingform und den Deckel gut einfetten und mit Paniermehl ausstreuen. Die Masse bis etwa 4 cm unter den Rand einfüllen. Die Form gut verschließen, den Pudding im Wasserbad etwa 1 Stunde bei schwacher Hitze garen.
5. Aus dem Wasserbad nehmen und den Pudding vor dem Öffnen noch etwa 5 Minuten ruhen lassen. Dann auf einen Teller stürzen. Die Sahne steif schlagen und dazu reichen.

Pro Person:
Kalorien (kcal) 475
Eiweiß (g) 10
Fett (g) 36
Kohlenhydrate (g) 21

Form vorbereiten
Puddingform und Deckel sehr gut mit Butter ausfetten und Paniermehl oder Biskuitbrösel ausstreuen. Den Teig bis 4 cm unter den Rand in die Form füllen.

Pudding im Wasserbad garen
Einen Teller umdrehen, in einen hohen Kochtopf legen und zur Hälfte mit Wasser füllen. Die Form verschließen und hineinstellen. Topf verschließen und ein feuchtes Tuch darüberlegen.

Pudding stürzen
Die Form aus dem Wasser nehmen, den Pudding 5 Minuten ruhen lassen. Öffnen, einen Teller auf die Form legen, umdrehen und durch leichtes Rütteln den Pudding stürzen.

Sehr gut schmeckt der Mohr im Hemd auch, wenn man ihn mit Schokoladensauce serviert.

CRÊPES MIT CALVADOSÄPFELN

Crêpes sind die zarten, hauchdünnen französischen Verwandten des Pfannkuchens. In der Bretagne kennt man Crêpes schon seit dem 13. Jahrhundert, und noch heute ist es Sitte, daß eine junge Frau an ihrem Hochzeitstag Crêpes backen muß. Gelingt ihr das Wenden mit einem gekonnten Schwung, gilt dies als gutes Omen für die Ehe.

Für 4 Personen
Zubereitungszeit: 35 Minuten
Ruhezeit: 1 Stunde

Für den Crêpeteig:
80 g Mehl, 1 Prise Salz
1 TL Vanillezucker
2 Eier, 1 Eigelb, 100 ml Milch
100 ml Mineralwasser mit Kohlensäure
2 EL flüssige Butter

Für die Füllung:
300 g aromatische Äpfel
20 g Butter, 30 g Zucker
2 EL Rosinen
4 cl Calvados, 4 bis 5 EL Cidre

Außerdem:
Butter zum Braten
Puderzucker zum Bestäuben

1. Mehl, Salz und Vanillezucker in eine Schüssel geben und unter Rühren mit dem Schneebesen die Eier und das Eigelb hinzufügen. So lange rühren, bis ein glatter Teig entstanden ist.
2. Milch und Mineralwasser dazugeben und erneut kräftig durchschlagen. Die flüssige Butter darunterrühren und den Teig 1 Stunde ruhen lassen.
3. Die Äpfel schälen, vierteln, entkernen und in dünne Scheiben schneiden.
4. Butter und Zucker in einer Pfanne karamelisieren lassen und die Apfelstücke darin anbraten. Rosinen hinzufügen, mit Calvados und Cidre ablöschen und die Äpfel einige Minuten dünsten.
5. In einer Eisenpfanne wenig Butter erhitzen. Mit einer kleinen Schöpfkelle etwas Crêpeteig hineingießen. Durch Drehen und Schwenken der Pfanne den Teig gleichmäßig dünn auf dem Boden verteilen.
6. Crêpe hellbraun backen, mit einer Palette oder einem gekonnten Schwung mit der Pfanne wenden und auch die zwei Seite goldbraun braten.
7. Auf diese Weise 8 Crêpes (etwa 16 cm Durchmesser) backen. Jeweils auf einen Teller geben, einen zweiten Teller darüberlegen und in den warmen Backofen stellen, bis alle Crêpes gebacken sind.
8. Die Calvadosäpfel auf den Crêpes verteilen, zweimal zusammenfalten oder aufrollen und leicht mit Puderzucker bestäuben.

Pro Person:
Kalorien (kcal) 355
Eiweiß (g) 8
Fett (g) 16
Kohlenhydrate (g) 35

• Wer das Dessert besonders effektvoll servieren möchte, übergießt die fertigen Crêpes mit heißem Calvados und flambiert sie.
• Es gibt auch elektrische Crêpes-Eisen, die das Braten erleichtern sollen, aber Profis schwören auf eine gut erhitzbare Eisenpfanne!
• Besonders fein ist der Teig, wenn man statt des Mineralwassers Cidre verwendet.

Teig zubereiten
Mehl, Salz und Vanillezucker mit Eiern und Eigelb zu einem glatten Teig verrühren. Milch und Mineralwasser dazugeben und den Teig kräftig durchschlagen.

Teig fertigstellen
Zum Schluß die flüssige Butter darunterrühren und den Teig zugedeckt bei Zimmertemperatur 1 Stunde ruhen lassen, damit das Mehl aufquellen kann. Vor dem Backen den Teig nochmal kurz durchrühren.

Calvadosäpfel zubereiten
Butter und Zucker karamelisieren lassen und die Apfelstücke darin anbraten. Die Rosinen dazugeben, mit Calvados ablöschen und in wenigen Minuten weichdünsten.

Crêpes in der Pfanne backen
Butter in einer Eisenpfanne erhitzen. Mit einer Schöpfkelle etwas Teig hineingießen und durch Drehen und Schwenken der Pfanne gleichmäßig dünn am Boden verteilen. Crêpe goldbraun backen, wenden und auch die zweite Seite backen.

Crêpes mit dem Crêpes-Eisen backen
Das Eisen erhitzen. Den Teig in einen großen tiefen Teller geben. Das heiße Eisen mit der gewölbten Seite in den Teig tauchen und backen. Es wird nur eine Seite gebacken.

CRÊPES SUZETTE

Für 4 Personen
Zubereitungszeit: 35 Minuten
Ruhezeit: 1 Stunde

Für die Crêpes:
80 g Mehl, 1 Prise Salz
1 TL Vanillezucker
2 Eier, 1 Eigelb
100 ml Milch
100 ml Mineralwasser mit Kohlensäure
2 cl Grand Marnier
Butter zum Braten
Für den Sirup:
12 Würfelzucker
2 unbehandelte Orangen
30 g Butter
4 cl Grand Marnier

1. Einen Crêpeteig zubereiten, ruhen lassen und 8 Crêpes backen (siehe Seite 427).
2. Die Würfelzucker an der Orangenschale reiben, bis sie rundherum gelb gefärbt sind. Dann die Orangen auspressen.
3. Würfelzucker und Butter in einer Pfanne karamelisieren lassen, mit Orangensaft und Likör ablöschen und kurz durchkochen lassen.
4. Crêpes in der Sauce wenden, zweimal zusammenfalten und mit Orangenfilets und geschlagener Sahne servieren.

Pro Person:
Kalorien (kcal) 368
Eiweiß (g) 8
Fett (g) 12
Kohlenhydrate (g) 48

CRÊPES MIT NUSS-SCHOKO-FÜLLUNG

Für 4 Personen
Zubereitungszeit: 35 Minuten
Ruhezeit: 1 Stunde

Für die Crêpes:
80 g Mehl
1 Prise Salz
1 EL Vanillezucker
2 Eier, 1 Eigelb
100 ml Milch
100 ml Mineralwasser mit Kohlensäure
2 cl Cognac
Butter zum Braten
Für die Füllung:
200 ml Sahne
50 g Schokolade mit Nüssen
50 g gemahlene Walnüsse
50 g gehackte Walnüsse
2 cl Amaretto

1. Einen Crêpeteig zubereiten, ruhen lassen und 8 Crêpes backen (siehe Seite 427).
2. Die Sahne erhitzen, Schokolade in kleine Stücke brechen und in der Sahne schmelzen.
3. Unter Rühren einige Minuten kochen lassen, dann von der Kochstelle nehmen und die Nüsse und den Amaretto darunterrühren.
4. Die Füllung auf die Crêpes streichen und die Crêpes aufrollen. Je 2 Crêpes auf einem Teller anrichten. Mit Vanilleeis und geschmolzener Schokolade servieren.

Pro Person:
Kalorien (kcal) 700
Eiweiß (g) 15
Fett (g) 46
Kohlenhydrate (g) 45

CRÊPES MIT MARACUJASIRUP

Für 4 Personen
Zubereitungszeit: 35 Minuten
Ruhezeit: 1 Stunde

Für die Crêpes:
80 g Mehl, 1 Prise Salz
1 EL Vanillezucker, 2 Eier
1 Eigelb, 100 ml Milch
100 ml Mineralwasser mit Kohlensäure
2 EL flüssige Butter
Butter zum Braten

Für die Füllung:
2 Maracuja- oder 4 Passionsfrüchte
40 g Zucker, 20 g Butter
4 cl Maracujalikör

1. Einen Crêpeteig zubereiten, ruhen lassen und 8 Crêpes backen (siehe Seite 427).
2. Fruchtfleisch der Maracuja- oder Passionsfrüchte kurz im Mixer pürieren und durch ein Sieb passieren.
3. Zucker und Butter karamelisieren, Fruchtsaft dazugießen und sirupartig einkochen. Mit Likör abschmecken.
4. Die Crêpes in dem Sirup wenden, zweimal zusammenfalten und mit gerösteten Kokosraspeln oder -flocken bestreuen.

Pro Person:
Kalorien (kcal) 353
Eiweiß (g) 8
Fett (g) 17
Kohlenhydrate (g) 34

CRÊPES MIT CRANBERRIES

Für 4 Personen
Zubereitungszeit: 35 Minuten
Ruhezeit: 1 Stunde

Für die Crêpes:
80 g Mehl, 1 Prise Salz
1 TL Vanillezucker
2 Eier, 1 Eigelb
100 ml Milch
100 ml Mineralwasser mit Kohlensäure
2 EL flüssige Butter
Butter zum Braten

Für die Füllung:
200 g Cranberries
120 g Zucker
1/8 l gehaltvoller Rotwein
1 Stück Zimtstange
Schale von 1/2 Orange
1 gestrichener TL Speisestärke, z. B. Mondamin

1. Einen Crêpeteig zubereiten, ruhen lassen und 8 Crêpes backen (siehe Seite 427).
2. Cranberries mit Zucker, Rotwein, Zimt und Orangenschale etwa 5 bis 6 Minuten kochen.
3. Auf einem Sieb abtropfen lassen, den Sud auffangen und zum Kochen bringen.
4. Die Speisestärke mit 2 EL kaltem Wasser anrühren und den Sud damit binden. Die Beeren unter die Sauce mischen.
5. Die Beeren mit der Sauce auf den Crêpes verteilen, die Crêpes aufrollen und mit Puderzucker bestäubt servieren.

Pro Person:
Kalorien (kcal) 352
Eiweiß (g) 8
Fett (g) 10
Kohlenhydrate (g) 50

MOHR IM HEMD

Diese beliebte Speise aus Österreich (dort wird sie kurz »Koch« genannt) wird bei sanfter Hitze in einer geschlossenen Form im Wasserbad gegart. Der Vorteil eines gekochten Puddings: Durch die geschlossene Form und die sanfte Garweise bleiben alle Aromen besonders gut erhalten.

Für 6 Personen
Zubereitungszeit:
1 Stunde 20 Minuten

Für den Teig:
- 100 g Mokkaschokolade
- 80 g Haselnüsse
- 50 g zimmerwarme Butter
- 50 g Zucker
- 5 Eigelb
- 1 EL Kakaopulver, stark entölt
- 1 EL Instant-Kaffeepulver
- abgeriebene Schale von 1/2 unbehandelten Orange
- 2 cl Orangenlikör
- 5 Eiweiß
- 20 g Paniermehl

Außerdem:
- Butter und Paniermehl für die Form
- 200 ml Sahne

1. Die Schokolade hacken und über einem heißen Wasserbad schmelzen. Die Haselnüsse im heißen Backofen 15 bis 20 Minuten rösten, die Schale abreiben und die Nüsse fein mahlen.
2. Butter und Zucker cremig rühren und nach und nach Eigelb, Schokolade, Kakao- und Kaffeepulver, Orangenschale und Likör hinzufügen.
3. Eiweiß steif schlagen, auf die Schaummasse häufen und vorsichtig mit den Nüssen und dem Paniermehl mit einem Teigspachtel darunterheben.
4. Eine Kochpuddingform und den Deckel gut einfetten und mit Paniermehl ausstreuen. Die Masse bis etwa 4 cm unter den Rand einfüllen. Die Form gut verschließen, den Pudding im Wasserbad etwa 1 Stunde bei schwacher Hitze garen.
5. Aus dem Wasserbad nehmen und den Pudding vor dem Öffnen noch etwa 5 Minuten ruhen lassen. Dann auf einen Teller stürzen. Die Sahne steif schlagen und dazu reichen.

Pro Person:
Kalorien (kcal) 475
Eiweiß (g) 10
Fett (g) 36
Kohlenhydrate (g) 21

Sehr gut schmeckt der Mohr im Hemd auch, wenn man ihn mit Schokoladensauce serviert.

Form vorbereiten
Puddingform und Deckel sehr gut mit Butter ausfetten und Paniermehl oder Biskuitbrösel ausstreuen. Den Teig bis 4 cm unter den Rand in die Form füllen.

Pudding im Wasserbad garen
Einen Teller umdrehen, in einen hohen Kochtopf legen und zur Hälfte mit Wasser füllen. Die Form verschließen und hineinstellen. Topf verschließen und ein feuchtes Tuch darüberlegen.

Pudding stürzen
Die Form aus dem Wasser nehmen, den Pudding 5 Minuten ruhen lassen. Öffnen, einen Teller auf die Form legen, umdrehen und durch leichtes Rütteln den Pudding stürzen.

CHRISTSTOLLENPUDDING

Für 4 Personen
Zubereitungszeit:
1 Stunde 40 Minuten

- 120 g Christstollen
- 2 EL grobgehackte Walnüsse
- 1 EL Zitronat
- 1 EL Orangeat
- 2 Eigelb
- 1 TL Vanillezucker
- 30 g Zucker
- 1/8 l Milch
- 4 cl Grand Marnier
- 2 Eiweiß
- Fett und Paniermehl für die Form

1. Stollen in kleine Würfel schneiden und mit Nüssen, Zitronat und Orangeat in eine Schüssel geben.
2. Eigelb, Vanillezucker und Zucker schaumig schlagen, Milch und Likör darunterrühren und über die Stollenmischung geben. Etwa 15 Minuten einweichen, dann kurz durchrühren. Eiweiß steif schlagen und unter die Masse heben.
3. Form und Deckel vorbereiten und die Masse einfüllen (siehe Seite 430).
4. Die Form gut verschließen, den Pudding bei schwacher Hitze im Wasserbad 1 Stunde garen. Mit einem Sabayon (siehe Seite 433) servieren.

Pro Person:
Kalorien (kcal) 312
Eiweiß (g) 7
Fett (g) 15
Kohlenhydrate (g) 29

BISKUITPUDDING MIT BIRNEN

Für 4 Personen
Zubereitungszeit:
1 Stunde 40 Minuten

- 100 g Löffelbiskuit
- 50 g gehackte Pistazien
- 4 cl Birnengeist
- 200 g aromatische Birnen, z. B. Williams Christ
- 2 EL Zitronensaft, 2 Eigelb
- 30 g Zucker, 1 TL Vanillezucker
- etwas geriebene Ingwerwurzel
- 1/8 l Sahne, 2 Eiweiß
- Fett und Paniermehl für die Form

1. Löffelbiskuit in Stücke brechen, mit den Pistazien vermischen und mit Alkohol tränken.
2. Birnen schälen, vierteln, entkernen und in dünne Scheiben schneiden. Mit Zitronensaft beträufeln und unter den Biskuit mischen.
3. Eigelb, Zucker, Vanillezucker und Ingwer schaumig schlagen und die Sahne dazugießen. Die Masse über den Biskuit geben und 15 Minuten einweichen. Eiweiß steif schlagen und darunterziehen.
4. Form und Deckel vorbereiten und die Masse einfüllen (siehe Seite 430).
5. Die Form gut verschließen, den Pudding bei schwacher Hitze im Wasserbad 1 Stunde garen. Mit Schokoladensauce servieren.

Pro Person:
Kalorien (kcal) 415
Eiweiß (g) 10
Fett (g) 24
Kohlenhydrate (g) 31

WEINSCHAUMSAUCE

In fast jedem europäischen Land liebt man diesen zarten Schaum: Bei uns unter der Bezeichnung Weinschaumsauce, in Österreich als Weinchaudeau bekannt. In Italien ist es die Zabaione und in Frankreich das Sabayon. Die Zubereitung ist immer gleich, nur die hinzugefügte Flüssigkeit variiert. Meist wird ein landestypischer Wein oder Likör verwendet.

Für 4 Personen
Zubereitungszeit: 15 Minuten

2 Eigelb
1 Ei
100 g Zucker
200 ml trockener Weißwein,
z. B. ein Riesling von der Mosel

1. Eigelb, Ei und Zucker in einer Schlagschüssel aus Metall oder einer speziellen Wasserbadschüssel mit einem Schneebesen cremig rühren, nicht schaumig schlagen!

2. Schüssel in ein heißes Wasserbad setzen, den Wein dazugießen und die Sauce so lange mit dem Schneebesen schlagen, bis sie schaumig ist und sich das Volumen verdoppelt hat.

3. Die Sauce noch warm sofort zu einem vorbereiteten Dessert oder einer Mehlspeise reichen. Oder in einer Schüssel mit Eiswasser unter Rühren erkalten lassen und als eigenständiges Dessert servieren.

Pro Person:
Kalorien (kcal) 195
Eiweiß (g) 4
Fett (g) 5
Kohlenhydrate (g) 26

Wasserbad vorbereiten
Für das Wasserbad in einem weiten Topf etwa 1/2 l Wasser erhitzen. Die Schlagschüssel muß so in dem Topf hängen, daß der Boden die Wasseroberfläche nicht berührt.

Schaumig schlagen
Eigelb, Ei und Zucker cremig rühren, den Wein dazugießen. Über dem Wasserbad schaumig schlagen, bis sich das Volumen verdoppelt hat. Das Wasser darf nicht kochen!

Kaltrühren
Die Sauce entweder warm sofort servieren oder in einer Schüssel mit Eiswasser unter Rühren erkalten lassen, dann in Gläser füllen und als Dessert reichen.

- Je höher der Zuckeranteil, um so fester und stabiler wird die Sauce oder das Dessert!
- Verwenden Sie statt dem Weißwein auch einmal Sekt, Amaretto, Beerenauslesen, Rotwein, Cognac, Mokka oder Fruchtsäfte. Die Möglichkeiten sind unerschöpflich!

ZABAIONE

Für 4 Personen
Zubereitungszeit: 15 Minuten

4 Eigelb
100 g Puderzucker
100 ml Marsala
etwas abgeriebene Schale von
1 unbehandelten Zitrone

1. Eigelb und Puderzucker in einer Schlagschüssel aus Metall cremig rühren.
2. Marsala und Zitronenschale dazugeben und über einem heißen Wasserbad so lange mit dem Schneebesen schlagen, bis die Masse dickschaumig ist und sich das Volumen verdoppelt hat.
3. In einer Schüssel mit Eiswasser unter Rühren erkalten lassen.
4. Zabaione in Schalen füllen und mit Amaretti servieren!

Pro Person:
Kalorien (kcal) 215
Eiweiß (g) 3
Fett (g) 6
Kohlenhydrate (g) 29

Sehr gut schmeckt die Zabaione auch, wenn man den Marsala durch Portwein ersetzt.

SHERRYSABAYON

Für 4 Personen
Zubereitungszeit: 15 Minuten

2 Eigelb
1 Ei
80 g Zucker
100 ml Cream Sherry

1. Eigelb, Ei und Zucker in einer Schlagschüssel aus Metall cremig rühren.
2. Sherry dazugießen und über einem heißen Wasserbad so lange mit einem Schneebesen schlagen, bis die Masse dickschaumig ist und sich das Volumen verdoppelt hat.
3. Sofort servieren oder in einer Schüssel mit Eiswasser unter Rühren erkalten lassen.

Pro Person:
Kalorien (kcal) 180
Eiweiß (g) 3
Fett (g) 5
Kohlenhydrate (g) 24

Das Sabayon schmeckt auch mit Fino Sherry oder einem trockenen Amontillado-Sherry zubereitet, dann allerdings die Zuckermenge um 20 g erhöhen!

ANANASBEIGNETS

Außen goldbraun und knusprig, innen saftig und weich: So müssen Beignets sein. Fast jede Frucht eignet sich, umhüllt von einem Teig, zum Ausbacken – selbst Holunderblüten oder Salbeiblätter. Ein wahrer Hochgenuß sind die mit einem zarten Teigmantel umhüllten frischen Ananasscheiben.

Für 4 Personen
Zubereitungszeit: 25 Minuten
Ruhezeit: 20 Minuten

1 frische Ananas (etwa 800 g)

Für den Teig:

120 g Mehl
1 Prise Salz
50 g Zucker
2 Eigelb
knapp 1/8 l Milch
4 cl Portwein
2 Eiweiß

Außerdem:

Fett zum Ausbacken
3 EL Zucker
gemahlener Zimt nach Geschmack

1. Von der Ananas Stielansatz und Blattkrone abschneiden und die Frucht dick schälen. Fruchtfleisch in 8 Scheiben schneiden und das harte Mittelstück ausstechen.
2. Mehl, Salz, Zucker und Eigelb in eine Schüssel geben. Mit Milch und Portwein zu einem glatten Teig verrühren und etwa 20 Minuten ruhen lassen.
3. Eiweiß steif schlagen und locker unter den Teig ziehen.
4. Das Fett in einer Friteuse oder in einer tiefen Pfanne auf 180 °C erhitzen. Die Ananasscheiben im Teig wenden und portionsweise im heißen Fett ausbacken.
5. Die Beignets mit einem Schaumlöffel aus dem Fett heben und auf einem dick zusammengefalteten Küchenpapier abtropfen lassen. In den vorgewärmten Backofen legen, bis alle Ananasbeignets gebacken sind.
6. Zucker und Zimt in einem großen Teller vermischen, die Beignets darin wenden. Mit Vanilleeis servieren!

Pro Person:
Kalorien (kcal) 505
Eiweiß (g) 11
Fett (g) 12
Kohlenhydrate (g) 84

• Auf die gleiche Weise bereitet man auch Apfelkücherl zu! Den Teig jedoch mit Cidre und Calvados anrühren.
• Rührt man den Teig mit Bier an, wird die Umhüllung sehr locker und weich. Mit Wein oder Apfelwein zubereitet, wird das Gebäck hingegen knusprig.
• Sehr aromatisch schmeckt der Teig, wenn man 10 g Hefe unter den Teig mischt. Dann unbedingt 30 Minuten gehen lassen.
• Niemals zu viele Beignets auf einmal ausbacken! Das Fett kühlt sonst zu stark ab, und der Teig saugt sich damit voll.

Ananas vorbereiten
Von der Ananas Stielansatz und Blattkrone abschneiden. Auf eine Schnittfläche stellen und die Schale rundherum dick abschneiden. Das Fruchtfleisch in Scheiben schneiden, mit einem Ausstecher die harten Mittelstücke ausstechen.

Teig vorbereiten
Mehl, Salz, Zucker und Eigelb in eine Schüssel geben und unter Rühren Portwein und Milch dazugießen. Zum Schluß Eiweiß steif schlagen und unter die Masse ziehen.

Teig-Variationen
Man kann den Teig – je nach der auszubackenden Frucht – mit Wein, Bier, Mineralwasser, Cidre, Fruchtsaft oder Sahne anrühren. Zum Abschmecken am besten einen zur Frucht passenden Likör oder Schnaps wählen.

Beignets ausbacken
Reichlich Fett auf 180 °C erhitzen. Falls kein Thermostat vorhanden ist, die Temperatur mit dem Holzkochlöffel testen: den Löffel in das Fett halten. Bilden sich Bläschen um den Stiel, ist das Fett ideal! Früchte im Teig wenden und portionsweise ausbacken.

Beignets fertigstellen
Die Beignets mit einem Schaumlöffel aus dem Fett heben. Gut abtropfen lassen und auf dick zusammengefaltetes Küchenpapier legen, damit das überschüssige Fett aufgesogen wird. Danach in Zimtzucker wenden.

HIPPENBLÄTTER

Knuspriges und dennoch auf der Zunge zergehendes Hippengebäck ist zwar rasch zubereitet, man benötigt dabei allerdings etwas Fingerspitzengefühl. Mit der Schritt-für-Schritt-Anleitung schaffen Sie es jedoch ganz leicht! Die angegebene Menge ergibt, je nach Größe des Durchmessers, etwa 16 Blätter.

Für 8 Personen
Zubereitungszeit: 30 Minuten
Ruhezeit: 1 Stunde

200 g Marzipanrohmasse
120 g Zucker
Mark von 1/4 Vanilleschote
1 Ei
100 ml Milch
80 g Mehl
Fett und Mehl für das Blech

1. Den Backofen auf 190 °C vorheizen. Das Backblech in das Tiefkühlgerät legen.
2. Marzipan, Zucker, Vanillemark, Ei und Milch mit einem Schneebesen verrühren. Das Mehl sieben und nach und nach darunterrühren. Den Teig durch ein feines Sieb passieren und 1 Stunde ruhen lassen.
3. Das Backblech einfetten und mit Mehl bestäuben.
4. Mit Hilfe einer Schablone aus Pappe oder Plastik den Teig mit einer Palette gleichmäßig und sehr dünn auf das Blech streichen. Danach die Schablone abnehmen.
5. Im Backofen in 5 bis 8 Minuten backen. Die Ränder sollen goldbraun, das Innere noch hell sein.
6. Backblech zur Hälfte aus dem Ofen ziehen. Die Hippenblätter sofort mit einer Palette vom Blech lösen, mit den vorderen Blättern beginnen.
7. Hippenblätter noch warm sofort in eine beliebige Form (z. B. Briocheförmchen) drücken. Nach etwa 1 Minute wieder aus der Form nehmen und abkühlen lassen.

Pro Person:
Kalorien (kcal) 260
Eiweiß (g) 4
Fett (g) 11
Kohlenhydrate (g) 35

Teig zubereiten
Alle Zutaten bis auf das Mehl mit den Schneebesen eines Handrührgerätes verrühren. Mehl sieben und darunterrühren. Den Teig durch ein Sieb passieren und ruhen lassen.

Teig aufstreichen
Backblech einfetten und mit Mehl bestäuben. Mit Hilfe einer Schablone den Teig gleichmäßig und dünn auf das Blech streichen. Danach die Schablone abnehmen.

Blüten formen
Backblech zur Hälfte aus dem Ofen ziehen und die Kreise mit einer Palette ablösen. Sofort in Förmchen drücken! Herausnehmen und abkühlen lassen. Rasch arbeiten!

• Der Teig muß unbedingt gleichmäßig aufgestrichen werden, da die Hippen sonst unterschiedlich bräunen.
• Man kann auch Schablonen in unterschiedlichen Formen, z. B. Blüten oder Blätter, zuschneiden.

TORTELETTS

Ob mit frischen Früchten oder einer zarten Creme gefüllt, knusprige Torteletts sind immer wieder ein begehrtes Dessert. Backen Sie am besten gleich die doppelte Menge! In Blechdosen aufbewahrt, bleibt das Gebäck mehrere Wochen frisch.

Für 8 Personen
Zubereitungszeit: 35 Minuten
Kühlzeit: 4 bis 5 Stunden

Für den Mürbeteig:

300 g Mehl

1 Prise Salz

50 g Zucker

200 g eiskalte Butter

Außerdem:

Fett für die Förmchen

Hülsenfrüchte zum Blindbacken

1. Mehl, Salz und Zucker auf ein Backbrett häufen. In die Mitte eine Mulde drücken und 6 bis 8 EL Eiswasser hineingeben. Die Butter in Flöckchen schneiden und auf den Mehlrand setzen. Mit einem breiten Messerrücken oder einer Palette alles rasch hacken.

2. Mit gekühlten Händen alles schnell von außen nach innen zu einem glatten Teig verkneten. Die Hände dazu vorher unter kaltes Wasser halten.

3. Den Teig mit Klarsichtfolie umhüllen und für mehrere Stunden in den Kühlschrank legen.

4. Den Backofen auf 200 °C vorheizen. Den Teig etwa 3 mm dünn ausrollen. Formen ausfetten und mit dem Teig auskleiden. Erneut mindestens 30 Minuten in den Kühlschrank stellen.

5. Pergamentpapier in der Größe der Formen zuschneiden, auf den Teig legen und Hülsenfrüchte daraufstreuen.

6. Im Backofen in 15 Minuten blindbacken. Hülsenfrüchte und Papier entfernen. Auf einem Kuchengitter abkühlen lassen und die Torteletts aus den Formen lösen.

Pro Person:
Kalorien (kcal) 350
Eiweiß (g) 4
Fett (g) 21
Kohlenhydrate (g) 34

• Mit dem Teig können Sie beliebige Formen, wie z. B. Schiffchen, Spring- oder Tarteformen, auskleiden.

• Die Torteletts mit Konditor-Creme füllen und mit frischen Beerenfrüchten oder kleingeschnittenen exotischen Früchten belegen.

• Überziehen Sie die Früchte mit einem Tortenguß. Dieser verleiht den Früchten ein besonders frisches Aussehen und schützt vor Austrocknung!

APFELTARTE

Für 4 bis 6 Personen
Zubereitungszeit: 1 Stunde
Kühlzeit: 4 bis 5 Stunden

Für den Mürbeteig:
150 g Mehl, 1 Prise Salz
25 g Zucker
3 bis 5 EL Eiswasser
100 g eiskalte Butter
Außerdem:
Fett für die Form
500 g aromatische Äpfel,
z. B. Boskop
2 EL Aprikosenkonfitüre
2 cl Calvados

1. Aus den angegebenen Zutaten einen Mürbeteig zubereiten (siehe Seite 437), kalt stellen.
2. Den Backofen auf 250 °C vorheizen.
3. Eine Spring- oder Tarteform (20 cm Durchmesser) ausfetten. Den Teig ausrollen und die Form damit auskleiden.
4. Die Äpfel schälen, entkernen, in Spalten schneiden und sternförmig auf dem Teig anordnen. Die Tarte 15 bis 20 Minuten backen.
5. Konfitüre und Calvados verrühren, erhitzen und die Äpfel damit glacieren. Die Tarte lauwarm servieren.

Pro Person:
Kalorien (kcal) 362
Eiweiß (g) 4
Fett (g) 17
Kohlenhydrate (g) 44

ZITRONENTARTE

Für 8 Personen
Zubereitungszeit: 50 Minuten
Kühlzeit: 3 bis 4 Stunden

Für den Mürbeteig:
200 g Mehl
1 Prise Salz
80 g Zucker
1 Ei
150 g Butter
Außerdem:
Fett für die Form
Hülsenfrüchte zum Blindbacken
3 Eier
150 g Zucker
Schale und Saft von
2 unbehandelten Zitronen
150 g flüssige Butter

1. Aus den angegebenen Zutaten einen Mürbeteig zubereiten (siehe Seite 437), kalt stellen.
2. Den Backofen auf 200 °C vorheizen.
3. Eine Spring- oder Tarteform (26 cm Durchmesser) ausfetten. Den Teig dünn ausrollen und den Boden der Form und etwa 3 bis 4 cm vom Rand mit dem Teig auskleiden.
4. Pergamentpapier in der Größe der Form zuschneiden, auf den Teig legen und mit Hülsenfrüchten bedeckt etwa 15 Minuten blindbacken.
5. Papier und Hülsenfrüchte entfernen. Eier, Zucker, abgeriebene Zitronenschale und -saft sowie die Butter rasch verrühren und die Mischung auf den Teig gießen.
6. Tarte etwa 45 Minuten bei 120 °C backen und lauwarm servieren.

Pro Person:
Kalorien (kcal) 540
Eiweiß (g) 7
Fett (g) 35
Kohlenhydrate (g) 48

APRIKOSENTÖRTCHEN

Für 6 Personen
Zubereitungszeit: 30 Minuten

250 g Tiefkühl-Blätterteig
etwa 400 g große Aprikosen
3 EL Aprikosenkonfitüre
2 cl Aprikosengeist
25 g gehackte Pistazienkerne

1. Blätterteig auftauen lassen. Etwa 3 mm dick ausrollen und sechs Kreise von 12 cm Durchmesser ausschneiden.
2. Ein Backblech mit Backpapier auslegen. Die Teigkreise auf das Blech legen. Backofen auf 220 °C vorheizen.
3. Die Aprikosen halbieren, entsteinen, in Spalten schneiden und sternförmig auf dem Teig anordnen. Die Törtchen in 10 bis 15 Minuten goldbraun backen.
4. Konfitüre und Alkohol verrühren, erhitzen und die Aprikosen damit glacieren. Den Rand mit Pistazien bestreuen.
5. Sehr gut schmeckt die Tarte auch mit geschlagener Sahne oder wenn man sie mit Spätzwetschgen bäckt.

Pro Person:
Kalorien (kcal) 270
Eiweiß (g) 3
Fett (g) 16
Kohlenhydrate (g) 24

HEIDELBEERPIE

Für 8 Personen
Zubereitungszeit: 1 Stunde 30 Minuten

Für den Mürbeteig:
200 g Mehl
50 g Zucker
1 Prise Salz
1 Ei
100 g Butter
Außerdem:
Fett für die Form
Hülsenfrüchte zum Blindbacken
500 g Heidelbeeren
80 g Puderzucker
20 g Speisestärke, z. B. Mondamin
4 Eier
1/4 l Sahne

1. Aus den angegebenen Zutaten einen Mürbeteig zubereiten (siehe Seite 437), kalt stellen.
2. Den Backofen auf 200 °C vorheizen.
3. Eine Spring- oder Tarteform (26 cm Durchmesser) ausfetten. Den Teig ausrollen und den Boden der Form und etwa 4 cm vom Rand mit dem Teig auskleiden.
4. Pergamentpapier in der Größe der Form zuschneiden, auf den Teig legen und mit Hülsenfrüchten bedeckt etwa 25 Minuten blindbacken.
5. Papier und Hülsenfrüchte entfernen, Heidelbeeren auf dem Boden verteilen.
6. Die übrigen Zutaten gründlich verrühren und über die Beeren gießen. Den Pie bei 180 °C weitere 35 Minuten backen. Lauwarm servieren!

Pro Person:
Kalorien (kcal) 470
Eiweiß (g) 8
Fett (g) 25
Kohlenhydrate (g) 50

REZEPTREGISTER

Fisch

Geflügel

Fleisch

GESAMTREGISTER